All in One

Recommended by Teachers Trusted by Toppers

हिंदी केंद्रिक

कक्षा 11

EVERYTHING YOU NEED TO SCORE

- सभी खंडों–अपठित बोध, अभिव्यक्ति एवं माध्यम व पाठ्यपुस्तक की अध्ययन सामग्री
- वस्तुनिष्ठ प्रश्नों का कवरेज
- NCERT के प्रश्न व अन्य महत्त्वपूर्ण प्रश्न
- प्रतिदर्श प्रश्न–पत्र

CBSE परीक्षा 2026

लेखक

ऋतिका खरबंदा

arihant

SUCCESS AND NOTHING LESS

arihant
SUCCESS AND NOTHING LESS

अरिहन्त प्रकाशन

(स्कूल डिवीज़न सीरीज़)

卐 रजि. कार्यालय

'रामछाया' 4577/15, अग्रवाल रोड, दरिया गंज, नई दिल्ली-110002
फोन: 011-47630600, 43518550; फैक्स: 011-23280316

मुख्य कार्यालय

कालिन्दी, टी०पी० नगर, मेरठ (यूपी)-250002 फोन: 0121-7156203, 7156204

卐 शाखा कार्यालय

आगरा, अहमदाबाद, बरेली, बंगलुरु, चेन्नई, दिल्ली, गुवाहाटी, हैदराबाद, जयपुर, झाँसी, कोलकाता, लखनऊ, नागपुर तथा पुणे

卐 PO No. : TXT-59-T064464-04-25

Published by Arihant Publications (India) Ltd.

'अरिहन्त' की पुस्तकों के बारे में अधिक जानकारी के लिए हमारी वेबसाइट
www.arihantbooks.com पर लॉग इन करें या info@arihantbooks.com पर सम्पर्क करें।

Follow us on

卐 **मूल्य** ₹ 350.00

प्रोडक्शन टीम

पब्लिशिंग मैनेजर	*कवर डिज़ाइनर*	*इनर डिज़ाइनर*
महेन्द्र सिंह रावत, केशव मोहन	सलमान	अंकित त्यागी
प्रोजेक्ट हैड	***पेज लेआउट***	***प्रूफ रीडर***
मोहित महरोल	रवि सागर	दीपक, शिवानी

Index *cum* Study Planner

One Book- Endless Features

to Help you Succeed

पाठ का सार

पाठ्यपुस्तक के प्रत्येक अध्याय में NCERT Theory का सरल शब्दों में Coverage किया गया है, जिससे छात्र संपूर्ण अध्याय के CRUX को कम-से-कम समय में समझ सकें व याद कर सकें।

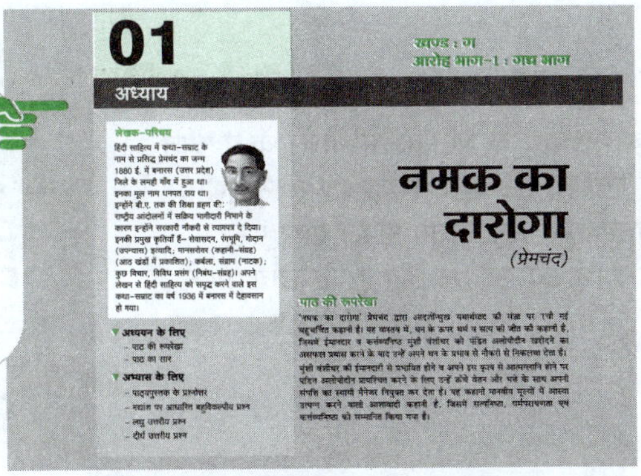

पाठ्यपुस्तक के प्रश्नोत्तर

पाठ्यपुस्तक के प्रत्येक अध्याय में NCERT पाठ्यपुस्तक के अभ्यास प्रश्नों का उत्तर सरल भाषा में दिया गया है तथा उतना ही उत्तर दिया गया है जितना की प्रश्न में अनिवार्य रूप से पूछा गया है। NCERT प्रश्नोत्तर को यहाँ देने का मुख्य उद्देश्य यह है कि छात्र NCERT का पूर्ण अभ्यास एक ही पुस्तक में कर सकें।

शब्दार्थ

पाठ्यपुस्तक के प्रत्येक अध्याय में दिए गए कठिन शब्दों को उनके सरल अर्थ के साथ 'शब्दार्थ' रूप में दिया गया है, जिससे छात्र कठिन शब्दों को सरलता से समझ सकें व उनके अर्थ के साथ उन्हें याद कर सकें।

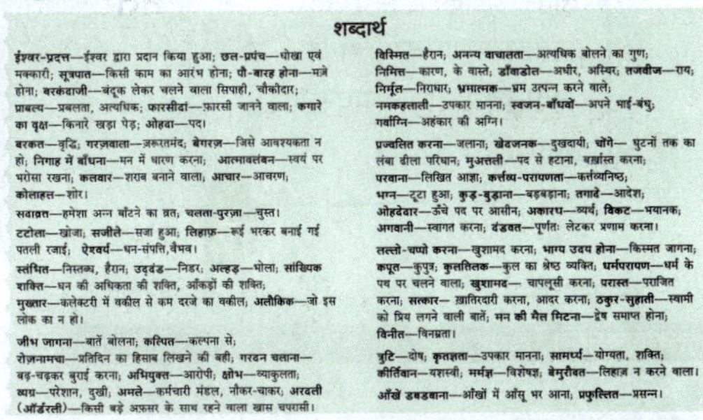

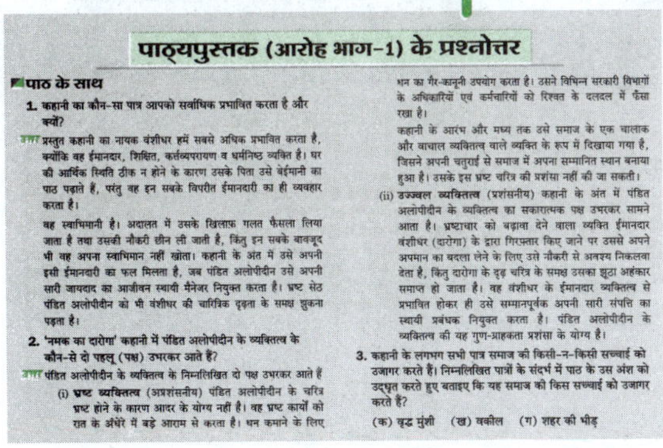

One Book- Endless Features

to Help you Succeed

अभ्यास प्रश्न

पाठ्यपुस्तक के प्रत्येक अध्याय के NCERT प्रश्नोत्तर के पश्चात् 'अभ्यास प्रश्न' दिया गया है। इस खंड में दिए गए प्रश्न पूर्णतः CBSE के नवीनतम पाठ्यक्रम व नवीनतम सैंपल पेपर पर आधारित हैं। इसे देने का मुख्य उद्देश्य यह है कि छात्र अपने द्वारा अध्याय में पढ़ी हुई पाठ्य सामग्री से संबंधित प्रश्नोत्तर का अध्ययन कर सकें।

अभ्यास प्रश्न

प्रतिदर्श प्रश्न-पत्र (Model Paper)

पुस्तक के अंत में CBSE के नवीनतम पाठ्यक्रम व नवीनतम सैंपल पेपर पर आधारित प्रतिदर्श प्रश्न-पत्र दिए गए हैं। सभी प्रतिदर्श प्रश्न-पत्रों को परीक्षा पैटर्न व समय-सीमा को ध्यान में रखकर तैयार किया गया है। इन प्रतिदर्श प्रश्न-पत्रों की प्रैक्टिस कर छात्र परीक्षा की सटीक तैयारी कर सकते हैं।

स्वमूल्यांकन

अध्याय के इस चरण में छात्र अध्याय से संबंधित अपने ज्ञान का मूल्यांकन कर सकते हैं। इस चरण में दिए गए सभी प्रश्न पूर्णतः CBSE के नवीनतम पाठ्यक्रम व नवीनतम सैंपल पेपर पर आधारित हैं।

प्रतिदर्श प्रश्न-पत्र 1

CBSE कक्षा 11 की परीक्षा के लिए नमूना प्रश्न-पत्र

स्वमूल्यांकन

नवीनतम पाठ्यक्रम

हिंदी (आधार) कोड सं० 302 कक्षा 11वीं (2025-26)

परीक्षा हेतु पाठ्यक्रम विनिर्देशन

- प्रश्न-पत्र तीन खंडों-खंड क, ख और खंड ग में होगा।
- खंड क में अपठित बोध पर आधारित प्रश्न पूछे जाएँगे। सभी प्रश्नों के उत्तर देने होंगे।
- खंड ग में आरोह भाग-1 एवं वितान भाग-1 पाठ्यपुस्तकों के आधार पर प्रश्न पूछे जाएँगे।
- प्रश्नों में आंतरिक विकल्प दिए जाएँगे।

निर्धारित समय-3 घंटे **वार्षिक परीक्षा हेतु भार विभाजन** **भारांक-80**

	खंड-क अपठित बोध	**18 अंक**
1.	01 अपठित गद्यांश (लगभग 250 शब्दों का) पर आधारित बोध, चिंतन, विश्लेषण पर बहुविकल्पीय प्रश्न, अतिलघूत्तरात्मक प्रश्न, लघूत्तरात्मक प्रश्न पूछे जाएँगे। (बहुविकल्पीय प्रश्न 01 अंक x 3 प्रश्न = 3 अंक, अतिलघूत्तरात्मक प्रश्न 01 अंक x 1 प्रश्न = 1 अंक, लघूत्तरात्मक प्रश्न 02 अंक x 3 प्रश्न = 6 अंक)	10 अंक
2.	01 अपठित पद्यांश (लगभग 100 शब्दों का) पर आधारित बोध, सराहना, सौंदर्य, चिंतन, विश्लेषण आदि पर बहुविकल्पीय प्रश्न, अतिलघूत्तरात्मक प्रश्न, लघूत्तरात्मक प्रश्न पूछे जाएँगे। (बहुविकल्पीय प्रश्न 01 अंक x 3 प्रश्न = 3 अंक, अतिलघूत्तरात्मक प्रश्न 01 अंक x 1 प्रश्न = 1 अंक, लघूत्तरात्मक प्रश्न 02 अंक x 2 प्रश्न = 4 अंक)	08 अंक
	खंड-ख अभिव्यक्ति और माध्यम पुस्तक के आधार पर पाठ संख्या 1, 2, 9, 10, 14, 15 तथा 16 पर आधारित	**22 अंक**
3.	दिए गए 03 अप्रत्याशित विषयों में से किसी 01 विषय पर आधारित लगभग 120 शब्दों में रचनात्मक लेखन (06 अंक × 01 प्रश्न)	06 अंक
4.	औपचारिक पत्र लेखन। (विकल्प सहित) (05 अंक × 01 प्रश्न)	05 अंक
5.	पाठ संख्या 1, 2, 9, 10, 14, 15 तथा 16 पर आधारित 04 प्रश्न (विकल्प सहित) (02 अंक × 04 प्रश्न = 8 अंक) (लगभग 40 शब्दों में) (03 अंक × 01 प्रश्न = 3 अंक) (लगभग 60 शब्दों में)	11 अंक
	खंड-ग आरोह भाग-1 एवं वितान भाग-1 पाठ्यपुस्तकों के आधार पर	**40 अंक**
6.	पठित काव्यांश पर आधारित 05 बहुविकल्पीय प्रश्न (01 अंक x 05 प्रश्न)	05 अंक
7.	काव्य खंड पर आधारित 03 प्रश्नों में से किन्हीं 02 प्रश्नों के उत्तर (लगभग 60 शब्दों में) (03 अंक x 02 प्रश्न)	06 अंक
8.	काव्य खंड पर आधारित 03 प्रश्नों में से किन्हीं 02 प्रश्नों के उत्तर (लगभग 40 शब्दों में) (02 अंक x 02 प्रश्न)	04 अंक
9.	पठित गद्यांश पर आधारित 05 बहुविकल्पीय प्रश्न (01 अंक x 05 प्रश्न)	05 अंक
10.	गद्य खंड पर आधारित 03 प्रश्नों में से किन्हीं 02 प्रश्नों के उत्तर (लगभग 60 शब्दों में) (03 अंक x 02 प्रश्न)	06 अंक
11.	गद्य खंड पर आधारित 03 प्रश्नों में से किन्हीं 02 प्रश्नों के उत्तर (लगभग 40 शब्दों में) (02 अंक x 02 प्रश्न)	04 अंक
12.	वितान के पाठों पर आधारित 03 में से 02 प्रश्नों के उत्तर (लगभग 60 शब्दों में) (05 अंक x 02 प्रश्न)	10 अंक
13.	**श्रवण तथा वाचन** **परियोजना कार्य**	10+10= 20 अंक
	कुल अंक	**100 अंक**

निर्धारित पाठ्यपुस्तकें

1. **आरोह, भाग-1**, एन.सी.ई.आर.टी., नई दिल्ली द्वारा प्रकाशित
2. **वितान भाग-1**, एन.सी.ई.आर.टी., नई दिल्ली द्वारा प्रकाशित
3. **अभिव्यक्ति और माध्यम**, एन.सी.ई.आर.टी., नई दिल्ली द्वारा प्रकाशित

नोट : पाठ्यक्रम के निम्नलिखित पाठ हटा दिए गए हैं।

आरोह भाग-1 काव्य खंड

- कबीर (पद 2) – संतो देखत जग बौराना
- मीरा (पद 2) – पग घुंघरू बांधि मीरा नाची
- रामनरेश त्रिपाठी – पथिक (पूरा पाठ)
- सुमित्रानंदन पंत – वे आँखें (पूरा पाठ)

गद्य खंड

- कृष्णनाथ – स्पीति में बारिश (पूरा पाठ)
- सैयद हैदर रज़ा – आत्मा का ताप (पूरा पाठ)

01 अध्याय

खंड क : अपठित बोध

अपठित गद्यांश

अपठित गद्यांश का अर्थ

'अपठित' का सामान्य अर्थ है–'बिना पढ़ा हुआ' अर्थात् जो नियमित अध्ययन के लिए निर्धारित पाठ्यपुस्तक का हिस्सा न हो। इस प्रकार 'अपठित गद्यांश' वह रचना-अंश होता है, जिसे गद्य के रूप में पहले न पढ़ा गया हो।

▼ प्रश्न प्रारूप

गद्यांश की संख्या 1

शब्द-सीमा 250

- बहुविकल्पीय प्रश्न
- अतिलघूत्तरात्मक प्रश्न
- लघूत्तरात्मक प्रश्न

कुल अंक 10

अपठित गद्यांश को हल करने के चरणबद्ध तरीके

- सर्वप्रथम दिए गए अपठित गद्यांश को दो-तीन बार ध्यानपूर्वक पढ़कर उसके मूलभाव को भली-भाँति समझना चाहिए।
- गद्यांश में दी गई महत्त्वपूर्ण सूचनाओं को रेखांकित करते रहना चाहिए। इससे प्रश्नों को हल करने में आसानी होती है।
- भाषिक संरचना एवं व्याकरण संबंधी प्रश्नों के लिए गद्यांश में दिए गए कठिन शब्दों, मुहावरों आदि को रेखांकित करना चाहिए।
- शीर्षक संबंधी प्रश्न पर विशेष ध्यान देना चाहिए तथा पूरे गद्यांश को पढ़ने व समझने के पश्चात् ही उसका उत्तर तर्क सहित लिखना चाहिए। अन्य प्रश्नों को भी ध्यानपूर्वक पढ़ने व समझने के पश्चात् ही उसका उत्तर लिखना प्रारंभ करना चाहिए।

अपठित गद्यांश के प्रश्नों को हल करते समय ध्यान रखने योग्य बातें

- गद्यांश के भावार्थ (मूल भाव) को उचित प्रकार से समझना चाहिए तथा प्रश्नों के उत्तर गद्यांश में ही ढूँढने चाहिए।
- गद्यांश में सूचनाओं के माध्यम से किसी बात का वर्णन किया जाता है, उन सूचनाओं पर विशेष ध्यान देना चाहिए।
- शीर्षक के चयन के दौरान इस बात पर ध्यान दिया जाना चाहिए कि वह गद्यांश के मूल भाव को प्रकट करता हो।
- लेखक के विचार को ध्यान में रखकर ही अपने उत्तरों का चयन करना चाहिए।
- प्रत्येक प्रश्न का उत्तर गद्यांश के अनुरूप ही होना चाहिए। गद्यांश के बाहर के मिलते-जुलते भावों का प्रयोग नहीं करना चाहिए।

सैंपल गद्यांश

यहाँ कुछ उदाहरण दिए जा रहे हैं। विद्यार्थी इन उदाहरणों की मदद से अपठित गद्यांशों को सही प्रकार से हल करना सीख सकते हैं। निम्नलिखित गद्यांशों को पढ़कर इन पर पूछे गए प्रश्नों के उत्तर दीजिए

गद्यांश 1

भाषा अपने समाज का प्रतिबिंब होती है, यदि वह संरक्षित नहीं रहेगी तो प्रतिबिंब की कल्पना नहीं की जा सकती। आज न जाने कितनी बोलियाँ आम लोगों की जुबान और व्यवहार से दूर जाती दिख रही हैं। बोलियों की एक गूढ़ बात यह है कि इनमें पारंपरिक ज्ञान का विशाल भंडार छिपा रहता है, किंतु इस ख़ासियत से बेपरवाह दुनिया में प्रचलित हजार भाषाओं में से लगभग 300 को लुप्तप्राय माना जाता है। जनजातीय भाषाएँ वहाँ की वनस्पतियों, जीवों और औषधीय पौधों के बारे में ज्ञान का खजाना है। आमतौर पर यह ज्ञान पीढ़ी-दर-पीढ़ी हस्तांतरित होता है। ऐसे में भाषाओं का विलुप्त होना गंभीर समस्या है। पृथ्वी की मौजूदा भाषायी विविधता का करीब आधा हिस्सा खतरे में है।

किसी भी देश या समाज की मूलभाषा के विलुप्त होने के कई कारण हैं; जैसे—प्राकृतिक या मानवीय कारणों से लोगों का एक स्थान से दूसरे स्थान पर पलायन करना, आधुनिक शिक्षा प्रणाली, अंग्रेज़ी का बढ़ता वर्चस्व और तकनीक का बढ़ता प्रसार। भाषा किसी भी सभ्यता व संस्कृति तथा उसके रहन-सहन को पहचान देती है। ईसाइयों और यहूदियों के धर्मग्रंथों की मूल भाषा हिब्रू, जैन और बौद्ध धर्म की भाषा प्राकृत और पाली सहित अनेक भाषाओं का अस्तित्व खो गया है। इसलिए यदि सही अर्थों में किसी संस्कृति की प्रगाढ़ता को समझना है, तो उसकी भाषा को समझना होगा, संरक्षित करना होगा। लोकतंत्र के समुचित विकास के लिए भी विभिन्न भाषाओं का समृद्ध होना बहुत ज़रूरी है, क्योंकि इनके माध्यम से देश के एक कोने से दूसरे कोने की समस्या को समझकर उसका समाधान किया जा सकता है। स्थानीय भाषाओं का संरक्षण करके ही समाज का समावेशी विकास हो पाता है।

भारतीय भाषाओं का केंद्रीय संस्थान खतरे में पड़ी देश की भाषाओं और बोलियों के संरक्षण के उपाय में जुट गया है। ये सब वे भाषाएँ हैं, जिन्हें दस हजार से भी कम लोग बोलते हैं। जल-जंगल-जमीन के लिए जाग्रत समाज भी अब समझने लगा है कि अपनी संस्कृति को बचाने के लिए इन तीनों की सुरक्षा के अलावा भी बहुत कुछ करने की आवश्यकता है। वे समझ गए हैं कि जब किसी भाषा का पतन होता है, तो उसमें बसी ज्ञान-प्रणाली भी पूरी तरह समाप्त हो जाती है।

बहुविकल्पीय प्रश्न

I. प्रस्तुत गद्यांश का वर्ण्य विषय है
   (क) विश्व की प्राचीन भाषाएँ और बोलियाँ
   (ख) आम जुबान से दूर होती मातृ-भाषा
   (ग) विदेशी भाषा के प्रति बढ़ता मोह
   (घ) विलुप्त होती बोलियाँ और भाषाएँ

II. बोलियों के विषय में निम्नलिखित में से क्या सत्य है?
   (क) इन्हें सीखना-सिखाना सरल होता है।
   (ख) ये पारंपरिक ज्ञान का भंडार होती हैं।
   (ग) पीढ़ी-दर-पीढ़ी इनका स्वरूप बदलता है।
   (घ) भाषा का प्रारंभिक रूप है।

III. गद्यांश के संदर्भ में निम्नलिखित कथनों को पढ़कर सही विकल्प का चयन कीजिए
   1. मूल भाषा को समझे बिना संस्कृति की प्रगाढ़ता को नहीं समझा जा सकता।
   2. लोकतंत्र के समुचित विकास के लिए भाषायी विविधता आवश्यक नहीं है।
   3. समावेशी विकास के लिए भाषायी विविधता का संरक्षण आवश्यक है।

   कूट
   (क) केवल 1 (ख) केवल 3
   (ग) 1 और 3 (घ) 2 और 3

अतिलघूत्तरात्मक प्रश्न

IV. गद्यांश के अनुसार, जनजातीय भाषाएँ क्या हैं?

लघूत्तरात्मक प्रश्न

V. गद्यांश के अनुसार बोलियों के विलुप्त होने का क्या प्रभाव पड़ता है?

VI. भाषाओं का विलुप्त होना गंभीर समस्या क्यों है? स्पष्ट कीजिए।

VII. भाषाओं के संरक्षण के लिए कौन-कौन से प्रयास किए जा रहे हैं?

उत्तर

I. (घ) विलुप्त होती बोलियाँ और भाषाएँ

II. (ख) ये पारंपरिक ज्ञान का भंडार होती हैं।

III. (ग) 1 और 3

IV. गद्यांश के अनुसार, जनजातीय भाषाएँ वनस्पतियों, जीवों और औषधीय पौधों के बारे में पारंपरिक ज्ञान का खजाना हैं।

V. बोलियों के विलुप्त होने से पारंपरिक ज्ञान और सांस्कृतिक धरोहर समाप्त हो जाती है। यह वनस्पतियों, जीवों और औषधीय पौधों से संबंधित ज्ञान का खजाना खोने के समान है। साथ ही भाषाओं में छिपी ज्ञान-प्रणालियाँ भी खत्म हो जाती हैं, जो स्थानीय विकास और समावेशी समाज निर्माण में मददगार होती हैं।

VI. भाषाओं का विलुप्त होना गंभीर समस्या है, क्योंकि यह केवल शब्दों का खोना नहीं, बल्कि उसमें निहित पारंपरिक ज्ञान, सांस्कृतिक धरोहर और सामाजिक पहचान का भी अंत है। जनजातीय भाषाओं में वनस्पतियों, जीवों और औषधीय पौधों का ज्ञान संरक्षित रहता है, जो पीढ़ी-दर-पीढ़ी हस्तांतरित होता है। इनके विलुप्त होने से यह अनमोल ज्ञान समाप्त हो जाता है।

VII. भाषाओं के संरक्षण के लिए अनेक प्रयास किए जा रहे हैं। भारतीय भाषाओं का केंद्रीय संस्थान उन भाषाओं और बोलियों को संरक्षित करने के उपायों में जुटा है, जिन्हें दस हजार से कम लोग बोलते हैं। समाज भी भाषाओं की सांस्कृतिक महत्ता को समझते हुए इनके संरक्षण के लिए जागरूक हो रहा है। भाषायी विविधता को बचाने के लिए क्षेत्रीय और स्थानीय स्तर पर पहल की जा रही है। आधुनिक तकनीक और शिक्षा के माध्यम से भी भाषाओं को जीवित रखने के प्रयास किए जा रहे हैं।

गद्यांश 2

वर्ष 2023 को 'अंतर्राष्ट्रीय मोटा अनाज वर्ष' घोषित किया गया है। इस प्रस्ताव का सत्तर से अधिक देशों ने समर्थन किया है। इसका उद्देश्य पोषक अनाज के टिकाऊ उत्पादन और गुणवत्ता में सुधार के साथ इसके उपभोग के लिए लोगों को प्रेरित करना है। राष्ट्रीय स्तर पर अब किसी को संदेह नहीं रह गया है कि मोटे अनाज का उत्पादन, खपत, प्रसंस्करण, निर्यात और इसमें प्रौद्योगिकी का इस्तेमाल बढ़ना तय है। मोटे अनाज केवल भविष्य ही नहीं हैं, मोटे अनाज का समृद्ध इतिहास भी रहा है। मोटे अनाज में मुख्य तौर पर ज्वार, बाजरा, महुआ, जौ, कोदो, साँवा, बाजरा, कुटकी, कांगनी जैसे अन्न शामिल हैं। इन्हें श्री अन्न या कदन्न भी कहते हैं। श्री अन्न भारत और दुनिया के लोगों द्वारा खेती और उपभोग किए जाने वाले सबसे शुरुआती अनाजों में से एक है।

वैश्विक स्तर पर जलवायु परिवर्तन से अनाजों के उत्पादन पर असर दिखने लगा है। भविष्य में अति विषम जलवायु का अनुमान लगाया जा रहा है। कदन्न फसलें ऐसी जलवायु में अच्छी साबित हो सकती हैं। कृषि वैज्ञानिकों ने भी मोटे अनाज के महत्त्व को समझा है। अनेक मोटे अनाज की खेती कम पानी और विषम जलवायु में भी संभव है। जलवायु और जमीन के हिसाब से मोटे या पोषक अनाजों की खेती को बढ़ावा देने का कार्य युद्ध स्तर पर जारी है। ये अनाज किसानों के लिए ज्यादा कारगर हो सकते हैं, क्योंकि मोटे अनाज के उत्पादन में लागत कम आती है। ये फसलें मिट्टी की कमियों के प्रति भी कम संवेदनशील हैं तथा इन्हें कम जलोढ़ या लोमी मिट्टी में भी उगाया जा सकता है। इन्हें जल, उर्वरक और कीटनाशकों की भी न्यूनतम जरूरत पड़ती है। मोटे अनाज की खेती कार्बन फुट प्रिंट को भी कम करने में मदद करती है।

मोटे अनाज के सेवन से स्वास्थ्य सुदृढ़ हो सकता है। ये अनाज अपने उच्च प्रोटीन, फाइबर, विटामिन और लौह तत्त्व जैसे खनिजों के कारण गेहूँ और चावल की तुलना में कम खर्चीले और पौष्टिक रूप से बेहतर होते हैं। मोटापा और मधुमेह जैसी स्वास्थ्य चुनौतियों से निपटने में मदद करते हैं, इसलिए इन्हें 'सुपर फूड' भी कहा जाता है।

बहुविकल्पीय प्रश्न

I. मोटे अनाज को 'भविष्य का भोजन' क्यों कहा गया है?
(क) भविष्य में केवल इन्हीं की खेती संभव होने के कारण
(ख) तेजी से बदलती जलवायु परिस्थितियों में भी इनकी खेती संभव होने के कारण
(ग) कम लागत में अधिक पैदावार होने के कारण
(घ) विश्व को खाद्य सुरक्षा प्रदान करने की क्षमता के कारण

II. **कथन** (A) कदन्न की फसल को कम जलोढ़ या लोमी मिट्टी में भी उगाया जा सकता है।
कारण (R) इन्हें जल, उर्वरक और कीटनाशकों की न्यूनतम जरूरत पड़ती है।
कूट
(क) कथन (A) और कारण (R) दोनों सही हैं तथा कारण (R), कथन (A) की सही व्याख्या करता है।
(ख) कथन (A) और कारण (R) दोनों सही हैं, परंतु कारण (R), कथन (A) की सही व्याख्या नहीं करता है।
(ग) कथन (A) सही है, किंतु कारण (R) गलत है।
(घ) कथन (A) गलत है, किंतु कारण (R) सही है।

III. गद्यांश के आधार पर निम्नलिखित कथनों में से सही कथनों पर विचार कीजिए
1. मोटे अनाज के सेवन से स्वास्थ्य सुदृढ़ होगा।
2. मोटा अनाज कृषि क्षेत्र को मजबूत करेगा।
3. बदलती जलवायु परिस्थितियों में केवल बाजरा अनाज ही उगाया जा सकेगा।
कूट
(क) केवल 1 (ख) केवल 3
(ग) 1 और 2 दोनों (घ) 2 और 3

अतिलघूत्तरात्मक प्रश्न

IV. 'अंतर्राष्ट्रीय मोटा अनाज वर्ष' कब घोषित किया गया?

लघूत्तरात्मक प्रश्न

V. जलवायु परिवर्तन की चुनौती में मोटे अनाज का महत्त्व बताइए।
VI. मोटे अनाज को 'सुपर फूड' क्यों कहा जाता है?
VII. मोटे अनाज किसानों के लिए ज्यादा कारगर कैसे हो सकते हैं?

उत्तर

I. (ख) तेजी से बदलती जलवायु परिस्थितियों में भी इनकी खेती संभव होने के कारण
II. (क) कथन (A) और कारण (R) दोनों सही हैं तथा कारण (R), कथन (A) की सही व्याख्या करता है।
III. (ग) 1 और 2 दोनों
IV. वर्ष 2023 को 'अंतर्राष्ट्रीय मोटा अनाज वर्ष' घोषित किया गया है।
V. जलवायु परिवर्तन के कारण कृषि पर नकारात्मक प्रभाव पड़ रहा है। मोटे अनाज विषम परिस्थितियों में भी उगाए जा सकते हैं और इनके लिए कम जल और संसाधनों की आवश्यकता होती है। ये भविष्य में खाद्य सुरक्षा प्रदान करने में सहायक हो सकते हैं।
VI. मोटे अनाज प्रोटीन, फाइबर, विटामिन और खनिजों से भरपूर होते हैं। ये गेहूँ और चावल की तुलना में सस्ते और पौष्टिक होते हैं। इनके सेवन से मोटापा और मधुमेह जैसी समस्याओं से निपटा जा सकता है, इसलिए इन्हें 'सुपर फूड' कहा जाता है।
VII. मोटे अनाज किसानों के लिए ज्यादा कारगर हो सकते हैं, क्योंकि मोटे अनाज के उत्पादन में लागत कम आती है। ये फसलें मिट्टी की कमियों के प्रति भी कम संवेदनशील हैं तथा इन्हें कम जलोढ़ या लोमी मिट्टी में भी उगाया जा सकता है। इन्हें जल, उर्वरक और कीटनाशकों की भी न्यूनतम जरूरत पड़ती है।

परीक्षा अभ्यास

गद्यांश 1

दुर्बलों की शक्ति जब एकाकार हो उठती है, तब वह अपराजय बन जाती है। तिनकों की परस्पर आबद्ध कर बनाई गई रस्सी से हाथी को बाँध लिया जाता है। वस्तुत: एकता की शक्ति महान प्राकृतिक एवं दैवी वरदान स्वरूप है। यही कारण है कि साधारणत: कोई भी जीव-जंतु अकेले नहीं रहना चाहता। मनुष्य को इसीलिए सामाजिक प्राणी कहा जाता है। जंगलों और गुफाओं में रहने वाला आदिम मानव भी अकेला नहीं रहता था। भोजन और सुरक्षा की खोज में उसे भी दल बनाकर ही रहना पड़ता था। आज भी जीवन के प्रत्येक क्षेत्र में उसे सहयोगियों की आवश्यकता रहती है और यही आवश्यकता उसे अन्य लोगों के साथ हिल-मिलकर रहना सिखलाती है। वह अच्छी तरह जानता है और अनुभव करता है कि 'अकेला चना भाड़ नहीं फोड़ सकता।' इसी अनुभव एवं आवश्यकता के कारण एकता की भावना का विकास हुआ और हो रहा है। प्रत्येक जाति, समाज अथवा राष्ट्र के जीवन में एकता महत्त्वपूर्ण स्थान रखती है।

एकता की शक्ति अपराजय है। वह जिसे प्राप्त हो गई, वही अपराजेय बन गया। वह एक ऐसा केंद्रीय तत्त्व है, जो विभिन्न इकाइयों के बीच दूरी समाप्त कर उनमें संगठन, समन्वय, शक्ति और साहस का संचार करती है। इसके बल पर तुच्छ से तुच्छ प्राणी भी बड़े-बड़े कार्य पूरे कर डालता है। वह समाज नष्ट हो जाता है, जिसके सदस्य आपस में एक नहीं होते। वह राष्ट्र उन्नतिशील नहीं होता, जिसके नागरिक मात्र स्वार्थपूर्ति में लगे रहते हैं और जिनकी सामूहिक शक्ति का विकास नहीं होता। समाज में उन परिवारों की दुर्दशा आए दिन देखने को मिलती है, जिसके सदस्य पारस्परिक फूट के कारण पारिवारिक बँटवारा करके अलग-अलग परिवार बसाने लगते हैं। "हम तभी खड़े हैं जब तक हम संगठित हैं, जहाँ असंगठित हुए वहीं हम गिरे। जहाँ एकता नहीं विनाश निश्चित है।"

एकता की स्थापना उतनी सहज बात नहीं। यह वहीं स्थापित हो सकती है, जहाँ त्याग, क्षमा, सहयोग और सहानुभूति की भावनाएँ होती हैं। अहंकार और स्वार्थ एकता के शत्रु हैं। मनुष्य स्वभाव से भूलें करता है। यदि उन भूलों को क्षमा न किया जाए तो आपसी कटुता, भय और शत्रुता का वातावरण बनता है। ऐसे वातावरण में एकता कभी नहीं फलती-फूलती। यदि हम पारस्परिक स्नेह भावना का विकास करें और एक-दूसरे के सुख-दु:ख में सहभागी बनें, तो एकता की भावना का विकास निश्चय ही होगा।

बहुविकल्पीय प्रश्न

I. मनुष्य को सामाजिक प्राणी क्यों कहा जाता है?
(क) सामाजिक इकाई का अंग होने के कारण
(ख) समाज में उसके हितों की रक्षा के कारण
(ग) समूह में रहने की इच्छा के कारण
(घ) समाज में रहकर उसके व्यक्तित्व विकास के कारण

II. मनुष्य को सहयोगियों की आवश्यकता क्यों पड़ी?
(क) कार्य को सुगमतापूर्वक करने के लिए
(ख) जंगलों और गुफाओं के भय से बचने के लिए
(ग) समाज की संरचना के लिए
(घ) भोजन और सुरक्षा के लिए

III. **कथन** (A) एकता की स्थापना सहज बात नहीं है।
कारण (R) एकता के लिए अहंकार और स्वार्थ को छोड़ त्याग और क्षमा को धारण करना पड़ता है।

कूट
(क) कथन (A) और कारण (R) दोनों सही हैं तथा कारण (R), कथन (A) की सही व्याख्या करता है।
(ख) कथन (A) और कारण (R) दोनों सही हैं, परंतु कारण (R), कथन (A) की सही व्याख्या नहीं करता है।
(ग) कथन (A) सही है, किंतु कारण (R) गलत है।
(घ) कथन (A) गलत है, किंतु कारण (R) सही है।

अतिलघूत्तरात्मक प्रश्न

IV. अहंकार और स्वार्थ एकता के लिए क्यों हानिकारक हैं?

लघूत्तरात्मक प्रश्न

V. एकता की आवश्यकता समाज और राष्ट्र के लिए क्यों है?
VI. एकता के अभाव में क्या परिणाम होते हैं?
VII. एकता की स्थापना के लिए कौन-कौन सी बाधाएँ हैं?

गद्यांश 2

तत्त्ववेत्ता शिक्षाविदों के अनुसार विद्या दो प्रकार की होती है। प्रथम वह, जो हमें जीवनयापन के लिए अर्जन करना सिखाती है और द्वितीय वह, जो हमें जीना सिखलाती है। इनमें से एक का भी अभाव जीवन को निरर्थक बना देता है। साथ ही दूसरी विद्या के बिना सार्थक जीवन नहीं जिया जा सकता। बहुत अर्जित कर लेने वाले व्यक्ति का जीवन यदि सुचारु रूप से नहीं चल रहा है, उसमें यदि वह जीवंत-शक्ति नहीं है, जो उसके अपने जीवन को तो सत्पथ पर अग्रसर करती ही है, साथ ही वह अपने समाज, जाति एवं राष्ट्र के लिए भी मार्गदर्शन करती है, तो उसका जीवन भी मानव-जीवन का अभिधान नहीं पा सकता। वह भारवाही गर्दभ बन जाता है या पूँछ-सींग-विहीन पशु कहा जाता है। वर्तमान भारत में पहली विद्या का प्राय: अभाव दिखाई देता है, परंतु दूसरी विद्या का रूप भी विकृत ही है, क्योंकि न तो स्कूल-कॉलेजों से शिक्षा प्राप्त करके निकला छात्र जीविकोपार्जन के योग्य बन पाता है और न ही वह उन संस्कारों से युक्त हो पाता है, जिनसे व्यक्ति 'कु' से 'सु' बनता है, सुशिक्षित, सुसभ्य और सुसंस्कृत कहलाने का अधिकारी होता है।

वर्तमान शिक्षा-पद्धति के अंतर्गत हम जो विद्या प्राप्त कर रहे हैं, उसकी विशेषताओं को सर्वथा नकारा भी नहीं जा सकता। यह शिक्षा कुछ सीमा तक हमारे दृष्टिकोण को विकसित भी करती है, हमारी मनीषा को प्रबुद्ध बनाती है तथा भावनाओं को चेतन करती है, किंतु कला, शिल्प, प्रौद्योगिकी आदि की शिक्षा नाममात्र की होने के फलस्वरूप इस देश के स्नातक के लिए जीविकोपार्जन टेढ़ी खीर बन जाता है और बृहस्पति बना युवक नौकरी की तलाश में अर्जियाँ लिखने में ही अपने जीवन का बहुमूल्य समय बर्बाद कर लेता है। जीवन के सर्वांगीण विकास को ध्यान में रखते हुए यदि शिक्षा के क्रमिक सोपानों पर विचार किया जाए, तो भारतीय विद्यार्थी को सर्वप्रथम इस प्रकार की शिक्षा दी जानी चाहिए जो आवश्यक हो, दूसरी जो उपयोगी हो और तीसरी जो हमारे जीवन को परिष्कृत एवं अलंकृत करती हो। ये तीनों सीढ़ियाँ एक के बाद एक आती हैं, इनमें व्यतिक्रम नहीं होना चाहिए। इस क्रम में व्याघात आ जाने से मानव-जीवन का चारु प्रासाद खड़ा करना असंभव है। यह तो भवन की छत बनाकर नींव बनाने के सदृश है। वर्तमान भारत में शिक्षा की अवस्था देखकर ऐसा प्रतीत होता है कि प्राचीन भारतीय दार्शनिकों ने 'अन्न' से 'आनंद' की ओर बढ़ने को जो 'विद्या का सार' कहा था, वह सर्वथा समीचीन ही था।

बहुविकल्पीय प्रश्न

I. गद्यांश के अनुसार जीवनयापन के लिए अर्जन करना कौन सिखाता है?
(क) परिवार
(ख) प्रथम प्रकार की विद्या
(ग) द्वितीय प्रकार की विद्या
(घ) समाज

II. 'कु' से 'सु' बनाने में क्या आशय सन्निहित है?
(क) दुर्लभ से सुलभ बनाना
(ख) दुर्गम से सुगम बनाना
(ग) दुष्कर से सुकर बनाना
(घ) दुर्जन से सुजन बनाना

III. प्रस्तुत गद्यांश किस विषय-वस्तु पर आधारित है?
(क) जीने की कला पर
(ख) वर्तमान भारतीय शिक्षा पर
(ग) मानव जीवन की सार्थकता पर
(घ) शिक्षा के सोपान पर

अतिलघूत्तरात्मक प्रश्न

IV. देश के स्नातक के लिए टेढ़ी खीर क्या बन जाता है?

लघूत्तरात्मक प्रश्न

V. भारतीय विद्यार्थी को कैसी शिक्षा दी जानी चाहिए?

VI. वर्तमान भारत में शिक्षा की अवस्था देखकर कैसा प्रतीत होता है?

VII. गद्यांश के अनुसार, व्यक्ति पूँछ-सींग-विहीन पशु कब कहा जाता है?

गद्यांश 3

भारत एक विशाल देश है, जिसमें भिन्न-भिन्न प्रकार की समस्याएँ व्याप्त हैं, जिनमें से एक है—जनसंख्या वृद्धि। जनसंख्या वृद्धि देश के विकास में बाधा का कार्य करती है, इसलिए हमारी सर्वोच्च प्राथमिकता जनसंख्या वृद्धि को रोकना है। इस क्षेत्र में हमारे सभी प्रयत्न निष्फल रहे हैं। ऐसा क्यों है? यह इसलिए भी हो सकता है, क्योंकि समस्या को देखने का हर एक का अलग दृष्टिकोण है। जनसंख्याशास्त्रियों के लिए यह आँकड़ों का अंबार है। अफसरशाही के लिए यह टारगेट तय करने की कार्यविधि है। राजनीतिज्ञ इसे वोट बैंक की दृष्टि से देखता है। ये सब अपने-अपने ढंग से समस्या को सुलझाने में लगे हैं। अतः पृथक्-पृथक् किसी के हाथ सफलता नहीं लगी। परंतु यह स्पष्ट है कि परिवार के आकार पर आर्थिक विकास और शिक्षा का बहुत प्रभाव पड़ता है।

यहाँ आर्थिक विकास का तात्पर्य पाश्चात्य मतानुसार भौतिकवाद नहीं जहाँ बच्चों को बोझ माना जाता है। हमारे लिए तो यह सम्मानपूर्वक जीने के स्तर से संबंधित है। यह मौजूदा संपत्ति के समतामूलक विवरण पर ही निर्भर नहीं है वरन् ऐसी शैली अपनाने से संबंधित है, जिसमें अस्सी करोड़ लोगों की ऊर्जा का बेहतर उपयोग हो सके। इसी प्रकार स्त्री-शिक्षा भी है। यह समाज में एक नए प्रकार का चिंतन पैदा करेगी, जिससे सामाजिक और आर्थिक विकास के नए आयाम खुलेंगे और साथ ही बच्चों के विकास का नया रास्ता भी खुलेगा। अतः जनसंख्या की समस्या सामाजिक है। इसे सरकार अकेले नहीं सुलझा सकती। केंद्रीकरण से हटकर इसे ग्राम-ग्राम, व्यक्ति-व्यक्ति तक पहुँचाना होगा। जब तक यह जन-आंदोलन नहीं बन जाता, तब तक सफलता मिलनी संदिग्ध है।

बहुविकल्पीय प्रश्न

I. प्रस्तुत गद्यांश किस विषय-वस्तु पर आधारित है?
(क) जनसंख्या वृद्धि : समस्या और समाधान पर
(ख) आर्थिक विकास में जनसंख्या की भूमिका पर
(ग) विकास के नए आयाम पर
(घ) शिक्षा के योगदान पर

II. निम्नलिखित कथनों पर विचार कीजिए
1. जनसंख्या वृद्धि के संबंध में प्रत्येक व्यक्ति का दृष्टिकोण अलग होने के कारण इस समस्या का समाधान असंभव है।
2. आर्थिक विकास का अभिप्राय भौतिकवाद है।
3. स्त्री-शिक्षा बच्चों के विकास का एक नया द्वार है।
उपर्युक्त कथनों में से कौन-सा/से सही है/हैं?
(क) केवल 1 (ख) केवल 3
(ग) 1 और 2 (घ) 1 और 3

III. सामाजिक और आर्थिक विकास के नए आयाम किसके माध्यम से खुलेंगे?
(क) जनसंख्या वृद्धि (ख) आपसी समझ
(ग) शिक्षा (घ) भेदभाव

अतिलघूत्तरात्मक प्रश्न

IV. आर्थिक विकास से क्या तात्पर्य है?

लघूत्तरात्मक प्रश्न

V. 'स्त्री-शिक्षा समाज में एक नए चिंतन को पैदा करेगी' इस कथन से लेखक क्या सिद्ध करना चाहते हैं?

VI. जनसंख्या की समस्या को किस प्रकार की समस्या माना गया है?

VII. स्त्री-शिक्षा समाज में किस प्रकार का चिंतन पैदा करेगी और उससे क्या होगा?

गद्यांश 4

शिक्षा जीवन के सर्वांगीण विकास हेतु अनिवार्य है। शिक्षा के बिना मनुष्य विवेकशील और शिष्ट नहीं बन सकता। विवेक से मनुष्य में सही और गलत का चयन करने की क्षमता उत्पन्न होती है। विवेक से ही मनुष्य के भीतर उसके चारों ओर घटते घटनाक्रमों के प्रति एक उचित दृष्टिकोण उत्पन्न होता है। शिक्षा ही मानव को मानव के प्रति मानवीय भावनाओं से पोषित करती है।

शिक्षा से मनुष्य अपने परिवेश के प्रति जाग्रत होकर कर्त्तव्याभिमुख हो जाता है। 'स्व' से 'पर' की ओर अग्रसर होने लगता है। निर्बल की सहायता करना, दुखियों के दुःख दूर करने का प्रयास करना, दूसरों के दुःख से दुःखी हो जाना और दूसरों के सुख से स्वयं सुख का अनुभव करना जैसी बातें एक शिक्षित मानव में सरलता से देखने को मिल जाती हैं। इतिहास, साहित्य, राजनीतिशास्त्र, समाजशास्त्र, दर्शनशास्त्र इत्यादि पढ़कर विद्यार्थी विद्वान ही नहीं बनता, वरन् उसमें एक विशिष्ट जीवन दृष्टि, रचनात्मकता और परिपक्वता का सृजन भी होता है। शिक्षित सामाजिक परिवेश में व्यक्ति अशिक्षित सामाजिक परिवेश की तुलना में सदैव ही उच्च स्तर पर जीवनयापन करता है।

आज के आधुनिक युग में शिक्षा का अर्थ बदल रहा है। शिक्षा भौतिक आकांक्षा की पूर्ति का साधन बनती जा रही है। व्यावसायिक शिक्षा के अंधानुकरण से छात्र सैद्धांतिक शिक्षा से दूर होते जा रहे हैं, जिसके कारण रूस की क्रांति, फ्रांस की क्रांति, अमेरिकी क्रांति, समाजवाद, पूँजीवाद, राजनीतिक व्यवस्था, सांस्कृतिक मूल्यों आदि की सामान्य जानकारी भी व्यावसायिक शिक्षा ग्रहण करने वाले छात्रों को नहीं है। यह शिक्षा का विशुद्ध रोज़गारोन्मुखी रूप है। शिक्षा के प्रति इस प्रकार का संकुचित दृष्टिकोण अपनाकर विवेकशील नागरिकों का निर्माण नहीं किया जा सकता। भारत जैसे विकासशील देश में शिक्षा रोज़गार का साधन न होकर साध्य हो गई है। इस कुप्रवृत्ति पर अंकुश लगाना आवश्यक है। जहाँ मानविकी के छात्रों को पत्रकारिता, साहित्य-सृजन, विज्ञापन, जनसंपर्क इत्यादि कोर्स भी कराए जाने चाहिए, ताकि उन्हें रोज़गार के लिए भटकना न पड़े, वहीं व्यावसायिक कोर्स करने वाले छात्रों को मानविकी के विषय; जैसे—इतिहास, साहित्य, राजनीतिशास्त्र, दर्शन आदि का थोड़ा-बहुत अध्ययन अवश्य करना चाहिए, ताकि समाज को विवेकशील नागरिक प्राप्त होते रहें, तभी समाज में संतुलन बना रह सकेगा।

बहुविकल्पीय प्रश्न

I. शिक्षा के द्वारा मनुष्य में कैसी भावना उत्पन्न होती है?
(क) भौतिक उन्नति की (ख) वसुधैव कुटुंबकम की
(ग) स्वार्थ पूर्ति की (घ) अनुशासनहीनता की

II. निम्नलिखित कथनों पर विचार कीजिए
1. शिक्षा से ही व्यक्ति में जागरूकता आती है तथा अपने इर्द-गिर्द होने वाले घटनाक्रम के प्रति सचेत होकर वह सही निर्णय ले पाता है।
2. व्यावसायिक शिक्षा ग्रहण करने वाले छात्रों में सामाजिक, राजनीतिक व सांस्कृतिक मूल्यों का भी समावेश होता है।
3. वर्तमान में शिक्षा का स्वरूप केवल रोजगारोन्मुखी रह गया है।

उपर्युक्त कथनों में से कौन-सा/से सही है/हैं?
(क) केवल 1 (ख) केवल 3
(ग) 1 और 3 (घ) 2 और 3

III. "इस कुप्रवृत्ति पर अंकुश लगाना आवश्यक है" इससे लेखक सिद्ध करना चाहता है कि शिक्षा
(क) रोजगार का साधन होना चाहिए
(ख) मानवीय भावनाओं का पोषण नहीं करती
(ग) भौतिक आकांक्षा की पूर्ति का साधन है
(घ) विवेकशील नागरिकों के निर्माण में सहायक नहीं है

अतिलघूत्तरात्मक प्रश्न

IV. "शिक्षा भौतिक आकांक्षा की पूर्ति का साधन बनती जा रही है", पंक्ति का क्या आशय है?

लघूत्तरात्मक प्रश्न

V. व्यावसायिक शिक्षा के अंधानुकरण का क्या परिणाम सामने आया है?

VI. मानविकी छात्रों व व्यावसायिक छात्रों को कौन-से कोर्स कराए जाते हैं व क्यों?

VII. गद्यांश के आधार पर शिक्षित मनुष्य के योगदान को स्पष्ट कीजिए।

गद्यांश 5

वर्तमान सांप्रदायिक संकीर्णता के विषम वातावरण में संत-साहित्य की उपादेयता बहुत है। संतों में शिरोमणि कबीरदास भारतीय धर्मनिरपेक्षता के आधार पुरुष हैं। संत कबीर एक सफल साधक, प्रभावशाली उपदेशक, महान नेता और युग-द्रष्टा थे। उनका समस्त काव्य विचारों की भव्यता और हृदय की तन्मयता तथा औदार्य से परिपूर्ण है। उन्होंने कविता के सहारे अपने विचारों और भारतीय धर्मनिरपेक्षता के आधार को युग-युगांतर के लिए अमरता प्रदान की। कबीर ने धर्म को मानव धर्म के रूप में देखा था। सत्य के समर्थक कबीर हृदय में विचार-सागर और वाणी में अभूतपूर्व शक्ति लेकर अवतरित हुए थे। उन्होंने लोक-कल्याण की कामना से प्रेरित होकर स्वानुभूति के सहारे काव्य रचना की।

वे पाठशाला या मकतब की ड्योढ़ी से दूर जीवन के विद्यालय में 'मसि कागद छुयो नहिं' की दशा में जीकर सत्य, ईश्वर पर विश्वास, प्रेम, अहिंसा, धर्मनिरपेक्षता और सहानुभूति का पाठ पढ़ाकर अनुभूतिमूलक ज्ञान का प्रसार कर रहे थे। कबीर ने समाज में फैले हुए मिथ्याचारों और कुत्सित भावनाओं की धज्जियाँ उड़ा दीं। स्वकीय भोगी हुई वेदनाओं के आक्रोश से भरकर समाज में फैले हुए ढोंग और पाखंडों, कुत्सित विचारधाराओं के प्रति दो टूक शब्दों में उन्होंने जो बातें कहीं, उनसे समाज की आँखें फटी-की-फटी रह गईं और साधारण जनता उनकी वाणियों से चेतना प्राप्त कर उनकी अनुगामिनी बनने को व्यग्र हो उठी। देश की सामाजिक, राजनीतिक, धार्मिक, आर्थिक एवं सांस्कृतिक आदि सभी प्रकार की समस्याओं का समाधान वैयक्तिक जीवन के माध्यम से प्रस्तुत करने का अनूठा प्रयत्न संत कबीर ने किया। उन्होंने बाँह उठाकर बलपूर्वक कहा

कबीरा खड़ा बाज़ार में, लिए लुकाठी हाथ।
जो घर जारे आपना, चले हमारे साथ।।

बहुविकल्पीय प्रश्न

I. वर्तमान युग में संत साहित्य को अधिक उपयोगी क्यों माना जाता है?
(क) सांप्रदायिक भेदभाव के कारण
(ख) प्रेम, भाईचारे एवं सद्भावना पर अत्यधिक बल देने के कारण
(ग) कबीर के विचारों को महत्त्वपूर्ण न मानने के कारण
(घ) लोक-कल्याण को महत्त्व न देने के कारण

II. निम्नलिखित कथनों पर विचार कीजिए
1. कबीर ने अपनी कविता के माध्यम से धर्मनिरपेक्षता की भावना जनता में जागृत की।
2. कबीर ने शिक्षा अच्छे विद्यालय से प्राप्त की थी।
3. जनसामान्य की समस्याओं का समाधान करने में कबीर की वाणी अग्रणी थी।

उपर्युक्त कथनों में से कौन-सा/से सही है/हैं?
(क) केवल 1 (ख) 1 और 2
(ग) 1 और 3 (घ) केवल 3

III. 'कबीर ने धर्म को मानव धर्म के रूप में देखा था' पंक्ति से लेखक का आशय है कि
(क) कबीर ने एकमात्र मानव धर्म को स्वीकार किया
(ख) कबीर लोक-कल्याण को ही मानव धर्म स्वीकार करते थे
(ग) कबीर हिंदू धर्म के समर्थक थे
(घ) कबीर ने ईश्वर की सर्वव्यापकता बताई

अतिलघूत्तरात्मक प्रश्न

IV. कबीर ने अनुभूतिमूलक ज्ञान का प्रसार किसके द्वारा किया था?

लघूत्तरात्मक प्रश्न

V. प्रस्तुत गद्यांश के अनुसार, कबीर ने धर्म को किस रूप में देखा?

VI. सामान्य जनता कबीर के बताए मार्ग पर चलने के लिए व्यग्र क्यों हो गई?

VII. कबीर धर्मनिरपेक्षता के आधार पुरुष कैसे हैं?

गद्यांश 6

दुनिया शायद अभी तक के सबसे बड़े संकट से जूझ रही है। वर्तमान समय की इस महामारी ने हर किसी के जीवन में हलचल मचा दी है। इस महामारी ने जीवन की सहजता को पूरी तरह से बाधित कर दिया है। भारत में इतनी अधिक आबादी है कि इसमें किसी नियम-कायदे को पूरी तरह से अमल में लाना अपने आप में एक बड़ी चुनौती है।

इस महामारी के संक्रमण को रोकने के उद्देश्य से पूर्ण बंदी लागू की गई और इसे कमोबेश कामयाबी के साथ अमल में भी लाया गया। परंतु यह भी सच है कि जिस महामारी से हम जूझ रहे हैं, उससे लड़ने में मुख्य रूप से हमारे शरीर की प्रतिरोधक क्षमता की बड़ी भूमिका है, लेकिन सबसे बड़ी चिंता बच्चों और बुजुर्गों की होती है।

इस मामले में अधिकतर नागरिकों ने जागरूकता और सहज बोध की वजह से अनेक सावधानियाँ बरती हैं, लेकिन इसके समानांतर अन्य कई समस्याएँ खड़ी हुई हैं; जैसे—आर्थिक गतिविधियाँ जिस प्रकार बुरी तरह प्रभावित हुई हैं, उसने बहुत सारे लोगों के सामने संकट और ऊहापोह की स्थिति उत्पन्न कर दी है।

एक तरफ नौकरी और उसकी तनख्वाह पर निर्भर लोगों की लाचारी यह है कि जहाँ उन्हें यह आश्वासन दिया गया था कि उन्हें नौकरी से नहीं निकाला जाएगा, वेतन नहीं रोका जाएगा, वहीं उनके साथ हुआ उल्टा। नौकरी गई, कई जगहों पर तनख्वाह नहीं मिली या कटौती की गई और किराये के घर तक छोड़ने की नौबत आ गई। इस महामारी का दूसरा असर शिक्षा जगत पर भी पड़ा है, उसका तार्किक समाधान कैसे होगा, यह लोगों के लिए समझना मुश्किल हो रहा है। विशेष तौर पर, स्कूली शिक्षा पूरी तरह से बाधित होती दिख रही है। फिर भी इसमें किए गए वैकल्पिक इंतजामों की वजह से स्कूल भले बंद हों, लेकिन शिक्षा जारी रखने की कोशिश की गई है।

स्कूल बंद होने पर बहुत सारे शिक्षकों की वेतन की चिंता प्राथमिक नहीं थी, बच्चों के भविष्य की चिंता उन्हें सता रही है। हालाँकि एक ओर, एक बड़ी संख्या उन बच्चों की है, जो लैपटॉप या स्मार्ट फोन के साथ जीते हैं, लेकिन दूसरी ओर बहुत सारे शिक्षक ऐसे भी हैं, जिन्हें कम्प्यूटर चलाना ही नहीं आता। उन सबके सामने चुनौती है—ऑनलाइन कक्षाएँ लेने की, परंतु उन्होंने हार नहीं मानी और तकनीक को खुले दिल से सीखा। इस तरह फिलहाल जो परिस्थिति है, उसमें पढ़ाई-लिखाई को जारी रखने की पूरी कोशिश की जा रही है।

बहुविकल्पीय प्रश्न

I. शिक्षकों ने तकनीक को खुले दिल से क्यों सीखा?
(क) ऑनलाइन पढ़ाने की विवशता के कारण
(ख) अपने वेतन के कारण
(ग) बच्चों के भविष्य की चिंता के कारण
(घ) अभिभावकों के भय के कारण

II. **कथन** (A) ऑनलाइन शिक्षा एक चुनौती है।
कारण (R) इसमें अभिभावकों की रुचि नहीं होती है।

कूट
(क) कथन (A) और कारण (R) दोनों सही हैं तथा कारण (R), कथन (A) की सही व्याख्या करता है।

(ख) कथन (A) गलत है, किंतु कारण (R) सही है।
(ग) कथन (A) तथा कारण (R) दोनों गलत हैं।
(घ) कथन (A) सही है, किंतु कारण (R) उसकी गलत व्याख्या करता है।

III. जीवन की सहजता के बाधित होने से आप क्या समझते हैं?
(क) जीवन में हलचल उत्पन्न हो जाना
(ख) जीवन में संकट उत्पन्न हो जाना
(ग) जीवन में संघर्ष का बढ़ जाना
(घ) जीवन में आराम न होना

अतिलघूत्तरात्मक प्रश्न

IV. पूर्ण बंदी लागू करने का क्या उद्देश्य था?

लघूत्तरात्मक प्रश्न

V. महामारी का आर्थिक गतिविधियों पर क्या प्रभाव पड़ा?

VI. महामारी काल में शिक्षा व्यवस्था को किस प्रकार जारी रखा गया?

VII. भारत में नियम-कानून लागू करना अपने आप में चुनौतीपूर्ण कैसे है?

गद्यांश 7

एकांत ढूँढने के कई सकारात्मक कारण हैं। एकांत की चाह किसी ऐसे घायल मन की आह भर नहीं, जो जीवन के काँटों से बिंधकर घायल हो चुका है, एकांत सिर्फ उसके लिए शरणमात्र नहीं, यह उस इंसान की ख्वाइश भर नहीं, जिसे इस संसार में 'फेंक दिया गया हो' और वह फेंक दिए जाने की स्थिति से भयभीत होकर एकांत ढूँढ रहा हो। हम जैसे एकांत में होते हैं, वही वास्तव में होते हैं। एकांत हमारी चेतना की अंतर्वस्तु को पूरी तरह उजागर कर देता है। अंग्रेजी का एक शब्द है—'आइसोनोफिलिया'। इसका अर्थ है—अकेलापन अर्थात् एकांत से गहरा प्रेम। परंतु इस शब्द को गौर से समझें, तो इसमें अलगाव की एक परछाईं भी दिखती है। एकांत प्रेमी हमेशा ही अलगाव की अभेद्य दीवारों के पीछे छिपना चाह रहा हो, यह भी जरूरी नहीं। एकांत की अपनी एक विशेष सुरभि है और जो भीड़ के अशिष्ट प्रपंचों में फँस चुका हो, ऐसा मन कभी इसका सौंदर्य नहीं देख सकता। एकांत और अकेलेपन में थोड़ा फर्क समझना आवश्यक है। एकांतजीवी में कोई दोष या मनोमालिन्य नहीं होता। वह किसी व्यक्ति या परिस्थिति से तंग आकर एकांत की शरण में नहीं जाता और न ही आततायी नियति के विषैले बाणों से घायल होकर एकांत की खोज करता है। अंग्रेजी कवि लॉर्ड बायरन ऐसे ही एकांत की बात करते हैं। वे कहते हैं कि ऐसा नहीं कि वे इंसान से कम प्रेम करते हैं, बस प्रकृति से अधिक प्रेम करते हैं।

बुद्ध अपने शिष्यों से कहते हैं कि वे जंगल में विचरण करते हुए गैंडे के सींग की तरह अकेले रहें। वे कहते हैं—'प्रत्येक जीव-जंतु के प्रति हिंसा का त्याग करते हुए, किसी की भी हानि की कामना न करते हुए, अकेले चलो-फिरो, वैसे ही जैसे किसी गैंडे का सींग'। हक्सले 'एकांत के धर्म' या 'रिलीजन ऑफ सोलीट्यूड' की बात करते हैं। वे कहते हैं, जो मन जितना अधिक शक्तिशाली और मौलिक होगा, एकांत के धर्म की तरफ उसका उतना ही अधिक झुकाव होगा। ज्यां पॉल सार्त्र इस बारे में बड़ी ही खूबसूरत बात कहते हैं, उनका कहना है—"ईश्वर एक अनुपस्थिति है, ईश्वर ही है इंसान का एकांत।"

वास्तव में, एकांत एक दुधारी तलवार की तरह है। लोग क्या कहेंगे इसका डर भी हमें अकसर एकांत में रहने से रोकता है। यह बड़ी अजीब बात है, क्योंकि जब आप वास्तव में अपने साथ या अकेले होते हैं, तभी इस दुनिया और ईश्वर के साथ अपने गहरे संबंध का अहसास होता है। इस संसार को अधिक गहराई और अधिक समानुभूति के साथ प्रेम करके ही हम अपने दु:खदाई अकेलेपन से बाहर आ सकते हैं।

बहुविकल्पीय प्रश्न

I. एकांत हमारे जीवन के लिए क्यों आवश्यक है?
(क) परेशानी से भागने के लिए
(ख) आध्यात्मिक चिंतन के लिए
(ग) स्वयं को जानने के लिए
(घ) अशांत मन को शांत करने के लिए

II. एकांत की खुशबू को कैसे महसूस किया जा सकता है?
(क) संसार से अलग होकर
(ख) भीड़ में नहीं रहकर
(ग) एकांत से प्रेम करके
(घ) अकेले रहकर

III. धर्म के क्षेत्र में एकांत का क्या योगदान है?
(क) समर्पण की भावना
(ख) पूजा और साधना
(ग) धर्मांधता से मुक्ति
(घ) धर्म के वास्तविक स्वरूप की पहचान

अतिलघूत्तरात्मक प्रश्न

IV. एकांत प्रेमी इंसान की क्या विशेषता है?

लघूत्तरात्मक प्रश्न

V. बुद्ध अपने शिष्यों को अकेले रहने के लिए क्या उदाहरण देते थे?

VI. ज्यां पॉल सार्त्र की एकांत के विषय में क्या विचारधारा थी?

VII. एकांत और अकेलेपन में क्या अंतर है?

गद्यांश 8

जब समाचार-पत्रों में सर्वसाधारण के लिए कोई सूचना प्रकाशित की जाती है तो उसको विज्ञापन कहते हैं। यह सूचना नौकरियों से संबंधित हो सकती है, खाली मकान को किराए पर उठाने के संबंध में हो सकती है या किसी औषधि के प्रचार से संबंधित हो सकती है। कुछ लोग विज्ञापन के आलोचक हैं। वे इसे निरर्थक मानते हैं। उनका मानना है कि यदि कोई वस्तु यथार्थ रूप में अच्छी है तो वह बिना किसी विज्ञापन के ही लोगों के बीच लोकप्रिय हो जाएगी, जबकि खराब वस्तुएँ विज्ञापन की सहायता पाकर भी भंडाफोड़ होने पर बहुत दिनों

तक टिक नहीं पाएँगी, परंतु लोगों की यह सोच गलत है। आज के युग में मानव का प्रचार-प्रसार का दायरा व्यापक हो चुका है।

अत: विज्ञापनों का होना अनिवार्य हो जाता है। किसी अच्छी वस्तु की वास्तविकता से परिचय पाना आज के विशाल संसार में विज्ञापन के बिना नितांत असंभव है। विज्ञापन ही वह शक्तिशाली माध्यम है, जो हमारी जरूरत की वस्तुएँ प्रस्तुत करता है, उनकी माँग बढ़ाता है और अंतत: हम उन्हें जुटाने चल पड़ते हैं। यदि कोई व्यक्ति या कंपनी किसी वस्तु का निर्माण करती है तो उसे 'उत्पादक' कहा जाता है। उन वस्तुओं और सेवाओं को खरीदने वाला उपभोक्ता कहलाता है। इन दोनों को जोड़ने का कार्य विज्ञापन करता है। वह उत्पादक को उपभोक्ता के संपर्क में लाता है तथा माँग और पूर्ति में संतुलन स्थापित करने का प्रयत्न करता है।

पुराने जमाने में किसी वस्तु की अच्छाई का विज्ञापन मौखिक तरीके से होता था। काबुल का मेवा, कश्मीर की ज़री का काम, दक्षिण भारत के मसाले आदि वस्तुओं की प्रसिद्धि मौखिक रूप से होती थी। उस समय आवश्यकता भी कम होती थी तथा लोग किसी वस्तु के अभाव की तीव्रता का अनुभव नहीं करते थे। आज समय तेज़ी का है। संचार क्रांति ने जिंदगी को स्पीड दे दी है। मनुष्य की आवश्यकताएँ बढ़ती जा रही हैं। इसीलिए विज्ञापन मानव-जीवन की अनिवार्यता बन गया है।

बहुविकल्पीय प्रश्न

I. विज्ञापन का होना अनिवार्य क्यों है?
- (क) मानव का प्रचार-प्रसार का दायरा संकुचित होने के कारण
- (ख) मानव का प्रचार-प्रसार का दायरा व्यापक होने के कारण
- (ग) उत्पादक वस्तु पर अधिक लाभ प्राप्त करने के लिए
- (घ) उपर्युक्त में से कोई नहीं

II. गद्यांश के आधार पर सही विकल्प का चयन करके लिखिए।
- (क) जरूरतों को देखते हुए कोई भी विज्ञापन की आलोचना नहीं करता
- (ख) संचार क्रांति ने विज्ञापन के तरीके को नहीं बदला
- (ग) विज्ञापन हमारी जरूरत की वस्तुओं को प्रस्तुत करके माँग बढ़ाता है
- (घ) विज्ञापन केवल नौकरियों की सूचनाएँ उपलब्ध कराते हैं

III. **कथन** (A) विज्ञापन प्रचार-प्रसार का शक्तिशाली माध्यम है।
कारण (R) यह वस्तुओं की माँग को बढ़ाने में सहायक है तथा ज़रूरत की वस्तुएँ प्रस्तुत करता है।

कूट
- (क) कथन (A) और कारण (R) दोनों सही हैं तथा कारण (R), कथन (A) की सही व्याख्या करता है।
- (ख) कथन (A) गलत है, किंतु कारण (R) सही है।
- (ग) कथन (A) तथा कारण (R) दोनों गलत हैं।
- (घ) कथन (A) सही है, किंतु कारण (R) उसकी गलत व्याख्या करता है।

अतिलघूत्तरात्मक प्रश्न

IV. उत्पादक का क्या अभिप्राय है?

लघूत्तरात्मक प्रश्न

V. उत्पादक व उपभोक्ता को जोड़ने का कार्य कौन करता है?

VI. विज्ञापन के आलोचक विज्ञापन को निरर्थक क्यों मानते हैं?

VII. वर्तमान समय में जिंदगी को तेज गति किसने प्रदान की है?

गद्यांश 9

बड़ी चीजें बड़े संकटों में विकास पाती हैं, बड़ी हस्तियाँ बड़ी मुसीबतों में पलकर दुनिया पर कब्जा करती हैं। अकबर ने तेरह साल की उम्र में अपने पिता के दुश्मन को परास्त कर दिया था, जिसका एकमात्र कारण यह था कि अकबर का जन्म रेगिस्तान में हुआ था और वह भी उस समय, जब उसके पिता के पास एक कस्तूरी को छोड़कर और कोई दौलत नहीं थी। महाभारत में देश के प्राय: अधिकांश वीर कौरवों के पक्ष में थे, मगर फिर भी जीत पांडवों की हुई, क्योंकि उन्होंने लाक्षागृह की मुसीबत झेली, वनवास के जोखिम को पार किया था। विंस्टन चर्चिल ने कहा है कि ज़िंदगी की सबसे बड़ी दौलत हिम्मत है। आदमी के सारे गुण उसके हिम्मती होने से ही पैदा होते हैं। ज़िंदगी की दो ही सूरतें हैं—एक तो यह कि आदमी बड़े-से-बड़े मकसद के लिए कोशिश करे, जगमगाती हुई जीत पर पंजा डालने के लिए हाथ बढ़ाए और अगर असफलताएँ कदम-कदम पर जोश की रोशनी के साथ अँधियारे का जाल बुन रही हों, तब भी वह पीछे को पाँव न हटाए। दूसरी सूरत यह है कि उन गरीब आत्माओं का हमजोली बन जाए, जो न तो बहुत अधिक सुख पाती हैं और न जिन्हें बहुत अधिक दु:ख पाने का ही संयोग है, क्योंकि वे आत्माएँ ऐसी गोधूलि में बसती हैं, जहाँ न तो जीत हँसती है और न कभी हार के रोने की आवाज सुनाई देती है। इस गोधूलि वाली दुनिया के लोग बँधे हुए घाट का पानी पीते हैं, वो जिंदगी के साथ जुआ नहीं खेल सकते और कौन कहता है कि जिंदगी को दाँव पर लगा देने में कोई आनंद नहीं है? अगर रास्ता आगे ही निकल रहा है तो फिर असली मज़ा तो पाँव बढ़ाते जाने में ही है।

साहस की जिंदगी सबसे बड़ी जिंदगी होती है। ऐसी ज़िंदगी की सबसे बड़ी पहचान यह है कि वह बिल्कुल निडर, बिल्कुल बेखौफ होती है। साहसी मनुष्य की पहली पहचान यह है कि वह इस बात की चिंता नहीं करता कि तमाशा देखने वाले लोग उसके बारे में क्या सोच रहे हैं। जनमत की उपेक्षा करके जीने वाला आदमी दुनिया की असली ताकत होता है और मनुष्यता का प्रकाश भी उसी आदमी से मिलता है। अड़ोस-पड़ोस को देखकर चलना, यह साधारण जीव का काम है। क्रांति करने वाले लोग अपने उद्देश्य की तुलना न तो पड़ोसी के उद्देश्य से करते हैं और न अपनी चाल को ही पड़ोसी की चाल देखकर मद्धिम बनाते हैं।

बहुविकल्पीय प्रश्न

I. आदमी में गुणों की उत्पत्ति कैसे होती है?
- (क) उसके हिम्मती होने से
- (ख) परिवार का सहारा मिलने से
- (ग) बड़े-बुजुर्गों के दिए संस्कार से
- (घ) उपर्युक्त में से कोई नहीं

II. गद्यांश के अनुसार, लाक्षागृह की मुसीबत किसने झेली?
(क) श्रीकृष्ण ने (ख) कौरवों ने
(ग) पांडवों ने (घ) द्रौपदी ने

III. जिंदगी का असली मजा है
(क) पाँव हटाते जाने में (ख) पाँव पीछे करने में
(ग) पाँव बढ़ाते जाने में (घ) पाँव रोककर रखने में

अतिलघूत्तरात्मक प्रश्न

IV. बड़ी हस्तियाँ दुनिया पर अधिकार कैसे करती हैं?

लघूत्तरात्मक प्रश्न

V. महाभारत के युद्ध में अधिकांश वीरों के कौरवों के पक्ष में होने पर भी पांडवों की जीत का क्या कारण था?

VI. जिंदगी की कितनी सूरतें हैं?

VII. साहस की जिंदगी की सबसे बड़ी पहचान क्या होती है?

गद्यांश 10

मानव की प्रकृति प्रदत्त विभूतियों में एक बड़ी ही मोहक विभूति है हास्य-विनोद। जीवन में यदि हास्य-विनोद न हो तो ज़िंदगी केवल कराहों का सिलसिला, आहों का जलजला, दर्द की दास्तान बन कर रह जाए। हास्य लाख दु:खों की एक दवा है, स्वास्थ्य का एक अनोखा मंत्र है। चिंताओं के पुलिंदे को थोड़ी देर के लिए अलग करने में हास्य और विनोद बड़े ही सहायक हैं। कविता केवल हृदय का उद्‌गार है, विनोद रोम-रोम का उद्‌गार है। विनोद एक प्रकार की पुष्टई है, जिससे शरीर और मस्तिष्क को नई शक्ति मिलती है, स्रस्त-त्रस्त शिराओं में मकरध्वज की ऊष्मा आ जाती है। संतों का कथन है कि यदि दु:ख में सुख की अनुभूति चाहते हो तो हँसमुख बनो।

विधाता से हास्य और विनोद का बहुमूल्य वरदान पाने वाला मनुष्य बड़ा ही भाग्यशाली है। फोटोग्राफर फोटो खींचने के समय चाहता है कि आप एक क्षण के लिए मुस्कुराएँ, किंतु विधाता-फोटोग्राफर तो चाहता है कि आप जीवन भर मुस्कुराते रहें। जिस मुख पर हास्य की दुग्ध धवल चाँदनी छिटकनी चाहिए उसे क्या अधिकार है कि वह अपनी अयस्कान्तीय आकृति को अवसाद की काली रेखाओं से अमावस की काली रात बना डाले?

हँसमुख व्यक्ति वह फव्वारा है, जिसके शीतल छींटे मन को प्रफुल्लित करते रहते हैं। वैयक्तिक जीवन की सफलता के अनेक रहस्यों में एक रहस्य हँसमुख आकृति का होना भी है। हँसमुख व्यक्ति को देखकर यह धारणा बनती है कि उसके मन में कोई गाँठ नहीं, कोई उलझन नहीं है। एक विक्रेता की मोहक मुस्कान वह काम कर जाती है, जो किसी जेबकतरे की कैंची नहीं कर पाती। एक सहज प्रसन्न शिक्षक की कक्षा में कभी उदासी की घटा नहीं छाती।

दीर्घायु होने का सर्वोत्तम साधन है-हँसमुख स्वभाव। हँसमुख आकृति मानो ऐसा आईना है, जिसमें परमात्मा की प्रसन्नता हर क्षण दिखाई पड़ती रहती है। मानसोपचारशास्त्री तो हास्य-विनोद के द्वारा अनेक रोगों की चिकित्सा भी किया करते हैं।

भाषा और भाषण का भूषण है-विनोद। भाषण में हास्य-विनोद का पुट रखने वाले व्यक्ति से लोग सर्वाधिक प्रभावित होते हैं। हास्य-विनोद केवल उदासी ही नहीं मिटाती, वरन् इससे शत्रु भी मित्र बन जाते हैं। महान साहित्यकारों ने अपने गहन-गंभीर साहित्य में हास्य-विनोद की अवधारणा कर उसके आकर्षण को बहुगुणित कर दिया है । महान नाटककारों ने अपने नाटकों में विदूषक का प्रयोग इसी उद्‌देश्य से किया गया है, किंतु यह ध्यान रखना चाहिए कि हास्य मर्यादित रहे ताकि दूसरों की नींद हराम न हो जाए।

बहुविकल्पीय प्रश्न

I. हास्य-विनोद जीवन की मोहक विभूति क्यों है?
(क) दु:ख दर्द को बढ़ाने के कारण
(ख) चिंता, व्यथा, उच्छ्वास को समाप्त करने के कारण
(ग) दु:खों की दवा होने के कारण
(घ) पृथ्वी पर होने वाले भूकंप के कारण

II. गद्यांश में आए 'पुष्टई' शब्द का आशय है
(क) बाँहों में होने वाली पीड़ा
(ख) पैरों में बढ़ने वाला मोटापा
(ग) शरीर और बुद्धि को मिलने वाला बल
(घ) शरीर और मस्तिष्क को दुखाने वाली चिंता

III. फव्वारे का क्या गुण है?
(क) उसके शीतल जल की छींटों से मन प्रफुल्लि होता है।
(ख) उसके शीतल जल की छींटों से मन व्याकुल हो उठता है।
(ग) उसके गर्म जल की छींटों से आँखें चौंधिया जाती हैं।
(घ) उसके शीतल जल प्रपात से शरीर रोमांचित हो जाता है।

अतिलघूत्तरात्मक प्रश्न

IV. नाटकों में विदूषक का प्रयोग क्यों किया जाता है?

लघूत्तरात्मक प्रश्न

V. गद्यांश के अनुसार, हँसमुख व्यक्ति का क्या महत्त्व है?

VI. गद्यांश में फोटोग्राफर और विधाता की तुलना कैसे की गई है?

VII. हास्य-विनोद को मर्यादित क्यों रखना चाहिए?

गद्यांश 11

चरित्र का मूल भी भावों के विशेष प्रकार के संगठन में ही समझना चाहिए। लोकरक्षा और लोकरंजन की सारी व्यवस्था का ढाँचा इन्हीं पर ठहरा है। धर्म-शासन, राज-शासन, मत-शासन सबमें इनसे पूरा काम लिया गया है। इनका सदुपयोग भी हुआ है और दुरुपयोग भी।

जिस प्रकार लोक-कल्याण के व्यापक उद्‌देश्य की सिद्धि के लिए मनुष्य के मनोविकार काम में लाए गए हैं, उसी प्रकार संप्रदाय या संस्था के संकुचित और परिमित विधान की सफलता के लिए भी। सब प्रकार के शासन में चाहे धर्म-शासन हो, चाहे राज-शासन हो, मनुष्य-जाति से भय और लोभ से पूरा काम लिया गया है। दंड का भय और अनुग्रह का लोभ दिखाते हुए राज-शासन तथा नरक का भय और स्वर्ग का लोभ दिखाते हुए धर्म-शासन और मत-शासन चलते आ रहे

हैं। प्रायः इसके द्वारा भय और लोभ का प्रवर्तन सीमा के बाहर भी हुआ है और होता रहता है। जिस प्रकार शासक वर्ग अपनी रक्षा और स्वार्थसिद्धि के लिए भी इनसे काम लेते आए हैं, उसी प्रकार धर्म-प्रवर्तक और आचार्य अपने स्वरूप वैचित्र्य की रक्षा और अपने प्रभाव की प्रतिष्ठा के लिए भी।

शासक वर्ग अपने अन्याय और अत्याचार के विरोध की शांति के लिए भी डराते और ललचाते आए हैं। मत-प्रवर्तक अपने द्वेष और संकुचित विचारों के प्रचार के लिए भी कँपाते और डराते आए हैं। एक जाति को मूर्तिपूजा करते देख दूसरी जाति के मत-प्रवर्तकों ने उसे पापों में गिना है। एक संप्रदाय को भस्म और रुद्राक्ष धारण करते देख दूसरे संप्रदाय के प्रचारकों ने उनके दर्शन तक को पाप माना है।

बहुविकल्पीय प्रश्न

I. लोकरंजन की व्यवस्था का ढाँचा किस पर आधारित है?
(क) सामाजिक न्याय पर
(ख) मनुष्य के भावों के विशेष प्रकार के संगठन पर
(ग) धर्म व्यवस्था के मत पर
(घ) मनुष्य के समुचित क्रिया कर्म पर

II. आपके अनुसार, प्रस्तुत गद्यांश का सर्वाधिक उपयुक्त शीर्षक क्या हो सकता है?
(क) शासन व्यवस्था और समाज
(ख) धर्म और संस्कृति
(ग) मनुष्य के मनोविकार
(घ) सामाजिक दंड विधान

III. शासक वर्ग अपने अन्याय और अत्याचार के विरोध की शांति के लिए क्या करते आए हैं?
(क) दुलारते (ख) डराते
(ग) ललचाते (घ) 'ख' और 'ग' दोनों

अतिलघूत्तरात्मक प्रश्न

IV. दूसरे संप्रदाय के प्रचारकों ने किसके दर्शन को पाप माना है?

लघूत्तरात्मक प्रश्न

V. धर्म-प्रवर्तकों ने स्वर्ग-नरक का भय और लोभ क्यों दिखाया है?

VI. शासन व्यवस्था किन कारणों से भय और लालच का सहारा लेती है?

VII. किसी जाति विशेष के किन कार्यों को अन्य जाति अनिष्ट कार्य मानती है?

गद्यांश 12

फिजूलखर्ची एक बुराई है, इसके पीछे बारीकी से नज़र डालें तो अहंकार नज़र आएगा। अहं के प्रदर्शन से तृप्ति मिलती है। अहं की पूर्ति के लिए कई बार बुराइयों से रिश्ता भी जोड़ना पड़ता है। अहंकारी लोग बाहर से भले ही गंभीरता का आवरण ओढ़ लें, लेकिन भीतर से वे उथलेपन से भरे रहते हैं।

जब कभी समुद्र तट पर जाने का मौका मिले, तो आप देखेंगे कि लहरें आती हैं, जाती हैं और चट्टानों से टकराती हैं। पत्थर वहीं रहते हैं, लहरें उन्हें भिगोकर लौट जाती हैं। हमारे भीतर हमारे आवेगों की लहरें भी हमें ऐसे ही टक्कर देती हैं।

इन आवेगों, आवेशों के प्रति अडिग रहने का अभ्यास करना होगा, क्योंकि अहंकार यदि लंबे समय तक टिकने की तैयारी में आ जाए, तो वह नए-नए तरीके ढूँढेगा। स्वयं को महत्त्व मिले अथवा स्वेच्छाचारिता के प्रति आग्रह, ये सब धीरे-धीरे सामान्य जीवन-शैली बन जाती है। ईसा मसीह ने कहा है—''मैं उन्हें धन्य कहूँगा, जो अंतिम हैं।'' आज के भौतिक युग में यह टिप्पणी कौन स्वीकारेगा, जब 'चारों ओर नंबर वन' होने की होड़ लगी है।

ईसा मसीह ने इसी में आगे जोड़ा है कि ''ईश्वर के राज्य में वही प्रथम होंगे, जो अंतिम हैं और जो प्रथम होने की दौड़ में रहेंगे, वे अभागे रहेंगे।'' यहाँ 'अंतिम' होने का संबंध लक्ष्य और सफलता से नहीं है। जीसस ने विनम्रता, निरहंकारिता को शब्द दिया है—'अंतिम'। आपके प्रयास व परिणाम प्रथम हों, अग्रणी रहें, पर आप भीतर से अंतिम हों यानी विनम्र, निरहंकारी रहें। अन्यथा अहं अकारण ही जीवन के आनंद को खा जाता है।

बहुविकल्पीय प्रश्न

I. जीसस के अनुसार, मनुष्य को भीतर से कैसा होना चाहिए?
(क) विनम्र
(ख) निरहंकारी
(ग) 'क' और 'ख' दोनों
(घ) स्वेच्छाचारी

II. प्रस्तुत गद्यांश का सर्वाधिक उपयुक्त शीर्षक क्या होगा?
(क) अहंकार : एक बड़ा अवगुण
(ख) फिजूलखर्ची का महत्त्व
(ग) मनुष्य की जीवन-शैली
(घ) जीसस के विचार

III. अहं के प्रदर्शन से ······· मिलती है।
(क) अच्छाई
(ख) तृप्ति
(ग) बुराई
(घ) शिक्षा

अतिलघूत्तरात्मक प्रश्न

IV. प्रस्तुत गद्यांश में फिजूलखर्ची को सूक्ष्म दृष्टि से क्या कहा गया है?

लघूत्तरात्मक प्रश्न

V. लेखक ने मानव मन में उद्वेलित होने वाली भावनाओं की तुलना किससे की है?

VI. आवेशों के प्रति अडिग रहने का अभ्यास क्यों करना होगा?

VII. अहंकारी व्यक्तियों की किन कमियों की ओर संकेत किया गया है?

गद्यांश 13

पाठक आमतौर पर रूढ़िवादी होते हैं, वे सामान्यत: साहित्य में अपनी मर्यादाओं की स्वीकृति या एक स्वप्न-जगत में पलायन चाहते हैं। साहित्य एक झटके में उन्हें अपने आस-पास के उस जीवन के प्रति सचेत करता है, जिससे उन्होंने आँखें मूँद रखी थीं। शुतुरमुर्ग़ अफ्रीका के रेगिस्तानों में नहीं मिलते, वे हर जगह बहुतायत में उपलब्ध हैं। प्रौद्योगिकी के इस दौर का नतीजा जीवन के हर गोशे में नक़द फ़सल के लिए बढ़ता हुआ पागलपन है और हमारे राजनीतिज्ञ, सत्ता के दलाल, व्यापारी, नौकरशाह- सभी लोगों को इस भगदड़ में नहीं पहुँचने, जैसा दूसरे करते हैं वैसा करने, चूहादौड़ में शामिल होने और कुछ-न-कुछ हासिल कर लेने को जिए जा रहे हैं।

कुछ लोग सोचते हैं कि पश्चिम का आधुनिकतावाद और भारत तथा अधिकांश तीसरी दुनिया के नव-औपनिवेशिक चिंतन के साथ अपनी जड़ों से अलगाव, व्यक्तिवादी अजनबियत में हमारा अनिवार्य बे-लगाम धँसाव, अचेतन के बिंब, बौद्धिकता से विद्रोह, यह घोषणा कि दिमाग अपनी रस्सी के अंतिम सिरे पर है, यथार्थवाद का विध्वंस, काम का ऐन्द्रिक सुख मात्र रह जाना और मानवीय भावनाओं का व्यावसायीकरण तथा निम्नस्तरीयकरण इस अंधी घाटी में आ फँसने की वजह है। लेकिन वे भूल जाते हैं कि आधुनिकीकरण इतिहास की एक सच्चाई है, जो नई समस्याओं को जन्म देने और विज्ञान को अधिक जटिल बनाने के बावजूद एक तरह से मानव जाति की नियति है।

मेरा सुझाव है कि विवेकहीन आधुनिकता के बावजूद आधुनिकता की दिशा में धैर्यपूर्वक सुयोजित प्रयास होने चाहिए। एक आलोचक किसी नाली में भी झाँक सकता है, पर वह नाली-निरीक्षक नहीं होता। लेखक का कार्य दुनिया को बदलना नहीं, समझना है, साहित्य क्रांति नहीं करता, वह मनुष्यों का दिमाग बदलता है और उन्हें क्रांति की आवश्यकता के प्रति जागरूक बनाता है।

बहुविकल्पीय प्रश्न

I. गद्यांश में 'शुतुरमुर्ग़' की संज्ञा किसे दी गई है?
(क) लेखक, जो संसार को समझना चाहता है
(ख) राजनीतिज्ञ, जो अपना स्वार्थ साधना चाहता है
(ग) पाठक, जो सपनों की दुनिया में रहना चाहता है
(घ) नौकरशाह, जो दूसरों जैसा बनने की होड़ में शामिल है

II. 'नक़द फ़सल के लिए बढ़ता हुआ पागलपन' से क्या तात्पर्य है?
(क) लोग तुरंत व अधिक-से-अधिक लाभ कमाना चाहते हैं
(ख) लोग प्रकृति को समय नहीं देना चाहते हैं
(ग) लोग थके हुए हैं पर विश्राम नहीं करना चाहते
(घ) लोग भौतिकवादी तथा अमीर लोगों की नकल करना चाहते हैं

III. प्रौद्योगिकी के इस दौर का नतीजा क्या है?
(क) जीवन के हर गोशे में नकद फसल के लिए बढ़ता हुआ पागलपन है
(ख) पश्चिम का आधुनिकतावाद
(ग) मानव की काम के प्रति अरुचि
(घ) उपर्युक्त सभी

अतिलघूत्तरात्मक प्रश्न

IV. साहित्य क्या करता है?

लघूत्तरात्मक प्रश्न

V. आधुनिकता की दिशा में सुयोजित प्रयास क्यों होने चाहिए? लेखक के अनुसार आधुनिकीकरण क्या है?

VI. पाठक साहित्य से आमतौर पर क्या अपेक्षा रखते हैं?

VII. लेखक का कार्य क्या है? लेखक के अनुसार, साहित्य क्या कार्य करने के लिए प्रेरित करता है?

गद्यांश 14

सिनेमा जगत के अनेक नायक-नायिकाओं, गीतकारों, कहानीकारों और निर्देशकों को हिंदी के माध्यम से पहचान मिली है। यही कारण है कि गैर-हिंदी भाषी कलाकार भी हिंदी की ओर आए हैं। समय और समाज के उभरते सच को परदे पर पूरी अर्थवत्ता में धारण करने वाले ये लोग दिखावे के लिए भले ही अंग्रेज़ी के आग्रही हों, लेकिन बुनियादी और ज़मीनी हकीकत यही है कि इनकी पूंजी, इनकी प्रतिष्ठा का एकमात्र निमित्त हिंदी ही है।

लाखों-करोड़ों दिलों की धड़कनों पर राज करने वाले ये सितारे हिंदी फ़िल्म और भाषा के सबसे बड़े प्रतिनिधि हैं। 'छोटा परदा' ने आम जनता के घरों में अपना मुकाम बनाया तो लगा हिंदी आम भारतीय की जीवन-शैली बन गई। हमारे आद्यग्रंथों 'रामायण' और 'महाभारत' को जब हिंदी में प्रस्तुत किया गया तो सड़कों का कोलाहल सन्नाटे में बदल गया। 'बुनियाद' और 'हम लोग' से शुरू हुआ सोप ऑपेरा का दौर हो या सास-बहू धारावाहिकों का, ये सभी हिंदी की रचनात्मकता और उर्वरता के प्रमाण हैं। 'कौन बनेगा करोड़पति' से करोड़पति चाहे जो बने हों, पर सदी के महानायक की हिंदी हर दिल की धड़कन और हर धड़कन की भाषा बन गई। सुर और संगीत की प्रतियोगिताओं में कर्नाटक, गुजरात, महाराष्ट्र, असम, सिक्किम जैसे गैर-हिंदी क्षेत्रों के कलाकारों ने हिंदी गीतों के माध्यम से पहचान बनाई। ज्ञान गंभीर 'डिस्कवरी' चैनल हो या बच्चों को रिझाने-लुभाने वाला 'टॉम एंड जेरी'। इनकी हिंदी उच्चारण की मिठास और गुणवत्ता अद्भुत, प्रभावी और ग्राह्य है। धर्म-संस्कृति, कला-कौशल, ज्ञान-विज्ञान सभी कार्यक्रम हिंदी की संप्रेषणीयता के प्रमाण हैं।

बहुविकल्पीय प्रश्न

I. प्रस्तुत गद्यांश का सर्वाधिक उपयुक्त शीर्षक क्या होगा?
(क) टी.वी. चैनल का इतिहास
(ख) हिंदी भाषा की गुणवत्ता एवं उपयोगिता
(ग) हिंदी भाषा बनाम अंग्रेजी भाषा
(घ) हिंदी धारावाहिक

II. निम्नलिखित में से किसकी हिंदी ने दर्शक वर्ग को सर्वाधिक प्रभावित किया?
(क) रामायण की (ख) सास-बहू धारावाहिक की
(ग) सदी के महानायक की (घ) डिस्कवरी चैनल की

III. किसने आम जनता के घरों में अपना मुकाम बनाया?
(क) अभिनेताओं ने (ख) छोटा परदा ने
(ग) निर्देशकों ने (घ) नाटकों ने

अतिलघूत्तरात्मक प्रश्न

IV. हिंदी की रचनात्मकता और उर्वरता के प्रमाण क्या हैं?

लघूत्तरात्मक प्रश्न

V. फिल्मों तथा टी.वी. धारावाहिकों ने हिंदी के प्रचार-प्रसार में क्या भूमिका निभाई है?

VI. गैर-हिंदी भाषी कलाकारों के हिंदी सिनेमा में आने का क्या कारण था?

VII. गद्यांश के आधार पर बताइए कि हिंदी की संप्रेषणीयता के क्या प्रमाण हैं?

गद्यांश 15

भारत की जलवायु में काफी क्षेत्रीय विविधता पाई जाती है। संपूर्ण विश्व आज जिस बड़ी समस्या से जूझ रहा है, वह है—जलवायु परिवर्तन। जलवायु परिवर्तन आज एक ऐसी विश्वस्तरीय समस्या का रूप ले चुका है, जिसके समाधान के लिए संपूर्ण विश्व को संयुक्त रूप से अंतर्राष्ट्रीय स्तर पर सतत प्रयास करने की आवश्यकता है। सामान्य मौसमी अभिवृत्तियों में किसी विशेष स्थान पर होने वाले विशिष्ट परिवर्तन को ही जलवायु परिवर्तन कहते हैं। मौसम में अचानक परिवर्तन, फसल-चक्र का परिवर्तित होना, वनस्पतियों की प्रजातियों का लुप्त होना, तापमान में वृद्धि, हिमनदों का पिघलना और समुद्र जल-स्तर में लगातार वृद्धि ऐसे सूचक हैं, जिनसे जलवायु परिवर्तन की परिघटना का पता चलता है।

हिमनदों का पिघलना जलवायु परिवर्तन का सबसे संवेदनशील सूचक माना जाता है। पृथ्वी पर हिमनदों के लगातार कम होने तथा उनके स्तर के नीचे खिसकने से समुद्र के जल-स्तर में वृद्धि हुई है। जलवायु परिवर्तन के पीछे कोई एक कारण नहीं है, किंतु वातावरण में ग्रीन हाउस गैसों की मात्रा के निरंतर बढ़ते रहने को इसका सबसे बड़ा कारण माना जाता है। पृथ्वी पर आने वाली सौर ऊर्जा की बड़ी मात्रा अवरक्त किरणों के रूप में पृथ्वी के वातावरण से बाहर चली जाती है। इस ऊर्जा की कुछ मात्रा ग्रीन हाउस गैसों द्वारा अवशोषित होकर पुनः पृथ्वी पर पहुँच जाती है, जिससे तापक्रम अनुकूल बना रहता है। ग्रीन हाउस गैसों में मीथेन, कार्बन-डाइऑक्साइड, नाइट्स ऑक्साइड इत्यादि शामिल हैं। वातावरण में ग्रीन हाउस गैसों का होना अच्छा है, किंतु जब इनकी मात्रा बढ़ जाती है, तो तापमान में वृद्धि होने लगती है। इससे जो समस्या सामने आई है, उसे 'ग्लोबल वार्मिंग' अर्थात् 'वैश्विक तापवृद्धि' की संज्ञा दी गई है। वास्तव में, ग्लोबल वार्मिंग जलवायु परिवर्तन का ही एक रूप है।

बहुविकल्पीय प्रश्न

I. निम्नलिखित में से प्रस्तुत गद्यांश का सर्वाधिक उपयुक्त शीर्षक क्या होगा?
(क) जलवायु परिवर्तन की समस्या
(ख) ग्रीन हाउस का प्रभाव
(ग) पृथ्वी का बढ़ता तापमान
(घ) हिमनदों का पिघलना

II. गद्यांश में जलवायु परिवर्तन का सबसे संवेदनशील सूचक किसे माना जाता है?
(क) तापमान में वृद्धि को
(ख) मौसम में परिवर्तन को
(ग) हिमनदों के पिघलने को
(घ) समुद्र जल स्तर में वृद्धि को

III. ग्लोबल वार्मिंग का दूसरा नाम है
(क) नाइट्स ऑक्साइड (ख) ताप आपूर्ति
(ग) वैश्विक तापवृद्धि (घ) ग्रीन हाउस

अतिलघूत्तरात्मक प्रश्न

IV. जलवायु परिवर्तन विश्वस्तरीय समस्या के समाधान के लिए किस स्तर पर सतत् प्रयास करने की आवश्यकता है?

लघूत्तरात्मक प्रश्न

V. वातावरण में ग्रीन हाउस गैसों की मात्रा बढ़ जाने के फलस्वरूप किसकी समस्या उत्पन्न होती है?

VI. समुद्र के जल स्तर में वृद्धि होने का एक प्रमुख कारण क्या है?

VII. सौर ऊर्जा की कुछ मात्रा ग्रीन हाउस गैसों द्वारा अवशोषित होकर पुनः पृथ्वी पर पहुँच जाती है, इसका तापक्रम पर क्या प्रभाव पड़ता है?

उत्तर

गद्यांश 1

I. (ग) समूह में रहने की इच्छा के कारण

II. (घ) भोजन और सुरक्षा के लिए

III. (क) कथन (A) और कारण (R) दोनों सही हैं तथा कारण (R), कथन (A) की सही व्याख्या करता है।

IV. अहंकार और स्वार्थ आपसी कटुता और शत्रुता पैदा करते हैं, जिससे एकता का विकास नहीं हो पाता।

V. समाज और राष्ट्र की प्रगति और स्थिरता के लिए एकता अनिवार्य है। यह संगठन, समन्वय और सामूहिक शक्ति का आधार है। असंगठित समाज या राष्ट्र आंतरिक कलह के कारण कमजोर हो जाते हैं और बाहरी आक्रमणों का सामना नहीं कर पाते। एकता के बल पर ही किसी समाज या राष्ट्र में आर्थिक, सामाजिक और सांस्कृतिक विकास संभव हो पाता है।

VI. एकता के अभाव में समाज या परिवार में फूट, संघर्ष और अव्यवस्था उत्पन्न हो जाती है। इसका परिणाम समाज की प्रगति रुकने और राष्ट्र की अस्थिरता के रूप में होता है। परिवार टूट जाते हैं, सामाजिक ताना-बाना बिखर जाता है और व्यक्तिगत स्वार्थों के कारण सहयोग की भावना समाप्त हो जाती है।

VII. एकता की स्थापना में अहंकार, स्वार्थ, कटुता और क्षमा न करने की प्रवृत्ति सबसे बड़ी बाधाएँ हैं। ये नकारात्मक भावनाएँ पारस्परिक सहयोग और स्नेह को समाप्त कर देती हैं। इसके अतिरिक्त परस्पर शत्रुता और गलतफहमियाँ भी एकता को पनपने नहीं देतीं।

गद्यांश 2

I. (ख) प्रथम प्रकार की विद्या **II.** (घ) दुर्जन से सुजन बनाना

III. (घ) शिक्षा के सोपान पर

IV. देश के स्नातक के लिए जीविकोपार्जन टेढ़ी खीर बन जाता है अर्थात् वर्तमान समय में स्नातकों के लिए रोजगार पाना अत्यधिक कठिन होता जा रहा है।

V. भारतीय विद्यार्थी को सर्वप्रथम इस प्रकार की शिक्षा दी जानी चाहिए, जो आवश्यक हो, दूसरी जो उपयोगी हो और तीसरी जो हमारे जीवन को परिष्कृत और अलंकृत करती हो। ये तीनों सीढ़ियाँ एक के बाद एक आती हैं, इनमें व्यतिक्रम नहीं होना चाहिए।

VI. वर्तमान भारत में शिक्षा की अवस्था देखकर ऐसा प्रतीत होता है कि प्राचीन भारतीय दार्शनिकों ने 'अन्न' से 'आनंद' की ओर बढ़ने को जो 'विद्या का सार' कहा था, वह सर्वथा समीचीन ही था।

VII. व्यक्ति का जीवन यदि बहुत अर्जित कर लेने के पश्चात् भी सुचारु रूप से नहीं चल रहा है, उसमें यदि वह जीवंत-शक्ति नहीं है, जो उसके अपने जीवन को तो सत्पथ पर अग्रसर करती ही है और साथ ही वह अपने समाज, जाति एवं राष्ट्र के लिए भी मार्गदर्शन करती है, तो उसका जीवन भी मानव-जीवन का अभिधान नहीं पा सकता। वह भारवाही गर्दभ बन जाता है या पूँछ-सींग-विहीन पशु कहा जाता है।

गद्यांश 3

I. (क) जनसंख्या वृद्धि : समस्या और समाधान पर

II. (घ) 1 और 3 **III.** (ग) शिक्षा

IV. गद्यांश के आधार पर आर्थिक विकास से तात्पर्य सम्मानपूर्वक जीने का स्तर है। वर्तमान में आर्थिक विकास को सम्मानपूर्वक जीने के स्तर से ज्ञात किया जाता है।

V. प्रस्तुत कथन के माध्यम से लेखक यह सिद्ध करना चाहता है कि स्त्री-शिक्षा से सामाजिक और आर्थिक विकास के साथ-साथ बच्चों का भी विकास होगा, क्योंकि यदि स्त्री शिक्षित होगी, तो वह बच्चों की देखभाल और उनकी शिक्षा का उचित ध्यान रखेगी और यदि स्त्री शिक्षित नहीं है, तो बच्चे शिक्षा के लिए दूसरे पर ही आश्रित रहेंगे। इसके साथ ही पढ़ी-लिखी स्त्री आर्थिक स्थिति को सुदृढ़ करने में भी अहम भूमिका निभा सकती है। स्त्री शिक्षा से समाज का आर्थिक स्तर भी उन्नत होगा।

VI. गद्यांश के अनुसार, जनसंख्या की समस्या को सामाजिक समस्या माना गया है। इस पर नियंत्रण होना अनिवार्य है, क्योंकि यह देश के विकास में बाधा का कार्य करती है। इसे सरकार अकेले नहीं सुलझा सकती। जब तक यह जन-आंदोलन नहीं बन जाता, तब तक इस समस्या का समाधान होना असंभव है।

VII. स्त्री-शिक्षा समाज में एक नए प्रकार का चिंतन पैदा करेगी जिससे सामाजिक और आर्थिक विकास के नए आयाम खुलेंगे और साथ ही बच्चों के विकास का नया मार्ग भी खुलेगा।

गद्यांश 4

I. (ख) वसुधैव कुटुंबकम की **II.** (ग) 1 और 3

III. (क) रोजगार का साधन होना चाहिए

IV. प्रस्तुत पंक्ति का आशय यह है कि व्यावसायिक शिक्षा वर्तमान में मात्र धन कमाने का साधन बनती जा रही है।

V. व्यावसायिक शिक्षा के अंधानुकरण का यह परिणाम सामने आया है कि छात्र सैद्धांतिक शिक्षा से दूर होते जा रहे हैं, जिसके कारण उनका दृष्टिकोण संकुचित होता जा रहा है। उन्हें रूस की क्रांति, फ्रांस की क्रांति, अमेरिकी क्रांति, समाजवाद, पूँजीवाद, राजनीतिक व्यवस्था, सांस्कृतिक मूल्यों आदि की सामान्य जानकारी भी नहीं होती है।

VI. मानविकी छात्रों को पत्रकारिता, विज्ञापन, जनसंपर्क आदि के कोर्स कराए जाते हैं, जिससे उन्हें रोजगार के लिए न भटकना पड़े तथा व्यावसायिक कोर्स करने वाले छात्रों को मानविकी विषयों का अवश्य अध्ययन करना चाहिए ताकि समाज में संतुलन बना रहे।

VII. गद्यांश के अनुसार, शिक्षित मनुष्य अपने परिवेश के प्रति जाग्रत होकर अपने कर्तव्यों के प्रति जागरूक हो जाता है। 'स्व' से पर की ओर अग्रसर होने लगता है। निर्बल की सहायता करना, दुखियों के दुःख दूर करने का प्रयत्न करना, दूसरों के दुःख से दुःखी हो जाना और दूसरों के सुख में सुख का अनुभव करना जैसी बातें केवल एक शिक्षित मनुष्य में ही देखने को मिल सकती हैं।

गद्यांश 5

I. (ख) प्रेम, भाईचारे एवं सद्भावना पर अत्यधिक बल देने के कारण

II. (ख) 1 और 2

III. (ख) कबीर लोक-कल्याण को ही मानव धर्म स्वीकार करते थे

IV. कबीर ने अनुभूतिमूलक ज्ञान का प्रसार ईश्वर पर विश्वास के द्वारा, अहिंसा के द्वारा और धर्मनिरपेक्षता के द्वारा किया था।

V. प्रस्तुत गद्यांश के अनुसार, कबीर ने धर्म को मानव धर्म के रूप में देखा था। उनके अनुसार मानव धर्म ही सबसे बड़ा धर्म है, क्योंकि जब बच्चे का जन्म होता है तो वह मानव होता है, उसके लिए न कोई हिंदू है न ही मुसलमान। इसी कारण बच्चे को भगवान भी कहा जाता है।

VI. सामान्य जनता कबीर के विचारों से प्रभावित होकर कबीर के बताए मार्ग पर चलने के लिए व्यग्र हो गई, क्योंकि कबीर ने समाज में फैले ढोंग और पाखंडों, कुत्सित विचारधाराओं के प्रति दो टूक शब्दों में जो बातें कहीं, उनसे समाज की आँखें खुल गईं और साधारण जनता उनकी वाणियों से चेतना प्राप्त कर उनकी अनुगामिनी बनने को व्यग्र हो उठी।

VII. संत कबीर एक सफल साधक, प्रभावशाली उपदेशक, महान नेता और युग द्रष्टा थे। उन्होंने कविता के सहारे अपने विचारों और भारतीय धर्मनिरपेक्षता के आधार को युग-युगान्तर के लिए अमरता प्रदान की। उन्होंने समाज में जो अनुभूत किया, उसी का वर्णन अपनी कविताओं में किया। उनके लिए सभी धर्म समान थे, इसलिए न उन्होंने हिंदुओं को छोड़ा है और न मुसलमानों को। सभी को समन्वय के साथ रहने का रास्ता दिखाया है। इस प्रकार कबीर धर्मनिरपेक्षता के आधार पुरुष हैं।

गद्यांश 6

I. (ग) बच्चों के भविष्य की चिंता के कारण

II. (घ) कथन (A) सही है, किंतु कारण (R) उसकी गलत व्याख्या करता है।

III. (ग) जीवन में संघर्ष का बढ़ जाना

IV. महामारी के संक्रमण को रोकने के उद्देश्य से पूर्ण बंदी लागू की गई। इस पूर्ण बंदी को एक सीमा तक सफलता भी मिली।

V. महामारी के कारण आर्थिक गतिविधियों पर अत्यधिक प्रभाव पड़ा। एक तरफ नौकरी पेशा लोगों को नौकरी से न निकाले जाने का आश्वासन दिया गया तथा साथ ही उनका वेतन न रोकने का भी वायदा किया गया, परंतु उनके साथ इसके विपरीत हुआ। नौकरी तो गई ही, इसके साथ ही उन्हें तनख्वाह भी नहीं मिली या फिर तनख्वाह में कटौती की गई। कुछ लोगों को तो किराए का घर तक छोड़ना पड़ा।

VI. महामारी काल में स्कूल तो बंद हो गए, परंतु विद्यार्थियों के भविष्य को ध्यान में रखते हुए ऑनलाइन कक्षाएँ शुरू की गईं। जिन शिक्षकों को कंप्यूटर चलाना नहीं आता था, उन शिक्षकों ने भरसक प्रयत्न कर कंप्यूटर चलाना सीखा तथा तत्कालीन परिस्थितियों में पढ़ाई-लिखाई जारी रखने का पूर्ण रूप से प्रयत्न किया गया।

VII. भारतवर्ष में जनसंख्या बहुत अधिक है। इतनी बड़ी जनसंख्या को नियम-कानून के दायरे में लाना बहुत कठिन व चुनौतीपूर्ण कार्य है। महामारी के समय में भारतवर्ष की विशाल जनसंख्या पर संक्रमण रोकने के उद्देश्य से पूर्ण बंदी लागू की गई तथा इसे सफल बनाने का प्रयास किया गया।

गद्यांश 7

I. (ग) स्वयं को जानने के लिए II. (ग) एकांत से प्रेम करके

III. (घ) धर्म के वास्तविक स्वरूप की पहचान

IV. एकांत प्रेमी इंसान प्रकृति से अधिक प्रेम करते हैं। प्रकृति के साथ-साथ वे इंसानों से भी प्रेम करते हैं।

V. बुद्ध अपने शिष्यों को अकेले रहने के लिए गैंडे के सींग का उदाहरण देते थे। वे कहते थे कि प्रत्येक जीव-जंतु के प्रति हिंसा का त्याग करते हुए तथा किसी की भी हानि करने की इच्छा न रखते हुए, जंगल में विचरण करते हुए गैंडे के सींग की तरह अकेले रहो।

VI. ज्यां पॉल सार्त्र एकांत के विषय में बहुत खूबसूरत बात कहते थे। उनका विचार था कि ईश्वर एक अनुपस्थिति है। ईश्वर ही इंसान का एकांत है। एकांत में रहकर ही इंसान ईश्वर के वास्तविक स्वरूप को जान पाता है।

VII. एकांतजीवी में कोई दोष नहीं होता। वह किसी व्यक्ति के अत्याचारों अथवा परिस्थितियों से तंग आकर एकांत की शरण में नहीं आता। एकांत प्रेमी तो एकांत में रहकर घनिष्ठ साधना कर ईश्वर की वास्तविकता तथा ईश्वर के प्रति प्रेम करने का प्रयास करता है, जबकि अकेलापन एक प्रकार से अलगाव की स्थिति है। यह वह स्थिति है, जो प्रतिकूल परिस्थितियों से बचने के लिए मनुष्य अपनाता है।

गद्यांश 8

I. (ख) मानव का प्रचार-प्रसार का दायरा व्यापक होने के कारण

II. (ग) विज्ञापन हमारी जरूरत की वस्तुओं को प्रस्तुत करके माँग बढ़ाता है

III. (क) कथन (A) और कारण (R) दोनों सही हैं तथा कारण (R), कथन (A) की सही व्याख्या करता है।

IV. उत्पादक का अर्थ 'उत्पन्न या उत्पाद करने वाला' है। किसी वस्तु का निर्माण करने वाला व्यक्ति या कंपनी उस वस्तु का उत्पादक कहलाता है।

V. उत्पादक व उपभोक्ता को जोडने का कार्य विज्ञापन करता है। वह उत्पादक को उपभोक्ता के संपर्क में लाता है तथा माँग और पूर्ति में संतुलन स्थापित करने का प्रयत्न करता है।

VI. विज्ञापन के आलोचकों का मानना है कि विज्ञापन निरर्थक है। यदि कोई वस्तु यथार्थ रूप में अच्छी है, तो वह बिना विज्ञापन के भी लोगों के बीच लोकप्रिय हो जाएगी और यदि कोई वस्तु खराब है तो विज्ञापन की सहायता से एक बार तो उसकी बिक्री बढ़ सकती है, परंतु कुछ समय बाद जब उस वस्तु की वास्तविकता पता लगेगी, तब वह वस्तु बाजार में नहीं टिक पाएगी। अतः विज्ञापन निरर्थक है।

VII. वर्तमान समय में संचार क्रांति ने जिंदगी को तेज गति प्रदान की है। आज समय तेजी का है। आजकल मनुष्य की आवश्यकताएँ तेजी से बढ़ी हैं। आज किसी वस्तु के अभाव का अनुभव तीव्रता से किया जाता है तथा विज्ञापन के माध्यम से व्यक्ति को नई-नई वस्तुओं की जानकारी होती है, जो समयानुसार उनकी आवश्यकता बन जाती है।

गद्यांश 9

I. (क) उसके हिम्मती होने से

II. (ग) पांडवों ने

III. (ग) पाँव बढ़ाते जाने में

IV. बड़ी हस्तियाँ बड़ी मुसीबतों को पार करके दुनिया पर अधिकार करती हैं। बड़ी चीजें ही बड़े संकटों में विकसित होती हैं।

V. महाभारत के युद्ध से पूर्व पांडवों ने अनेक मुसीबतों का सामना किया था। उन्होंने लाक्षागृह की मुसीबत झेली थी बनवास के जोखिमों को पार किया था। इन सब कठिनाइयों को झेलने के कारण वे साहसी बन गए थे। इस कारण महाभारत के युद्ध में वे अधिकांश वीरों में कौरवों के पक्ष में होने पर भी वे (पांडव) विजय प्राप्त कर सके।

VI. जिंदगी की दो सूरते हैं—पहली सूरत यह है कि आदमी बड़े-से-बड़े मकसद के लिए कोशिश करे तथा जीत हासिल करने का प्रयास करे, असफलताओं का सामना होते रहने पर भी वह हार न माने। दूसरी सूरत यह है कि वह उन गरीब आत्माओं का हमजोली बन जाए, जो न तो बहुत अधिक सुख पाती हैं और न ही अधिक दुःख।

VII. साहस की जिंदगी की सबसे बड़ी पहचान यह होती है कि ऐसी जिंदगी बिल्कुल निडर व बिल्कुल बेखौफ होती है। ऐसी जिंदगी सबसे बड़ी होती है। साहसी मनुष्य यह चिंता नहीं करता कि तमाशा देखने वाले लोग उसके बारे में क्या सोचते हैं। जनमत की उपेक्षा करके जीने वाला व्यक्ति ही दुनिया की असली ताकत होता है। मनुष्यता का प्रकाश भी साहसी व्यक्ति से ही मिलता है।

गद्यांश 10

I. (ख) चिंता, व्यथा, उच्छ्वास को समाप्त करने के कारण

II. (ग) शरीर और बुद्धि को मिलने वाला बल

III. (क) उसके शीतल जल की छींटों से मन प्रफुल्लित होता है।

IV. नाटकों में विदूषक का प्रयोग हास्य उत्पन्न कर नाटक को रोचक और आकर्षक बनाने के लिए किया जाता है।

V. गद्यांश के अनुसार हँसमुख व्यक्ति फव्वारे के समान होता है, जिसकी शीतल छींटें मन को प्रफुल्लित करती हैं। हँसमुख व्यक्तित्व में कोई उलझन या गाँठ नहीं होती। यह व्यक्ति दूसरों को प्रसन्नता देता है और जीवन में सफलता पाने का एक रहस्य भी है। हँसमुख स्वभाव दीर्घायु और मानसिक शांति का आधार है।

VI. फोटोग्राफर चाहता है कि व्यक्ति कुछ समय के लिए मुस्कुराए, जबकि विधाता चाहता है कि मनुष्य जीवन भर मुस्कुराता रहे। फोटोग्राफर क्षणिक खुशी को कैद करता है, जबकि विधाता जीवन की स्थायी प्रसन्नता की कामना करता है।

VII. हास्य-विनोद मर्यादित होना चाहिए, ताकि यह दूसरों की भावनाओं को ठेस न पहुँचाए। मर्यादा का उल्लंघन करने से हास्य दूसरों के लिए परेशानी का कारण बन सकता है। स्वस्थ हास्य ही व्यक्ति को प्रसन्न और समाज को सौहार्दपूर्ण बनाए रखता है।

गद्यांश 11

I. (ख) मनुष्य के भावों के विशेष प्रकार के संगठन पर

II. (क) शासन व्यवस्था और समाज **III.** (घ) 'ख' और 'ग' दोनों

IV. एक संप्रदाय को भस्म और रुद्राक्ष धारण करते देख दूसरे संप्रदाय के प्रचारकों ने उनके दर्शन तक को पाप माना है।

V. गद्यांश के अनुसार, धर्म-प्रवर्तकों ने स्वर्ग-नरक का भय इसलिए दिखाया है, जिससे वह अपने स्वरूप वैचित्र्य की रक्षा कर सकें, अपने प्रभाव की प्रतिष्ठा को बनाए रख सकें और साथ ही अपने स्वार्थों की पूर्ति भी करते रहें।

VI. गद्यांश के आधार पर कह सकते हैं कि शासन व्यवस्था कई कारणों से भय और लालच का सहारा लेती है, जिनमें से कुछ इस प्रकार हैं—अन्याय और अत्याचार के विरोध को रोकने के लिए, द्वेष और संकुचित विचारों के प्रचार को बनाए रखने के लिए तथा उनके द्वारा किए गए अत्याचार के विरुद्ध आवाज न उठाने के लिए।

VII. गद्यांश में स्पष्ट रूप से कहा गया है कि किसी जाति विशेष को मूर्तिपूजा करते देखना तथा भस्म या रुद्राक्ष धारण करना अन्य जातियों के प्रवर्तकों के लिए अनिष्ट कार्य है।

गद्यांश 12

I. (ग) 'क' और 'ख' दोनों **II.** (क) अहंकार : एक बड़ा अवगुण

III. (ख) तृप्ति

IV. गद्यांश की आरंभिक पंक्तियों से स्पष्ट होता है कि फिजूलखर्ची को सूक्ष्म दृष्टि से 'अहंकार का प्रदर्शन करना' कहा गया है।

V. लेखक ने मानव मन में उद्वेलित होने वाली भावनाओं की तुलना समुद्र तट की लहरों से की है। जिस प्रकार समुद्र की लहरें आते-जाते समय चट्टानों के पत्थरों को भिगोकर चली जाती हैं, उसी प्रकार हमारे भीतर आवेगों की लहरें भी हमें टक्कर देती रहती हैं।

VI. आवेशों के प्रति अडिग रहने का अभ्यास इसलिए करना होगा, क्योंकि अहंकार यदि लंबे समय तक टिकने की तैयारी में आ जाए, तो वह विनाश के नए-नए तरीके ढूँढेगा।

VII. गद्यांश में स्पष्ट रूप से कहा गया है कि अहंकारी लोग बाहर से भले ही गंभीरता का आवरण ओढ़ लें, लेकिन भीतर से वे उथलेपन से भरे होते हैं, वे सतही मानसिकता रखते हैं और किसी भी प्रकार से अपने अहं का प्रदर्शन करना चाहते हैं। अतः गद्यांश में अहंकारी व्यक्तियों की इन्हीं कमियों की ओर संकेत किया गया है।

गद्यांश 13

I. (ग) पाठक, जो सपनों की दुनिया में रहना चाहता है

II. (क) लोग तुरंत व अधिक-से-अधिक लाभ कमाना चाहते हैं

III. (क) जीवन के हर गोशे में नकद फसल के लिए बढ़ता हुआ पागलपन है

IV. साहित्य मनुष्यों का दिमाग बदलता है और उन्हें क्रांति की आवश्यकता के प्रति जागरूक बनाता है।

V. गद्यांश के अनुसार, आधुनिकता की दिशा में सुयोजित प्रयास इसलिए होने चाहिए, क्योंकि आधुनिकता होने की प्रक्रिया सदा से ही मानव सभ्यता का अंग रही है। लेखक के अनुसार आधुनिकीकरण इतिहास की सच्चाई है, जो नई समस्याओं को जन्म देने और विज्ञान को अधिक जटिल बनाने के बावजूद एक तरह से मानव जाति की नियति है।

VI. गद्यांश की आरंभिक पंक्तियों से स्पष्ट होता है कि पाठक साहित्य से आमतौर पर यह अपेक्षा रखते हैं कि साहित्य को संसार को यथावत समझना चाहिए।

VII. गद्यांश के अनुसार लेखक का कार्य दुनिया को बदलना नहीं अपितु समझना है। साहित्य क्रांति नहीं करना, वह मनुष्य का दिमाग बदलता है। लेखक के अनुसार, साहित्य लोगों को यथार्थ से अवगत कराकर बदलाव लाने के लिए कार्य करने हेतु प्रेरित करता है, ताकि मनुष्य जागरूक बन सके।

गद्यांश 14

I. (ख) हिंदी भाषा की गुणवत्ता एवं उपयोगिता

II. (ग) सदी के महानायक की

III. (ख) छोटा परदा ने

IV. 'बुनियाद' और 'हम लोग' से शुरू हुआ सोप ऑपेरा का दौर हो या सास-बहू धारावाहिकों का, ये सभी हिंदी की रचनात्मकता और उर्वरता के प्रमाण हैं।

V. गद्यांश के आधार पर कह सकते हैं कि फिल्मों और टी.वी. धारावाहिकों ने हिंदी के प्रचार-प्रसार में महत्त्वपूर्ण भूमिका निभाई है। विभिन्न हिंदी धारावाहिकों ने आम जनता के घरों में अपना मुकाम हासिल किया, जिससे हिंदी साधारण भारतीय की जीवन-शैली बन गई।

VI. गद्यांश की आरंभिक पंक्तियों में स्पष्ट किया गया है कि सिनेमा जगत के अनेक नायक-नायिकाओं, गीतकारों, कहानीकारों और निर्देशकों को हिंदी के माध्यम से पहचान मिली। इसी कारण गैर-हिंदी भाषी कलाकार भी हिंदी सिनेमा की ओर आए।

VII. गद्यांश से स्पष्ट होता है कि गैर-हिंदी क्षेत्रों के कलाकारों द्वारा हिंदी को अपनाना, गैर-हिंदी राज्यों के कलाकारों द्वारा हिंदी को अपनी पहचान के रूप में चुनना तथा डिस्कवरी चैनल का हिंदी में अनुवाद होना, ये सभी हिंदी की संप्रेषणीयता के प्रमाण हैं।

गद्यांश 15

I. (क) जलवायु परिवर्तन की समस्या

II. (ग) हिमनदों के पिघलने को

III. (ग) वैश्विक तापवृद्धि

IV. जलवायु परिवर्तन विश्वस्तरीय समस्या के समाधान के लिए संपूर्ण विश्व को संयुक्त रूप से अंतर्राष्ट्रीय स्तर पर सतत् प्रयास करने की आवश्यकता है।

V. गद्यांश के अनुसार, वातावरण में ग्रीन हाउस गैसों का होना अच्छा है, किंतु जब इनकी मात्रा बढ़ जाती है, तो तापमान में वृद्धि होने लगती है, जिसके कारण ग्लोबल वार्मिंग अर्थात् वैश्विक तापमान की समस्या उत्पन्न होती है।

VI. गद्यांश में स्पष्ट रूप से कहा गया है कि पृथ्वी पर हिमनदों के लगातार कम होने तथा उनके स्तर के नीचे खिसकने से समुद्र के जलस्तर में वृद्धि हुई है।

VII. गद्यांश के आधार पर कह सकते हैं कि सौर ऊर्जा की कुछ मात्रा ग्रीन हाउस गैसों द्वारा अवशोषित होकर पुनः पृथ्वी पर पहुँच जाती है, जिससे तापक्रम अनुकूल बना रहता है।

स्व-मूल्यांकन

गद्यांश 1

संसार में अमरता ऐसे ही लोगों को मिलती है, जो अपने पीछे कुछ आदर्श छोड़ जाते हैं, जिनका स्थायी मूल्य होता है। बहुधा यही देखा गया है कि ऐसे व्यक्ति संपन्न परिवार में बहुत कम पैदा होते हैं। अधिकांश ऐसे लोगों का जन्म मध्यम वर्ग के घरों में या गरीब परिवार में ही होता है। इस तरह का पालन-पोषण साधारण परिवार में होता है और वे सादा जीवन बिताने के आदी हो जाते हैं। मनुष्य में विनय, उदारता, कष्ट-सहिष्णुता, साहस आदि चारित्रिक गुणों का विकास अत्यावश्यक है। इन गुणों का प्रभाव उनके जीवन पर पड़ता है। ये गुण व्यक्ति को अहंकारहीन या सादा-सरल बनाते हैं। सादा जीवन या सादगी का अर्थ है—रहन-सहन, वेशभूषा और आचार-विचार का एक निर्दिष्ट स्तर। जीवन में सादगी लाने के लिए दो बातें विशेष रूप से अनुकरणीय हैं, प्रथम कठिन-से-कठिन परिस्थितियों में धैर्य को न छोड़ना, द्वितीय अपनी आवश्यकताओं को न्यूनतम बनाना।

सादगी का विचारों से भी घनिष्ठ संबंध है। सादा जीवन व्यतीत करना चाहिए और अपने विचारों को उच्च रखना चाहिए। व्यक्ति की सच्ची पहचान उसके विचारों और करनी से होती है। मनुष्य के विचार उसके आचरण पर प्रभाव डालते हैं और उसके विवेक को जाग्रत रखते हैं। विवेकशील व्यक्ति ही अपनी आवश्यकताओं को सीमित रखता है, उन्हें अपने ऊपर हावी नहीं होने देता। सादा जीवन व्यतीत करने वाले व्यक्ति को कभी हतप्रभ होकर अपने आत्मसम्मान पर आँच नहीं आने देनी चाहिए। सादगी मनुष्य के चरित्र का अंग है, वह बाहरी चीज नहीं है।

महात्मा गाँधी सादा जीवन पसंद करते थे और हाथ के कते और बुने खद्दर के मामूली वस्त्र पहनते थे, किंतु अपने उच्च विचारों के कारण वे संसार में वंदनीय हो गए।

बहुविकल्पीय प्रश्न

I. महापुरुष प्राय: कैसे परिवार में जन्म लेते हैं?
(क) गरीब वर्गीय परिवार में
(ख) मध्यवर्गीय परिवार में
(ग) 'क' और 'ख' दोनों
(घ) उच्चवर्गीय परिवार में

II. प्रस्तुत गद्यांश का सर्वाधिक उपयुक्त शीर्षक क्या हो सकता है?
(क) सादा जीवन उच्च विचार
(ख) मनुष्य की विचारधारा
(ग) जीवन का रहस्य
(घ) सामाजिक स्थिति का निर्धारण

III. हाथ से कते और बुने खद्दर के मामूली वस्त्र पहनते थे
(क) पंडित दीनदयाल (ख) राजा राममोहन राय
(ग) दयानंद स्वामी (घ) महात्मा गाँधी

अतिलघूत्तरात्मक प्रश्न

IV. सादा जीवन या सादगी का क्या अर्थ है?

लघूत्तरात्मक प्रश्न

V. कौन-सा गुण व्यक्ति को अहंकारहीन बनाता है?

VI. जीवन को सरल और सादा बनाने के लिए हमें क्या करना चाहिए?

VII. व्यक्ति की सच्ची पहचान किससे होती है?

गद्यांश 2

मानव सभ्यता पर औद्योगिक क्रांति की धमक अभी थमी भी नहीं कि एक नई तकनीकी क्रांति ने अपने आने की घोषणा कर दी है। 'नैनो-तकनीक' के समर्थक दावा करते हैं कि जब यह अपने पूरे वजूद से आएगी तो धरती का नामोनिशान मिट जाएगा और नैनो रोबोट की स्वनिर्मित फौज पूरी तरह क्षत-विक्षत शव को पलक झपकते ही चुस्त-दुरुस्त इंसान में तबदील कर देगी।

दूसरी ओर नैनो-तकनीक की असीमित शक्ति से आशंकित इसके विरोधी इसे मिस्र के पिरामिडों में सोई ममियों से भी ज्यादा अभिशप्त समझते हैं। इन दोनों अतिवादी धारणाओं के बीच इतना अवश्य कहा जा सकता है कि हम तकनीकी क्रांति के एक सर्वथा नए मुहाने पर आ पहुँचे हैं, जिसके बाद उद्योग, चिकित्सा, दूरसंचार, परिवहन सहित हमारे जीवन में शामिल तमाम तकनीकी जटिलताएँ अपने पुराने अर्थ खो देंगी। इस अभूतपूर्व तकनीकी बदलाव के सामाजिक-सांस्कृतिक निहितार्थ क्या होंगे, यह देखना सचमुच दिलचस्प होगा।

आदमी ने कभी सभ्यता की बुनियाद पत्थर के बेडौल हथियारों से डाली थी, अनगढ़ शिलाओं को छीलकर उन्हें कुल्हाड़ों और भालों की शक्ल में ढाला और इस उपलब्धि ने उत्पादकता की दृष्टि से उसे दूसरे जंतुओं की तुलना में लाभ की स्थिति में ला खड़ा किया। औज़ारों को बेहतर बनाने का यह सिलसिला आगे कई विस्मयकारी मसलों से गुज़रा और औद्योगिक क्रांति ने तो मनुष्य को मानो प्रकृति के नियंत्रक की भूमिका सौंप दी।

तकनीकी कौशल की हतप्रभ कर देने वाली इस यात्रा में एक बात ऐसी है, जो पाषाण युग के बेढब हथियारों से चमत्कारी माइक्रोचिप निर्माण तक एक जैसी बनी रही। हम अपने औजार कच्चे माल को तराशकर बनाते हैं। यह सर्वविदित तथ्य है कि सारे पदार्थ परमाणुओं से मिलकर बने हैं, लेकिन पदार्थों के गुण इस बात पर निर्भर करते हैं कि उनमें परमाणुओं को किस तरह सजाया गया है। कार्बन के परमाणुओं की एक खास बनावट से कोयला तैयार होता है, तो दूसरी खास बनावट उन्हें हीरे का रूप दे देती है। परमाणु और अणुओं को इकाई मानकर मनचाहा उत्पाद तैयार करना ही 'नैनो-तकनीक' का सार है।

बहुविकल्पीय प्रश्न

I. गद्यांश के अनुसार 'नैनो-तकनीक' क्या है?
(क) छोटी-छोटी मशीनों का प्रयोग करके बड़ी चीज बनाना
(ख) परमाणु और अणुओं को मूलभूत इकाई मानकर इच्छानुसार उत्पाद तैयार करना
(ग) परमाणु और अणुओं में भेद न करते हुए इनका प्रयोग उत्पाद बनाने में करना
(घ) तकनीक के क्षेत्र में मनुष्य को सर्वाधिक महत्त्व प्रदान करना

II. गद्यांश के अनुसार नैनो-तकनीक के महत्त्व के बारे में कौन-सा कथन सही है?
कथन 1. यह ऐसी तकनीक है, जो मनुष्य की सोच की सीमा बढ़ा देगी।
कथन 2. यह मनुष्य के विकास के लिए अत्यंत आवश्यक है।
कथन 3. यह मनुष्य को केवल विनाश की ओर ले जाएगी।
कथन 4. यह ऐसी तकनीक है, जो मनुष्य की सोच को सीमित कर देगी।
कूट
(क) केवल कथन 2 सही है (ख) कथन 2 व 3 सही हैं
(ग) केवल कथन 3 सही है। (घ) कथन 1 व 4 सही हैं

III. **कथन** (A) मनुष्य प्रकृति का नियंत्रक बन गया है।
कारण (R) औजारों का निर्माण व बेहतर बनाया गया तथा औद्योगिक क्रांति की।
कूट
(क) कथन (A) सही है, किंतु कारण (R) गलत है।
(ख) कथन (A) गलत है, किंतु कारण (R) सही है।
(ग) कथन (A) और कारण (R) दोनों सही हैं तथा कारण (R), कथन (A) की सही व्याख्या है।
(घ) कथन (A) और कारण (R) दोनों सही हैं, परंतु कारण (R), कथन (A) की सही व्याख्या नहीं है।

अतिलघूत्तरात्मक प्रश्न

IV. पदार्थों के गुण किस बात पर निर्भर करते हैं?

लघूत्तरात्मक प्रश्न

V. नैनो-तकनीक के वजूद में आने का क्या परिणाम होगा?

VI. नैनो-तकनीक के विरोधी द्वारा इसे मिस्र के पिरामिडों में सोई ममियों से भी ज्यादा अभिशप्त क्यों माना गया?

VII. 'नैनो-तकनीक' का सार क्या होता है?

गद्यांश 3

मनुष्यता बौद्धिकता में निवास न करके, उसके व्यवहार में निवास करती है। व्यवहार में बौद्धिकता का समावेश तब ही हो सकता है, जब सद्बुद्धि मौजूद हो, सद्विवेक उपस्थित हो और सद्बुद्धि या सद्विवेक यथार्थ में सुमति ही है। सुमति संपन्न व्यक्ति को अनेक अनमोल निधियाँ प्राप्त होती हैं। व्यक्ति को सुमति संपन्न बनाने में महत्त्वपूर्ण भूमिका उसकी शिक्षा एवं समाजीकरण निभाता है। इसी से किसी व्यक्ति के विवेकयुक्त व्यक्तित्व का निर्माण होता है। उचित शिक्षा व्यक्ति को विनम्रता एवं शालीनता का पाठ पढ़ाती है और उसे स्वावलंबी बनाती है। शिक्षा ही उचित-अनुचित, अच्छे-बुरे आदि में अंतर करने की दिव्य-दृष्टि प्रदान करती है, जिससे व्यक्ति सही-गलत, सत्य-असत्य की पहचान कर सकने में सक्षम बनता है। इसके अतिरिक्त शिक्षा विद्यार्थियों में उच्च चारित्रिक गुणों का निर्माण करके उनमें देश एवं समाज के प्रति उदात्त भावनाओं का विकास करती है अर्थात् समाज के अन्य सदस्यों के प्रति सद्विचार उत्पन्न करती है और सुमति संपन्न व्यक्ति निरंतर न सिर्फ़ अपने व्यक्तित्व का विकास करता है, बल्कि इससे समाज एवं राष्ट्र भी प्रगति के पथ पर अग्रसर होता है। जब मनुष्य में सद्विवेक उत्पन्न होगा, तो वह एक-दूसरे से ईर्ष्या एवं द्वेष करना छोड़ देगा।

जातीयता, सांप्रदायिकता, प्रांतीयता, अंध-क्षेत्रीयता आदि से संबंधित स्थापित संकीर्ण मान्यताओं को अस्वीकार कर सकेगा। धर्म एवं जाति की संकीर्ण कलुषित मानसिकता की जकड़न को तोड़कर वह इतना अहसास कर पाएगा कि सभी बंधनों से पूर्व सर्वप्रथम हम मानव हैं और मानव होने के नाते हमारे कुछ सामान्य लक्ष्य हैं, जिन्हें प्राप्त करना सभी मनुष्यों का धर्म है। इससे धर्म, सत्ता, अर्थ एवं वि-संस्कृति की अंधानुकृति के कारण लोप हो रही मानवता की पुनर्स्थापना की जा सकती है।

बहुविकल्पीय प्रश्न

I. कुशल बुद्धि के निर्माण में किसका महत्त्वपूर्ण योगदान है?
(क) विनम्रता का
(ख) शिक्षा का
(ग) समाजीकरण का
(घ) 'ख' और 'ग' दोनों

II. प्रस्तुत गद्यांश का सर्वाधिक उपयुक्त शीर्षक क्या होगा?
(क) सांप्रदायिकता का जहर
(ख) मनुष्य का धर्म
(ग) बौद्धिकतापूर्ण मानवता की पुनर्स्थापना
(घ) शिक्षा और समाज

III. उचित शिक्षा व्यक्ति को .... का पाठ पढ़ाती है।
(क) विनम्रता (ख) शालीनता
(ग) 'क' और 'ख' दोनों (घ) सांप्रदायिकता

अतिलघूत्तरात्मक प्रश्न

IV. व्यक्ति को सुमति संपन्न बनाने में महत्त्वपूर्ण भूमिका कौन निभाता है?

लघूत्तरात्मक प्रश्न

V. शिक्षा किस प्रकार समाज एवं देश की प्रगति में सहयोग करती है?

VI. मनुष्य किसके माध्यम से स्वावलंबी बनता है?

VII. मनुष्य जातीयता, सांप्रदायिकता, प्रांतीयता की संकीर्ण मान्यताओं को अस्वीकार कब करता है?

गद्यांश 4

भारत के लिए लोकतंत्र को अपनाया जाना भारत के राष्ट्रीय आंदोलन व जनता की आकांक्षाओं का स्वाभाविक परिणाम था। लोकतंत्र के मूलभूत तत्त्व को समझा नहीं गया है और इसलिए लोग समझते हैं कि सब कुछ सरकार को करना चाहिए, हमारी कोई जिम्मेदारी नहीं है।

लोगों में अपनी पहल से जिम्मेदारी उठाने और निभाने का संस्कार विकसित नहीं हो पाया है। फलस्वरूप देश की विशाल मानव शक्ति अभी ख़र्राटे लेती पड़ी है और देश की पूँजी उपयोगी बनने के बदले आज बोझ बन बैठी है, लेकिन उसे नींद से झकझोर कर जाग्रत करना है। किसी भी देश को महान बनाते हैं, उसमें रहने वाले लोग। लेकिन अभी हमारे देश के नागरिक अपनी जिम्मेदारी से बचते रहे हैं। चाहे सड़क पर चलने की बात हो अथवा साफ़-सफ़ाई की बात हो, जहाँ-तहाँ हम लोगों को गंदगी फैलाते और बेतरतीब ढंग से वाहन चलाते देख सकते हैं। फिर चाहते हैं कि सब कुछ सरकार ठीक कर दे।

सरकार ने बहुत सारे कार्य किए हैं, इसे अस्वीकार नहीं किया जा सकता है। वैज्ञानिक प्रयोगशालाएँ खोली हैं, विशाल बाँध बनवाए हैं तथा फ़ौलाद के कारखाने खोले हैं आदि बहुत सारे काम सरकार के द्वारा हुए हैं, परंतु अभी भी करोड़ों लोगों को कार्य के प्रति प्रेरित नहीं किया जा सका है।

वास्तव में, होना तो यह चाहिए कि लोग अपनी सूझ-बूझ के साथ अपनी आंतरिक शक्ति के बल पर खड़े हों और अपने पास जो कुछ साधन-सामग्री हो उसे लेकर कुछ कार्य करना शुरू कर दें और फिर सरकार उसमें आवश्यक मदद करे। उदाहरण के लिए, गाँव वाले बड़ी-बड़ी पंचवर्षीय योजनाएँ नहीं समझ सकेंगे, पर वे लोग यह बात जरूर समझ सकेंगे कि अपने गाँव में कहाँ कुआँ चाहिए, सिंचाई के लिए कौन-सा साधन सुलभ है और कहाँ पुल की आवश्यकता है। बाहर के लोग इन सब बातों से अनभिज्ञ होते हैं।

बहुविकल्पीय प्रश्न

I. गद्यांश के आधार पर बताइए कि लोकतंत्र का मूल तत्त्व क्या है?
(क) कर्त्तव्यपालन (ख) मानव शक्ति
(ग) आंतरिक शक्ति (घ) ये सभी

II. गद्यांश में लेखक द्वारा राष्ट्र के नागरिकों को क्या सुझाव दिए गए हैं?
(क) लोग अपनी समझ व आंतरिक ऊर्जा को आधार बनाएँ
(ख) जो भी साधन उपलब्ध हों, उनके आधार पर कार्य आरंभ करें
(ग) 'क' और 'ख' दोनों
(घ) कारखाने खोलें

III. किसी भी देश को महान बनाते हैं
(क) उसमें रहने वाले लोग
(ख) दूसरे देश के लोग
(ग) ग्रामीण परिवार
(घ) उपर्युक्त सभी

अतिलघूत्तरात्मक प्रश्न

IV. भारत के लिए लोकतंत्र को अपनाया जाना किसका परिणाम था?

लघूत्तरात्मक प्रश्न

V. प्रस्तुत गद्यांश में लेखक ने सरकारी व्यवस्था की किस कमी को उजागर किया है?

VI. गद्यांश में सरकार द्वारा किए गए कौन-से कार्यों का उल्लेख किया गया है?

VII. गद्यांश के आधार पर बताइए कि किसको नींद से झकझोर कर जाग्रत करने की आवश्यकता है?

गद्यांश 5

समाज कल्याण क्या है, इसकी पूर्ण तथा सांगोपांग परिभाषा देते समय मतभेद हो सकता है, किंतु जहाँ तक इसके सार-तत्त्व को समझने की बात है, लोगों में एक प्रकार से सामान्य सहमति मालूम पड़ती है। इसका तात्पर्य एक व्यक्तिगत सेवा से है, जो विशेष प्रकार की न होकर सामान्य प्रकार की होती है। इसका उद्देश्य किसी ऐसे व्यक्ति की सहायता करना है, जो असमर्थता की भावना से दु:खी होने पर भी अपने जीवन का सर्वोत्तम सदुपयोग करना चाहता है अथवा उन कठिनाइयों पर विजयी होना चाहता है, जो उसे पराजित कर चुकी हैं अथवा पराजय की आशंकाएँ उत्पन्न करती हैं।

समाज-कल्याण की भावना दुर्बल की सहायता करती है तथा अपरिवर्तनीय स्थितियों के साथ संबंध सुधारने या सामंजस्य स्थापित करने का प्रयत्न करती है। इसके सर्वोच्च आदर्शों का सही-सही निरूपण स्वास्थ्य मंत्रालय के एक परिपत्र द्वारा निर्दिष्ट वाक्य में किया गया है, जिसका संबंध विकलांगों के कल्याण से है। इसके अनुसार, कल्याणकारी सेवाओं का उद्देश्य यह सुनिश्चित करना है कि "सभी विकलांग व्यक्तियों को, चाहे उनकी अक्षमता कुछ भी हो, सामुदायिक जीवन में हाथ बँटाने तथा उसके विकास में योगदान देने के लिए अधिक-से-अधिक अवसर दिए जाएँगे, ताकि उनकी क्षमताओं का पूर्ण क्रियान्वयन हो सके, उनका आत्मविश्वास जाग सके तथा उनके सामाजिक संपर्क मजबूत बन सकें।"

बहुविकल्पीय प्रश्न

I. प्रस्तुत गद्यांश के आधार पर बताइए कि समाज-कल्याण का उद्देश्य क्या है?
(क) ऐसे व्यक्ति की सहायता करना, जो असमर्थता के बाद भी अपने जीवन का सर्वोत्तम सदुपयोग करना चाहता है
(ख) ऐसे व्यक्ति की सहायता करना, जो उन कठिनाइयों पर विजय प्राप्त करना चाहता है, जो उसे पराजित कर चुकी हैं
(ग) 'क' और 'ख' दोनों
(घ) ऐसे व्यक्ति की सहायता करना, जो पूर्णत: समर्थ है

II. गद्यांश के आधार पर समाज कल्याण का तात्पर्य है
(क) व्यक्तिगत सेवा (ख) अव्यक्तिगत सेवा
(ग) निरव्यक्तिगत सेवा (घ) ये सभी

III. समाज कल्याण की भावना किसकी सहायता करती है?
(क) दुर्बल की (ख) धनी की
(ग) ग्रामीण की (घ) विद्रोही की

अतिलघूत्तरात्मक प्रश्न

IV. समाज कल्याण के सर्वोच्च आदर्शों का सही निरूपण किसमें किया गया है?

लघूत्तरात्मक प्रश्न

V. गद्यांश के आधार पर बताइए कि समाज कल्याण की भावना किसकी सहायता करती है?

VI. "उनका आत्मविश्वास जाग सके तथा उनके सामाजिक संपर्क मजबूत बन सकें", वाक्य में किसकी ओर संकेत किया गया है?

VII. स्वास्थ्य मंत्रालय ने अपने परिपत्र में समाज कल्याण के लिए कौन-से लक्ष्य निर्धारित किए हैं?

गद्यांश 6

किसी भी जीव के शरीर और मानस के सबसे ऊपर मस्तिष्क है। इस मस्तिष्क का स्वभाव कैसे तय होता है? बुद्धि में होने वाले विचार से। इसका मतलब यह है कि किसी भी व्यक्ति के वंशानुगत स्वभाव को उसकी बुद्धि, उसका विवेक बदल सकता है। इसका मतलब यह है कि हमारे बर्ताव, हमारे कर्म पर हमारा वश है, चाहे दुनिया भर पर न भी हो। हम अपने स्वभाव को बदल सकते हैं, अपनी बुद्धि में बारीक बदलाव लाकर। इसके लिए हमें मस्तिष्क की रूप-रेखा पर एक नज़र दौड़ानी होगी। हमारे मस्तिष्क के दो विभिन्न अंश हैं—चेतन और अवचेतन। दोनों ही अलग-अलग प्रयोजनों के लिए ज़िम्मेदार हैं और दोनों के सीखने के तरीके भी अलग-अलग हैं। मस्तिष्क का चेतन भाग हमें विशिष्ट बनाता है, वही हमारी विशिष्टता है। इसकी वजह से एक व्यक्ति किसी दूसरे व्यक्ति से अलग होता है। हमारा कुछ अलग-सा स्वभाव, हमारी कुछ अनोखी सृजनात्मक शक्ति-ये सब मस्तिष्क के इसी हिस्से से संचालित होती हैं, तय होती हैं।

हर व्यक्ति की चेतन रचनात्मकता ही उसकी मनोकामना, उसकी इच्छा और महत्त्वाकांक्षा तय करती है। इसके विपरीत मस्तिष्क का अवचेतन हिस्सा एक ताकतवर प्रतिश्रुति यंत्र जैसा ही है। यह अब तक के रिकॉर्ड किए हुए अनुभव दोहराता रहता है।

इसमें रचनात्मकता नहीं होती। यह उन स्वचालित क्रियाओं और उस सहज स्वभाव को नियंत्रित करता है, जो दुहरा-दुहरा कर, हमारी आदत का एक हिस्सा बन चुका है। यह ज़रूरी नहीं है कि अवचेतन दिमाग की आदतें और प्रतिक्रियाएँ हमारी मनोकामनाओं या हमारी पहचान पर आधारित हों। दिमाग का यह हिस्सा अपने जन्म के थोड़े पहले, माँ के पेट में ही सीखना शुरू कर देता है जैसे जीवन के 'चक्रव्यूह' में उतरने से पहले ही 'अभिमन्यु' पाठ सीखने लगा हो। यहाँ से लेकर सात साल की उमर तक वे सारे कर्म और आचरण हमारे दिमाग का यह अवचेतन हिस्सा सीख लेता है, जो भावी जीवन के लिए मूल आधार हैं।

बहुविकल्पीय प्रश्न

I. कौन-सा कथन सही है?
(क) वंशानुगत स्वभाव को अपने विवेक और बुद्धि से बदल सकते हैं
(ख) वंशानुगत स्वभाव को अपने विवेक और बुद्धि से नहीं बदल सकते हैं
(ग) व्यवहार और कर्म पर किसी का वश नहीं है
(घ) नियति ही सर्वोच्च है और होनी होकर रहती है

II. अभिमन्यु की चर्चा से लेखक प्रतिपादित करना चाहता है कि
(क) चेतन मस्तिष्क जन्म से पहले ही काम करना शुरू कर देता है
(ख) अवचेतन मस्तिष्क जन्म से पहले ही काम करना शुरू कर देता है
(ग) अवचेतन मस्तिष्क चक्रव्यूह जैसा होता है
(घ) हमारा आचरण हमारे भविष्य का निर्माता है

III. किसी व्यक्ति को दूसरे से भिन्न और विशिष्ट स्वभाव का बनाता है
(क) चेतन मस्तिष्क (ख) अवचेतन मस्तिष्क
(ग) हमारे कर्मों का फल (घ) हँसमुख व्यवहार

अतिलघूत्तरात्मक प्रश्न

IV. सृजनात्मक और रचनात्मक कार्यों की जिम्मेदारी किसकी है?

लघूत्तरात्मक प्रश्न

V. हम अपने स्वभाव को कैसे परिवर्तित कर सकते हैं?

VI. मस्तिष्क के दो अंश कौन-से है? स्पष्ट कीजिए।

VII. गद्यांश के अनुसार, मस्तिष्क का अवचेतन हिस्सा क्या-क्या सीख लेता है?

गद्यांश 7

आज शिक्षा के क्षेत्र में भी बाजारीकरण हो जाने के कारण शिक्षा महँगी और गरीबों की पहुँच से बाहर हो चुकी है। एक ओर तो रुचि और उपयोगिता के अनुसार उपयुक्त शिक्षा पाने के लिए गरीबों के पास धन उपलब्ध नहीं है, तो वहीं जो सम्पन्न हैं, उनके पास समय का अभाव है। ऐसे में ऑनलाइन शिक्षा व्यवस्था एक बेहतर विकल्प के तौर पर उभरी है। पिछले वर्ष देश के गरीब और स्कूल न जान सकने वाले बच्चों के लिए सरकार की ओर से प्रभावी कदम उठाते हुए ई-शिक्षा व्यवस्था की शुरुआत करते हुए 'स्वयं डॉट जीओवी डॉट इन' वेब पोर्टल की शुरुआत की गई है। इससे बच्चे ऑनलाइन शिक्षा पा सकेंगे और उन्हें किसी भी तरह का शुल्क नहीं देना होगा। इस पोर्टल की विशेषता यह है कि इससे छात्र मैनेजमेंट, इंजीनियरिंग सहित तमाम पाठ्यक्रमों की पढ़ाई घर बैठे कर सकेंगे। इससे छात्रों को घर बैठे ही सर्टिफिकेट और डिग्री भी हासिल होंगे, जो किसी भी विश्वविद्यालय में मान्य होंगे।

ऑनलाइन एजुकेशन के प्रति लोगों में बढ़ता उत्साह देखकर कहा जा सकता है कि भारत में इसका भविष्य उज्ज्वल है। यही कारण है कि अब अधिकतर शिक्षण संस्थान इस व्यवस्था को अपना रहे हैं। पढ़ाई का बढ़ता खर्च और किसी भी प्रोफेशनल कोर्स की डिग्री प्राप्त करने के लिए कॉलेजों का चुनाव, प्रवेश परीक्षा और फिर एक साथ मोटी

फीस चुकाना युवाओं की बढ़ती संख्या के लिए काफी मुश्किल साबित हो रहा है। भारत में केवल बारह प्रतिशत छात्रों को विश्वविद्यालय में प्रवेश मिलता है। ऐसे में ऑनलाइन शिक्षा देने वाली कंपनियों के लिए भारत एक बहुत बड़ा बाजार बन गया है। आज एक-दूसरे को समझने-जानने की जिज्ञासा भी लोगों में बढ़ी हुई देखी जाती है। ऐसे में किसी देश की भाषा सीखना आवश्यक हो जाता है क्योंकि भाषा सीखने में उस देश की संस्कृति तथा अन्य बातें समझी जा सकती हैं। इसलिए भारत के प्रति भी रुचि बढ़ी है और हिंदी सीखने-सिखाने की माँग भी बढ़ी है। यह भारत के लिए, विशेषकर हिंदी भाषा के लिए शुभ संकेत है।

बहुविकल्पीय प्रश्न

I. भारत में ऑनलाइन शिक्षा में निरंतर रुचि बढ़ने का क्या कारण है?
(क) पढ़ाई का खर्च अधिक होना
(ख) विश्वविद्यालयों में प्रवेश न मिलना
(ग) अनेक शिक्षण संस्थाओं के द्वारा ऑनलाइन व्यवस्था
(घ) उपर्युक्त सभी

II. 'ऑनलाइन शिक्षा व्यवस्था' का तात्पर्य है
(क) घर बैठे इंटरनेट के माध्यम से शिक्षा
(ख) मैनेजमेंट, इंजीनियरिंग आदि की शिक्षा
(ग) गरीब और साधनहीन लोगों के लिए शिक्षा
(घ) किसी भी प्रकार के शुल्क से मुक्त शिक्षा

III. **कथन** (A) ऑनलाइन शिक्षा भारत के लिए शुभ संकेत है।
कारण (R) भारत में ऑनलाइन शिक्षा के प्रति लोगों में काफी उत्साह है।

कूट
(क) कथन (A) और कारण (R) दोनों सही हैं तथा कारण (R), कथन (A) की सही व्याख्या है।
(ख) कथन (A) और कारण (R) दोनों सही हैं, परंतु कारण (R), कथन (A) की सही व्याख्या नहीं है।
(ग) कथन (A) सही है, किंतु कारण (R) गलत है।
(घ) कथन (A) गलत है, किंतु कारण (R) सही है।

अतिलघूतरात्मक प्रश्न

IV. सरकार द्वारा 'वेब पोर्टल' की शुरुआत किसके लिए की गई है।

लघूतरात्मक प्रश्न

V. आज शिक्षा का गरीबों की पहुँच से बाहर होने का क्या कारण है?
VI. भारत ऑनलाइन शिक्षा देने वाली कंपनियों के लिए बहुत बड़ा बाजार क्यों बन गया है?
VII. किसी भी देश की भाषा को सीखना आवश्यक क्यों है?

गद्यांश 8

युगों-युगों से मानव इस धरती पर आसरा लिए हुए हैं। प्रत्येक युग प्रतिक्षण परिवर्तित हुआ है, इसलिए कहा गया है कि समय परिवर्तनशील है, जो आज हमारे साथ नहीं है, कल हमारे साथ होंगे और हम अपने दु:ख और असफलता से मुक्ति पा लेंगे, यह विचार ही हमें सहजता प्रदान कर सकता है। हम दूसरे की संपन्नता, ऊँचा पद और भौतिक साधनों की उपलब्धता देखकर विचलित हो जाते हैं कि यह उसके पास तो है, किंतु हमारे पास नहीं है, वह हमारे विचारों की गरीबी का प्रमाण है और यही बात अंदर विकट असहज भाव का संचालन करती है। जीवन में सहजता का भाव न होने के कारण अधिकतर लोग हमेशा ही असफल होते हैं। सहज भाव लाने के लिए हमें नियमित रूप से योगासन-प्राणायाम और ध्यान करने के साथ-साथ ईश्वर का स्मरण अवश्य करना चाहिए। इसमें हमारे तन-मन और विचारों के विकार बाहर निकलते हैं और तभी हम सहजता के भाव का अनुभव कर सकते हैं। याद रखने की बात है कि हमारे विकार ही हमारे अंदर असहजता का भाव उत्पन्न करते हैं। ईर्ष्या-द्वेष और परनिंदा जैसे गुण हम अनजाने में ही अपना लेते हैं और अंतत: जीवन में हर पल असहज होते हैं। उससे बचने के लिए आवश्यक है कि हम अध्यात्म के प्रति अपने मन और विचारों का रुझान रखें।

बहुविकल्पीय प्रश्न

I. गद्यांश के आधार पर मनुष्य की वैचारिक गरीबी को प्रकट करने वाला विचार है
(क) दूसरों की संपन्नता से विचलित होना
(ख) दूसरों के ऊँचे पद से विचलित होना
(ग) 'क' और 'ख' दोनों
(घ) योगासन से विचलित होना

II. गद्यांश के आधार पर दिए गए कथनों में से सही विकल्प का चयन कीजिए।
(क) सहज भाव मन को एकाग्र व विचलित करते हैं
(ख) हमारे विकार हमारे अंदर सहज भाव उत्पन्न करते हैं
(ग) जीवन में सहजता का भाव न होने से अधिकतर लोग असफल होते हैं
(घ) जीवन में सहज भाव न होने से अधिकतर लोग असफलता से मुक्ति पाते हैं

III. गद्यांश के आधार पर स्पष्ट कीजिए कि सहज भावों को धारण करने के लिए हमें क्या करना चाहिए?
(क) योगासन-प्राणायाम (ख) ईश्वर का स्मरण
(ग) ध्यान करना (घ) ये सभी

अतिलघूतरात्मक प्रश्न

IV. मनुष्य में असहजता का विकास कैसे होता है?

लघूतरात्मक प्रश्न

V. यदि हम अध्यात्म के प्रति अपने मन और विचारों का रुझान रखें, तो किससे बचा जा सकता है? स्पष्ट कीजिए।
VI. हमारे विचारों की गरीबी का प्रमाण क्या है?
VII. समय परिवर्तनशील है, ऐसा क्यों कहा गया है? स्पष्ट कीजिए।

02

अध्याय

अपठित पद्यांश

अपठित पद्यांश का अर्थ

कविता (काव्य) का वह अंश, जिसका पहले अध्ययन नहीं किया गया हो, अपठित पद्यांश कहलाता है। अपठित पद्यांश का उद्देश्य काव्य-पंक्तियों में प्रयुक्त शब्दों के अर्थ जानना, भाव समझना, विश्लेषण करना, काव्य सौंदर्य को समझना, भाषा-शैली को पहचानना आदि में विद्यार्थियों की क्षमता को परखना होता है। अपठित पद्यांश के अंतर्गत विद्यार्थियों को काव्य-पंक्तियों के भावार्थ (मूल भाव) व केंद्रीय भाव को समझकर उसका सावधानीपूर्वक, गंभीरता व गहनता से अध्ययन करना अत्यंत आवश्यक है।

प्रश्न प्रारूप

पद्यांश की संख्या 1
शब्द-सीमा 100

- बहुविकल्पीय प्रश्न
- अतिलघूत्तरात्मक प्रश्न
- लघूत्तरात्मक प्रश्न

कुल अंक 8

अपठित पद्यांश को हल करने के चरणबद्ध तरीके

- सर्वप्रथम दिए गए अपठित पद्यांश को दो-तीन बार ध्यानपूर्वक पढ़कर उसके मूलभाव को आत्मसात् (समझना) करना चाहिए।
- पद्यांश में दिए गए **महत्त्वपूर्ण संदर्भों** को रेखांकित करते रहना चाहिए। इससे प्रश्नों को हल करने में आसानी होती है।
- भाषिक संरचना एवं व्याकरण संबंधी प्रश्नों के लिए पद्यांश में दिए गए कठिन शब्दों को रेखांकित करना चाहिए।
- पद्यांश में प्रयुक्त अलंकार, रस, छंद आदि भाषिक बिंदुओं को गंभीरता से हल करना चाहिए।

अपठित पद्यांश को हल करते समय ध्यान रखने योग्य बातें

- कवि के विचारों को ध्यान में रखकर ही सर्वाधिक उचित विकल्प का चुनाव अपने उत्तर के रूप में करना चाहिए।
- सही उत्तर के विकल्प का चुनाव करते समय एकाग्र होना चाहिए तथा प्रश्न की प्रकृति पूरी तरह स्पष्ट होने पर ही विकल्प का चयन करना चाहिए।
- सभी प्रश्नों को ध्यानपूर्वक पढ़ने व समझने के पश्चात् ही उसके उत्तर का चुनाव करना चाहिए।
- पद्यांश पर आधारित **कथन** व **कथन/कारण** वाले बहुविकल्पीय प्रश्नों को हल करने हेतु सर्वप्रथम उनके केंद्र बिंदु व मुख्य उद्देश्य को समझना चाहिए। इसके पश्चात् ही सही विकल्प का चयन करना चाहिए।
- अतिलघु व लघु उत्तरीय प्रश्नों के उत्तर काव्यांश के बाहर से नहीं देने चाहिए।
- अतिलघु व लघु उत्तरीय प्रश्नों के उत्तर में शब्द सीमा का ध्यान रखना चाहिए।
- प्रश्नों का उत्तर लिखने के बाद एक बार अवश्य ध्यानपूर्वक दोहरा लेना चाहिए, ताकि असावधानी से हुई गलतियों को सुधारा जा सके।

सैंपल पद्यांश

यहाँ कुछ उदाहरण दिए जा रहे हैं। विद्यार्थी इन उदाहरणों की मदद से अपठित पद्यांशों को सही प्रकार से हल करना सीख सकते हैं। निम्नलिखित पद्यांशों को पढ़कर इन पर पूछे गए प्रश्नों के उत्तर दीजिए

पद्यांश 1

देख आया चंद्रगहना।
देखता हूँ दृश्य अब मैं
मेड़ पर इस खेत की बैठा अकेला
एक बीते के बराबर यह हरा ठिगना चना,
बाँधे मुरेठा शीश पर छूटे गुलाबी फूल का
सजकर खड़ा है।
पास ही मिलकर उगी है बीच में अलसी हठीली
देह की पतली, कमर की है लचीली
नीले फूले फूल को सिर पर चढ़ाकर
कह रही है जो छुए यह दूँ हृदय का दान उसको।
और सरसों की न पूछो-हो गई सबसे सयानी,
हाथ पीले कर लिए हैं, ब्याह-मंडप में पधारी;
फाग गाता मास फागुन आ गया है आज जैसे।
देखता हूँ मैं, स्वयंवर हो रहा है,
प्रकृति का अनुराग अंचल हिल रहा है
इस विजन में, दूर व्यापारिक नगर से
प्रेम की प्रिय भूमि उपजाऊ अधिक है।
और पैरों के तले है एक पोखर,
उठ रहीं इसमें लहरियाँ,
नीम तल में तो उगी है घास भूरी, ले रही वह भी लहरियाँ
एक चाँदी का बड़ा-सा गोल खंभा आँख को है चमकाता
हैं कई पत्थर किनारे पी रहे चुपचाप पानी,
प्यास जाने कब बुझेगी, चुप खड़ा बगुला डुबाए टाँग जल में,
देखते ही मीन चंचल ध्यान-निद्रा त्यागता है
चट दबाकर चोंच से नीचे गले के डालता है।

बहुविकल्पीय प्रश्न

I. पद्यांश में किन दृश्यों का वर्णन किया गया है?
(क) गाँव के जलाशय और झरनों का
(ख) गाँव में उगने वाली फसलों का
(ग) विभिन्न सामाजिक रीति-रिवाजों का
(घ) गाँव के प्राकृतिक दृश्यों का

II. पद्यांश में अलसी को हठीली क्यों कहा गया है?
(क) वह दूसरे पौधों से हठ करके उलझती रहती है
(ख) उसके सिर पर की डोडियाँ उसे सीधी कर देती हैं
(ग) पतली और लचीली होने के कारण तनकर सीधी हो जाती है
(घ) वह बराबर हिलती रहने के कारण हठीली लगती है

III. पद्यांश के अनुसार, चने और अलसी के वर्णन से कवि ने क्या व्यक्त किया है?
1. चना और अलसी प्रकृति के सौंदर्य का प्रतीक हैं।
2. चना और अलसी की विशेषताएँ मनुष्य के गुणों से जुड़ी हुई हैं।
3. प्रकृति का हर दृश्य कवि को आकर्षित करता है।

कूट
(क) केवल 1
(ख) केवल 3
(ग) 1 और 2
(घ) 1, 2 और 3

अतिलघूत्तरात्मक प्रश्न

IV. कवि ने चने को गुलाबी मुरैठा बाँधे बैठा हुआ क्यों कहा है?

लघूत्तरात्मक प्रश्न

V. पद्यांश में सरसों को 'सबसे सयानी' क्यों कहा गया है?
VI. अलसी का हठीला स्वरूप कवि को क्यों आकर्षित करता है?

उत्तर

I. (घ) गाँव के प्राकृतिक दृश्यों का
II. (ग) पतली और लचीली होने के कारण तनकर सीधी हो जाती है
III. (घ) 1, 2 और 3
IV. कवि ने चने में गुलाबी रंग के फूल आ जाने के कारण चने को गुलाबी मुरैठा (पगड़ी) बाँधे बैठा हुआ कहा है।
V. पद्यांश में सरसों को 'सबसे सयानी' इसलिए कहा गया है, क्योंकि वह पीले फूलों से लदी हुई है और उसे ऐसा प्रतीत होता है, जैसे उसने विवाह के लिए हाथ पीले कर लिए हैं। सरसों का यह वर्णन ग्रामीण संस्कृति और प्रकृति के सौंदर्य को मानवीकरण के माध्यम से प्रस्तुत करता है, जो दर्शाता है कि यह फागुन के महीने में परिपक्व हो चुकी है।
VI. अलसी को कवि ने हठीली कहा है, क्योंकि वह पतली और लचीली होने के बावजूद अपनी जगह पर सीधी खड़ी रहने की कोशिश करती है। उसका यह स्वभाव कवि को दृढ़ता और आत्मविश्वास का प्रतीक लगता है। नीले फूलों से सजी यह अलसी अपनी सुंदरता और साहस के साथ किसी को भी प्रभावित करने में सक्षम है। इसलिए अलसी का हठीला स्वरूप कवि को आकर्षित करता है।

पद्यांश 2

चलते चलो, चलते चलो
सूरज के संग-संग चलते चलो, चलते चलो!
तम के जो बंदी
सूरज ने मुक्त किए
किरनों से गगन पोंछ
धरती को रँग दिए,
सूरज को विजय मिली, ऋतुओं की रात हुई
कह दो इन तारों से चंदा के संग-संग चलते चलो!
रत्नमयी वसुधा पर
चलने को चरण दिए
बैठी उस क्षितिज पार
लक्ष्मी श्रृंगार किए
आज तुम्हें मुक्ति मिली, कौन तुम्हें दास कहे
स्वामी तुम ऋतुओं के, संवत् के संग-संग चलते चलो!

नदियों ने चलकर ही
सागर का रूप लिया
मेघों ने चलकर ही
धरती को गर्भ दिया
रुकने का मरण नाम, पीछे सब प्रस्तर है।
आगे है देवयान, युग के ही संग-संग चलते चलो!

मानव जिस ओर गया
नगर बसे, तीर्थ बने
तुमसे है कौन बड़ा
गगन-सिंधु मित्र बने
भूमा का भोगो सुख, नदियों का सोम पियो
त्यागो सब जीर्ण वसन, नूतन के संग-संग चलते चलो!

बहुविकल्पीय प्रश्न

I. 'तम के बंदी' किन्हें कहा गया है?
(क) पृथ्वी के जीव-जंतुओं को
(ख) आकाश के चाँद-तारों को
(ग) रात्रि में विचरण करने वाले जंतुओं को
(घ) आकाश में पाए जाने वाले नक्षत्रों को

II. 'किरनों से गगन पोंछने' का आशय है
(क) सूर्य की किरणों द्वारा आकाश की कालिमा को दूर करना
(ख) चाँद-तारों की उपस्थिति को हटाना
(ग) रात्रि की भयावहता को दूर हटाना
(घ) सूर्य को अपने स्वर्णिम प्रकाश से आकाश में फैली कालिमा को दूर करना

III. **कथन** (A) कवि ने जीवन रूपी मार्ग पर बढ़ने वाले यात्री को चलते चलो का संदेश दिया है।
कारण (R) कवि ने पुराने विचारों को त्यागने का आग्रह किया है।
कूट
(क) कथन (A) और कारण (R) दोनों सही हैं तथा कारण (R), कथन (A) की सही व्याख्या है।
(ख) कथन (A) और कारण (R) दोनों सही हैं, परंतु कारण (R), कथन (A) की सही व्याख्या नहीं है।
(ग) कथन (A) सही है, किंतु कारण (R) गलत है।
(घ) कथन (A) गलत है, किंतु कारण (R) सही है।

अतिलघूत्तरात्मक प्रश्न

IV. 'जीर्ण वसन' का आशय क्या है?

लघूत्तरात्मक प्रश्न

V. 'मेघों ने धरती को गर्भ दिया' से क्या अभिप्राय है?
VI. कवि ने 'नूतन के संग-संग' चलने की प्रेरणा क्यों दी है?

उत्तर

I. (क) पृथ्वी के जीव-जंतुओं को
II. (क) सूर्य की किरणों द्वारा आकाश की कालिमा को दूर करना
III. (ख) कथन (A) और कारण (R) दोनों सही हैं, परंतु कारण (R), कथन (A) की सही व्याख्या नहीं है।
IV. 'जीर्ण वसन' का आशय पुराने और रूढ़िवादी विचार या रीति-रिवाज से है।
V. 'मेघों ने धरती को गर्भ दिया' से अभिप्राय है कि मेघों ने अपनी वर्षा से धरती को जीवन प्रदान किया। वर्षा के कारण पृथ्वी पर हरियाली आती है, फसलें उगती हैं और सभी जीव-जंतुओं के लिए जल की पूर्ति होती है। यह प्रकृति की अद्भुत क्रियाशीलता और मेघों की जीवनदायिनी भूमिका को दर्शाता है।
VI. कवि ने 'नूतन के संग-संग' चलने की प्रेरणा इसलिए दी है, ताकि लोग पुराने और रूढ़िवादी विचारों को त्यागकर नए विचारों, नवाचार और प्रगति को अपनाएँ। जीवन में विकास और परिवर्तन को स्वीकार करना आवश्यक है। नूतनता से समाज और व्यक्तियों में सकारात्मक बदलाव आता है, जिससे जीवन अधिक सार्थक और सफल बनता है।

परीक्षा अभ्यास

पद्यांश 1

लहरों के संग खेलता,
एक चमकीला धूप का टुकड़ा।
खुश होकर एक चंचल मन,
जैसे आईने में देखता हो मुखड़ा।

कभी लहरों के आगे भागता,
कभी लहरों के पीछे दौड़ता।
कभी करता जल को आलिंगन,
जैसे अपनी हो पूरी धरा और गगन।

प्रात:काल जलधारा भी कुछ यूं मचल जाती,
धूप के नर्म, गोरे चितवन को देख कर।
कभी साँस रोके एकटक देखती,
कभी हिलोरें भरती, कभी गुदगुदाती हँस कर
श्वेत कमल सी उजली धूप की काया,
प्रेम और मान पाकर खूब सारा।
तप कर अंग-अंग फूले न समाता,
प्रेयसी जो है उसकी जलधारा।

किंतु, साँझ होते ही धूप के टुकड़े को,
घर वापसी की मजबूरी बड़ी अखरती।
बुझे मन से करके वायदा फिर आने को,
चल देता हौले-से पीली-नारंगी छटा बिखेरता।

चूँ-चूँ चहचहाती खगों के मधुर स्वरों में
कहीं खो जाती तब कसक जलधारा की।
प्रतीक्षा करती फिर शांत भाव से वियोग में,
ओढ़कर आशा भरी मुस्कान, एक नई सुबह की।

बहुविकल्पीय प्रश्न

I. प्रात:काल होते ही जलधारा क्यों मचलने लगती है?
(क) चारों ओर फैले प्रकाश को देखकर
(ख) धूप के टुकड़े की छवि देखकर
(ग) चारों ओर पक्षियों का कलरव सुनकर
(घ) प्रकृति का शांत वातावरण अनुभूत कर

II. धूप के टुकड़े का अंग-अंग फूला क्यों नहीं समा रहा?
(क) प्रेयसी की प्रसन्नता अनुभव कर
(ख) प्रेयसी का सान्निध्य पाकर
(ग) प्रेयसी का प्रेम और मान पाकर
(घ) प्रेयसी का मान-सम्मान पाकर

III. पद्यांश के आधार पर निम्नलिखित में से कौन-सा कथन सही है?
कथन 1 धूप का टुकड़ा जलधारा के साथ खेलता है।
कथन 2 धूप का टुकड़ा जलधारा से बिछड़ने के बाद उदास हो जाता है।
कथन 3 जलधारा धूप के टुकड़े से अलग होकर उसकी प्रतीक्षा करती है।
कूट
(क) केवल 1 (ख) 2 और 3 (ग) केवल 3 (घ) 1, 2 और 3

अतिलघूत्तरात्मक प्रश्न

IV. कवि ने धूप के टुकड़े को किसके समान बताया है?

लघूत्तरात्मक प्रश्न

V. 'साँझ होते ही धूप की उदासी' का क्या कारण है?
VI. कवि ने धूप और जलधारा के संबंध को कैसे व्यक्त किया है?

पद्यांश 2

मैं हूँ उनके साथ खड़ी
जो सीधी रखते अपनी रीढ़।
कभी नहीं जो तज सकते हैं
अपना न्यायोचित अधिकार
कभी नहीं जो सह सकते हैं
शीश नवाकर अत्याचार
एक अकेले हों या उनके
साथ खड़ी हो भारी भीड़
मैं हूँ उनके साथ खड़ी
जो सीधी रखते अपनी रीढ़।
निर्भय हो घोषित करते
जो अपने उद्गार-विचार
जिनकी जिह्वा पर होता है
उनके अंतर का अंगार
नहीं जिन्हें चुप कर सकती है
आततायियों की शमशीर
मैं हूँ उनके साथ खड़ी,
जो सीधी रखते अपनी रीढ़।

बहुविकल्पीय प्रश्न

I. अत्याचार सहन न करने वालों के प्रति कवयित्री की क्या प्रतिक्रिया होती है?
(क) वह उनके साथ खड़ी होती है
(ख) वह उनके विरुद्ध खड़ी होती है
(ग) वह उनसे सीधे मुँह बात नहीं करती है
(घ) वह उन पर विश्वास नहीं करती है

II. **कथन** (A) कवयित्री सीधी रीढ़ रखने वालों का साथ देती है?
कारण (R) क्योंकि वे अपनी बात को सीधी व स्पष्ट कहते हैं।
कूट
(क) कथन (A) और कारण (R) दोनों सही हैं तथा कारण (R), कथन (A) की सही व्याख्या है।
(ख) कथन (A) और कारण (R) दोनों सही हैं, परंतु कारण (R), कथन (A) की सही व्याख्या नहीं है।
(ग) कथन (A) सही है, किंतु कारण (R) गलत है।
(घ) कथन (A) गलत है, किंतु कारण (R) सही है।

III. पद्यांश के अनुसार दिए गए विकल्पों में से सही विकल्प का चयन करके लिखिए।
(क) परिस्थितियों से समझौता करने वालों के साथ कवयित्री खड़ी है
(ख) स्वप्न जगत में खोए व्यक्तियों के साथ कवयित्री खड़ी है
(ग) अन्याय और अत्याचार करने वालों के साथ कवयित्री खड़ी है
(घ) सत्य एवं न्याय पथ पर अडिग रहने वालों के साथ कवयित्री खड़ी है

अतिलघूत्तरात्मक प्रश्न

IV. 'आततायियों की शमशीर' से क्या तात्पर्य है?

लघूत्तरात्मक प्रश्न

V. कवि के अनुसार, अपने विचारों को किस प्रकार अभिव्यक्त करना चाहिए?

VI. कवि के अनुसार, स्वावलंबी लोग कैसे होते हैं?

पद्यांश 3

कैसे बेमौके पर तुमने ये
मज़हब के शोले सुलगाए।
मानव-मंगल-अभियानों में
जब नया कल्प आरंभ हुआ
जब चंद्रलोक की यात्रा के
सपने सच होने को आए।
तुम राग अलापो मज़हब का
पैग़ंबर को बदनाम करो,
नापाक हरकतों में अपनी
रूहों को कत्लेआम करो!
हम प्रजातंत्र में मनुष्यता के
मंगल-कलश सँवार रहे
हर जाति-धर्म के लिए
खुला आकाश-प्रकाश पसार रहे।
उत्सर्ग हमारा आज
हिमालय की चोटी छू आया है।
सदियों की कालिख को
हमने बलिदानों से धोना है
मानवता की खुशहाली की
हरियाली फ़सलें बोना है।
बढ़-बढ़कर बातें करने की
बलिदानी रटते बान नहीं
इतना तो तुम भी समझ गए
यह कल का हिंदुस्तान नहीं।

बहुविकल्पीय प्रश्न

I. 'मज़हब का राग' अप्रासंगिक है, क्योंकि प्रजातंत्र
(क) मज़हबी राग में विश्वास नहीं रखता
(ख) जाति और धर्म को मानवता का हितकारी समझता है
(ग) समाज को संकुचित दृष्टिकोण से नहीं देखता
(घ) खुले आकाश के सामने देखता है

II. 'हरियाली फसलें बोना है' कथन का आशय है
(क) मानवता को बढ़ावा देना
(ख) देश को फलता-फूलता देखना
(ग) सामाजिक भेदभाव मिटाना
(घ) सांप्रदायिकता का विरोध करना

III. सुमेलित कीजिए।

	सूची I		सूची II
A.	मंगल अभियान	1.	सभी धर्मों का एकजुट व प्रेमभाव से रहना
B.	सदियों की कालिख धोना	2.	नए दौर का आरंभ
C.	मानवता की खुशहाली	3.	भेदभाव का अंत

कूट

	A	B	C		A	B	C
(क)	1	2	3	(ख)	2	3	1
(ग)	2	1	3	(घ)	3	1	2

अतिलघूत्तरात्मक प्रश्न

IV. प्रजातंत्र में किसका हित सर्वोपरि होता है?

लघूत्तरात्मक प्रश्न

V. 'मज़हब के शोले' से क्या तात्पर्य है?

VI. 'मज़हब के शोले सुलगाने का यह अवसर नहीं है', पंक्ति से कवि का क्या आशय है?

पद्यांश 4

तेजस्वी सम्मान खोजते नहीं गोत्र बतला के,
पाते हैं जग में प्रशस्ति अपना करतब दिखला के।
हीन मूल की ओर देख जग गलत कहे या ठीक,
वीर खींच कर ही रहते हैं इतिहासों में लीक।
जिसके पिता सूर्य थे, माता कुंती सती कुमारी,
उसका पलना हुआ धार पर बहती हुई पिटारी।
सूत-वंश में पला चखा भी नहीं जननि का क्षीर,
निकला कर्ण सभी युवकों में तब भी अद्भुत वीर।
तन से समरशूर मन से भावुक, स्वभाव से दानी,
जाति-गोत्र का नहीं, शील का, पौरुष का अभिमानी।
सान-ध्यान, शस्त्रास्त्र शास्त्र का कर सम्यक् अभ्यास,
अपने गुण का किया कर्ण ने आप स्वयं सुविकास।

बहुविकल्पीय प्रश्न

I. कर्ण किस प्रकार के गुणों से युक्त महारथी थे?
(क) जाति-वंश के गुणों से
(ख) शील और पौरुष जैसे श्रेष्ठ गुणों से
(ग) चाटुकारिता और बनावटीपन से
(घ) अहंकार और दर्प से

II. 'इतिहासों में लीक खींचने' से कवि का क्या आशय है?
(क) वीर पुरुष इतिहास में दरार डाल देते हैं
(ख) वीर पुरुष कभी भी अपने अतीत से नहीं डरते
(ग) वीर पुरुष हमेशा इतिहास में छाए रहते हैं
(घ) वीर पुरुष अपना नाम इतिहास में लिखवा ही लेते हैं

III. पद्यांश में कर्ण को तन, मन और स्वभाव से क्रमशः बताया गया है
(क) क्षीण, कृपण और कुटिल
(ख) बलिष्ठ, भावुक और कृपण
(ग) समरशूर, भावुक और दानी
(घ) कायर, भावुक और कृपण

अतिलघूत्तरात्मक प्रश्न

IV. वीर पुरुष किस कारण हीन भावना में नहीं पड़ते?

लघूत्तरात्मक प्रश्न

V. संसार में तेजस्वी लोग वही होते हैं, जो

VI. पैदा होने पर कर्ण को कैसे पालने में झुलाया गया था?

पद्यांश 5

शीश पर मंगल-कलश रख
भूलकर जन के सभी दुःख
चाहते हो तो मना लो जन्म-दिन भूखे वतन का।
जो उदासी है हृदय पर,
वह उभर आती समय पर,
पेट की रोटी जुड़ाओ,
रेशमी झंडा उड़ाओ,
ध्यान तो रखो मगर उस अधफटे नंगे बदन का।
तन कहीं पर, मन कहीं पर,
धन कहीं, निर्धन कहीं पर,
फूल की ऐसी विदाई,
शूल को आती रुलाई
आँधियों के साथ जैसे हो रहा सौदा चमन का।
आग ठंडी हो, गरम हो,
तोड़ देती है, मरम को,
क्रांति है आनी किसी दिन,
आदमी घड़ियाँ रहा गिन,
राख कर देता सभी कुछ अधजला दीपक भवन का
मना लो जन्म-दिन भूखे वतन का।

बहुविकल्पीय प्रश्न

I. देश की स्वतंत्रता के मांगलिक उत्सव शोभाहीन होते हैं यदि
(क) देश की जनता दुःखी और भूखी है
(ख) राष्ट्र का जनसमुदाय निर्धन है
(ग) मुल्क के अधिकांश लोग परेशान हैं
(घ) पूरे राज्य का भविष्य अंधकारमय है

II. दिए गए कथनों को ध्यानपूर्वक पढ़कर सही विकल्प का चयन करें।
कथन 1 कवि दुःखी व पीड़ित जनता के कष्टों को दूर करना चाहता है।
कथन 2 कवि निर्धन मनुष्य को संबोधित कर रहा है।
कथन 3 कवि को अपने देश पर गर्व है।
कथन 4 कवि व्यथित व्यक्ति के लिए चिंतित है।
कूट
(क) कथन 1 और 2 सही हैं (ख) कथन 2 और 3 सही हैं
(ग) कथन 2 और 4 सही हैं (घ) कथन 1 और 4 सही हैं

III. 'आग ठंडी हो, गरम हो' का प्रतीकार्थ है
(क) क्रांति शिथिल हो या उग्र
(ख) आक्रोश धीमा हो या तीव्र
(ग) क्रोध मंद हो या घातक
(घ) हिंसा सीमित हो या असीमित

अतिलघूत्तरात्मक प्रश्न

IV. कवि के अनुसार किस कारण क्रांति अवश्य आती है?

लघूत्तरात्मक प्रश्न

V. 'आँधियों के साथ जैसे हो रहा सौदा चमन का' कथन का क्या आशय है?

VI. देश के शासकों को कवि का क्या संबोधन है?

पद्यांश 6

जिस राम के गुण आप गाते हैं
जिस अर्जुन पर आप मुग्ध हैं
बताओ तो दोस्तों!
उनके जो-जो चित्र
आपकी आस्था और विश्वास
के हैं
वे राजमहलों के हैं
या वनवास के हैं?
मित्रों!
जब स्वयं रामचंद्र
राजमहलों की रेशमी जूतियाँ
उतारकर
नंगे पाँव वन में पधारे थे
तभी से वे महिमावान हो गए
राजकुमार तो थे ही
अब वे भगवान हो गए।
जटाधारी राम हों
या वन-वन भटकते पांडव
सबके गौरवशाली चरित्र वन के हैं
ताड़का का वध हो
या जटायु का संस्कार
केवट का मिलन हो
या शबरी से प्यार
भरत से मिलन का हेतु हो
या लंका का सेतु हो
सब वन के ही शृंगार हैं
राम के चौदह वर्ष हों
या पांडवों के तेरह वर्ष
दोनों ने महिमा की पूंजी
वन से ही उगाही थी।
सोने की लंका वनवासी राम ने
ही ढहाई थी
जुए की खाई में गिरे पांडवों ने
दुर्योधन की जंघा तोड़ने की
शक्ति वनवास से ही पाई थी।

बहुविकल्पीय प्रश्न

I. यहाँ 'रेशमी जूतियाँ' और 'नंगे पाँव' किन स्थितियों के परिचायक हैं?
(क) राजा और रंक के (ख) सुख और कष्ट के
(ग) अमीरी और गरीबी के (घ) राम और पांडव के

II. प्रस्तुत पद्यांश का क्या संदेश है?
(क) वनवास ही मनुष्य को महान बनाता है
(ख) बड़ी कठिनाइयों का सामना करके ही मनुष्य महान बनता है
(ग) वनों का हमारे जीवन में बहुत महत्त्व है
(घ) राजमहलों का जीवन हमें कमज़ोर करता है

III. प्रस्तुत पद्यांश में किसके महत्त्व को उजागर किया गया है?
(क) वनवास के संघर्षपूर्ण जीवन के
(ख) राम और पांडव के
(ग) जटायु और केवट के
(घ) उपर्युक्त में से कोई नहीं

अतिलघूत्तरात्मक प्रश्न

IV. कवि ने वनवास को किसका प्रतीक बताया है?

लघूत्तरात्मक प्रश्न

V. पद्यांश के अनुसार, महापुरुषों का चरित्र गौरवशाली कहाँ हुआ है?
VI. किस घटना ने रामचंद्र को राजकुमार से भगवान बना दिया?

पद्यांश 7

लक्ष्य तक पहुँचे बिना, पथ में पथिक विश्राम कैसा।
लक्ष्य है अति दूर दुर्गम मार्ग भी हम जानते हैं;
किंतु पथ के कंटकों को हम सुमन ही मानते हैं,
जब प्रगति का नाम जीवन, यह अकाल विराम कैसा।।
धनुष से जो छूटता है बाण कब मग में ठहरता
देखते-देखते वह लक्ष्य का ही बेध करता
लक्ष्य प्रेरित बाण हैं हम, ठहरते का काम कैसा।।
बस वही है पथिक जो पथ पर निरंतर अग्रसर हो,
हो सदा गतिशील जिसका लक्ष्य प्रतिक्षण निकटतर हो।
हार बैठे जो डगर में पथिक उसका नाम कैसा।।
बाल रवि को स्वर्ण किरणें निमिष में भू पर पहुँचती,
कालिमा का नाश करती, ज्योति जगमग जगत धरती
ज्योति के हम पुंज फिर हमको अमा से भीति कैसा।।
आज तो अति ही निकट है देख लो वह लक्ष्य अपना,
पग बढ़ाते ही चलो बस शीघ्र होगा सत्य सपना।
धर्म-पथ के पथिक को फिर देव दक्षिण वाम कैसा।।

बहुविकल्पीय प्रश्न

I. पथ के कंटक को सुमन मानने से क्या आशय है?
(क) हम बाधाओं की चिंता नहीं करते
(ख) हम मार्ग की बाधाओं से प्रसन्न होते हैं
(ग) बाधाओं से जूझना ही हमारा लक्ष्य है
(घ) मार्ग की बाधाओं को स्वीकार करके चलते हैं

II. 'कंटक' किसका प्रतीक है?
(क) स्वार्थों का (ख) बाधाओं का
(ग) सुख-सुविधाओं का (घ) कष्टों का

III. पद्यांश के अनुसार, पथिक कौन है?
(क) जो अपनी डगर में कभी हार नहीं मानता
(ख) जो अपने पथ पर निरंतर अग्रसर हो
(ग) जो सदा गतिशील रहे और अपने लक्ष्य के निकट हो
(घ) उपर्युक्त सभी

अतिलघूत्तरात्मक प्रश्न

IV. कवि ने लक्ष्य का मार्ग कैसा बताया है?

लघूत्तरात्मक प्रश्न

V. 'लक्ष्य प्रेरित बाण हैं हम' पंक्ति का क्या भाव है?
VI. अँधेरे को नष्ट कर पृथ्वी को उजाले से कौन भर देता है?

पद्यांश 8

इन नए बसते इलाकों में
जहाँ रोज़ बन रहे हैं नए-नए मकान
मैं अक्सर रास्ता भूल जाता हूँ
धोखा दे जाते हैं पुराने निशान
खोजता हूँ ताकता पीपल का पेड़
खोजता हूँ ढहा हुआ घर
और ज़मीन का खाली टुकड़ा जहाँ से बाएँ
मुड़ना था मुझे
फिर दो मकान बाद बिना रंग वाले लोहे के फाटक
का घर था इकमंज़िला
और मैं हर बार एक घर पीछे
चल देता हूँ
या दो घर आगे ठकमकाता
यहाँ रोज़ कुछ बन रहा है
रोज़ कुछ घट रहा है
यहाँ स्मृति का भरोसा नहीं
एक ही दिन में पुरानी पड़ जाती है दुनिया
जैसे बसंत का गया पतझड़ को लौटा हूँ
अब यही है उपाय कि हर दरवाज़ा खटखटाओ
और पूछो-क्या यही है वो घर?
समय बहुत कम है तुम्हारे पास
आ चला पानी ढहा आ रहा अकास
शायद पुकार ले कोई पहचाना ऊपर से देखकर।

बहुविकल्पीय प्रश्न

I. कवि अपने घर के लिए कहाँ से मुड़ता है?
(क) पीपल के पेड़ के पास से
(ख) धराशायी हुए मकान से
(ग) लोहे के फाटक के पास से
(घ) ज़मीन के खाली टुकड़े के पास से

II. 'रोज़ कुछ घट रहा है' पंक्ति किस संदर्भ में कही गई है?
(क) कवि अपने घर नहीं पहुँच पाता है
(ख) कवि की याददाश्त कमज़ोर पड़ती जा रही है
(ग) कवि के घर के आस-पास नित नए मकान बनते जा रहे हैं
(घ) एक ही दिन में दुनिया छोटी पड़ जाती है

III. दिए गए कथनों में से सही कथन का चयन कीजिए।
कथन 1 कवि के अनुसार, स्मृति कुछ महीनों में पुरानी पड़ जाती है।
कथन 2 कवि को बरगद का पेड़ व पुराने निशान धोखा दे जाते हैं।
कथन 3 कवि हर बार एक घर पीछे चल देता है।
कूट
(क) केवल 1 (ख) 2 और 3
(ग) 1 और 2 (घ) केवल 3

अतिलघूत्तरात्मक प्रश्न

IV. कवि के घर के आस-पास का इलाका अभी किस प्रक्रिया से गुजर रहा है?

लघूत्तरात्मक प्रश्न

V. कवि अक्सर अपना रास्ता क्यों भूल जाता है?

VI. 'जैसे बसंत का गया पतझड़ को लौटा हूँ' का आशय क्या है?

पद्यांश 9

सुख और शोक
अंधकार और आलोक
मोह और मत्सर
शांति और संघर्ष
आते-जाते बने रहें
तो आदमी को लगता है
वह जी रहा है अभी,
जब से पैदा हुआ है वह
मंशाएँ इसी तरह
उधेड़ रहा है, सी रहा है
और इसी में रमा हुआ है
कभी सुख से एक होता है
कभी शोक से
कभी अंधकार से
कभी आलोक से
गति और दुर्गति इसीलिए
उसके पाँवों में है
और गति अगर कहीं है
तो सिर्फ़ उसके घावों में है
शुरू से अब तक
वे हरे हैं, जैसे के तैसे।

बहुविकल्पीय प्रश्न

I. पैदा होने के बाद इंसान इसी उधेड़बुन में जीवित रहता है कि वह
(क) जी रहा है (ख) क्यों जी रहा है
(ग) क्या जी रहा है (घ) जी नहीं रहा है

II. 'घावों के हरे होने' से कवि का क्या तात्पर्य है?
(क) मनुष्य के पैरों में लगी चोट टीस रही है
(ख) मनुष्य के जीवन में अनेक बुरे क्षण आए हैं, जिनकी टीस उसके मन में बनी हुई है
(ग) मनुष्य को अपनी चोट की याद आ गई है
(घ) मनुष्य अपनी चोट की परवाह नहीं करता, इसलिए उसका घाव हरा हो गया है

III. मनुष्य के मन में उसके द्वारा बिताए किन क्षणों की टीस बनी रहती है?
(क) बुरे क्षणों की (ख) अच्छे क्षणों की
(ग) आनंद के क्षणों की (घ) ये सभी

अतिलघूत्तरात्मक प्रश्न

IV. मनुष्य के जीवन में क्या आते-जाते रहते हैं?

लघूत्तरात्मक प्रश्न

V. कवि ने जीने का आधार किसे माना है?

VI. 'गति और दुर्गति इसीलिए उसके पाँवों में है' कथन का भाव स्पष्ट कीजिए।

पद्यांश 10

मानो, जनता है फूल जिसे अहसास नहीं,
जब चाहो तभी उतार सजा लो दोनों में;
अथवा कोई दुधमुँही जिसे बहलाने के
जंतर-मंतर सीमित हों चार खिलौनों में।
लेकिन होता भूडोल, बवंडर उठते हैं,
जनता जब कोपाकुल हो भृकुटि चढ़ाती है;
दो राह समय के रथ का घर्घर-नाद सुनो,
सिंहासन खाली करो कि जनता आती है।
हुँकारों से महलों की नींव उखड़ जाती,
साँसों के बल से ताज हवा में उड़ता है,
जनता की रोके राह, समय में ताव कहाँ?
वह जिधर चाहती, काल उधर ही मुड़ता है।
अब्दों, शताब्दियों, सहस्राब्द का अंधकार
बीता; गवाक्ष अंबर के दहके जाते हैं;
यह और नहीं कोई, जनता के स्वप्न अजय
चीरते तिमिर का वक्ष उमड़ते जाते हैं।

बहुविकल्पीय प्रश्न

I. जनता के हुंकारों से महलों की नींव उखड़ने का क्या अभिप्राय है?
(क) अत्याचार सहन करना
(ख) शोषकों के घर तोड़ना
(ग) अशांति फैलाना
(घ) सत्ता छिनना

II. **कथन** (A) शताब्दियों से फैला अंधकार दूर हो रहा है।
कारण (R) जनता द्वारा अपना अधिकार प्रयोग किया जा रहा है।
(क) कथन (A) तथा कारण (R) दोनों सही हैं तथा कारण (R), कथन (A) की सही व्याख्या करता है।
(ख) कथन (A) तथा कारण (R) दोनों सही हैं, किंतु कारण (R), कथन (A) की सही व्याख्या नहीं करता है।
(ग) कथन (A) सही है, किंतु कारण (R) गलत है।
(घ) कथन (A) गलत है, किंतु कारण (R) सही है।

III. 'जंतर-मंतर सीमित हो चार खिलौनों में'—पंक्ति में निहित मूलभाव क्या है?
(क) वायदे मात्र करके जनता को बहलाना
(ख) बच्चों को खिलौने बाँटना
(ग) भारतीय जनता बच्चों के समान कमज़ोर है
(घ) खिलौने रूपी सुंदर बातों द्वारा शासक वर्ग को आकर्षित करना

अतिलघूत्तरात्मक प्रश्न

IV. जनता का मार्ग रोकने की हिम्मत किसमें नहीं है?

लघूत्तरात्मक प्रश्न

V. जनता की तुलना फूलों से क्यों की गई है?

VI. जनता के क्रोध का क्या परिणाम होता है?

पद्यांश 11

वैराग्य छोड़ बाँहों की विभा सँभालो
चट्टानों की छाती से दूध निकालो।
है रुकी जहाँ भी धार शिलाएँ तोड़ो,
पीयूष चंद्रमाओं को पकड़ निचोड़ो
चढ़ तुंग शैल शिखरों पर सोम पियो रे।
योगियों नहीं, विजयी के सदृश जियो रे।
छोड़ो मत अपनी आन, सीस कट जाए,
मत झुको अनय पर, भले व्योम फट जाए
दो बार नहीं यमराज कंठ धरता है,
मरता है जो, एक ही बार मरता है।
तुम स्वयं मरण के मुख पर चरण धरो रे।
जीना हो तो मरने से नहीं डरो रे।
स्वातंत्र्य जाति की लगन व्यक्ति की धुन है,
बाहरी वस्तु यह नहीं, भीतरी गुण है।
नत हुए बिना जो अशनि-घात सहती है,
स्वाधीन जगत् में वही जाति रहती है।
वीरत्व छोड़ पर का मत चरण गहो रे।

बहुविकल्पीय प्रश्न

I. कवि भारतीय युवकों को ऐसा जीवन जीने को कहता है, जो
(क) कायरों जैसा न हो
(ख) योगियों जैसा नहीं, पराक्रमी वीरों जैसा हो
(ग) केवल बात करने वाले बुद्धिजीवी जैसा न हो
(घ) व्यर्थ में समय नष्ट न करता हो

II. कवि कहता है कि मनुष्य को उन परिस्थितियों में मृत्यु की चिंता नहीं करनी चाहिए, जब
(क) कोई युद्ध करने पर आमादा हो
(ख) कोई निरीह पशुओं पर अत्याचार कर रहा हो
(ग) कोई असामाजिक कार्य कर रहा हो
(घ) उसकी आन अर्थात् इज़्ज़त दाँव पर लगी हो

III. 'नत हुए बिना जो अशनि-घात सहती है, स्वाधीन जगत् में वही जाति रहती है' पंक्ति के आधार पर सही कथन वाले विकल्प का चयन कीजिए।
कथन 1 संसार में केवल वे ही जीत सकते हैं, जो आंदोलन करने को तैयार हों।
कथन 2 संसार में केवल वही जाति स्वाधीनतापूर्वक जीवित रह पाती है, जो तलवारों की चोट का सामना करने पर भी हार नहीं मानती।
कथन 3 संसार में वे ही जीत सकते हैं, जो महिलाओं का सम्मान करने को तैयार हों।
कथन 4 संसार में वे ही जीत सकते हैं, जो जीतने का साहस रखते हों।

कूट
(क) केवल 1 (ख) केवल 2
(ग) 3 और 4 (घ) 2 और 3

अतिलघूत्तरात्मक प्रश्न

IV. प्रस्तुत कविता किस पृष्ठभूमि में लिखी गई है?

लघूत्तरात्मक प्रश्न

V. कवि द्वारा इस कविता को लिखने का क्या कारण हो सकता है?

VI. इस कविता का मूल स्वर क्या है?

पद्यांश 12

मैं बचपन को बुला रही थी
बोल उठी बिटिया मेरी।
नंदन वन-सी फूल उठी
यह छोटी-सी कुटिया मेरी।
'माँ ओ' कहकर बुला रही थी
मिट्टी खाकर आई थी।
कुछ मुँह में, कुछ लिए हाथ में
मुझे खिलाने आई थी।
पुलक रहे अंग, दृगों में
कौतूहल था छलक रहा।
मुँह पर थी आह्लाद लालिमा,
विजय-गर्व था झलक रहा।
मैंने पूछा, "यह क्या लाई?"
बोल उठी वह, "माँ काओ"
हुआ प्रफुल्लित हृदय खुशी से
मैंने कहा—"तुम्हीं खाओ"
पाया मैंने बचपन फिर से,
बचपन बेटी बन आया,
उसकी मंजुल मूर्ति देखकर
मुझमें नवजीवन आया।
मैं भी उसके साथ खेलती
खाती हूँ, तुतलाती हूँ।
मिलकर उसके साथ स्वयं
मैं भी बच्ची बन जाती हूँ।
जिसे खोजती थी बरसों से
अब जाकर उसको पाया।
भाग गया था मुझे छोड़कर
वह बचपन फिर से आया।

बहुविकल्पीय प्रश्न

I. कवयित्री की बेटी के मुँह पर किस कारण विजय-गर्व झलक रहा था?
(क) अपनी माँ के संतोष एवं आनंद को देखकर
(ख) अपनी माँ के तुतलाने के कारण
(ग) अपने संग माँ को खेलते देखकर
(घ) स्वयं मिट्टी खाने तथा अपनी माँ को खिलाने के लिए लाने के कारण

II. कवयित्री वर्षों से किसे खोज रही थी?
(क) अपनी बेटी को (ख) किसी अपने को
(ग) अपने बचपन को (घ) अपनी बचपन की सहेली को

III. पद्यांश में प्रयुक्त शब्द 'दृग' का अर्थ है
(क) आँख (ख) चेहरा
(ग) गाल (घ) ललाट

अतिलघूत्तरात्मक प्रश्न

IV. कवयित्री की बेटी हाथ में क्या लेकर आई थी?

लघूत्तरात्मक प्रश्न

V. कवयित्री ने अपने बचपन को किस रूप में पुनः पा लिया?

VI. कवयित्री बचपन को फिर से क्यों पाना चाहती है?

पद्यांश 13

बहती रहने दो मेरी धमनियों में
जन्मदात्री मिट्टी की गंध,
मानवीय संवेदनाओं की पावनी
गंगा,
सदा-सदा को वांछित रह सकने
वाले
पसीने की खारी यमुना।
शपथ खाने दो मुझे
केवल उस मिट्टी की
जो मेरे प्राणों का आदि है,
मध्य है, अंत है।
सिर झुकाओ मेरा
केवल उस स्वतंत्र वायु के सम्मुख
जो विश्व का गरल पीकर भी
बहता है
पवित्र करने को कण-कण।
क्योंकि
मैं जी सकता हूँ
केवल उस मिट्टी के लिए,
केवल इस वायु के लिए।
क्योंकि
मैं मात्र साँस लेती
खाल होना नहीं चाहता।

बहुविकल्पीय प्रश्न

I. 'जन्मदात्री मिट्टी की गंध' पंक्ति में कवि की अभिव्यक्त इच्छा का स्वरूप है
(क) मातृभूमि के प्रति गहन अनुराग
(ख) वर्षा से भीगी मिट्टी की गंध
(ग) अन्न उपजाने वाली मिट्टी की महक
(घ) जन्म देने वाली माँ के प्यार की लालसा

II. कवि शपथ लेना चाहता है देश की उस मिट्टी की, जो उसके
(क) जीवन को बनाने वाली है (ख) जीवन की सर्वस्व है
(ग) रग-रग में व्याप्त है (घ) प्राणों का आधार है

III. पद्यांश के अनुसार, निम्नलिखित कथनों को ध्यानपूर्वक पढ़कर सही कथन के विकल्प का चयन कीजिए।
कथन 1 कवि यमुना की शपथ खाता है।
कथन 2 कवि मानवीय संवेदनाओं से काफी दूर है।
कथन 3 कवि अपनी जन्मदात्री मिट्टी के लिए जीवित रह सकता है।
कथन 4 कवि वायु को प्राणदायी शक्ति स्वीकार करता है।

कूट
(क) 1 और 4
(ख) केवल 3
(ग) केवल 4
(घ) 2 और 4

अतिलघूत्तरात्मक प्रश्न

IV. कवि के लिए देश की मिट्टी क्या है?

लघूत्तरात्मक प्रश्न

V. 'मानवीय संवेदनाओं की पावनी गंगा' से कवि का आशय क्या है?

VI. 'मात्र साँस लेती खाल' का क्या आशय है?

पद्यांश 14

हारा हूँ सौ बार
गुनाहों से लड़-लड़कर
लेकिन बारंबार लड़ा हूँ
मैं उठ-उठकर
इससे मेरा हर गुनाह भी
मुझसे हारा मैंने अपने जीवन को
इस तरह उबारा
डूबा हूँ हर रोज़
किनारे तक आ-आकर
लेकिन मैं हर रोज़ उगा हूँ
जैसे दिनकर
इससे मेरी असफलता भी मुझसे
हारी
मैंने अपनी सुंदरता इस तरह सँवारी।

बहुविकल्पीय प्रश्न

I. कवि गुनाहों से सौ बार हारा है, लेकिन वह लड़ा है
(क) गिर-गिरकर (ख) उठ-उठकर
(ग) भाग-भागकर (घ) छिप-छिपकर

II. कवि ने अपनी असफलताओं को पराजित किया है
(क) गुनाहों से लड़कर
(ख) घायल होकर
(ग) विजय की कामना करके
(घ) अनाचार का सामना करके

III. 'डूबा हूँ हर रोज़ किनारे तक आ-आकर' का अर्थ है कि कवि
(क) प्रतिदिन किनारे आकर डूब गया है
(ख) तैरना नहीं जानता
(ग) सफलताओं के समीप आकर भी असफल हुआ है
(घ) असफलताओं से नहीं घबराता

अतिलघूत्तरात्मक प्रश्न

IV. किस कारण कवि का गुनाह उससे हारा है?

लघूत्तरात्मक प्रश्न

V. 'मैंने अपनी सुंदरता इस तरह सँवारी' पंक्ति द्वारा कवि के व्यक्तित्व की किस विशेषता का पता चलता है?

VI. प्रस्तुत पद्यांश से कवि का क्या आशय है?

पद्यांश 15

क्या कुटिल व्यंग्य!	निर्धन का धन पी रहे
दीनता वेदना से अधीर,	लोभ के प्रेत छिपे,
आशा से जिनका नाम रात-दिन	पानी विलीन होता जाता है
जपती है,	रेतों में।
दिल्ली के वे देवता रोज कहते	हिल रहा देश कुत्सा के जिन
जाते,	आघातों से,
'कुछ और धरो धीरज, किस्मत	वे नाद तुम्हें ही नहीं सुनाई
अब छपती है।'	पड़ते हैं?
किस्मतें रोज छप रहीं,	निर्माणों के प्रहरियों!
मगर जलधार कहाँ? प्यासी	तुम्हें ही चोरों के काले चेहरे
हरियाली सूख रही है खेतों में,	क्या नहीं दिखाई पड़ते हैं?

बहुविकल्पीय प्रश्न

I. कवि क्या चेतावनी दे रहा है?
(क) जनता क्रांति करने वाली है
(ख) बहुत गर्मी पड़ रही है
(ग) जनता की मदद करो
(घ) खेत सूख रहे हैं अत: फसल कम होगी

II. **कथन** (A) गरीबों की दशा में कोई सुधार नहीं हो पा रहा है।
कारण (R) गरीबों को किसी प्रकार की मदद नहीं चाहिए।

कूट
(क) कथन (A) तथा कारण (R) दोनों सही हैं तथा कारण (R), कथन (A) की सही व्याख्या करता है।
(ख) कथन (A) तथा कारण (R) दोनों सही हैं, किंतु कारण (R), कथन (A) की सही व्याख्या नहीं करता है।
(ग) कथन (A) सही है, किंतु कारण (R) गलत है।
(घ) कथन (A) गलत है, किंतु कारण (R) सही है।

III. निम्नलिखित कथनों पर विचार कीजिए
1. बुरे कार्य ज्यादा दिन तक नहीं चलते हैं।
2. जनता फिर से क्रांति करने वाली है।
3. निर्धन और अधिक धनी हो रहे हैं।
उपर्युक्त कथनों में से कौन-सा/से सही है/हैं?
(क) केवल 1 (ख) केवल 3
(ग) 1 और 2 (घ) 2 और 3

अतिलघूत्तरात्मक प्रश्न

IV. कवि ने 'निर्माणों के प्रहरियों' किसे कहा है?

लघूत्तरात्मक प्रश्न

V. कवि ने गरीबों के प्रति क्या कुटिल व्यंग्य किया है?

VI. 'पानी विलीन होता जाता है रेतों में' पंक्ति का आशय क्या है?

उत्तर

पद्यांश 1

I. (ख) धूप के टुकड़े की छवि देखकर

II. (ग) प्रेयसी का प्रेम और मान पाकर

III. (घ) 1, 2 और 3

IV. कवि ने धूप के टुकड़े को चंचल प्रेमी के समान बताया है।

V. पूरे दिन अपनी प्रेयसी के साथ समय बिताने के पश्चात् साँझ होते ही धूप को अपने घर लौटना पड़ता है। यह वियोग उसे गहरे दुःख से भर देता है। यह उसकी विवशता को दर्शाता है, क्योंकि वह अपने प्रिय के साथ और अधिक समय नहीं बिता सकता।

VI. कवि ने धूप को प्रेमी और जलधारा को प्रेयसी के रूप में चित्रित किया है। धूप का टुकड़ा अपनी चंचलता में लहरों के साथ खेलता है, जबकि जलधारा प्रेम और मान से उसे स्वीकार करती है। धूप और जलधारा के बीच का यह रिश्ता प्रकृति के सौंदर्य और कोमलता को व्यक्त करता है। साँझ होते ही उनका वियोग होता है, परंतु जलधारा एक नई सुबह के पुनर्मिलन की प्रतीक्षा करती है।

पद्यांश 2

I. (क) वह उनके साथ खड़ी होती है

II. (क) कथन (A) और कारण (R) दोनों सही हैं तथा कारण (R) कथन (A) की सही व्याख्या करता है।

III. (घ) सत्य एवं न्याय पथ पर अडिग रहने वालों के साथ कवयित्री खड़ी है।

IV. 'आततायियों की शमशीर' से तात्पर्य आतंकवादियों की विचारधारा से है।

V. कवि के अनुसार, अपने विचारों को निर्भय होकर अभिव्यक्त करना चाहिए। अत्याचारों को सिर झुकाकर नहीं सहना चाहिए। यदि हृदय में कोई क्रोधपूर्ण बात है, तो सबके सामने कह देनी चाहिए।

VI. कवि के अनुसार, स्वावलंबी लोग अपने कंधों से बढ़कर पर्वत से टक्कर लेते हैं अर्थात् अपनी शक्ति से अधिक कार्य करके दिखाते हैं। वे मार्ग की बाधाओं को गिनते नहीं, उन्हें कोई भी लोहे की जंजीर से बाँधकर नहीं रख सकता। कोई भी शक्ति उन्हें गुलाम नहीं बना सकती।

पद्यांश 3

I. (ग) समाज को संकुचित दृष्टिकोण से नहीं देखता

II. (घ) सांप्रदायिकता का विरोध करना

III. (ख) 2 3 1

IV. प्रजातंत्र में प्रजा का हित सर्वोपरि होता है, फिर चाहे प्रजा का संबंध किसी भी धर्म अथवा जाति से हो।

V. प्रस्तुत पद्यांश में सांप्रदायिकता का विरोध किया गया है। यहाँ 'मज़हब के शोले' से तात्पर्य धर्म पर आधारित नफ़रत की बातें फैलाने से है।

VI. प्रस्तुत पद्यांश में कवि कहता है कि आज मज़हब के शोले सुलगाने अर्थात् धर्म के द्वारा नफ़रत फैलाने का मौका नहीं है, क्योंकि आज के आधुनिक युग में इन बातों के लिए कोई स्थान नहीं है। आज का प्रगतिशील दृष्टिकोण ऐसी बातों को बेतुकी मानता है।

पद्यांश 4

I. (ख) शील और पौरुष जैसे श्रेष्ठ गुणों से

II. (घ) वीर पुरुष अपना नाम इतिहास में लिखवा ही लेते हैं

III. (ग) समरशूर, भावुक और दानी

IV. वीर पुरुष कभी भी अपने वंश व जाति के कारण भावना में नहीं पड़ते।

V. प्रस्तुत पद्यांश के अनुसार, संसार में तेजस्वी लोग वही होते हैं जो अपने वंश एवं गोत्र के बल पर नहीं, अपितु अपने गुणों और करतबों के द्वारा यश अर्जित करते हैं।

VI. पैदा होने पर कर्ण को जलधारा पर बहती हुई पेटी के पालने में झुलाया गया था अर्थात् उनके पैदा होने पर उनकी माता ने उन्हें जलधारा में बहा दिया था।

पद्यांश 5

I. (क) देश की जनता दुःखी और भूखी है

II. (घ) कथन 1 और 4 सही हैं

III. (ख) आक्रोश धीमा हो या तीव्र

IV. कवि के अनुसार, जब जनता का आक्रोश धीमा या तीव्र होता है तो इस कारण एक दिन क्रांति अवश्य आती है।

V. प्रस्तुत कथन में प्रयुक्त 'आँधियों' शब्द दुःखों और आपदाओं का प्रतीक है तथा 'चमन' शब्द जनता का प्रतीक है। इस प्रकार इसका अर्थ हुआ कि देश की जनता दुःखों और आपदाओं से समझौता कर रही है।

VI. प्रस्तुत पद्यांश में कवि ने दुःखी-पीड़ित और अभावग्रस्त जनता की समस्याओं की ओर ध्यान आकर्षित किया है। इस पद्यांश के माध्यम से वह शासक वर्ग को लोगों की उदासी और कष्ट-निवारण के लिए कह रहा है।

पद्यांश 6

I. (ख) सुख और कष्ट के

II. (ख) बड़ी कठिनाइयों का सामना करके ही मनुष्य महान बनता है

III. (क) वनवास के संघर्षपूर्ण जीवन के

IV. कवि ने वनवास को कष्ट एवं अभाव का प्रतीक बताया है।

V. पद्यांश के अनुसार, महापुरुषों का गौरवपूर्ण चरित्र वन के संघर्षपूर्ण जीवन में रहकर बना है अर्थात् मनुष्य का चरित्र कष्टों व कठिनाईपूर्ण जीवन में रहकर ही निखरता है।

VI. प्रस्तुत पद्यांश के अनुसार, दशरथ पुत्र राम ने जब राज्य और राजमहल एवं सुख-समृद्धि के जीवन का त्याग करके वनवास के लिए प्रस्थान किया, तब वे राजकुमार से भगवान बन गए।

पद्यांश 7

I. (घ) मार्ग की बाधाओं को स्वीकार करके चलते हैं

II. (ख) बाधाओं का

III. (घ) उपर्युक्त सभी

IV. कवि ने लक्ष्य का मार्ग दूर-दुर्गम एवं बाधाओं से भरा बताया है।

V. 'लक्ष्य प्रेरित बाण हैं हम' पंक्ति का भाव यह है कि हम प्रत्येक स्थिति में विजयी होंगे। जिस प्रकार लक्ष्य को साधने वाला बाण ठीक निशाने पर लगता है, उसी प्रकार हम भी अपने लक्ष्य को प्राप्त करने के लिए अवश्य विजयी होंगे।

VI. अँधेरे को नष्ट कर पृथ्वी को उजाले से सूर्य की किरणें भर देती हैं। सूर्य की किरणों से निकलने वाले प्रकाश से संपूर्ण पृथ्वी का अंधकार नष्ट हो जाता है तथा सर्वत्र उजाला फैल जाता है।

पद्यांश 8

I. (घ) ज़मीन के खाली टुकड़े के पास से

II. (ग) कवि के घर के आस-पास नित नए मकान बनते जा रहे हैं

III. (घ) केवल कथन 3

IV. कवि के घर के आस-पास का इलाका अभी बसने की प्रक्रिया से गुजर रहा है।

V. पद्यांश के आरंभ में कवि कहता है कि वह अक्सर अपना रास्ता भूल जाता है, क्योंकि नए बसते इलाकों में रोज़-रोज़ नए मकान बन रहे हैं।

VI. प्रस्तुत पंक्ति के माध्यम से कवि कहना चाहता है कि उसके इलाके में रोज कुछ-न-कुछ नया घटित हो रहा है। उसे देखकर कवि को यह अनुभव होता है कि वह लंबे समय बाद अपने घर लौटा है।

पद्यांश 9

I. (क) जी रहा है

II. (ख) मनुष्य के जीवन में अनेक बुरे क्षण आए हैं, जिनकी टीस उसके मन में बनी हुई है

III. (क) बुरे क्षणों की

IV. मनुष्य के जीवन में सुख और शोक, मोह और मत्सर एवं शान्ति और संघर्ष आते-जाते रहते हैं।

V. कवि ने सुख और शोक, अंधकार और आलोक, मोह और मत्सर तथा शांति और संघर्ष को जीवन का आधार माना है, क्योंकि ये सभी परस्पर द्वंद्वात्मक हैं और जीवन इन्हीं द्वंद्वों से विकसित होता है।

VI. गति और दुर्गति इसीलिए उसके पाँवों में है, क्योंकि स्पष्टतः वह जिस ओर अपने कर्मरत् कदम बढ़ाएगा, वैसा ही उसका परिणाम होगा।

पद्यांश 10

I. (घ) सत्ता छिनना

II. (क) कथन (A) तथा कारण (R) दोनों सही हैं तथा कारण (R), कथन (A) की सही व्याख्या करता है।

III. (क) वायदे मात्र करके जनता को बहलाना

IV. जनता का मार्ग रोकने की हिम्मत समय में नहीं है।

V. जनता की तुलना फूलों से इसलिए की गई है, क्योंकि फूल की तरह जनता को कभी सिर-आँखों पर बिठाया जाता है तो कभी नीचे गिरा दिया जाता है।

VI. जनता के क्रोध का परिणाम यह होता है कि जनता में क्रांति भड़कने लगती है और वह सत्ता को बदल देती है।

पद्यांश 11

I. (ख) योगियों जैसा नहीं, पराक्रमी वीरों जैसा हो

II. (घ) उसकी आन अर्थात् इज़्ज़त दाँव पर लगी हो

III. (ख) केवल कथन 2

IV. प्रस्तुत कविता स्वाधीनता की पृष्ठभूमि में लिखी गई है।

V. कवि द्वारा इस कविता को लिखने का कारण देश को स्वाधीन कराने के लिए स्वयं का बलिदान करने से भी न चूकना हो सकता है, क्योंकि कवि के कथन का मूल संदर्भ स्वतंत्रता या स्वाधीनता ही है।

VI. इस कविता का मूल स्वर है कि हमें प्रत्येक स्थिति में भारत माता को पराधीनता की बेड़ियों से मुक्त कराना है। वास्तव में, यह कविता स्वाधीनता की पृष्ठभूमि में लिखी गई कविता है।

पद्यांश 12

I. (घ) स्वयं मिट्‌टी खाने तथा अपनी माँ को खिलाने के लिए लाने के कारण

II. (ग) अपने बचपन को

III. (क) आँख

IV. कवयित्री की बेटी मिट्‌टी मुँह में खाकर और कुछ मिट्‌टी अपनी माँ को खिलाने के लिए हाथ में लेकर आई थी।

V. पद्यांश में स्पष्ट किया गया है कि 'पाया मैंने बचपन फिर से, बचपन बेटी बन आया' अर्थात् कवयित्री जिस बचपन को खोज रही थी, वह बचपन उसकी बेटी के रूप में उसे प्राप्त हुआ।

VI. कवयित्री अपने बचपन के दिनों को याद कर उसे दोबारा पाना चाहती थी, क्योंकि बचपन का जीवन सरल, निश्छल और चिंतारहित होता है।

पद्यांश 13

I. (क) मातृभूमि के प्रति गहन अनुराग

II. (घ) प्राणों का आधार है

III. (ख) केवल कथन 3

IV. कवि के लिए देश की मिट्‌टी उसके प्राणों का आदि है, मध्य है, अंत है अर्थात् यही उसके जीवन का आधार है।

V. 'मानवीय संवेदनाओं की पावनी गंगा' से कवि का आशय देशवासियों के सुख-दुःख की सहज अनुभूति से है। कवि इन्हें करीब से अनुभव करना चाहता है।

VI. 'मात्र साँस लेती खाल' का आशय निष्प्राण जीवन से है। कवि कहता है कि वह ऐसा जीवन नहीं जीना चाहता, जो निर्जीव अथवा प्राणहीन हो।

पद्यांश 14

I. (ख) उठ-उठकर **II.** (क) गुनाहों से लड़कर

III. (ग) सफलताओं के समीप आकर भी असफल हुआ है

IV. कवि के बार-बार उठ-उठकर लड़ने के कारण ही उसका हर गुनाह उससे हारा है, पराजित हुआ है, असफल हुआ है।

V. प्रस्तुत पंक्ति में उल्लेखित सुंदरता शब्द के माध्यम से कवि कहना चाहता है कि उसने कभी हार न मानने वाली प्रवृत्ति के कारण अपने व्यक्तित्व को लगातार संघर्ष करते हुए सँवारा है।

VI. प्रस्तुत पद्यांश से कवि का आशय है कि मनुष्य को जीवन के संघर्षों के सामने कभी नहीं हारना चाहिए, उनका लगातार मुकाबला करना चाहिए और उसे कभी भी असफलताओं से नहीं घबराना चाहिए।

पद्यांश 15

I. (क) जनता क्रांति करने वाली है

II. (घ) कथन (A) सही है, लेकिन कारण (R) उसकी गलत व्याख्या करता है।

III. (ग) 1 और 2

IV. कवि ने 'निर्माणों के प्रहरियों' प्रशासक वर्ग को कहा है।

V. पद्यांश में कवि गरीबों पर कुटिल व्यंग्य करते हुए कहता है कि शोषित वर्ग अपनी वेदना से पीड़ित होकर शोषक वर्ग से आशा करता है कि वे उनकी वेदना को कुछ कम करने में सहयोग करेंगे, किंतु शोषक वर्ग द्वारा उनको धीरज धरने का आश्वासन दिया जाता है।

VI. 'पानी विलीन होता जाता है रेतों में' पंक्ति का आशय है कि शक्तिशाली लोभी वर्ग, निर्धन व शोषित वर्ग के धन पर नज़र लगाए रहते हैं, जिसके कारण निर्धन वर्ग पर्याप्त सुविधाओं को न पाकर अत्यंत दयनीय स्थिति में पहुँच जाता है।

स्व-मूल्यांकन

पद्यांश 1

निज भाषा उन्नति अहै, सब उन्नति को मूल।
बिनु निज भाषा ज्ञान के, मिटै न हिय को सूल।।
पढ़े संस्कृत जतन करि, पंडित भे विख्यात।
पै निज भाषा ज्ञान बिन, कहि न सकत इक बात।।
अंग्रेज़ी पढ़ कै जदपि, सब गुन होत प्रबीन।
पै निज भाषा ज्ञान बिन रहत हीन के हीन।।
एक भाषा इक जीव मति सब घर के लोग।
तबै बनत है सबन सों, मिटत मूढ़ता सोग।।
और एक अति लाभ यह यामें प्रगट लखात।
निज भाषा में कीजिए, जो विद्या की बात।।

बहुविकल्पीय प्रश्न

I. मूर्खता और शोक का शमन करने की विशिष्टता से युक्त कौन होता है?
(क) ज्ञानी जन
(ख) अज्ञानी जन
(ग) अपनी भाषा
(घ) अंग्रेज़ी भाषा

II. कवि द्वारा निज भाषा में विद्या की बात को महत्त्व देने का क्या कारण हो सकता है?
(क) अन्य भाषा का बहिष्कार करना
(ख) अपनी भाषा में संप्रेषण की सुगमता अधिक होती है
(ग) अपनी भाषा को विश्व की सर्वश्रेष्ठ भाषा सिद्ध करना
(घ) कठिन विषय अन्य भाषा में जल्दी समझ आता है

III. निम्नलिखित कथनों पर विचार कीजिए
1. मातृभाषा के ज्ञान के बिना मनुष्य अज्ञानी रहता है।
2. मातृभाषा के ज्ञान से व्यक्ति की उन्नति संभव नहीं है।
3. मातृभाषा के ज्ञान से शीघ्र विद्या प्राप्त हो जाती है।

कूट
(क) केवल 1 (ख) केवल 2
(ग) 1 और 3 (घ) 2 और 3

अतिलघूत्तरात्मक प्रश्न

IV. संस्कृत पढ़ने वालों को कवि ने क्या माना है?

लघूत्तरात्मक प्रश्न

V. कवि ने अपनी भाषा की उन्नति के लिए क्या कहा है?

VI. अंग्रेज़ी पढ़ कै जदपि, सब गुण होत प्रवीन का तात्पर्य है

पद्यांश 2

तुंग हिमालय के कंधों पर
छोटी-बड़ी कई झीलें हैं,
उनके श्यामल नील सलिल में
समतल देशों से आ-आकर
पावस की ऊमस से आकुल
तिक्त-मधुर विष-तंतु खोजते
हंसों को तिरते देखा है।
बादल को घिरते देखा है।
ऋतु वसंत का सुप्रभात था
मंद-मंद था अनिल बह रहा
बालारुण की मृदु किरणें थीं
अगल-बगल स्वर्णाभ शिखर थे
एक-दूसरे से विरहित हो
अगल-बगल रहकर ही जिनको
सारी रात बितानी होगी,
निशाकाल से चिर-अभिशापित
बेबस उस चकवा-चकवी का
बंद हुआ क्रंदन, फिर उनमें
उस महान सरवर के तीरे
शैवालों की हरी दरी पर
प्रणय-कलह छिड़ते देखा है।
बादल को घिरते देखा है।
दुर्गम बर्फ़ानी घाटी में
शत-सहस्र फुट ऊँचाई पर
अलख नाभि से उठने वाले
निज के ही उन्मादक परिमल-
के पीछे धावित हो-होकर
तरल तरुण कस्तूरी मृग को
अपने पर चिढ़ते देखा है,
बादल को घिरते देखा है।
कहाँ गया धनपति कुबेर वह
कहाँ गई उसकी वह अलका
नहीं ठिकाना कालिदास के
व्योम-प्रवाही गंगाजल का,
ढूँढा बहुत परंतु लगा क्या
मेघदूत का पता कहीं पर,
कौन बताए वह छायामय
बरस पड़ा होगा न यहीं पर
जाने दो, वह कवि-कल्पित था।

बहुविकल्पीय प्रश्न

I. प्रस्तुत पद्यांश में मृग स्वयं पर ही क्यों चिढ़ता है?
(क) कस्तूरी की गंध को ढूँढ-ढूँढकर थक जाने के कारण
(ख) हिमालय पर्वत पर चढ़ न पाने के कारण
(ग) बादल को पकड़ न पाने के कारण
(घ) जीवन में निराशा व्याप्त होने के कारण

II. कवि को कौन-सा दृश्य अत्यंत आकर्षक लगता है?
(क) हिमालय की बर्फीली चोटियों पर घिरते बादल का दृश्य
(ख) कस्तूरी मृग के चिढ़ने का दृश्य
(ग) मेघदूत का पता न चलने का दृश्य
(घ) कविता करने के लिए उपयुक्त स्थान का दृश्य

III. **कथन** (A) चकवा-चकवी रात्रि से चिर-अभिशापित हैं।
कारण (R) कवि ने चकवा-चकवी को प्रणय-कलह करते देखा है।

कूट
(क) कथन (A) सही है, किंतु कारण (R) गलत है।
(ख) कथन (A) गलत है, किंतु कारण (R) सही है।
(ग) कथन (A) और कारण (R) दोनों सही हैं तथा कारण (R), कथन (A) की सही व्याख्या है।
(घ) कथन (A) और कारण (R) दोनों सही हैं, परंतु कारण (R), कथन (A) की सही व्याख्या नहीं है।

अतिलघूत्तरात्मक प्रश्न

IV. 'छाया' शब्द का प्रयोग किस संदर्भ में हुआ है?

लघूत्तरात्मक प्रश्न

V. मृग नाभि से उठने वाले परिमल के पीछे-पीछे कहाँ दौड़ता है?

VI. कवि ने हंसों को क्या खोजते हुए देखा है?

पद्यांश 3

तूफानों की ओर घुमा दो नाविक
निज पतवार
आज सिंधु ने विष उगला है
लहरों का यौवन मचला है
आज हृदय में और सिंधु में
साथ उठा है ज्वार।
यह असीम निज सीमा जाने
सागर भी तो यह पहचाने
मिट्टी के पुतले मानव ने
कभी न मानी हार।
लहरों के स्वर में कुछ बोलो
इस अंधड़ में साहस तोलो
कभी-कभी मिलता जीवन में
तूफानों का प्यार।
सागर की अपनी क्षमता है।
पर नाविक भी कब थकता है।
जब तक साँसों में स्पंदन है।
उसका हाथ नहीं रुकता है
इसके ही बल पर कर डाले सातों
सागर पार
तूफानों की ओर घुमा दो नाविक
निज पतवार।

बहुविकल्पीय प्रश्न

I. कवि ने नाविक से क्या अनुरोध किया है?
(क) कि वह अकेला न जाए
(ख) कि वह समुद्र से दूर रहे
(ग) कि वह कठिनाइयों में डटा रहे
(घ) उपर्युक्त में से कोई नहीं

II. कवि ने मिट्टी के पुतले की उपमा किसे दी है?
(क) पशु को (ख) खिलौने को
(ग) मानव को (घ) दानव को

III. सुमेलित कीजिए

	सूची I		सूची II
A.	मानव	1.	तूफानों का प्यार
B.	सिंधु	2.	मिट्टी का पुतला
C.	लहरें	3.	ज्वार का उठना

कूट

	A	B	C		A	B	C
(क)	2	1	3	(ख)	1	2	3
(ग)	2	3	1	(घ)	3	2	1

अतिलघूत्तरात्मक प्रश्न

IV. कवि ने नाविक से अपनी पतवार किस ओर घुमाने को कहा है?

लघूत्तरात्मक प्रश्न

V. 'आज हृदय में और सिंधु में साथ उठा है ज्वार' पंक्ति से कवि का क्या अभिप्राय है?

VI. कवि ने मानव की किस विशेषता की ओर संकेत किया है?

पद्यांश 4

साँस चलती है तुझे
चलना पड़ेगा ही मुसाफिर।
चल रहा है तारकों का
दल गगन में गीत गाता,
चल रहा आकाश भी है
शून्य में भ्रमता-भ्रमाता,
पाँव के नीचे पड़ी
अचला नहीं, यह चंचला है,
एक कण भी, एक क्षण भी
एक थल पर टिक न पाता
शक्तियाँ गति की तुझे
सब ओर से घेरे हुए हैं,
स्थान से अपने तुझे टलना पड़ेगा ही मुसाफिर।
साँस चलती है तुझे
चलना पड़ेगा ही मुसाफिर।
थे जहाँ पर गर्त पैरों को जमाना ही पड़ा था,
पत्थरों से पाँव के छाले छिलाना ही पड़ा था,
घास मखमल-सी जहाँ थी
मन गया था लोट सहसा,
थी घनी छाया जहाँ पर तन जुड़ाना ही पड़ा था,
पग परीक्षा, पग प्रलोभन
जोर-कमजोरी भरा तू
इस तरफ डटना उधर
ढलना पड़ेगा ही मुसाफिर।

बहुविकल्पीय प्रश्न

I. कवि के अनुसार, अचला कौन है?
(क) आकाश (ख) धरती
(ग) माता-पिता (घ) पथिक

II. पद्यांश में क्या संदेश निहित है?
(क) सदैव गीत गाते रहना
(ख) शून्य में भ्रमण करते रहना
(ग) निरंतर गतिशील रहना
(घ) उपर्युक्त में से कोई नहीं

III. 'घास मखमल-सी जहाँ थी मन गया था लोट सहसा' पंक्ति से आशय है
(क) जीवन में सरलता, सौंदर्य और आनंद मिलने पर मन रम गया
(ख) जीवन में सुख आने पर मन हर्षित हो गया
(ग) हमें बाग-बगीचे, हरियाली, पर्यावरण को बचाने का प्रयास करना चाहिए
(घ) उपर्युक्त में से कोई नहीं

अतिलघूत्तरात्मक प्रश्न

IV. कवि ने धरती को चंचला क्यों कहा है?

लघूत्तरात्मक प्रश्न

V. 'साँस चलती है तुझे चलना पड़ेगा ही मुसाफिर' पंक्ति से कवि का क्या आशय है?

VI. मनुष्य को कदम-कदम पर किसका सामना करना पड़ता है?

पद्यांश 5

माँ अनपढ़ थीं,
उसके लेखे
काले अच्छर भैंस बराबर
थे नागिन से टेढ़े-मेढ़े।
नहीं याद था
उसे श्लोक स्तुति का कोई भी
नहीं जानती थी आवाहन
या कि विसर्जन देवी माँ का।
नहीं वक्त था
ठाकुरबाड़ी या शिवमंदिर जाने का भी
तो भी उसकी तुलसी माई
नित्य सहेज लिया करती थी
निश्छल करुण अश्रु-गीतों में
लिपटे-गुँथे दर्द को माँ के।
अकस्मात् बीमार हुई माँ
चौका-बासन, गोबर-गोंइठा
ओरियाने में,
सुखवन ले जाने, लाने में
भीगी थीं सारे दिन जम कर
ऐसा चढ़ा बुखार
न उतरा अंतिम क्षण तक
दुर्बल तन वृद्धावस्था का
झेल नहीं पाया प्रकोप
ज्वर का अति भीषण,
लकवा मारा, देह समूची सुन्न
हो गई,
गल्ले वाले घर की चाभी
पहुँच गई 'ग्रेजुएट' भाभी के
तार-चढ़े मखमली पर्स में।

बहुविकल्पीय प्रश्न

I. माँ को कहाँ जाने का समय नहीं मिलता था?
(क) बाजार (ख) मंदिर (ग) पड़ोस (घ) मायके

II. निम्नलिखित कथनों पर विचार कीजिए
1. माँ अचानक बीमार हो गई थी।
2. माँ के बीमार होने पर भाभी मालकिन बन गई।
3. भाभी को मायके जाने का अवसर मिल गया।
उपर्युक्त कथनों में से कौन-सा/से सही है/हैं?
(क) केवल 1 (ख) 1 और 2 (ग) केवल 3 (घ) 1 और 3

III. **कथन** (A) माँ नित्य ठाकुर बाड़ी शिवमंदिर जाती थी।
कारण (R) माँ श्लोक स्तुति, ध्यान करती थी।
कूट
(क) कथन (A) और कारण (R) दोनों सही हैं तथा कारण (R) कथन (A) की सही व्याख्या करता है।
(ख) कथन (A) गलत है, लेकिन कारण (R) सही है।
(ग) कथन (A) और कारण (R) दोनों गलत हैं।
(घ) कथन (A) सही है, लेकिन कारण (R) उसकी गलत व्याख्या करता है।

अतिलघूत्तरात्मक प्रश्न

IV. पद्यांश में 'काला अक्षर भैंस बराबर' किसके लिए था?

लघूत्तरात्मक प्रश्न

V. माँ को कौन-सी बीमारी हो गई थी?

VI. भाभी कितनी पढ़ी-लिखी थी?

पद्यांश 6

पूर्व चलने के, बटोही, बाट की पहचान कर ले।
पुस्तकों में है नहीं छापी गई इसकी कहानी,
हाल इसका ज्ञात होता है न औरों की ज़बानी,
अनगिनत राही गए इस राह से, उनका पता क्या,
पर गए कुछ लोग इस पर, छोड़ पैरों की निशानी,
यह निशानी मूक होकर भी बहुत कुछ बोलती है,
खोल इसका अर्थ, पंथी, पंथ का अनुमान कर ले;
पूर्व चलने के, बटोही, बाट की पहचान कर ले।
यह बुरा है या कि अच्छा, व्यर्थ दिन इस पर बिताना,
जब असंभव छोड़ यह पथ दूसरे पर पग बढ़ाना,
तू इसे अच्छा समझ, यात्रा सरल इससे बनेगी,
सोच मत केवल तुझे ही यह पड़ा मन में बिठाना,
हर सफल पंथी यही विश्वास ले इस पर बढ़ा है,
तू इसी पर आज अपने चित्त का अवधान कर ले;
पूर्व चलने के, बटोही, बाट की पहचान कर ले।
देखते सब हैं इन्हें अपनी उमर, अपने समय में,
और तू कर यत्न भी तो मिल नहीं सकती सफलता,
ये उदय होते हुए, लिए कुछ ध्येय नयनों के निलय,
किंतु जग के पथ पर यदि स्वप्न दो तो सत्य दो सौ,
स्वप्न पर ही मुग्ध मत हो, सत्य का भी ज्ञान कर ले;
पूर्व चलने के, बटोही, बाट की पहचान कर ले।

बहुविकल्पीय प्रश्न

I. प्रस्तुत पद्यांश में कवि ने किससे आग्रह किया है?
(क) समाज के पूँजीपति वर्ग से
(ख) जीवन पथ पर आगे बढ़ने वाले लोगों से
(ग) जीवन से दु:खी होकर एकांतवास करने वाले लोगों से
(घ) समाज के निम्न वर्ग के लोगों से

II. प्रस्तुत पद्यांश में कवि ने स्वप्न के विषय में क्या कहा है?
(क) स्वप्न पर मुग्ध न होकर सत्य को जानना चाहिए
(ख) स्वप्न ही व्यक्ति को आगे बढ़ाना सीखाते हैं
(ग) स्वप्न सुंदर तथा सजीली होते हैं
(घ) स्वप्न सत्य कर्म की ओर प्रवृत करते हैं

III. **कथन** (A) यह निशानी मूक होकर भी बहुत कुछ बोलती है।
कारण (R) कर्महीनता की निशानी मूक होने पर भी सब कुछ बता देती है।
(क) कथन (A) तथा कारण (R) दोनों सही हैं तथा कारण (R), कथन (A) की सही व्याख्या करता है।
(ख) कथन (A) तथा कारण (R) दोनों सही हैं, किंतु कारण (R), कथन (A) की सही व्याख्या नहीं करता है।
(ग) कथन (A) सही है, किंतु कारण (R) गलत है।
(घ) कथन (A) गलत है, किंतु कारण (R) सही है।

अतिलघूत्तरात्मक प्रश्न

IV. कवि ने पुस्तकों में क्या नहीं छपे होने की बात की है?

लघूत्तरात्मक प्रश्न

V. पथ की पहचान शीर्षक कविता में किसे और क्या पहचानने की बात कही गई है?

VI. पूर्व चलने के बटोही बाट की पहचान कर ले इसका अर्थ क्या है?

पद्यांश 7

तुम मांसहीन, तुम रक्तहीन
हे अस्थिशेष! तुम अस्थिहीन,
तुम शुद्ध-बुद्ध आत्मा केवल
हे चिर पुराण! हे चिर नवीन!
तुम पूर्ण इकाई जीवन की,
जिसमें असार भव-शून्य लीन,
आधार अमर, होगी जिस पर
भावी की संस्कृति समासीन।
तुम मांस, तुम्हीं हो रक्त अस्थि—
निर्मित जिनसे नवयुग का तन,
तुम धन्य! तुम्हारा नि:स्वार्थ-त्याग
है विश्व भोग का वर साधन,
इस भस्म काम तन की रज से
जग पूर्ण-काम नव जग-जीवन
बीनेगा सत्य-अहिंसा के
ताने-बानों से मानवपन!

बहुविकल्पीय प्रश्न

I. मानवपन से कवि का क्या तात्पर्य है?
(क) मानव होने का दिखावा करना
(ख) मानव का उदात्त रूप जिसमें एक-दूसरे को सम्मान दिया जाता है
(ग) मानव की तरह व्यवहार न करना
(घ) मानव के लिए बनावटीपन को समाप्त कना

II. 'भावी की संस्कृति समासीन' का क्या आशय है?
(क) भविष्य में राष्ट्र की प्रगति की आधारशीला से
(ख) भविष्य में संस्कृति के मतभेद न होने से
(ग) भविष्य और संस्कृति को लेकर संशय से
(घ) भविष्य में राष्ट्र और संस्कृति की अभिन्नता से

III. कवि ने भविष्य की मानव-संस्कृति से किसके आदर्शों पर खड़े होने की कामना की है?
(क) पुरातन आदर्शों पर
(ख) हिंसावादी आदर्शों पर
(ग) गाँधीजी के आदर्शों पर
(घ) राजाराम मोहन राय के आदर्शों पर

अतिलघूत्तरात्मक प्रश्न

IV. कौन हड्डियों का ढाँचा मात्र प्रतीत होते हैं?

लघूत्तरात्मक प्रश्न

V. गाँधीजी को कवि ने चिर पुराण तथा चिर नवीन क्यों कहा है?

VI. सत्य और अहिंसा ने किस प्रकार जग जीवन का सृजन किया?

पद्यांश 8

प्राइवेट बस का ड्राइवर है तो क्या हुआ,
सात साल की बच्ची का पिता भी तो है।
सामने गियर के ऊपर
हुक से लटका रखी हैं
काँच की चार गुलाबी चूड़ियाँ
बस की रफ़्तार के मुताबिक
हिलती रहती हैं।
झुक कर मैंने पूछ लिया
खा गया मानो झटका
अधेड़ उम्र का मुच्छड़ रोबीला चेहरा
आहिस्ते से बोला हाँ साहब
लाख कहता हूँ नहीं मानती है मुनिया।
टाँगे हुए है कई दिनों से
अपनी अमानत
यहाँ अब्बा की नज़रों के सामने
मैं भी सोचता हूँ
क्या बिगाड़ती हैं चूड़ियाँ
किस जुर्म पे हटा दूँ इनको यहाँ से

बहुविकल्पीय प्रश्न

I. प्रस्तुत पद्यांश में कवि ने किसकी चर्चा की है?
(क) बस ड्राइवर की (ख) एक पिता की
(ग) (i) और (ii) दोनों (घ) समाज के स्वरूप की

II. 'बच्ची का पिता भी तो है'—पंक्तियों में निहित भाव क्या है?
(क) बच्ची के प्रति असंवेदनशील भावना
(ख) बच्ची के विवाह के उत्तरदायित्व की भावना
(ग) बच्ची के प्रति आत्मीयता और स्नेह की भावना
(घ) बच्ची के प्रति जिम्मेदारी की भावना

III. कवि के पूछने पर ड्राइवर इसलिए झटका खा गया, क्योंकि
(क) उसे अचानक अपनी बेटी की याद आ गई
(ख) वह पूर्ण तत्परता के साथ गाड़ी चला रहा था
(ग) उसे कवि द्वारा किसी प्रश्न के पूछे जाने की उम्मीद न थी
(घ) वह किसी महत्त्वपूर्ण विषय में सोच रहा था

अतिलघूत्तरात्मक प्रश्न

IV. कवि ने ड्राइवर से क्या प्रश्न किया था?

लघूत्तरात्मक प्रश्न

V. बस में लटकी चूड़ियाँ किसके प्रेम की सूचक हैं?

VI. बस ड्राइवर के चेहरे और उसकी आवाज में निहित विरोधाभास स्पष्ट कीजिए।

01

अध्याय

खंड ख : अभिव्यक्ति और माध्यम

नए और अप्रत्याशित विषयों पर लेखन

नए और अप्रत्याशित विषय पर लेखन का अर्थ

नए और अप्रत्याशित (जिनकी पहले आशा न की गई हो) विषयों पर कम-से-कम समय में अपने विचारों को संकलित कर उन्हें सुंदर एवं सुघड़ ढंग से अभिव्यक्त करना ही 'अप्रत्याशित विषयों पर लेखन' कहलाता है।

▼ अभ्यास के लिए

- सैंपल (हल सहित)
- अभ्यास प्रश्न

अप्रत्याशित लेखन के विषयों की संख्या असीमित है। इसमें किसी भी विषय पर लिखने के लिए दिया जा सकता है; जैसे-बहुत आवश्यक है शिक्षा, दीवार घड़ी, धारावाहिकों में स्त्री, मेरा प्रिय टाइम पास आदि। इसका उद्देश्य भाषा के माध्यम से किसी विषय पर विचार करने और उस विचार को व्याकरणिक शुद्धता के साथ सुगठित रूप में अभिव्यक्त करना है।

जो लोग आत्मनिर्भर होकर लिखित रूप में अभिव्यक्ति का अभ्यास नहीं करते उन्हें अप्रत्याशित विषयों पर लिखना एक चुनौती के समान लगता है। रटने की बुरी आदत हमें अभ्यास का अवसर नहीं देती और हम दूसरों द्वारा तैयार की गई सामग्री को ज्यों का त्यों प्रस्तुत कर देते हैं। यह निर्भरता हमारे मौलिक अभ्यास को बाधित करती है और हमारी लिखित अभिव्यक्ति की क्षमता को विकसित नहीं होने देती। अत: आवश्यक है कि हमें निबंध के परंपरागत विषयों को छोड़कर नए प्रकार के विषयों पर लिखने का अभ्यास करना चाहिए।

नए एवं अप्रत्याशित विषयों पर लेखन हेतु ध्यान रखने योग्य बातें

- किसी भी विषय पर लिखने से पूर्व सबसे पहले दो-तीन मिनट सोचकर यह विचार कर लेना चाहिए कि किन विचारों (बिंदुओं) को हम विस्तार दे सकते हैं।
- इसके पश्चात् विषय की शुरुआत को आकर्षक बनाने पर विचार करना चाहिए।
- शुरुआत आकर्षक होने के साथ-साथ निर्वाह योग्य भी होनी चाहिए।
- लिखते समय बात एक सिलसिलेवार ढंग से आगे बढ़े इसलिए उसमें सुसंबद्धता का होना अनिवार्य है।
- सुसंबद्धता के साथ-साथ विवरण का सुसंगत होना भी आवश्यक है। सुसंगत होना एक अच्छे लेखन की विशेषता है। लिखते समय हमारी दो बातें आपस में एक-दूसरे का खंडन करती हुई नहीं होनी चाहिए।
- सामान्य निबंधों या आलेखों में जहाँ 'मैं' शैली का प्रयोग वर्जित होता है वहीं अप्रत्याशित लेखन में 'मैं' शैली का प्रयोग किया जा सकता है।

सैंपल (हल सहित)

1. 'बढ़ती जनसंख्या : घटते संसाधन' विषय पर एक रचनात्मक लेख लिखिए।

उत्तर **बढ़ती जनसंख्या : घटते संसाधन**

जनसंख्या की लगातार वृद्धि ने विकास के लक्ष्यों को बेअसर कर दिया है। आज जिस प्रकार विश्व की बढ़ती हुई आबादी की माँग की पूर्ति के लिए प्रकृति के नियमों को दरकिनार करके तीव्र गति के औद्योगीकरण, शहरीकरण व मशीनीकरण के माध्यम से प्राकृतिक संसाधनों का अँधाधुँध दोहन हो रहा है, उसी का परिणााम है कि हमारी सारी नदियाँ सूखती जा रही हैं, समुद्र प्रदूषित हो रहा है, जल, जंगल और जमीन घटते जा रहे हैं। घटते हुए संसाधन विश्व के समक्ष एक गंभीर समस्या है। कहीं बाढ़ तो कहीं सूखे का सामना करना पड़ रहा है। जलवायु परिवर्तन जैसे मुद्दों पर विश्वव्यापी बहस छिड़ गई है।

जनसंख्या की वृद्धि के कारण ग्रामीण जीवन के जीविकोपार्जन के मूलभूत संसाधन घटते जा रहे हैं। यही स्थिति जल, ऊर्जा और खनिज संसाधनों की भी है। यदि भविष्य में भारत में जनसंख्या वृद्धि की दर यही रहती है, तो वह दिन दूर नहीं, जब आम आदमी के जीवनयापन के लिए न्यूनतम साधन उपलब्ध कराना भी कठिन हो जाएगा।

संसाधनों की सीमितता और बुनियादी ढाँचे की अपर्याप्तता को देखते हुए गुणवत्तापूर्ण शिक्षा और स्वास्थ्य सेवाएँ उपलब्ध कराना बहुत कठिन है। हमारा पर्यावरण भी बढ़ती जनसंख्या से प्रभावित होता है। बढ़ती जनसंख्या व घटते संसाधन से भुखमरी, कुपोषण, बीमारी, गरीबी, लाचारी आदि ऐसी समस्याएँ उत्पन्न होती हैं, जो किसी भी समाज के नैतिक, सैद्धांतिक, सांस्कृतिक, पारंपरिक व ताने-बाने को ध्वस्त कर सकती हैं।

2. आपकी माताजी कामकाजी होते हुए भी कुशल गृहिणी का उत्तरदायित्व भी भली-भाँति निभाती है। लेख द्वारा स्पष्ट कीजिए कि किस प्रकार दोहरी जिम्मेदारियों को निभाते हुए वह आपकी आदर्श है।

उत्तर यूँ तो प्रत्येक बच्चे के लिए माँ का विशेष महत्त्व है। पर मेरे लिए मेरी माँ मेरा आदर्श है। वह मेरी प्रेरणा स्रोत है। वह आधुनिक नारी की साक्षात् प्रतिमूर्ति है। कामकाजी महिला होते हुए भी वह घर की जिम्मेदारियों को भी बखूबी निभाती है। माँ की दिन-रात मेहनत, उनका आत्मविश्वास, परिवार, मित्रों व कार्यालय कर्मचारियों सभी के साथ व्यवहार करने का तरीका मुझे बहुत पसन्द है। वह कार्यालय और घर के बीच उचित सन्तुलन बनाकर चलती है।

वह रोज सुबह सबके उठने से पहले ही उठ जाती है। सबके लिए नाश्ता, खाने की व्यवस्था करने के बाद स्वयं के लिए कुछ समय निकालकर कार्यालय के लिए तैयार होकर चली जाती है। कार्यालय से आकर एक कुशल गृहिणी की भाँति वह मेरा व परिवार के अन्य सभी सदस्यों की आवश्यकताओं को पूरा करने में जुट जाती है। जहाँ एक ओर वह कामकाजी महिला के रूप में कार्यालय के सभी कार्यों को कुशलतापूर्वक सम्पादित करती है, वहीं दूसरी ओर कुशल गृहिणी के रूप में परिवार के प्रति अपनी जिम्मेदारियों को भी निष्ठापूर्वक निर्वाह करती है।

कार्यालय से लौटने के बाद वह एक शिक्षक के रूप में मेरी शिक्षा सम्बन्धी समस्याओं का समाधान करती है तथा गृहकार्य पूरा करने में मेरी हर सम्भव मदद करती है तथा दोस्त के रूप में भी वह मुझसे भावनात्मक रूप से जुड़ी हुई है। काम का उचित विभाजन, कार्यालय व घर के बीच उचित सन्तुलन तथा समय का प्रबन्धन जैसी उत्कृष्ट विशेषताओं के कारण ही वह कामकाजी होने के साथ-साथ कुशल गृहिणी के रूप में स्वयं को स्थापित करने में सक्षम रही हैं।

कार्यालय के तनाव को झेलते हुए भी वह घर की समस्त जिम्मेदारियों का निर्वाह कुशलतापूर्वक करती है। माँ के इसी आत्मविश्वास ने मुझे आत्मनिर्भर बनने में सहायता की है। अपनी जरूरतों को पूरा करने के लिए अब मुझे किसी पर निर्भर नहीं रहना पड़ता। उनसे मिली प्रेरणा के कारण ही मैं विद्यालय में उत्कृष्ट प्रदर्शन करने में सफल रहा हूँ। कुशल कर्मचारी और गृहिणी की अपनी दोहरी भूमिकाओं को उन्होंने बखूबी निभाया है। इस प्रकार उन्होंने व्यावसायिक और निजी जीवन में 'कर्मचारी' और 'गृहिणी' की प्रत्येक कसौटी पर खरी उतरकर अपनी उत्कृष्टता का प्रदर्शन किया है, इसलिए मेरी माँ मेरा आदर्श है।

3. संसार की परिवर्तनशीलता अनिवार्य और शाश्वत नियम है। इस आधार पर अपने जीवन की किसी विषम परिस्थिति का वर्णन करते हुए एक लेख के माध्यम से अपने विचार लिखिए।

उत्तर संसार की परिवर्तनशीलता एक अनिवार्य नियम है। जिस प्रकार प्रकृति में परिवर्तन होते रहते हैं, उसी प्रकार मानवीय जीवन भी परिवर्तनशील है। मानव जीवन सदैव एक समान नहीं रहता। उसमें कभी सुख तो कभी दुःख आता जाता रहता है।

आज यदि कोई व्यक्ति सुखमय जीवन यापन करता दिखाई पड़ता है, तो कल वही व्यक्ति दुःखी दिखाई पड़ता है अथवा यदि आज कोई व्यक्ति दुःखमय जीवन व्यतीत करता है, तो कल वही सुखी जीवन निर्वाह करता दिखाई पड़ता है। परिवर्तन मानवीय जीवन और प्रकृति का शाश्वत नियम है।

सृष्टि के इस परिवर्तनशीलता के नियम का जीवन्त उदाहरण मेरा जीवन है। बहुत समय पहले मेरे परिवार की स्थिति बहुत खराब थी। हमारे पास रहने के लिए अपना घर नहीं था और न ही पर्याप्त कपड़े थे। ऐसी स्थिति में मेरी माँ घर-घर जाकर साफ सफाई का काम करती और पिताजी दिन-रात मजदूरी करके सुख-सुविधा उपलब्ध कराने का प्रयास करते थे। उस समय मैं दसवीं कक्षा का विद्यार्थी था।

घर की समस्याओं का निवारण करने में सहायोग करने की इच्छा से मैं भी प्राथमिक कक्षा के विद्यार्थियों को ट्यूशन पढ़ाता, ताकि अपने स्कूल की फीस स्वयं भर सकूँ। विपरीत परिस्थितियों में मेरी माताजी और पिताजी ने बहुत मेहनत-मजदूरी की। उन्होंने परिस्थितियों से हार नहीं मानी, बल्कि उसका डटकर सामना किया। जिसके परिणामस्वरूप वर्तमान समय में हमारे पास अपना घर है तथा पर्याप्त भोजन और कपड़े की सुविधा भी उपलब्ध है।

आज हम सभी सुखी और खुशहाल जीवन व्यतीत कर रहे हैं। मेरा विश्वास है कि यदि मनुष्य संघर्षशील रहे और विपरीत परिस्थितियों का दृढ़तापूर्वक सामना करे, तो कष्टमय जीवन को सुखमय जीवन में परिवर्तित कर सकता है।

यदि किसी व्यक्ति के जीवन में दुःख, तकलीफ है, तो उसे हार नहीं माननी चाहिए, बल्कि पूर्ण उत्साह और आत्मविश्वास के साथ कर्मरत रहना चाहिए, ताकि सुखमय परिस्थितियों को प्राप्त किया जा सके।

अभ्यास प्रश्न

1. प्रातःकाल योग करते लोग पर रचनात्मक लेख लिखिए।

उत्तर **प्रातःकाल योग करते लोग**

प्रातःकाल का समय बहुत सुहावना होता है। उगते हुए सूर्य की लालिमा के साथ-साथ चिड़ियों की चहचहाहट और धीमी-धीमी बहती हवा शरीर को एक अद्‌भुत आनंद से भर देती है। उस समय चारों ओर का वातावरण शांत होता है। प्रकृति अपने सुंदरतम रूप में होती है। ऐसा समय योग करने के लिए सर्वाधिक उपयुक्त होता है। एक दिन मैं प्रातःकाल पार्क में घूमने गया। मैंने वहाँ देखा कि बहुत-से लोग घास के मैदान में अपना आसन बिछाकर योग कर रहे थे। योग करते समय वे बहुत प्रसन्न नजर आ रहे थे। उनमें केवल वृद्ध व्यक्ति ही नहीं, बल्कि सभी आयु वर्ग के लोग थे। जब उनका योग पूरा हो गया, तब मैंने एक व्यक्ति से योग के विषय में पूछा कि प्रातःकाल योग करने से क्या लाभ होता है? उस व्यक्ति ने बताया कि योग हमारे जीवन में बहुत महत्त्वपूर्ण भूमिका निभाता है। योग हमारे शरीर, मन एवं आत्मा के बीच संतुलन स्थापित करता है। यह मन को शांत एवं स्थिर रखता है, तनाव दूर कर सोचने की क्षमता तथा आत्मविश्वास और एकाग्रता को बढ़ाता है। नियमित रूप से योग करने से हमारा शरीर तो स्वस्थ रहता ही है साथ ही यदि कोई रोग है तो इसके द्वारा उसका उपचार भी किया जा सकता है। वर्तमान परिवेश में योग न केवल हमारे लिए लाभकारी है, बल्कि विश्व में बढ़ते प्रदूषण एवं मानवीय व्यस्तताओं से उपजी समस्याओं के निवारण में इसकी सार्थकता और भी बढ़ गई है।

इस प्रकार, प्रातःकाल योग करते लोगों को देखकर तथा योग से होने वाले लाभों के विषय में जानकर मुझे भी योग करने की प्रेरणा मिली। हम सभी लोगों को प्रातःकाल योग करना चाहिए।

2. वर्तमान समय में सोशल मीडिया सूचना का सबसे बड़ा साधन है। आपके अनुसार सूचना प्राप्ति में यह कैसे सहायक है? इससे वरदान व अभिशाप मानने के क्या कारण हो सकते हैं? बताइए।

उत्तर **सोशल मीडिया का जाल** आज हम उस समय और युग में हैं जहाँ सूचना केवल एक बटन दबाने पर मिल जाती है। इसके कारण हम अपने चारों ओर की जानकारी से अवगत हो जाते हैं। सोशल मीडिया वह स्थान है जहाँ हमें किसी भी चीज़ के बारे में जानने, पढ़ने, समझने और बोलने का अवसर मिलता है। सोशल मीडिया उन बड़े तत्त्वों में से एक है, जिसके साथ हम जाल रूपी संरचना से जुड़े हुए हैं और जिसे हम अनदेखा नहीं कर सकते हैं।

सोशल मीडिया वेबसाइटों, अनुप्रयोगों और अन्य प्लेटफार्मों का संग्रह है, जो हमें जानकारियों का आदान-प्रदान करने तथा हमें सोशल नेटवर्किंग में भाग लेने में सहायता करता है। सोशल मीडिया ब्लॉगिंग और चित्रों को साझा करने तक ही सीमित नहीं है, बल्कि यह हमें सुदृढ़ उपकरण भी प्रदान करती है। ऐसा इसलिए है, क्योंकि सोशल मीडिया का प्रभाव बहुत अधिक और दूर तक पहुँच रहा है और यह किसी की छवि को बना या बिगाड़ भी सकती है।

सोशल मीडिया आज विवाद का विषय बना हुई है। कुछ लोग इसे वरदान समझते हैं, तो वहीं इसे अभिशाप मानने वाले मानते हैं कि इसने मानवीय संबंधों को प्रभावित किया है। लेकिन कुछ लोग इसे वरदान मानते हैं, क्योंकि इसके कारण वे स्वयं को दुनिया के हर कोने से जुड़ा हुआ अनुभव करते हैं और जिसके द्वारा वे दूर बसे अपने प्रियजनों से बात कर सकते हैं तथा जागरूकता फैला सकते हैं साथ ही सुरक्षा हेतु चेतावनियाँ भी भेज सकते हैं। ऐसा बहुत कुछ है, जो सोशल मीडिया के माध्यम से किया जा सकता है, लेकिन वह एक अविश्वसनीय तथ्य है कि सोशल मीडिया की उपस्थिति ने हमारे जीवन को सुविधाजनक, आसान और बहुत तेज बना दिया है।

3. त्योहारों पर बाजार की चहल-पहल पर रचनात्मक लेख लिखिए।

उत्तर **त्योहारों पर बाजार की चहल-पहल**

त्योहार आते ही बाजारों की रोनक में चार चाँद लग जाते हैं। भीड़ बढ़ती चली जाती है। त्योहारों के लिए आवश्यक सामान की पूर्ति में लोग बाजारों की ओर दौड़ लगा देते हैं। ऐसे समय पर बाजारों में पैदल चलना भी दूभर हो जाता है।

हमारा देश वैसे भी विभिन्न संस्कृतियों का देश है। यहाँ हिंदू, मुस्लिम, जैन, बौद्ध, सिख, ईसाई सभी मतावलंबियों के लोग रहते हैं। इसलिए यहाँ लगभग प्रत्येक दिन कोई-न-कोई त्योहार रहता है, जिसमें दीपावली, होली, रक्षाबंधन, ईद, प्रकाश पर्व आदि अनेक त्योहार प्रमुख हैं, जिनके कारण बाजार भीड़ से खचाखच भरा रहता है।

दिवाली के शुभ अवसर पर बाजारों में भगवान गणेश, लक्ष्मी, श्रीराम आदि की मूर्तियों की खरीदारी की जाती है, लोग धनतेरस के दिन नए-नए कपड़े, बर्तन, मिठाइयाँ आदि की खरीदारी भी करते हैं। ईद पर भी बाजार में बहुत भीड़ लगी रहती है। रक्षाबंधन के समय राखियों, मिठाइयों, नए कपड़ों आदि से बाजार संपूर्ण रूप से भरा रहता है, जिन्हें खरीदने के लिए बाजार लोगों से पटा रहता है।

अतः त्योहारों पर बाजार की चहल-पहल बहुत अधिक बढ़ जाती है। वैसे भी बाजारों का आकर्षण हर दिन बढ़ता ही जा रहा है, जिसके कारण लोग बाजार से आकर्षित होते हैं और अनावश्यक वस्तुएँ भी खरीद लेते हैं। इसी कारण त्योहारों पर बहुत अधिक खर्च हो जाता है, जिससे कुछ लोग बाद में पछताते भी हैं। अतः यह सही है कि त्योहारों पर बाजार खर्च बहुत अधिक बढ़ जाता है, लेकिन हमें जरूरत की चीजों को ही बाजार से खरीदना चाहिए।

4. "पुस्तकें मनुष्य की सबसे अच्छी मित्र होती हैं" इस कथन को आधार बनाकर अपने द्वारा पढ़ी गई किसी प्रिय पुस्तक का वर्णन करते हुए बताइए कि उस पुस्तक से आपको क्या प्रेरणा मिलती है?

उत्तर **रामचरितमानस** पुस्तकें मनुष्य की सबसे अच्छी मित्र होती हैं। वे हमें सही मार्ग दिखाती हैं और हमें चरित्रवान बनने में सहायता करती हैं। मैंने बहुत-सी पुस्तकें पढ़ी हैं, लेकिन रामचरितमानस मेरी प्रिय पुस्तक है। यह गोस्वामी तुलसीदास जी द्वारा रचित है। इसमें मुख्य पात्र दशरथ पुत्र श्रीराम हैं, जिन्हें लोग भगवान् का अवतार मानते हैं। इस पुस्तक में श्रीराम के पूर्ण जीवन की व्याख्या की गई है। उनके बचपन से लेकर वनवास जाने तक और रावण का वध कर अयोध्या लौट आने तक सभी बातों का संपूर्ण वर्णन किया गया है।

यह पुस्तक बुराई पर अच्छाई की जीत को दर्शाती है और साथ ही हमें श्रीराम की भाँति आदर्श जीवन व्यतीत करने की प्रेरणा देती है। यह हमें प्यार से मिलकर रहने और एक-दूसरे की खुशी के लिए त्याग भावना रखना सिखाती है।

एक ओर राम ने भरत के लिए वनवास लिया, वहीं दूसरी ओर भरत ने राम का दास बनकर राजकाज को सँभाला था। हनुमान जी के भक्तिभाव की बात ही निराली है। मुझे 'रामचरितमानस' को पढ़कर अत्यंत शांति मिलती है और इसलिए मैं इसे रोज पढ़ता हूँ। इसमें मनुष्य के जीवन से जुड़ी सभी समस्याओं का समाधान मिलता है और इसमें प्रयोग हुए दोहे और चौपाई इसके सौंदर्य को बढ़ाते हैं।

5. 'अंतर्राष्ट्रीय जगत में भारत का बढ़ता कद' पर रचनात्मक लेख लिखिए।

उत्तर **अंतर्राष्ट्रीय जगत में भारत का बढ़ता कद**

इस बात में कोई संदेह नहीं है कि भारत चहुँमुखी विकास की ओर अग्रसर हो रहा है। बदलते भारत की गूँज भारतीय भूगोल को लाँघ चुकी है, जिसे पूरा विश्व महसूस कर रहा है। भारत की लोकतांत्रिक छवि, आय में उच्च वृद्धि तथा बहुस्तरीय विविधता प्रबंधन की योग्यता की चारों ओर प्रशंसा हो रही है, जिसके कारण आज कई देश भारत को अपना आदर्श मानते हुए उसका अनुसरण करना चाहते हैं। आज भारत की गिनती न केवल विश्व के सबसे बड़े लोकतांत्रिक देशों में होती है, बल्कि विश्व के अधिकतम प्रगतिशील देशों में भी होती है।

चाहे जी-20 हो अथवा ब्रिक्स सम्मेलन, जलवायु परिवर्तन अथवा अंतर्राष्ट्रीय वित्तीय ढाँचे से संबंधित शिखर बैठक, भारत के शब्दों का अब पहले से कहीं अधिक महत्त्व होता है। भारत की विदेश नीति में सहयोगात्मक विकास अब एक प्रमुख युक्ति है।

ढाँचागत निर्माण और आर्थिक उद्यमों को बढ़ावा देने के लिए विश्वभर में ऋण उपलब्ध कराने में भारत तेजी से चीन को पछाड़ने का प्रयास कर रहा है। विश्व की प्रगति में भारत एक आर्थिक आधार स्तंभ का काम कर रहा है।

हॉवर्ड विश्वविद्यालय के अंतर्राष्ट्रीय विकास केंद्र द्वारा कराए गए एक शोध के अनुसार भारत की 7% की औसत आर्थिक विकास दर के साथ वर्ष 2025 तक विश्व में अग्रणी बने रहने की संभावना है।

भारत दुनिया का सबसे बड़ा लोकतांत्रिक गणराज्य है तथा यह अब तक राजनीतिक रूप से सफल भी रहा है। भारत ने यूरोपीय संघ, जापान, रूस एवं संयुक्त राज्य अमेरिका जैसी विश्व शक्तियों के साथ संबंध विकसित किए हैं।

भारत के वर्तमान आर्थिक विकास (वर्ष 2015 की दुनिया की सबसे तेजी से बढ़ती प्रमुख अर्थव्यवस्था के रूप में) ने दुनिया के राजनीतिक मंच पर भारत की स्थिति को काफी बेहतर रूप से प्रदर्शित किया है।

भारत की गिनती अभी विकासशील देशों में हो रही है, परंतु जो मजबूत विकास दिख रहा है, उससे कई राष्ट्र भारत के साथ बेहतर संबंध स्थापित कर रहे हैं। संयुक्त राज्य अमेरिका और चीन के बाद भारत अपनी वर्तमान अर्थव्यवस्था में वास्तविक जी. डी. पी. के मामले में दुनिया का तीसरा सबसे बड़ा देश है। इस प्रकार, भारत का कद प्रत्येक क्षेत्र में बढ़ता जा रहा है।

स्व-मूल्यांकन

1. 'मेले में ऐसी वस्तु या दृश्य, जिसने आपको आकर्षित किया हो' विषय पर एक लेख लिखिए।
2. आप पिकनिक मनाने गए। घर से पिकनिक तक में आपने क्या-क्या देखा और अनुभव किया? लिखें और अपने लेख को एक अच्छा-सा शीर्षक भी दें।
3. 'मेरा पसंदीदा खिलाड़ी' विषय पर एक रचनात्मक लेख लिखिए।
4. आपके परिवार के किसी ऐसे सदस्य का वर्णन कीजिए, जिसने आपको प्रभावित किया हो। उससे आपने क्या सीखा तथा किस तरह अपने जीवन को नया रूप दिया?
5. विश्वासपात्र मित्र एक औषधि के समान होता है। अपने मित्र की ऐसी विशेषता बताइए, जिसके कारण आपने उसे अपना मित्र बनाया। उसने आपको जीवन में क्या सीख दी?
6. यात्राएँ हमें जीवन में ज्ञान प्रदान करती हैं। किसी ऐसी यात्रा का वर्णन कीजिए, जिसके माध्यम से आपको ऐतिहासिक व सांस्कृतिक ज्ञान प्राप्त हुआ हो।
7. कम्प्यूटर आधुनिक जीवन शैली का अभिन्न अंग बन गया है। आपके घर में पहली बार कम्प्यूटर कब लाया गया? उसके द्वारा आपने क्या-क्या सीखा तथा किस प्रकार विद्यालयी कार्य करने में उससे आपको सहयोग मिला?
8. हमारे जीवन में खेलों का बहुत महत्त्व है। आपका पसंदीदा खेल कौन-सा है? आप उसे कब-कब खेलते हैं? इस खेल से आपको क्या लाभ मिलता है?
9. 'परीक्षा के दिनों की घबराहट' विषय पर एक रचनात्मक लेख लिखिए।
10. 'चन्द्रयान-3' विषय पर एक रचनात्मक लेख लिखिए।

02

अध्याय

पत्र लेखन का अर्थ

किसी व्यक्ति या लोगों के समूह से दूसरे व्यक्ति या समूह तक लिखे गए संदेश को भेजना पत्र लेखन कहलाता है।

▼ **अभ्यास के लिए**

- औपचारिक पत्र का प्रारूप
- औपचारिक पत्रों के उदाहरण

औपचारिक पत्र लेखन

पत्र लेखन एक आवश्यक कौशल है। अपने विचारों एवं भावों की अभिव्यक्ति के लिए पत्र-लेखन का प्रयोग किया जाता है। पत्र लेखन हमारे जीवन का महत्त्वपूर्ण अंग है, जो लोगों को समाज से जोड़कर रखता है।

पत्र के प्रकार

पत्र के सामान्यत: दो प्रकार होते हैं

1. औपचारिक पत्र (Formal Letters)
2. अनौपचारिक पत्र (Informal Letters)

पत्र के अंग

पत्र को जिस क्रम में लिखा जाता है, वे पत्र के अंग कहलाते हैं। सामान्यत: किसी भी पत्र में निम्नलिखित अंग होते हैं

शीर्षक या प्रारंभ

पत्र में सर्वप्रथम शीर्षक के रूप में पत्र लिखने वाले का नाम व पता लिखा जाता है। तत्पश्चात् पत्र लिखने की तिथि का उल्लेख किया जाता है। परीक्षा में पूछे गए औपचारिक एवं अनौपचारिक पत्र में नाम का उल्लेख न होने पर परीक्षा भवन लिखा जाता है। यह सब पत्र के बाएँ ओर सबसे ऊपर लिखा जाता है। औपचारिक पत्रों के अंतर्गत विषय का उल्लेख सीमित शब्दों में स्पष्ट रूप से किया जाता है। अनौपचारिक पत्रों में इसका उल्लेख नहीं होता।

संबोधन का उल्लेख

पत्र में संबोधन का महत्त्वपूर्ण स्थान होता है। औपचारिक पत्र के अंतर्गत 'मान्यवर', 'महोदय' आदि सूचक शब्दों का प्रयोग किया जाता है तथा अनौपचारिक पत्र के अंतर्गत 'पूजनीय', 'स्नेहमयी' 'प्रिय' आदि सूचक शब्दों का प्रयोग किया जाता है।

अभिवादन अथवा शिष्टाचार संबंधी शब्दों का उल्लेख

पत्र में संबोधन के अनुरूप ही अभिवादन या शिष्टाचार संबंधी शब्दों का प्रयोग किया जाता है। इसका प्रयोग अनौपचारिक पत्रों में बड़ों के लिए प्रणाम, नमस्कार, सादर चरण-स्पर्श तथा छोटों के लिए आशीर्वाद, शुभाशीष, चिरंजीव रहो आदि शब्द-सूचक का प्रयोग किया जाता है। औपचारिक पत्रों में इसका प्रयोग नहीं किया जाता।

विषय-वस्तु

विषय-वस्तु पत्र लेखन का महत्त्वपूर्ण अंग है। इसे पत्र का मुख्य भाग भी कहते हैं। इस भाग में अपने भावों एवं विचारों को प्रकट किया जाता है।

समाप्ति अथवा अंत

पत्र के अंत में अपने विषय में लिखते हुए पत्र को समाप्त किया जाता है। औपचारिक पत्र में धन्यवाद लिखते हुए 'भवदीय', 'प्रार्थी', 'आज्ञाकारी' आदि शब्द-सूचक का प्रयोग किया जाता है तथा अनौपचारिक पत्र में 'प्यारा', 'स्नेहाकांक्षी', 'हितैषी', 'शुभाकांक्षी' इत्यादि शब्दों का प्रयोग किया जाता है। औपचारिक व अनौपचारिक दोनों पत्रों के अंत में यदि परीक्षा में, पूछे गए पत्र में नाम व पता का उल्लेख न किया गया हो, तब वहाँ क. ख. ग. का प्रयोग किया जाता है।

पत्र लिखने के लिए ध्यान देने योग्य बातें

- पत्र लिखते समय लिखने वाले तथा पत्र प्राप्त करने वाले का नाम व पता, दिनांक के साथ लिखा जाना चाहिए।
- पत्र का विषय स्पष्ट होना चाहिए तथा अनावश्यक बातों को पत्र में नहीं लिखना चाहिए।
- पत्र लिखते समय क्रमबद्धता का विशेष ध्यान दिया जाना चाहिए।
- पत्र का आकार संक्षिप्त होना चाहिए तथा विषय के अनुकूल होना चाहिए। कम शब्दों में अधिक बात कहने की कोशिश करनी चाहिए।
- पत्र की भाषा सरल, सामान्य, मधुर एवं आदर सूचक एवं शुद्ध होनी चाहिए।
- पत्र अधूरा नहीं होना चाहिए अर्थात् पत्र को इस प्रकार समाप्त किया जाना चाहिए कि पत्र का संदेश स्पष्ट हो सके।

नोट : नवीनतम् पाठ्यक्रम में केवल औपचारिक पत्रों को स्थान दिया गया है।

औपचारिक पत्र

प्रधानाचार्य, पदाधिकारियों, व्यापारियों, ग्राहकों, पुस्तक विक्रेता, संपादक आदि को लिखे गए पत्र 'औपचारिक पत्र' कहलाते हैं। औपचारिक पत्र उन लोगों को लिखे जाते हैं, जिनसे हमारा निजी या पारिवारिक संबंध नहीं होता है।

औपचारिक पत्रों को निम्नलिखित वर्ग में विभाजित किया जा सकता है।

1. आवेदन पत्र/प्रार्थना-पत्र 2. कार्यालयी पत्र 3. संपादकीय पत्र 4. शिकायती पत्र 5. व्यावसायिक पत्र

औपचारिक पत्र के संबोधन, अभिवादन तथा अभिनिवेदन

पत्र के प्रकार	पत्र पाने वाले	संबोधन	अभिनिवेदन
आवेदन-पत्र/प्रार्थना-पत्र	प्रधानाचार्य, संबंधित अधिकारी	महोदय, महोदया, मान्यवर	आपका कृपाकांक्षी, भवदीय
कार्यालयी पत्र	संबंधित अधिकारी	मान्यवर, महोदय	भवदीय, विनीत
संपादकीय पत्र	संपादक	महोदय, महोदया	भवदीय/भवदीया, प्रार्थी
शिकायती पत्र	संबंधित अधिकारी	महोदय, महोदया	भवदीय, भवदीया, प्रार्थी
व्यावसायिक पत्र	पुस्तक विक्रेता, बैंक प्रबंधक, व्यावसायिक संस्था	श्रीमान, महोदय	भवदीय, आपका

औपचारिक पत्र का प्रारूप

स्कूल में अतिरिक्त कक्षाओं को आयोजित कराने के लिए प्रधानाचार्य को पत्र लिखिए।

1. प्रेषक	परीक्षा भवन दिल्ली।
2. दिनांक	2 फरवरी, 20XX
3. प्राप्तकर्ता	सेवा में प्रधानाचार्य महोदय निर्मल हैप्पी सी सै. स्कूल लाजपत नगर, दिल्ली।
4. विषय	अतिरिक्त कक्षाएँ आयोजित कराने के संबंध में।
5. संबोधन	महोदय,
6. विषय-वस्तु	सविनय निवेदन यह है कि मैं आपके विद्यालय की आठवीं कक्षा का छात्र हूँ। हमारी वार्षिक परीक्षा संभवतः फरवरी के अंतिम सप्ताह में शुरू हो जाएगी, किंतु गणित और विज्ञान विषयों का पाठ्यक्रम अभी पूरा नहीं हो सका है। हमारी कक्षा को इन विषयों को पढ़ाने वाले अध्यापकों की ड्यूटी चुनाव कार्य में लगाई जा चुकी है और अब वे चुनाव कार्य पूर्ण होने पर ही वे विद्यालय आएँगे। ऐसी स्थिति में हम छात्रों का पाठ्यक्रम पूरा न होने के कारण प्रश्न-पत्र आधे-अधूरे ही हल हो सकेंगे। आपसे हमारी प्रार्थना है कि गणित और विज्ञान का पाठ्यक्रम पूरा करवाने के लिए अतिरिक्त कक्षाएँ आयोजित करवाने की व्यवस्था करें। हम छात्र आपके आभारी रहेंगे।
7. अभिनिवेदन	सधन्यवाद।
8. प्रेषक का नाम	आपका आज्ञाकारी शिष्य क. ख. ग.

विशेष

1. प्रेषक सर्वप्रथम जिसके द्वारा पत्र भेजा जाता है, यहाँ उसका पता लिखा जाता है।

2. दिनांक प्रेषक के पते के बाद जिस दिन पत्र लिखा जाता है, उस दिन की दिनांक लिखते हैं।

3. प्राप्तकर्ता जिसके लिए पत्र लिखा जा रहा है, उसका पता, पद के साथ निम्नलिखित क्रम में लिखते हैं

- प्राप्तकर्ता का पद
- विभाग का नाम
- स्थान तथा राज्य का नाम

4. विषय इसके अंतर्गत पत्र किसके संबंध या संदर्भ में लिखा जा रहा है, लिखते हैं।

5. संबोधन इसके अंतर्गत पत्र प्राप्त करने वाले को संबोधित किया जाता है।

6. विषय-वस्तु इसके अंतर्गत विषय से संबंधित मुख्य भाग का विस्तार किया जाता है।

7. अभिनिवेदन इसके अंतर्गत 'धन्यवाद' के साथ औपचारिक रूप में भवदीय/भवदीया/प्रार्थी/प्रार्थिनी/विनीत आदि का प्रयोग किया जाता है।

8. प्रेषक का नाम पत्र के अंत में जो पत्र लिख रहा है, उसका पूरा नाम लिख दिया जाता है। परीक्षा में नाम के स्थान पर 'क.ख.ग.' लिखना चाहिए।

नोट प्रश्न में 'पता' नहीं होने पर पते के स्थान पर काल्पनिक पता लिखना चाहिए। यदि प्रश्न-पत्र में नाम का उल्लेख न हो, तो नाम की जगह क.ख.ग. लिखना चाहिए।

औपचारिक पत्रों के उदाहरण

I. प्रार्थना-पत्र/आवेदन-पत्र

प्रार्थना-पत्र/आवेदन-पत्र विद्यालय के प्रधानाचार्य, संस्थाओं के प्रधान (प्रमुख) इत्यादि को लिखा जाता है। इसमें शालीन भाषा तथा शिष्ट शैली का प्रयोग किया जाता है। इन पत्रों में अभिवादन का अभाव होता है।

1. आपके पिता जी के तबादले के कारण आपको स्कूल छोड़ना पड़ा था, परंतु अब आपके पिता जी का पुनः तबादला उसी शहर में हो गया और आप उसी स्कूल में पुनः प्रवेश पाना चाहते हैं। प्रधानाचार्य को पुनः प्रवेश पाने हेतु पत्र लिखिए।

उत्तर परीक्षा भवन
दिल्ली।
दिनांक 12 नवंबर, 20XX
सेवा में,
प्रधानाचार्य जी
राजकीय प्रतिमा विकास विद्यालय
सिविल लाइंस
दिल्ली।
विषय विद्यालय में पुनः प्रवेश पाने हेतु।
महोदय,
सविनय निवेदन यह है कि वर्ष 2022 तक मैं आपके विद्यालय की छात्रा रही हूँ। उस समय मैं आठवीं कक्षा में थी तो मेरे पिता जी का तबादला मुंबई में हो गया था, जिसके कारण परिवार के साथ मुझे भी वहाँ जाना पड़ा था। इसी सप्ताह मेरे पिता जी का पुनः तबादला दिल्ली में हो गया है। मैं फिर से इस लेकर विद्यालय में दाखिला शिक्षा अर्जित करना चाहती हूँ, क्योंकि आज भी मेरे मन में मेरे विद्यालय व अध्यापक-अध्यापिकाओं की छवि अंकित है।
अतः आपसे प्रार्थना है कि आप मुझे पुनः विद्यालय में प्रवेश दे दें, जिससे मैं अपनी आगे की शिक्षा पूर्ण कर पाऊँ। मैं सदा आपकी आभारी रहूँगी।
सधन्यवाद।
आपकी आज्ञाकारिणी शिष्या
क. ख. ग.

2. पुस्तकालय में हिंदी के प्रसिद्ध लेखकों की पुस्तकें मँगवाने के लिए प्राचार्य को एक प्रार्थना-पत्र लगभग 120 शब्दों में लिखिए।

उत्तर परीक्षा भवन,
दिल्ली।
दिनांक 12 मार्च, 20XX
सेवा में,
प्रधानाचार्य महोदय,
केंद्रीय विद्यालय,
जनकपुरी, दिल्ली।
विषय पुस्तकालय में हिंदी के प्रसिद्ध लेखकों की पुस्तकें मँगवाने के लिए पत्र।
महोदय,
सविनय निवेदन यह है कि मैं आपके विद्यालय में कक्षा ग्यारहवीं 'अ' का छात्र हूँ। इस पत्र के माध्यम से मैं आपका ध्यान हमारे विद्यालय के पुस्तकालय में हिंदी के प्रसिद्ध लेखकों की पुस्तकों के अभाव की ओर दिलाना चाहता हूँ। विद्यालय के पुस्तकालय में विभिन्न प्रकार की पुस्तकें हैं, लेकिन हिंदी के प्रसिद्ध लेखकों की पुस्तकें न के बराबर हैं। जो पुस्तकें उपलब्ध हैं, वे भी पिछले पाँच साल पुरानी हैं।
हिंदी साहित्य के इतिहास को जानने-समझने के लिए प्रसिद्ध लेखकों की पुस्तकों की आवश्यकता होती है। ये पुस्तकें हिंदी के विद्यार्थियों के लिए बहुत उपयोगी हैं।
इसलिए आपसे अनुरोध है कि हिंदी के प्रसिद्ध लेखकों की नवीन पुस्तकें मँगवाने की कृपा करें, जिससे हिंदी साहित्य के विद्यार्थियों को असुविधा न हो और इन पुस्तकों के माध्यम से वे अपने ज्ञान में वृद्धि कर सकें।
धन्यवाद।
आपका आज्ञाकारी शिष्य
क.ख.ग.

3. यातायात के नियमों का उल्लंघन करने वालों के विरुद्ध कड़ी कार्रवाई करने तथा दो अन्य सुझाव देते हुए यातायात पुलिस आयुक्त को पत्र लिखिए।

उत्तर परीक्षा भवन,
दिल्ली।
दिनांक 14 मार्च, 20XX
सेवा में,
यातायात पुलिस आयुक्त,
दरियागंज, दिल्ली।
विषय यातायात के नियमों का उल्लंघन करने वालों के विरुद्ध कार्रवाई हेतु।
महोदय,
इस पत्र के माध्यम से मैं आपका ध्यान यातायात के नियमों का उल्लंघन करने वालों की ओर आकृष्ट कराना चाहता हूँ। वाहन चालक यातायात के नियमों का खुला उल्लंघन करते हैं। सड़क पर प्रायः ट्रैफिक बत्तियों की व्यवस्था तो है, परंतु जल्दी व तीव्र गति से वाहन चलाने वाले लोग ट्रैफिक के नियमों का पालन नहीं करते हैं। उन्हें रोकने-टोकने वाला कोई नहीं है। इस कारण आए दिन सड़क दुर्घटनाएँ होती रहती हैं। इस संबंध में मैं दो सुझाव देना चाहता हूँ ताकि यातायात के नियमों का उल्लंघन रोका जा सके।

(i) प्रातः 8 से 12 बजे तथा सायं 5 से 8 बजे तक सभी व्यस्त चौराहों पर यातायात पुलिस के सिपाही रहें व नियमों का उल्लंघन करने वालों का चालान करें।
(ii) चलते हुए वाहन में ड्राइवर द्वारा मोबाइल से बात करने पर तुरंत चालान कर देना चाहिए। ऐसा एक से अधिक बार होने पर चालक का ड्राइविंग लाइसेंस जब्त कर लिया जाना चाहिए।

अतः आपसे अनुरोध है कि यातायात के नियमों का उल्लंघन करने वालों के विरुद्ध कड़ी कार्यवाही की जाए ताकि दुर्घटनाओं को कम किया जा सके।
धन्यवाद।
भवदीय
क.ख.ग.

अभ्यास के लिए

1. बिजली विभाग में क्लर्क के रिक्त पद हेतु आवेदन करने के लिए विभाग के निदेशक को अपनी योग्यताओं का विवरण देते हुए आवेदन-पत्र लिखिए।
2. आपके कुछ साथी छोटी कक्षाओं के विद्यार्थियों को बहुत सताते हैं। इस समस्या के बारे में प्रधानाचार्य को पत्र लिखकर बताएँ और कोई उपाय भी सुझाइए।
3. आपका नाम सौरव कुमार है। आप ग्यारहवीं कक्षा के छात्र हैं। आपकी अंग्रेजी विषय की पढ़ाई समय से पूरी न होने के कारण विषय की अतिरिक्त कक्षाएँ लगवाने हेतु प्रधानाचार्य को पत्र लिखिए।
4. अपनी योग्यताओं का विवरण देते हुए प्राथमिक शिक्षक पद के लिए अपने जिले के शिक्षा-अधिकारी को आवेदन-पत्र लिखिए।
5. विद्यालय के वार्षिकोत्सव में विद्यालय से उत्तीर्ण हुए विभिन्न प्रसिद्ध हस्तियों को सम्मानित करने का सुझाव देते हुए विद्यालय के प्रधानाचार्य को प्रार्थना-पत्र लिखिए।

II. शिकायती पत्र

किसी विशेष कार्य, समस्या अथवा घटना की शिकायत करते हुए, संबंधित अधिकारी को लिखा गया पत्र 'शिकायती पत्र' कहलाता है। इसका स्वरूप प्रार्थना-पत्र की तरह ही होता है। इसकी भाषा शालीन होनी चाहिए।

1. अपने नगर के विद्युत अधिकारी को बिजली की कटौती के कारण पढ़ाई में आने वाली कठिनाई की चर्चा करते हुए, उसमें सुधार हेतु पत्र लिखिए।

उत्तर परीक्षा भवन,
गाज़ियाबाद।

दिनांक 6 फरवरी, 20XX

सेवा में,
विद्युत अधिकारी,
गाज़ियाबाद।

विषय विद्युत कटौती के संदर्भ में।

महोदय,

इस पत्र के माध्यम से मैं आपका ध्यान बिजली संकट की ओर दिलाना चाहता हूँ। पिछले चार-पाँच महीनों से इस क्षेत्र की विद्युत आपूर्ति बहुत खराब स्थिति में है। कोई समय निश्चित नहीं है कि कटौती कब-से-कब तक की जाएगी और कब बिजली आएगी? बिजली जाती है, तो कई घंटों तक नहीं आती है।

श्रीमान, मैं एक विद्यार्थी हूँ। बोर्ड की परीक्षाएँ निकट हैं। मेरे जैसे अन्य विद्यार्थी भी इस समस्या से तनाव की स्थिति में रहते हैं। इनवर्टर भी चार्ज नहीं हो पाता है, गर्मी और मच्छरों का आतंक अलग से है। यदि ऐसा ही चलता रहा, तो हमारे अध्ययन एवं करियर पर इसका अत्यंत नकारात्मक प्रभाव पड़ेगा। कृपया हमारी समस्या पर ध्यान देते हुए अतिशीघ्र नियमित बिजली आपूर्ति के लिए कुछ ठोस कदम उठाएँ।

धन्यवाद।

भवदीय
क. ख. ग.

2. अपने नगर के जलापूर्ति अधिकारी को पर्याप्त और नियमित रूप से पानी न मिलने की शिकायत करते हुए पत्र लिखिए।

उत्तर परीक्षा भवन,
मेरठ।

दिनांक 18 फरवरी, 20XX

सेवा में,
जलापूर्ति अधिकारी,
मेरठ नगर निगम,
सुभाष नगर, मेरठ।

विषय पेयजल संबंधी समस्या को दूर करने के संबंध में।

महोदय,

इस पत्र के माध्यम से मैं आपका ध्यान सुभाष नगर क्षेत्र में पेयजल की आपूर्ति संबंधी समस्या की ओर आकर्षित करना चाहता हूँ। इस क्षेत्र में पिछले पंद्रह दिनों से पेयजल की आपूर्ति ठीक ढंग से नहीं हो पा रही है। जो पानी आता है, वह बहुत गंदा होता है। पानी का दबाव बहुत कम रहता है और कभी-कभी तो पानी बिलकुल ही नहीं आता। पेयजल की कमी के कारण नागरिकों को बड़ी कठिनाई का सामना करना पड़ रहा है। पिछले सात-आठ दिनों से पानी पहली मंज़िल तक भी नहीं पहुँच रहा है। ऊपर की मंज़िलों में रहने वाले लोग तो पानी की एक-एक बूँद को तरस गए हैं। नहाना-धोना तो दूर, पीने के लिए भी पानी नहीं मिल पा रहा है।

गर्मी के इस मौसम में पर्याप्त मात्रा में पेयजल न मिलने के कारण लोगों का जीना दूभर हो गया है और उन्हें अनेक कठिनाइयों का सामना करना पड़ रहा है।

अतः आपसे अनुरोध है कि इस क्षेत्र में पेयजल की पर्याप्त व नियमित आपूर्ति करवाने का प्रबंध करें, जिससे क्षेत्र के नागरिकों को इस समस्या से छुटकारा मिल सके।

धन्यवाद।

भवदीय
क. ख. ग.

3. अपने क्षेत्र की नालियों तथा सड़कों आदि की समुचित सफ़ाई न होने पर स्वास्थ्य अधिकारी को एक शिकायती पत्र लिखिए।

उत्तर परीक्षा भवन,
दिल्ली।

दिनांक 13 मई, 20XX

सेवा में,
स्वास्थ्य अधिकारी,
नगर निगम,
गाज़ियाबाद।

विषय मोहल्ले की नालियों और सड़कों आदि की सफ़ाई के संबंध में।

महोदय,

इस पत्र के माध्यम से मैं आपका ध्यान अपने क्षेत्र की सफ़ाई व्यवस्था की ओर आकर्षित करना चाहता हूँ। हमारा क्षेत्र एक घनी आबादी वाला क्षेत्र है। यहाँ की नालियों की गहराई का स्तर सारे क्षेत्र में एक-सा नहीं है, जिसके कारण नालियाँ अकसर भरी रहती हैं। इतने बड़े क्षेत्र के लिए मात्र एक सफ़ाई कर्मचारी है और वह भी प्रतिदिन नहीं आता। कई बार तो वह तीन-तीन दिन तक नहीं आता। मुख्य कूड़ेदान की संख्या भी एक ही है।

घरों की सफ़ाई करने वाले घर के कूड़े को मुख्य कूड़ेदान में डाल देते हैं, जिससे वह ऊपर तक गंदगी से भर जाता है।

इससे बीमारी फैलने का भी खतरा हो रहा है। कुछ ही दिनों में वर्षा का समय भी आने वाला है। यदि यही हाल रहा, तो हमारे क्षेत्र में गंभीर बीमारी फैल जाएगी, जिसके शिकार बच्चे और बूढ़े अधिक संख्या में होंगे।

आपसे विनम्र निवेदन है कि समस्या की गंभीरता को देखते हुए एक बार स्वयं हमारे क्षेत्र का निरीक्षण करने का कष्ट करें, ताकि पत्र में लिखी सारी बातों की सत्यता को जाँचा जा सके। निरीक्षण तथा उचित कदम की प्रतीक्षा में।

सधन्यवाद।

प्रार्थी

क. ख. ग.

अभ्यास के लिए

1. **आपके मोहल्ले में विगत एक माह से चोरी की वारदातें होती आ रही हैं। थानाध्यक्ष महोदय को कई पत्र लिखने पर भी कोई सुधार नहीं हुआ है। अतः अपने ज़िले के पुलिस अधीक्षक/आयुक्त महोदय को पत्र लिखकर तुरंत कार्यवाही करने हेतु प्रार्थना कीजिए।**

2. **चेकबुक गुम हो जाने की शिकायत करते हुए पंजाब नेशनल बैंक, सहारनपुर के प्रबंधक को एक पत्र लिखिए।**

3. **आपकी सोसायटी का चौकीदार आपको ड्यूटी के दौरान सोता हुआ मिला। उसकी शिकायत करते हुए सोसायटी के सचिव को पत्र लिखिए।**

4. **अधिशासी अभियंता, मेरठ विकास प्राधिकरण, मेरठ को पत्र लिखकर शिकायत कीजिए कि आपके मकानों के सामने स्थित पार्क की स्थिति बहुत शोचनीय है। इस स्थिति को दूर करने के लिए पार्क का जीर्णोद्धार करने का अनुरोध कीजिए।**

5. **माल प्राप्त न होने पर रेल विभाग के प्रबंधक को शिकायत करते हुए पत्र लिखिए।**

III. संपादकीय पत्र

संपादक के नाम लिखे जाने वाले पत्र को 'संपादकीय पत्र' कहा जाता है। ऐसे पत्र एक विशिष्ट शैली में लिखे जाते हैं। इस पत्र में कुछ भाग संपादक को संबोधित होता है, जबकि मुख्य विषय-वस्तु 'जन सामान्य' को लक्षित कर लिखी जाती है।

1. **'स्वच्छ भारत अभियान' को सफल बनाने की अपील करते हुए किसी राष्ट्रीय दैनिक समाचार-पत्र के संपादक को पत्र लिखिए।**

उत्तर परीक्षा भवन,

दिल्ली।

दिनांक 18 मार्च, 20XX

सेवा में,

संपादक महोदय,

नवभारत टाइम्स,

नई दिल्ली।

विषय 'स्वच्छ भारत अभियान' के संबंध में।

महोदय,

इस पत्र के माध्यम से मैं आपके लोकप्रिय समाचार-पत्र के द्वारा समाज के सभी लोगों का ध्यान भारत सरकार के 'स्वच्छ भारत अभियान' की ओर आकृष्ट करना चाहता हूँ, जिससे इसमें अधिक-से-अधिक लोगों की भागीदारी संभव हो सके। गाँधीजी की 145वीं जयंती के अवसर पर माननीय प्रधानमंत्री नरेंद्र मोदी ने इस अभियान के आरंभ की घोषणा की। यह अब तक का सबसे बड़ा स्वच्छता अभियान है। इस अभियान को पूरा करने के लिए 5 वर्ष (2 अक्टूबर, 2019) तक की अवधि निश्चित की गई है और इस पर लगभग दो लाख करोड़ रुपये खर्च होने का अनुमान है।

हम सभी भारतीयों का कर्त्तव्य है कि हम इस अभियान को सफल बनाने में अपना सक्रिय योगदान दें। यदि अच्छी आदतों को अपनाने में थोड़ा अधिक समय भी लगे, तो चिंता की कोई बात नहीं, लेकिन किसी भी स्थिति में इसे नज़रअंदाज़ करना उचित नहीं है। यह अभियान वैयक्तिक एवं सामाजिक दोनों स्तरों पर अत्यधिक लाभप्रद है।

अतः मेरी सभी से अपील है कि इस अभियान को सफल बनाने के लिए स्वयं को, अपने घर को, अपने पड़ोस को, अपने मोहल्ले को, अपने जिले को, अपने राज्य को और अपने देश को स्वच्छ रखें।

धन्यवाद।

भवदीय

क. ख. ग.

2. **चुनाव के दिनों में आपके शहर की दीवारें नारे लिखने और पोस्टर चिपकाने से गंदी हो गई हैं। इस समस्या की ओर ध्यान आकृष्ट कराते हुए किसी समाचार पत्र के संपादक को पत्र लिखिए।**

उत्तर परीक्षा भवन,

दिल्ली।

दिनांक 17 जनवरी, 20XX

सेवा में,

संपादक,

दैनिक भास्कर,

नई दिल्ली।

विषय शहरभर की दीवारें गंदी होने के संदर्भ में।

महोदय,

इस पत्र के माध्यम से चुनावी नारों और पोस्टरों से होने वाली गंदगी के संदर्भ में मैं अपने विचार इस पत्र के माध्यम से व्यक्त करना चाहता हूँ। कृपया मेरे निम्नलिखित विचार 'पाठकों के पत्र' नामक स्तंभ में प्रकाशित कर मुझे अनुगृहीत करें।

इस समय शहर में चुनाव का माहौल है। चुनावों के नाम पर स्वेच्छाचारिता एवं अनुशासनहीनता लोकतंत्र की अपरिपक्वता का परिचायक है। राजनीतिक दलों के कार्यकर्ता जहाँ जी चाहे वहाँ पोस्टर चिपका देते हैं, नारे लिख देते हैं और वह भी काले, सफेद और लाल पेंट से। वे यह भी ध्यान नहीं रखते कि जिन सूचनापटों पर शहर, गली, मोहल्ले, संस्थान आदि के नाम या मोबाइल नंबर लिखे रहते हैं, उन पर पोस्टर लगाने से पता ढूँढने वालों को काफी परेशानी होती है।

चुनाव के बाद कोई राजनीतिक दल या सरकारी संस्था इसकी खोज-खबर नहीं लेती, ताकि उन पोस्टरों और नारों को साफ करवा दिया जाए। मुझे लगता है कि यह प्रजातंत्र का बहुत बड़ा मजाक है।

इस बारे में चुनाव आयोग को आगे आना चाहिए और कड़ी कार्यवाही करनी चाहिए। जिन नागरिकों की दीवारें या दरवाजे गंदे हुए हैं, उन्हें उचित हर्ज़ाना दिया जाना चाहिए। यह हर्ज़ाना उसी दल से मिलना चाहिए, जिस राजनीतिक दल का पोस्टर चिपका हो।

धन्यवाद।

भवदीय

क. ख. ग.

3. समाचार-पत्रों में विज्ञापनों की भरमार को कम करने और समसामयिक विषयों पर लेखन की आवश्यकता को दर्शाते हुए किसी दैनिक समाचार-पत्र के संपादक को पत्र लिखिए।

उत्तर परीक्षा भवन,

दिल्ली।

दिनांक 17 अप्रैल, 20XX

सेवा में,

संपादक महोदय,

नवभारत टाइम्स,

नई दिल्ली।

विषय विज्ञापनों की भरमार कम करने एवं समसामयिक विषयों पर लेखन करने हेतु।

महोदय,

मैं इस पत्र के माध्यम से आपका ध्यान समाचार-पत्रों में छपने वाले विज्ञापनों की ओर आकर्षित करना चाहती हूँ। आजकल समाचार पत्रों में विज्ञापनों की भरमार रहती है, जिसके कारण समाज में घटित हो रही घटनाओं एवं समसामयिक विषयों के संदर्भ में जानकारी नहीं मिल पाती। इसके अतिरिक्त कुछ विज्ञापन तो भ्रामक होते हैं, जिन्हें पढ़कर लोग खासकर युवा पीढ़ी गुमराह होती है।

समाचार-पत्रों में दिन-प्रतिदिन की नित्य नवीन घटनाओं को प्रकाशित किया जाना चाहिए, जिससे पाठक वर्ग अधिक से अधिक जानकारी ग्रहण कर सकें एवं विज्ञापन विशेषकर भ्रामक विज्ञापनों से बच सकें।

अतः आपसे अनुरोध है कि इस विषय पर गंभीरतापूर्वक विचार करके उचित कदम उठाएँ। विज्ञापनों की भरमार को कम करके केवल उन्हीं विज्ञापनों को समाचार-पत्र में प्रकाशित किया जाए जो विश्वसनीय हों।

धन्यवाद।

भवदीया

क. ख. ग.

अभ्यास के लिए

1. युवाओं में दिन-प्रतिदिन होते नैतिक मूल्यों के ह्रास को केंद्रित करते हुए किसी प्रतिष्ठित समाचार-पत्र के संपादक को पत्र लिखिए।

2. बुजुर्गों के साथ दिन-प्रतिदिन बढ़ती दुर्घटनाओं के प्रति पुलिस को अवगत कराने हेतु किसी समाचार पत्र के संपादक को पत्र लिखिए।

3. अपने विद्यालय में संपन्न हुए वृक्षारोपण समारोह का विवरण देते हुए किसी दैनिक समाचार-पत्र के संपादक को पत्र लिखिए।

4. हिंसा प्रधान फिल्मों को देखकर बच्चों पर पड़ने वाले दुष्प्रभाव का वर्णन करते हुए 'अमर उजाला' के संपादक को पत्र लिखिए।

5. आपके मोहल्ले में आवारा पशुओं की संख्या अत्यधिक बढ़ गई है। इस समस्या पर सरकार का ध्यान आकर्षित करने के लिए किसी समाचार पत्र के संपादक को पत्र लिखिए।

IV. व्यावसायिक पत्र

व्यावसायिक संबंधों को सुनिश्चित करने के लिए जो पत्र लिखे जाते हैं, 'उन्हें व्यावसायिक पत्र' कहा जाता है। ऐसे पत्रों की भाषा स्पष्ट तथा आकर्षक होनी चाहिए, जिससे बातें पूर्णत: स्पष्टता के साथ संप्रेषित हो सकें। व्यावसायिक पत्रों में सामान मँगवाने, उसकी जानकारी, शिकायतें तथा शिकायतों के निवारण जैसे विषय होते हैं।

1. आपने कुछ समय पहले एक ए. सी. खरीदा है, जिसमें हमेशा कोई-न-कोई समस्या बनी रहती है। अपनी इस समस्या की जानकारी देते हुए विक्रेता के नाम पत्र लिखिए।

उत्तर परीक्षा भवन,

उत्तर प्रदेश।

दिनांक 12 मार्च, 20XX

सेवा में,

प्रबंधक महोदय

रजत इलेक्ट्रॉनिक,

अट्टा, सेक्टर-26,

उत्तर प्रदेश।

विषय ए. सी. की समस्या के संदर्भ में।

महोदय,

मैंने आपकी दुकान से पिछले महीने 12 फरवरी, 20XX को एक एल जी का ए. सी. (2 टन) खरीदा था, जिसके बिल की प्रति साथ में संलग्न है। यह ए. सी. एक महीने में ही सिरदर्दी का कारण बन गया है। कभी बहुत आवाज करने लगता है, तो कभी चलते-चलते रुक जाता है। अब तो इससे ठंडी हवा भी नहीं आ रही है और पानी अलग से निकल रहा है। इसकी शिकायत दो बार पहले भी कर चुका हूँ। आपका मैकेनिक आता है और हर बार नया पार्ट लगा जाता है।

मेरा आपसे निवेदन है कि इस ए. सी. सेट को बदलकर दूसरा सही सेट दे दें या फिर कंपनी में भेजकर इसकी उचित सर्विस करा दें।

धन्यवाद।

भवदीय

क. ख. ग.

2. आपको कुछ पुस्तकों की आवश्यकता है, जो बाज़ार में उपलब्ध नहीं हैं। इस संदर्भ में प्रकाशक को पत्र लिखकर वीपीपी द्वारा पुस्तकें भेजने के लिए निवेदन कीजिए।

उत्तर परीक्षा भवन,

दिल्ली।

दिनांक 25 अप्रैल, 20XX

सेवा में,

प्रबंधक महोदय,

अ. ब. स. प्रकाशन, मेरठ।

विषय वीपीपी द्वारा पुस्तकें भेजने हेतु।

महोदय,

मैं राजकीय प्रतिभा विकास विद्यालय, दिल्ली का ग्यारहवीं कक्षा का विद्यार्थी हूँ। मुझे निम्न पुस्तकों की शीघ्र आवश्यकता है। अतः आपसे अनुरोध है कि ये पुस्तकें यथाशीघ्र वीपीपी द्वारा भेजने का कष्ट करें। कृपया उचित शुल्क लगाकर बिल भी संलग्न कर दें।

पुस्तकें		प्रतियाँ
1.	हिंदी व्याकरण	2 प्रति
2.	हिंदी गद्य	2 प्रति
3.	काव्य चंद्रिका	2 प्रति

आपसे अनुरोध है कि बिना विलंब किए वीपीपी द्वारा पुस्तकें पहुँचाने की कृपा करें।

धन्यवाद सहित।

भवदीय

क. ख. ग.

3. आप अजय जैन, गर्ग एंड सन्स कंपनी के मालिक हैं। उपभोक्ता द्वारा मँगवाए गए सामान की सूचना देते हुए उपभोक्ता को सामान की सूचना दीजिए।

उत्तर बैनारा उद्योग लिमिटेड,
आगरा।

दिनांक 18 नवंबर, 20XX

सेवा में,
गर्ग-एंड सन्स कम्पनी,
दिल्ली।

महोदय,

आपको सूचित करते हुए हमें हर्ष हो रहा है कि हमने आपकी आकस्मिकता को पूरा करते हुए आपकी माँग के अनुसार एस.एस. सागर द्वारा बॉल बेयरिंग आपके पते पर भेज दी है। यह सामान लकड़ी की 15 पेटियों में पैक किया गया है।

आपके सामान का बीमा हमारे शिपिंग एजेंट मैकमोहन एंड ब्रदर्स कंपनी, कोलाबा, मुंबई द्वारा कराया गया है।

इस पत्र के साथ हम ₹ 15000 का बिल संलग्न कर रहे हैं, जिसका भुगतान आपको 90 दिनों के भीतर करना होगा।

आशा है आपका सामान समय पर एवं सुरक्षित पहुँच जाएगा।

धन्यवाद सहित।

भवदीय

अजय जैन

बैनारा उद्योग लि.

अभ्यास के लिए

1. आपने एक ऑनलाइन शॉपिंग कंपनी के माध्यम से कुछ सामान खरीदा, लेकिन तय राशि के भुगतान के बाद भी आपको अपना सामान नहीं मिला। कंपनी प्रबंधक से इसकी शिकायत करते हुए पत्र लिखिए।

2. आप बाल भारती विद्यालय के प्रधानाचार्य हैं। आपने विद्यालय के पुस्तकालय के लिए पुस्तकें मँगवाई थीं, पुस्तक विक्रेता ने जो पुस्तकें भेजी थी उनकी स्थिति सही नहीं है। इसकी सूचना देते हुए पुस्तक विक्रेता को पत्र लिखिए।

3. आपका नाम प्रेम सिंह है। आप घूमने के लिए मसूरी जाना चाहते हैं। वहाँ के किसी होटल प्रबंधक से 3-4 दिन ठहरने का खर्च पूछने के लिए पत्र लिखिए।

4. आपने शिवा एंड सन्स कंपनी को टेबल एवं कुर्सियों का ऑर्डर दिया था। आप वस्तुओं की संख्या में बढ़ोतरी करना चाहते हैं। इसकी सूचना देते हुए कंपनी को सूचना पत्र लिखिए।

5. आपने किसी ऑनलाइन कंपनी से सामान खरीदा था। पार्सल समय पर न पहुँचने के कारण पार्सल की बुकिंग निरस्त कराने हेतु विक्रेता को सूचना-पत्र लिखिए।

V. कार्यालयी पत्र

विभिन्न सरकारी कार्यालयों में पत्र के माध्यम से कार्य संपादित होते हैं। ऐसे पत्रों को 'कार्यालयी पत्र' कहा जाता है। इन पत्रों में शालीनता तथा शिष्ट भाषा का प्रयोग किया जाता है।

1. आपके क्षेत्र में कई अनधिकृत मकान बनाए जा रहे हैं। उनकी रोकथाम के लिए जिलाधिकारी को पत्र लिखिए।

उत्तर परीक्षा भवन,
उत्तर प्रदेश।

दिनांक 08 मई, 20XX

सेवा में,
जिलाधिकारी महोदय,
प्रयागराज,
उत्तर प्रदेश।

विषय अनधिकृत मकानों के निर्माण के संबंध में।

महोदय,

मैं प्रयागराज जिले के अंतर्गत टैगोर टाउन क्षेत्र का स्थायी निवासी हूँ। इस क्षेत्र में अनेक अनधिकृत मकान बनवाए जा रहे हैं और इसमें स्थानीय पुलिस, बिल्डर एवं नगर निगम के अधिकारियों के बीच कुछ आपसी लेन-देन है। जो नक्शे पास किए जाते हैं, उनसे भिन्न नक्शे के मकान बनवाए जाते हैं। इसके अतिरिक्त सड़क के किनारे वे अतिक्रमण भी कर लेते हैं, जिससे सड़कें काफी संकीर्ण हो जाती हैं।

अतः आपसे निवेदन है कि अनधिकृत कब्जे को तत्काल हटाकर लोगों को पारित नक्शे के अनुसार ही मकान बनवाने के लिए बाध्य किया जाए और इसका पालन न करने वालों पर सख्त कार्रवाई की जाए।

सधन्यवाद।

भवदीय

क. ख. ग.

2. समस्त औपचारिकताएँ पूर्ण करने के बाद भी अभी तक आपको अपना 'पहचान पत्र' नहीं मिला है। इस समस्या के समाधान हेतु संबंधित अधिकारी को पत्र लिखिए।

उत्तर परीक्षा भवन,
दिल्ली।
दिनांक 25 फरवरी, 20XX
सेवा में,
निदेशक महोदय,
कश्मीरी गेट,
दिल्ली।
विषय आधार पहचान पत्र न मिलने के संदर्भ में।
मान्यवर,
मैं पुरानी दिल्ली क्षेत्र का निवासी हूँ। मैं तीन महीने पूर्व ही संबंधित कार्यालय में 'आधार पहचान पत्र' से जुड़ी सारी औपचारिकताएँ पूर्ण कर चुका हूँ, परंतु अभी तक मुझे मेरा आधार कार्ड प्राप्त नहीं हुआ है। इस संबंध में मैं कई बार संबंधित कार्यालय के अधिकारियों से बात कर चुका हूँ, परंतु उनके द्वारा बार-बार आश्वासन दिए जाने के बाद भी मेरी समस्या का हल नहीं हो पाया है। आधार पहचान पत्र समय पर न मिलने के कारण मुझे और मेरे परिवार को जन-कल्याण संबंधी कई सरकारी योजनाओं के लाभ से वंचित होना पड़ रहा है।
मुझे आधार पहचान पत्र की अत्यंत आवश्यकता है। अतः आपसे निवेदन है कि स्थिति की गंभीरता को समझते हुए मुझे मेरा आधार पहचान पत्र शीघ्रता से दिलवाने का कष्ट करें।
सधन्यवाद।
भवदीय
क. ख. ग.

3. **ऊर्जा मन्त्रालय के सचिव की ओर से अर्थ आवर के लिए सहयोग हेतु शासनादेश सम्बन्धी पत्र लिखिए।**

उत्तर पत्र संख्या—5/161/2011,
प्रेषक,
सचिव,
ऊर्जा मन्त्रालय।
दिनांक 22 मार्च, 20XX
सेवा में,
भारत सरकार,
नई दिल्ली।
विषय अर्थ आवर के लिए सभी के सहयोग हेतु।
महोदय,
शासनादेश है कि 26 मार्च, 20XX को 'अर्थ आवर' के मौके पर सभी सरकारी एवं अधीनस्थ कार्यालयों में रात्रि 8:30 बजे से 9:30 बजे (कुल एक घण्टा) तक बिजली की आपूर्ति बन्द रखी जाए।
'अर्थ आवर' के जरिए इस उल्लेखनीय कार्य के लिए आप सभी का सहयोग स्वागत योग्य होगा।
हस्ताक्षर .....
सचिव
(ऊर्जा मन्त्रालय)
प्रतिलिपि
सचिव, सभी सरकारी एवं अधीनस्थ कार्यालय।

4. **भारत के संविधान के अनुसरण में राष्ट्रपति के आदेश हेतु शासनादेश सम्बन्धी पत्र लिखिए।**

उत्तर पत्र संख्या-अ /57/6759,
सेवा में,
भारत सरकार,
नई दिल्ली।
दिनांक 26 फरवरी, 20XX
विषय राष्ट्रपति द्वारा दिए गए आदेश हेतु।
महोदय,
भारत के संविधान के अनुच्छेद 77 के खण्ड (3) के अनुसरण में राष्ट्रपति निम्नलिखित आदेश देते हैं—
1. विभाजन सचिवालय का अस्तित्व 1 मार्च, 1959 (फाल्गुन 90, 18.80 शुक्ल) से नहीं रहेगा।
2. इस समय विभाजन सचिवालय में व्यवहृत सभी कार्य उक्त दिनांक से वित्त मन्त्रालय (आर्थिक कार्य विभाग) को सौंप दिए जाएँ।

हस्ताक्षर.....
भारत के राष्ट्रपति

अभ्यास के लिए

1. आपके क्षेत्र में कुछ दिनों से पानी की आपूर्ति बाधित है। इसके संबंध में जल विभाग के अधिकारी को सूचना देते हुए पत्र लिखिए।

2. आपका पंजाब नेशनल बैंक में खाता है। आपको ए.टी.एम से पैसे निकालते समय रुपये न निकलने पर भी आपके खाते से काट लिए गए हैं। इस घटना की सूचना अपने बैंक को देते हुए पत्र लिखिए।

3. आपका मतदाता पहचान पत्र में नाम गलत छप गया है। उसे सही करवाने के लिए संबंधित अधिकारी को पत्र लिखिए।

4. आपके क्षेत्र में गलियों में बल्ब न लगे होने के कारण रात को लोगों को कठिनाइयों का सामना करना पड़ता है। इस समस्या के समाधान हेतु संबंधित अधिकारी को पत्र लिखिए।

5. रक्षा मन्त्रालय के सचिव की ओर से थल सेना के लिए सहयोग हेतु शासनादेश सम्बन्धी पत्र लिखिए।

03

अध्याय

जनसंचार माध्यम

संचार का अर्थ

विभिन्न भावों एवं सूचनाओं के आदान-प्रदान करने की प्रक्रिया का नाम ही संचार है। सामान्य शब्दों में, अपने भाव, विचार या संदेश दूसरे व्यक्ति तक कुछ सार्थक शब्दों, चिह्नों, संकेतों, ज्ञान या भावनाओं द्वारा पहुँचाना ही संचार है।

अभ्यास के लिए

- पाठ्यपुस्तक के प्रश्नोत्तर
- बहुविकल्पीय प्रश्न
- अतिलघु उत्तरीय प्रश्न
- लघु उत्तरीय प्रश्न

संचार

संचार की कहानी मानव समाज के अस्तित्व जितनी ही पुरानी है। मनुष्य एक सामाजिक प्राणी है और वह अपने विचारों एवं भावों को अभिव्यक्त करना चाहता है।

संचार शब्द की उत्पत्ति **चर** शब्द से हुई है। 'चर' का अर्थ है—**विचरण करना** अर्थात् चलना यानि एक स्थान से दूसरे स्थान तक पहुँचना। यहाँ 'पहुँचने' से तात्पर्य दो या दो से अधिक व्यक्तियों तक सूचनाओं, विचारों एवं भावनाओं के पहुँचने से है। इसी को ध्यान में रखते हुए विल्बर श्रैम ने कहा है कि संचार अनुभवों की साझेदारी है अर्थात् संचार करते हुए हम एक-दूसरे के अनुभवों को आपस में बाँटते हैं। इस आधार पर कहा जा सकता है कि सूचनाओं, विचारों एवं भावनाओं को लिखित, मौखिक या दृश्य-श्रव्य माध्यमों के द्वारा सफलतापूर्वक एक जगह से दूसरी जगह पहुँचाना ही संचार है और इस प्रक्रिया में प्रयुक्त किए जाने वाले तरीके या माध्यम संचार माध्यम कहलाते हैं; जैसे—समाचार-पत्र, फिल्म, टेलीफ़ोन, रेडियो, दूरदर्शन, इंटरनेट आदि।

स्मरणीय तथ्य

- संचार एक घटना नहीं, अपितु एक प्रक्रिया है और यह अंतर्क्रियात्मक (Interactive) प्रक्रिया है।
- यह एक जीवंत प्रक्रिया है, जिसमें मनुष्य की भागीदारी होती है।
- इसमें सूचना देने वाले एवं पाने वाले दोनों की सक्रिय भागीदारी होनी आवश्यक है।

संचार के तत्त्व

संचार की प्रक्रिया में कई तत्त्व शामिल रहते हैं, जिनमें से निम्नलिखित उल्लेखनीय हैं

1. **स्रोत या संचारक** संचार प्रक्रिया इसी तत्त्व से शुरू होती है। जब स्रोत या संचारक एक उद्देश्य के साथ अपने किसी विचार, संदेश या भावना को किसी और तक पहुँचाना चाहता है, तब संचार प्रक्रिया की शुरुआत होती है।

2. **संदेश का कूटीकरण** (एनकोडिंग) यह संचार प्रक्रिया का दूसरा चरण है। भाषा एक प्रकार का कूट चिह्न या कोड है। संदेश प्राप्त करने वाले के लिए आवश्यक है कि वह संदेश में प्रयुक्त कोड से परिचित हो।
3. **संदेश** संचार-प्रक्रिया में संदेश का बहुत अधिक महत्त्व है। इसकी मूल विषय-वस्तु ही संदेश होता है। किसी भी संचारक का सबसे प्रमुख उद्देश्य अपने संदेश को उसी अर्थ के साथ प्राप्तकर्ता तक पहुँचाना है इसलिए सफल संचार के लिए जरूरी है कि संचारक अपने संदेश को लेकर स्वयं पूरी तरह से स्पष्ट हो। संदेश जितना स्पष्ट एवं सरल होगा, प्राप्तकर्ता को उसे समझना उतना ही आसान होगा।
4. **माध्यम या चैनल** संदेश को प्राप्तकर्ता तक पहुँचाने के लिए किसी-न-किसी माध्यम; जैसे—टेलीफ़ोन, समाचार-पत्र, टेलीविज़न, इंटरनेट आदि का सहारा लिया जाता है।
5. **प्राप्तकर्ता द्वारा कूटवाचन** (डिकोडिंग) प्राप्तकर्ता प्राप्त संदेश का कूटवाचन यानि डिकोडिंग करता है अर्थात् वह प्राप्त संदेश में निहित अर्थ को समझने की कोशिश करता है। संचारक और प्राप्तकर्ता दोनों का इसमें प्रयुक्त कोड से परिचित होना आवश्यक है।
6. **फीडबैक** संदेश प्राप्त होने पर प्राप्तकर्ता अपनी प्रतिक्रिया व्यक्त करता है। इसी से पता चलता है कि संचार प्रक्रिया में कोई बाधा तो नहीं आ रही है, साथ ही यह भी पता चलता है कि संचारक ने जिस अर्थ के साथ संदेश भेजा था, वह उसी अर्थ में प्राप्तकर्ता को मिला है या नहीं।
7. **शोर** संचार प्रक्रिया में कई प्रकार की बाधाएँ आती हैं। इन बाधाओं को 'शोर' कहते हैं। यह मानसिक, तकनीकी एवं भौतिक हो सकता है। कई बार शोर के कारण संदेश अपने मूल रूप में प्राप्तकर्ता तक नहीं पहुँच पाता।

संचार के प्रकार

संचार एक जटिल प्रक्रिया है। इसके कई रूप या प्रकार हैं और ये रूप एक-दूसरे से काफ़ी घुले-मिले भी हैं।

इसके विभिन्न रूपों को निम्न प्रकार से समझा जा सकता है

1. **सांकेतिक संचार** जब हम अपने किसी परिचित को इशारे से बुलाते हैं, तब हम इस रूप का प्रयोग करते हैं।
2. **मौखिक संचार** अपने से बड़ों को सम्मान से प्रणाम करते समय हम हाथ जोड़कर प्रणाम का इशारा भी करते हैं, यह मौखिक संचार है। मौखिक संचार में अमौखिक क्रियाओं की भी मदद ली जाती है। इसमें हम आँखों, चेहरे, हाथ की गति आदि का सहारा लेते हैं। खुशी, दुःख, प्रेम, डर आदि की भावनाएँ अमौखिक संचार के माध्यम व्यक्त होती हैं।
3. **अंत:वैयक्तिक संचार** (इंट्रापर्सनल) जब हम कुछ योजना बना रहे होते हैं या किसी को याद कर रहे होते हैं, तब हम अकेले होते हैं। इस संचार प्रक्रिया में संचारक और प्राप्तकर्ता एक ही व्यक्ति होता है। यह संचार का सबसे बुनियादी रूप है। पूजा-इबादत या प्रार्थना भी अंत:वैयक्तिक संचार का रूप है।
4. **अंतर्वैयक्तिक** (इंटरपर्सनल) जब दो व्यक्ति आपस में और आमने-सामने संचार करते हैं, तो इसे अंतर्वैयक्तिक संचार कहते हैं। इस संचार में फीडबैक तुरंत मिल जाता है। यह रूप परिवार और समाज के रिश्तों की बुनियाद है। इस कौशल की आवश्यकता हमें कदम-कदम पर पड़ती है। साक्षात्कार में इसी कौशल की परख होती है।
5. **समूह-संचार** जब एक समूह आपस में विचार-विमर्श या चर्चा करता है, तब समूह-संचार होता है। समूह-संचार का उपयोग समाज और देश के सामने उपस्थित समस्याओं को बातचीत या बहस के द्वारा हल करने के लिए किया जाता है। विधानसभा या संसद की चर्चा समूह-संचार का ही उदाहरण है। किसी समिति या पंचायत के लोग समूह-संचार के द्वारा किसी निर्णय तक पहुँचते हैं।
6. **जनसंचार** यह संचार का सबसे महत्त्वपूर्ण और अंतिम प्रकार है। जब हम व्यक्तियों के समूह के साथ प्रत्यक्ष संवाद की बजाय किसी तकनीकी या यांत्रिक माध्यम के द्वारा एक विशाल वर्ग से संवाद कायम करते हैं, तो उसे जनसंचार कहते हैं। टेलीकॉन्फ्रेंसिंग इसी का रूप है। इसके लिए हमें किसी उपकरण या माध्यम की सहायता लेनी पड़ती है; *जैसे*—रेडियो, अखबार, टेलीविज़न या इंटरनेट आदि।

संचार के कार्य

हमारे जीवन में प्रतिदिन संचार का अत्यधिक प्रयोग किया जाता है। इस प्रकार संचार के कई कार्य हैं। संचार के कुछ कार्य निम्नलिखित हैं

1. सूचनाओं को प्राप्त करने एवं सूचनाओं को दूसरे व्यक्ति तक पहुँचाने के लिए संचार का प्रयोग किया जाता है।
2. किसी वस्तु को दूसरे व्यक्ति से प्राप्त करने के लिए संचार का प्रयोग किया जाता है।
3. संचार के द्वारा किसी भी व्यक्ति के व्यवहार आदि को नियंत्रित किया जा सकता है।
4. संचार का प्रयोग अपने विचारों, भावनाओं आदि को अभिव्यक्त करने के लिए किया जाता है।
5. किसी अन्य व्यक्ति को अपनी समस्याओं एवं कठिनाइयों से परिचित कराने के लिए संचार का प्रयोग किया जाता है।
6. किसी वस्तु आदि के संदर्भ में अपनी प्रतिक्रिया देने के लिए संचार का प्रयोग किया जाता है।
7. समूह विशेष से संपर्क स्थापित करने के लिए संचार का प्रयोग किया जाता है।

जनसंचार की विशेषताएँ

जनसंचार की मुख्य विशेषताएँ निम्नलिखित हैं

1. जनसंचार प्रक्रिया में विशाल क्षेत्र में बिखरे हुए **प्रापकों** (ग्राहक) तक **शीघ्रता से संपर्क** हो जाता है। बिखरे हुए प्रापकों से तात्पर्य यह है कि प्रापक एक स्थान पर सीमित नहीं होते, बल्कि दूर-दूर तक फैले होते हैं। प्रापकों की पृष्ठभूमि अलग-अलग होती है।

2. जनसंचार किसी एक व्यक्ति या व्यक्ति विशेष के लिए कार्य नहीं करता। जनसंचार द्वारा प्रेषित सूचना समस्त जनता के लिए सामान्य रूप से खुली होती है।
3. जनसंचार की प्रक्रिया **सुस्पष्ट** होती है तथा उसका ढाँचा भी स्पष्ट होता है।
4. **प्रतिपुष्टि** जनसंचार प्रक्रिया को प्रभावी बनाती है। जनसंचार माध्यम से मिली सूचनाओं पर प्रापक की क्या प्रतिक्रिया है और सूचनाओं पर उसका क्या प्रभाव पड़ता है आदि की जानकारी प्रतिपुष्टि के द्वारा हो जाती है।
5. जनसंचार में संदेश चूँकि मिश्रित जनसमूह को लक्ष्य करके भेजा जाता है और जनसमूह की **स्थितियाँ एवं रुचियाँ** विभिन्न प्रकार की होती हैं। अत: संचार की **विषय-वस्तु** का चुनाव एवं विवेचन करना अत्यंत कठिन कार्य है। इसी कारण जनसंचार की एक महत्त्वपूर्ण विशेषता यह भी है कि इसमें व्यक्ति उस संदेश का चयन करता है, जो उसकी मान्यताओं एवं विशेषताओं के अनुकूल होता है।
6. जनसंचार के विकास ने **भौगोलिक** एवं **समाज की सीमाओं** को तोड़ दिया है। जनसंचार के कारण ही आज **ग्लोबल विलेज** की परिकल्पना साकार हो रही है।
7. जनसंचार एक प्रहरी अथवा द्वारपाल की भाँति सजग होकर समाज की प्रत्येक गतिविधि पर निगाह एवं निगरानी रखता है।

जनसंचार के कार्य

संचार की तरह ही जनसंचार के भी कई कार्य हैं, जो निम्नलिखित हैं

1. **सूचना देना** सूचना देना जनसंचार के माध्यमों का प्रमुख कार्य है। हमें बहुत-सी सूचनाएँ इनके द्वारा ही प्राप्त होती हैं।
2. **शिक्षित करना** जनसंचार के माध्यम हमें जागरूक करने का कार्य करते हैं। ये देश-विदेश की जानकारी देकर हमें शिक्षित करने का कार्य करते हैं।
3. **मनोरंजन करना** जनसंचार के माध्यम मनोरंजन के प्रमुख साधन हैं। रेडियो, टेलीविजन, सिनेमा, इंटरनेट आदि मनोरंजन करने वाले जनसंचार के प्रमुख माध्यम हैं।
4. **एजेंडा तय करना** सूचनाओं और विचारों के द्वारा जनसंचार के माध्यम से देश और समाज का एजेंडा भी तय करते हैं। किसी विशेष घटना या मुद्दे को चर्चा का विषय बनाकर जनसंचार के माध्यम समाज व प्रशासन को उस पर अपनी प्रतिक्रिया देने के लिए विवश करते हैं।
5. **निगरानी करना** सरकार और प्रमुख संस्थाओं के कामकाज की निगरानी करना भी जनसंचार का प्रमुख कार्य है उनके द्वारा बरती गई किसी भी अनियमितता को सामने लाने का कार्य जनसंचार के माध्यम ही करते हैं।
6. **विचार-विमर्श के मंच** जनसंचार के माध्यम लोकतंत्र में विचारों को अभिव्यक्ति प्रदान करने का मंच उपलब्ध कराते हैं। आम-जनता तथा लेखक किसी भी गंभीर घटना या मुद्दे पर जनसंचार के माध्यमों के द्वारा ही अपनी राय व्यक्त करते हैं अत: जनसंचार के माध्यमों का एक प्रमुख कार्य विचार-विमर्श के मंच के रूप में भी है।

भारत में जनसंचार माध्यमों का विकास

भारत में जनसंचार के आधुनिक माध्यम पाश्चात्य सभ्यता अंग्रेजों की देन हैं; जैसे—समाचार-पत्र, रेडियो, टी.वी. आदि। प्राचीनकाल में भारत में भले ही जनसंचार के विभिन्न माध्यम रहे हों, लेकिन आज के आधुनिक माध्यम पश्चिम से ही प्राप्त हुए। आज के समय में ये सभी माध्यम हमारी सांस्कृतिक विरासत के अभिन्न अंग बन चुके हैं। बड़ी सहजता के साथ इसके बीज पौराणिक काल के मिथकीय पत्रों में खोजे जा सकते हैं। देवर्षि नारद को भारत का पहला समाचार वादक माना जाता है, जो वीणा की मधुर झंकार के साथ धरती और देवलोक के बीच संवाद सेतु थे। उन्हीं की तरह महाभारत काल में महाराज धृतराष्ट्र और रानी गांधारी को युद्ध की झलक दिखाने और उसका विवरण सुनाने के लिए जिस तरह संजय की परिकल्पना की गई है, वह एक अत्यंत समृद्ध संचार व्यवस्था की ओर संकेत करती है। वर्तमान में जनसंचार के विभिन्न माध्यम प्रचलित रूप में हैं—समाचार-पत्र व पत्रिकाएँ, रेडियो, टेलीविजन, सिनेमा तथा इंटरनेट। ये सभी जनसंचार के माध्यम आज के समय में राष्ट्र के निर्माण व विकास में अपनी महत्त्वपूर्ण भूमिका निभा रहे हैं।

समाचार-पत्र-पत्रिकाएँ

मुद्रण का आविष्कार 1450 ई. में जर्मनी के **जोहांस गुटेनबर्ग** में हुआ। शिक्षित समुदाय के लिए यह एक वरदान साबित हुआ। समाचार-पत्रों का प्रकाशन जीवन की अपरिहार्य आवश्यकता बन गया। भारत में इसकी शुरुआत 1780 ई. में जेम्स ऑगस्ट हिकी के 'बंगाल गजट' से हुई, जो कलकत्ता से प्रकाशित हुआ। हिन्दी का पहला साप्ताहिक-पत्र 'उदंत मार्तंड' भी कलकत्ता से ही 1826 ई. में पंडित जुगल किशोर शुक्ल के संपादन में प्रकाशित किया गया था।

धीरे-धीरे साप्ताहिक, मासिक एवं अर्द्ध-वार्षिक पत्र-पत्रिकाओं के प्रकाशन ने इस क्षेत्र में क्रांति ला दी। आजकल तो विभिन्न समाचार-पत्रों के सांध्य संस्करण भी निकलने लगे हैं। इन समाचार-पत्रों एवं पत्रिकाओं में राजनीति, खेल, फिल्म, कला, साहित्य, बाज़ार आदि जीवन के विभिन्न क्षेत्रों से जुड़े समाचार एवं जानकारी प्रकाशित की जाती है। विज्ञापन एवं सामाजिक जागरूकता के संदेशों को आम जनता तक पहुँचाने में मुद्रित माध्यम की अपनी एक विशिष्ट भूमिका है।

रेडियो

भारत में रेडियो प्रसारण की विधिवत् शुरुआत इसके आविष्कार (1895 ई.) के 40 वर्ष बाद वर्ष 1936 में **ऑल इंडिया रेडियो** की स्थापना द्वारा हुई। वर्ष 1956 से भारतीय रेडियो सेवा को आकाशवाणी के नाम से जाना जाता है। दूरभाष (टेलीफ़ोन) एवं सेल्यूलर फोन भी पिछले कुछ वर्षों में लोगों की सामान्य आवश्यकता बन गए हैं। सरकारी एवं निजी क्षेत्र की टेलीफ़ोन सेवा कंपनियों ने गाँव-गाँव, गली-गली में अपना जाल बिछाया हुआ है। आज ये सूचना के सशक्त माध्यमों के रूप में उभरकर सामने आए हैं।

भारत में रेडियो सेवा : एक दृष्टि में

प्रसारण उपलब्धता	*राष्ट्रीय*
मुख्यालय	*आकाशवाणी भवन, नई दिल्ली*
आदर्श वाक्य	*'बहुजन हिताय, बहुजन सुखाय'*
स्वामित्व	*प्रसार भारती*

सेवा का प्रकार	**सरकारी**
प्रसारण आरंभ होने की तिथि	1 अप्रैल, 1930 (इंडियन स्टेट ब्रॉडकास्टिंग सर्विस के रूप में)
ऑल इंडिया रेडियो की स्थापना	8 जून, 1936
विदेशी भाषा में प्रसारण की शुरुआत	1 अक्टूबर, 1939 से पश्तो भाषा में प्रसारण के साथ
स्वतंत्रता प्राप्ति के समय रेडियो प्रसारण केंद्र	6 (दिल्ली, मुंबई, कोलकाता, चेन्नई, लखनऊ, तिरुचि)
अनुमानित रेडियो सेट्स (वर्ष 1947 में)	2,75,000
'विविध भारती' की शुरुआत	3 अक्टूबर, 1957
एफ. एम. प्रसारण की शुरुआत	23 जुलाई, 1977 से, चेन्नई में
विदेशी भाषाओं में प्रसारण (कुल भाषाएँ)	27 (जिनमें 16 विदेशी तथा 11 भारतीय भाषाएँ हैं।) (प्रसारण 108 देशों में सुना जा सकता है।)
'डायरेक्ट टू होम' सेवा के चैनल	21
'न्यूज ऑन फोन' सेवा की शुरुआत	25 फरवरी, 1998 (नई दिल्ली में)

टेलीविजन

दूरदर्शन (टेलीविज़न) संचार का अत्यधिक शक्तिशाली एवं लोकप्रिय माध्यम है। इंग्लैंड के **जॉन बेयर्ड द्वारा इसकी खोज** (लगभग वर्ष 1920) **के बाद भारत में इसके प्रसारण की शुरुआत 15 सितंबर, 1959 से हुई। 1 अप्रैल, 1976 से इसे दूरदर्शन** नाम से जाना जाने लगा। वर्ष 1982 से रंगीन टेलीविज़न देशभर में लोकप्रिय हुआ। लगातार मनोरंजक, सूचनापरक और विविध विषयक कार्यक्रमों ने केबल टी.वी. को एक विशिष्ट एवं प्रभावी इलेक्ट्रॉनिक माध्यम बना दिया।

सिनेमा

सिनेमा मनोरंजन तथा जनसंचार का सशक्त माध्यम है। कला तथा संगीत के माध्यम से अभिव्यक्ति के साथ **जनजागरूकता** के क्षेत्र में सिनेमा का महत्त्व बढ़ा है। तकनीकी विकास के साथ सिनेमा की दुनिया में भी परिवर्तन हुआ है।

श्वेत एवं श्याम फिल्मों से निकलकर रंगीन फिल्मों तक के सफर में भारतीय सिनेमा ने कई पड़ाव देखे हैं। सिनेमा के आविष्कार का श्रेय थॉमस अल्वा एडिसन को जाता है और यह 1883 ई. में मिनेटिस्कोप की खोज के साथ जुड़ा हुआ है। 1894 ई. में फ्रांस में पहली फिल्म 'द अराइवल ऑफ ट्रेन' बनी। भारत में पहली मूक फिल्म 'राजा हरिचन्द्र' को बनाने का श्रेय दादा साहेब फाल्के को जाता है। यह फिल्म वर्ष 1913 में बनी थी। वर्ष 1931 में पहली बोलती फिल्म 'आलम आरा' बनी। इसके बाद बोलती फिल्मों का दौर शुरू हुआ।

सिनेमा का निर्माण दृश्य, ध्वनि तथा संगीत की **त्रिआयामी प्रवृत्तियों** के माध्यम से होता है। इसे सिनेमाघरों में निर्मित पर्दों पर दिखाया जाता है। जनजागरूकता तथा आधुनिकीकरण को विस्तार देने में सिनेमा का कोई विकल्प नहीं है। इसके माध्यम से संदेश सीधे दर्शकों तक पहुँचाया जा सकता है।

हिंदी सिनेमा अपनी पहुँच तथा संप्रेषणीयता के कारण महत्त्वपूर्ण जनसंचार माध्यम बन गया है। समाज, राजनीति तथा संस्कृति के विविध पक्षों को केंद्रीय विषय के रूप में लेकर फिल्में बनाई जाती हैं, जो समाज को अत्यधिक प्रभावित करने में निश्चित ही अपनी महत्त्वपूर्ण भूमिका निभाती हैं।

इंटरनेट

अत्यंत विस्तृत फलक वाला इंटरनेट **तेज़ गति वाला** जनसंचार माध्यम है। इसका संवहन मुख्यत: कंप्यूटर के माध्यम से होता है। यह एक ऐसा बहुआयामी इलेक्ट्रॉनिक माध्यम है, जो अत्यंत तेज़ी के साथ सर्वाधिक सशक्त बनने की दिशा में बढ़ रहा है। इंटरनेट सिर्फ़ सूचनाओं के संप्रेषण अथवा वितरण का कार्य नहीं करता, बल्कि मनोरंजन, ज्ञान तथा व्यक्तिगत संवादों का प्रसारण भी करता है। **ई-मेल**, इंटरनेट की महत्त्वपूर्ण प्रक्रिया है, जिसके माध्यम से आपसी संप्रेषण की प्रक्रिया को दिशा दी जाती है। 'इंटरनेट' के माध्यम से जनसंचार की प्रक्रिया तेज़ी से आगे बढ़ रही है। सभी **पत्र-पत्रिकाओं** ने अपनी **साइटों** पर समाचार तथा मनोरंजन का खज़ाना सजा रखा है। सभी साइटों को निरंतर नियमित किया जाता है। इंटरनेट पत्रकारिता का हाल के वर्षों में अत्यधिक विस्तार हुआ है। हिंदी के समाचार-पत्रों ने भी अपने **ई-संस्करण** जारी किए हैं।

ई-संस्करण को पढ़ने के लिए निर्धारित प्रविष्टियों को भरकर संबंधित समाचार-पत्र का एक सदस्य बनना आवश्यक होता है।

अभिसरण माध्यम अपने बहुआयामी माध्यमों एवं गुणवत्ता के सहारे आधुनिकतम संचार माध्यम के रूप में उभरे हैं। इसके द्वारा **टेलीकॉन्फ्रेंसिंग** जैसी सुविधाएँ जनमानस तक पहुँच रही हैं। वास्तव में, प्रौद्योगिकी के क्षेत्र में होने वाली निरंतर एवं तीव्र प्रगति जनसंचार के माध्यमों में भी लगातार नई संभावनाएँ पैदा कर रही है।

जनसंचार माध्यमों का प्रभाव

प्रत्येक व्यक्ति के जीवन में जनसंचार माध्यमों का विशेष महत्त्व है। आज इन जनसंचार माध्यमों के अभाव में जीवन की कल्पना नहीं की जा सकती। प्रात:काल सर्वप्रथम लोग अखबार के माध्यम से सूचनाएँ प्राप्त करते हैं। दिन भर की ख़बरें रेडियो, टेलीविज़न, इंटरनेट के द्वारा प्राप्त की जाती हैं। खरीदारी करने के लिए युवा पीढ़ी विशेष रूप से इंटरनेट का प्रयोग करती है। सूचनाएँ प्राप्त करने, टिकट बुक करने, बिल आदि का भुगतान करने, मनोरंजन करने, धर्म संबंधी जानकारी आदि जनसंचार माध्यमों द्वारा प्राप्त की जा रही हैं।

इस प्रकार जनसंचार माध्यमों ने आज प्रत्येक व्यक्ति को प्रभावित किया है। जनसंचार माध्यमों द्वारा ही आज सभी का जीवन सरल बन गया है। जनसंचार माध्यमों द्वारा ही पारदर्शिता बढ़ी है। लोगों को जागरूक बनाने में जनसंचार माध्यमों ने महत्त्वपूर्ण भूमिका निभाई है। भ्रष्टाचार, सांप्रदायिकता आदि समस्याओं में सुधार जनसंचार माध्यमों द्वारा ही संभव हो पाया है।

एक सिक्के के दो पहलू होते हैं। जनसंचार माध्यमों के उपयुक्त सकारात्मक पक्ष के साथ ही इसके नकारात्मक पक्ष भी हैं। जनसंचार माध्यमों के द्वारा समाज में असामाजिक तत्त्वों की वृद्धि हुई है। जनसंचार माध्यम के द्वारा काल्पनिकता और लुभावनी भाषा के द्वारा लोगों को भ्रमित करने का प्रयास किया जाता है। इसके कारण लोगों के व्यवहार में परिवर्तन आया है। जनसंचार माध्यम के द्वारा अश्लीलता में वृद्धि हुई। जनसंचार माध्यमों का सीधा संबंध सार्वजनिक हित से जुड़ा होता है। इस प्रकार, उपर्युक्त सभी पक्षों को देखते हुए यह कहा जा सकता है कि फ़ैशन, संस्कृति, खान-पान लोगों की रुचियों एवं आदतों को बदलने एवं प्रभावित करने में जनसंचार माध्यमों की महत्त्वपूर्ण भूमिका होती है। जनसंचार माध्यमों के बिना जीवन की कल्पना ही नहीं की जा सकती। जनसंचार माध्यम यहाँ लोगों को जागरूक करने में महत्त्वपूर्ण भूमिका निभाते हैं, वहीं इसके नकारात्मक पक्षों को भी अनदेखा नहीं किया जा सकता है। अतः आवश्यकता इस बात की है कि हम सोच-विचार करके ही जनसंचार माध्यमों द्वारा प्रसारित की जाने वाली सामग्री को ग्रहण करें।

पाठ्यपुस्तक (अभिव्यक्ति एवं माध्यम) के प्रश्नोत्तर

1. इस पाठ में विभिन्न लोक-माध्यमों की चर्चा हुई है। आप पता लगाइए कि वे कौन-कौन से क्षेत्र का प्रतिनिधित्व करते हैं? आपके क्षेत्र में प्रचलित किसी लोकनाट्य या लोक-माध्यम के किसी प्रसंग के बारे में जानकारी देते हुए उसके प्रस्तुति के विशेष अंदाज के बारे में लिखिए।

उत्तर इस पाठ में जिन लोक-माध्यमों की चर्चा हुई है, वे हैं–लोक-नृत्य, लोक-संगीत और लोक-नाट्य। ये देश के विभिन्न भागों में विविध नाट्य रूपों–कथावाचन, रागिनी, तमाशा, लावनी, नौटंकी, जात्रा, यक्षगान, कठपुतली लोक-नाटक आदि में प्रचलित हैं। उत्तरी भारत में नौटंकी उत्तर प्रदेश, बिहार, रागिनी हरियाणा तथा यक्षगान कर्नाटक क्षेत्रों से संबंधित हैं। हमारे क्षेत्र में नौटंकी का प्रयोग अत्यधिक होता है। यह ग्रामीण नाट्य-शैली का एक रूप है। इसमें प्रायः रात्रि के समय मंच पर किसी लोक-कथा या कहानी को नाट्य-शैली में प्रस्तुत किया जाता है। इसमें स्त्री पात्रों की भूमिका भी प्रायः पुरुष पात्र करते हैं। हारमोनियम, नगाड़ा, ढोलक आदि वाद्ययंत्रों के साथ यह संगीतमय प्रस्तुति लोक-लुभावन होती है।

2. आजादी के बाद भी हमारे देश के सामने बहुत सारी चुनौतियाँ हैं। आप समाजवादी को उनके प्रति किस हद तक संवेदनशील पाते हैं?

उत्तर आजादी के बाद भी हमारे देश में बहुत-सी चुनौतियाँ हैं, जो निम्नलिखित हैं

(i) निर्धनता से निपटने की चुनौती।
(ii) बेरोजगारी से निपटने की चुनौती।
(iii) भ्रष्टाचार की चुनौती।
(iv) देश की एकता बनाए रखने की चुनौती।
(v) आतंकवाद का मुकाबला करने की चुनौती।

हम समाचार-पत्रों को इन चुनौतियों के प्रति काफी हद तक संवेदनशील पाते हैं। वे अपने दायित्व का निर्वहन, इनसे पीड़ित लोगों की आवाज सरकार तक पहुँचाकर कर रहे हैं, जिससे सरकार और अन्य स्वयंसेवी संस्थाएँ इनको हल करने के लिए आगे आती हैं। हाँ, छोटे समाचार-पत्र अपनी सीमा निश्चित होने के कारण कई बार दबाव में आकर उतने संवेदनशील नहीं हो पाते हैं।

3. टी.वी. के निजी चैनल अपनी व्यावसायिक सफलता के लिए कौन-कौन से तरीके अपनाते हैं? टी.वी. के कार्यक्रमों से उदाहरण देकर समझाइए।

उत्तर टी.वी. के निजी चैनल अपनी व्यावसायिक सफलता के लिए लोगों का ध्यान अपनी ओर आकर्षित करने वाले कार्यक्रम दिखाते हैं। इन कार्यक्रमों को टुकड़ों में दिखाते हुए ऐसे मोड़ पर समाप्त करते हैं, जिससे लोगों की उत्सुकता अगले कार्यक्रम के लिए बनी रहे। गत दिनों जम्मू-कश्मीर में आई बाढ़ की खबरों तथा उनमें फँसे नागरिकों को बचाने संबंधी खबरों को कई दिनों तक टीवी पर दिखाया जाता रहा। इसी प्रकार अमेठी (उत्तर प्रदेश) के भूपति भवन पर अधिकार को लेकर संजय सिंह (राज्यसभा सांसद) और उनकी पहली पत्नी गरिमा सिंह, पुत्र अनंत विक्रम सिंह के मध्य हुए झगड़े एवं विवाद को कई बार दिखाया गया।

4. इंटरनेट पत्रकारिता ने दुनिया को किस प्रकार समेट लिया है। उदाहरण सहित स्पष्ट कीजिए।

उत्तर इंटरनेट पत्रकारिता के कारण अब दूरियाँ सिमटकर रह गई हैं, इंटरनेट की पहुँच दुनिया के कोने-कोने तक हो गई है। इसकी गति बहुत तेज है। इसका प्रभाव पत्रकारिता पर भी हुआ है। इसकी मदद से स्टूडियो में बैठा संचालक किसी भी मुद्दे पर देश-विदेश में बैठे व्यक्ति से बातें कर लेता है और करा देता है। इसकी मदद से गोष्ठियाँ, वार्ताएँ आयोजित की जाती हैं। इससे विश्व की किसी भी घटना की जानकारी अब आसान हो गई है।

5. किन्हीं दो हिंदी पत्रिकाओं के समान अंक को (समान अवधि के) पढ़िए और निम्न बिंदुओं के आधार पर तुलना कीजिए

- **आवरण पृष्ठ**
- **अंदर के पृष्ठों की साज-सज्जा**
- **सूचनाओं का क्रम**
- **भाषा-शैली**

उत्तर हम 'सरिता' और 'इंडिया टुडे' पत्रिकाओं के समान अंकों को लेते हैं और तुलना करते हैं

- **आवरण पृष्ठ** 'सरिता' पत्रिका का आवरण पृष्ठ अधिक रंग-बिरंगा, चित्रमय, आकर्षक और सुंदर है, जबकि 'इंडिया टुडे' का आवरण पृष्ठ अच्छा है, पर उतना आकर्षक नहीं है।
- **अंदर के पृष्ठों की साज-सज्जा** 'सरिता' के पृष्ठों की साज-सज्जा पर अधिक ध्यान दिया गया है, जबकि 'इंडिया टुडे' के पृष्ठों पर कम।
- **सूचनाओं का क्रम** 'सरिता' में सूचनाएँ किसी क्षेत्र-विशेष से संबंधित न होकर विविध क्षेत्रों से संबंधित हैं, जबकि 'इंडिया टुडे' में मुख्यतः राजनीतिक खबरें एवं सूचनाएँ हैं।
- **भाषा-शैली** 'सरिता' की भाषा सरल तथा बोधगम्य है, जबकि 'इंडिया टुडे' की भाषा-शैली अधिक उच्च-स्तरीय है।

6. निजी चैनलों पर सरकारी नियंत्रण होना चाहिए अथवा नहीं? पक्ष-विपक्ष में तर्क प्रस्तुत कीजिए।

उत्तर **निजी चैनलों पर सरकारी नियंत्रण के पक्ष एवं विपक्ष में तर्क**

पक्ष में तर्क

- **भ्रामक और असत्यापित समाचारों पर रोक** कई निजी चैनल बिना सत्यापन के सनसनीखेज खबरें दिखाते हैं, जिससे अफवाहें फैलती हैं।
- **सांस्कृतिक और नैतिक मूल्यों की रक्षा** कुछ चैनलों पर अश्लीलता, हिंसा और आपत्तिजनक सामग्री दिखाई जाती है, जिससे समाज प्रभावित होता है।
- **राष्ट्रीय सुरक्षा** कुछ चैनल ऐसी खबरें प्रसारित कर सकते हैं, जो देश की सुरक्षा के लिए खतरा बन सकती है।
- **निष्पक्षता और संतुलन** कई बार चैनल पक्षपाती हो जाते हैं। सरकारी नियंत्रण से निष्पक्षता बनी रह सकती है।

विपक्ष में तर्क

- **स्वतंत्र पत्रकारिता पर खतरा** सरकारी नियंत्रण से प्रेस की स्वतंत्रता प्रभावित हो सकती है।
- **सरकारी दुष्प्रचार का खतरा** सरकार अपनी नीतियों के प्रचार के लिए मीडिया का उपयोग कर सकती है।
- **लोकतंत्र और अभिव्यक्ति की स्वतंत्रता** सरकारी नियंत्रण से विचारों की स्वतंत्रता सीमित हो सकती है।
- **प्रतियोगिता और नवाचार में बाधा** मीडिया में प्रतिस्पर्द्धा और रचनात्मकता बाधित हो सकती है।

निष्कर्ष सरकारी नियंत्रण के मुद्दे पर संतुलित दृष्टिकोण से विचार किया जाना चाहिए। यद्यपि गलत सूचना, नैतिकता और राष्ट्रीय सुरक्षा के मुद्दों पर कुछ नियम आवश्यक हैं, लेकिन अभिव्यक्ति की स्वतंत्रता भी बरकरार रखी जानी चाहिए। सबसे अच्छा समाधान यह होगा कि स्वायत्त नियामक निकायों का निर्माण किया जाए, जो मीडिया की निगरानी करेंगे, लेकिन पूर्ण सरकारी नियंत्रण से बचेंगे।

7. नीचे कुछ कथन दिए गए हैं। उनके सामने सही या गलत का निशान लगाते हुए उत्तर दीजिए।

(क) संचार माध्यम केवल मनोरंजन के साधन हैं।

(ख) केवल तकनीकी विकास के कारण संचार संभव हुआ, इससे पहले संचार संभव नहीं था।

(ग) समाचार-पत्र और पत्रिकाएँ इतने सशक्त संचार माध्यम हैं कि वे राष्ट्र का स्वरूप बदल सकते हैं।

(घ) टेलीविजन सबसे प्रभावशाली एवं सशक्त संचार माध्यम है।

(ङ) इंटरनेट सभी संचार माध्यमों का मिला-जुला रूप या समागम है।

(च) कई बार संचार माध्यमों का नकारात्मक प्रभाव भी पड़ता है।

उत्तर (क) **गलत**

- संचार माध्यमों से हमें तरह-तरह का ज्ञान प्राप्त होता है, अतः ये केवल मनोरंजन के साधन नहीं हैं।

(ख) **गलत**

- संचार दो व्यक्तियों के बीच यहाँ तक अकेले भी होता है। इसके लिए तकनीकी विकास की आवश्यकता अनिवार्य नहीं थी। तकनीकी विकास बाद में सहायक बने हैं।

(ग) **सही**

- समाचार-पत्र-पत्रिकाएँ घोटाले, भ्रष्टाचार, अनैतिकता, सांप्रदायिकता आदि के विरुद्ध आवाज उठाकर राष्ट्र का स्वरूप बदल सकते हैं।

(घ) **सही**

- टेलीविजन आवाज और चित्र का संगम होने के कारण अमीर-गरीब, शहरी-ग्रामीण, युवा-वृद्ध सभी की पसंद बन गया है।

(ङ) **सही**

- इंटरनेट पर समाचार-पठन, गीत-संगीत, फिल्म, बैठक, गोष्ठी आदि देखा-सुना जा सकता है।

(च) **सही**

- इंटरनेट और टेलीविजन अपने कार्यक्रमों से समाज में अश्लीलता परोसने का काम कर रहे हैं।

अभ्यास प्रश्न

बहुविकल्पीय प्रश्न

1. संचार का अर्थ है

(क) अपनी बात कहना

(ख) संदेशों का आदान-प्रदान करना

(ग) अनुभव करना

(घ) विभिन्न क्रिया-कलाप करना

उत्तर (ख) संदेशों का आदान-प्रदान करना

2. संचार किस प्रकार की प्रक्रिया है?

(क) अंतर्क्रियात्मक (ख) बाह्य क्रियात्मक

(ग) कूटीकृत (घ) इनमें से कोई नहीं

उत्तर (क) अंतर्क्रियात्मक

3. प्राप्त संदेश का कूटवाचन (डी-कोडिंग) कौन करता है?

(क) संचारक

(ख) माध्यम (चैनल)

(ग) संदेशवाहक (मैसेंजर)

(घ) प्राप्तकर्ता (रिसीवर)

उत्तर (घ) प्राप्तकर्ता (रिसीवर)

4. संचार-प्रक्रिया में प्राप्तकर्ता की प्रतिक्रिया क्या कहलाती है?

(क) शोर (नॉयज) (ख) फ़ीडबैक

(ग) कूटीकृत (एनकोडिंग) (घ) माध्यम

उत्तर (ख) फ़ीडबैक

5. संचार प्रक्रिया में आने वाली बाधाओं को क्या कहते हैं?

(क) फ़ीडबैक (ख) एनकोडिंग
(ग) शोर (नॉयज) (घ) स्रोत

उत्तर (ग) शोर (नॉयज)

6. किस संचार प्रक्रिया में संचारक और प्राप्तकर्ता एक ही व्यक्ति होता है?

(क) अंत:वैयक्तिक संचार
(ख) अंतरवैयक्तिक संचार
(ग) समूह संचार
(घ) जनसंचार

उत्तर (क) अंत:वैयक्तिक संचार

7. यांत्रिक माध्यम के द्वारा संवाद करना किस संचार के अंतर्गत आता है?

(क) समूह संचार (ख) जनसंचार
(ग) अमौखिक संचार (घ) मौखिक संचार

उत्तर (ख) जनसंचार

8. निम्न में जनसंचार का कार्य नहीं है।

(क) मनोरंजन करना
(ख) निगरानी करना
(ग) व्यवहार पर नियंत्रण करने का प्रयास करना
(घ) एजेंडा तय करना

उत्तर (ग) व्यवहार पर नियंत्रण करने का प्रयास करना

9. जनसंचार का लोकप्रिय व ताकतवर माध्यम है

(क) टेलीविज़न (ख) समाचार-पत्र
(ग) रेडियो (घ) सिनेमा

उत्तर (क) टेलीविज़न

10. निम्न में से कौन-सा अखबार या पत्रिका आजादी के बाद की है?

(क) केसरी (ख) हिंदुस्तान
(ग) हंस (घ) दिनमान

उत्तर (घ) दिनमान

11. ऑल इंडिया रेडियो की स्थापना कब हुई?

(क) वर्ष 1921 में (ख) वर्ष 1936 में
(ग) वर्ष 1895 में (घ) वर्ष 1930 में

उत्तर (ख) वर्ष 1936 में

12. भारत की पहली बोलती फिल्म कौन-सी थी?

(क) राजा हरिश्चंद्र
(ख) द अराइवल ऑफ़ ट्रेन
(ग) आलम आरा
(घ) अंकुर

उत्तर (ग) आलम आरा

13. कॉलम 'क' का कॉलम 'ख' से उचित मिलान कीजिए

	कॉलम 'क'		कॉलम 'ख'
A.	एनकोडिंग	1.	संदेश का कूटवाचन
B.	डिकोडिंग	2.	प्राप्तकर्ता द्वारा की गई प्रतिक्रिया
C.	शोर	3.	संदेश का कूटीकरण
D.	फीडबैक	4.	संचार प्रक्रिया में आने वाली बाधाएँ

कूट

	A	B	C	D		A	B	C	D
(क)	4	2	3	1	(ख)	3	1	4	2
(ग)	1	2	3	4	(घ)	2	1	4	3

उत्तर (ख) 3 1 4 2

अतिलघु उत्तरीय प्रश्न

1. संचार के किन्हीं दो कार्यों को स्पष्ट कीजिए।

उत्तर संचार के दो कार्य निम्न प्रकार हैं

(i) संचार के द्वारा किसी के व्यवहार को नियंत्रित किया जा सकता है।
(ii) संचार का प्रयोग अपने भावों एवं विचारों को अभिव्यक्त करने के लिए किया जाता है।

2. संचार किसे कहते हैं?

उत्तर 'संचार' शब्द की उत्पत्ति 'चर' धातु से हुई है, जिसका अर्थ है—विचरण करना या चलना या एक स्थान से दूसरे स्थान पर पहुँचना। सूचनाओं, विचारों एवं भावनाओं को मौखिक, लिखित या श्रव्य-दृश्य माध्यमों के द्वारा सफलतापूर्वक एक जगह से दूसरी जगह पहुँचाना ही संचार है।

3. जनसंचार क्या है?

उत्तर जब किसी समूह के साथ प्रत्यक्ष संवाद करने की अपेक्षा किसी यांत्रिक; जैसे- टेलीविजन, रेडियो, समाचार-पत्र या इंटरनेट के माध्यमों से बड़ी संख्या में लोगों के साथ संवाद स्थापित किया जाता है, तो उसे जनसंचार कहा जाता है।

4. अंत:वैयक्तिक संचार किसे कहते हैं?

उत्तर वह संचार, जिसमें संचारक और प्राप्तकर्ता एक ही व्यक्ति होता है। इसमें व्यक्ति अपने विचारों, भावनाओं के माध्यम से स्वयं से संवाद करता है। उसे अंत:वैयक्तिक संचार कहते हैं; जैसे—पूजा करना, ध्यान लगाना आदि।

5. मुद्रण माध्यम के अंतर्गत कौन-कौन से माध्यम आते हैं?

उत्तर मुद्रण माध्यम के अंतर्गत समाचार-पत्र, पत्रिकाएँ, पुस्तकें आदि शामिल हैं।

6. ऑल इंडिया रेडियो की स्थापना कब हुई?

उत्तर ऑल इंडिया रेडियो की स्थापना 8 जून, 1936 में हुई थी। इसका मुख्यालय दिल्ली में स्थित है।

लघु उत्तरीय प्रश्न

1. 'डिकोडिंग' से क्या तात्पर्य है?

उत्तर डिकोडिंग से तात्पर्य है-प्राप्त संदेश में निहित अर्थ को समझना। यह एनकोडिंग की विपरीत प्रक्रिया है, जिसमें संदेश प्राप्तकर्ता संकेतों, शब्दों या प्रतीकों के माध्यम से संदेश के वास्तविक अर्थ को निकालता है। डिकोडिंग में भाषा संदर्भ और व्यक्तिगत अनुभवों का भी महत्त्वपूर्ण योगदान होता है।

2. शोर क्या है?

उत्तर संचार प्रक्रिया में आने वाली बाधाओं को शोर कहते हैं। यह भौतिक, तकनीकी या मानसिक भी हो सकता है। जैसे कि तकनीकी खराबी, भाषाई मतभेद ध्यान भंग करना या गलत समझ। शोर के कारण संदेश की स्पष्टता कम हो जाती है और इसे समझने में कठिनाई होती है। इसके कारण संदेश अपने मूल रूप में प्राप्तकर्ता तक नहीं पहुँच पाता है।

3. समूह संचार का उपयोग कहाँ होता है?

उत्तर समूह संचार का उपयोग समाज एवं देश के उपस्थित समस्याओं को बातचीत, बहस और विचार-विमर्श के माध्यम से हल करने के लिए किया जाता है। इसका उपयोग शैक्षिक संस्थानों, व्यावसायिक संगठनों, सामाजिक कार्यक्रमों और नीति निर्माण में सहमति और समाधान प्राप्त करने हेतु होता है।

4. जनसंचार के कौन-कौन-से कार्य हैं? स्पष्ट करें।

उत्तर जनसंचार के निम्नलिखित कार्य हैं

(*i*) सूचना देना (*ii*) मनोरंजन
(*iii*) ज्ञान एवं शिक्षा (*iv*) जागरूकता
(*v*) निगरानी एवं नियंत्रण (*vi*) विचार-विमर्श

5. जनसंचार के प्रमुख माध्यम कौन-कौन से हैं?

उत्तर जनसंचार के प्रमुख माध्यम निम्न हैं

(*i*) समाचार-पत्र (*ii*) पत्रिकाएँ एवं पुस्तकें
(*iii*) रेडियो (*iv*) दूरदर्शन
(*v*) सिनेमा (*vi*) इंटरनेट आदि

6. 'संचार जीवन की निशानी है'-स्पष्ट कीजिए।

उत्तर सामाजिक प्राणी होने के कारण मनुष्य अपनी भावनाओं को दूसरे तक संप्रेषित करना चाहता है। अपनी भावनाओं एवं विचारों को अन्य लोगों तक पहुँचाने का कार्य जिस समय रुक जाएगा, वह समय मनुष्य की गतिहीनता एवं संवेदनहीनता का परिचायक होगा। इसका अर्थ यह है कि गतिशील एवं संवेदनशील मनुष्य के लिए अपनी भावनाओं एवं विचारों की अभिव्यक्ति अनिवार्य है अन्यथा वह मृतप्राय हो जाएगा। इस तरह कहा जा सकता है कि 'संचार जीवन की निशानी है'।

7. जनसंचार की प्रमुख विशेषताओं को रेखांकित करें।

उत्तर जनसंचार की निम्नलिखित उल्लेखनीय विशेषताएँ हैं

(i) जनसंचार माध्यमों के द्वारा प्रकाशित या प्रसारित संदेशों की प्रकृति सार्वजनिक होती है।

(ii) इसमें संचारक एवं प्राप्तकर्ता के बीच प्रत्यक्ष संबंध नहीं होता है।

(iii) जनसंचार माध्यम में द्वारपाल होते हैं, जो इन माध्यमों से प्रकाशित या प्रसारित होने वाली सामग्री को नियंत्रित एवं निर्धारित करते हैं।

8. जनसंचार के दो महत्त्व अथवा कार्य बताइए।

उत्तर जनसंचार के दो महत्त्व निम्नलिखित हैं

(*i*) जनसंचार का प्रमुख कार्य शिक्षा प्रदान करना है। इसके द्वारा मनुष्य का बौद्धिक विकास होता है।

(*ii*) जनसंचार देश-विदेश से संबंधित विभिन्न विषयों की जानकारी प्रदान करता है।

9. संचार के प्रकार कौन-कौन-से हैं?

उत्तर संचार के निम्नलिखित प्रकार होते हैं

(i) सांकेतिक संचार (ii) मौखिक संचार
(iii) अमौखिक संचार (iv) अंतःवैयक्तिक
(v) अंतर्वैयक्तिक (vi) समूह संचार
(vii) जनसंचार

स्व-मूल्यांकन

बहुविकल्पीय प्रश्न

1. जनसंचार का कौन-सा माध्यम सारे माध्यमों का समागम है?
(क) इंटरनेट (ख) सिनेमा (ग) रेडियो (घ) दूरदर्शन

2. वर्तमान समय में भारत में प्रत्येक वर्ष लगभग कितनी फिल्मों का निर्माण होता है?
(क) 500 (ख) 600 (ग) 800 (घ) 1000

3. आज के समय में जनसंचार ने किस जीवनशैली को सबसे अधिक बढ़ावा दिया है?
(क) उपभोक्तावादी (ख) वैज्ञानिक
(ग) सांप्रदायवादी (घ) पलायनवादी

अतिलघु उत्तरीय प्रश्न

1. संचार के विविध प्रकारों का उल्लेख कीजिए।

2. समाचार-पत्रिकाओं के महत्त्व को बताइए।

3. भारत में टेलीविज़न की शुरुआत कब हुई?

4. प्रतिपुष्टि या फीडबैक से क्या तात्पर्य है?

लघु उत्तरीय प्रश्न

1. कूटीकरण या एनकोडिंग से क्या अभिप्राय है?

2. इंटरनेट से आप क्या समझते हैं? इंटरनेट किस प्रकार से उपयोगी है?

3. संचार प्रक्रिया में संचारक की भूमिका को स्पष्ट कीजिए।

4. जनसंचार माध्यमों का प्रभाव कैसे पड़ता है?

5. सिनेमा की दुनिया में हुए परिवर्तन को स्पष्ट कीजिए।

6. मुद्रण माध्यम की कौन-सी विशेषता इलेक्ट्रॉनिक माध्यम में नहीं है?

04

अध्याय

पत्रकारिता के विविध आयाम

पत्रकारिता का अर्थ

सूचनाओं का संकलन करके समाचारों के रूप में ढालकर प्रस्तुत करने की प्रक्रिया को पत्रकारिता कहते हैं।

अभ्यास के लिए

- पाठ्यपुस्तक के प्रश्नोत्तर
- बहुविकल्पीय प्रश्न
- अतिलघु उत्तरीय प्रश्न
- लघु उत्तरीय प्रश्न

पत्रकारिता को विधायिका, कार्यपालिका एवं न्यायपालिका के अतिरिक्त **लोकतंत्र का चौथा स्तंभ** कहा जाता है। वर्तमान समय में पत्रकारिता का क्षेत्र अत्यंत व्यापक हो गया है। पत्रकारिता का अर्थ है—पाठकों या दर्शकों के समक्ष सब कुछ रखना अर्थात् पाठकों या दर्शकों (दृश्य-श्रव्य माध्यम) को मनोरंजन, स्वास्थ्य, फिल्म, सौंदर्य, फ़ैशन, विज्ञान, खेलकूद, कला, संस्कृति आदि के विषय में जानकारी देना तथा पुरुषों एवं महिलाओं, युवक-युवतियों, बालकों, नई-पुरानी पीढ़ी एवं वर्तमान-भविष्य के लिए ज्ञानवर्द्धक एवं उपयोगी सामग्री उपलब्ध कराना।

पत्रकारिता का क्षेत्र

पत्रकारिता का क्षेत्र व्यापक होने के साथ-साथ चुनौतीपूर्ण भी है। लोकतंत्र के तीनों स्तंभों की निगरानी करने के साथ-साथ उन्हें सचेत करना, जनहित के लिए संघर्ष करना, जनसामान्य का मार्गदर्शन करना, जनहित के कार्य करना आदि इसके दायित्व बन गए हैं।

आज पत्रकारिता एक नए तरह का मिशन है, उसका कोई विकल्प नहीं हो सकता। राष्ट्रीय संकट के समय वह राष्ट्र का सच्चाई से साथ देती है।

पत्रकारिता क्या है?

प्रत्येक व्यक्ति अपने आस-पास घटित होने वाली घटनाओं के बारे में जानने को उत्सुक रहता है। नवीनतम जानकारी रखना मनुष्य का स्वभाव है। मनुष्य में जिज्ञासा का भाव प्रबल होता है। यही जिज्ञासा समाचार एवं व्यापक अर्थ में पत्रकारिता का मूल तत्त्व है। पत्रकारिता का विकास इसी **सहज जिज्ञासा** को शांत करने की कोशिश के रूप में हुआ। देश-दुनिया में घटने वाली घटनाओं को पत्रकार समाचार के रूप में परिवर्तित करके हम तक पहुँचाते हैं। पहले वे सूचनाओं का संकलन करते हैं, फिर उन्हें समाचारों के रूप में ढालकर हमारे सामने प्रस्तुत करते हैं। इस पूरी प्रक्रिया को ही 'पत्रकारिता' कहा जाता है।

समाचार

समाचार की कुछ परिभाषाएँ

समाचार की कुछ परिभाषाएँ निम्नलिखित हैं

- प्रेरक और उत्तेजित करने वाली हर सूचना समाचार है।
- जो सूचना समय पर दी जाए, वही समाचार होती है।
- किसी भी घटना की रिपोर्ट समाचार है।

समाचार क्या है ?

समाचार के रूप में उन्हीं घटनाओं, मुद्दों, समस्याओं आदि को चुना जाता है, जिनकी जानकारी प्राप्त करने के लिए अधिक-से-अधिक लोगों की रुचि होती है। परंतु यह आवश्यक नहीं है कि प्रत्येक घटना समाचार हो। समाचार-पत्रों व समाचार चैनलों के चयन में काफी अंतर होता है। एक समाचार-पत्र में एक समाचार मुख्य समाचार हो सकता है तथा किसी अन्य समाचार-पत्र में वही समाचार भीतर के पृष्ठों में एक कॉलम का समाचार हो सकता है। अत: समाचार में विभिन्नताएँ हो सकती हैं, लेकिन किसी भी घटना, मुद्दे, समस्या आदि में कुछ तत्त्व ऐसे होते हैं, जो प्रत्येक समाचार में निहित होते हैं। उन्हीं के आधार पर समाचार को इस प्रकार परिभाषित किया जा सकता है।

''समाचार किसी भी ऐसी ताजा घटना, विचार या समस्या की रिपोर्ट है, जिसमें अधिक-से-अधिक लोगों की रुचि हो और जिसका प्रभाव अधिकाधिक लोगों पर पड़ रहा हो।''

समाचार के तत्त्व

जब किसी घटना, विचार तथा समस्या का संबंध समाज के बड़े तबके से हो, तो वह समाचार बनने के योग्य है। एक समाचार में निम्नलिखित तत्त्व यदि उपस्थित हैं, तो उसकी प्रमुख समाचार होने की संभावनाएँ बढ़ जाती हैं

(i) **नवीनता** किसी भी घटना, मुद्दा, विचार अथवा समस्या को समाचार बनने के लिए यह आवश्यक है कि वह नई और ताजी हो।

(ii) **निकटता** किसी भी समाचार का महत्त्व तब अधिक हो जाता है, जब वह नजदीकी क्षेत्र में हो तथा पाठक/श्रोता/दर्शक के बहुत निकट हो।

(iii) **प्रभाव** किसी भी समाचार का महत्त्व तक निर्धारित होता है, जब उसका प्रभाव व्यापक हो अर्थात् वह एक बड़े क्षेत्र को प्रभावित कर रही हो।

(iv) **जनरुचि** किसी भी विचार, घटना या समस्या को समाचार बनने के लिए यह भी आवश्यक है कि उसमें कितने लोग दिलचस्पी ले रहे हैं।

(v) **टकराव या संघर्ष** यदि किसी घटना या विचार में परस्पर संघर्ष की संभावना हो, तो लोगों में उसे जानने की दिलचस्पी बढ़ जाती है। अत: वह एक महत्त्वपूर्ण समाचार बन सकता है।

(vi) **महत्त्वपूर्ण लोग** जो लोग प्रसिद्ध होते हैं, मशहूर होते हैं, लोगों को उनके बारे में जानने की एक अलग ही रुचि होती है। अत: ऐसे महत्त्वपूर्ण लोगों से जुड़ी घटना भी समाचार का रूप ले लेती है।

(vii) **उपयोगी सूचनाएँ** कुछ सूचनाएँ समाज, देश काल, वातावरण आदि से संबंधित उपयोगी होती हैं, जिनके बारे में लोग जानना चाहते हैं। अत: ऐसी सूचनाएँ भी समाचार मानी जाती हैं।

(viii) **अनोखापन** जो घटनाएँ या समस्याएँ अपने आप में असाधारण या विचित्र होती हैं, वे भी समाचार का ही रूप ले लेती हैं।

(ix) **पाठक वर्ग** समाचारों के चयन में पाठक-वर्ग की आवश्यकताओं को भी ध्यान में रखना आवश्यक होता है।

(x) **नीतिगत ढाँचा** विभिन्न समाचार संगठनों की समाचारों के चयन व प्रस्तुति को लेकर एक नीति होती है, जिस नीति को संपादकीय नीति कहते हैं।

संपादन

'संपादन' का अर्थ होता है—किसी विषय-सामग्री से उसकी त्रुटियों को दूर करके उसे पढ़ने के योग्य बनाना। समाचार संगठनों में जहाँ समाचारों का संकलन रिपोर्टिंग टीम करती है, वहीं संपादकीय टीम का प्रमुख कार्य उन्हें संपादित कर लोगों तक पहुँचाना होता है। एक संपादकीय टीम के अंतर्गत संपादक, सहायक संपादक, मुख्य उपसंपादक, समाचार संपादक आदि आते हैं।

संपादन के सिद्धांत

पत्रकारिता सिद्धांतों पर चलती है। किसी भी समाचार संगठन की सफलता उसकी विश्वसनीयता होती है। पत्रकारिता की साख बनाए रखने के लिए निम्नलिखित सिद्धांतों का पालन करना आवश्यक होता है।

- तथ्यों की शुद्धता (एक्युरेसी)
- वस्तुपरकता (ऑब्जेक्टीविटी)
- निष्पक्षता (फेयरनेस)
- संतुलन (बैलेंस)
- स्रोत (सोर्सिंग-एट्री ब्यूशन)

पत्रकारिता के अन्य आयाम

किसी एक समाचार-पत्र में पाठक एक ही तरह की जानकारी नहीं चाहता। कभी वह समाचार को पूर्ण विवरण के साथ पढ़ना चाहता है, तो कभी वह केवल उसकी जानकारी भर ही चाहता है। इस तरह का परिवर्तन ही पत्रकारिता में नए आयाम जोड़ने के लिए प्रमुख होता है।

एक समाचार-पत्र में निम्नलिखित आयामों की भी अपनी ही विशेष भूमिका होती है

(i) **संपादकीय** 'संपादकीय पृष्ठ' समाचार-पत्र का महत्त्वपूर्ण पृष्ठ माना जाता है। इस पृष्ठ पर संपादक विभिन्न घटनाओं, वर्तमान मुद्दों, समस्याओं आदि पर अपनी राय रखता है। आमतौर पर संपादक के नाम पत्र भी इसी पृष्ठ पर प्रकाशित किए जाते हैं। वह घटनाओं पर आम लोगों की टिप्पणी होती है। समाचार-पत्र उसे महत्त्वपूर्ण मानते हैं।

(ii) **फोटो पत्रकारिता** जहाँ किसी बात को बहुत-से शब्द लिखकर भी प्रकट या स्पष्ट नहीं किया जा सकता, वहीं एक फोटो सबकुछ स्पष्ट कर देता है। ऐसे फोटो पर की गई टिप्पणी का प्रभाव व्यापक व सीधा होता है। इस तरह की पत्रकारिता को 'फोटो पत्रकारिता' कहते हैं।

(iii) **कार्टून कोना** यह लगभग प्रत्येक समाचार-पत्र में होता है। इनके द्वारा की गई टिप्पणियाँ सटीक होती हैं, जो पाठकों के हृदय को छूती हैं।

(iv) **रेखांकन और कार्टोग्राफ** कार्टोग्राफ समाचारों को रोचक बनाते हैं। ये समाचारों पर टिप्पणी भी करते हैं। ग्राफ लेखन से कोई बात आसानी से समझ आ जाती है।

पत्रकारिता के प्रमुख प्रकार

पत्रकारिता के विभिन्न प्रकार निम्नलिखित हैं

1. **खोजपरक पत्रकारिता** खोजपरक पत्रकारिता से आशय ऐसी पत्रकारिता से है, जिसमें गहराई से छानबीन करके ऐसे तथ्यों एवं सूचनाओं को सामने लाने की कोशिश की जाती है, जिन्हें दबाने या छिपाने का प्रयास किया जा रहा हो। खोजी पत्रकारिता के द्वारा ही सार्वजनिक महत्त्व के मामलों में भ्रष्टाचार, अनियमितताओं एवं गड़बड़ियों को सामने लाने की कोशिश की जाती है। आजकल इसी खोजी पत्रकारिता का एक नया रूप 'स्टिंग ऑपरेशन' काफी चर्चित है।
2. **विशेषीकृत पत्रकारिता** पत्रकार से यह अपेक्षा की जाती है कि वह केवल घटनाओं की सूचना मात्र न देकर, उसकी गहराई में जाकर उसका अर्थ स्पष्ट करे तथा पाठकों को उस समाचार का महत्त्व बताए। इसके लिए विशेषज्ञता की आवश्यकता होती है। पत्रकारिता में विशेषज्ञता के सात प्रमुख क्षेत्र हैं—संसदीय, न्यायालय, आर्थिक, खेल, विज्ञान एवं विकास, अपराध तथा फ़ैशन एवं फिल्म।
3. **वॉचडॉग पत्रकारिता** लोकतंत्र में पत्रकार एवं मीडिया का मुख्य दायित्व सरकारी कामकाज पर नज़र रखना है, ताकि गड़बड़ियों का पर्दाफाश किया जा सके। इसे वॉचडॉग पत्रकारिता कहा जाता है।
4. **एडवोकेसी पत्रकारिता** अनेक समाचार संगठन ऐसे भी होते हैं, जो किसी विशेष मुद्दे को उठाकर उसके पक्ष में जनमत बनाने का अभियान चलाते हैं। ऐसी पत्रकारिता को पक्षधर या एडवोकेसी पत्रकारिता कहते हैं।
5. **वैकल्पिक मीडिया** जब मीडिया व्यवस्था के साथ तालमेल बैठाकर चलता है, तब उसे **मुख्यधारा का मीडिया** कहा जाता है। इसके विपरीत जो मीडिया स्थापित व्यवस्था के विकल्प को सामने लाने और उसके अनुकूल वैकल्पिक सोच को अभिव्यक्त करता है, उसे **वैकल्पिक मीडिया** कहा जाता है। ऐसा मीडिया जनसहयोग पर निर्भर रहता है। आमतौर पर इस तरह के मीडिया को सरकार और बड़ी पूँजी का समर्थन प्राप्त नहीं होता है। उसे बड़ी कंपनियों के विज्ञापन भी नहीं मिलते हैं।

पत्रकार

पत्रकारिता का कार्य करने वाला 'पत्रकार' कहलाता है। **ऑक्सफोर्ड डिक्शनरी** के अनुसार, ''किसी पत्र का संपादन करके या उस पत्र के लिए सामग्री लिखकर जो अपनी जीविका चलाता है, उसे पत्रकार कहते हैं।''

चैम्बर्स डिक्शनरी के अनुसार, ''समाचारों के लेखन, एक्शन, संपादन और पत्र-पत्रिकाओं के लिए अन्य सामग्रियों को प्रकाशनार्थ तैयार करने वाला ही पत्रकार है।''

विष्णुदत्त शुक्ल के अनुसार, ''पत्रकारिता का काम बड़ा टेढ़ा है। इसमें प्रवेश करने से पहले खूब सोच-समझ लेना चाहिए। इस काम में बड़े त्याग, बड़ी लगन, बड़े परिश्रम और बड़ी जिम्मेदारी की जरूरत है, जो साधारणतया बहुत कम लोगों में पाई जाती है।''

गणेश शंकर विद्यार्थी के अनुसार, ''पत्रकार की समाज में बड़ी जिम्मेदारी है। वह अपने विवेक के अनुसार अपने पाठकों को ठीक मार्ग पर ले जाता है। वह जो लिखे, प्रमाण और परिणाम का विचार रखकर लिखे और अपनी गति-मति में सदैव शुद्ध और विवेकशील रहे। पैसा कमाना उसका ध्येय नहीं, लोक सेवा उसका ध्येय है।''

टी एच एस स्कॉट के अनुसार, ''पत्रकार वह व्यक्ति है, जो थोड़े-थोड़े समय के अंतर के साथ प्रकाशित अपनी रचनाओं से जनमत को एक निश्चित दिशा में प्रवाहित करना चाहता है।''

पत्रकार का आचरण

पत्रकार का आचरण-व्यवहार सबके साथ कुशल होगा, तभी वह एक अच्छा पत्रकार बन सकता है। राष्ट्रपिता महात्मा गाँधी का कहना था, ''समाचार-पत्र एक प्रचंड शक्ति है, परंतु जिस प्रकार निरंकुश जल का प्रवाह गाँव डुबो देता है और सारी फसल का नाश कर देता है, उसी प्रकार निरंकुश लेखनी का प्रवाह भी सर्वनाश का सृजन करता है। लेखनी पर यह अंकुश जब भीतर से लगाया जाता है, तभी वह लाभदायी हो सकता है।''

गाँधीजी के इस कथन से जहाँ समाचार-पत्र की प्रचंड शक्ति का आभास होता है, वहीं पत्रकार की प्रबल ऊर्जा शक्ति का भी पता चलता है।

समाचार माध्यमों में मौजूदा रुझान

आजकल समाचार मीडिया एवं मनोरंजन की दुनिया के बीच अंतर कम होता जा रहा है। समाचार के नाम पर मनोरंजन बेचने के रुझान के कारण आज समाचारों में वास्तविक व सरोकारीय सूचनाओं एवं जानकारियों का अभाव होता जा रहा है। आजकल अधिकांश चैनल सूचनारंजक (इनफोटेनमेंट) चैनल बन गए हैं, जिनमें सूचना कम, लेकिन मनोरंजन अधिक होता है।

समाचार मीडिया में हमेशा से ही सनसनीखेज या पीत-पत्रकारिता तथा ग्लैमर या चकाचौंध फैलाने वाली 'पेज थ्री' पत्रकारिता की धाराएँ मौजूद रही हैं। 'पेज थ्री' भी मुख्य धारा की पत्रकारिता में शामिल हो गया है। सबसे अधिक बिकाऊ बनने की होड़ में सभी चैनलों से एक जैसे समाचारों का प्रसारण होता है। विविधता समाप्त होने के कारण समाचार माध्यमों में केंद्रीयकरण का रुझान प्रबल हो गया है।

आज राष्ट्रीय स्तर के समाचार संगठन भी क्षेत्रीय सीमाओं में पैठ बनाने लगे हैं। ह्रास की इस प्रक्रिया को रोकना आवश्यक है।

पाठ्यपुस्तक (अभिव्यक्ति एवं माध्यम) के प्रश्नोत्तर

1. किसी भी दैनिक अखबार में राजनीतिक खबरें इतना ज्यादा स्थान क्यों प्राप्त करती हैं? इस पर एक संक्षिप्त टिप्पणी लिखिए।

उत्तर जनसंचार के विभिन्न माध्यमों के प्रचार-प्रसार के कारण लोगों में राजनीति के प्रति रुझान बढ़ा है। राजनीति की बातें आजकल हर जगह होती हैं। देश की राजनीति का संबंध आम लोगों के जीवन के इर्द- गिर्द घूमता है। वे सरकार के काम-काज के तौर-तरीकों और राजनीति में हो रही हलचल को जानना चाहते हैं। समाचार-पत्र लोगों की इस रुचि को ध्यान में रखकर इन खबरों को प्रमुखता से छापते हैं। इसलिए राजनीतिक खबरों को दैनिक अखबारों में पर्याप्त स्थान दिया जाता है।

2. किन्हीं तीन हिंदी समाचार-पत्रों (एक ही तारीख के) को ध्यान से पढ़िए और बताइए कि एक आम आदमी की जिंदगी में अत्यंत महत्त्वपूर्ण स्थान रखने वाली खबरें समाचार-पत्रों में कहाँ और कितना स्थान पाती हैं?

उत्तर आज के हिंदी समाचार-पत्र में आम आदमी की जिंदगी से जुड़ी खबरें; जैसे–शिक्षा, स्वास्थ्य, रोजगार, किसान और मजदूरों के मुद्दे, अक्सर अंदर के पृष्ठों पर छोटे कॉलम में दिखाई देती हैं। इन खबरों को प्राथमिकता नहीं दी जाती, जबकि राजनीति, मनोरंजन और विज्ञापन पहले पृष्ठ पर अधिक स्थान पाते हैं। इससे आम जनता के सरोकार गौण हो जाते हैं। मीडिया को चाहिए कि वह सामाजिक जिम्मेदारी निभाते हुए आम आदमी की जिंदगी से जुड़े मुद्दों को प्रमुखता और पर्याप्त स्थान दे।

3. निम्न में से किसे आप समाचार कहना पसंद नहीं करेंगे और क्यों?

(क) प्रेरक और उत्तेजित कर देने वाली हर सूचना

(ख) किसी घटना की रिपोर्ट

(ग) समय पर दी जाने वाली हर सूचना

(घ) सहकर्मियों का आपसी कुशलक्षेम या किसी मित्र की शादी।

उत्तर प्रश्न में दी गई प्रथम तीन सूचनाओं को मैं समाचार कहना पसंद करूँगा। चौथी अर्थात् (घ) सूचना को समाचार नहीं कहूँगा, क्योंकि सहकर्मियों का आपसी कुशलक्षेम या किसी मित्र की शादी जैसी सूचना का संबंध दो-चार या थोड़े-से लोगों से नहीं है। यह एक निजी मामला है, जिनमें जन-साधारण की कोई रुचि नहीं होती। ऐसी सूचनाएँ केवल व्यक्तिगत स्तर पर महत्त्वपूर्ण होती हैं और इन्हें समाचार की श्रेणी में रखना उचित नहीं है। इस प्रकार, समाचार का मापदंड व्यापक जनहित और सामूहिक महत्त्व होना चाहिए, न कि केवल व्यक्तिगत या सीमित समूह से संबंधित सूचनाएँ।

4. आमतौर पर ऐसा माना जाता है कि खबरों को बनाते समय जनता की रुचि का ध्यान रखा जाता है। इसके विपरीत जनता की रुचि बनाने–बिगाड़ने में खबरों का क्या योगदान होता है? विस्तार से बताइए।

उत्तर प्रायः समाचार-पत्र खबरों को बनाने एवं छापने में जनता की रुचि का ध्यान रखते हैं, पर इसके विपरीत यह भी सही है कि खबरें जनता की रुचि बनाने-बिगाड़ने में भी महत्त्वपूर्ण भूमिका का निर्वाह करती हैं। वास्तव में, देखने की बात तो यह है कि खबरों को किस तरह और किस रूप में प्रस्तुत किया जाता है। आज खेल और फिल्मी खबरों को इतना महत्त्व दिया जाने लगा है कि युवा वर्ग आम लोगों के जीवन से जुड़ी खबरों की उपेक्षा करने लगा है।

5. निम्न वाक्यों का आशय स्पष्ट करें

(क) इस दौर में समाचार मीडिया बाजार को हड़पने के लिए अधिकाधिक लोगों का मनोरंजन तो कर रहा है, लेकिन जनता के मूल सरोकार को दरकिनार करता जा रहा है।

उत्तर 'जनता के मूल सरोकार को दरकिनार करता जा रहा है' अंतिम पंक्ति से ही स्पष्ट है कि मीडिया की कार्यप्रणाली पर असंतोष प्रकट किया गया है। वर्तमान में मीडिया लाभ कमाने और बाजार को हड़पने के लिए अधिक चिंतित दिखाई दे रहा है। वह अमीर वर्ग और अधिक प्रभाव-शक्ति वालों की खबरों को प्रमुखता से छापता है तथा सामान्य लोगों के हितों को बढ़ावा देने वाली और जन-साधारण के जन-जीवन की खबरों की उपेक्षा कर इस वर्ग के लोगों के हितों की परवाह नहीं करता।

(ख) समाचार मीडिया के प्रबंधक बहुत समय तक इस तथ्य की उपेक्षा नहीं कर सकते कि साख और प्रभाव समाचार मीडिया की सबसे बड़ी ताकत होती हैं।

उत्तर समाचार मीडिया के प्रबंधकों को इस बात का ध्यान रखना होगा कि वे मीडिया के प्रभाव और उसकी साख को गिरने न दें। मीडिया का लोगों पर प्रभाव और लोगों के बीच बनी साख ही उसकी ताकत है। साख और प्रभाव खो देने के बाद मीडिया का लोगों पर बना असर धीरे-धीरे समाप्त हो जाएगा। इसलिए, मीडिया प्रबंधकों को चाहिए कि वे इस तथ्य की उपेक्षा न करें। उन्हें यह सुनिश्चित करना होगा कि मीडिया का हर कदम साख और प्रभाव को बनाए रखने की दिशा में हो। सत्य और निष्पक्षता को प्राथमिकता देकर ही मीडिया जनता का विश्वास बनाए रख सकता है।

अभ्यास प्रश्न

बहुविकल्पीय प्रश्न

1. पत्रकारिता को लोकतंत्र का कौन-सा स्तंभ कहा जाता है?

(क) पहला (ख) दूसरा
(ग) तीसरा (घ) चौथा

उत्तर (घ) चौथा

2. वास्तव में, समाचार क्या है?

(क) वे घटनाएँ, मुद्दे, समस्याएँ, जिन्हें जानने के लिए अधिकाधिक लोग रुचि रखते हैं
(ख) आपसी कुशलक्षेम व हालचाल का आदान-प्रदान
(ग) प्रत्येक वह सूचना, जिसकी जानकारी हमें होनी चाहिए
(घ) जल्दी में लिखा गया अद्यतन इतिहास

उत्तर (क) वे घटनाएँ, मुद्दे, समस्याएँ, जिन्हें जानने के लिए अधिकाधिक लोग रुचि रखते हैं

3. निम्नलिखित में से कौन-सा समाचार का मुख्य तत्त्व है?

(क) नवीनता (ख) निकटता
(ग) प्रभाव (घ) ये सभी

उत्तर (घ) ये सभी

4. किस घटना के समाचार बनने की संभावना अधिक बढ़ जाती है?

(क) जो जितनी नई अर्थात् ताजा होगी।
(ख) जो घटना क्षेत्रीय लोगों के नजदीक होगी।
(ग) जिस घटना से जितने अधिक लोग प्रभावित होंगे।
(घ) उपरोक्त सभी

उत्तर (घ) उपरोक्त सभी

5. निम्न में कौन-सी घटना समाचार नहीं हो सकती है?

(क) युद्ध का देखा हाल
(ख) दो टीमों का मुकाबला
(ग) किसी लोकप्रिय व्यक्ति का जन्मदिन
(घ) किसी आम आदमी के घर में कलह

उत्तर (घ) किसी आम आदमी के घर में कलह

6. संपादन का अर्थ है

(क) विषय-सामग्री को एकत्रित करना।
(ख) किसी विषय-सामग्री से उसकी अशुद्धियों को दूर कर उसे पठनीय बनाना।
(ग) समाचार-पत्र का प्रचार-प्रसार करना।
(घ) अस्वाभाविक घटनाओं को एकत्र करना।

उत्तर (ख) किसी विषय-सामग्री से उसकी अशुद्धियों को दूर कर उसे पठनीय बनाना।

7. समाचार-पत्र का सबसे महत्त्वपूर्ण पृष्ठ माना जाता है

(क) मुख्य पृष्ठ को (ख) कार्टून कोने को
(ग) संपादकीय को (घ) खेल पृष्ठ को

उत्तर (ग) संपादकीय को

8. निम्न में से हस्ताक्षरित संपादकीय किसे कहा जाता है?

(क) कार्टोग्राफ को (ख) कार्टून कोने को
(ग) फोटो पत्रकारिता को (घ) संपादकीय को

उत्तर (घ) संपादकीय को

9. खोजपरक पत्रकारिता से तात्पर्य है

(क) दबाए या छुपाए गए तथ्यों को गहरी छानबीन द्वारा सामने लाने का प्रयास करना।
(ख) विभिन्न घटनाओं और समाचारों पर अपनी राय व्यक्त करना।
(ग) स्रोत के आधार पर समाचार एकत्रित करना।
(घ) विशेष तथ्यों को सामने लाना।

उत्तर (क) दबाए या छुपाए गए तथ्यों को गहरी छानबीन द्वारा सामने लाने का प्रयास करना।

10. वॉचडॉग पत्रकारिता से आशय है

(क) विशेष तथ्यों व सूचनाओं को एकत्रित करना।
(ख) सरकार के कामकाज पर निगाह रखना तथा किसी को गड़बड़ी पर उसका पर्दाफाश करना।
(ग) सरकार के कामकाज का प्रचार-प्रसार करना।
(घ) समाचारों की त्रुटियों को दूर करना।

उत्तर (ख) सरकार के कामकाज पर निगाह रखना तथा किसी को गड़बड़ी पर उसका पर्दाफाश करना

11. एडवोकेसी पत्रकारिता क्या है?

(क) भ्रष्ट व्यक्तियों के कारनामों का पर्दाफाश करना।
(ख) किसी अपराध को जग जाहिर करना।
(ग) किसी विशेष उद्देश्य या मुद्दे को उठाकर उस पर जनमत बनाना।
(घ) वकीलों और जजों द्वारा किए गए घोटालों से पर्दा उठाना।

उत्तर (ग) किसी विशेष उद्देश्य या मुद्दे को उठाकर उस पर जनमत बनाना।

12. वैकल्पिक पत्रकारिता के लिए निम्नलिखित में से कौन-सा तथ्य सत्य है?

(क) इस तरह की पत्रकारिता को बड़ी कंपनियों के विज्ञापन नहीं मिलते।
(ख) इस तरह की पत्रकारिता पाठकों के सहयोग पर निर्भर होती है।
(ग) (क) और (ख) दोनों
(घ) इस तरह की पत्रकारिता का स्वामित्व सामान्यत: बड़ी पूँजी के पास होता है।

उत्तर (ग) (क) और (ख) दोनों

अतिलघु उत्तरीय प्रश्न

1. पत्रकारिता का मूल तत्त्व क्या है?

उत्तर पत्रकारिता का मूल तत्त्व जिज्ञासा है। यह जिज्ञासा ही समाचार और व्यापक अर्थ में पत्रकारिता का आधार है। जिज्ञासा के बिना समाचार की आवश्यकता नहीं होती और पत्रकारिता का विकास संभव नहीं होता। इसलिए पत्रकारिता में जिज्ञासा का भाव प्रबल होना आवश्यक है।

2. समाचार क्या है?

उत्तर किसी भी घटना, विचार या समस्या से संबंधित रिपोर्ट को ही समाचार कहते हैं, जिसमें अधिक-से-अधिक लोगों की रुचि हो तथा जिसका अधिक-से-अधिक लोगों पर प्रभाव पड़ता है।

3. पत्रकारिता किसे कहते हैं?

उत्तर देश-विदेश में घटने वाली घटनाओं, मुद्दों और विचारों को संकलित कर, संपादित करके और सत्यापित रूप से समाचार के रूप में प्रस्तुत करने की प्रक्रिया को पत्रकारिता कहते हैं।

4. आपसी व्यवहार या जानकारी को समाचार क्यों नहीं माना जाता है?

उत्तर आपसी व्यवहार या जानकारी को समाचार नहीं माना जाता है, क्योंकि समाज के लिए इसका कोई महत्त्व नहीं होता है। वास्तव में, समाचार का संबंध सार्वजनिक महत्त्व के विषयों से है।

5. समाचार का निर्धारण कौन करता है?

उत्तर समाचार का चयन, आकार एवं प्रस्तुति का निर्धारण पत्रकार, संपादक एवं समाचार संगठन करते हैं। ये समाज की जिज्ञासाओं, सार्वजनिक हित और घटनाओं के महत्त्व को ध्यान में रखकर निर्णय लेते हैं।

6. पत्रकारिता के विभिन्न प्रकारों को बताइए।

उत्तर पत्रकारिता के महत्त्वपूर्ण प्रकार निम्नलिखित हैं

खोजपरक पत्रकारिता, विशेषीकृत पत्रकारिता, वॉचडॉग पत्रकारिता, एडवोकेसी पत्रकारिता एवं वैकल्पिक पत्रकारिता।

7. वॉचडॉग पत्रकारिता क्या है?

उत्तर वह पत्रकारिता, जो सरकार के कामकाज पर निगाह रखती है और गड़बड़ियों का पर्दाफाश करती है, वॉचडॉग पत्रकारिता कहलाती है। ऐसी पत्रकारिता सरकारी समाचारों की आलोचना भी करती है।

लघु उत्तरीय प्रश्न

1. समाचार के विभिन्न तत्त्वों को बताइए।

उत्तर समाचार के विभिन्न तत्त्व उल्लेखनीय हैं

(i) नवीनता
(ii) निकटता
(iii) प्रभाव
(iv) जनरुचि
(v) टकराव या संघर्ष
(vi) महत्त्वपूर्ण व्यक्ति
(vii) उपयोगी जानकारियाँ
(viii) अनोखापन
(ix) पाठक वर्ग
(x) नीतिगत ढाँचा

2. निम्नलिखित पर टिप्पणी लिखिए

(i) **फोटो पत्रकारिता**
(ii) **कार्टून कोना**
(iii) **रेखांकन और कार्टोग्राफ**

उत्तर (i) **फोटो पत्रकारिता** पत्रकारिता के अंतर्गत आजकल फोटो का प्रचलन बहुत अधिक बढ़ गया है। वास्तव में, फोटो के माध्यम से कई बातों को एक साथ कह दिया जाता है। फोटो टिप्पणियों का प्रभाव भी अधिक व्यापक पड़ता है।

(ii) **कार्टून कोना** समाचार-पत्रों में प्रकाशित होने वाले कार्टून हस्ताक्षरित संपादकीय होते हैं। कार्टून, जनसामान्य की भावनाओं को व्यक्त करने का सीधा तरीका होता है, जिसका पाठकों पर गहरा प्रभाव पड़ता है।

(iii) **रेखांकन और कार्टोग्राफ** रेखांकन समाचारों को रोचक बनाते हैं। कार्टोग्राफी के अंतर्गत विभिन्न प्रकार के आँकड़ों को ग्राफ या रेखांकन के माध्यम से स्पष्ट किया जाता है। क्रिकेट के स्कोर से लेकर सेंसेक्स के आँकड़ों तक में इसका प्रयोग किया जाता है। कार्टोग्राफी का प्रयोग समाचार-पत्रों के अतिरिक्त टेलीविजन में भी होता है।

3. पीत पत्रकारिता को स्पष्ट कीजिए।

उत्तर पीत पत्रकारिता के अंतर्गत समाचार-पत्र अफवाहों, व्यक्तिगत आरोपों-प्रत्यारोपों, प्रेम-संबंधों का खुलासा, फिल्मी गपशप आदि से संबंधित समाचारों को प्रकाशित करते हैं। वास्तव में, यह पत्रकारिता सनसनी फैलाने का कार्य करती है। इस तरह की पत्रकारिता की शुरुआत 19वीं सदी के उत्तरार्द्ध में अमेरिका में हुई थी, जब वहाँ कुछ समाचार-पत्रों के बीच पाठकों को आकर्षित करने के लिए आपस में संघर्ष प्रारंभ हो गया था।

4. पेज थ्री पत्रकारिता क्या है?

उत्तर पेज थ्री पत्रकारिता से तात्पर्य ऐसी पत्रकारिता से है, जिसमें फ़ैशन, अमीरों की पार्टियों, महफिलों और जाने-माने लोगों के निजी जीवन के बारे में बताया जाता है। यह सामान्यतया समाचार-पत्रों की पृष्ठ संख्या तीन पर प्रकाशित होती है, इसलिए इसे 'पेज थ्री' पत्रकारिता कहते हैं। आजकल इसकी पृष्ठ संख्या निश्चित नहीं है, लेकिन विषय सुनिश्चित हैं।

5. पत्रकारिता के अन्य आयाम कौन-से हैं? स्पष्ट कीजिए।

उत्तर एक समाचार-पत्र में निम्नलिखित की भी अपनी ही विशेष भूमिका होती है

(i) **संपादकीय** 'संपादकीय पृष्ठ' समाचार-पत्र का महत्त्वपूर्ण पृष्ठ माना जाता है। इस पृष्ठ पर संपादक विभिन्न घटनाओं, वर्तमान मुद्दों, समस्याओं आदि पर अपनी राय रखता है। आमतौर पर संपादक के नाम पत्र भी इसी पृष्ठ पर प्रकाशित किए जाते हैं। वह घटनाओं पर आम लोगों की टिप्पणी होती है। समाचार-पत्र उसे महत्त्वपूर्ण मानते हैं।

(ii) **फोटो पत्रकारिता** जहाँ किसी बात को बहुत-से शब्द लिखकर भी प्रकट या स्पष्ट नहीं किया जा सकता, वहीं एक फोटो सबकुछ स्पष्ट कर देता है। ऐसे फोटो पर की गई टिप्पणी का प्रभाव व्यापक व सीधा होता है। इस तरह की पत्रकारिता को 'फोटो पत्रकारिता' कहते हैं।

(iii) **कार्टून कोना** यह लगभग प्रत्येक समाचार-पत्र में होता है। इनके द्वारा की गई टिप्पणियाँ सटीक होती हैं, जो पाठकों के हृदय को छूती हैं।

(iv) **रेखांकन और कार्टोग्राफ** कार्टोग्राफ समाचारों को रोचक बनाते हैं। ये समाचारों पर टिप्पणी भी करते हैं। ग्राफ लेखन से कोई बात आसानी से समझ आ जाती है।

स्व-मूल्यांकन

बहुविकल्पीय प्रश्न

1. एक दैनिक समाचार के लिए कितने समय तक की घटनाएँ समाचार होती हैं?

(क) 48 घंटे तक की (ख) दो दिन पुरानी (ग) 24 घंटे तक की (घ) 12 घंटे तक की

2. निम्न में कौन-सा संपादन का सिद्धांत है?

(क) तथ्यों की शुद्धता (एक्युरेसी) (ख) वस्तुपरकता (ऑब्जेक्टीविटी)

(ग) स्रोत (सोर्सिंग-एट्रीब्यूशन) (घ) ये सभी

3. विशेषीकृत पत्रकारिता में सम्मिलित हैं

(क) संसदीय पत्रकारिता (ख) न्यायालय पत्रकारिता (ग) खेल पत्रकारिता (घ) ये सभी

अतिलघु उत्तरीय प्रश्न

1. खोजपरक पत्रकारिता क्या है?

2. 'संपादन' का क्या अर्थ है? स्पष्ट कीजिए।

3. संपादन के सिद्धांत कौन-कौन से हैं? नाम लिखिए।

लघु उत्तरीय प्रश्न

1. पत्रकारिता के प्रमुख प्रकारों पर प्रकाश डालिए।

2. पत्रकार किसे कहते हैं? पत्रकार के आचरण का भी वर्णन करें।

05
अध्याय

डायरी लेखन

डायरी लेखन का अर्थ
संपूर्ण दिन की गतिविधियों, घटनाओं, विचारों आदि को डायरी के पृष्ठों में शब्दबद्ध करना **डायरी लेखन** कहलाता है। यह लेखन सामान्यत: स्वयं के उपयोग के लिए होता है।

▼ अभ्यास के लिए
- पाठ्यपुस्तक के प्रश्नोत्तर
- अतिलघु उत्तरीय प्रश्न
- लघु उत्तरीय प्रश्न

पिछले कुछ दशकों से 'डायरी' एक विधा के रूप में पाठकों के बीच में लोकप्रिय हुआ है। 'ऐनी फ्रैंक' द्वारा पुस्तक के रूप में छपी हुई डायरी सर्वाधिक प्रसिद्ध डायरी है। इस डायरी को यहूदी किशोरी 'ऐनी फ्रैंक' ने वर्ष 1942-44 के दौरान नाजी अत्याचार के समय लिखा था। यह डायरी प्रकाशित होने के बाद ऐतिहासिक दस्तावेज मानी गई। हिंदी के प्रमुख डायरी लेखक हैं- मोहन राकेश (मोहन राकेश की डायरी), रामवृक्ष बेनीपुरी (पैरों में पंख बाँधकर), राहुल सांकृत्यायन (रूस में पच्चीस मास), सेठ गोविंद दास (सुदूर दक्षिण-पूर्व) आदि।

डायरी लेखन व स्मृतियाँ

डायरी लेखन एक प्रकार का व्यक्तिगत दस्तावेज भी हैं, जिसमें हम अपने जीवन के महत्त्वपूर्ण क्षणों, मन में उठे विचारों, स्मृतियों को सहेज लेते हैं। अपने साथ हुई घटित घटनाओं को स्मृतियों के रूप में डायरी में सहेज लेना आने वाले समय में पढ़ने के लिए रोमांचकारी होता है। डायरी हमें भूलने से बचाती है। यात्राओं के दौरान डायरी लिखना बहु-उपयोगी सिद्ध होता है। वास्तव में डायरी लिखना अपने एकांत क्षणों में अपने साथ दोस्ती कायम करने का अच्छा माध्यम होता है।

डायरी लेखन करते समय ध्यान रखने योग्य बातें

- डायरी किसी नोटबुक अथवा पिछले साल की डायरी में लिखी जानी चाहिए ।
- डायरी के आरंभ में दिन और दिनांक अवश्य लिखी जानी चाहिए। डायरी सरल और संक्षिप्त रूप में ही लिखनी चाहिए।
- दिन भर की घटनाओं में से मुख्य घटना या गतिविधि का चयन करने के बाद ही उसे शब्दबद्ध करना चाहिए।
- 'डायरी के पाठक आप स्वयं हैं' यह मानकर डायरी लिखने से भाषा-शैली की स्वाभाविकता बनी रहती है।

- डायरी लिखते समय यह ध्यान रखें कि डायरी समकालीन इतिहास होता है।
- लेखन करते हुए आप स्वयं तय करें कि आप क्या सोचते हैं। लेखन करते हुए सभी तरह के बाहरी दबावों से मुक्त होना चाहिए।
- डायरी बिल्कुल निजी वस्तु है और यह मानकर ही उसे लिखा जाना चाहिए कि वह किसी और के द्वारा पढ़ी नहीं जाएगी।
- यह जरूरी नहीं कि डायरी परिष्कृत और मानक भाषा-शैली में लिखी जाए। आपके अंदर के स्वाभाविक वेग से शैली जो रूप ग्रहण करती है, वही डायरी की उचित शैली है।

डायरी लेखन का प्रारूप

दिनांक ....
समय ....
अभिवादन ....
अपने दिन के अनुभव, घटनाएँ, विचार
....
....
....
हस्ताक्षर ....
(आपका नाम)

पाठ्यपुस्तक (अभिव्यक्ति एवं माध्यम) के प्रश्नोत्तर

1. निम्नलिखित में से तीन अवसरों की डायरी लिखिए

(क) आज आपने पहली बार नाटक में भाग लिया।
(ख) प्रिय मित्र से झगड़ा हो गया।
(ग) परीक्षा में आपको सर्वोतम अंक मिले हैं।
(घ) परीक्षा में आप अनुत्तीर्ण हो गए हैं।
(ङ) सड़क पर रोता हुआ 10 वर्षीय बच्चा मिला।
(च) कोई ऐसा दिन जिसकी आप डायरी लिखना चाहते हैं।

उत्तर (क) आज आपने पहली बार नाटक में भाग लिया।

दिनांक 8 अक्टूबर, 2024

रात्रि 8:30 बजे

प्रिय डायरी

आज मेरी जिंदगी का एक विशेष दिन था। मैंने पहली बार अपने स्कूल के वार्षिक नाटक में हिस्सा लिया। नाटक की तैयारी में हमने कठिन परिश्रम किया था और प्रतिदिन प्रैक्टिस की थी। नाटक की शुरुआत से पहले थोडी घबराहट थी, लेकिन जैसे ही मंच पर खड़ा हुआ, सब कुछ सहज हो गया। दर्शकों का साथ और उनके प्यार से मेरा आत्मविश्वास और बढ़ गया। नाटक समाप्त होने के बाद जब सभी ने तालियाँ बजाईं, तो मेरे चेहरे पर खुशी की झलक थी। यह अनुभव मेरे लिए बेहद विशेष रहा और मुझे विश्वास है कि यह एक यादगार दिन रहेगा।

(ख) प्रिय मित्र से झगड़ा हो गया।

दिनांक 15 नवंबर, 2024

रात्रि 10:00 बजे

आज मेरे सबसे प्रिय मित्र से झगड़ा हो गया। यह झगड़ा एक छोटी-सी बात से शुरू हुआ, लेकिन धीरे-धीरे यह बड़ा विवाद बन गया। शायद मैंने गुस्से में कुछ ऐसा कह दिया, जो उसे बुरा लगा। मुझे अब महसूस हो रहा है कि गुस्से में मैं अपनी भावनाओं पर काबू नहीं रख सका। मैंने कोशिश की कि मैं अपनी बात समझाऊँ, लेकिन माहौल इतना खराब हो गया कि उसने मुझसे बात करना बंद कर दिया। मुझे यह सोचकर बहुत दुःख हो रहा है कि हम दोनों का रिश्ता इतना कमजोर कैसे हो सकता है। मैं चाहता हूँ कि सब कुछ पहले जैसा हो जाए। मुझे समझना होगा कि कभी-कभी मित्रता में गलतफहमियाँ हो जाती हैं, लेकिन इन्हें सुलझाना जरूरी है। कल मैं उससे माफी माँगने की कोशिश करूँगा और बातचीत करके यह झगड़ा सुलझाऊँगा। आखिरकार, एक सच्चा मित्र हमारे जीवन का अनमोल हिस्सा होता है।

(ग) परीक्षा में आपको सर्वोत्तम अंक मिले हैं।

दिनांक 31 मार्च, 2024

रात्रि 9:30 बजे

प्रिय डायरी

आज का दिन मेरे जीवन के सबसे यादगार दिनों में से एक है। मुझे अपनी परीक्षा का परिणाम मिला और मैं यह देखकर बहुत खुश हुआ कि मैंने अपनी कक्षा में सर्वोत्तम अंक प्राप्त किए हैं। यह मेरे लिए गर्व और खुशी का क्षण है। परीक्षा के लिए मैंने दिन-रात मेहनत की थी। आज मेरी मेहनत का फल मुझे मिला है।

मेरे शिक्षक और माता-पिता ने मुझे बधाई दी और मुझ पर गर्व किया। मैं आज बहुत आभारी हूँ अपने माता-पिता, शिक्षकों और उन दोस्तों का, जिन्होंने मुझे हर कदम पर समर्थन दिया। मुझे आज यह महसूस हुआ कि मेहनत कभी व्यर्थ नहीं जाती। यह सफलता मुझे और अधिक प्रेरित कर रही है कि मैं आगे भी अपने लक्ष्य को पाने के लिए इसी तरह प्रयास करता रहूँ।

(घ) परीक्षा में आप अनुत्तीर्ण हो गए हैं।

दिनांक 22 दिसंबर, 2024

शाम 5:30 बजे

आज मेरी परीक्षा का परिणाम आया और मुझे बहुत निराशा हुई, जब पता चला कि मैं अनुत्तीर्ण हो गया हूँ। पूरी मेहनत करने के बावजूद मुझे अपेक्षित अंक नहीं मिले। मेरे मन में एक गहरी निराशा थी, क्योंकि मैंने पूरी कोशिश की थी, लेकिन परिणाम अच्छा नहीं आया। मेरे परिवार ने मुझे समझाया और कहा कि असफलता जीवन का एक हिस्सा है और हमें उससे सीख लेनी चाहिए। इस दिन ने मुझे आत्मनिरीक्षण करने और अपनी कमजोरियों को सुधारने की प्रेरणा दी। इस अनुभव ने मुझे नई उम्मीद और मेहनत के लिए प्रेरित किया।

उत्तर **(ङ) सड़क पर रोता हुआ 10 वर्षीय बच्चा मिला।**

दिनांक 18 अगस्त, 2024

रात्रि 11:00 बजे

प्रिय डायरी

आज का दिन मेरे लिए बहुत भावुक और अनुभवपूर्ण रहा। शाम के समय जब मैं बाजार जा रहा था, तो मैंने सड़क पर एक 10 वर्षीय बच्चे को रोते हुए देखा। वह अकेला और डरा हुआ लग रहा था। मैंने उसके पास जाकर पूछा कि वह क्यों रो रहा है। उसने बताया कि वह अपने माता-पिता से बिछड़ गया है और घर का रास्ता नहीं जानता। उसकी आँखों में डर साफ दिख रहा था। मैंने उसे दिलासा दिया और पानी पिलाया। फिर मैंने पुलिस स्टेशन जाने का फैसला किया। वहाँ पहुँचकर मैंने पुलिस को उसकी स्थिति के बारे में बताया। पुलिस ने बच्चे के माता-पिता से संपर्क किया। थोड़ी देर बाद उसके माता-पिता उसे लेने आए। उन्हें देखकर बच्चे के चेहरे पर खुशी लौट आई। आज मुझे यह महसूस हुआ कि थोड़ी सी मदद किसी के जीवन में कितनी बड़ी खुशी ला सकती है। इस घटना ने मुझे सिखाया कि हमें हमेशा दूसरों की सहायता के लिए तत्पर रहना चाहिए।

(च) कोई ऐसा दिन जिसकी आप डायरी लिखना चाहते हैं।

दिनांक 14 दिसंबर, 2024

रात्रि 10:00 बजे

प्रिय डायरी

आज का दिन मेरे लिए बेहद विशेष था, क्योंकि मैंने अपनी पहली यात्रा का अनुभव किया। मैं अपने परिवार के साथ पहाड़ों पर ट्रेकिंग के लिए गया था। हरे-भरे जंगलों, झरनों और ताजी हवा के बीच मुझे ऐसा महसूस हुआ, जैसे मैं प्रकृति के साथ जुड़ गया हूँ। हर कदम पर नई खोज और सुंदरता महसूस हो रही थी। यह दिन मेरे लिए यादगार बन गया, क्योंकि मैंने पहली बार इतनी लंबी यात्रा की और अपने अंदर एक नई ताकत महसूस की। यह अनुभव मेरे दिल को बहुत सुकून और खुशी दे गया।

2. नीचे दिए गए कथनों के सामने सही या गलत का चिह्न लगाते हुए कारण भी दें

(क) डायरी नितांत वैयक्तिक रचना है

(ख) डायरी स्वलेखन है इसलिए उसमें किसी घटना का एक ही पक्ष उजागर होता है

(ग) डायरी निजी अनुभूतियों के साथ-साथ सामाजिक-आर्थिक परिप्रेक्ष्य का भी ब्यौरा प्रस्तुत करता है

(घ) डायरी अंतरंग साक्षात्कार है

(ङ) डायरी हमारी सबसे अच्छी दोस्त है

उत्तर **(क) डायरी नितांत वैयक्तिक रचना है। (सही है)**

कारण क्योंकि इसमें हम अपने व्यक्तिगत सुख-दुःख व निजी अनुभव का वर्णन करते हैं।

(ख) डायरी स्वलेखन है इसलिए उसमें किसी घटना का एक ही पक्ष उजागर होता है। (सही है)

कारण क्योंकि डायरी में लिखने वाले व्यक्ति का ही पक्ष हमारे सामने आता है। दूसरे पक्ष की बात हमें नहीं पता चलती।

(ग) डायरी निजी अनुभूतियों के साथ-साथ सामाजिक-आर्थिक परिप्रेक्ष्य का भी ब्यौरा प्रस्तुत करता है। (सही है)

कारण क्योंकि डायरी लिखने वाला व्यक्ति अपनी अनुभूतियों के साथ उस समय की घटित घटनाओं पर भी टिप्पणी करता है।

(घ) डायरी अंतरंग साक्षात्कार है। (सही है)

कारण क्योंकि डायरी लिखने वाला अपने साथ ही संवाद प्रस्तुत करता है।

(ङ) डायरी हमारी सबसे अच्छी दोस्त है। (सही है)

कारण क्योंकि डायरी हमारे सुख-दुःख की साथी होती है। हम डायरी में वे सभी बातें या विचार लिख सकते हैं, जिन्हें हम किसी के समक्ष न कह सके हों।

अभ्यास प्रश्न

अतिलघु उत्तरीय प्रश्न

1. डायरी किसे कहते हैं?

उत्तर डायरी एक ऐसी नोटबुक होती है, जिसके पृष्ठों पर वर्ष के 365 दिनों की तिथियाँ क्रम से लिखी होती हैं। प्रत्येक तिथि के बाद पृष्ठ को खाली छोड़ दिया जाता है। डायरी को दैनिकी, दैनंदिनी, रोजनामचा, रोजनिशि आदि कहते हैं। डायरी विभिन्न आकारों में मिलती हैं, इनमें टेबल डायरी, पॉकेट डायरी, पुस्तकाकार डायरी प्रमुख हैं।

2. डायरी का उपयोग क्या है?

उत्तर डायरी में तिथि से संबंधित विशेष सूचनाओं, विचारों, घटित घटनाओं को लिखा जाता है। हमारे दिन-प्रतिदिन के अनुभवों को भी हम उस तिथि के पृष्ठ पर लिखकर अपने अनुभवों को सुरक्षित रख सकते हैं। डायरी में अपनी निजी बातों को तथा किसी विशेष तिथि पर यदि हमें कोई विशेष कार्य करना है या कहीं जाना है, तो उससे संबंधित सूचना को पहले से ही उस तिथि पर लिख दिया जाता है।

3. डायरी एक व्यक्तिगत दस्तावेज कैसे है?

उत्तर यदि हम किसी पर्यटन स्थल की यात्रा का विवरण उसी दिन अपनी डायरी में लिख लेते हैं, तो हम अपने अनुभव को पूर्ण रूप से सुरक्षित रख सकते हैं तथा अवसर मिलने पर इसे पढ़कर उस यात्रा का फिर से पूरा आनंद उठा सकते हैं।

यदि हम यात्रा से लौटकर सारा विवरण लिखना चाहें, तो संभव नहीं हो पाएगा। डायरी से जब हम अपने विगत को पढ़ते हैं, तो यह हमारा एक व्यक्तिगत दस्तावेज बन जाता है।

लघु उत्तरीय प्रश्न

1. डायरी लेखन क्या है? कुछ प्रसिद्ध डायरियों व डायरी लेखकों के नाम भी बताइए।

उत्तर अत्यंत निजी स्तर पर घटित घटनाओं और उससे संबंधित बौद्धिक तथा भावनात्मक प्रतिक्रियाओं का लेखा-जोखा डायरी कहलाता है। दैनिक जीवन में हम जिन घटनाओं, विचारों और गतिविधियों से निरंतर गुजरते हैं, उन्हें डायरी के पृष्ठों पर शब्दबद्ध कर लेना ही डायरी-लेखन है।

कुछ प्रसिद्ध डायरी व उनके लेखक इस प्रकार हैं

(i) पैरों में पंख बाँधकर - रामवृक्ष बेनीपुरी

(ii) एक साहित्यिक की डायरी - गजानन माधव मुक्तिबोध

(iii) रूस में पच्चीस मास - राहुल सांकृत्यायन

(iv) सुदूर दक्षिण-पूर्व - सेठ गोविंद दास

2. डायरी लिखते समय किन बातों का ध्यान रखना आवश्यक है?

उत्तर डायरी लिखते समय हमें निम्न बातों का ध्यान रखना आवश्यक है

(i) डायरी किसी नोटबुक अथवा पिछले साल की डायरी में लिखी जानी चाहिए, क्योंकि वर्तमान वर्ष की डायरी तिथि अनुसार लिखने पर उसमें अभिव्यक्ति के लिए जगह कम या अधिक हो सकती है।

(ii) दिन भर की घटनाओं में से मुख्य घटना या गतिविधि का चयन करने के बाद ही उसे शब्दबद्ध करना चाहिए।

(iii) 'डायरी के पाठक आप स्वयं हैं' यह मानकर डायरी लिखने से भाषा-शैली की स्वाभाविकता बनी रहती है।

3. परीक्षा में प्रथम अंक लाने पर आपका मन अति प्रसन्न हुआ इस पर आज का अनुभव अपनी डायरी में लिखिए।

उत्तर 8 मई, 20XX मंगलवार

रात्रि 10:30 बजे

प्रिय डायरी

आज मैं बहुत खुश हूँ, क्योंकि आज मेरी इच्छा पूरी हो गई है। आज मेरा परीक्षा परिणाम घोषित हुआ। मैं कक्षा में सर्वाधिक अंक लाने वाले छात्रों में प्रथम था। यह सब देख-सुनकर मुझे विश्वास ही नहीं हो रहा था। वैसे इसमें कोई संदेह नहीं है कि मैंने अबकी बार काफी मेहनत की थी, जिसमें मेरे गणित के अध्यापक राकेश शर्मा जी का और मेरी मम्मी का विशेष योगदान रहा। शर्मा जी ने मेरी हर संभव मदद की और मम्मी ने मेरा पूरा ख्याल रखा। जब सभी अध्यापकों और रिश्तेदारों तथा विशेष रूप से पिता जी ने मेरी प्रशंसा की तो मेरा मन गर्व और हर्ष के मिश्रित पलों के रूप में अति प्रसन्न हुआ।

अनुराग

4. रेल यात्रा के दौरान हुई पॉकेटमारी पर डायरी लेखन कीजिए।

उत्तर 26 जून, 20XX

रात्रि 9:30 बजे

प्रिय डायरी

आज हरिद्वार और ऋषिकेश जाने का सारा मजा ही खराब हो गया। सुबह जब हम मेरठ सिटी से ऋषिकेश जाने वाली रेलगाड़ी में चढ़े, तो मन अति प्रसन्न था। रेल में बहुत भीड़ थी, लेकिन किसी तरह हमने स्वयं को सहज किया और हरिद्वार तथा ऋषिकेश के प्राकृतिक दृश्यों को देखने की खुशी में खो गए। रेल मुजफ्फरनगर पहुँचने वाली थी, तभी मुझे अपनी पेंट की पॉकेट फटी हुई-सी महसूस हुई। मुझे धक्का-सा लगा, क्योंकि मेरा बटुआ गायब था, उसमें दस हजार रुपये के करीब रखे थे। शायद चढ़ते समय ही किसी ने भीड़ में मेरी पॉकेट मार ली थी। दुःखद मन से मैं बीच रास्ते से ही लौट आया।

विकास

5. आपको विद्यालय में आयोजित काव्य-पाठ में पुरस्कार मिला, इस अनुभव को डायरी में लिखिए।

उत्तर 10 सितंबर, 20XX

रात्रि 7:00 बजे

आज का दिन मेरे लिए बहुत अच्छा रहा। आज विद्यालय में काव्य-पाठ का आयोजन हुआ। इसमें बहुत से छात्रों ने भाग लिया। मैंने भी इसमें भाग लिया और 'प्रकृति और हम' विषय पर एक कविता पढ़ी। मेरी कविता को 'दिन की सर्वश्रेष्ठ कविता' चुना गया और मुझे प्रथम पुरस्कार मिला। मेरे साथियों और अध्यापकों ने मेरी बहुत प्रशंसा की। मैंने घर जाकर सबको बताया, तो सभी बहुत खुश हुए। माँ ने मुझे गले लगा लिया और पिताजी व दादा-दादी ने मुझे आशीर्वाद दिया।

वैभव

स्व-मूल्यांकन

अतिलघु उत्तरीय प्रश्न

1. डायरी लेखन के कौशल पर प्रकाश डालिए।

2. डायरी लेखन प्राय: किस अनुभव को दर्शाता है?

3. डायरी लेखन की अवधि क्या होती है?

लघु उत्तरीय प्रश्न

1. कक्षा में अध्यापक की अनुपस्थिति होने पर कक्षा का वातावरण कैसा था? इस अनुभव पर डायरी लेख लिखिए।

2. डायरी लेखन के क्या लाभ हैं?

3. डायरी लेखन से आत्म-मूल्यांकन में कैसे मदद मिलती है?

06
अध्याय

कथा-पटकथा

परदे पर दिखाई जाने वाली कहानी को ही पटकथा कहते हैं।

अभ्यास के लिए
- पाठ्यपुस्तक के प्रश्नोत्तर
- अतिलघु उत्तरीय प्रश्न
- लघु उत्तरीय प्रश्न

पटकथा-स्रोत, स्वरूप और संरचना

'पटकथा' दो शब्दों के मेल से बना है—'पट' और 'कथा'। 'पट' का अर्थ परदा होता है तथा 'कथा' का अर्थ कहानी होता है। अत: ऐसी कथा जो परदे पर दिखाई जाए, चाहे वह परदा सिनेमा हो या टेलीविजन, इन दोनों ही माध्यमों के लिए बनने वाली फिल्में, धारावाहिक आदि पटकथा पर लिखी जाती हैं।

पटकथा के अनुसार ही निर्देशक शूटिंग की योजना बनाता है तथा अभिनेताओं को अपनी भूमिका की बारीकियाँ व संवादों का पता चलता है। कथानक इसका अभिन्न हिस्सा होता है।

फिल्म या टी.वी. की पटकथा की संरचना नाटक की संरचना की तरह ही होती है। इसे 'स्क्रीनप्ले' भी कहते हैं। नाटक की तरह ही यहाँ पात्र, नायक-प्रतिनायक, घटनास्थल, दृश्य, कहानी का क्रमिक विकास, द्वंद्व-टकराहट तथा समाधान आदि होते हैं।

नाटक व फिल्म की पटकथा में अंतर

नाटक के दृश्य अकसर अधिक लंबे होते हैं और फिल्मों में छोटे-छोटे। नाटक में प्राय: सीमित घटनास्थल होते हैं, परंतु फिल्म में ये असीम होते हैं। प्रत्येक दृश्य किसी भी नए स्थान पर घट सकता है। नाटक एक सजीव कला माध्यम है, जिसमें अभिनेता अपने ही जैसे जीवंत दर्शकों के सामने कला का प्रदर्शन करता है।

सिनेमा या टी.वी. में पूर्व रिकॉर्डेड छवियाँ व ध्वनि होती हैं। नाटक का पूरा कार्य-व्यापार एक ही मंच पर, एक ही निश्चित अवधि के दौरान होता है, जबकि फिल्म या टी.वी की शूटिंग अलग-अलग सेटों व लोकेशनों पर होती है। नाटक का विकास एक-रेखीय (लीनियर) होता है, जबकि सिनेमा में फ्लैशबैक, फ्लैश फॉरवर्ड आदि तकनीकों का प्रयोग करके घटनाक्रम को किसी भी रूप में प्रस्तुत कर सकते हैं।

पटकथा लेखन का उदाहरण

दृश्य–1

(एक खेत का दृश्य, जिसमें एक किसान, राजसिंह फावड़े से खुदाई कर रहा है। आसमान साफ है। तेज धूप निकली हुई है। राजसिंह के सिर पर एक फटे हुए सफेद कपड़े की पगड़ी सी बँधी हुई है। खोदते समय उसके माथे से पसीना छूट रहा है। तभी खेतों की तरफ बदहवास सी उसकी पत्नी, मीना, जो कई पैबंद लगी साड़ी पहने हुए है, उसे पुकारती हुई भागी आ रही है।)

मीना : दीपू के बापू, दीपू के बापू।
(राजसिंह मीना की ओर देखकर अपने आप से बातें करते हुए)

राजसिंह : हे भगवान, इस समय मीना यहाँ ...... कहीं जीतू साहू अपने पैसे तो माँगने नहीं आ गया।

मीना : (साँसों को काबू में करते हुए और घबराहट में) दीपू के बापू! दीपू पेट पकड़कर बुरी तरह चिल्ला रहा है। जरा जल्दी चलो ...... देखो तो उसे क्या हो गया है?
(दोनों जल्दी से घर की ओर भागते हैं।)

राजसिंह : (भागते हुए) भगवान! यहाँ आने से पहले उसे बालू डॉक्टर के पास न ले जाती ...... ।

मीना : (राजसिंह के पीछे तेज कदमों से चलते हुए) लेकर गई थी–उसके पहले ही पैसे नहीं गए ...... बोला, ''भाभी पिछला तो चुका नहीं ...... आ गई लेकर ...... हजार रुपये हो गए हैं ...... कहाँ तक देखूँ।
(तभी उनका घर आ जाता है।)
कट टू

दृश्य–2

(बालू डॉक्टर की दुकान का दृश्य। दीपू के पेट को चैक करते हुए......दीपू पेट दर्द से बेहाल हो रहा है।)

डॉक्टर : (बाहर आकर) राजसिंह ...... मेरी मानो तो दीपू को कस्बे के प्राइवेट अस्पताल में ले जाओ ...... मैं दर्द खत्म होने की दवाई दे रहा हूँ ...... मुझे तो दीपू के पेट में गड़बड़ी लग रही है ......।

राजसिंह : (घबराकर) कैसी गड़बड़ी ...... डॉक्टर साहब ......।

डॉक्टर : वो तो अल्ट्रासाउंड के बाद पता चल ही जाएगी ...... (दवाई बनाते हुए) फिलहाल मैं दवाई दे रहा हूँ ...... कस्बे तक जाने में राहत मिल जाएगी ......।
(दवाई लेकर राजसिंह अपनी पगड़ी से पचास रुपये निकालकर डॉक्टर को देता है। डॉक्टर कुछ देर सोचता है, फिर पैसे अपने ड्रॉअर में डाल लेता है। राजसिंह दर्द से तड़पते दीपू को लेकर घर की ओर चल देता है।)
(डिजॉल्व टू)

पटकथा और कंप्यूटर

वर्तमान कंप्यूटर में ऐसे सॉफ्टवेयर आ गए हैं, जिनमें पटकथा लेखन का प्रारूप बना बनाया होता है। यहाँ तक कि उन सॉफ्टवेयर से यह भी पता चल जाता है कि पटकथा में कहीं कोई गड़बड़ी तो नहीं हो रही। ये सॉफ्टवेयर उस गड़बड़ी को सुधारने के सुझाव भी दे सकते हैं।

पाठ्यपुस्तक (अभिव्यक्ति एवं माध्यम) के प्रश्नोत्तर

1. फ्लैशबैक तकनीक और फ्लैश फॉरवर्ड तकनीक के दो दो उदाहरण दीजिए। आपने कई फिल्में देखी होंगी। अपनी देखी किसी एक फिल्म को ध्यान में रखते हुए बताइए कि उनमें दृश्यों का बँटवारा किन आधारों पर किया गया?

उत्तर फ्लैशबैक तकनीक वह होती है, जिसमें अतीत में घटी हुई किसी घटना को दिखाया जाता है। फ्लैश फॉरवर्ड वह तकनीक है, जिसमें भविष्य में होने वाली घटना को पहले दिखाया जाता है।

उदाहरण 1 माना कि हमें गूँगे कहानी पर फिल्म बनानी है। सड़क के दृश्य से फिल्म शुरू होती है, जहाँ कुछ लड़के एक दुबले-पतले लड़के को मारते हैं। वह भागकर एक दरवाजे पर पहुँचता है। घर के भीतर से चमेली निकलती है। उसे वह दिन याद आता है। जब वह पागलखाने में उससे पहली बार मिली थी। अब पागलखाने का दृश्य दिखाया जाता है। यही वर्तमान से अतीत में जाना फ्लैशबैक है। फ्लैश फॉरवर्ड समझने के लिए मोहन राकेश के नाटक अंडे का एक दृश्य लेते हैं। बीना घर ठीक कर रही है। उसे अंडे के छिलके से भरा मोजा मिलता है।

इस तकनीक का प्रयोग करने पर इसे इस प्रकार दर्शाया जा सकता है कि अंडे से भरे छिलके उसकी सास जमुना देवी के हाथ लग गए हैं और वे छिलके जमीन पर गिराकर उसे बुरा भला कह रही हैं। अब वह वर्तमान में वापस आकर संवाद पूरा करती है।

उदाहरण 2 रामचंद्र अपनी माँ सिदेव सिहेश्वरी को नौकरी मिलने की खबर सुनाता है, तो वह अपने बीते दिनों में खो जाती है। जब वह लोगों के घरों में बर्तन धोया करती थी। यह फ्लैशबैक होता है, फिर वह वर्तमान में लौटती है वह अपने बेटे से बातचीत करके भविष्य के सुनहरे सपने देखने लगती है। इस दृश्य में वह अपने बेटे की शादी कर रही है और उसके बच्चे खिला रही है। यह फ्लैश फॉरवर्ड का उदाहरण है। इसके पश्चात् वह वर्तमान में लौट आती है।

इस पूरी प्रक्रिया में महत्त्वपूर्ण बात यह है कि दृश्यों का बँटवारा स्थान, समय और कार्य-व्यापार के आधार पर किया जाता है। ये तीनों ही जब निरंतर चलते हैं तो इसके आधार पर एक दृश्य निर्मित होता है। इनमें से किसी एक के भी बदल जाने पर दृश्य भी बदल जाते हैं।

2. पटकथा लिखते समय किन-किन बातों का ध्यान रखना जरूरी है और क्यों?

उत्तर पटकथा लिखते समय निम्न बातों का ध्यान रखना जरूरी है

- पटकथा लिखते समय दृश्यों के बदलाव में विशेष ध्यान रखना चाहिए।
- किसी भी दृश्य का बँटवारा करते समय, समय, स्थान और उसके कार्य-व्यापार का ध्यान अवश्य रखना चाहिए।
- पात्रों के बोलने तथा हाव-भाव का संकेत दिया जाना चाहिए।
- पटकथा में दृश्य का उल्लेख अवश्य करना चाहिए; जैसे—सड़क, बरामदा, बगीचा, बंद कमरा आदि।
- प्रत्येक दृश्य के अंत में कट टू जैसी जानकारी अवश्य देनी चाहिए। इससे निर्देशक तथा फिल्मांकन कार्य करने वालों को मदद मिलती है।

पटकथा लिखते समय इन बातों का ध्यान रखने से पटकथा एक सुचारू रूप से घटित प्रतीत होती है और दर्शकों को देखने में भी बोरियत महसूस नहीं होती। प्रत्येक दृश्य को समझने में भी आसानी रहती है।

अभ्यास प्रश्न

अतिलघु उत्तरीय प्रश्न

1. पटकथा से क्या तात्पर्य है?

उत्तर 'पटकथा' शब्द दो शब्दों से मिलकर बना है–'पट' और 'कथा'। 'पट' शब्द का अर्थ 'परदा' तथा 'कथा' शब्द का अर्थ 'कहानी' होता है। अतः ऐसी कहानी जो परदे पर दिखाई जाए वही पटकथा है। परदा छोटा या बड़ा कोई भी हो सकता है। जो कहानी टेलीविजन या सिनेमा में दिखाई जाने के लिए लिखी जाती है, उसे ही पटकथा कहते हैं।

2. पटकथा का स्रोत कहाँ से प्राप्त होता है?

उत्तर पटकथा का स्रोत कुछ भी हो सकता है। हमारे स्वयं के साथ यदि कोई घटना या हमारे आस-पास घटी कोई घटना भी पटकथा का आधार बन सकती है। इसके अतिरिक्त अखबार में छपा कोई समाचार, हमारी कल्पना से अपनी कोई कहानी, इतिहास में वर्णित कोई व्यक्तित्व, कोई सच्चा किस्सा अथवा साहित्य की किसी प्रसिद्ध रचना पर पटकथा लिखी जा सकती है।

3. पटकथा की संरचना कैसी होती है?

उत्तर फिल्म तथा टी.वी. की पटकथा में पात्र-चरित्र, नायक-प्रतिनायक, घटनास्थल, दृश्य, कहानी का क्रमिक विकास, द्वंद्व समाधान आदि सब कुछ होता है। इसमें छोटे-छोटे दृश्य, असीमित घटनास्थल होते हैं। इसकी कथा फ्लैश बैक या फ्लैश फॉरवर्ड तकनीक से भी प्रस्तुत की जा सकती है। इसमें एक ही समय में अलग-अलग स्थानों पर घटित घटनाओं को भी दिखाया जा सकता है।

लघु उत्तरीय प्रश्न

1. नाटक और फिल्म की पटकथा में अंतर लिखिए।

उत्तर नाटक और फिल्म की पटकथा में निम्नलिखित अंतर हैं

नाटक पटकथा	फिल्म पटकथा
नाटक के दृश्य लंबे होते हैं।	फिल्म के दृश्य छोटे होते हैं।
नाटक में घटनास्थल प्रायः सीमित होता है।	फिल्म में घटनास्थल की कोई सीमा नहीं होती।
नाटक एक सजीव कला माध्यम है, जिसमें अभिनेता अपने ही जैसे जीवंत दर्शकों के सामने अपनी कला का प्रदर्शन करते हैं।	सिनेमा में यह पूर्व रिकॉर्डिंग छवियाँ व दृश्य होते हैं।
नाटक में कार्य-व्यापार, दृश्य-संरचना तथा चरित्रों की संख्या सीमित रखनी होती है।	सिनेमा में ऐसा कोई बंधन नहीं होता।
नाटक की कथा का विकास एक-रेखीय होता है, जो एक ही दिशा में आगे बढ़ता है।	सिनेमा में कथा का विकास कई प्रकार से होता है।

2. वर्तमान में कंप्यूटर का पटकथा लेखन में क्या योगदान है?

उत्तर पटकथा लेखन में कंप्यूटर की सहायता ली जा सकती है। आजकल ऐसे कंप्यूटर सॉफ्टवेयर आ गए हैं, जिनमें पटकथा-लेखन का प्रारूप बना बनाया होता है। यदि पटकथा-लेखन में कोई गड़बड़ी हुई है, तो कंप्यूटर बता देता है कि कहाँ और क्या गड़बड़ी हुई है। ये सॉफ्टवेयर पटकथा में सुधार लाने के सुझाव भी पटकथा लेखक को देते हैं। इन सुझावों को मानना न मानना पटकथा लेखक पर निर्भर होता है।

3. आप अपने मित्र मनीष के घर रविवार के दिन मिलने गए हैं जहाँ आप और मनीष ड्राइंग रूम में बैठे हैं दोनों के हाथों में चाय के प्याले हैं और एक विशेष विषय पर चर्चा कर रहे हैं आगे की पटकथा की रचना कीजिए।

उत्तर **मैं** मनीष! आज तुम्हें किसी जरूरी काम से बाहर जाना है क्या?

मनीष हाँ, मित्र! राशन की दुकान से चीनी और गेहूँ लाने जाऊँगा।

मैं चीनी तो ठीक है, लेकिन गेहूँ की क्वालिटी तो सरकारी राशन की दुकानों में अच्छी नहीं होती है।

मनीष देखो रमेश! जब खाने के ही लाले पड़े हों, तब गुणवत्ता अर्थात् क्वालिटी पर ज़्यादा ध्यान नहीं देना चाहिए।

मैं हाँ, मैं तुम्हारी बात समझ सकता हूँ।

मनीष महँगाई थोड़ी-बहुत रहे तो आदमी झेल भी ले, लेकिन यहाँ तो सभी सामानों के दाम आसमान छू रहे हैं। कम-से-कम गेहूँ कुछ सस्ता मिलेगा, तो रोटी तो खाने को मिलेगी।

मैं हाँ! तुम बात बिलकुल सही बोल रहे हो। महँगाई के कारण तो भूखे मरने की नौबत आ गई है।

स्व-मूल्यांकन

अतिलघु उत्तरीय प्रश्न

1. फ्लैशबैक क्या है?

2. पटकथा में फ्लैश बैक का क्या महत्त्व है?

3. पटकथा की संरचना किस प्रकार होती है?

4. फ्लैश फॉरवर्ड तकनीक को कोई एक उदाहरण देकर समझाइए।

लघु उत्तरीय प्रश्न

1. फ्लैशबैक और फ्लैश फॉरवर्ड में क्या अंतर है?

2. आप कक्षा में बैठे हैं आपका अर्द्धअवकाश चल रहा है तभी आपका मित्र दौड़ते हुए आपके पास आता है और बोलता है कि चल अध्यापक ने बुलाया है ....

आगे की पटकथा की रचना कीजिए।

3. आप अपने परिवार के सदस्यों के साथ एक शादी समारोह में जा रहे हैं, जहाँ आपने अपने बुआ के लड़के के साथ खेलना प्रारम्भ किया और जैसे ही आप खेलने लगे.........

आगे की पटकथा की रचना कीजिए।

07

अध्याय

कार्यालयी लेखन और प्रक्रिया

कार्यालयी लेखन से तात्पर्य सरकारी, अर्द्ध-सरकारी या स्वायत्त संस्थाओं में कार्य के लिए लिखे गए पत्र, टिप्पण, परिपत्र, कार्यवृत्त आदि से है। कार्यालयी लेखन में संचार औपचारिक, तथ्यात्मक और संक्षिप्त होता है।

▼ **अभ्यास के लिए**

– पाठ्यपुस्तक के प्रश्नोत्तर

टिप्पण

टिप्पण सरकारी कार्यालयों में कार्य संपादन का एक माध्यम है। कार्यालयों में आए हुए विचाराधीन पत्रों को निपटाने के लिए लिपिक अथवा अधिकारियों के द्वारा पूर्व संदर्भ, वर्तमान तथ्य और आवश्यक सुझावों का उल्लेख करते हुए अधिकारी के अंतिम निर्णय लेने की दिशा में दी गई अभ्युक्तियाँ **टिप्पण** (Noting) कहलाती हैं।

अन्य शब्दों में, ''किसी भी विचाराधीन पत्र के निस्तारण को सुगम और सरल बनाने के लिए जो टिप्पणी लिखी जाती है, वह टिप्पण कहलाती है।'' इसी टिप्पण को मुख्य टिप्पण भी कहा जाता है।

टिप्पण लिखते समय निम्न बातों का ध्यान रखना चाहिए

- विस्तृत टिप्पण कार्य मूल पत्र पर कभी नहीं करना चाहिए, बल्कि अलग कागज़ पर लगभग ढाई इंच का हाशिया छोड़कर ही करना चाहिए, जिससे अधिकारी उस पर अपने आदेश अनुदेश लिख सकें। दिनचर्यात्मक संक्षिप्त टिप्पण मूल पत्र के हाशिये पर ही कर दिया जाता है।
- टिप्पण का प्रस्तुतीकरण इस प्रकार करना चाहिए कि पत्रबंध (फाइल) में पत्रों का जो क्रम है, उसी क्रम में टिप्पण भी होना चाहिए।
- टिप्पण मुख्यत: दो प्रकार के होते हैं—सहायक स्तर पर टिप्पण तथा अधिकारी स्तर पर टिप्पण। कार्यालय में टिप्पण कार्य अधिकतर सहायक स्तर पर होता है।
- टिप्पण सदैव अन्य पुरुष में लिखी जाती है।
- टिप्पण में सर्वप्रथम संबंधित पत्र की पत्र-संख्या, दिनांक और पत्र व्यवहार का विवरण लिख देना चाहिए। टिप्पण में पहले वाद विषय, फिर विभिन्न दृष्टिकोण और अंत में सुझावों का उल्लेख करना चाहिए।
- टिप्पण को आवश्यकतानुसार अनुच्छेदों में विभाजित करके लिखना चाहिए। प्रथम अनुच्छेद को छोड़कर शेष सभी अनुच्छेदों को संख्याबद्ध कर देना चाहिए।
- टिप्पण में जिन पत्रों या पूर्व आदेशों का संदर्भ देना हो तो उसे हाशिये में लिख देना चाहिए। टिप्पण संक्षिप्त तथा विषयानुकूल होना चाहिए।

- टिप्पण सदैव तटस्थ भाव से अन्य पुरुष में लिखना चाहिए। टिप्पण की भाषा सरल, स्पष्ट, संयत और विनम्र होनी चाहिए।
- टिप्पण की समाप्ति पर टिप्पणकर्ता को नीचे बायीं ओर अपना संक्षिप्त हस्ताक्षर करना चाहिए तथा हस्ताक्षर के नीचे दिनांक भी अंकित करना चाहिए।
- टिप्पण के नीचे बायीं ओर का स्थान उच्च अधिकारी के लिए छोड़ देना चाहिए। उच्च अधिकारी हस्ताक्षर में अपना पूरा नाम और हस्ताक्षर के नीचे दिनांक भी अंकित करेंगे।

टिप्पण का उदाहरण

1. राजकीय औद्योगिक प्रशिक्षण संस्थान के प्रधानाचार्य द्वारा प्रशिक्षण एवं सेवायोजन निदेशालय के भवनों की मरम्मत एवं अनुरक्षण हेतु लिखे गए मूल पत्र पर टिप्पण तैयार कीजिए।

उत्तर मूल पत्र

कार्यालय प्रधानाचार्य,
राजकीय औद्योगिक प्रशिक्षण संस्थान,
अल्मोड़ा।

पत्र संख्या औ.प्र.सं. (अ) 7/5/20XX

दिनांक 25 जून, 20XX

सेवा में,
निदेशक,
प्रशिक्षण एवं सेवायोजन निदेशालय,
लखनऊ (उ.प्र.)।

विषय भवनों की मरम्मत एवं अनुरक्षण हेतु।

महोदय,

उपरोक्त विषय की ओर आपका ध्यान आकर्षित करते हुए निवेदन है कि इस संस्थान के अधोलिखित भवन अत्यंत जीर्ण स्थिति में हैं तथा इनकी तुरंत मरम्मत की आवश्यकता है। इन भवनों का विवरण निम्न प्रकार है

- हिन्दी आशुलिपि व्यवसाय का भवन
- अंग्रेज़ी आशुलिपि व्यवसाय का भवन
- इलेक्ट्रॉनिक व्यवसाय का भवन

इस संबंध में ₹ 1,00,000 का विस्तृत अनुमानक संलग्न करते हुए यह भी स्पष्ट किया जाता है कि यदि भवनों का जीर्णोद्धार तुरंत ही न किया गया तो आगामी बरसात में प्रशिक्षार्थियों को इन भवनों में बैठाकर प्रशिक्षण देना संभव नहीं हो पाएगा। आगामी बरसात से अधिक क्षतिग्रस्त हो जाने के फलस्वरूप उक्त भवनों के गिर जाने की आशंका है।

इस संबंध में आपसे अनुरोध है कि संलग्न अनुमानक को पारित कर तुरंत ही मरम्मत हेतु अनुमति प्रदान करने का कष्ट करें।

भवदीय
(राजीव चौहान)
प्रधानाचार्य।

टिप्पण

पत्र क्रमांक 3/2 वि. 20XX
दिनांक 30 जून, 20XX

निदेशक

संलग्न अनुमानक, जो ₹ 50,00,000 मात्र का है, राजकीय औद्योगिक प्रशिक्षण संस्थान अल्मोड़ा से चालू वित्तीय वर्ष में, चार भवनों की मरम्मत हेतु प्राप्त हुआ है, जो इस टिप्पणी के साथ प्रस्तुत है

- अनुमानक निर्धारित मानदंड के अनुसार बनाया गया है।
- रा. औ. प्रशि. संस्थान, अल्मोड़ा ने पिछले वर्ष भवनों की मरम्मत के लिए जो पैसा खर्च किया है, वर्तमान अनुमानक भी उन्हीं दरों के अनुरूप है।
- प्रधानाचार्य ने तुरंत मरम्मत न होने पर भवनों के गिर जाने की आशंका व्यक्त की है।
- चालू वित्तीय वर्ष में उपर्युक्त कार्य हेतु बजट का आवंटन उपलब्ध है। आदेशार्थ प्रस्तुत।

हस्ताक्षर ....
सहायक
दिनांक ....

आनुषंगिक टिप्पण

सहायक द्वारा लिखे टिप्पण या मुख्य टिप्पणी जब संबंधित अधिकारी के पास पहुँचती है, तो वह अधिकारी उसे पढ़ने के बाद नीचे अपना मंतव्य लिखता है, इसे ही आनुषंगिक टिप्पणी कहते हैं तथा यह क्रिया **आनुषंगिक टिप्पण** कहलाती है। आनुषंगिक टिप्पणी प्रायः संक्षिप्त होती है, परंतु असहमति की स्थिति में अनेक बार इस प्रकार की टिप्पणी बड़ी भी हो सकती है।

यदि अधिकारी अपने अधीनस्थ की टिप्पणी से पूर्ण सहमत है पर उसे सशक्त व तर्कसंगत बनाने के उद्‌देश्य से उसमें और कुछ भी जोड़ना चाहता है, तो वह अपना मंतव्य आनुषंगिक टिप्पणी के रूप में दर्ज कर देता है।

यदि अधिकारी अपने अधीनस्थ की टिप्पणी से पूर्ण रूप से या आंशिक रूप से असहमत या सहमत है तो वह तर्क और कारण सहित अपनी आनुषंगिक टिप्पणी करता है।

आनुषंगिक टिप्पण

मैं ऊपर लिखी टिप्पणी से सहमत हूँ पर इसके साथ में यह भी ध्यान दिलाना चाहूँगा कि दिल्ली कार्यालय के निदेशक पिछले लगभग चार महीने से सीमा से अधिक खर्च कर रहे हैं, जोकि परिपत्र का उल्लंघन है। परिपत्र में किसी भी प्रकार की छूट का प्रावधान नहीं है। अतः निदेशक द्वारा अतिरिक्त खर्च राशि देय होनी चाहिए। यह राशि निदेशक के वेतन से काटी जा सकती है।

विचारार्थ

के अनुकरमण
(के. अनुरमण)
उपनिदेशक (प्रशासन) अनुभाग अधिकारी

अभ्यास के लिए

1. टिप्पण लेखन से क्या तात्पर्य है?
2. टिप्पण कितने प्रकार का होता है? प्रत्येक के बारे में समझाइए।
3. टिप्पण पर सहायक किस ओर हस्ताक्षर करता है?
4. टिप्पण किस पर आधारित होता है?
5. क्षेत्रीय परिवहन कार्यालय के अधिकारी द्वारा भवन की मरम्मत के लिए लिखे गए पत्र पर टिप्पणी तैयार कीजिए।

अनुस्मारक-पत्र

जब किसी पत्र/अर्द्ध-सरकारी पत्र का उत्तर समयावधि में नहीं प्राप्त होता है, तो संबंधित अधिकारी को पुन: याद दिलाने के लिए जो पत्र लिखा जाता है, उसे **अनुस्मारक-पत्र** (Reminder) कहते हैं। इसे **अनुस्मरण-पत्र** या **ध्यानाकर्षण पत्र** भी कहते हैं। अनुस्मारक-पत्र में मूल पत्र में अपेक्षित कार्यवाही का उल्लेख कर दोहरान कर देना चाहिए। इसका प्रारूप औपचारिक पत्र की तरह ही होता है मगर आकार छोटा होता है।

अनुस्मारक का उदाहरण

1. **श्रम विभाग, प्रशिक्षण एवं सेवायोजन निदेशालय की ओर से औद्योगिक प्रशिक्षण संस्थान बरेली को एक अनुस्मारक-पत्र लिखिए, जिसमें तदर्थ नियुक्त अनुदेशकों की सूची एवं उनका विवरण पुनः माँगा गया हो।**

उत्तर **पत्र संख्या** 61/371

प्रेषक,
मैकूलाल संत,
निदेशक।

दिनांक 20 जुलाई, 20XX

सेवा में,
प्रधानाचार्य
औद्योगिक प्रशिक्षण संस्थान,
बरेली।

विषय तदर्थ नियुक्त अनुदेशकों की सूची एवं उनका विवरण भेजने हेतु।

महोदय,

मैं आपका ध्यान इस निदेशालय के पत्र संख्या 60/370 दिनांक 12 जुलाई, 20XX की ओर आकर्षित कराना चाहता हूँ, जिसमें तदर्थ नियुक्त अनुदेशकों की सूची एवं उनका विवरण माँगा गया था। कृपया उक्त सूची एवं विवरण शीघ्र ही भेजने का कष्ट करें।

भवदीय
हस्ताक्षर ....
(मैकूलाल संत)
निदेशक

अभ्यास के लिए

1. अनुस्मारक या स्मरण-पत्र से आप क्या समझते हैं?
2. अनुस्मारक की विशेषताएँ बताइए।
3. अनुस्मारक कब लिखा जाता है?
4. विशिष्ट प्रशासन सचिव की ओर से नगरीय विकास विभाग के निदेशक को एक अनुस्मारक पत्र लिखिए, जिसमें व्यय किए गए धन का विवरण पुनः माँगा गया हो।

अर्द्धसरकारी पत्र

अर्द्धसरकारी पत्रों से तात्पर्य ऐसे पत्रों से है, जो एक अधिकारी द्वारा दूसरे अधिकारी अथवा मन्त्रालय/विभागों के अधिकारियों को लिखे जाते हैं। इस प्रकार हम कह सकते हैं कि शासन के दो विभिन्न विभागों के अधिकारी शासकीय कार्य के सम्बन्ध में परस्पर जानकारी प्राप्त करने, सूचना देने, स्पष्टीकरण देने या माँगने अथवा कार्य को शीघ्र निपटाने के उद्देश्य से जो पत्र लिखते हैं, वे 'अर्द्धसरकारी पत्र' कहलाते हैं। अर्द्धसरकारी पत्रों का स्वरूप कुछ-कुछ व्यक्तिगत पत्रों की भाँति होता है। इसे हम मौखिक वार्तालाप का स्थानापन्न भी कह सकते हैं। इसलिए आमतौर पर अपने से श्रेष्ठ व्यक्ति को अर्द्धसरकारी पत्र लिखने की परम्परा नहीं है।

अर्द्धसरकारी पत्र के उदाहरण

1. **भारत सरकार के मानव संसाधन विकास मन्त्रालय की ओर से उप-नियन्त्रक तथा महालेखाकार को अर्द्धसरकारी पत्र लिखिए, जिसमें साहित्य-सृजन और कृति के प्रकाशन के सन्दर्भ में उनके विचारों की माँग की गयी हो।**

उत्तर

अर्द्धसरकारी पत्र संख्या—56/11

रमेश गौतम
अवर सचिव

मानव संसाधन विकास मन्त्रालय,
भारत सरकार,
नई दिल्ली।

दिनांक 26 मार्च, 20XX

प्रिय अग्रवाल जी,

कृपया अपने अर्द्धसरकारी पत्र सं. 65/4 दिनांक 15 अप्रैल, 20XX का सन्दर्भ लें, जिसमें सरकारी कर्मचारियों को साहित्य-सृजन और कृति के प्रकाशन के लिए मंजूरी देने की बात उल्लिखित की गई है।

इस विषय से सम्बद्ध नियमों के प्रारूप की एक प्रति संलग्न करते हुए मैं आपसे निवेदन करना चाहता हूँ कि इसे पढ़कर कृपया मुझे यथाशीघ्र अपने विचारों से अवगत कराएँ। इन नियमों को अन्तिम रूप देने के लिए अगले महीने के प्रथम सप्ताह में एक अन्तर्विभागीय बैठक का इरादा है।

सधन्यवाद।

श्री रामेन्द्र अग्रवाल
उप-नियन्त्रक तथा महालेखाकार,
भारत सरकार, नई दिल्ली।

आपका सद्भावी,
हस्ताक्षर ......
रमेश गौतम

2. **ज़िला अधिकारी नरेन्द्र मोहन की ओर से काशी नरेश स्नातकोत्तर महाविद्यालय के प्रधानाचार्य को अपने महाविद्यालय के छात्रों को अशान्ति और अराजकता न फैलाने एवं अंकुश लगाने हेतु अर्द्धसरकारी पत्र लिखिए।**

उत्तर

अर्द्धसरकारी पत्र संख्या-714

नरेन्द्र मोहन
सचिव

कार्यालय जिलाधिकारी,
सन्त रविदास नगर, भदोही,
ज्ञानपुर।

दिनांक 3 नवम्बर, 20XX

प्रिय तिवारी जी,

कृपया 1 नवम्बर को टेलीफोन पर हुई हमारी वार्ता का स्मरण करें। इस सम्बन्ध में अभी तक आपकी ओर से मुझे कोई सूचना प्राप्त नहीं हुई है।

इधर पुलिस जाँच के परिणामस्वरूप जो तथ्य सामने आए हैं, उनसे यही ज़ाहिर होता है कि घटना में कुछ उत्पाती छात्रों की सक्रिय भूमिका थी, जिनका उद्देश्य महाविद्यालय परिसर में अशान्ति और अराजकता फैलाना था। वे छात्रावास में बिजली की समस्या को लेकर रोष में हैं। वे बिजली की गड़बड़ी की समस्या को लेकर पहले साथी छात्रों के साथ एस.डी.ओ. के कार्यालय पहुँचे। वहाँ उन्होंने प्रदर्शन किया, नारे लगाए और कुछ तोड़-फोड़ भी की। उस समय एस.डी.ओ. कार्यालय में नहीं थे। जैसे ही एस.डी.ओ. दौरे से वापस लौटे, उन्होंने एक जूनियर अभियन्ता को कुछ लाइनमैनों के साथ छात्रावास की बिजली ठीक करने के लिए भेजा। छात्रावास पहुँचने पर बिजली कर्मचारियों के साथ छात्रों ने अत्यन्त अशिष्टता का व्यवहार किया। जूनियर अभियन्ता को गालियाँ दी गईं और उनसे मार-पीट भी की गई। किसी तरह अपना बचाव करते हुए बिजली कर्मचारी छात्रावास से निकलने में सफल हुए। छात्रों के व्यवहार से उनमें भय की भावना व्याप्त है। वे बिजली ठीक करने के लिए छात्रावास जाने का साहस नहीं जुटा पा रहे हैं।

उन्होंने मुझसे सुरक्षा की गुहार लगाई है। यह वांछनीय नहीं होगा कि पुलिस को छात्रों का सामना करना पड़े। अतः आवश्यक है कि उत्पाती छात्रों पर आप अपने स्तर से अंकुश लगाएँ और स्थिति को सामान्य बनाने में प्रशासन की मदद करें।

शुभकामनाओं सहित।

श्री सुरेश दत्त तिवारी — आपका सद्भावी,
प्रधानाचार्य — नरेन्द्र मोहन
काशी नरेश स्नातकोत्तर महाविद्यालय,
ज्ञानपुर

3. भारत सरकार के मानव संसाधन विकास मन्त्रालय की ओर से शिक्षा निदेशक विनोद कुमार दुबे को बालिका शिक्षा योजना पर अपने विचार प्रस्तुत करने हेतु अर्द्धसरकारी पत्र लिखिए।

उत्तर

अर्द्धसरकारी पत्र संख्या-615/9

नारायण सिंह — भारत सरकार,
अवर सचिव — मानव संसाधन विकास मन्त्रालय,
नई दिल्ली।

दिनांक 28 जून, 20XX

प्रिय श्री दुबे जी,

भारत के महानगरों में केन्द्र सरकार की वृहद् स्तर पर जो 'बालिका शिक्षा योजना' चल रही है, उसकी सफलता से केन्द्र सरकार के कर्मचारियों को बड़ा सन्तोष प्राप्त हुआ है। भारत के अन्य मुख्यालयों में केन्द्रीय सरकार का पर्याप्त संकेन्द्रण है, इसकी व्यवस्था की जा सकती है। लड़कियों की शिक्षा पर ज़्यादा से ज़्यादा ज़ोर दिया जाना चाहिए। कहा भी जाता है, यदि एक स्त्री शिक्षित होती है, तो समझिए पूरा परिवार शिक्षित होता है। इसलिए हमारी कोशिश होनी चाहिए कि एक भी बालिका अशिक्षित न रहे। पिछले महीने पुणे में शिक्षा निदेशकों की एक कॉन्फ्रेंस हुई थी। इस कॉन्फ्रेंस में एक प्रस्ताव पारित हुआ था कि भारत सरकार की नई 'बालिका शिक्षा योजना' का विस्तार होना चाहिए और सभी बड़े-बड़े शहरों में इसका कार्यान्वयन हो जाना चाहिए।

आपसे निवेदन है कि इस विषय पर आप मुझे अपने विचारों से अवगत कराएँ।

सधन्यवाद।

श्री विनोद कुमार दुबे — आपका सद्भावी
निदेशक — नारायण सिंह

अभ्यास के लिए

1. दिल्ली के उपराज्यपाल को दीक्षांत समारोह में आमंत्रित करने के लिए डीन, दिल्ली विश्वविद्यालय की ओर से अर्द्धसरकारी पत्र लिखिए।

2. रामपुर कॉलेज के प्राचार्य की ओर से कोलकाता विश्वविद्यालय के कुलपति को एक अतिरिक्त भवन बनवाने हेतु धन उपलब्ध करवाने के लिए अर्द्धसरकारी पत्र लिखिए।

3. प्राचार्य वर्धमान कॉलेज, हाथरस की ओर से पुलिस अधिक्षक को कॉलेज की सुरक्षा व्यवस्था के बारे में एक अर्द्धसरकारी पत्र लिखिए।

4. आदर्श इंटर कॉलेज, करनाल के प्राचार्य की ओर से कुरुक्षेत्र विश्वविद्यालय के उपकुलपति को कॉलेज के दीक्षांत समारोह के अध्यक्ष पद को स्वीकार करने के लिए एक अर्द्धसरकारी पत्र लिखिए।

5. कुलसचिव, कुमाऊँ विश्वविद्यालय, नैनीताल की ओर से निदेक्षक, कुमाऊँ विश्वविद्यालय परिसर, अल्मोड़ा को अर्द्धसरकारी पत्र लिखिए, जिसमें विभिन्न विषयों के लिए कार्यभार का विवरण माँगा गया हो।

कार्यसूची एवं कार्यवृत्त

कार्यसूची

विद्यालय, संस्थान, कार्यालय आदि में किसी भी विषय पर विचार-विमर्श करने, किसी समस्या का समाधान ढूँढ़ने, विभिन्न गतिविधियों को कार्यांवित करने हेतु एवं कार्यालय एवं संस्थान के कार्यों की देख-रेख हेतु विभिन्न समितियों का गठन किया जाता है। ये समितियाँ आपसी निर्णयों के आधार पर कार्य करती हैं।

इन समितियों में सचिव एवं अध्यक्ष होता है। बैठक अथवा कार्यवाही को प्रारंभ करने से पूर्व प्रस्तुत किए जा रहे विषय अथवा समस्या से संबंधित कार्य की क्रमवार सूची का परिचय सचिव के माध्यम से किया जाता है। सचिव ही अतिथियों का स्वागत भी करता है। यह क्रमवार सूची ही कार्यसूची (Agenda) कहलाती है।

कार्यसूची में किसी भी संस्था अथवा कार्यालय द्वारा जिस विषय अथवा समस्या की चर्चा की जाती है। उसकी सूची पूर्व में ही बता दी जाती है, जिससे बैठक उचित प्रकार से संचालित होने में सहायक होती है। आवश्यकता पड़ने पर कार्यसूची में टिप्पणी भी दी जा सकती है। कार्यसूची के अंतर्गत समय, स्थान व दिनांक का भी उल्लेख किया जाता है तथा कार्यसूची की प्रति कार्यक्रम में सम्मिलित समिति के सदस्यों को भी दे दी जाती है, जिससे वे सदस्य कार्यक्रम में मुद्दे से संबंधित बिंदुओं पर चर्चा कर सकें।

कार्यसूची के उदाहरण

1. राजकीय प्रतिभा विकास विद्यालय, दिल्ली की सांस्कृतिक समिति की बैठक के लिए कार्यसूची तैयार कीजिए।

उत्तर

बैठक की तिथि 28 अगस्त, 20XX

बैठक का समय प्रात: 10 बजे

बैठक का स्थान विद्यालय का सांस्कृतिक कक्ष

कार्यसूची

1. समिति के सदस्यों का स्वागत।
2. कार्यक्रम की तिथि व समय पर विचार।
3. कार्यक्रम में प्रस्तुत किए जाने वाले कार्यक्रम पर विचार।
4. कार्यक्रम में उपस्थित होने वाले अतिथियों के जलपान आदि पर विचार।
5. कार्यक्रम में धनराशि के व्यय पर विचार।
6. अध्यक्ष के द्वारा अन्य आवश्यक मुद्दों पर विचार।

हस्ताक्षर

(   )

सचिव

राजकीय प्रतिभा विकास विद्यालय,

दिल्ली।

2. सर्वोदय विद्यालय, सिविल लाइंस, नई दिल्ली में 'स्वच्छ भारत अभियान' के लिए विद्यालय की समिति की बैठक के लिए कार्यसूची तैयार कीजिए।

उत्तर

बैठक की तिथि 16 नवंबर, 20XX

बैठक का समय प्रात: 9 बजे

बैठक का स्थान विद्यालय का गोष्ठी कक्ष

कार्यसूची

1. कार्यकारिणी समिति का स्वागत।
2. 'स्वच्छ भारत अभियान' समारोह के कार्यक्रम की तिथि एवं समय पर विचार।
3. विद्यार्थियों की इस योजना में सहभागिता पर विचार-विमर्श।
4. विद्यालय के सभी सदस्यों को कार्यक्रम में सम्मिलित करने की कार्ययोजना।
5. जलपान/भोजन के आयोजन पर विचार।
6. धन्यवाद ज्ञापन।

हस्ताक्षर

(   )

सचिव

सर्वोदय विद्यालय, सिविल लाइंस,

नई दिल्ली।

3. अपने विद्यालय के सचिव की ओर से 'विश्व जल दिवस' पर प्रदर्शनी के लिए कार्यकारिणी समिति की बैठक हेतु कार्यसूची तैयार कीजिए।

उत्तर

बैठक की तिथि 22 मार्च, 20XX

बैठक का समय प्रात: 10 बजे

बैठक का स्थान विद्यालय का सभागार

कार्यसूची

1. समिति के सदस्यों का चुनाव।
2. विगत सभा के कार्यवृत्त की समीक्षा।
3. प्रदर्शनी के लिए विद्यार्थियों को विषय वितरण से संबंधित योजना का निर्माण करना।
4. प्रदर्शनी हेतु छात्र व अध्यापक का समूह विभाजन पर विचार-विमर्श।
5. अतिथियों की सूची का निर्माण।
6. प्रदर्शनी के लिए खर्च की जाने वाली धनराशि पर विचार।
7. जलपान एवं भोज के आयोजन पर विचार
8. धन्यवाद ज्ञापन।

हस्ताक्षर

(   )

सचिव

केंद्रीय विद्यालय, नई दिल्ली।

कार्यवृत्त

किसी भी विश्वविद्यालय, विद्यालय, संस्थान, कार्यालय आदि की बैठक समाप्त होने पर कार्यकारिणी समिति के सचिव द्वारा उस बैठक में संबंधित समस्या एवं मुद्दों पर लिए गए निर्णयों के आधार पर कार्यवाही का प्रारूप तैयार किया जाता है। यह प्रारूप एवं विवरण कार्यवृत्त कहलाता है।

कार्यवृत्त तैयार करते समय यह ध्यान रखा जाता है कि बैठक में जो निर्णय लिए गए हैं, उन सभी निर्णयों का विवरण कार्यवृत्त में दिया गया हो। तैयार किए गए कार्यवृत्त को कार्यकारिणी समिति की आगे होने वाली अन्य

बैठक में समिति के सभी सदस्यों के समक्ष प्रस्तुत किया जाता है और यदि आगामी अन्य बैठक होने की संभावना न हो, तो कार्यवृत्त की प्रति समिति के सदस्यों को भेजी जानी चाहिए।

स्पष्टत: कार्यवृत्त बैठक में प्रस्तुत किए जाने वाले मुद्दों के प्रत्येक बिंदु को ध्यान में रखकर किया गया विचार-विमर्श एवं निर्णय होता है। जिस दिन बैठक आयोजित की गई, उस दिन की दिनांक, समय व स्थान का वर्णन भी कार्यवृत्त के अंतर्गत किया जाता है, साथ ही बैठक में भाग लेने वाले सदस्यों का विवरण तथा बैठक में लिए गए निर्णयों को वर्णित करके अंत में सचिव के हस्ताक्षर कार्यवृत्त में किए जाते हैं।

कार्यवृत्त के उदाहरण

1. विद्यालय में हुए वार्षिकोत्सव समारोह का कार्यवृत्त तैयार कीजिए।

उत्तर **विद्यालय वार्षिकोत्सव समारोह का कार्यवृत्त**

विद्यालय का नाम सरस्वती विद्यालय मंदिर, भोपाल

स्थान विद्यालय प्रांगण

दिनांक 5 फरवरी, 2025

समय प्रातः 10:00 बजे से अपराह्न 3:00 बजे तक

अध्यक्ष श्री सुशील शर्मा (प्रधानाचार्य)

मुख्य अतिथि डॉ. अरुण कुमार वर्मा (शिक्षा निदेशक, मध्य प्रदेश)

विशेष अतिथि श्री राजेश मेहता (वरिष्ठ शिक्षाविद्)

उपस्थित शिक्षकगण एवं सदस्य

1. श्री आलोक तिवारी (वरिष्ठ गणित शिक्षक)
2. श्रीमती नेहा गावस्कर (हिंदी शिक्षिका)
3. श्रीमती रेखा सिंह (अंग्रेजी शिक्षिका)
4. श्रीमति कविता जोशी (संगीत शिक्षिका)
5. श्री अतुल जैन (विज्ञान शिक्षक)
6. श्री अजय वर्मा (खेल प्रशिक्षक)
7. छात्र-छात्राएँ एवं अभिभावक

कार्यसूची एवं विचार-विमर्श का विवरण

समारोह का शुभारंभ

समारोह की शुरुआत मुख्य अतिथि द्वारा दीप प्रज्वलन एवं सरस्वती वंदना से हुई। प्रधानाचार्य महोदय ने विद्यालय की वार्षिक उपलब्धियों पर प्रकाश डालते हुए स्वागत भाषण दिया।

सांस्कृतिक कार्यक्रम

विद्यार्थियों द्वारा नृत्य, गायन, नाटक एवं कविता पाठ प्रस्तुत किए गए। शिक्षकों ने छात्रों के प्रयासों की सराहना की और सांस्कृतिक गतिविधियों के महत्त्व पर चर्चा की।

पुरस्कार वितरण

विभिन्न प्रतियोगिताओं एवं परीक्षाओं में उत्कृष्ट प्रदर्शन करने वाले विद्यार्थियों को मुख्य अतिथि एवं विशेष अतिथियों द्वारा सम्मानित किया गया।

अतिथि वक्तव्य

मुख्य अतिथि डॉ. अरुण कुमार वर्मा ने विद्यार्थियों को शिक्षा, अनुशासन और नेतृत्व के महत्त्व पर प्रेरणादायक संदेश दिया। विशेष अतिथि श्री राजेश मेहता ने विद्यालय की उन्नति की सराहना करते हुए छात्रों को आगे बढ़ने के लिए प्रेरित किया।

अंतिम विचार-विमर्श

सभी उपस्थित शिक्षकों एवं अभिभावकों ने विद्यालय की उपलब्धियों पर प्रसन्नता व्यक्त की और विद्यार्थियों को अधिक अवसर प्रदान करने पर बल दिया।

धन्यवाद ज्ञापन एवं समापन

श्री आलोक तिवारी ने धन्यवाद ज्ञापन प्रस्तुत किया और सभी का सहयोग देने के लिए आभार व्यक्त किया। समारोह का समापन राष्ट्रगान के साथ हुआ।

यह समारोह अत्यंत सफल एवं प्रेरणादायक रहा, जिसमें विद्यार्थियों ने अपनी प्रतिभा का प्रदर्शन किया और शिक्षा एवं संस्कारों के प्रति जागरूकता बढ़ी।

हस्ताक्षर

(श्रीमती राधा गुप्ता)

प्रधानाचार्या, प्रतिभा विकास विद्यालय, नई दिल्ली

(श्री अजय वर्मा)

संघ सचिव, सामाजिक अध्ययन अध्यापक संघ

2. प्रतिभा विकास विद्यालय, नई दिल्ली में 25 अप्रैल, 20XX को सामाजिक अध्ययन अध्यापक संघ की बैठक में जिन विषयों की चर्चा की गई एवं जो निर्णय लिए गए, उन पर कार्यवृत्त तैयार कीजिए।

उत्तर **सामाजिक अध्ययन अध्यापक संघ की बैठक का कार्यवृत्त**

विद्यालय का नाम प्रतिभा विकास विद्यालय, नई दिल्ली

स्थान विद्यालय सभागार, प्रतिभा विकास विद्यालय, नई दिल्ली

दिनांक 25 अप्रैल, 20XX

समय प्रातः 11:00 बजे से दोपहर 1:00 बजे तक

अध्यक्ष श्रीमती राधा गुप्ता (प्रधानाचार्या)

मुख्य अतिथि श्री अजय वर्मा (संघ सचिव)

उपस्थित सदस्य

श्रीमती अनुराधा मिश्रा (इतिहास अध्यापिका)

श्री राकेश सिंह (नागरिक शास्त्र अध्यापक)

श्रीमती सीमा जोशी (भूगोल अध्यापिका)

श्री देवेश शर्मा (अर्थशास्त्र अध्यापक)

अन्य सामाजिक अध्ययन विषय के अध्यापकगण

चर्चा के विषय एवं लिए गए निर्णय

1. **कक्षा 6-12 के सामाजिक अध्ययन पाठ्यक्रम में रुचिकर शिक्षण पद्धतियाँ अपनाने पर विचार-विमर्श**

   विद्यार्थियों की रुचि बढ़ाने के लिए ऑडियो-विजुअल माध्यम, नक्शों एवं चार्ट्स का अधिक उपयोग करने का निर्णय लिया गया।

   शिक्षकों द्वारा रोल प्ले, प्रोजेक्ट कार्य और शैक्षिक भ्रमण को कक्षा शिक्षण का हिस्सा बनाने का प्रस्ताव पारित किया गया।

2. **आगामी सत्र में शैक्षिक भ्रमण आयोजित करने पर चर्चा**

   कक्षा 9-12 के छात्रों के लिए राष्ट्रीय संग्रहालय, संसद भवन एवं ऐतिहासिक स्थलों की शैक्षिक यात्रा का आयोजन किया जाएगा।

   भ्रमण का प्रस्ताव विद्यालय प्रशासन को अनुमोदन हेतु भेजने का निर्णय लिया गया।

3. मूल्यांकन प्रणाली में सुधार

छात्रों की तर्कशक्ति एवं विश्लेषण क्षमता बढ़ाने के लिए वर्णनात्मक एवं व्यावहारिक प्रश्नों को परीक्षा में अधिक प्राथमिकता देने पर सहमति बनी।

आंतरिक मूल्यांकन में छात्रों की कक्षा गतिविधियों, समूह चर्चा एवं परियोजना कार्य को शामिल करने का निर्णय लिया गया।

4. छात्रों को पर्यावरण एवं सामाजिक उत्तरदायित्व से जोड़ने के प्रयास

विद्यालय में 'स्वच्छता अभियान' एवं 'वृक्षारोपण कार्यक्रम' आयोजित करने पर सहमति बनी।

विद्यार्थियों में सामजिक चेतना जागरूक करने के लिए 'बाल संसद' एवं 'समाज सुधार पर वाद-विवाद प्रतियोगिता' आयोजित करने का प्रस्ताव रखा गया।

5. शिक्षकों के प्रशिक्षण एवं कार्यशालाएँ आयोजित करने पर विचार

शिक्षकों के लिए नई शिक्षण तकनीकों, डिजिटल शिक्षा एवं कक्षा प्रबंधन पर कार्यशालाएँ आयोजित करने की सहमति बनी।

आगामी माह में 'इंटरएक्टिव टीचिंग मेथड' पर विशेष सत्र आयोजित किया जाएगा।

समाप्ति एवं धन्यवाद ज्ञापन

बैठक के अंत में संघ सचिव श्री अजय वर्मा ने सभी उपस्थित सदस्यों को सक्रिय भागीदारी के लिए धन्यवाद दिया। यह बैठक विद्यालय के शैक्षणिक विकास और शिक्षण पद्धति को प्रभावी बनाने की दिशा में महत्त्वपूर्ण रही।

अभ्यास के लिए

1. रेजीडेंट्स वेलफेयर समिति, नई दिल्ली की कार्यकारिणी समिति की बैठक की कार्यसूची तैयार कीजिए।
2. आपके विद्यालय में 'हिंदी सप्ताह' आयोजित किया जाएगा। हिंदी विभाग की ओर से बैठक के लिए एक कार्यसूची बनाइए।
3. आपके विद्यालय में 'स्वतंत्रता दिवस' कार्यक्रम का आयोजन किया गया। कार्यक्रमों का विवरण देते हुए एक कार्यवृत्त तैयार कीजिए।
4. विद्यालय की सांस्कृतिक समिति की बैठक में जिन मुद्दों पर चर्चा हुई एवं जो निर्णय लिए गए, उन पर एक कार्यवृत्त तैयार कीजिए।
5. आपके विद्यालय में पुरस्कार वितरण समारोह का आयोजन किया गया है। विद्यालय की कार्यकारिणी समिति की ओर से एक कार्यवृत्त तैयार कीजिए।

प्रेस–विज्ञप्ति

सरकार समय-समय पर सरकारी आदेश, प्रस्ताव अथवा निर्णय समाचार-पत्रों में प्रकाशित करने के लिए भेजती है, जिसे प्रेस-विज्ञप्ति कहा जाता है। प्रेस-विज्ञप्ति सामान्यतः सरकारी केंद्रीय कार्यालय से प्रसारित होती है और इसकी शब्दावली एवं शैली निश्चित होती है।

समाचार-पत्र का संपादक 'प्रेस-विज्ञप्ति' में किसी प्रकार की काट-छाँट नहीं कर सकता। प्रेस-विज्ञप्ति में कभी-कभी यह भी लिखा जाता है कि इसे किस तिथि तक प्रकाशित करना है। समय से पूर्व इसका प्रकाशन नहीं किया जाता। प्रेस-विज्ञप्ति का अपना एक शीर्षक होता है, इसमें संबोधन नहीं लिखा जाता। इसके अंत में नीचे हस्ताक्षर तथा पदनाम लिखा जाता है। उल्लेखनीय है कि प्रेस-विज्ञप्ति को सीधे समाचार-पत्र कार्यालय में न भेजकर सूचना अधिकारी के पास भेजा जाता है।

प्रेस–विज्ञप्ति का प्रारूप

1. भारत सरकार के विदेश मंत्रालय की ओर से भारत और ट्रिनिडाड-टोबैगो के मध्य राजनयिक संबंध स्थापित करने के संबंध में प्रेस-विज्ञप्ति जारी कीजिए।

प्रेस-विज्ञप्ति

दिनांक 28 अप्रैल, 20XX — दिनांक

विषय भारत और ट्रिनिडाड-टोबैगो के मध्य राजनयिक संबंध। — विषय

भारत सरकार और ट्रिनिडाड-टोबैगो सरकार इस बात पर सहमत हो गई है कि दोनों सरकारों के दूतावासों के स्तर पर मित्रतापूर्ण संबंध स्थापित किए जाएँ। इस व्यवस्था से यह आशा की जाती है कि दोनों देशों में परस्पर संबंध और भी अधिक सुदृढ़ हो जाएँगे, जो दोनों के लिए लाभकारी होंगे।
(मुख्य सूचना अधिकारी, प्रेस सूचना ब्यूरो, नई दिल्ली के पास विज्ञप्ति जारी करने तथा इसे विस्तृत रूप से प्रसारित करने के लिए प्रेषित) — विषय का विस्तार

हस्ताक्षर...... — प्रेषक के हस्ताक्षर
संयुक्त सचिव — पद का नाम
विदेश मंत्रालय,
भारत सरकार,

प्रेस–विज्ञप्ति के उदाहरण

1. भारत सरकार के गृह मंत्रालय की ओर से भारत और चीन के बीच सीमा-विवाद पर समझौता हो जाने हेतु प्रेस-विज्ञप्ति जारी कीजिए।

उत्तर **प्रेस-विज्ञप्ति**

दिनांक 23 मार्च, 20XX

विषय भारत और चीन के बीच सीमा-विवाद पर समझौता।

भारत और चीन के बीच वर्षों से चले आ रहे सीमा-विवाद पर समझौता हो चुका है। समझौते पर दोनों देशों के प्रधानमंत्रियों ने सहमति स्वरूप हस्ताक्षर कर इसे लागू करने की स्वीकृति प्रदान कर दी है। सीमा-रेखा के निर्धारण के लिए विवादग्रस्त क्षेत्र के मध्य भाग को सीमा-रेखा मानकर दोनों देशों को मान्य समाधान स्वीकार किया गया है।

(मुख्य सूचना अधिकारी, प्रेस सूचना ब्यूरो, नई दिल्ली के पास विज्ञप्ति जारी करने तथा इसे विस्तृत रूप से प्रसारित करने के लिए प्रेषित।)

हस्ताक्षर ......

सचिव

भारत सरकार

गृह मंत्रालय

नई दिल्ली।

2. बाल विकास परियोजना, उत्तर प्रदेश सरकार के द्वारा विभिन्न पदों के आवेदन पत्रों को पुनः आमंत्रित करने हेतु प्रेस-विज्ञप्ति जारी कीजिए।

उत्तर **प्रेस-विज्ञप्ति**

दिनांक 11 अप्रैल, 20XX

विषय आवेदन पत्रों को पुनः आमंत्रित करना।

बाल विकास परियोजना मूरतगंज, कौशाम्बी में आँगनबाड़ी कार्यकत्रिओं, सहायिकाओं के रिक्त हुए पदों के लिए 'दैनिक हिंदुस्तान' समाचार-पत्र में प्रकाशित विज्ञप्ति 10 फरवरी, 20XX के उत्तर में प्राप्त आवेदन पत्रों को तत्काल प्रभाव से निरस्त किया जाता है तथा नवीनतम शासनादेशानुसार पुनः आवेदन पत्र आमंत्रित किए जाते हैं। आवेदन पत्र इस सूचना के 15 दिनों के भीतर पहुँच जाना चाहिए।

उपर्युक्त पदों के लिए शैक्षिक योग्यता एवं अनुभव पूर्ववत् हैं।

हस्ताक्षर ......

सचिव

बाल विकास परियोजना,

उत्तर प्रदेश सरकार

3. उत्तर प्रदेश सरकार के जिला आबकारी अधिकारी की ओर से आबकारी दुकानों के व्यवस्थापन हेतु प्रेस-विज्ञप्ति जारी कीजिए।

उत्तर **प्रेस-विज्ञप्ति**

दिनांक 23 मार्च, 20XX

विषय आबकारी दुकानों का व्यवस्थापन।

सर्व-साधारण को सूचित किया जाता है कि वर्ष 20XX-XX हेतु आबकारी दुकानों के नवीनीकरण के बाद अवशेष बची 59 देशी शराब, 4 विदेशी मदिरा, 4 बीयर दुकानों तथा 13 विदेशी मदिरा एवं 10 बीयर की नवसृजित दुकानों के लिए निकायवार निर्धारित न्यूनतम, लाइसेंस फीस पर व्यवस्थापन लॉटरी प्रक्रिया से किया जाएगा। देशी शराब, विदेशी मदिरा एवं बीयर की दुकानों की आवेदन फीस ₹ 5,000 (पाँच हज़ार रुपये मात्र) प्रति फार्म, जिस पर नियमानुसार वैट भी देय होगा।

1. आवेदन पत्र प्राप्त करने की तिथि : 19 मार्च, 20XX से 24 मार्च, 20XX, दोपहर 2 बजे तक
2. आवेदन जमा करने की अंतिम तिथि : 24 मार्च 20XX, शाम 5 बजे तक
3. सार्वजनिक लॉटरी : दिनांक 26 मार्च, 20XX जिलाधीश नवीन सभागार, दबरई, फिरोजाबाद, उत्तर प्रदेश

हस्ताक्षर .....

जिलाधिकारी/लाइसेंस प्राधिकारी

फिरोजाबाद (उ.प्र.)।

4. भारत सरकार के संचार मंत्रालय की ओर से कर्मचारियों के वेतन एवं भत्तों की शर्तों की प्रेस-विज्ञप्ति जारी कीजिए।

उत्तर **प्रेस-विज्ञप्ति**

दिनांक 16 जुलाई, 20XX

विषय कर्मचारियों के वेतन एवं भत्तों की शर्तों के संबंध में।

भारत सरकार ने महानिदेशक, डाक और तार के प्रार्थना-पत्र पर डाक-तार कर्मचारियों के वेतन और उनकी सेवा-शर्तों पर विचार करने के लिए तुरंत एक जाँच आयोग के गठन का निश्चय किया है। इस आयोग के सदस्यों के नाम जल्द ही घोषित किए जाएँगे। इसमें डाक-तार विभाग के दो प्रतिनिधि भी सम्मिलित किए जाएँगे।

आयोग के विचारार्थ विषयों में विशेषतः इन कर्मचारियों के वेतन और भत्तों के बारे में, दिन-प्रतिदिन बढ़ती महँगाई को ध्यान में रखते हुए, सरकार को सलाह दी जाएगी। आयोग निम्न वर्ग के कर्मचारियों की प्रोन्नति की अन्य समस्याओं पर भी विचार करेगा।

(मुख्य सूचना अधिकारी, प्रेस सूचना ब्यूरो, नई दिल्ली के पास विज्ञप्ति जारी करने तथा इसे विस्तृत रूप से प्रसारित करने के लिए प्रेषित।)

हस्ताक्षर ......

उप-सचिव

भारत सरकार

संचार मंत्रालय

नई दिल्ली।

अभ्यास के लिए

1. **शिक्षा मंत्रालय, भारत सरकार की ओर से निःशुल्क एवं अनिवार्य बाल शिक्षा अधिकार के अंतर्गत अलाभित समूह और दुर्बल वर्ग के बालकों की शिक्षा के संबंध में प्रेस-विज्ञप्ति जारी कीजिए।**

2. **भारत सरकार की ओर से भारत के प्रधानमंत्री तथा फ्रांस के प्रधानमंत्री के मध्य हुए राजनीतिक संबंधों की घोषणा के संबंध में प्रेस-विज्ञप्ति जारी कीजिए।**

3. **सी.बी.एस.ई. से संबद्ध सभी विद्यालयों में नैतिक शिक्षा की पढ़ाई को अनिवार्य करने के निर्णय की एक प्रेस-विज्ञप्ति तैयार कीजिए।**

4. **भारत सरकार के विदेश मंत्रालय की ओर से भारत-पाक संबंधों पर विचार-विमर्श करने हेतु एक प्रेस-विज्ञप्ति जारी कीजिए।**

5. **आई.एम.ए. के निर्देशक की नियुक्ति की घोषणा हेतु आई.एम.ए. द्वारा जारी होने वाली प्रेस-विज्ञप्ति जारी कीजिए।**

परिपत्र

जब कोई सरकारी अथवा कार्यालयी पत्र एक साथ अनेक व्यक्तियों अथवा विभागों को एक ही विषय से संबंधित भेजा जाए, तो वह 'परिपत्र' कहलाता है। इसकी रचना सामान्यतः ज्ञापन के समान होती है तथा भाषा औपचारिक एवं आडंबर रहित होती है।

लेखन हेतु आवश्यक निर्देश

परिपत्र लिखते समय निम्नलिखित निर्देशों का पालन करना चाहिए।

- परिपत्र में **मंत्रालय का नाम**, **पता**, **पत्र संख्या** एवं **दिनांक** सरकारी पत्र के अनुसार लिखा जाता है।
- इसके बाद **शीर्षक** के रूप में **परिपत्र** लिखा जाता है, जिसके पश्चात् **विषय** लिखते हैं।
- पत्र समाप्ति पर **प्रेषक के हस्ताक्षर**, **पदनाम** आदि लिखा जाता है।
- परिपत्र का कलेवर सरकारी पत्र या कार्यालय ज्ञापन की तरह ही होता है।
- इसका प्रेषक एक ही व्यक्ति होता है और प्रापक अनेक व्यक्ति होते हैं।

परिपत्र का प्रारूप

1. भारत सरकार के उप-सचिव की ओर से एक परिपत्र लिखिए, जिसमें असामाजिक संगठनों के कारण देश में अस्थिरता के माहौल के संबंध में कहा गया हो।

परिपत्र	
भारत सरकार गृह मंत्रालय	**मंत्रालय का नाम व पता**
पत्र संख्या–5/24/020	**पत्र संख्या**
नई दिल्ली, दिनांक 15 जून, 20XX	**पता व दिनांक**
परिपत्र	**शीर्षक**
विषय देश में अस्थिरता के माहौल से संबद्ध।	**विषय**
कुछ असामाजिक संगठन सुनियोजित ढंग से देश में व्यापक अस्थिरता का माहौल पैदा करना चाहते हैं तथा उन्हें शत्रु देशों से प्रोत्साहन भी मिल रहा है। सरकार ने इन असामाजिक संगठनों को पूरी तरह नियंत्रण में करने का निर्णय लिया है। राज्य सरकारों को भी इस संबंध में कड़े कदम उठाने हैं। इस संबंध में सरकार, उठाए जाने वाले कदमों का ब्यौरा शीघ्र ही भेजेगी। राज्य सरकारों का सहयोग अपेक्षित है।	**विषय का विस्तार**
हस्ताक्षर	**प्रेषक के हस्ताक्षर**
उप-सचिव, भारत सरकार।	**पद का नाम**
प्रतिलिपि सभी राज्य सरकार	**प्रतिलिपि**

परिपत्र के उदाहरण

1. मध्य प्रदेश सरकार के विशेष सचिव की ओर से एक परिपत्र लिखिए, जिसमें विभिन्न सेवाओं में अल्पसंख्यक समुदायों के व्यक्तियों के चयन हेतु कहा गया हो।

उत्तर **मध्य प्रदेश सरकार**

मुख्य सचिवालय

पत्र संख्या 2025-MPG/अल्पसंख्यक/01

भोपाल, दिनांक 10 फरवरी, 20XX

परिपत्र

विषय अल्पसंख्यक समुदायों का विभिन्न सेवाओं में चयन संबंधी।

उपरोक्त विषयक शासनादेश सं. 12/अ सं/453 कार्मिक-2, दिनांक 18 अगस्त, 2013 के क्रम में यह कहने का निर्देश हुआ है कि राज्याधीन सेवाओं में अल्पसंख्यक समुदायों का अपेक्षित प्रतिनिधित्व सुनिश्चित करने के उद्देश्य से विभिन्न पहलुओं पर विचार के उपरांत शासन ने यह निर्णय लिया है कि सभी रिक्तियों का समुचित प्रचार-प्रसार उर्दू समाचार-पत्र के माध्यम से भी किया जाए।

आपसे अनुरोध है कि कृपया उक्त निर्देशों से अपने अधीनस्थ अधिकारियों/विभागों को अवगत कराने तथा इसका अनुपालन सुनिश्चित कराने का कष्ट करें।

हस्ताक्षर
कामता प्रसाद
विशेष सचिव,
मध्य प्रदेश सरकार।

प्रतिलिपि प्रेषित

(i) समस्त विभागाध्यक्ष एवं कार्यालयाध्यक्ष, मध्य प्रदेश

(ii) समस्त सचिव/विशेष सचिव, मध्य प्रदेश शासन

2. हरियाणा सरकार के मुख्य सचिव की ओर से एक परिपत्र लिखिए, जिसमें सरकारी कार्यालयों में हिंदी के प्रयोग के लिए कहा गया हो।

उत्तर **हरियाणा सरकार**

मुख्य सचिवालय

पत्र संख्या–1221/ख/हिंदी/101-120

चंडीगढ़, दिनांक 20 जुलाई, 20XX

परिपत्र

विषय सरकारी कार्यालयों में हिंदी का प्रयोग अनिवार्य करने के संबंध में।

हरियाणा सरकार की ओर से आपको यह सूचित करने का निर्देश प्राप्त हुआ है कि 1 अगस्त, 20XX से हरियाणा के सभी सरकारी कार्यालयों में हिंदी का प्रयोग अनिवार्य है। हरियाणा एक हिंदी भाषी प्रदेश है। अतः यह आवश्यक है कि राज्य के सरकारी कार्यालयों का सारा कार्य हिंदी में ही हो।

आशा है आप इस निर्णय का स्वागत करेंगे और अपने कार्यालय का सारा पत्र व्यवहार अब हिंदी में ही करेंगे।

हस्ताक्षर ....
मुख्य सचिव
हरियाणा सरकार

प्रतिलिपि प्रेषित

समस्त सभी सरकारी कार्यालय

3. **अपनी कंपनी का नया साझेदार बनाने की सूचना अपने ग्राहकों को देते हुए परिपत्र लिखिए।**

उत्तर **दीवान चंद एंड संस लॉयन्स पार्क**

पत्र संख्या–5/4/020

ग्वालियर, दिनांक 15 मई, 20XX

परिपत्र

विषय कंपनी का नया साझेदार बनाने की सूचना हेतु।

हमें यह सूचित करते हुए बड़े खेद का अनुभव हो रहा है कि हमारी कंपनी के प्रमुख संस्थापक श्री दीवान चंद का स्वास्थ्य ठीक न रहने के कारण कंपनी के सक्रिय कार्यों से अवकाश ग्रहण कर रहे हैं। उनके कुशल नेतृत्व एवं मार्गदर्शन में कंपनी ने जो ख्याति अर्जित की है, वह अपने आप में एक मिसाल है।

श्री दीवान चंद जी की अनुपस्थिति हम सबको हमेशा खलती रहेगी, परंतु हम विवश हैं। खुशी की बात यह है कि दीवान चंद जी के एक निकट सहयोगी श्री रामलाल आनंद जी की सेवाएँ हमें प्राप्त हो गई हैं।

श्री आनंद जी उत्साही, परिश्रमी तथा सत्यनिष्ठ होने के साथ अनुभवी भी हैं। उन्होंने देश-विदेश का अनेक बार भ्रमण किया है। वे लखनऊ हाई कोर्ट में वकालत भी कर चुके हैं। उनकी व्यापारिक कुशलता का हमारी कंपनी को भरपूर लाभ मिलेगा, ऐसी हमें पूर्ण आशा है।

आपने हमारी कंपनी के प्रति अब तक जो सहृदयता और विश्वास प्रकट किया है, उसके लिए हम आपके कृतज्ञ हैं। हमें आशा है कि भविष्य में भी आपका पूर्ववत् सहयोग प्राप्त होता रहेगा।

हस्ताक्षर .....
(राकेश कुमार)
साझेदार,
दीवान चंद एंड संस

प्रतिलिपि प्रेषित

(i) व्यवस्थापक, हीरामल एंड कंपनी
(ii) प्रबंधक, केशवदेव एंड संस
(iii) साझेदार, आत्माराम एंड संस

4. **भारतीय स्टेट बैंक के कार्यालय के स्थानांतरण के संबंध में ग्राहकों को सूचित करते हुए परिपत्र लिखिए।**

उत्तर **भारतीय स्टेट बैंक राजा की मंडी**

पत्र संख्या -3/24/021

आगरा (उ.प्र.), दिनांक 18 अप्रैल, 20XX

परिपत्र

विषय कार्यालय स्थानांतरण हेतु।

आपको सूचित करते हुए हमें अत्यंत हर्ष हो रहा है कि हमने अपनी शाखा 10, जीवनी मंडी, आगरा स्थित अपने नव-निर्मित भवन में स्थानांतरित करने का निर्णय लिया है।

उक्त नव-निर्मित भवन आकार में बड़ा एवं आधुनिक सुविधाओं से सुसज्जित एवं पूर्णतया वातानुकूलित है। इस भवन में हमने प्रतीक्षारत् ग्राहकों के बैठने के लिए उत्तम प्रकार के आरामदेह फर्नीचर की व्यवस्था की है।

अब आप हमारे नए पते पर ही पत्र-व्यवहार करें। आपको सर्वोत्कृष्ट सेवा प्रदान करना ही हमारा ध्येय है।

ग्राहकों की सेवा, मुस्कान के साथ।

हस्ताक्षर .....
(विष्णु कुमार)
प्रबंधक,
भारतीय स्टेट बैंक

प्रतिलिपि प्रेषित

उत्तर प्रदेश के समस्त विभागाध्यक्ष

अभ्यास के लिए

1. **मध्य प्रदेश सरकार के मुख्य सचिव की ओर से एक परिपत्र लिखिए, जिसमें सरकारी कार्यालयों में सामान्य जनता के साथ सहयोग के लिए कहा गया हो।**

2. **राजस्थान के मुख्य सचिव की ओर से सभी जिलाधिकारियों को परिपत्र लिखकर खाद्यान्न उपलब्धता की सूचना देने को कहें।**

3. **एक परिपत्र तैयार कीजिए, जिसमें सरकारी कार्यालयों में स्वच्छ पानी की व्यवस्था की जाए।**

4. **फर्म के एक संस्थापक का आकस्मिक निधन हो जाने पर शोक सभा के आयोजन के संबंध में परिपत्र लिखिए।**

5. **कर्नाटक सरकार के मुख्य सचिव की ओर से एक परिपत्र लिखिए, जिसमें सरकारी कर्मचारियों को जनसामान्य से सहयोग करने के लिए निर्देश दिए गए हों।**

6. **श्रम मंत्रालय, उत्तर प्रदेश की ओर से एक परिपत्र लिखकर विभिन्न संबंधित लोगों से यह जानकारी माँगें कि राज्य में बाल श्रमिकों की संख्या कहाँ–कहाँ कितनी है।**

7. **हिमाचल प्रदेश के मुख्य सचिव की ओर से सभी जिलाधिकारियों को परिपत्र लिखकर खाद्यान्न उपलब्धता की वास्तविक स्थिति की जानकारी माँगें।**

पाठ्यपुस्तक (अभिव्यक्ति एवं माध्यम) के प्रश्नोत्तर

1. **नीचे कुछ स्थितियाँ दी गई हैं। इनमें आप पत्राचार के किस रूप का प्रयोग करेंगे? लिखिए।**

(क) किसी सरकारी-पत्र की कार्रवाई के रूप में फाइल शुरू करके विषय का निपटान करना।

उत्तर सरकारी पत्र का।

(ख) विचाराधीन मामलों को निपटाने के लिए लिखित सुझाव देना।

उत्तर टिप्पणी।

(ग) जब सरकार को जन-सामान्य तक कोई सूचना पहुँचानी हो।

उत्तर प्रेस विज्ञप्ति।

(घ) किसी विभाग को कोई सूचना अपने विभाग के कर्मचारियों, अधिकारियों को देनी हो।

उत्तर सूचना।

(ङ) विभाग द्वारा श्रीमती रूपाली को अनुप्रयुक्त भाषा विज्ञान का डिप्लोमा करने सम्बन्धी अनुमति प्रदान करना।

उत्तर सरकारी आदेश।

(च) मंत्रालय द्वारा श्रीमती सुलेखा को शिक्षा-शिक्षण कार्यक्रम में शामिल होने संबंधी सूचना देना।

उत्तर सूचना।

(छ) किसी कार्य का अनुपालन न होने की स्थिति में उसके बारे में पुनः स्मरण कराना।

उत्तर अनुस्मारक पत्र।

(ज) अपने समकक्ष अधिकारी से किसी संदर्भ में परामर्श लेना।

उत्तर अर्द्ध-सरकारी पत्र।

2. **आप राजकीय प्रतिभा विकास विद्यालय में हिंदी के शिक्षक हैं और जवाहरलाल नेहरू विश्वविद्यालय से एम.फिल करना चाहते हैं। विभाग से एम. फिल करने की अनुमति प्राप्त करने के लिए पत्र लिखिए।**

उत्तर **दिनांक** 23 दिसंबर, 20.......

सेवा में

प्राचार्य,

राजकीय प्रतिभा विकास विद्यालय,

चंडीगढ़।

विषय जवाहरलाल नेहरू विश्वविद्यालय से एम.फिल करने की अनुमति हेतु पत्र।

महोदय,

मैं आपके विद्यालय में हिंदी के शिक्षक पद पर कार्यरत हूँ। मुझे इस पद पर हिंदी एम. ए. शैक्षणिक योग्यता के साथ चुना गया था। इस पद पर रहते हुए मैंने अपने कार्य को पूरी लगन और अनुशासन में रहते हुए निभाया है। मुझे पढ़ना बहुत पसंद है और मैं हमेशा पढ़ाई करता रहता हूँ। अब मैं अपनी शैक्षणिक योग्यता को बढ़ाना चाहता हूँ। इसलिए मैं जवाहर लाल नेहरू विश्वविद्यालय से एम. फिल करना चाहता हूँ। अतः आप से निवेदन है कि आप मुझे इस विश्वविद्यालय से एम.फिल करने की अनुमति प्रदान करें। मैं आपका जीवनोपरांत आभारी रहूँगा।

सधन्यवाद।

भवदीय

रमेश कुमार

हिंदी प्राध्यापक

राजकीय प्रतिभा विकास विद्यालय।

3. **विद्यालय में हुए पुरस्कार वितरण समारोह का कार्यवृत्त तैयार कीजिए।**

उत्तर **विद्यालय में हुए पुरस्कार वितरण समारोह का कार्यवृत्त**

विद्यालय का नाम आदर्श विद्या निकेतन, जयपुर

स्थान विद्यालय सभागार

दिनांक 10 मार्च, 20XX

समय प्रातः 10:00 बजे से दोपहर 12:30 बजे तक

अध्यक्ष श्रीमती सविता शर्मा (प्रधानाचार्य)

मुख्य अतिथि श्री राजेश वर्मा (जिला शिक्षा अधिकारी)

संयोजक श्री संजय तिवारी (कार्यक्रम प्रभारी)

उपस्थित शिक्षकगण एवं सदस्य

1. श्री अमरकांत शर्मा (वरिष्ठ गणित शिक्षक)
2. श्रीमती स्नेहा गावस्कर (हिंदी शिक्षिका)
3. श्रीमती गीता सिंह (अंग्रेजी शिक्षिका)
4. श्रीमती रूपाली जोशी (संगीत शिक्षिका)
5. श्री अतुल जैन (विज्ञान शिक्षक)
6. श्री आकाश वर्मा (खेल प्रशिक्षक)
7. विद्यालय प्रबंधन समिति के सदस्य
8. अभिभावकगण, विद्यार्थीगण

कार्यक्रम का संक्षिप्त विवरण एवं लिए गए निर्णय

1. उद्घाटन एवं स्वागत समारोह

- कार्यक्रम का शुभारंभ दीप प्रज्वलन एवं सरस्वती वंदना के साथ हुआ।
- प्रधानाचार्या श्रीमती सविता शर्मा ने स्वागत भाषण दिया और विद्यार्थियों को प्रोत्साहित किया।
- मुख्य अतिथि श्री राजेश वर्मा ने शिक्षा के महत्त्व पर अपने विचार प्रस्तुत किए।

2. पुरस्कार वितरण समारोह

- **शैक्षणिक पुरस्कार** कक्षा 6 से 12 तक के प्रथम, द्वितीय एवं तृतीय स्थान प्राप्त करने वाले विद्यार्थियों को सम्मानित किया गया।
- **खेलकूद पुरस्कार** विभिन्न खेल प्रतियोगिताओं (क्रिकेट, कबड्डी, एथलेटिक्स) के विजेताओं को मेडल और प्रमाण पत्र प्रदान किए गए।
- **सांस्कृतिक पुरस्कार** वाद-विवाद, निबंध लेखन, संगीत एवं चित्रकला प्रतियोगिताओं के विजेताओं को सम्मानित किया गया।

- **विशेष पुरस्कार** 'सर्वश्रेष्ठ विद्यार्थी' और 'अनुशासन प्रिय छात्र' को विशेष ट्रॉफी प्रदान की गई।

3. सांस्कृतिक कार्यक्रम

विद्यार्थियों ने नृत्य, नाटक, गायन एवं कविता पाठ की प्रस्तुतियाँ दीं। प्रस्तुति के दौरान छात्रों में उत्साह एवं आनंद का माहौल बना रहा।

4. समापन एवं धन्यवाद ज्ञापन

मुख्य अतिथि ने विद्यालय प्रशासन एवं छात्रों को उनकी उपलब्धियों के लिए बधाई दी।

कार्यक्रम प्रभारी श्री संजय तिवारी ने सभी शिक्षकों, अभिभावकों एवं छात्रों को सफल आयोजन के लिए धन्यवाद दिया।

समारोह का समापन राष्ट्रगान के साथ हुआ।

निष्कर्ष

इस पुरस्कार वितरण समारोह ने विद्यार्थियों को प्रोत्साहित किया और उनकी प्रतिभा को निखारने का अवसर दिया। विद्यालय प्रबंधन ने यह निर्णय लिया कि भविष्य में भी ऐसे कार्यक्रमों का आयोजन किया जाएगा, ताकि छात्रों को सीखने और आगे बढ़ने के लिए प्रेरित किया जा सके।

हस्ताक्षर

(श्रीमती सविता शर्मा)

प्रधानाचार्या, आदर्श विद्या निकेतन, जयपुर

(श्री संजय तिवारी)

कार्यक्रम प्रभारी

4. निम्नलिखित पत्र को ध्यानपूर्वक पढ़िए।

भारतीय रिज़र्व बैंक

नई दिल्ली

कार्यपालक निदेशक

आर.बी.आई./2006/136

फा.सं. 118/11/37.01/2005-06

6 अप्रैल, 2006

अध्यक्ष व प्रबंध निदेशक

सभी सार्वजनिक और निजी बैंक

नई दिल्ली

विषय सिक्के की स्वीकृति और वितरण संबंधी

महोदय/महोदया,

आप अपनी शाखाओं को तत्काल आदेश दें कि वे जनता के किसी भी सदस्य से बिना किसी प्रतिबंध के सभी मूल्यवर्गों के सिक्के स्वीकार करें। यदि कोई उपभोक्ता सिक्कों की माँग करता है, तो उसे सभी मूल्यवर्गों के सिक्के भी उपलब्ध करवाने होंगे।

हालाँकि 5, 10 और 20 पैसे मूल्पवर्गों के छोटे सिक्के बनाना बंद कर दिया गया है, जबकि पहले जारी सिक्के जो अब भी प्रचलन में हैं। वे वैध मुद्रा बने रहेंगे। कृपया इसकी पावती भेजें तथा अपनी कार्यवाही से अवगत करवाएँ।

भवदीया

(डॉ. रश्मि सिन्हा)

कार्यपालक निदेशक

(i) (क) पंजाब नेशनल बैंक द्वारा इसकी पावती रिजर्व बैंक को भेजिए।

उत्तर पंजाब नेशनल बैंक

मुख्य शाखा, नई दिल्ली

अध्यक्ष एवं प्रबंध निदेशक

पंजाब नेशनल बैंक/2006/140

फा.सं. 130/11/20.5/2005-06

8 अप्रैल, 2006

कार्यपालक निदेशक,

भारतीय रिजर्व बैंक,

नई दिल्ली।

विषय पावती पत्र।

महोदय/महोदया,

आप द्वारा भेजा गया पत्र क्रमांक 118/11/37.01/2005-06 हमारे कार्यालय में 7 अप्रैल, 2006 को पहुँच चुका है। हम पंजाब नेशनल बैंक की ओर से आपका हार्दिक स्वागत करते हैं कि आपने हमें यह सूचना भेजी।

भवदीय

राकेश कुमार

प्रबंधक पंजाब नेशनल बैंक

नई दिल्ली।

(ख) इस पत्र की विषय-वस्तु के आधार पर रिज़र्व बैंक द्वारा प्रेस विज्ञप्ति तैयार कीजिए।

उत्तर भारतीय रिजर्व बैंक, नई दिल्ली

दिनांक ....

विषय सिक्के की स्वीकृति और वितरण संबंधी सूचना

भारतीय रिज़र्व बैंक द्वारा सभी बैंकों को यह निर्देश जारी किए गए हैं कि किसी भी सदस्य से बिना किसी प्रतिबंध के सभी मूल्यवर्गों के सिक्के स्वीकार करें। यदि कोई उपभोक्ता सिक्कों की माँग करता है, तो उसे सभी मूल्यवर्गों के सिक्के भी उपलब्ध करवाने होंगे। हालाँकि 5, 10 और 20 पैसे मूल्यवर्गों के छोटे सिक्के बनाना बंद कर दिया गया है, जबकि पहले जारी सिक्के जो अब भी प्रचलन में हैं। इसलिए वे वैध मुद्रा बने रहेंगे।

(ग) रिज़र्व बैंक को अभी भी उपभोक्ताओं द्वारा शिकायतें मिल रही हैं। अतः रिजर्व बैंक के महाप्रबंधक को दूसरे बैंकों को अनुस्मारक भेजना है, अतः इस अनुस्मारक को तैयार करने में उनकी मदद कीजिए।

उत्तर अनुस्मारक

भारतीय रिज़र्व बैंक

फा.स. 118/11/37.01/2005-06

नई दिल्ली 18 अप्रैल, 2006

सेवा में,

प्रबंधक महोदय,

सभी सार्वजनिक व निजी बैंक।

नई दिल्ली।

विषय सिक्के की स्वीकृति और वितरण संबंधी निर्देश।

महोदय,

कृपया उपर्युक्त विषय 'सिक्के की स्वीकृति और वितरण' पर इस कार्यालय द्वारा भेजे गए पत्र 118/11/37.01/2005-06 को याद करें,

जो 6 अप्रैल, 2006 को भेजा गया था। निवेदन यह है कि सिक्के की स्वीकृति और वितरण संबंधी कार्यालयों के दिए गए निर्देशों पर विचार कर शीघ्र स्वीकृति प्रदान की जाए।

भवदीय,
राम चरण यादव
निदेशक,
भारतीय रिज़र्व बैंक,
नई दिल्ली।

(घ) पंजाब नेशनल बैंक ने अपनी सभी शाखाओं को कार्यालय आदेश भेजा। उपर्युक्त पत्र के आधार पर आप कार्यालय आदेश तैयार कीजिए।

उत्तर पंजाब नेशनल बैंक
फा. स. 150/11/20.5/2005-06
मुख्य शाखा, नई दिल्ली, 12 अप्रैल, 2006
प्रबंधक महोदय,
सभी संबंधित शाखाएँ
पंजाब नेशनल बैंक,
नई दिल्ली।

विषय सिक्के की स्वीकृति और वितरण संबंधी निर्देश।

महोदय/महोदया,

पंजाब नेशनल बैंक की सभी शाखाओं को तत्काल आदेश दिया जाता है कि वे अपनी सभी शाखाओं में सिक्के की स्वीकृति और वितरण संबंधी निर्देशों का नियमानुसार पालन करें।

जनता के किसी भी सदस्य से बिना किसी प्रतिबंध के सभी मूल्यवर्गों के सिक्के स्वीकार करें और उपभोक्ता को सभी मूल्यवर्गों के सिक्के भी उपलब्ध करवाए जाएँ। 5, 10 और 20 पैसे मूल्यवर्गों के छोटे सिक्के बनाना बंद कर दिया गया है, परंतु जो पहले जारी सिक्के हैं, वे अब भी प्रचलन में हैं। वे वैध मुद्रा बने रहेंगे। कृपया निर्देशों को स्वीकार कर सभी शाखाओं में तुरंत लागू किया जाए।

भवदीय,
राजेश शर्मा
निदेशक,
पंजाब नेशनल बैंक,
नई दिल्ली

(ii) **(क) पंजाब नेशनल बैंक की भीकाजी कामा प्लेस और सफदरजंग एंक्लेव की शाखाओं से अभी भी रिज़र्व बैंक को शिकायतें मिल रही हैं कि इन शाखाओं में सिक्कों को स्वीकार नहीं किया जाता, इसलिए कार्यपालक निदेशक को पंजाब नेशनल बैंक के अध्यक्ष को एक अर्द्ध-सरकारी पत्र लिखना है, जिसे आप तैयार कीजिए।**

उत्तर भारतीय रिज़र्व बैंक,
फा.स. 110/11/15/2006
नई दिल्ली, 14 फरवरी, 20XX
रमेश कुमार
कार्यपालक निदेशक।
प्रिय कुलदीप शर्मा,

कृपया विषय 'सिक्के की स्वीकृति और वितरण' पर 6 अप्रैल, 2006 और 14 अप्रैल, 2006 को भेजे गए पत्रों का स्मरण करें। आपकी भीकाजी कामा प्लेस और सफदरजंग एंक्लेव की शाखाओं से अभी भी शिकायतें मिल रही हैं। निवेदन है कि सिक्के की स्वीकृति और वितरण संबंधी कार्यालयों के दिए गए निर्देशों का नियमानुसार पालन करें।

हस्ताक्षर
कार्यपालक निदेशक

(ख) पंजाब नेशनल बैंक के महाप्रबंधक को जब यह पत्र मिलता है, तब वह अपने अधिकारी से इसका जवाब माँगता है। इस विषय-वस्तु को ध्यान में रखते हुए सहायक और अधिकारी की टिप्पणी लिखिए।

(संकेत-सहायक बैंक की शाखा में पिछले छह महीनों का ब्यौरा देगा कि कितने सिक्के उन्होंने स्वीकार किए और कितने सिक्के जारी किए। अधिकारी अपनी टिप्पणी में इसे निराधार बताएगा।)

उत्तर यह टिप्पणी भारतीय रिजर्व बैंक के निदेशक द्वारा भेजे गए पत्र क्रमांक 118/11/37.01/2005-06 से संबंधित है, जिसमें सिक्के की स्वीकृति और वितरण संबंधी निर्देशों का पालन करने का अनुरोध किया गया था। यह भी विचार करने योग्य बात है कि हमारी शाखा ने इस पत्र के निर्देशानुसार अपनी सभी शाखाओं में निर्देशों को स्वीकार कर उनका पालन किया है। पिछले छः महीनों में हमारी शाखा ने 5, 10 और 20 मूल्य वर्गों के लगभग 80000 सिक्के स्वीकार किए हैं और लगभग 2 लाख सिक्के जारी किए हैं।

हमारी शाखा ने इन निर्देशों का पालन किया है, अतः ये शिकायतें बिल्कुल निराधार हैं।

विचारार्थ प्रस्तुत
गणेश कुमार
सहायक
प्रमुख अधिकारी।

08

अध्याय

स्ववृत्त (बायोडाटा) लेखन और रोजगार संबंधी आवेदन पत्र

स्ववृत्त का अर्थ

एक विशेष प्रकार का लेखन जिसमें किसी व्यक्ति विशेष के बारे में किसी विशेष प्रयोजन को ध्यान में रखकर क्रमवार तरीके से सूचनाएँ संकलित की जाती हैं, स्ववृत्त (बायोडाटा) कहलाता है।

▼ अभ्यास के लिए

- पाठ्यपुस्तक के प्रश्नोत्तर
- अतिलघु उत्तरीय प्रश्न
- लघु उत्तरीय प्रश्न

स्ववृत्त उम्मीदवार के प्रतिनिधि के रूप में कार्य करता है। स्ववृत्त नियोक्ता के मन में उम्मीदवार के प्रति एक सकारात्मक धारणा प्रस्तुत करता है। इसलिए एक अच्छे स्ववृत्त को एक चुंबक की तरह माना जाता है।

स्ववृत्त दो शब्दांशों से मिलकर बना है, स्व + वृत्त

स्व = स्वयं, खुद, अपना।

वृत्त = परिचय, ब्यौरा (व्यक्ति विशेष का लेखा-जोखा, योग्यता, अनुभव, उपलब्धियाँ आदि)

यहाँ ध्यान रखने योग्य बात यह है कि किसी भी व्यक्ति से संबंधित सूचनाएँ अंतहीन हो सकती हैं अर्थात् बहुत अधिक हो सकती हैं। लेकिन प्रत्येक सूचना नियोक्ता के काम की हो, यह आवश्यक नहीं है। इसलिए स्ववृत्त में वही सूचनाएँ डाली जा सकती हैं, जिनमें दूसरे पक्ष अर्थात् नियोक्ता की रूचि हो या उनके उद्देश्य के अनुसार सही बैठती हों।

स्ववृत्त के पक्ष

स्ववृत्त के दो पक्ष होते हैं

1. स्ववृत्त के पहले पक्ष में वह उम्मीदवार होता है, जिसको केंद्र में रखकर सूचनाएँ संकलित की जाती हैं अर्थात् पहला पक्ष उम्मीदवार होता है।
2. स्ववृत्त के दूसरे पक्ष में नियोक्ता या वह संस्था होती है, जिसके प्रयोजन को ध्यान में रखकर सूचनाएँ एकत्रित की जाती हैं अर्थात् दूसरा पक्ष नियोक्ता होता है।

स्ववृत्त की विशेषताएँ

स्ववृत्त की निम्नलिखित विशेषताएँ होती हैं

1. **ईमानदारी** स्ववृत्त लिखने में ईमानदारी बरतनी चाहिए। स्ववृत्त में किसी भी प्रकार के झूठे दावे या सूचना नहीं लिखी होनी चाहिए। नियोक्ता को उम्मीदवारों के चयन का काफी अनुभव होता है, इसलिए उम्मीदवार द्वारा अपने बारे में किए गए ग़लत दावों को नियोक्ता आसानी से पहचान लेते हैं और साक्षात्कार के समय वास्तविकता उनके सामने आ ही जाती है।
2. **व्यक्तित्व, ज्ञान और अनुभव** स्ववृत्त में अपनी विशेषताओं को कम शब्दों में इस प्रकार बताना चाहिए कि नियोक्ता को आपकी विशेषताओं के बारे में पता भी लग जाए और उन्हें समझने में अधिक समय भी न लगे। स्ववृत्त में उम्मीदवार को अपने व्यक्तित्व, ज्ञान और अनुभव के सभी पहलुओं पर जोर देना चाहिए।
3. **भाषा-शैली** स्ववृत्त की भाषा-शैली सीधी, सरल, सटीक और साफ होनी चाहिए, जिससे पढ़ने वालों को सभी सूचनाएँ एक ही बार में स्पष्ट हो जाएँ। स्ववृत्त में आलंकारिक भाषा का प्रयोग नहीं करना चाहिए।
4. **आकार** स्ववृत्त के आकार के संदर्भ में कोई निश्चित नियम तो नहीं है, परंतु स्ववृत्त न तो आवश्यकता से अधिक लंबा होना चाहिए और न ही अधिक छोटा होना चाहिए। यदि स्ववृत्त छोटा और बहुत संक्षिप्त हुआ, तो अनेक आवश्यक सूचनाएँ छूट जाएँगी और यदि लंबा हुआ तो पढ़ने वाला असहजता महसूस करने लगेगा जिसके कारण वह अनेक पहलुओं को नजर अंदाज कर देगा।

   स्ववृत्त के आकार के संदर्भ में दो महत्त्वपूर्ण निम्नलिखित धारणाएँ हैं

   (i) **उच्च पद एवं अनुभवी व्यक्तियों के लिए** उच्च पद के लिए उम्मीदवार कम होते हैं अत: स्ववृत्त भी गिनती के ही लोग भेजते हैं, जो सभी अच्छी योग्यता वाले तथा व्यापक अनुभव वाले होते हैं। इस स्थिति में स्ववृत्त यदि लंबा होता है अर्थात् नौ-दस पृष्ठों का भी होता है, तो नियोक्ता उसे ध्यानपूर्वक पढ़ता है और बहुत बारीकी से पढ़ता है।

   (ii) **निम्न पद एवं अनुभवहीन व्यक्तियों के लिए** निम्न पद के लिए आवेदन बड़ी संख्या में आते हैं। यदि स्ववृत्त दो-तीन पृष्ठों से अधिक लंबा होता है, तो पढ़ने वाले अर्थात् नियोक्ता का धैर्य समाप्त हो जाता है और वह पूरे स्ववृत्त को पढ़ने में रुचि नहीं रखता। अत: निम्न पद के लिए तथा अनुभवहीन व्यक्तियों का स्ववृत्त संक्षिप्त होना चाहिए।
5. **टंकित या कंप्यूटर-मुद्रित** स्ववृत्त साफ-सुथरे ढंग से टंकित या कंप्यूटर मुद्रित होना चाहिए। स्ववृत्त में व्याकरण संबंधी अशुद्धियाँ भी नहीं होनी चाहिए, क्योंकि स्ववृत्त में व्याकरण संबंधी अशुद्धियाँ उम्मीदवार की लापरवाही की ओर संकेत करती हैं।
6. **सूचनाओं का अनुशासित प्रवाह** स्ववृत्त में उम्मीदवार संबंधी सभी सूचनाएँ एक अनुशासित प्रवाह में संकलित होनी चाहिए। इनका सामान्यत: निम्न क्रम होना चाहिए

   (i) व्यक्ति परिचय (ii) शैक्षणिक योग्यता
   (iii) व्यावसायिक योग्यता (iv) पात्रता परीक्षा
   (v) अनुभव (यदि है) (vi) उपलब्धियाँ
   (vii) कार्येत्तर गतिविधियों में सहभागिता
7. **व्यक्ति परिचय** स्ववृत्त में व्यक्ति परिचय के अंतर्गत निम्नलिखित सूचनाएँ संकलित की जाती हैं
   - उम्मीदवार का नाम
   - माता-पिता का नाम
   - जन्म तिथि
   - पत्र-व्यवहार का पता
   - स्थायी पता
   - मोबाइल नंबर
   - ई-मेल पता
8. **शैक्षणिक योग्यता** शैक्षणिक योग्यताओं से संबंधित सूचनाएँ एक सारणी के रूप में प्रस्तुत की जाती हैं जिसमें डिग्री या परीक्षा का विवरण, स्कूल या कॉलेज का नाम, बोर्ड या विश्वविद्यालय का नाम, संबंधित परीक्षा का वर्ष, परीक्षा के विषय, प्राप्तांक प्रतिशत और श्रेणी का उल्लेख होना चाहिए।
9. **अनुभव का विवरण** उम्मीदवार यदि किसी बड़े पद के लिए आवेदन कर रहा है और वह बहुत अनुभवी है, तो अनुभव का ब्यौरा व्यक्ति परिचय के तुरंत बाद रखा जा सकता है। लेकिन उम्मीदवार कॉलेज के तुरंत बाद पढ़ाई करके रिक्त के लिए आवेदन करता है, तो उसे व्यक्ति परिचय के बाद अपनी शैक्षणिक योग्यताओं की सारणी प्रस्तुत करनी चाहिए।
   - उच्च या बड़े पद के लिए अनुभव का परिचय, व्यक्ति परिचय के तुरंत बाद।
   - अध्ययन को पूर्ण करके निकलने वाला योग्यताधारी व्यक्ति परिचय के बाद अपनी शैक्षणिक योग्यताओं का उल्लेख करें।
10. **रुचि का उल्लेख** स्ववृत्त में उम्मीदवार को अपनी रुचि का उल्लेख विशेष तौर पर करना चाहिए जिससे नियोक्ता को उसके व्यक्तित्व की आंतरिक अभिरुचि ज्ञात हो सके।
11. **कार्येत्तर गतिविधियाँ** अपने कार्य के अतिरिक्त अन्य गतिविधियाँ, जैसे रुचि (हॉबी) आदि के माध्यम से उम्मीदवार के व्यक्तित्व के बारे में अधिक जानकारी प्राप्त हो जाती है, जिससे आवेदित पद के लिए उसकी योग्यता को तय करना आसान हो जाता है। जैसे, यदि कोई अच्छा फुटबॉल खिलाड़ी है तो यह मान लिया जाता है कि उसमें टीम भावना अवश्य होगी या फिर आशुभाषण, वाद-विवाद प्रतियोगिता में, पुरस्कृत व्यक्ति में वाक्पटुता व संभाषण कला अथवा तुरंत प्रत्युत्तर देने की कला अवश्य होगी। अत: कार्येत्तर गतिविधियों का उल्लेख विशेष रूप से करना चाहिए।

12. **भाषा-ज्ञान** उम्मीदवार यदि एक से अधिक भाषाएँ लिखना, पढ़ना और बोलना जानता है, तो उसे स्ववृत्त में उनकी जानकारी अवश्य प्रस्तुत करनी चाहिए।
13. **संदर्भित व्यक्तियों के नाम पते** स्ववृत्त में दो-तीन संदर्भित व्यक्तियों के नाम व पते अवश्य देने चाहिए, परंतु वे उम्मीदवार के रिश्तेदार न हों, लेकिन उसकी योग्यताओं व क्षमताओं से परिचित हों। जिन लोगों के नाम व पते दिए जाएँ वे उम्मीदवार के क्षेत्र से संबंधित जाने-माने एवं प्रतिष्ठित व्यक्ति हों।

    वहीं वह उम्मीदवार जो कॉलेज से निकलकर पहली बार पेशे में प्रवेश कर रहे हैं, उन्हें अपने प्रिंसिपल या प्रोफेसरों के नाम व पते देने चाहिए। कॉलेज से तुरंत निकले उम्मीदवारों के संबंध में नियोक्ता द्वारा प्रिंसिपल व प्रोफेसरों की राय को महत्त्वपूर्ण माना जाता है, क्योंकि इन्होंने उम्मीदवार को विद्यार्थी के रूप में लंबे समय तक देखा-परखा होता है।

आवेदन-पत्र

स्ववृत्त के साथ एक आवेदन-पत्र भी लिखा जाता है। आवेदन-पत्र के साथ उम्मीदवार अपना स्ववृत्त लगाता है और उसे नियोक्ता के पास प्रेषित कर देता है।

स्ववृत्त में सारी जानकारियाँ दे दी जाती हैं लेकिन फिर भी अलग से आवेदन-पत्र लिखने की आवश्यकता होती है, क्योंकि स्ववृत्त तो बना-बनाया रखा होता है, जबकि आवेदन-पत्र विज्ञापन, पद एवं संबंधित संस्थान को लेकर लिखा जाता है।

आवेदन-पत्र निम्नलिखित उद्देश्यों की पूर्ति के लिए लिखा जाता है

(i) आवेदन-पत्र से व्यक्ति अपनी नियुक्ति की इच्छा को प्रकट करता है, स्ववृत्त से नहीं।

(ii) वैयक्तिक स्पर्श के लिए।

(iii) भाषा ज्ञान एवं अभिव्यक्ति क्षमता का परिचय।

(iv) पद व संस्थान के प्रति गंभीरता का विश्वास जगाना।

(v) प्रत्येक विज्ञापन के लिए अलग।

आवेदन-पत्र की विषय-वस्तु

आवेदन-पत्र की विषय-वस्तु में मुख्यतः चार भाग होते हैं

1. **भूमिका** पहले खंड में उम्मीदवार विज्ञापन तथा विज्ञापित पद पर अपनी उम्मीदवारी की इच्छा प्रकट करता है।
2. **सक्षमता** दूसरे खंड में उम्मीदवार यह बताता है कि वह विज्ञापन में वर्णित योग्यताओं और आवश्यकताओं को पूरा करने में सक्षम है। इससे उम्मीदवार की भाषा-शैली तथा अभिव्यक्ति की क्षमता का भी परिचय मिल जाता है।
3. **पद एवं संस्थान के प्रति गंभीरता एवं अभिरुचि** तीसरे खंड में उम्मीदवार पद और संस्थान के प्रति अपनी गंभीरता और अभिरुचि को अभिव्यक्त करता है।
4. **उपसंहार** आवेदन-पत्र का चौथा खंड उपसंहार होता है। इसमें आवेदन-पत्र की विषय-वस्तु का औपचारिक समापन होता है। आवेदन-पत्र विशेष तौर पर हर विज्ञापन के लिए लिखे जाते हैं। इससे उम्मीदवार के भाषा-ज्ञान और अभिव्यक्ति की क्षमता की जानकारी तो प्राप्त होती ही है, साथ ही नियोक्ता को यह भी ज्ञात हो जाता है कि उम्मीदवार पद और संस्थान को लेकर गंभीर है या नहीं। आवेदन-पत्र के माध्यम से बहुत कुछ बातों का आभास नियोक्ता को हो जाता है।

स्ववृत्त लेखन

स्ववृत्त में व्यक्ति अपने व्यक्तित्व, ज्ञान और अनुभव के सबल पक्ष को इस प्रकार प्रस्तुत करता है, जो नियोक्ता के मन में उम्मीदवार के प्रति अच्छी व सकारात्मकता छवि प्रस्तुत करता है।

स्ववृत्त में अपना पूरा परिचय, पता, संपर्क सूत्र (टेलीफोन, मोबाइल, ई-मेल आदि), शैक्षणिक व व्यावसायिक योग्यताओं के क्रमवार विवरण के साथ-साथ अन्य संबंधित योग्यताओं, विशेष उपलब्धियों, कार्येत्तर गतिविधियों व अभिरुचियों का उल्लेख होना चाहिए।

स्ववृत्त लेखन का प्रारूप

नाम : रश्मि मिश्रा
पिता का नाम : श्री निशांत मिश्रा
माता का नाम : श्रीमती शशि मिश्रा
जन्म तिथि : 2 अक्टूबर, 1995
वर्तमान पता : ए-24, गूजर की थड़ी जयपुर (राजस्थान)
स्थायी पता : उपर्युक्त
दूरभाष नंबर : 01419283XX
मोबाइल नंबर : 9823XXXXXX
ई-मेल : 25rashmi@gmail.com

शैक्षणिक योग्यताएँ

क्र.सं.	परीक्षा/डिग्री	वर्ष	विद्यालय/बोर्ड/महाविद्यालय	विषय	श्रेणी	प्रतिशत
1.	दसवीं	2011	महेश्वरी पब्लिक स्कूल, जयपुर सी.बी.एस.ई.	अंग्रेजी, हिंदी, विज्ञान, गणित,सामाजिक विज्ञान, संस्कृत	प्रथम	92%
2.	बारहवीं	2013	उपर्युक्त	अंग्रेजी, हिंदी, भौतिक विज्ञान, रासायनिक विज्ञान, जीव-विज्ञान	प्रथम	94%
3.	बी.एस.ई.	2016	महारानी कॉलेज, जयपुर राजस्थान विश्वविद्यालय	रसायन विज्ञान, भौतिक विज्ञान, जीव-विज्ञान	प्रथम	85%
4.	एम.एस.ई.	2018	राजस्थान विश्वविद्यालय, जयपुर	रसायन विज्ञान	प्रथम	84%
5.	बी.एड.	2020	पारीक कॉलेज, जयपुर	रसायन विज्ञान, जीव-विज्ञान	प्रथम	83%
6.	पी.एच.डी.	2021 लगातार	राजस्थान विश्वविद्यालय	रसायन विज्ञान	....	....

अन्य संबंधित योग्यताएँ
- स्मार्ट बोर्ड कक्षाओं का ज्ञान, कंप्यूटर का ज्ञान,
- विज्ञान प्रदर्शनी का आयोजन करने में निपुणता

उपलब्धियाँ
- विज्ञान क्विज (जिला स्तर) प्रतियोगिता में द्वितीय पुरस्कार वर्ष 2012
- विज्ञान क्विज (विश्वविद्यालय स्तर) प्रतियोगिता में प्रथम पुरस्कार वर्ष 2015

कार्येत्तर गतिविधियाँ तथा अभिरुचियाँ
- सेंट्रल स्कूल, मालवीय नगर, जयपुर में अवकाश रिक्ति पर पीजीटी केमेस्ट्री पद पर छः माह का शिक्षण अनुभव
- विज्ञान प्रदर्शनी का आयोजन
- विज्ञान से संबंधित पत्रिकाओं का नियमित पठन

संदर्भित व्यक्तियों का विवरण
- श्री राकेश मोहन डंगायच, प्रोफेसर, राजस्थान विश्वविद्यालय जयपुर
- श्रीमती रीमा मजूमदार, प्रिंसिपल, सेंट्रल स्कूल, मालवीय नगर, जयपुर

तिथि 6.10.20XX — रश्मि मिश्रा
स्थान जयपुर — हस्ताक्षर

पाठ्यपुस्तक (अभिव्यक्ति एवं माध्यम) के प्रश्नोत्तर

1. कल्पना कीजिए कि आपने पत्रकारिता के क्षेत्र में अपना अध्ययन पूरा कर लिया है और किसी प्रसिद्ध अखबार में पत्रकार पद के लिए आवेदन भेजना है। इसके लिए एक आवेदन-पत्र लिखिए।

उत्तर छात्र स्वयं करें।

2. राजीव गाँधी फाउंडेशन हायर एजुकेशन हेतु स्कॉलरशिप प्रदान करती है। अतः उसे प्राप्त करने के लिए अपना बायोडाटा तैयार कीजिए।

उत्तर छात्र स्वयं करें।

3. स्ववृत्त में कौन-कौन से बिंदुओं को शामिल किया जाता है और उनकी प्रस्तुति का क्या प्रभाव पड़ता है?

उत्तर स्ववृत्त में निम्नलिखित बिंदुओं को शामिल किया जाता है

(i) स्ववृत्त में ईमानदारी होनी चाहिए।

(ii) स्ववृत्त का आकार जरूरत से अधिक बड़ा या छोटा नहीं होना चाहिए।

(iii) स्ववृत्त में सरल और स्पष्ट भाषा-शैली का प्रयोग करना चाहिए।

(iv) स्ववृत्त में जानकारी देते समय अपने बारे में बढ़-चढ़कर बातें नहीं बतानी चाहिए।

(v) स्ववृत्त साफ और सुंदर ढंग से लिखा होना चाहिए।

उपर्युक्त बिंदुओं की प्रस्तुति का नियोक्ता पर सकारात्मक प्रभाव पड़ता है। एक अच्छा स्ववृत्त किसी चुंबक की तरह आपका आकर्षण चित्र नियोक्ता के सामने प्रस्तुत करता है, जिसे हम कहीं भी नौकरी की तलाश में जाते हैं तो सर्वप्रथम अपना स्ववृत्त कार्यालय को भेजते हैं। यदि हमारा स्ववृत्त उत्तम और श्रेष्ठ होगा तो वह नियोक्ता को अपनी ओर अवश्य आकर्षित करेगा। अच्छे स्ववृत्त से आपको नौकरी मिलने की संभावनाएँ बढ़ जाएँगी।

अभ्यास प्रश्न

अतिलघु उत्तरीय प्रश्न

1. स्ववृत्त क्या है?

उत्तर एक विशेष प्रकार का लेखन, जिसमें किसी व्यक्ति विशेष के बारे में किसी विशेष प्रयोजन को ध्यान में रखकर क्रमवार तरीके से सूचनाएँ संकलित की जाती हैं, स्ववृत्त (बायोडाटा) कहलाता है। स्ववृत्त उम्मीदवार के प्रतिनिधि के रूप में कार्य करता है। स्ववृत्त नियोक्ता के मन में उम्मीदवार के प्रति एक सकारात्मक धारणा प्रस्तुत करता है। इसलिए एक अच्छे स्ववृत्त को एक चुंबक की तरह माना जाता है।

2. स्ववृत्त के कितने पक्ष होते हैं?

उत्तर स्ववृत्त के दो पक्ष होते हैं

1. स्ववृत्त के पहले पक्ष में वह उम्मीदवार होता है, जिसको केंद्र में रखकर सूचनाएँ संकलित की जाती हैं अर्थात् पहला पक्ष उम्मीदवार होता है।
2. स्ववृत्त के दूसरे पक्ष में नियोक्ता या वह संस्था होती है, जिसके प्रयोजन को ध्यान में रखकर सूचनाएँ एकत्रित की जाती हैं अर्थात् दूसरा पक्ष नियोक्ता होता है।

लघु उत्तरीय प्रश्न

1. स्ववृत्त की विशेषताओं का वर्णन कीजिए।

उत्तर स्ववृत्त की निम्नलिखित विशेषताएँ होती हैं

1. **ईमानदारी** स्ववृत्त लिखने में ईमानदारी बरतनी चाहिए। स्ववृत्त में किसी भी प्रकार के झूठे दावे या सूचना नहीं लिखी होनी चाहिए। नियोक्ता को उम्मीदवारों के चयन का काफी अनुभव होता है, इसलिए उम्मीदवार द्वारा अपने बारे में किए गए गलत दावों को नियोक्ता आसानी से पहचान लेते हैं और साक्षात्कार के समय वास्तविकता उनके सामने आ ही जाती है।
2. **व्यक्तित्व, ज्ञान और अनुभव** स्ववृत्त में अपनी विशेषताओं को कम शब्दों में इस प्रकार बताना चाहिए कि नियोक्ता को आपकी विशेषताओं के बारे में पता भी लग जाए और उन्हें समझने में अधिक समय भी न लगे। स्ववृत्त में उम्मीदवार को अपने व्यक्तित्व, ज्ञान और अनुभव के सभी पहलुओं पर जोर देना चाहिए।
3. **सूचनाओं का अनुशासित प्रवाह** स्ववृत्त में उम्मीदवार संबंधी सभी सूचनाएँ एक अनुशासित प्रवाह में संकलित होनी चाहिए। इनका सामान्यतः निम्न क्रम होना चाहिए

   (i) व्यक्ति परिचय (ii) शैक्षणिक योग्यता
   (iii) व्यावसायिक योग्यता (iv) पात्रता परीक्षा
   (v) अनुभव (यदि है) (vi) उपलब्धियाँ
   (vii) कार्येत्तर गतिविधियों में सहभागिता
4. **व्यक्ति परिचय** स्ववृत्त में व्यक्ति परिचय के अंतर्गत निम्नलिखित सूचनाएँ संकलित की जाती हैं

   (i) उम्मीदवार का नाम (ii) माता-पिता का नाम
   (iii) जन्म तिथि (iv) पत्र-व्यवहार का पता
   (v) स्थायी पता (vi) मोबाइल नंबर
   (vii) ई-मेल पता

2. आवेदन-पत्र से क्या आशय है? इसके उद्देश्यों का वर्णन कीजिए।

उत्तर स्ववृत्त के साथ एक आवेदन-पत्र भी लिखा जाता है। आवेदन-पत्र के साथ उम्मीदवार अपना स्ववृत्त लगाता है और उसे नियोक्ता के पास प्रेषित कर देता है।

स्ववृत्त में सारी जानकारियाँ दे दी जाती हैं, लेकिन फिर भी अलग से आवेदन-पत्र लिखने की आवश्यकता होती है, क्योंकि स्ववृत्त तो बना-बनाया रखा होता है जबकि आवेदन-पत्र विज्ञापन, पद एवं संबंधित संस्थान को लेकर लिखा जाता है। आवेदन-पत्र निम्नलिखित उद्देश्यों की पूर्ति के लिए लिखा जाता है

(i) आवेदन-पत्र से व्यक्ति अपनी नियुक्ति की इच्छा को प्रकट करता है, स्ववृत्त से नहीं।
(ii) वैयक्तिक स्पर्श के लिए।
(iii) भाषा ज्ञान एवं अभिव्यक्ति क्षमता का परिचय।
(iv) पद व संस्थान के प्रति गंभीरता का विश्वास जगाना।
(v) प्रत्येक विज्ञापन के लिए अलग।

3. आवेदन-पत्र की विषय-वस्तु पर प्रकाश डालिए।

उत्तर आवेदन-पत्र की विषय-वस्तु में मुख्यतः चार भाग होते हैं

1. **भूमिका** पहले खंड में उम्मीदवार विज्ञापन तथा विज्ञापित पद पर अपनी उम्मीदवारी की इच्छा प्रकट करता है।
2. **सक्षमता** दूसरे खंड में उम्मीदवार यह बताता है कि वह विज्ञापन में वर्णित योग्यताओं और आवश्यकताओं को पूरा करने में सक्षम है। इससे उम्मीदवार की भाषा-शैली तथा अभिव्यक्ति की क्षमता का भी परिचय मिल जाता है।
3. **पद एवं संस्थान के प्रति गंभीरता एवं अभिरुचि** तीसरे खंड में उम्मीदवार पद और संस्थान के प्रति अपनी गंभीरता और अभिरुचि को अभिव्यक्त करता है।
4. **उपसंहार** आवेदन-पत्र की विषय-वस्तु का औपचारिक समापन होता है।

4. आप अपने आपको डॉ. अंजली गुप्ता मानते हुए राजस्थान पत्रिका में आए हुए विज्ञापन महिला चिकित्सालय में महिला चिकित्सक (प्रसूति विशेषज्ञ) के पद हेतु आवेदन-पत्र लिखिए। इसके लिए स्ववृत्त भी तैयार कीजिए।

उत्तर सेवा में,
श्रीमान स्वास्थ्य निदेशक,
स्वास्थ्य विभाग,
सी-स्कीम, जयपुर।
302015

विषय महिला चिकित्सालय में महिला चिकित्सक (प्रसूति विशेषज्ञ) पद के लिए आवेदन।

महोदय,

आज दिनांक 7 अक्टूबर, 2021 को राजस्थान पत्रिका में विज्ञापन प्रकाशित हुआ था जिससे ज्ञात हुआ है कि राजस्थान के स्वास्थ्य विभाग के अंतर्गत महिला चिकित्सालय में महिला चिकित्सक (प्रसूति विशेषज्ञ) के पद पर चिकित्सक की आवश्यकता है। मैंने एस.एम.एस. मेडिकल कॉलेज से गाइनोकोलॉजी में एम.एस. किया है। मैं इस पद के लिए अपना आवेदन-पत्र प्रस्तुत कर रही हूँ।

मैं अपना स्ववृत्त इस आवेदन-पत्र के साथ संलग्न कर रही हूँ। मैं विज्ञापन में दी गई सभी योग्यताओं को पूरा करती हूँ।

मेरा संक्षिप्त विवरण इस प्रकार है

- मैंने एस.एम.एस. मेडिकल कॉलेज से गाइनी (प्रसूति) में एम.एस. किया है तथा वर्तमान में मैं एपेक्स हॉस्पिटल में कार्यरत् हूँ। मैंने एम.बी.बी.एस. भी उपर्युक्त कॉलेज से ही किया था।
- मैंने फोर्टीज हॉस्पिटल में रेजीडेंट के पद पर भी कार्य किया था।
- मैंने स्वास्थ्य विभाग द्वारा आयोजित कैंपों में भी कार्य किया है। इस दौरान ग्रामीण क्षेत्रों में आयोजित कैंपों में महिलाओं को उनके स्वास्थ्य के प्रति सजग करते हुए उनका मार्गदर्शन किया है।
- मैंने विद्यालय में अपनी पढ़ाई के दौरान विज्ञान क्विज में भाग लिया तथा अंतर्राष्ट्रीय विज्ञान प्रतियोगिता में द्वितीय पुरस्कार प्राप्त किया।

मुझे बचपन से ही विज्ञान विषय में रुचि रही है। मैंने समय-समय पर आयोजित स्वास्थ्य संबंधी समस्याओं पर आधारित वर्कशॉप्स में भाग लिया है। आपसे विनम्र अनुरोध है कि उपर्युक्त पद के लिए मेरी योग्यताओं को ध्यान में रखते हुए मुझे साक्षात्कार हेतु बुलावा पत्र भेजें। तदन्तर मेरे अनुभव व मेरी योग्यता से संतुष्ट हो जाने पर मुझे उपर्युक्त पद पर नियुक्ति प्रदान करें। मैं सरकारी अस्पताल में कार्य करने की तीव्र इच्छा रखती हूँ। मैं आपको आश्वस्त करती हूँ कि मेरे सानिध्य में मरीजों को उनके इलाज से संबंधित सही मार्गदर्शन प्राप्त होगा।

सधन्यवाद।

भवदीया
डॉ. अजंली गुप्ता

संलग्न प्रमाण-पत्र

1. दसवीं की अंक तालिका
2. बारहवीं की अंक तालिका
3. एम.बी.बी.एस. की अंक तालिका व प्रमाण-पत्र
4. एम.एस. डिग्री का प्रमाण-पत्र
5. कार्यानुभव व प्रमाण-पत्र

स्ववृत्त

नाम : डॉ. अंजली गुप्ता
पिता का नाम : डॉ. राकेश गुप्ता
माता का नाम : श्रीमती प्रीति गुप्ता
जन्म तिथि : 1 फरवरी, 1991
वर्तमान पता : सी-52, सेक्टर सात चित्रकूट कॉलोनी जयपुर
स्थायी पता : उपर्युक्त
मोबाइल नंबर : 9753XXXXXX
ई-मेल : 01anjali@gmail.com

शैक्षणिक योग्यताएँ

क्र. सं.	परीक्षा/ डिग्री	वर्ष	विद्यालय/बोर्ड/ महाविद्यालय	विषय	श्रेणी	प्रतिशत
1.	दसवीं	2006	आई.आई.एस जयपुर/सी.बी. एस.ई	अंग्रेजी, हिंदी, गणित, विज्ञान, सामाजिक विज्ञान, संस्कृत	प्रथम	76%
2.	बारहवीं	2008	आई.आई.एस. जयपुर/सी.बी.एस.ई.	भौतिक विज्ञान, जीव-विज्ञान, रसायन विज्ञान, हिंदी, अंग्रेजी	प्रथम	83%
3.	एम.बी. बी.एस.	2014	एस.एम.एस. मेडिकल कॉलेज, जयपुर	मेडिकल साइंस	प्रथम	79%
4.	एम.एस. (गाइनी)	2017	एस.एम.एस. मेडिकल कॉलेज, जयपुर	गाइनी (प्रसूति)	प्रथम	82%

अन्य संबंधित योग्यताएँ

- फोर्टीज अस्पताल में रेजीडेंट के पद पर 3 वर्ष के लिए कार्यरत् (2018-2020) तक, वर्तमान में एपेक्स अस्पताल में कार्यरत्
- स्वास्थ्य संबंधी कैंपों में प्रतिभागिता लेकर ग्रामीण क्षेत्रों में स्वास्थ्य संबंधी मार्गदर्शन
- विज्ञान प्रदर्शनी में सक्रिय भागीदारी

उपलब्धियाँ

- विज्ञान क्विज विद्यालयी स्तर प्रथम पुरस्कार 2007
- अंतर्राष्ट्रीय विज्ञान प्रतियोगिता (क्लीव लैंड में आयोजित) द्वितीय पुरस्कार (2009)

कार्येत्तर गतिविधियाँ तथा अभिरुचियाँ

- स्वास्थ्य संबंधी पत्रिकाओं का नियमित पठन
- स्वास्थ्य संबंधी कैंपों का आयोजन व उनमें सक्रिय भागीदारी
- स्वास्थ्य संबंधी कार्यशालाओं में भाग लेकर जन-सामान्य का मार्गदर्शन

संदर्भित व्यक्तियों का विवरण

- डॉ. महावीर प्रसाद जैन, एसोसिएट, प्रोफेसर एस.एम.एस. मेडिकल कॉलेज, जयपुर।
- डॉ. सुशीला खुटेटॉ, वरिष्ठ डॉक्टर (प्रसूति विभाग) फोर्टीज हॉस्पिटल, जयपुर।

तिथि 7.10.20XX — डॉ. अंजली गुप्ता

स्थान जयपुर — हस्ताक्षर

5. **कल्पना कीजिए कि आपने स्नातक स्तर तक अध्ययन किया है तथा आप (प्रियंका जैन) एक समाज सेविका के रूप में कार्य कर रही हैं। भास्कर में आँगनबाड़ी में सहायिका हेतु विज्ञापन प्रकाशित हुआ है। इस पद पर नियुक्ति पाने हेतु एक आवेदन-पत्र लिखिए तथा स्ववृत्त भी तैयार कीजिए।**

उत्तर सेवा में,

श्रीमान निदेशक महोदय,
समाज कल्याण विभाग,
अजमेर। 302010

विषय आँगनबाड़ी सहायिका पद के लिए आवेदन-पत्र।

महोदय,

आज दिनांक 7 अक्टूबर, 2021 को भास्कर में आँगनबाड़ी में सहायिका के पद हेतु एक विज्ञापन प्रकाशित हुआ है जिससे ज्ञात हुआ है कि आँगनबाड़ी में आँगनबाड़ी कार्यकत्री व सहायिका के अनेक पदों पर महिला उम्मीदवारों की आवश्यकता है। मैं आँगनबाड़ी सहायिका के पद के लिए अपना आवेदन-पत्र प्रस्तुत कर रही हूँ।

मैं अपना स्ववृत्त इस आवेदन-पत्र के साथ संलग्न कर रही हूँ। मैं विज्ञापन में दी गई सभी योग्यताओं को पूरा करती हूँ।

मेरा संक्षिप्त विवरण इस प्रकार है

- मैंने समाजशास्त्र, मनोविज्ञान तथा इतिहास विषय में स्नातक की डिग्री प्राप्त की है। मैंने स्नातक की परीक्षा प्रथम श्रेणी से उत्तीर्ण की है।
- मैंने एक समाज सेविका के रूप में कार्य किया है तथा सामाजिक समस्याओं को भली-भाँति रूप से जाना है।
- मैं लिखित तथा मौखिक दोनों ही प्रकार से अपने आपको अभिव्यक्त करने में समर्थ हूँ। समाज के लोगों से मेरा इंटरेक्शन समय-समय पर होता रहता है।
- विद्यालय में पढ़ाई के दौरान मैंने अनेक डे-कैंपों व ओवर-नाइट-कैंपों में भाग लिया है। मुझे कंप्यूटर का ज्ञान भी है। मुझे एम.एस. ऑफिस व इंटरनेट की जानकारी भली-भाँति है।
- मैंने विद्यालयी व विश्वविद्यालयी स्तर पर आयोजित अनेक कार्यक्रमों में भाग लिया है तथा वाद-विवाद प्रतियोगिता में भाग लेकर राज्य स्तर पर प्रथम पुरस्कार भी प्राप्त किया है।
- मैं समय-समय पर असहाय लोगों की सहायता हेतु अनाथ आश्रमों व मदर टेरेसा में जाती रहती हूँ तथा जरूरतमंद लोगों की अपनी सामर्थ्य के अनुसार सहायता करती हूँ। मैं समाचार-पत्र तथा अन्य पत्रिकाओं की नियमित पाठक हूँ।

आपसे अनुरोध है कि मेरी रुचि व योग्यताओं को ध्यान में रखते हुए मुझे समाज कल्याण विभाग में आँगनबाड़ी सहायिका के पद पर नियुक्ति प्रदान करें। मैं आपको विश्वास दिलाती हूँ कि मेरे प्रयासों से ग्रामीण क्षेत्रों की समस्याएँ काफी सीमा तक दूर हो सकेंगी तथा मुझे समाज सेवा का सुनहरा अवसर भी प्राप्त होगा।

सधन्यवाद।

भवदीया
प्रियंका जैन

संलग्न प्रमाण-पत्र

1. दसवीं कक्षा की अंक तालिका
2. बारहवीं कक्षा की अंक तालिका
3. स्नातक (बी.ए.) की अंक तालिका
4. समाज सेविका के रूप में कार्यानुभव का प्रमाण-पत्र

स्ववृत्त

नाम : प्रियंका जैन
पिता का नाम : श्री मृदुल जैन
माता का नाम : श्रीमती तन्वी जैन
जन्म तिथि : 5 जुलाई, 1997
वर्तमान पता : मकान नंबर 32, शिवाजी नगर अजमेर (राजस्थान)
स्थायी पता : अ-69, सूर्या कॉलोनी जोधपुर (राजस्थान)
दूरभाष नंबर : 0140 562831
मोबाइल नंबर : 2367XXXXX
ई-मेल : 17priyanka@gmail.com

शैक्षणिक योग्यताएँ

क्र. सं.	परीक्षा/ डिग्री	वर्ष	विद्यालय/बोर्ड/ महाविद्यालय	विषय	श्रेणी	प्रतिशत
1.	दसवीं	2012	महेश्वरी पब्लिक स्कूल, अजमेर	हिंदी, अंग्रेजी, संस्कृत, गणित, विज्ञान, सामाजिक विज्ञान	द्वितीय	57%
2.	बारहवीं	2014	महेश्वरी पब्लिक स्कूल, अजमेर	समाजशास्त्र, इतिहास, मनोविज्ञान, हिंदी, अंग्रेजी	द्वितीय	59%
3.	बी.ए. स्नातक	2017	डी.ए.वी. कॉलेज, अजमेर	समाजशास्त्र, मनोविज्ञान, इतिहास	प्रथम	68%

अन्य संबंधित योग्यताएँ

- कंप्यूटर का ज्ञान
- डे-कैंपों व ओवर-नाइट-कैंपों के आयोजन का अनुभव
- राजस्थानी भाषा का विशेष ज्ञान

उपलब्धियाँ

- वाद-विवाद राज्य-स्तरीय प्रतियोगिता, प्रथम पुरस्कार, 2013
- आशुभाषण प्रतियोगिता राष्ट्रीय स्तर पर (द्वितीय पुरस्कार) 2016

कार्येत्तर गतिविधियाँ तथा अभिरुचियाँ

- समाज सेविका के रूप में कार्यरत्
- अनाथ आश्रमों व मदर टेरेसा होम का नियमित अंतराल पर दौरा
- समाचार-पत्र का नियमित पठन

संदर्भित व्यक्तियों का विवरण

- श्री गणेश लाल चौधरी, सरपंच ग्राम तिलोनिया
- श्रीमती रीता मल्होत्रा, प्रिंसिपल डी.ए.वी. कॉलेज, अजमेर

तिथि : 7.10.20XX — प्रियंका जैन

स्थान अजमेर — हस्ताक्षर

6. आपका नाम अमित सिन्हा है। भारतीय स्टेट बैंक में (स्केल-4 के लिए) प्रबंधक के पद हेतु नवभारत टाइम्स में विज्ञापन प्रकाशित हुआ है। आप वर्तमान में आई.सी.आई. बैंक में (स्केल-3) प्रबंधक हैं। आप इस पद पर नियुक्ति पाने हेतु जनरल प्रबंधक को एक आवेदन-पत्र लिखिए तथा स्ववृत्त भी तैयार कीजिए।

उत्तर सेवा में,
श्रीमान जनरल प्रबंधक,
स्टेट बैंक ऑफ इंडिया,
चर्च रोड,
मुंबई-201021

विषय स्केल-4 प्रबंधक के पद के लिए आवेदन-पत्र।

महोदय,

आज दिनांक 9 अक्टूबर, 20XX को दिल्ली के प्रातःकालीन संस्करण नवभारत टाइम्स में भारतीय स्टेट बैंक में वरिष्ठ प्रबंधक (स्केल-4) के लिए विज्ञापन प्रकाशित हुआ है, जिससे यह ज्ञात हुआ कि भारतीय स्टेट बैंक में वरिष्ठ प्रबंधक की आवश्यकता है। मैं इस पद के लिए अपना आवेदन-पत्र प्रस्तुत कर रहा हूँ।

मैं अपना अनुभव प्रमाण-पत्र तथा स्ववृत्त आवेदन-पत्र के साथ संलग्न कर रहा हूँ। मैं विज्ञापन में दी गई सभी योग्यताओं को पूरा करता हूँ। मेरा संक्षिप्त विवरण इस प्रकार है

- मैंने फाइनेंस विषय में एम.बी.ए. किया है तथा मैं एकाउंटेंसी विषय में अधिस्नातक की डिग्री ले चुका हूँ। वर्तमान में मैं आई.सी.आई. बैंक में प्रबंधक (स्केल-3) के पद पर कार्यरत् हूँ।
- देश के विभिन्न स्थानों पर स्थित बैंक की शाखाओं में मैंने काम किया है। मेरी सीधी नियुक्ति प्रोबेशनरी ऑफिसर के पद पर हुई थी। मैंने लगातार उन्नति करते हुए, एक कर्मठ कार्यकर्ता के रूप में कार्य करते हुए 10 वर्ष की लघु अवधि में ही (स्केल-3) मैनेजर के पद पर पहुँच गया हूँ।
- बैंक से संबंधित सभी गतिविधियों की मुझे पूर्णत: जानकारी है। मुझे विदेशी विनिमय में भी निपुणता प्राप्त है। मेरे सानिध्य में आई.सी.आई. बैंक की शाखाओं में वार्षिक टर्न ओवर में अप्रत्याशित वृद्धि हुई है।
- विद्यालय तथा विश्वविद्यालय स्तर पर मैंने अनेक सामान्य ज्ञान प्रतियोगिताओं तथा वार्षिक प्रदर्शनियों में भाग लेकर प्रथम पुरस्कार प्राप्त किया है। मैं लिखित तथा मौखिक दोनों ही प्रकार से अपने आपको अभिव्यक्त करने में समर्थ हूँ।
- विश्वविद्यालय में मैं फुटबॉल की टीम का (कैप्टन) कप्तान रह चुका हूँ। मुझमें नेतृत्व करने की पूर्ण क्षमता है।
- मुझे कंप्यूटर का विशेष ज्ञान है। ई-मेल, इंटरनेट, एम.एस. ऑफिस, एक्सेल आदि का मुझे पूर्ण ज्ञान है।
- मैं समाचार-पत्र तथा इकोनॉमिक टाइम्स का नियमित रूप से पठन करता हूँ।

आपसे अनुरोध है कि उपर्युक्त पद के लिए मेरी योग्यताओं को ध्यान में रखते हुए मुझे स्टेट बैंक ऑफ इंडिया में वरिष्ठ प्रबंधक (स्केल-4) के पद पर साक्षात्कार लेने के पश्चात् नियुक्ति प्रदान करें। मैं आपको विश्वास दिलाता हूँ कि मेरे सानिध्य में बैंक अनवरत् उन्नति के पथ पर अग्रसर होगा।

सधन्यवाद।

भवदीय

अमित सिन्हा

संलग्न प्रमाण-पत्र

1. दसवीं की अंक तालिका
2. बारहवीं की अंक तालिका
3. बी.कॉम की अंक तालिका
4. एम.कॉम. की अंक तालिका
5. एम.बी.ए. की अंक तालिका
6. अनुभव प्रमाण-पत्र

स्ववृत्त

नाम : अमित सिन्हा
पिता का नाम : श्री अजीत सिन्हा
माता का नाम : श्रीमती दीप्ति सिन्हा
जन्म तिथि : 16 जुलाई, 1983
वर्तमान पता : A-22, सेक्टर-3 रोहिणी, दिल्ली 302034
स्थायी पता : A-121, मानसरोवर जयपुर (राजस्थान)
दूरभाष नंबर : 011725368
मोबाइल नंबर : 8349XXXXXX
ई-मेल : 83deepak@gmail.com

अनुभव

- आई.सी.आई. बैंक में दो वर्ष तक प्रोबेशनरी अधिकारी के पद पर कार्यरत्। (2010-2012)
- आई.सी.आई. बैंक में तीन वर्ष (2012-2015) तक प्रबंधक (स्केल-I) के पद पर कार्यरत्।
- आई.सी.आई. बैंक में तीन वर्ष (2015-2018) तक प्रबंधक (स्केल-2) के पद पर कार्यरत्।
- आई.सी.आई. बैंक में तीन वर्ष (2018-2021) तक प्रबंधक (स्केल-3) के पद पर कार्यरत् तथा वर्तमान में भी इसी पद पर कार्यरत् हूँ।
- विदेशी विनिमय शाखा (Foreign Exchange) मुंबई में तीन वर्ष का अनुभव।

शैक्षणिक योग्यताएँ

क्र. सं.	परीक्षा/डिग्री	वर्ष	विद्यालय/बोर्ड/महाविद्यालय	विषय	श्रेणी	प्रतिशत
1.	दसवीं	1998	महेश्वरी पब्लिक स्कूल, जयपुर, सी.बी.एस.ई.	अंग्रेजी, हिंदी, गणित, संस्कृत, विज्ञान, सामाजिक विज्ञान	प्रथम	68%
2.	बारहवीं	2000	महेश्वरी पब्लिक स्कूल, जयपुर, सी.बी.एस.ई.	अंग्रेजी, हिंदी, अर्थशास्त्र, एकाउंटेंसी बिजनस-एड मिनिस्ट्रेशन	प्रथम	74%
3.	बी.कॉम (ऑनर्स)	2003	स्टेनी मेमोरियल कॉलेज, राजस्थान विश्वविद्यालय	एकाउंटेंसी	प्रथम	84%
4.	एम.कॉम.	2005	कॉमर्स कॉलेज, राजस्थान विश्वविद्यालय	एकाउंटेंसी	प्रथम	86%
5.	एम.बी.ए.	2008	आई.आई.आर.एम. जयपुर	फाइनेंस	प्रथम	92%

अन्य संबंधित योग्यताएँ
- कंप्यूटर का ज्ञान,
- अंग्रेजी भाषा का ज्ञान, मराठी भाषा का ज्ञान

उपलब्धियाँ
- सामान्य ज्ञान प्रतियोगिता (राज्य स्तर व राष्ट्रीय स्तर) में प्रथम व द्वितीय पुरस्कार (वर्ष 1999, 2002)
- कॉमर्स क्विज (विश्व विद्यालयी स्तर) में प्रथम पुरस्कार (2004)
- विद्यालय में वार्षिक प्रदर्शनी का आयोजन

कार्येत्तर गतिविधियाँ तथा अभिरुचियाँ
- पी.एन.बी. बैंक में छः माह की इंटर्नशिप
- इकोनॉमिक टाइम्स का नियमित पठन, समाचार-पत्र का नियमित पठन
- विदेशी विनिमय (फॉरेन एक्सचेंज) का ज्ञान

संदर्भित व्यक्तियों का विवरण
- श्री मोहित व्यास, रीजनल मैनेजर, आई.सी.आई. बैंक (एन.सी.आर.)
- श्रीमती रमा पटेल, चीफ मैनेजर, पी.एन.बी. बैंक, जयपुर शाखा।

तिथि 9 अक्टूबर, 20XX अमित सिंहा
स्थान दिल्ली। हस्ताक्षर

7. **आपका नाम गोविंद सिंह है। के. पी. एम. जी कंपनी में मार्केटिंग एक्जीक्यूटिव की आवश्यकता है। टाइम्स ऑफ इंडिया में इस पद हेतु विज्ञापन प्रकाशित किया गया है। आपने एम. डी. एस. यूनिवर्सिटी, रोहतक से एम.बी.ए. किया हुआ है। आप नौकरी की तलाश में है। अत: आप इस पद पर नियुक्ति पाने हेतु एक आवेदन-पत्र लिखिए तथा स्ववृत्त भी तैयार कीजिए।**

उत्तर सेवा में,
महा प्रबंधक,
मानव संसाधन विभाग,
के.पी.एम.जी.
111, सेक्टर-5
गुरुग्राम-302034

विषय मार्केटिंग एक्जीक्यूटिव पद के लिए आवेदन-पत्र।

महोदय,

आज दिनांक 17 सितंबर, 20XX को हरियाणा में प्रकाशित टाइम्स ऑफ इंडिया में आपकी कंपनी में मार्केटिंग एक्जीक्यूटिव के रिक्त पद पर नियुक्ति करने हेतु विज्ञापन प्रकाशित हुआ है। मैं इस पद के लिए अपना आवेदन प्रस्तुत कर रहा हूँ।

मैं अपना स्ववृत्त इस आवेदन-पत्र के साथ संलग्न कर रहा हूँ। मैं आपके द्वारा विज्ञापन में वर्णित सभी योग्यताओं व अर्हताओं को पूरा करता हूँ। मेरे स्ववृत्त का अवलोकन करने पर आप मुझे उक्त पद के लिए पूर्णतः उपयुक्त उम्मीदवार पाएँगे।

मेरा संक्षिप्त विवरण इस प्रकार है
- मैं वाणिज्य का छात्र रहा हूँ। बिजनेस एडमिनिस्ट्रेशन मेरा प्रिय विषय था। मैंने इस विषय में ऑनर्स के साथ प्रथम श्रेणी में स्नातक की डिग्री प्राप्त की है। मैं आपकी कंपनी की गतिविधियों की पूरी जानकारी रखता हूँ।
- मैंने मार्केटिंग में प्रथम श्रेणी में एम.बी.ए. किया है तथा मुझे मार्केटिंग के विभिन्न पहलुओं की सैद्धांतिक व व्यावहारिक जानकारी है।
- मैं लिखित व मौखिक दोनों ही प्रकार से अपने आपको अभिव्यक्त करने में सक्षम हूँ। मुझे आशुभाषण व वाद-विवाद प्रतियोगिताओं में राज्यस्तरीय तथा राष्ट्रीय-स्तरीय पुरस्कार मिले हैं।
- मैं अपने विद्यालय में हैड-ब्वॉय के पद पर दो वर्ष तक रह चुका हूँ। मुझमें नेतृत्व करने की पूरी क्षमता है।
- मैं समय-समय पर देश के विभिन्न स्थानों का भ्रमण करता रहता हूँ। मुझे पर्यटन का शौक है। यह आपके द्वारा विज्ञापन में दिए गए पद के अनुकूल है।

मैं समाचार-पत्र तथा व्यापारिक पत्रिकाओं का नियमित पाठक हूँ। इन्हीं के माध्यम से मुझे आपकी कंपनी द्वारा बनाई गई महत्त्वाकांक्षी योजनाओं की जानकारी हुई है।

आपसे अनुरोध है कि उपर्युक्त पद के लिए मेरी योग्यताओं को ध्यान में रखते हुए मुझे आपकी कंपनी में मार्केटिंग एक्जीक्यूटिव के पद पर नियुक्ति प्रदान करें। मैं आपको विश्वास दिलाता हूँ कि मैं कंपनी के विकास में अपना सक्रिय योगदान प्रदान करूँगा तथा कंपनी की उन्नति व विकास के लिए निरंतर प्रयासरत् रहूँगा।

सधन्यवाद।

भवदीय
गोविंद सिंह

संलग्न प्रमाण-पत्र
1. दसवीं कक्षा की अंक तालिका
2. बारहवीं कक्षा की अंक तालिका
3. स्नातक की अंक तालिका 4. एम.बी.ए. की डिग्री

स्ववृत्त

नाम : गोविंद सिंह
पिता का नाम : श्री महेंद्र सिंह
माता का नाम : श्रीमती किरण सिंह
जन्म तिथि : 22 अप्रैल, 1995
वर्तमान पता : मकान नंबर 1002, सेक्टर-14 गुरुग्राम (हरियाणा)
स्थायी पता : उपर्युक्त
दूरभाष नंबर : 0112478XX
मोबाइल नंबर : 9236XXXXXX
ई-मेल : 27govind@gmail.com

शैक्षणिक योग्यताएँ

क्र. सं.	परीक्षा/डिग्री	वर्ष	विद्यालय/बोर्ड/महाविद्यालय	विषय	श्रेणी	प्रतिशत
1.	दसवीं	2010	ब्लू बेल्स पब्लिक स्कूल, गुरुग्राम सी.बी.एस.ई.	अंग्रेजी, हिंदी, गणित, संस्कृत, सामाजिक ज्ञान, विज्ञान	प्रथम	83%
2.	बारहवीं	2012	उपर्युक्त	अंग्रेजी, हिंदी, अर्थशास्त्र, एकाउंटेंसी, बिजनेस, एडमिनिस्ट्रेशन	प्रथम	92%
3.	बी.कॉम. (ऑनर्स)	2015	एम.डी.एस. विश्वविद्यालय, रोहतक	बिजनेस एडमिनिस्ट्रेशन	प्रथम	87%
4.	एम.बी.ए.	2017	एम.डी.एस. विश्वविद्यालय, रोहतक	मार्केटिंग (वैकल्पिक विषय)	प्रथम	84%

अन्य संबंधित योग्यताएँ

- अंग्रेजी भाषा का अच्छा ज्ञान
- कंप्यूटर का ज्ञान (इंटरनेट व एम.एस. ऑफिस)

उपलब्धियाँ

- आशुभाषण प्रतियोगिता (राज्य-स्तरीय) द्वितीय पुरस्कार वर्ष 2011
- अखिल भारतीय वाद-विवाद प्रतियोगिता (2013) में प्रथम पुरस्कार
- विद्यालय में हैड ब्वॉय

कार्येत्तर गतिविधियाँ तथा अभिरुचियाँ

- समाचार-पत्र व व्यापारिक पत्रिकाओं का नियमित पठन
- देश भ्रमण का शौक
- इंटरनेट सर्फिंग

संदर्भित व्यक्तियों का विवरण

- डॉ. रमेश चंद्र शर्मा, प्रोफेसर, एम.डी.एस. विश्वविद्यालय, रोहतक
- श्रीमती रश्मि मिश्रा, प्रिंसिपल, ब्लू बेल्स स्कूल, गुरुग्राम।

तिथि : 17.09.20XX गोविंद सिंह
स्थान गुरुग्राम हस्ताक्षर

8. आपका नाम आशीष शर्मा है। आपने अर्थशास्त्र विषय में अधिस्नातक (पोस्ट ग्रेजुएट), की डिग्री प्राप्त की है तथा राजस्थान सरकार में सांख्यिकी अधिकारी के पद के लिए आवेदन भेजना चाहते हैं। स्ववृत्त को संलग्न करते हुए इसके लिए एक आवेदन-पत्र लिखिए।

उत्तर सेवा में,
सांख्यिकी निदेशक महोदय,
सांख्यिकी विभाग,
राजस्थान पब्लिक सर्विस कमीशन सचिवालय, सिविल लाइंस।
जयपुर 302001।

विषय सांख्यिकी अधिकारी पद के लिए आवेदन।

महोदय,

आज दिनांक 6 अक्टूबर, 20XX को जयपुर में दैनिक अखबार राजस्थान पत्रिका में प्रकाशित विज्ञापन द्वारा ज्ञात हुआ है कि राजस्थान सरकार के सांख्यिकी विभाग में सांख्यिकी अधिकारी का पद रिक्त है तथा विभाग द्वारा इस पद की भर्ती के लिए सुनिश्चित आर्हता पर आवेदन-पत्र माँगे गए हैं।

अतः मैं अपना स्ववृत्त इस आवेदन-पत्र के साथ संलग्न कर रहा हूँ। मेरे स्ववृत्त का अवलोकन करने पर आप मुझे इस पद के लिए पूरी तरह से उपयुक्त उम्मीदवार पाएँगे। मैं विज्ञापन में दी गई सभी योग्यताओं व अर्हताओं को पूरा करता हूँ।

मेरा संक्षिप्त विवरण निम्न प्रकार है

(i) मैंने अर्थशास्त्र विषय में प्रथम श्रेणी में अधिस्नातक की उपाधि प्राप्त की है। मेरे एम. ए. फाइनल के विषयों में एक विषय सांख्यिकी था। मुझे आँकड़ों से संबंधित सभी विश्लेषणों में निपुणता प्राप्त है।

(ii) मुझे कंप्यूटर की जानकारी भी पूरी तरह से है। मुझे एम. एस. वर्ल्ड, एक्सेल, ई-मेल का विशेष रूप से ज्ञान है।

(iii) मैंने एम.ए. फाइनल के दौरान सरकार के सांख्यिकी विभाग में एक परियोजना (Project) पर कार्य किया था, जो तीन माह का था। इसमें जनगणना के आँकड़ों का एकत्रीकरण करके उस पर रिपोर्ट बनानी थी। इस कार्य के लिए मुझे प्रशंसा पत्र भी प्राप्त हुआ था। यह इस पद की प्रकृति के अनुरूप कार्य था।

(iv) मैंने विद्यालयी स्तर पर तथा विश्वविद्यालय स्तर पर सामान्य ज्ञान से संबंधित अनेक प्रतियोगिताओं में भाग लिया तथा अनेक बार मैंने प्रथम व द्वितीय पुरस्कार भी प्राप्त किए हैं।

मुझे सामान्य ज्ञान से जुड़ी पत्र-पत्रिकाओं को पढ़ने का शौक है। सरकारी विभागों से संबंधित समाचार-पत्र मैं नियमित रूप से पढ़ता हूँ। आपसे अनुरोध है कि उपर्युक्त तथ्यों व पद के अनुकूल मेरी योग्यताओं को ध्यान में रखते हुए मेरे आवेदन पर सकारात्मक रूप से विचार करें तथा साक्षात्कार हेतु बुलाने के पश्चात् मुझे सांख्यिकी अधिकारी के पद पर नियुक्त करें।

सधन्यवाद।

भवदीय
आशीष शर्मा

संलग्न प्रमाण-पत्र

1. दसवीं की अंक तालिका
2. बारहवीं की अंक तालिका
3. बी.ए. की अंक तालिका
4. एम.ए. की अंक तालिका
5. कार्यानुभव एवं प्रमाण-पत्र

स्ववृत्त

नाम : आशीष शर्मा
पिता का नाम : श्री रघु शर्मा
माता का नाम : श्रीमती प्रीति शर्मा
जन्म तिथि : 16 मार्च, 1997
वर्तमान पता : डी-31, सोडाला (पिलर 21 मेट्रो स्टेशन के पास) जयपुर।
स्थायी पता : उपर्युक्त
दूरभाष नंबर : 011 5468XX
मोबाइल नंबर : 78XXXXXXXX
ई-मेल : 23ashish@gmail.com

शैक्षणिक योग्यताएँ

क्र. सं.	परीक्षा/ डिग्री	वर्ष	विद्यालय/बोर्ड/ महाविद्यालय	विषय	श्रेणी	प्रतिशत
1.	दसवीं	2013	विश्वविद्यालय राजकीय विद्यालय, सी.बी.एस.ई.	अंग्रेजी, हिंदी, विज्ञान, गणित, सामाजिक विज्ञान,	प्रथम	92%
2.	बारहवीं	2015	विश्वविद्यालय राजकीय विद्यालय, सी.बी.एस.ई.	अर्थशास्त्र, कंप्यूटर, इतिहास, गणित, अंग्रेजी, अर्थशास्त्र,	प्रथम	89%
3.	बी.ए.	2018	राजस्थान कॉलेज, जयपुर	कंप्यूटर, इतिहास, अर्थशास्त्र	प्रथम	87%
4.	एम.ए.	2020	राजस्थान कॉलेज, जयपुर	अर्थशास्त्र	प्रथम	88%

अन्य संबंधित योग्यताएँ

- कंप्यूटर का विशेष ज्ञान और अभ्यास (एम.एस. ऑफिस, एक्सेल, इंटरनेट)
- अंग्रेजी भाषा का ज्ञान

उपलब्धियाँ

- सामान्य ज्ञान प्रतियोगिता (राज्य-स्तरीय वर्ष 2014) में प्रथम पुरस्कार।
- सामान्य ज्ञान प्रतियोगिता (राष्ट्रीय स्तर वर्ष 2017) प्रथम पुरस्कार।

कार्येत्तर गतिविधियाँ और अभिरुचियाँ

- सांख्यिकी विभाग (राज्य सरकार) में तीन माह की जनगणना के आँकड़ों को एकत्र करने तथा उनका विश्लेषण करने से संबंधित प्रोजेक्ट किया।
- सामान्य ज्ञान से संबंधित पत्रिकाओं का नियमित पाठन किया।
- सामान्य पत्र का नियमित पाठन किया।

संदर्भित व्यक्तियों का विवरण

- श्री मोहन लाल शर्मा, प्रिंसिपल, राजकीय विद्यालय, सोड़ाला
- श्री विकल्प गुप्ता, प्रोफेसर, राजस्थान कॉलेज, जयपुर।

तिथि : 6.10.20XX आशीष शर्मा

स्थान : जयपुर हस्ताक्षर

स्व-मूल्यांकन

अतिलघु उत्तरीय प्रश्न

1. स्ववृत्त किन शब्दों से मिलकर बना है?
2. स्ववृत्त से क्या आशय है?
3. स्ववृत्त की किन्हीं दो विशेषताओं का वर्णन कीजिए।

लघु उत्तरीय प्रश्न

1. किसी प्रसिद्ध अखबार में संपादक के पद हेतु आवश्यक आवेदन-पत्र सहित स्ववृत्त का निर्माण कीजिए।
2. प्रसिद्ध मोटर साइकिल कंपनी में लेखकार के पद हेतु स्ववृत्त के साथ आवेदन-पत्र का सृजन कीजिए।
3. सहायक अध्यापक के पद हेतु अपनी योग्यता/पात्रता का वर्णन करते हुए एक आवेदन-पत्र व स्ववृत्त लिखिए, जिसमें आपके 3-5 साल का अध्यापन कार्य का भी वर्णन हो।
4. अरिहंत प्रकाशन मंदिर में लेखा प्रबंधक के रिक्त पद हेतु अपनी पात्रता का दावा करते हुए एक आवेदन-पत्र व स्ववृत्त का निर्माण कीजिए, जिसमें आपके अनुभव व पात्रता की पूर्ण व संक्षिप्त जानकारी हो।

09

अध्याय

शब्दकोश-एक परिचय

शब्दकोश शब्दों का ऐसा संग्रह होता है, जिसमें शब्दों की वर्तनी, उनकी व्युत्पत्ति, व्याकरण निर्देश, अर्थ, परिभाषा, प्रयोग और पदार्थ आदि का उल्लेख किया जाता है।

अभ्यास के लिए

- पाठ्यपुस्तक के प्रश्नोत्तर
- बहुविकल्पीय प्रश्न
- अतिलघु उत्तरीय प्रश्न
- लघु उत्तरीय प्रश्न

भाषा का कोई भी रूप जब तक बोलचाल के रूप में प्रचलित रहता है, तब तक लोग अभ्यास और प्रयोगों के आधार पर ही शब्दों के अर्थ समझ लेते हैं, पर जब कोई भाषा पुरानी हो जाती है और उसके बोलने वालों के अतिरिक्त अन्य लोगों को भी उस भाषा की जानकारी आवश्यक प्रतीत होने लगती है, तब उसके शब्दों के अर्थ जानने के लिए शब्दकोशों का निर्माण जरूरी हो जाता है।

शब्दकोश का अर्थ एवं परिभाषा

शब्दकोश दो शब्दों— **शब्द** और **कोश** के मेल से बना है, जिसका अर्थ है—शब्दों का खजाना। इसके लिए अंग्रेज़ी में 'डिक्शनरी' शब्द का प्रयोग किया जाता है।

शब्दकोश को परिभाषित करते हुए **भोलानाथ तिवारी** कहते हैं, "कोश ऐसे सन्दर्भ ग्रंथ को कहते हैं, जिसमें भाषा विशेष के शब्दादि का संग्रह हो या संग्रह के साथ उनके उसी या दूसरी या दोनों भाषाओं में अर्थ, पर्याय या विलोम हो या विशिष्ट अथवा विभिन्न विषयों की प्रविष्टियों की व्याख्या, नामों (स्थान, व्यक्ति) आदि का परिचय या कथनों आदि का संकलन क्रमबद्ध रूप में हो।"

इस प्रकार शब्दकोश वह ग्रन्थ है जिसमें शब्दों के व्याकरणिक निर्देश देने के साथ-साथ उनके अर्थ को भी स्पष्ट किया जाता है।

शब्दकोश के प्रकार

शब्दकोशों को उनकी भिन्नताओं के आधार पर निम्नलिखित भागों में वर्गीकृत किया जा सकता है

1. **एकभाषी कोश** एकभाषी शब्दकोशों से अभिप्राय ऐसे संग्रहों से हैं, जिनमें लक्ष्य भाषा व स्रोत भाषा दोनों एक ही होते हैं अर्थात् स्रोत भाषा के शब्दों के सम्यक् वर्ण-विन्यास, अर्थ, प्रयोग, पर्याय आदि स्रोत भाषा में प्रस्तुत किए जाते हैं; उदाहरणार्थ हिन्दी-हिन्दी शब्दकोश, अंग्रेज़ी-अंग्रेज़ी शब्दकोश आदि।

2. **द्वि-भाषी शब्दकोश** द्वि-भाषी शब्दकोशों से अभिप्राय ऐसे संग्रहों से है, जिनमें स्रोत भाषा के शब्दों के सम्यक् वर्ण-विन्यास, अर्थ, प्रयोग, पर्याय आदि लक्ष्य भाषा में प्रस्तुत किए जाते हैं; उदाहरणार्थ हिन्दी-अंग्रेज़ी शब्दकोश, हिन्दी-उर्दू शब्दकोश, अंग्रेज़ी-उर्दू शब्दकोश आदि।
3. **पारिभाषिक शब्दावली** विशिष्ट अर्थ में प्रयुक्त होने वाले शब्दों को पारिभाषिक शब्द कहते हैं। किसी भी भाषा के पारिभाषिक शब्दों का सीधा सम्बन्ध उस भाषा के सांस्कृतिक एवं वैचारिक विकास से होता है। सामाजिक विकास की इस परम्परा के साथ भाषा जटिल होती है साथ ही उसमें नवीन संकल्पनाओं का भी जन्म होता है, जिसके पश्चात् इन संकल्पनाओं की पारिभाषिक शब्दावली निर्मित की जाती है। इस प्रकार पारिभाषिक शब्द वे हैं जिन्हें क्षेत्र विशेष में निश्चित परिभाषा में सीमित कर दिया जाता है और वे उस क्षेत्र में ठीक उसी अर्थ में प्रयुक्त होते हैं।
4. **बहुभाषी शब्दकोश** कई बार कोशों में दो से अधिक भाषाओं का प्रयोग किया जाता है। यदि किसी कोश में एक स्रोतभाषा के शब्दों के अर्थ अथवा व्याख्याओं को एक से अधिक भाषाओं में प्रस्तुत किया जाता है, तो उसे बहुभाषी कोश कहा जाता है; उदाहरणार्थ- तमिल-अंग्रेज़ी- हिन्दी शब्दकोश, हिन्दी-अंग्रेज़ी- मलयालम शब्दकोश आदि।

शब्दकोश की रचना

शब्दों का संग्रह करना किसी भी भाषा के शब्द कोश का प्रमुख आधार होता है। यह अत्यन्त जटिल एवं लम्बी प्रक्रिया है, क्योंकि शब्दों का चयन करते समय एक बड़ी समस्या यह होती है कि किन शब्दों का चयन किया जाए और किन शब्दों का नहीं। शब्दकोश में शब्दों का संकलन मुख्यत: दो स्रोतों से किया जाता है, जो निम्नलिखित हैं

1. **लिखित साहित्य से** लिखित साहित्य से शब्दों के संचयन का अर्थ विभिन्न बोलियों एवं भाषाओं में लिखे गए साहित्य से लिए गए शब्दों से है, जिन्हें संग्रहित करके शब्दकोश में संकलित किया जाता है; जैसे संस्कृत साहित्य, उर्दू साहित्य, तमिल साहित्य, बांग्ला साहित्य आदि।
2. **लोक व्यवहार से** लोक व्यवहार से अभिप्राय लोगों द्वारा परस्पर बातें करते समय प्रयोग किए जाने वाले विशिष्ट शब्दों से है, जो उनकी भाषा के महत्त्वपूर्ण अंग बन गए होते हैं तथा जो विभिन्न लोक भाषाओं या बोलियों अथवा विभिन्न संस्कृतियों से सम्पर्क स्थापित होने के कारण निर्मित होते हैं तथा प्रयोग किए जाते हैं; जैसे हिंग्लिश, इंफोटेनमेंट आदि।

   इस प्रकार उपरोक्त प्रक्रिया द्वारा शब्दकोश में नए-नए शब्दों का संकलन किया जाता है।

शब्दकोश की प्रयोग पद्धति

शब्दकोश में शब्दों का संकलन इस प्रकार किया जाता है कि पाठक उसका प्रयोग सहजतापूर्वक कर सकें। शब्दकोश प्रयोग के सामान्य नियम निम्नलिखित हैं

अक्षर क्रम शब्दकोश में शब्दों का संचयन भाषा के वर्णों के अनुक्रम में किया जाता है, इसलिए पाठक को उक्त भाषा की वर्णमाला का ज्ञान होना आवश्यक है। उदाहरणस्वरूप हिन्दी भाषा की वर्णमाला में स्वरों को व्यंजनों से पहले रखा जाता है, इसलिए शब्दकोश में भी उनका स्थान व्यंजनों से पूर्व होता है; यथा

स्वर अ, आ, इ, ई, उ, ऊ, ऋ, ए, ऐ, ओ, औ, अं, अः

व्यंजन क, ख, ग, घ, ङ, च, छ, ज, झ, ञ, ट, ठ, ड, ढ, ण, त, थ, द, ध, न, प, फ, ब, भ, म, य, र, ल, व, श, ष, स, ह

हिन्दी में नव विकसित ध्वनियों 'ड़' व 'ढ़' तथा आगत ध्वनियों 'ख़', 'ज़', 'फ़' को क्रमश: 'ड' व 'ढ' तथा 'ख', 'ज', 'फ' के साथ रखा जाता है।

संयुक्त व्यंजन क्ष, त्र, ज्ञ, श्र

'क्ष', 'त्र', 'ज्ञ', 'श्र' को शब्दकोश में क्रमश: 'क', 'त','ज' तथा 'श' के साथ रखा जाता है।

'ङ', 'ञ' व 'ण' से कोई शब्द आरम्भ न होने के कारण इनका शब्दकोश में अलग से कोई अध्याय नहीं होता है। इसके अतिरिक्त अनुस्वार (अं) व अनुनासिक (अँ) ध्वनियों को शब्दकोश में वर्णों से पहले रखा जाता है। शब्दकोश में शब्दों को वर्णानुक्रम में संकलित करने के साथ-साथ शब्दों की संरचना में स्वाभाविक रूप से विद्यमान मात्राओं के क्रम का भी अनुपालन किया जाता है। मात्राओं का यह अनुक्रम प्रथम वर्ण के सन्दर्भ में ही नहीं, बल्कि दूसरे, तीसरे, चौथे आदि वर्णों के साथ भी बनाए रखा जाता है।

व्याकरणिक कोटि संबंधी संकेत शब्दकोश में प्रत्येक शब्द की व्याकरणिक कोटि (संज्ञा, सर्वनाम, विशेषण, क्रिया, क्रियाविशेषण आदि) से संबंधित संकेत दिए जाते हैं; जैसे—

व्याकरणिक कोटि सम्बन्धी संकेत

पु.	पुल्लिंग	यो.	योजक
स्त्री.	स्त्रीलिंग	स. क्रि.	सकर्मक क्रिया
उभय.	उभयलिंग	अ. क्रि.	अकर्मक क्रिया
सर्व.	सर्वनाम	क्रि. वि.	क्रिया विशेषण
वि.	विशेषण	विस्म.	विस्मयादिबोधक
प्रवि.	प्रविशेषण	पर.	परसर्ग
पु/वि.	पुल्लिंग या विशेषण	संबो.	सम्बोधन कारक
प्र.	प्रत्यय	वि. भ.	विभक्ति
उप.	उपसर्ग	अ.	अव्यय
नि.	निपात	बहु.	बहुवचन

भाषिक स्रोत सम्बन्धी संकेत इस संकेतों द्वारा शब्दकोश में संकलित किए गए शब्दों के विषय में बताया जाता है कि वे कहाँ से ग्रहण किए गए हैं; यथा—

भाषिक स्रोत सम्बन्धी संकेत

सं.	संस्कृत	अ.	अरबी
फा.	फारसी	अं.	अंग्रेज़ी
तु.	तुर्की	पु.	पुर्तगाली
फ्रां	फ्रांसीसी	रू.	रूसी
बो.	बोलचाल		

विषय सम्बन्धी संकेत

ग.	गणित	चि.	चिकित्सा शास्त्र
साहि.	साहित्य	ज्या.	ज्यामिति
का.	कानून	व्या.	व्याकरण
ज्यो.	ज्योतिष		

शब्दकोश का महत्त्व

वर्तमान समय में शब्दकोश का अत्यन्त महत्त्व है। इसके माध्यम से हमें अनेक शब्दों के अर्थ, सरलता से ज्ञात हो जाते हैं। साथ ही ये हमें किसी भी शब्द के विषय में सम्पूर्ण जानकारी प्रदान करते हैं। इसका सबसे अधिक महत्त्व यह है कि सभी शब्द हमें एक ही कोश (पुस्तक) में मिल जाते हैं और हमें जगह-जगह नहीं भटकना पड़ता।

पाठ्यपुस्तक (अभिव्यक्ति एवं माध्यम) के प्रश्नोत्तर

1. नीचे दिए गए कथनों को पूरा कीजिए।

(क) शब्दकोश न केवल शब्दों के अर्थ बताता है बल्कि ....

उत्तर शब्दकोश न केवल शब्दों के अर्थ बताता है, बल्कि इसमें शब्दों की व्युत्पत्ति, स्रोत, लिंग, शब्द-रूप एवं विभिन्न संदर्भपरक अर्थों के बारे में जानकारी दी जाती है।

(ख) शब्दकोश में शब्दों का क्रम ....

उत्तर शब्दकोश में शब्दों का क्रम हिंदी वर्णमाला के अनुसार व्यवस्थित तथा अनुशासित ढंग से होता है, परंतु अं से आरंभ होने वाले शब्द सबसे पहले दिए जाते हैं।

(ग) शब्दकोश का सबसे बड़ा लाभ यह है कि ....

उत्तर शब्दकोश का सबसे बड़ा लाभ यह है कि इसमें आसानी से किसी भी शब्द का अर्थ और उससे संबंधित जानकारी एक ही जगह सहजता से मिल जाती है।

2. नीचे दिए गए शब्दों को शब्दकोशीय क्रम में लिखिए।

परीक्षण, परिक्रमण, परिक्रम, विश्वामित्र, हिमाश्रया, हृदयंगम, ग्वालिन, घंटा, योगांत, घटक, घट, इच्छित, इक्षु, अंतः, अंकपित, आवृष्टि, उदाहन, उद्योग, जिज्ञास

उत्तर अंकपित, अंतः, आवृष्टि, इक्षु, इच्छित, उदाहन, उद्योग, ग्वालिन, घंटा, घट, घटक, जिज्ञास, परिक्रम, परिक्रमण, परीक्षण, योगांत, विश्वामित्र, हृदयंगम, हिमाश्रया।

अभ्यास प्रश्न

बहुविकल्पीय प्रश्न

1. निम्नलिखित शब्दों में से हिन्दी शब्दकोश के अनुसार कौन-सा शब्द पहले आएगा?

(क) अंकुश (ख) अंगद
(ग) अंकित (घ) अंजीर

उत्तर (ग) अंकित

2. शब्दकोश के अनुसार, निम्न शब्दों में से कौन-सा शब्द अन्त में आएगा?

(क) शबरी (ख) षट्कोश
(ग) श्रेष्ठ (घ) सपाट

उत्तर (घ) सपाट

3. शब्दकोश के अनुसार, निम्न शब्दों में से कौन-सा शब्द अंत में आएगा।

(क) कंकाल (ख) ककड़ी
(ग) कक्ष (घ) क्षय

उत्तर (घ) क्षय

4. हिन्दी शब्दकोश के अंतर्गत 'श्र' का क्रम किस वर्ण के बाद आता है?

(क) श (ख) ह
(ग) क्ष (घ) त्र

उत्तर (क) श

5. शब्दकोश के अनुसार, नीचे दिए गए शब्दों में से कौन-सा शब्द पहले आएगा?

(क) पालक (ख) पँवार
(ग) पंकज (घ) पत्थर

उत्तर (ग) पंकज

6. हिंदी शब्दकोश में, निम्नलिखित शब्दों में से पहले कौन-सा शब्द आएगा?

(क) रंगत (ख) रूई
(ग) रतन (घ) रईस

उत्तर (क) रंगत

7. शब्दकोश के अंतर्गत 'श्रद्धा' शब्द किस शब्द से पहले आएगा?

(क) शहर (ख) शौक
(ग) शासन (घ) श्रमिक

उत्तर (घ) श्रमिक

8. हिंदी शब्दकोश में त्रिकोण शब्द कहाँ मिलेगा?

(क) त् वर्ग के वर्णों में (ख) प वर्ग के वर्णों में
(ग) स वर्ग के वर्णों में (घ) च वर्ग के वर्णों में

उत्तर (क) त् वर्ग के वर्णों में

अतिलघु उत्तरीय प्रश्न

1. शब्दकोश क्या है?

उत्तर शब्दकोश के अंदर किसी एक भाषा में प्रयोग होने वाले सभी शब्दों को इकट्ठा करके प्रस्तुत किया जाता है। शब्दकोश में शब्दों की व्युत्पत्ति, स्रोत, लिंग के साथ-साथ उसके शब्द रूपों और विभिन्न संदर्भपरक अर्थों की जानकारी होती है। हिंदी शब्दकोश में शब्द हिंदी वर्णमाला के अनुसार दिए होते हैं। शब्दकोश का सबसे बड़ा लाभ यह है कि इसमें किसी भी प्रकार के शब्द का विस्तृत विश्लेषण आसानी से मिल जाता है।

2. चरित्र कोश किसे कहते हैं?

उत्तर जिस कोश में साहित्य, संस्कृति, विज्ञान आदि क्षेत्रों के महान व्यक्तियों के व्यक्तित्व व कृतित्व की जानकारी उपलब्ध होती है, उसे ही चरित्र कोश कहते हैं। इसमें सभी विचारकों, साहित्यकारों, वैज्ञानिकों आदि का संक्षिप्त परिचय व उपलब्धियाँ, क्रमानुसार दिया होता है। चरित्र कोश को 'व्यक्ति कोश' भी कहते हैं। इसमें भी शब्दकोश के नियमों का ही पालन किया जाता है।

3. नीचे दिए गए शब्दों को शब्दकोश के अनुसार क्रम में लिखिए।
कैलाश, निरंजन, अंगद, अतः, पैर, क्षत्रिय, मनसिज, वंदना, वाणी, खंजन, गरिष्ठ, वरिष्ठ, सान्निध्य, कैवल्य, क्षमा, दीपक, उत्तिष्ठ।

उत्तर इन शब्दों का शब्दकोशीय क्रम इस प्रकार है
अंगद, अतः, उत्तिष्ठ, कैलाश, कैवल्य, क्षत्रिय, क्षमा, खंजन, गरिष्ठ, दीपक, निरंजन, पैर, मनसिज, वंदना, वाणी, वरिष्ठ, सान्निध्य।

लघु उत्तरीय प्रश्न

1. संदर्भ ग्रंथ क्या है और कितने प्रकार के होते हैं?

उत्तर जिस प्रकार शब्दों के अर्थ शब्दकोश में दिए होते हैं, उसी प्रकार संदर्भ ग्रंथ में मानव द्वारा संचित ज्ञान को संक्षिप्त रूप से प्रस्तुत किया जाता है। संदर्भ ग्रंथों से किसी भी विषय की जानकारी तुरंत प्राप्त की जा सकती है।

संदर्भ ग्रंथों में जानकारियों का क्रम भी 'शब्दकोश' के नियमों के अनुसार ही होता है। जब भी किसी विषय पर हमें तुरंत जानकारी चाहिए होती है, तब ये ग्रंथ हमारे काम आते हैं। संदर्भ ज्ञान कई प्रकार के होते हैं। संदर्भ ग्रंथ का सबसे विशद रूप 'विश्व ज्ञान कोश होता है। संदर्भ ग्रंथों के अन्य महत्त्वपूर्ण प्रकार हैं– साहित्य कोश और चरित्र कोश।

2. विश्वज्ञान कोश व साहित्य कोश को समझाइए।

उत्तर **विश्वज्ञान कोश** इसमें पूरे विश्व की जानकारियों का संग्रह होता है। मनुष्य के ज्ञान व रुचि से संबंधित सभी रचनाएँ व जानकारियाँ विश्वज्ञान कोश से संक्षिप्त रूप में सहजता से प्राप्त की जा सकती हैं। विश्वज्ञान कोश में भी शब्दकोश के नियमों को अपनाया जाता है।

साहित्य कोश साहित्य कोश में साहित्यिक विषयों से संबंधित सभी जानकारियाँ उपलब्ध होती हैं। इसमें सभी साहित्यिक रचनाओं के साथ-साथ उनके लेखकों आदि के नाम क्रमानुसार लिखे होते हैं।

स्व-मूल्यांकन

बहुविकल्पीय प्रश्न

1. निम्न शब्दों में से कौन-सा शब्द अंत में आएगा?
(क) नजर (ख) नागर
(ग) निंदा (घ) न्याय

2. निम्नलिखित शब्दों में से कौन-सा शब्द पहले आएगा?
(क) श्यामपट्ट
(ख) स्मिता
(ग) षड्दर्शन
(घ) सुंदर

अतिलघु उत्तरीय प्रश्न

1. शब्दकोश का अर्थ लिखिए।
2. शब्दकोश की परिभाषा दीजिए।
3. शब्दकोश के कितने प्रकार हैं?

लघु उत्तरीय प्रश्न

1. शब्दकोश की रचना का वर्णन करें।
2. शब्दकोश की प्रयोग पद्धति को संक्षेप में स्पष्ट कीजिए।

01

अध्याय

खंड ग : पाठ्यपुस्तक व पूरक पाठ्यपुस्तक
आरोह भाग-1 : गद्य भाग

नमक का दारोगा

(प्रेमचंद)

लेखक-परिचय

हिंदी साहित्य में कथा-सम्राट के नाम से प्रसिद्ध प्रेमचंद का जन्म 1880 ई. में बनारस (उत्तर प्रदेश) जिले के लमही गाँव में हुआ था। इनका मूल नाम धनपत राय था। इन्होंने बी.ए. तक की शिक्षा ग्रहण की; राष्ट्रीय आंदोलनों में सक्रिय भागीदारी निभाने के कारण इन्होंने सरकारी नौकरी से त्यागपत्र दे दिया। इनकी प्रमुख कृतियाँ हैं– सेवासदन, रंगभूमि, गोदान (उपन्यास) इत्यादि; मानसरोवर (कहानी-संग्रह) (आठ खंडों में प्रकाशित); कर्बला, संग्राम (नाटक); कुछ विचार, विविध प्रसंग (निबंध-संग्रह)। अपने लेखन से हिंदी साहित्य को समृद्ध करने वाले इस कथा-सम्राट का वर्ष 1936 में बनारस में देहावसान हो गया।

- **अध्ययन के लिए**
  - पाठ की रूपरेखा
  - पाठ का सार
- **अभ्यास के लिए**
  - पाठ्यपुस्तक के प्रश्नोत्तर
  - गद्यांश पर आधारित बहुविकल्पीय प्रश्न
  - लघु उत्तरीय प्रश्न
  - दीर्घ उत्तरीय प्रश्न

पाठ की रूपरेखा

'नमक का दारोगा' प्रेमचंद द्वारा आदर्शोन्मुख यथार्थवाद की संज्ञा पर रची गई बहुचर्चित कहानी है। यह वास्तव में, धन के ऊपर धर्म व सत्य की जीत की कहानी है, जिसमें ईमानदार व कर्त्तव्यनिष्ठ मुंशी वंशीधर को पंडित अलोपीदीन खरीदने का असफल प्रयास करने के बाद उन्हें अपने धन के प्रभाव से नौकरी से निकलवा देता है। मुंशी वंशीधर की ईमानदारी से प्रभावित होने व अपने इस कृत्य से आत्मग्लानि होने पर पंडित अलोपीदीन प्रायश्चित करने के लिए उन्हें ऊँचे वेतन और भत्ते के साथ अपनी संपत्ति का स्थायी मैनेजर नियुक्त कर देता है। यह कहानी मानवीय मूल्यों में आस्था उत्पन्न करने वाली आशावादी कहानी है, जिसमें सत्यनिष्ठा, धर्मपरायणता एवं कर्त्तव्यनिष्ठा को सम्मानित किया गया है।

पाठ का सार

नमक का दारोगा पद की प्रतिष्ठा

ब्रिटिश शासकों द्वारा नमक पर कर (टैक्स) लगाए जाने के कारण नमक के कानून का पालन कराने के लिए एक नया विभाग बना दिया गया था। सरकारी प्रतिबंध लगाए जाने के बाद भी नमक का व्यापार चोरी-छिपे बढ़ गया था। अनेक प्रकार के छल-प्रपंचों (धोखाधड़ी) का सूत्रपात (आरंभ) होने और रिश्वत की मोटी कमाई से नमक विभाग के अधिकारियों की मौज हो गई थी। पटवारीगिरी जैसा सर्वसम्मानित पद छोड़कर लोग नमक विभाग में दारोगा के पद पर कार्य करने के इच्छुक रहने लगे तथा इस विभाग में जाने के लिए अपनी कोशिश करने लगे। इस पद के लिए अच्छे-अच्छे वकीलों का भी जी ललचाता था।

मुंशी वंशीधर का दारोगा बनना

मुंशी वंशीधर के पिता उसे घर की आर्थिक दशा से अवगत कराते है, साथ ही सलाह देते हैं कि नौकरी में ओहदे (पद) पर ध्यान मत देना, यह तो पीर की मज़ार है। निगाह चढ़ावे और चादर पर रखनी चाहिए। ऐसा काम ढूँढना, जहाँ कुछ ऊपरी आय भी हो। मासिक वेतन तो पूर्णमासी का चाँद है, जो घटते-घटते लुप्त हो जाता है।

ऊपरी आय बहता हुआ स्रोत है, जिससे सदैव प्यास बुझती है ऊपरी आमदनी ईश्वर देता है, इसी से उसकी बरकत होती है। मुंशी वंशीधर अपने अनुभवी पिता से एक बहुत ही महत्त्वपूर्ण ज्ञान व उपदेश के बाद आशीर्वाद लेकर रोज़गार की तलाश में घर से निकलते हैं, ताकि घर की बिगड़ती आर्थिक स्थिति को सही किया जा सके। सौभाग्य से वंशीधर की नौकरी नमक के दारोगा के पद पर लग जाती है। इस समाचार से उनके स्वजनों को बहुत खुशी होती है, परंतु उनके पड़ोसियों को इस बात से ज़रा भी खुशी नहीं होती।

मुंशी वंशीधर की कर्त्तव्यनिष्ठा

मुंशी वंशीधर को नौकरी पर आए लगभग छः महीने से अधिक नहीं हुए थे कि उन्होंने अपनी कार्यकुशलता एवं उत्तम आचार-विचार से अफसरों को मोहित कर लिया था। नमक के दफ़्तर से एक मील दूर पूर्व की ओर यमुना नदी के ऊपर एक पुल बना हुआ था। सर्दी की एक रात में नमक की सुरक्षा के लिए तैनात सिपाही और चौकीदार अत्यधिक नशे में धुत थे, तभी दारोगा की नींद अचानक पुल पर से गुज़रती गाड़ियों की आवाज़ सुनकर खुल जाती है और वे बाहर देखते हैं कि गाड़ियों की एक लंबी कतार पुल पार कर रही है।

गड़बड़ी की आशंका होने पर तलाशी के दौरान उन्हें पता चलता है कि उन गाड़ियों पर नमक लदा है और ये गाड़ियाँ दातागंज इलाके के सर्वाधिक प्रतिष्ठित ज़मींदार पंडित अलोपीदीन की हैं, जो लाखों रुपये का लेन-देन करते हैं।

पंडित अलोपीदीन की गिरफ़्तारी

पंडित अलोपीदीन अपने सजीले रथ में ऊँघते हुए जा रहे थे कि तभी गाड़ी वालों ने गाड़ियों को रोक लिए जाने की ख़बर उन्हें दी। पंडित अलोपीदीन समस्त संसार में लक्ष्मी जी को प्रमुख मानते थे। उनकी दृष्टि में न्याय और नीति सब लक्ष्मी के खिलौने थे। वे लेटे-लेटे गर्व से बोले चलो, हम आते हैं। यह कहकर वे बड़ी निश्चिंतता से पान खाकर व लिहाफ़ ओढ़कर आते हैं और आदरपूर्वक दारोगा जी का अभिनंदन करते हैं तथा कहते हैं कि मेरी सरकार तो आप ही हैं। वंशीधर पर ईमानदारी का नशा था। उन्होंने कहा कि हम अपना ईमान नहीं बेचते और पंडित अलोपीदीन को गिरफ़्तार करने का आदेश दिया।

यह आदेश सुनकर पंडित अलोपीदीन हैरान रह गए। यह उनके जीवन में पहला अवसर था कि उन्हें किसी की कठोर बातें सुननी पड़ीं। आदेश पाने के उपरांत भी बदलू सिंह उन्हें गिरफ़्तार करने से घबरा रहा था, फिर अलोपीदीन ने सोचा कि यह अभी नया लड़का है। अलोपीदीन ने वंशीधर को चालीस हज़ार तक की रिश्वत भी देनी चाही, परंतु उन्होंने उनकी एक न सुनी और उन्हें गिरफ़्तार कर लिया। इसके बाद अलोपीदीन चारों ओर निराशा की दृष्टि से देखने लगे और मूर्च्छित होकर धरती पर गिर पड़े।

पंडित अलोपीदीन के प्रति पक्षपातपूर्ण न्याय

सुबह तक सभी की ज़बान पर पंडित जी की गिरफ़्तारी का किस्सा था। चारों तरफ़ उनकी निंदा हो रही थी। भ्रष्ट व्यक्ति भी उनकी निंदा कर रहे थे। अगले दिन अदालत में बहुत भीड़ थी, जहाँ में सभी पंडित अलोपीदीन के धन के गुलाम थे। वे उनके पकड़े जाने पर हैरान भी थे। उन्हें हैरानी इसलिए नहीं थी कि अलोपीदीन ने यह कर्म क्यों किया, बल्कि इसलिए कि वे कानून के पंजे में कैसे आए? उनकी पैरवी के लिए वकीलों की फौज़ तैयार की गई। न्याय के मैदान में धर्म और धन के बीच युद्ध ठन गया। वंशीधर के पास सत्य था, लेकिन गवाह लोभ के कारण सत्य से पलट गए थे। मुंशी जी को न्यायालय में पक्षपात होता दिख रहा था। परिणामस्वरूप मुकदमा शीघ्र समाप्त हो गया। डिप्टी मजिस्ट्रेट ने उन्हें भविष्य में दोबारा ऐसा न करने की चेतावनी दी।

मुंशी वंशीधर को नौकरी से निकालना

वंशीधर बाहर निकले, तो चारों तरफ़ से व्यंग्य की बातें सुनने को मिलीं। उन्हें न्याय, विद्वत्ता, उपाधियाँ आदि सभी निरर्थक लगने लगीं। अदालत के फैसले के एक सप्ताह बाद ही वंशीधर को नौकरी से निकाल दिया गया। सुनकर उनके पिता बहुत क्रोधित हुए, साथ ही माँ एवं पत्नी ने भी अपनी नाराज़गी व्यक्त की। वंशीधर को पहली बार अपने जीवन में खेदजनक अनुभव हुआ कि कोई भी सत्य के लिए समर्पित होने को तैयार नहीं है। पूरे समाज ने वंशीधर को अपमानित किया।

पंडित अलोपीदीन का प्रस्ताव

वंशीधर के दृढ़ चारित्रिक बल ने पंडित अलोपीदीन पर ऐसा प्रभाव डाला कि उनकी आत्मा अंदर तक व्यथित हो गई। वे अगले ही सप्ताह अपने सजे हुए रथ पर बैठ वंशीधर के घर पहुँचे। उन्हें देखकर वंशीधर के पिता अपनी बदकिस्मती और बेटे की मूर्खता का रोना रोने लगे। अलोपीदीन ने उन्हें चौंकाते हुए कहा—आपका बेटा कुलतिलक है। ऐसे धर्मपरायण मनुष्यों पर तो सर्वस्व अर्पण किया जा सकता है। उन्होंने वंशीधर से कहा—उस दिन आपने मुझे हिरासत में लिया था, आज मैं स्वयं आपकी हिरासत में एक आग्रह लेकर आया हूँ। आप मेरी सारी संपत्ति के स्थायी मैनेजर का पद स्वीकार कर लें। इसके लिए आपको छः हज़ार वार्षिक वेतन के अतिरिक्त रोज़ाना खर्च, सवारी के लिए घोड़े, बंगला, नौकर-चाकर आदि मुफ़्त मिलेंगे।

मुंशी वंशीधर की विनम्रता एवं कृतज्ञता

अलोपीदीन के हृदय की विशालता और गुण-ग्राहकता देखकर वंशीधर पिघल गए। प्रस्ताव सुनकर उन्होंने हाथ जोड़कर यह कार्य किसी अनुभवी व्यक्ति को सौंपने का आग्रह किया। इस पर सेठ अलोपीदीन ने कहा कि मुझे न अनुभव की आवश्यकता है और न विद्वत्ता एवं मर्मज्ञता आदि की चाह है। मुझे तो सदैव नदी किनारे वाला उद्दंड, कठोर, किंतु धर्मनिष्ठ दारोगा ही चाहिए। भगवान से यही प्रार्थना है कि वह आपको हमेशा वैसा ही बनाए रखे। यह सब सुनकर वंशीधर की आँखों में आँसू भर आए। उन्होंने काँपते हाथों एवं भक्ति भाव से नियुक्ति-पत्र पर हस्ताक्षर कर दिए। अलोपीदीन ने प्रफुल्लित होकर उन्हें गले से लगा लिया।

शब्दार्थ

ईश्वर-प्रदत्त—ईश्वर द्वारा प्रदान किया हुआ; **छल-प्रपंच**—धोखा एवं मक्कारी; **सूत्रपात**—किसी काम का आरंभ होना; **पौ-बारह होना**—मज़े होना; **बरकंदाजी**—बंदूक लेकर चलने वाला सिपाही, चौकीदार; **प्राबल्य**—प्रबलता, अत्यधिक; **फारसीदां**—फ़ारसी जानने वाला; **कगारे का वृक्ष**—किनारे खड़ा पेड़; **ओहदा**—पद।

बरकत—वृद्धि; **गरज़वाला**—ज़रूरतमंद; **बेगरज़**—जिसे आवश्यकता न हो; **निगाह में बाँधना**—मन में धारण करना; **आत्मावलंबन**—स्वयं पर भरोसा रखना; **कलवार**—शराब बनाने वाला; **आचार**—आचरण; **कोलाहल**—शोर।

सदाव्रत—हमेशा अन्न बाँटने का व्रत; **चलता-पुरज़ा**—चुस्त।

टटोला—खोजा; **सजीले**—सजा हुआ; **लिहाफ़**—रूई भरकर बनाई गई पतली रजाई; **ऐश्वर्य**—धन-संपत्ति,वैभव।

स्तंभित—निस्तब्ध, हैरान; **उद्दंड**—निडर; **अल्हड़**—भोला; **सांख्यिक शक्ति**—धन की अधिकता की शक्ति, आँकड़ों की शक्ति; **मुख्तार**—कलेक्टरी में वकील से कम दरजे का वकील; **अलौकिक**—जो इस लोक का न हो।

जीभ जागना—बातें बोलना; **कल्पित**—कल्पना से; **रोज़नामचा**—प्रतिदिन का हिसाब लिखने की बही; **गरदन चलाना**—बढ़-चढ़कर बुराई करना; **अभियुक्त**—आरोपी; **क्षोभ**—व्याकुलता; **व्यग्र**—परेशान, दुखी; **अमले**—कर्मचारी मंडल, नौकर-चाकर; **अरदली (ऑर्डरली)**—किसी बड़े अफ़सर के साथ रहने वाला खास चपरासी।

विस्मित—हैरान; **अनन्य वाचालता**—अत्यधिक बोलने का गुण; **निमित्त**—कारण, के वास्ते; **डाँवाडोल**—अधीर, अस्थिर; **तजवीज**—राय; **निर्मूल**—निराधार; **भ्रमात्मक**—भ्रम उत्पन्न करने वाले; **नमकहलाली**—उपकार मानना; **स्वजन-बाँधवों**—अपने भाई-बंधु; **गर्वाग्नि**—अहंकार की अग्नि।

प्रज्वलित करना—जलाना; **खेदजनक**—दुखदायी; **चोंगे**— घुटनों तक का लंबा ढीला परिधान; **मुअत्तली**—पद से हटाना, बर्खास्त करना; **परवाना**—लिखित आज्ञा; **कर्त्तव्य-परायणता**—कर्त्तव्यनिष्ठ; **भग्न**—टूटा हुआ; **कुड़-बुड़ाना**—बड़बड़ाना; **तगादे**—आदेश; **ओहदेदार**—ऊँचे पद पर आसीन; **अकारथ**—व्यर्थ; **विकट**—भयानक; **अगवानी**—स्वागत करना; **दंडवत**—पूर्णतः लेटकर प्रणाम करना।

लल्लो-चप्पो करना—खुशामद करना; **भाग्य उदय होना**—किस्मत जागना; **कपूत**—कुपुत्र; **कुलतिलक**—कुल का श्रेष्ठ व्यक्ति; **धर्मपरायण**—धर्म के पथ पर चलने वाला; **खुशामद**— चापलूसी करना; **परास्त**—पराजित करना; **सत्कार**— ख़ातिरदारी करना, आदर करना; **ठकुर-सुहाती**—स्वामी को प्रिय लगने वाली बातें; **मन की मैल मिटना**—द्वेष समाप्त होना; **विनीत**—विनम्रता।

त्रुटि—दोष; **कृतज्ञता**—उपकार मानना; **सामर्थ्य**—योग्यता, शक्ति; **कीर्तिवान**—यशस्वी; **मर्मज्ञ**—विशेषज्ञ; **बेमुरौवत**—लिहाज़ न करने वाला।

आँखें डबडबाना—आँखों में आँसू भर आना; **प्रफुल्लित**—प्रसन्न।

पाठ्यपुस्तक (आरोह भाग-1) के प्रश्नोत्तर

पाठ के साथ

1. कहानी का कौन-सा पात्र आपको सर्वाधिक प्रभावित करता है और क्यों?

उत्तर प्रस्तुत कहानी का नायक वंशीधर हमें सबसे अधिक प्रभावित करता है, क्योंकि वह ईमानदार, शिक्षित, कर्त्तव्यपरायण व धर्मनिष्ठ व्यक्ति है। घर की आर्थिक स्थिति ठीक न होने के कारण उसके पिता उसे बेईमानी का पाठ पढ़ाते हैं, परंतु वह इन सबके विपरीत ईमानदारी का ही व्यवहार करता है।

वह स्वाभिमानी है। अदालत में उसके खिलाफ़ गलत फैसला लिया जाता है तथा उसकी नौकरी छीन ली जाती है, किंतु इन सबके बावजूद भी वह अपना स्वाभिमान नहीं खोता। कहानी के अंत में उसे अपनी इसी ईमानदारी का फल मिलता है, जब पंडित अलोपीदीन उसे अपनी सारी जायदाद का आजीवन स्थायी मैनेजर नियुक्त करता है। भ्रष्ट सेठ पंडित अलोपीदीन को भी वंशीधर की चारित्रिक दृढ़ता के समक्ष झुकना पड़ता है।

2. 'नमक का दारोगा' कहानी में पंडित अलोपीदीन के व्यक्तित्व के कौन-से दो पहलू (पक्ष) उभरकर आते हैं?

उत्तर पंडित अलोपीदीन के व्यक्तित्व के निम्नलिखित दो पक्ष उभरकर आते हैं

(i) **भ्रष्ट व्यक्तित्व** (अप्रशंसनीय) पंडित अलोपीदीन के चरित्र भ्रष्ट होने के कारण आदर के योग्य नहीं है। वह भ्रष्ट कार्यों को रात के अँधेरे में बड़े आराम से करता है। धन कमाने के लिए धन का गैर-कानूनी उपयोग करता है। उसने विभिन्न सरकारी विभागों के अधिकारियों एवं कर्मचारियों को रिश्वत के दलदल में फँसा रखा है।

कहानी के आरंभ और मध्य तक उसे समाज के एक चालाक और वाचाल व्यक्तित्व वाले व्यक्ति के रूप में दिखाया गया है, जिसने अपनी चतुराई से समाज में अपना सम्मानित स्थान बनाया हुआ है। उसके इस भ्रष्ट चरित्र की प्रशंसा नहीं की जा सकती।

(ii) **उज्ज्वल व्यक्तित्व** (प्रशंसनीय) कहानी के अंत में पंडित अलोपीदीन के व्यक्तित्व का सकारात्मक पक्ष उभरकर सामने आता है। भ्रष्टाचार को बढ़ावा देने वाला व्यक्ति ईमानदार वंशीधर (दारोगा) के द्वारा गिरफ्तार किए जाने पर उससे अपने अपमान का बदला लेने के लिए उसे नौकरी से अवश्य निकलवा देता है, किंतु दारोगा के दृढ़ चरित्र के समक्ष उसका झूठा अहंकार समाप्त हो जाता है। वह वंशीधर के ईमानदार व्यक्तित्व से प्रभावित होकर ही उसे सम्मानपूर्वक अपनी सारी संपत्ति का स्थायी प्रबंधक नियुक्त करता है। पंडित अलोपीदीन के व्यक्तित्व की यह गुण-ग्राहकता प्रशंसा के योग्य है।

3. कहानी के लगभग सभी पात्र समाज की किसी-न-किसी सच्चाई को उजागर करते हैं। निम्नलिखित पात्रों के संदर्भ में पाठ के उस अंश को उद्धृत करते हुए बताइए कि यह समाज की किस सच्चाई को उजागर करते हैं?

(क) वृद्ध मुंशी (ख) वकील (ग) शहर की भीड़

उत्तर (क) **वृद्ध मुंशी**

वृद्ध मुंशी का चरित्र समाज की उस सच्चाई को उजागर करता है, जिसमें वृद्ध माता-पिता भी जीवन मूल्यों से वंचित हैं। वे स्वयं भी भ्रष्ट आचरण करने में झिझक महसूस नहीं करते और न ही अपने बच्चों को कोई सद्आचरण की सीख दे पाते हैं, बल्कि उन्हें रिश्वतखोरी या ऊपरी आमदनी प्राप्त करने की सलाह देते हैं अर्थात् ऐसे परिवार एक अच्छे समाज की नींव नहीं बन सकते।

उदाहरण वृद्ध मुंशी भी वंशीधर (अपने बेटे) को यह सलाह देते हैं कि "नौकरी में ओहदे की ओर ध्यान मत देना, यह पीर की मज़ार है। निगाह चढ़ावे और चादर पर रखनी चाहिए। ऐसा काम ढूँढना, जहाँ कुछ ऊपरी आय हो। मासिक वेतन तो पूर्णमासी का चाँद है, जो एक दिन दिखाई देता है और फिर घटते-घटते लुप्त हो जाता है। ऊपरी आय बहता हुआ स्रोत है, इसी से बरकत होती है, तुम स्वयं विद्वान हो, तुम्हें क्या समझाऊँ। इन बातों को निगाह में बाँध लो। यही मेरी जन्मभर की कमाई है।" वे अपने बेटे की ईमानदारी एवं सत्यनिष्ठा पर पीठ थपथपाने की बजाय उसे कोसते हुए कहते हैं—"इस वंशीधर को पढ़ाना-लिखाना सब बेकार गया। हमने तो इसे इसलिए पढ़ाया था कि जैसे-तैसे कमाकर हमारा घर भरे, लेकिन यह निकला अक्ल का दुश्मन।"

(ख) **वकील**

वकील समाज की एक ऐसी सच्चाई है, जो न्याय की जीत पर खुश होने की बजाय अपने मुवक्किल की जीत पर खुश होते हैं, चाहे न्याय का गला ही क्यों न दबाना पड़े। न्याय की इससे बड़ी पराजय नहीं हो सकती।

उदाहरण वकीलों ने यह फैसला सुना और उछल पड़े। उन्हें भ्रष्ट सेठ अलोपीदीन ने धन का गुलाम बना दिया था। फैसला ईमानदारी के पक्ष में न होकर भ्रष्टाचारी के पक्ष में हुआ।

(ग) **शहर की भीड़**

शहर की भीड़ समाज की वह सच्चाई है, जो संवेदनहीनता का पर्याय है। वह केवल एक तमाशबीन की तरह दृश्य को देखना चाहते हैं। किसी के दुःख में भी तमाशे जैसा मज़ा लेते हैं। विशेष रूप से नए-नए रावण को देखना उन्हें ज़्यादा अच्छा लगता है, जबकि वे स्वयं भ्रष्ट आचरण में लिप्त रहते हैं। फिर भी किसी भ्रष्टाचारी की कलई खुलने पर खुलकर टीका-टिप्पणी करने से नहीं चूकते।

उदाहरण जब दूसरे दिन पंडित अलोपीदीन अभियुक्त होकर कॉन्स्टेबलों के साथ, हाथों में हथकड़ियाँ, हृदय में ग्लानि और क्षोभभरे, लज्जा से गर्दन झुकाए अदालत की तरफ़ चले, तो सारे शहर में हलचल मच गई। मेलों में कभी भी आँखें इतनी उत्सुक न होती होंगी, जितनी पंडित अलोपीदीन को देखने को थीं। भीड़ के कारण छत और दीवार में कोई भेद नहीं हो पा रहा था।

4. निम्न पंक्तियों को ध्यान से पढ़िए

नौकरी में ओहदे की ओर ध्यान मत देना, यह तो पीर की मज़ार है। निगाह चढ़ावे और चादर पर रखनी चाहिए। ऐसा काम ढूँढना, जहाँ कुछ ऊपरी आय हो। मासिक वेतन तो पूर्णमासी का चाँद है, जो एक दिन दिखाई देता है और घटते-घटते लुप्त हो जाता है। ऊपरी आय बहता हुआ स्रोत है, जिससे सदैव प्यास बुझती है। वेतन मनुष्य देता है, इसी से उसमें वृद्धि नहीं होती। ऊपरी आमदनी ईश्वर देता है, इसी से उसकी बरकत होती है, तुम स्वयं विद्वान हो, तुम्हें क्या समझाऊँ।

(क) यह किसकी उक्ति है?

(ख) मासिक वेतन को पूर्णमासी का चाँद क्यों कहा गया है?

(ग) क्या आप एक पिता के इस वक्तव्य से सहमत हैं?

उत्तर (क) यह उक्ति दरोगा वंशीधर के बूढ़े पिता की है।

(ख) मासिक वेतन को पूर्णमासी का चाँद इसलिए कहा गया है, क्योंकि जिस प्रकार पूर्णमासी का चाँद पूर्णिमा के दिन ही पूरा दिखाई देने के उपरांत दूसरे दिन से ही घटना प्रारंभ हो जाता है, ठीक उसी प्रकार वेतन भी मास में मिलता तो एक बार है, किंतु अगले दिन से ही घटते-घटते शीघ्र ही समाप्त हो जाता है।

(ग) नहीं, मैं एक पिता के इस वक्तव्य से बिल्कुल भी सहमत नहीं हूँ, क्योंकि जब एक पिता ही इस तरह की सोच का वक्तव्य देगा, तो पुत्र की मानसिकता के विकृत होने की संभावना अधिक हो जाती है। ऐसी मानसिकता समाज के लिए भी अहितकारी है।

5. 'नमक का दारोगा' कहानी के कोई दो अन्य शीर्षक बताते हुए उसके आधार को भी स्पष्ट कीजिए।

उत्तर 'नमक का दारोगा' कहानी के दो अन्य निम्नलिखित शीर्षक हो सकते हैं

(i) **ईमानदारी का फल** यह शीर्षक कहानी का केंद्रीय भाव व मूल उद्देश्य है। वंशीधर को ईमानदारी और सत्य के रास्ते पर चलने में कठोर संघर्ष का सामना करना पड़ता है। यहाँ तक कि उन्हें नौकरी से भी निकाल दिया जाता है, परंतु इस पर भी वे विचलित नहीं होते। कहानी के अंत में भ्रष्ट अलोपीदीन उनके यहाँ आता है और अपने किए पर पश्चाताप प्रकट करते हुए वंशीधर को अपनी संपत्ति का प्रबंधक नियुक्त करता है। अतः 'ईमानदारी का फल' शीर्षक कहानी के लिए उपयुक्त शीर्षक हो सकता है।

(ii) **नैतिकता का मूल्य** यह कहानी नैतिक मूल्यों पर आधारित है। ईमानदारी, कर्त्तव्य आदि नैतिक मूल्यों के महत्त्व को कहानी में रेखांकित किया गया है। यह कहानी जीवन मूल्यों के प्रति आस्था को बनाए रखने में सक्षम है। अतः कहानी का दूसरा उपयुक्त शीर्षक 'नैतिकता का मूल्य' हो सकता है।

6. कहानी के अंत में अलोपीदीन के द्वारा वंशीधर को नियुक्त करने के पीछे क्या कारण हो सकते हैं? तर्क सहित उत्तर दीजिए। आप इस कहानी का अंत कैसे करते?

उत्तर कहानी के अंत में अलोपीदीन द्वारा वंशीधर को नियुक्त करने के पीछे यह कारण हो सकता है कि उसने अब तक बेईमान, भ्रष्ट और बिकाऊ लोग ही देखे थे, चूँकि वह स्वयं लालची एवं धनलोलुप व्यक्ति था, जिसने बड़े-से-बड़े अधिकारियों को भी रिश्वत के बल पर अपना गुलाम बना लिया था। केवल एक वंशीधर ही उसे ऐसा व्यक्ति मिला, जो हज़ारों रुपयों का लालच देने पर भी अपने ईमान से नहीं डिगा एवं अटल रहा।

अलोपीदीन अतुल संपत्ति का मालिक था। उसकी संपत्ति की सुरक्षा जिनके हाथों में थी, वे भी बेईमान ही थे। अतः उसे अपनी संपत्ति की सुरक्षा हेतु ऐसे ही दृढ़ चरित्र वाले एक प्रबंधक की आवश्यकता थी, क्योंकि व्यक्ति स्वयं कितना ही बेईमान एवं भ्रष्ट हो पर उसे कर्मचारी ईमानदार व सच्चा ही चाहिए, इसलिए उसने उसे नियुक्त किया। मैं भी इस कहानी का अंत इसी प्रकार अच्छाई की जीत दिखाकर ही करता।

पाठ के आस-पास

1. दारोगा वंशीधर गैर-कानूनी कार्यों की वजह से पंडित अलोपीदीन को गिरफ़्तार करता है, लेकिन कहानी के अंत में इसी पंडित अलोपीदीन की सहृदयता पर मुग्ध होकर उसके यहाँ प्रबंधक की नौकरी को तैयार हो जाता है। आपके विचार से वंशीधर का ऐसा करना उचित था? आप उसकी जगह होते तो क्या करते?

उत्तर दृढ़ चरित्र वाले ईमानदार वंशीधर का अलोपीदीन जैसे भ्रष्ट व्यापारी के यहाँ नौकरी करना सर्वथा अनुचित था। मैं वंशीधर की जगह होता तो कदापि उसकी नौकरी स्वीकार न करता। मैं उसको धन्यवाद देते हुए उसके जागृत व्यक्तित्व से खुश होता, किंतु स्पष्ट शब्दों में कहता कि जिस प्रकार के कार्य का प्रबंधक मुझे आप बनाना चाहते हैं, उस प्रकार का कार्य (काला धंधा) स्वीकार करना मेरे स्वभाव के विपरीत है। मेरे लिए यह सब सहन कर पाना संभव नहीं है। अपने स्वाभिमान को ठेस पहुँचाना उचित नहीं है, इसलिए आप किसी अन्य व्यक्ति को इसके लिए नियुक्त कर लें।

2. नमक विभाग के दारोगा पद के लिए बड़ों-बड़ों का जी ललचाता था। वर्तमान समाज में ऐसा कौन-सा पद होगा, जिसे पाने के लिए लोग लालायित रहते होंगे और क्यों?

उत्तर वर्तमान समय में लोग आयकर, बिक्रीकर, आयात-निर्यात जैसे विभागों में पद पाने के लिए उत्सुक रहते हैं, क्योंकि इन विभागों में खुलेआम रोज़ रिश्वत चलती है। वर्तमान समाज के लोग भी ऊपर की आय को महत्त्व देते हैं। इन विभागों में लोग इसलिए भी जाना चाहते हैं, क्योंकि इनमें खाने-कमाने के बहुत अवसर होते हैं तथा साथ ही पद का रोब भी रहता है।

3. अपने अनुभवों के आधार पर बताइए कि जब आपके तर्कों ने आपके भ्रम को पुष्ट किया हो।

उत्तर समाज के बुद्धिजीवी कहे जाने वाले व बड़ी-बड़ी बातें कहने वाले लोगों को देखकर मुझे भ्रम होता था कि शायद ये लोग समाज से भ्रष्टाचार और शोषण दूर करने में लगे हुए हैं, परंतु जब मुझे अपने एक ऐसे ही बुद्धिजीवी एवं तथाकथित साम्यवादी मित्र के आचरण को निकट से देखने का अवसर मिला, तो पता चला कि उसके चरित्र में तो ईमानदारी का नाम तक शामिल नहीं है। उसके सिद्धांत कुछ और हैं तथा व्यवहार कुछ और। जब मैंने बौद्धिकता एवं तार्किकता से विचार किया, तो मेरा भ्रम टूट गया। अब मुझे समझ में आ गया कि छद्म चेहरा लगाए लोगों से समाज में परिवर्तन की अपेक्षा करना उचित नहीं है।

4. 'पढ़ना-लिखना सब अकारथ गया।' वृद्ध मुंशी जी द्वारा यह बात एक विशिष्ट संदर्भ में कही गई थी। अपने निजी अनुभवों के आधार पर बताइए।

(क) जब आपको पढ़ना-लिखना व्यर्थ लगा हो।

(ख) जब आपको पढ़ना-लिखना सार्थक लगा हो।

(ग) 'पढ़ना-लिखना' को किस अर्थ में प्रयुक्त किया गया होगा। साक्षरता अथवा शिक्षा? (क्या आप इन दोनों को समान मानते हैं?)

उत्तर छात्र स्वयं करें।

5. 'लड़कियाँ हैं, वह घास-फूस की तरह बढ़ती चली जाती हैं।' यह वाक्य समाज में लड़कियों की स्थिति की किस वास्तविकता को प्रकट करता है?

उत्तर यह वाक्य समाज में लड़कियों के प्रति लोगों की हीन मानसिकता को व्यक्त करता है। लड़कियों के युवा होते ही माता-पिता को उनके विवाह की चिंता सताने लगती है। विवाह के लिए दहेज इकट्ठा करना पड़ता है। परिवार को ही नहीं, बल्कि समाज को भी वे आर्थिक बोझ लगने लगती हैं।

6. 'इसलिए नहीं कि अलोपीदीन ने क्यों यह कर्म किया, बल्कि इसलिए कि वह कानून के पंजे में कैसे आए। ऐसा मनुष्य जिसके पास असाध्य साधन करने वाला धन और अनन्य वाचालता हो, वह क्यों कानून के पंजे में आए। प्रत्येक मनुष्य उनसे सहानुभूति प्रकट करता था।' अपने आसपास अलोपीदीन जैसे व्यक्तियों को देखकर आपकी क्या प्रतिक्रिया होगी? टिप्पणी को ध्यान में रखते हुए लिखें।

उत्तर छात्र स्वयं करें।

समझाइए तो जरा

1. नौकरी में ओहदे की ओर ध्यान मत देना, यह तो पीर की मज़ार है। निगाह चढ़ावे और चादर पर रखनी चाहिए।
2. इस विस्तृत संसार में उनके लिए धैर्य अपना मित्र, बुद्धि अपनी पथ-प्रदर्शक और आत्मावलंबन ही अपना सहायक था।
3. तर्क ने भ्रम को पुष्ट किया।
4. न्याय और नीति सब लक्ष्मी के ही खिलौने हैं, इन्हें वह जैसे चाहती हैं, नचाती हैं।
5. दुनिया सोती थी, पर दुनिया की जीभ जागती थी।
6. खेद ऐसी समझ पर! पढ़ना-लिखना सब अकारथ गया।
7. धर्म ने धन को पैरों तले कुचल डाला।
8. न्याय के मैदान में धर्म और धन में युद्ध ठन गया।

उत्तर

1. प्रस्तुत पंक्ति कहानी में वंशीधर के वृद्ध पिता द्वारा कही गई है। इस पंक्ति में समाज के उन लोगों की मानसिकता पर व्यंग्य किया गया है, जो लोग नौकरी के पेशे में पद को महत्त्व नहीं देते, बल्कि ऊपरी आमदनी को अधिक महत्त्वपूर्ण समझते हैं। ऐसे लोग अपनी स्वार्थी प्रवृत्ति के कारण समाज में भ्रष्टाचार को बढ़ाने का कार्य करते हैं। ये लोग बड़ी ही समझदारी के साथ समाज में इज़्ज़त के साथ जीवनयापन करते हुए अपना दबदबा बनाकर रखते हैं।
2. प्रस्तुत पंक्ति कहानी के नायक दारोगा वंशीधर के लिए कही गई है। वर्तमान समाज रिश्वतखोरी और भ्रष्टाचार के दलदल में धँसा हुआ है, जहाँ नैतिक मूल्यों का पतन हो चुका है तथा कुछ ही लोग अपनी नैतिकता को दृढ़ता से बचाकर रखे हुए हैं, जिनका प्रतिनिधित्व कहानी का नायक वंशीधर करता है। वह अपनी बुद्धि, धैर्य एवं चरित्र की दृढ़ता के बल पर इस भ्रष्टाचार के दलदल की ओर आकर्षित नहीं होता। वास्तव में, ऐसे ही लोग अपने धैर्य, बुद्धि और स्वाभिमान के चलते जीवन में प्रगति की ओर अग्रसर रहते हैं।

3. एक रात को सोते हुए वंशीधर की नींद अचानक गाड़ियों की गड़गड़ाहट की आवाज़ से खुल जाती है, वे सोचने लगते हैं कि इतनी रात को गाड़ियों को पुल के पार ले जाने का क्या कारण हो सकता है? उन्हें संदेह हुआ कि ज़रूर कोई गैर-कानूनी सामान ले जाया जा रहा है। उनके मन का यह भ्रम अचानक तर्क के स्तर पर सोचने पर पक्का हो गया कि रात के अँधेरे में कुछ गैर-कानूनी कार्य ही किया जा सकता है और अंततः उनका यह तर्क सही निकला।
4. प्रस्तुत पंक्ति द्वारा लेखक ने प्रजातंत्र में भारतीय न्याय व्यवस्था पर व्यंग्य किया है। भारत के न्यायालयों में भी नीति और न्याय को धन के बल पर परिवर्तित किया जा सकता है। निर्दोष को दोषी और दोषी को निर्दोष सिद्ध किया जा सकता है अर्थात् न्याय और कानून को भी धन के बल पर आसानी से अपने पक्ष में किया जा सकता है, जैसे अलोपीदीन ने किया।
5. निंदनीय बातें बहुत-ही शीघ्र और आसानी से एक-दूसरे तक पहुँच जाती हैं। जब अलोपीदीन गिरफ़्तार हुए थे, तब रात्रि का समय था, लोग सो रहे थे, फिर भी उनकी गिरफ़्तारी की ख़बर तेज़ी से फैल गई और लोग इस विषय में बातें करने लगे।
6. लेखक इस पंक्ति के माध्यम से उन लोगों पर व्यंग्य करता है, जो लोग पढ़ाई-लिखाई का सीधा अर्थ दुनियादार बनने और धनोपार्जन को ही समझते हैं। जब वंशीधर को सत्यनिष्ठा के साथ अपने कर्त्तव्य का पालन करने के कारण नौकरी से निकाल दिया गया, तो उसके बूढ़े पिता को लगा कि उनके बेटे की पढ़ाई-लिखाई बेकार गई। उनका मानना था कि उनके बेटे को भी उतना ही दुनियादार और समझदार होना चाहिए, जिससे वह आसानी से धन कमा सके। पिता की समझ से पढ़ाई-लिखाई घर की आर्थिक स्थिति मज़बूत बनाने के लिए की जाती है, जिसका उपदेश भी घुमा-फिराकर स्पष्ट शब्दों में उन्होंने वंशीधर को दिया था।
7. प्रस्तुत पंक्ति से आशय है– विराट धर्म-शक्ति के समक्ष नश्वर धन-शक्ति की तुच्छता का अहसास होना। वंशीधर ने अलोपीदीन द्वारा दी जाने वाली चालीस हज़ार रुपये की रिश्वत को भी ठुकराकर अपने ईमान को डिगने से बचा लिया था।
   कहानी के अंत में अलोपीदीन इसी धर्म-शक्ति से प्रभावित होकर झुक जाते हैं और कहते हैं कि मुझे आज तक किसी ने परास्त नहीं किया, सबको मैंने धन का गुलाम बना दिया। परास्त किया तो आपने। वे उनके पिता से 'कुलतिलक' और 'धर्मनिष्ठ' मनुष्य कहकर वंशीधर की प्रशंसा भी करते हैं।
8. इस संसार में धर्म और अधर्म के बीच सदैव से ही संग्राम होता आया है। इस कहानी में भी अदालत में, न्याय के परिसर में वंशीधर की धर्म-शक्ति और अलोपीदीन की धन-शक्ति में युद्ध छिड़ा हुआ था। एक ओर वंशीधर सत्य के मार्ग पर डटा हुआ था, तो दूसरी ओर अलोपीदीन धन (रिश्वत) के बल पर अदालत के सभी अधिकारियों, वकीलों यहाँ तक कि न्याय के पुजारी न्यायाधीशों को भी खरीदने में पैसे को पानी की तरह बहा रहा था।

भाषा की बात

1. भाषा की चित्रात्मकता, लोकोक्तियों और मुहावरों का जानदार उपयोग तथा हिंदी-उर्दू का साझा रूप एवं बोलचाल की भाषा के लिहाज़ से यह कहानी अद्भुत है। कहानी में से ऐसे उदाहरण छाँटकर लिखिए और यह भी बताइए कि इनके प्रयोग से किस तरह कहानी का कथ्य अधिक असरदार बना है?

उत्तर **भाषा की चित्रात्मकता**

- वकीलों का फैसला सुनकर उछल पड़ना।
- अलोपीदीन का मुस्कुराते हुए बाहर आना।
- चपरासियों का झुक-झुक कर सलाम करना।
- लहरों ने अदालत की नींव हिला दी।
- वंशीधर पर व्यंग्य बाणों की बौछार।
- अलोपीदीन का सजीले रथ पर सवार होकर सोते-जागते चले आना।

लोकोक्तियों और मुहावरों का प्रयोग

- कगारे का वृक्ष
- दाँव पर पाना
- निगाह में बाँध लेना
- जन्मभर की कमाई
- शूल उठना
- ठिकाना न होना
- इज़्ज़त धूल में मिलना
- कातर दृष्टि से देखना
- मस्जिद में दीया जलाना
- सिर पीट लेना
- सीधे मुँह बात न करना
- मन का मैल मिटना
- आँखें डबडबाना
- हाथ मलना
- मुँह पे कालिख लगाना
- मुँह छिपाना

हिंदी-उर्दू का साझा रूप

- बेगरज़ को दाँव पर पाना ज़रा कठिन है।
- इन बातों को निगाहों में बाँध लो।

बोलचाल की भाषा

- 'कौन पंडित अलोपीदीन? दातागंज के'
- 'बाबू साहब, ऐसा न कीजिए, हम मिट जाएँगे।'
- 'क्या करें, लड़का अभागा कपूत है।'

उपर्युक्त सभी विशेषताओं के कारण भाषा में विशेष सजीवता एवं रोचकता आ गई है। इससे कहानी कल्पित कथा न लगकर, वास्तविक घटना प्रतीत होती है।

2. कहानी में मासिक वेतन के लिए किन-किन विशेषणों का प्रयोग किया गया है? इसके लिए आप अपनी ओर से दो-दो विशेषण और बताइए। साथ ही विशेषणों के आधार को तर्क सहित पुष्ट कीजिए।

उत्तर कहानी में मासिक वेतन को पूर्णमासी का चाँद कहा गया है, तर्क है उसका एक ही बार अना और घटते-घटते लुप्त हो जाना। हम उसे खून-पसीने की कमाई और कर्म फल विशेषणों से पुकार सकते हैं।

तर्क वेतन हमारी कड़ी मेहनत का परिणाम एवं हमारे द्वारा किए गए कार्यों का ही परिणाम है।

3. (क) बाबूजी आशीर्वाद! (ख) सरकार हुक्म! (ग) दातागंज के! (घ) कानपुर!

दी गई विशिष्ट अभिव्यक्तियाँ एक निश्चित संदर्भ में अर्थ देती हैं। संदर्भ बदलते ही अर्थ भी परिवर्तित हो जाता है। अब आप किसी अन्य संदर्भ में इन भाषिक अभिव्यक्तियों का प्रयोग करते हुए समझाइए।

उत्तर (क) बाबूजी अब केवल आपके आशीर्वाद की ज़रूरत है।
(ख) सरकारी हुक्म की परवाह तो करनी ही पड़ती है।
(ग) मैं दातागंज का रहने वाला हूँ।
(घ) ये गाड़ियाँ कानपुर जाएँगी।

अभ्यास प्रश्न

गद्यांश पर आधारित बहुविकल्पीय प्रश्न

निम्नलिखित गद्यांशों को ध्यानपूर्वक पढ़कर पूछे गए प्रश्नों के सही उत्तर चुनिए।

1. जब नमक का नया विभाग बना और ईश्वर प्रदत्त वस्तु के व्यवहार करने का निषेध हो गया, तो लोग चोरी-छिपे इसका व्यापार करने लगे। अनेक प्रकार के छल-प्रपंचों का सूत्रपात हुआ, कोई घूस से काम निकालता था, तो कोई चालाकी से। अधिकारियों के पौ-बारह थे। पटवारीगिरी का सर्वसम्मानित पद छोड़-छोड़कर लोग इस विभाग की बरकंदाजी करते थे। इसके दारोगा पद के लिए तो वकीलों का भी जी ललचाता था। यह वह समय था, जब अंग्रेज़ी शिक्षा और ईसाई मत को लोग एक ही वस्तु समझते थे। फ़ारसी का प्राबल्य था। प्रेम की कथाएँ और श्रृंगार रस के काव्य पढ़कर फारसीदां लोग सर्वोच्च पदों पर नियुक्त हो जाया करते थे।

(i) गद्यांश के अनुसार, ईश्वर प्रदत्त वस्तु क्या है?
(क) धन-दौलत
(ख) प्रेम की कथाएँ
(ग) नमक
(घ) मनुष्य की चतुराई

उत्तर (ग) नमक

(ii) जब नमक का नया विभाग बना, तो क्या हुआ?
(क) नमक का रख-रखाव करना बंद हो गया
(ख) लोग चोरी-छिपे नमक का व्यापार करने लगे
(ग) 'क' और 'ख' दोनों
(घ) उपर्युक्त में से कोई नहीं

उत्तर (ख) लोग चोरी-छिपे नमक का व्यापार करने लगे

(iii) अनेक प्रकार के छल-प्रपंचों का सूत्रपात कब हुआ?
(क) नमक का नया विभाग बनने से
(ख) नमक को खरीदने से
(ग) वकालत का नया कानून बनने से
(घ) अंग्रेजी प्रशासन से

उत्तर (क) नमक का नया विभाग बनने से

(iv) सुमेलित कीजिए

	सूची I		सूची II
A.	घूस से काम लेना	1.	सभी ओर से लाभ होना
B.	पौ-बारह होना	2.	चौकीदारी करना
C.	बरकंदाजी करना	3.	रिश्वत लेना

कूट

	A	B	C		A	B	C
(क)	3	1	2	(ख)	3	2	1
(ग)	2	1	3	(घ)	1	2	3

उत्तर (क) 3 1 2

(v) **कथन** (A) नमक विभाग बनने के समय फारसी भाषा की प्रधानता थी।
कारण (R) इस समय समाज में लोग अंग्रेजी शिक्षा व ईसाई मत को एक ही मानते थे।

कूट
(क) कथन (A) और कारण (R) दोनों सही हैं तथा कारण (R), कथन (A) की सही व्याख्या करता है।
(ख) कथन (A) और कारण (R) दोनों सही हैं, परंतु कारण (R), कथन (A) की सही व्याख्या नहीं करता है।
(ग) कथन (A) सही है, किंतु कारण (R) गलत है।
(घ) कथन (A) गलत है, किंतु कारण (R) सही है।

उत्तर (ख) कथन (A) और कारण (R) दोनों सही हैं, परंतु कारण (R), कथन (A) की सही व्याख्या नहीं करता है।

2. उनके पिता अनुभवी व्यक्ति थे। समझाने लगे-बेटा घर की दुर्दशा देख रहे हो। ऋण के बोझ से दबे हुए हैं। लड़कियाँ हैं, वह घास-फूस की तरह बढ़ती चली जाती हैं। मैं कगारे पर का वृक्ष हो रहा हूँ, न मालूम कब गिर पड़ूँ। अब तुम्हीं घर के मालिक-मुख्तार हो। नौकरी में ओहदे की ओर ध्यान मत देना, यह तो पीर की मज़ार है। निगाह चढ़ावे और चादर पर रखनी चाहिए। ऐसा काम ढूँढना, जहाँ कुछ ऊपरी आय हो। मासिक वेतन तो पूर्णमासी का चाँद है, जो एक दिन दिखाई देता है और घटते-घटते लुप्त हो जाता है। ऊपरी आय बहता हुआ स्रोत है, जिससे सदैव प्यास बुझती है। वेतन मनुष्य देता है, इसी से उसमें वृद्धि नहीं होती। ऊपरी आमदनी ईश्वर देता है, इसी से उसकी बरकत होती है, तुम स्वयं विद्वान् हो, तुम्हें क्या समझाऊँ। इस विषय में विवेक की बड़ी आवश्यकता है। मनुष्य को देखो, उसकी आवश्यकता को देखो और अवसर को देखो, उसके उपरांत जो उचित समझो, करो। गरज़वाले आदमी के साथ कठोरता करने में लाभ-ही-लाभ है, लेकिन बेगरज को दाँव पर पाना जरा कठिन है। इन बातों को निगाह में बाँध लो। यह मेरी जन्मभर की कमाई है।

(i) 'लड़कियाँ हैं, वह घास-फूस की तरह बढ़ती चली जाती हैं।' कथन का आशय क्या है?
(क) लड़कियों की आयु में वृद्धि होती जा रही है
(ख) लड़कियाँ कद में लंबी होती जा रही हैं
(ग) लड़कियों की शैतानियाँ बढ़ती जा रही हैं
(घ) उपर्युक्त में से कोई नहीं

उत्तर (क) लड़कियों की आयु में वृद्धि होती जा रही है

(ii) **प्रस्तुत गद्यांश में कौन किससे बात कर रहा है?**
(क) पंडित अलोपीदीन मुंशी वंशीधर से
(ख) मुंशी वंशीधर से पंडित अलोपीदीन
(ग) मुंशी वंशीधर के पिता मुंशी वंशीधर से
(घ) मुंशी वंशीधर अपने पिता से

उत्तर (ग) मुंशी वंशीधर के पिता मुंशी वंशीधर से

(iii) **'कगारे पर का वृक्ष' से क्या तात्पर्य है?**
(क) आयु अधिक हो जाना (ख) मृत्यु के नजदीक होना
(ग) 'क' और 'ख' दोनों (घ) इनमें से कोई नहीं

उत्तर (ग) 'क' और 'ख' दोनों

(iv) **मुंशी वंशीधर के पिता उन्हें क्या समझाने का प्रयास कर रहे हैं?**
(क) आज के समय में ईमानदारी से सब कुछ प्राप्त किया जा सकता है
(ख) आज के समय में बेईमानी ही सब कुछ है
(ग) बेईमान व्यक्ति की कहीं भी पूछ नहीं होती
(घ) ऊपरी कमाई मत करना

उत्तर (ख) आज के समय में बेईमानी ही सब कुछ है

(v) **कथन** (A) **बेगरज आदमी से विनम्रता से पेश आना चाहिए।**
कारण (R) **बेगरज आदमी तुम्हारे किसी काम के नहीं हैं।**
कूट
(क) कथन (A) और कारण (R) दोनों सही हैं तथा कारण (R), कथन (A) की सही व्याख्या करता है।
(ख) कथन (A) और कारण (R) दोनों सही हैं, परंतु कारण (R), कथन (A) की सही व्याख्या नहीं करता है।
(ग) कथन (A) सही है, किंतु कारण (R) गलत है।
(घ) कथन (A) गलत है, किंतु कारण (R) सही है।

उत्तर (क) कथन (A) और कारण (R) दोनों सही हैं तथा कारण (R), कथन (A) की सही व्याख्या करता है।

3. दुनिया सोती थी, पर दुनिया की जीभ जागती थी। सवेरे देखिए तो बालक-वृद्ध सबके मुँह से यही बात सुनाई देती थी। जिसे देखिए, वही पंडित जी के इस व्यवहार पर टीका-टिप्पणी कर रहा था, निंदा की बौछारें हो रही थीं, मानो संसार से अब पापी का पाप कट गया। पानी को दूध के नाम से बेचने वाला ग्वाला, कल्पित रोज़नामचे भरने वाला अधिकारी वर्ग, रेल में बिना टिकट सफर करने वाले बाबू लोग, जाली दस्तावेज़ बनाने वाले सेठ और साहूकार, यह सब-के-सब देवताओं की भाँति गर्दनें चला रहे थे। जब दूसरे दिन पंडित अलोपीदीन अभियुक्त होकर कॉन्स्टेबलों के साथ, हाथों में हथकड़ियाँ, हृदय में ग्लानि और क्षोभ भरे, लज्जा से गर्दन झुकाए अदालत की तरफ़ चले, तो सारे शहर में हलचल मच गई। मेलों में कदाचित् आँखें इतनी व्यग्र न होती होंगी। भीड़ के मारे छत और दीवार में कोई भेद न रहा।

(i) **दुनिया की जीभ जागने से क्या तात्पर्य है?**
(क) मुंशी वंशीधर के गलत कार्यों की चर्चा हर जुबान पर
(ख) पंडित अलोपीदीन की गिरफ्तारी के बारे में हर व्यक्ति दिन-रात बातें कर रहा था
(ग) मुंशी जी पंडित जी के बारे में हर व्यक्ति से बात कर रहे थे
(घ) पंडित अलोपीदीन के गुस्से के बारे में हर व्यक्ति को पता था

उत्तर (ख) पंडित अलोपीदीन की गिरफ्तारी के बारे में हर व्यक्ति दिन-रात बातें कर रहा था

(ii) **निंदा की बौछारें किसके लिए हो रही थीं?**
(क) पंडित अलोपीदीन के लिए
(ख) कानून के लिए
(ग) मुंशी वंशीधर के लिए
(घ) उपर्युक्त में से कोई नहीं

उत्तर (क) पंडित अलोपीदीन के लिए

(iii) **लोग पंडित जी के किस व्यवहार के बारे में बात कर रहे थे?**
(क) पंडित जी ने कानून की पैरवी क्यों की
(ख) पंडित जी नमक की चोरी कर रहे थे
(ग) मुंशी जी ने इतने बड़े व्यक्ति को कैसे पकड़ लिया
(घ) मुंशी जी की नौकरी छूट जाने के बारे में

उत्तर (ख) पंडित जी नमक की चोरी कर रहे थे

(iv) **कथन** (A) **पंडित अलोपीदीन की गिरफ्तारी की चर्चा सबकी जुबान पर थी।**
कारण (R) **पंडित अलोपीदीन शहर के धनी व संपन्न व्यक्ति थे।**
कूट
(क) कथन (A) और कारण (R) दोनों सही हैं तथा कारण (R), कथन (A) की सही व्याख्या करता है।
(ख) कथन (A) और कारण (R) दोनों सही हैं, परंतु कारण (R), कथन (A) की सही व्याख्या नहीं करता है।
(ग) कथन (A) सही है, किंतु कारण (R) गलत है।
(घ) कथन (A) गलत है, किंतु कारण (R) सही है।

उत्तर (क) कथन (A) और कारण (R) दोनों सही हैं तथा कारण (R), कथन (A) की सही व्याख्या करता है।

(v) **दिए गए कथनों को पढ़कर सही विकल्प का चयन कीजिए।**
कथन 1 पंडित अलोपीदीन की गिरफ्तारी पर दुनिया जहान के लोग टीका टिप्पणी करने से नहीं चूके।
कथन 2 रात में अलोपीदीन गिरफ्तार हुए और खबर पूरे शहर में फैल गई।
कथन 3 पंडित जी की प्रशंसा चारों ओर हो रही थी।
कूट
(क) 1 और 3 (ख) 1 और 2
(ग) केवल 1 (घ) केवल 2

उत्तर (ख) 1 और 2

विषय-वस्तु पर आधारित प्रश्नोत्तर

लघु उत्तरीय प्रश्न

1. 'नमक का दारोगा' पाठ के आधार पर पंडित अलोपीदीन का अपने इलाके में कैसा प्रभाव था? स्पष्ट कीजिए।

उत्तर प्रस्तुत कहानी के अनुसार पंडित अलोपीदीन अपने इलाके के प्रसिद्ध व प्रतिष्ठित जमींदार थे। वे धन को ही सब कुछ मानते थे। लाखों रुपयों का लेन-देन करने के कारण लोग उनके ऋणी थे। लोगों को रिश्वत व धन का लालच देकर उन्हें वे अपनी मुट्ठी में कर लेते थे तथा सही-गलत का

विचार न करते हुए अपने अनुसार उनसे काम करवाते थे। धन के लोभ के कारण सभी उनसे प्रसन्न थे व इलाके का न्यायालय, वकील, पुलिस सभी उनके गुलाम थे।

2. पंडित अलोपीदीन द्वारा रिश्वत के लिए चालीस हजार रुपये का प्रस्ताव दिए जाने पर वंशीधर ने क्या किया?

उत्तर पंडित अलोपीदीन द्वारा चालीस हजार रुपये रिश्वत का प्रस्ताव दिए जाने पर वंशीधर ने उस प्रस्ताव को ठुकरा दिया। वंशीधर ईमानदार, कर्त्तव्यनिष्ठ व निष्ठावान प्रवृत्ति का व्यक्ति था। अपने ईमान व धर्म के कारण वह अलोपीदीन द्वारा दिए गए प्रस्ताव को ठुकरा देता है। धर्म ही व्यक्ति की निष्ठा को निर्धारित करता है। वंशीधर के 'धर्म' ने अलोपीदीन के 'धन' को नीचा दिखा दिया।

3. अलोपीदीन से वंशीधर के वृद्ध पिता द्वारा चापलूसीपूर्वक बातें करने का क्या कारण था?

उत्तर वंशीधर के वृद्ध पिता का अलोपीदीन से चापलूसीपूर्वक बातें करने का कारण यह था कि वे भली-भाँति जानते थे कि वे बहुत प्रतिष्ठित व्यक्ति हैं, उनका अपमान करने से उनका जीना मुश्किल हो जाएगा। साथ ही अत्यधिक धन-संपत्ति होने के कारण वे बहुत प्रभावशाली व्यक्ति हैं। वे मानते हैं कि उनका बेटा मूर्ख है, जिसने उन जैसे धनी व्यक्तित्व वाले व्यक्ति व उनके धन को ठुकराया, जिसे पाने के लिए सब उनकी चमचागिरी करते हैं। घर की आर्थिक स्थिति ठीक न होने व धन के लोभ के कारण वे चापलूसी भरी बातें करने लगे।

4. डिप्टी मजिस्ट्रेट द्वारा क्या फैसला सुनाया गया?

उत्तर न्यायालय में डिप्टी मजिस्ट्रेट द्वारा फैसला सुनाया गया कि पंडित अलोपीदीन के विरुद्ध दिए गए प्रमाण भ्रमात्मक व आधारहीन हैं। पंडित अलोपीदीन एक बड़े व प्रतिष्ठित व्यापारी हैं, वे इस तरह के मामूली लाभ के लिए ऐसा गैर-कानूनी कार्य नहीं कर सकते। वंशीधर की इस प्रकार की विचारहीनता के कारण उन्हें कष्ट उठाना पड़ा। वंशीधर अपने कार्य के प्रति सजग व वफादार हैं, किंतु उनकी वफादारी ने उनकी बुद्धि को दूषित कर दिया, इसलिए उन्हें भविष्य में ऐसा न करने की चेतावनी दी जाती है।

5. पंडित अलोपीदीन ने समाज में अपनी एक गहरी पहचान किस प्रकार बना ली थी?

उत्तर पंडित अलोपीदीन न केवल लक्ष्मी जी के उपासक थे, बल्कि एक दुनियादार व्यक्ति भी थे। वास्तव में, लाखों रुपयों का लेन-देन करने वाले अलोपीदीन ने अपने क्षेत्र के सभी छोटों-बड़ों को अपना ऋणी बना लिया था। अदालत से लेकर सभी सरकारी विभागों में कार्यरत कर्मचारी-अधिकारी उनकी कृपा प्राप्त करते थे। अंग्रेज़ अफ़सर जब कभी शिकार खेलने आते, तो उनके यहाँ ही मेहमान होते थे। उन्होंने अपनी लक्ष्मी (धन) की शक्ति से सभी को अपने वश में कर रखा था। इसी कारण उन्होंने समाज में अपनी एक गहरी पहचान बना ली थी।

दीर्घ उत्तरीय प्रश्न

1. 'नमक का दारोगा' पाठ का प्रतिपाद्य लिखिए।

उत्तर प्रेमचंद की बहुचर्चित कहानी 'नमक का दारोगा' आदर्शोन्मुख यथार्थवाद का सार्थक उदाहरण है, जिसमें यथार्थ परिस्थितियों को दिखाने के बाद प्रेमचंद अंततः आदर्श के रूप में ईमानदारी की विजय को दर्शाते हैं। यह कहानी धन के ऊपर धर्म की जीत दर्शाती है। कहानी में शासन-प्रशासन में फैले भ्रष्टाचार की प्रवृत्ति को उजागर करके उस पर व्यंग्यात्मक कटाक्ष किया गया है। घर की आर्थिक बदहाली के बावजूद दारोगा मुंशी वंशीधर, सेठ अलोपीदीन की भारी रिश्वत को नकारकर अपनी कर्त्तव्यनिष्ठा का परिचय देता है और नमक के गैर-कानूनी व्यापार के मामले में उन्हें हिरासत में ले लेता है।

समाज के अत्यंत धनी एवं इज़्ज़तदार अलोपीदीन के धन के आगे सारी व्यवस्थाएँ बिक जाती हैं और अदालत में लज्जित होने के बाद वंशीधर को नौकरी से मुअत्तल (निकाल देना) कर दिया जाता है। अंत में पंडित अलोपीदीन सत्य के आगे झुककर स्वेच्छा से वंशीधर को अपनी सारी संपत्ति का स्थायी मैनेजर नियुक्त करता है।

2. वंशीधर के पिता ने उसे कौन-कौन सी नसीहतें दीं?

उत्तर वंशीधर के पिता ने उसे निम्नलिखित नसीहतें दीं

(i) ओहदे पर पीर की मज़ार की तरह नज़र रखनी चाहिए।

(ii) मज़ार पर आने वाले चढ़ावे (ऊपरी आमदनी) का ध्यान रखना चाहिए।

(iii) ज़रूरतमंद व्यक्ति से कठोरता से पेश आना चाहिए, ताकि उससे अधिकतम धन की प्राप्ति हो सके।

(iv) ऊपरी कमाई बहता स्रोत है, जिससे व्यक्ति की प्यास बुझती है। इस पर सबसे अधिक ध्यान दिया जाना चाहिए।

(v) बेगरज़ आदमी से विनम्रता से पेश आना चाहिए, क्योंकि वे तुम्हारे किसी काम के नहीं होते।

(vi) ऊपर की कमाई से ही समृद्धि आती है। इसी का सर्वाधिक महत्त्व है।

3. मुंशी वंशीधर सत्य पक्ष पर अडिग होते हुए भी अकेले क्यों पड़ गए?

उत्तर मुंशी वंशीधर की ईमानदारी एवं सत्यनिष्ठा किसी से छिपी नहीं थी। इसके बावजूद अदालत में वंशीधर अलग-थलग पड़ गए, क्योंकि अदालत के सभी कर्मचारी एवं अधिकारी अलोपीदीन के खरीदे हुए गुलाम थे। सभी अलोपीदीन की कृपा के बोझ से दबे हुए थे।

अलोपीदीन द्वारा की गई कृपा एवं सहायता से दबे अदालत के कर्मचारी-अधिकारी उन्हें बचाने की हर संभव कोशिश करने लगे और अंततः उन्होंने सेठ अलोपीदीन को बचा लिया। धन की शक्ति ने धर्म पर विजय प्राप्त कर ली। इसी कारण सत्य पक्ष पर अडिग होते हुए भी मुंशी वंशीधर अकेले पड़ गए।

4. मुंशी वंशीधर को सरकारी नौकरी से क्यों हटा दिया गया?

उत्तर मुंशी वंशीधर ने नमक के दारोगा के पद पर रहते हुए अपनी ईमानदारी एवं कर्त्तव्यनिष्ठा के कारण सेठ अलोपीदीन को गैर-कानूनी रूप से नमक का व्यापार करने के आरोप में गिरफ़्तार किया था। सेठ अलोपीदीन ने गिरफ़्तार किए जाने से बचने के लिए वंशीधर को भारी रिश्वत देने की पेशकश भी की थी, किंतु कर्त्तव्यपरायण वंशीधर अपने कर्त्तव्य से पीछे नहीं हुआ। हिरासत में रखे गए अलोपीदीन को जब अदालत में पेश किया गया, तो वहाँ उसने सभी को अपने धन के प्रभाव से दास बना लिया। अदालत से सम्मान सहित बरी होने के बाद अलोपीदीन ने अपनी धन की शक्ति का प्रदर्शन करके नमक विभाग के उच्चाधिकारियों द्वारा दारोगा वंशीधर को नौकरी से हटवा दिया।

5. 'नमक का दारोगा' कहानी धन पर धर्म की विजय की कहानी है। प्रमाण द्वारा स्पष्ट कीजिए।

उत्तर पंडित अलोपीदीन धन का उपासक था। उसे लक्ष्मी जी की शक्ति पर अत्यधिक विश्वास था। उसने हमेशा रिश्वत देकर अपने कार्य करवाए। उसे हमेशा यही लगता था कि धन के आगे सारी शक्तियाँ व्यर्थ हैं। इसी विश्वास का परिणाम था कि जब अलोपीदीन की गैर-कानूनी नमक की गाड़ियों को दारोगा वंशीधर ने पकड़ लिया, तो वह बड़े ही निर्भीक भाव से वंशीधर से मिलता है और उसे भारी रिश्वत की पेशकश करता है। वंशीधर अपनी ईमानदारी एवं कर्त्तव्यनिष्ठा का परिचय देते हुए अलोपीदीन को हिरासत में लेने का आदेश देता है। उसके इन्हीं गुणों से प्रभावित होकर अंत में अलोपीदीन वंशीधर के सामने अपनी संपत्ति का स्थायी मैनेजर बनने का प्रस्ताव रखता है, इस तथ्य के आधार पर कहा जा सकता है कि 'नमक का दारोगा' धन पर धर्म की विजय की कहानी है।

6. 'नमक का दारोगा' कहानी के आधार पर वर्तमान समाज के सामाजिक यथार्थ के बारे में अपने विचार स्पष्ट कीजिए।

उत्तर सामाजिक यथार्थ को अभिव्यक्त करने वाली कहानी 'नमक का दारोगा' में तत्कालीन समाज का चित्रण है, लेकिन वर्तमान समाज में भी नैतिक दृष्टि से पतित एवं भ्रष्ट पंडित अलोपीदीन जैसे लोगों की कमी नहीं है। सभी लोग भौतिकता की चकाचौंध से प्रभावित हैं। धन के लालच में लोग किसी भी प्रकार का भ्रष्ट एवं पतित कार्य करने से भी नहीं घबराते हैं, किंतु इन सबके बावजूद आज भी समाज में अनेक बाबू वंशीधर जैसे लोग हैं, जो अपनी ईमानदारी एवं कर्त्तव्यनिष्ठा को अंत तक नहीं छोड़ते, ऐसे ही लोगों के कारण यह समाज एवं व्यवस्था चल रही है। इस प्रकार, कहा जा सकता है कि 'नमक का दारोगा' कहानी वर्तमान समाज के यथार्थ का भी जीवंत चित्रण प्रस्तुत करती है।

7. 'नमक का दारोगा' कहानी के आधार पर वंशीधर का चरित्र चित्रण कीजिए।

उत्तर 'नमक का दारोगा' कहानी के केंद्रीय पात्र वंशीधर के चरित्र की विशेषताएँ निम्नलिखित हैं

(i) **ईमानदारी** मुंशी वंशीधर के चरित्र की सबसे बड़ी विशेषता उसकी ईमानदारी अर्थात् निर्लोभी प्रवृत्ति है। सारा समाज भले ही बेईमानी एवं भ्रष्टाचार के दलदल में धँसा हुआ हो, लेकिन वंशीधर को ये दुर्गुण छू तक नहीं पाए हैं। वह अपनी आर्थिक बदहाली के बावजूद भी प्रलोभन का शिकार नहीं होता है। इसी गुण के कारण वंशीधर कर्त्तव्यनिष्ठ दारोगा है और अपने कर्त्तव्य के प्रति सदैव सचेत रहता है।

(ii) **स्वाभिमानी व संवेदनशील व्यक्तित्व** वंशीधर में स्वाभिमान की भावना कूट-कूटकर भरी हुई है। अलोपीदीन के घर आने पर नौकरी से मुअत्तल होने के बावजूद वह स्वाभिमान के साथ उससे अत्यंत कोमलता एवं विनम्रतापूर्वक व्यवहार करता है, जो उसके संवेदनशील व स्वाभिमानी व्यक्तित्व को उजागर करता है।

(iii) **विचारशीलता** वंशीधर एक विचारशील व्यक्ति है। वह अपने सिद्धांतों पर अडिग तो है ही, साथ ही उसका स्पष्ट मत है कि बड़े-बड़े पदवीधारी वास्तव में अपने भ्रष्ट आचरण के कारण निरादर के योग्य हैं। वह निराश नहीं होता, बल्कि इससे उसका चिंतन और अधिक पुष्ट होता है।

इस प्रकार, कहा जा सकता है कि कहानी के केंद्रीय पात्र वंशीधर का व्यक्तित्व ईमानदारी, दृढ़ता, स्वाभिमानी, कर्त्तव्यनिष्ठा, विचारशीलता एवं संवेदनशीलता से परिपूर्ण है।

8. 'नमक का दारोगा' कहानी के आधार पर पंडित अलोपीदीन का चरित्र-चित्रण कीजिए।

उत्तर 'नमक का दारोगा' कहानी के प्रमुख पात्र पंडित अलोपीदीन की चारित्रिक विशेषताएँ निम्नलिखित हैं

(i) **भ्रष्ट आचरण** पंडित अलोपीदीन भ्रष्ट आचरण वाला व्यक्ति है। अपने भ्रष्ट आचरण के कारण ही वह विभिन्न सरकारी विभागों के कर्मचारियों को रिश्वत देकर समाज में भ्रष्टाचार को बढ़ावा देने का कार्य करता है।

(ii) **धन का उपासक** पंडित अलोपीदीन को धन की शक्ति पर अत्यधिक विश्वास था। यही कारण है कि वह धन का प्रयोग करके ईमानदार व कर्त्तव्यनिष्ठ दारोगा वंशीधर को रिश्वत देने का प्रयास करता है। वह धन के समक्ष धर्म को भी महत्त्व नहीं देता है।

(iii) **प्रभावशाली व्यक्तित्व** पंडित अलोपीदीन समाज में अत्यंत प्रतिष्ठित एवं सम्मानित व्यक्ति है, जिस कारण समाज के प्रत्येक वर्ग में उसका दबदबा विद्यमान है। उसके इसी प्रभावशाली व्यक्तित्व का परिणाम था कि उसके दोषी होने के उपरांत भी अदालत उसे रिहा कर देती है।

(iv) **वाक्पटु व्यक्तित्व** अलोपीदीन में व्यवहार कुशलता व वाक्पटुता का गुण कूट-कूटकर भरा हुआ है। वह अपनी वाक्पटुता के कारण सामने वाले को आक्रामक बनने से रोक देता है और आपसी मेल-जोल या सामंजस्य के द्वारा बीच का समझौतावादी रास्ता निकाल लेता है।

(v) **मानवीय गुणों का सम्मान करने वाला** अलोपीदीन के व्यक्तित्व में अनेक दोष हैं, किंतु वह मानवीय गुणों का सम्मान करने वाला व्यक्ति है। वह अवश्य ही मुंशी वंशीधर को नौकरी से मुअत्तल करवाता है, लेकिन उनकी ईमानदारी, कर्त्तव्यनिष्ठा व सत्यप्रियता के गुणों से प्रभावित होकर ही उन्हें अपनी संपूर्ण संपत्ति का मैनेजर (प्रबंधक) नियुक्त करता है, जो उसके व्यक्तित्व के सकारात्मक पक्ष को उजागर करता है।

स्व-मूल्यांकन

गद्यांश पर आधारित बहुविकल्पीय प्रश्न

निम्नलिखित गद्यांश को ध्यानपूर्वक पढ़कर पूछे गए प्रश्नों के सही उत्तर चुनिए।

1. वंशीधर ने धन से बैर मोल लिया था, उसका मूल्य चुकाना अनिवार्य था। कठिनता से एक सप्ताह बीता होगा कि मुअत्तली का परवाना आ पहुँचा। कार्य-परायणता का दंड मिला। बेचारे भग्न हृदय, शोक और खेद से व्यथित घर को चले। बूढ़े मुंशी जी तो पहले ही से कुड़-बुड़ा रहे थे कि चलते-चलते इस लड़के को समझाया था, लेकिन इसने एक न सुनी। सब मनमानी करता है। हम तो कलवार और कसाई के तगादे सहें, बुढ़ापे में भगत बनकर बैठें और वहाँ बस वही सूखी तनख्वाह! हमने भी तो नौकरी की है और कोई ओहदेदार नहीं थे, लेकिन काम किया, दिल खोलकर किया और आप ईमानदार बनने चले हैं। घर में चाहे अँधेरा हो, मस्जिद में अवश्य दीया जलाएँगे। खेद ऐसी समझ पर!

पढ़ना-लिखना सब अकारथ गया। इसके थोड़े ही दिनों बाद, जब मुंशी वंशीधर इस दुरवस्था में घर पहुँचे और बूढ़े पिताजी ने समाचार सुना तो सिर पीट लिया। बोले-जी चाहता है कि तुम्हारा और अपना सिर फोड़ लूँ।

बहुत देर तक पछता-पछताकर हाथ मलते रहे। क्रोध में कुछ कठोर बातें भी कहीं और यदि वंशीधर वहाँ से टल न जाते तो अवश्य ही यह क्रोध विकट रूप धारण करता। वृद्धा माता को भी दु:ख हुआ। जगन्नाथ और रामेश्वर यात्रा की कामनाएँ मिट्टी में मिल गईं। पत्नी ने तो कई दिनों तक सीधे मुँह से बात भी नहीं की।

(i) धन से बैर किसने कर लिया था?
- (क) मुंशी जी के पिता ने
- (ख) पंडित अलोपीदीन ने
- (ग) मुंशी वंशीधर ने
- (घ) उपर्युक्त में से कोई नहीं

(ii) मुंशी वंशीधर को पंडित अलोपीदीन को गिरफ्तार करने की क्या सजा मिली?
- (क) उन्हें ही अपराधी घोषित कर दिया गया था
- (ख) उन्हें उनकी नौकरी से निकाल दिया गया था
- (ग) उन पर रिश्वत का इल्जाम लगा दिया गया था
- (घ) उनके पिताजी ने उन्हें घर से निकाल दिया था

(iii) वस्तुत: मुंशी वंशीधर जी के पिता का दृष्टिकोण क्या था?
- (क) मनुष्य को अपना कार्य ईमानदारी से ही करना चाहिए
- (ख) मनुष्य को कभी धन के रोब में नहीं आना चाहिए
- (ग) ऊपरी कमाई करना अर्थात् रिश्वत लेना कोई गलत कार्य नहीं है
- (घ) रिश्वत लेना एक गलत कार्य है

(iv) घर में मुंशी वंशीधर जी के साथ क्या व्यवहार हुआ?
- (क) पिता ने क्रोधित होकर बहुत बातें सुनाईं
- (ख) माताजी को भी दु:ख हुआ
- (ग) पत्नी ने कई दिन तक बातें भी न कीं
- (घ) उपर्युक्त सभी

(v) वंशीधर ने अपनी नौकरी में .... का व्यवहार अपनाया। रिक्त स्थान की पूर्ति कीजिए।
- (क) चालाकी और धूर्तता
- (ख) ईमानदारी और निष्ठा
- (ग) कार्य-परायणता और कठोरता
- (घ) आलस्य और बेईमानी

विषय-वस्तु पर आधारित प्रश्न

लघु उत्तरीय प्रश्न

1. पंडित अलोपीदीन की गिरफ़्तारी से सभी लोग आश्चर्यचकित क्यों थे? स्पष्ट कीजिए।

2. मुंशी वंशीधर की मुअत्तली पर उनके परिजनों का व्यवहार समाज की किस कुरूपता को उजागर करता है? स्पष्ट कीजिए।

3. मुंशी वंशीधर के प्रति पंडित अलोपीदीन के व्यवहार में आए परिवर्तन का क्या कारण था?

4. पंडित अलोपीदीन द्वारा मुंशी वंशीधर को अपनी संपत्ति का स्थायी मैनेजर नियुक्त करना समाज को क्या संदेश देता है?

5. 'सत की हमेशा असत पर विजय होती है।' प्रस्तुत पंक्ति को 'नमक का दारोगा' कहानी के आधार पर स्पष्ट कीजिए।

दीर्घ उत्तरीय प्रश्न

1. पंडित अलोपीदीन का भ्रष्टाचारी व्यक्तित्व उनके धनी होने की वजह से था। क्या आप इस मत से सहमत हैं? अपने मत के पक्ष में तर्क दीजिए।

2. मुंशी वंशीधर के पिता का व्यक्तित्व सामाजिक व्यवस्था की देन है। तर्क सहित स्पष्ट कीजिए।

3. 'नमक का दारोगा' कहानी न्यायालय की वास्तविकता को उजागर करती है। क्या आप इस मत से सहमत हैं? अपने मत के पक्ष में तर्क प्रस्तुत कीजिए।

4. 'सत्य का मार्ग सदैव चुनौतियों से भरा होता है।' प्रस्तुत कथन को 'नमक का दारोगा' पाठ के आधार पर सिद्ध कीजिए।

5. लोगों के कमज़ोर व्यक्तित्व के कारण ही पंडित अलोपीदीन जैसे व्यक्ति समाज में प्रगति करते हैं। प्रस्तुत पाठ से उदाहरण देकर सिद्ध कीजिए।

02
अध्याय

मियाँ नसीरुद्दीन
(कृष्णा सोबती)

लेखिका-परिचय

हिंदी के साहित्यिक संसार में अपनी दीर्घजीवी उपस्थिति सुनिश्चित कराने वाली लेखिका कृष्णा सोबती का जन्म वर्ष 1925 में गुजरात (पश्चिमी पंजाब, वर्तमान में पाकिस्तान) में हुआ था। भारत-पाकिस्तान पर लिखी उल्लेखनीय रचनाओं में यशपाल के 'झूठा-सच', राही मासूम रज़ा के 'आधा गाँव' और भीष्म साहनी के 'तमस' के साथ-साथ कृष्णा सोबती का 'ज़िंदगीनामा' एक विशिष्ट उपलब्धि है। साहित्य अकादमी सम्मान, शलाका सम्मान आदि से सम्मानित कृष्णा सोबती ने अपनी साफ़-सुथरी रचनात्मकता से एक नया पाठक वर्ग निर्मित किया है। वर्ष 2019 में इनका निधन हो गया।

▼ अध्ययन के लिए
- पाठ की रूपरेखा
- पाठ का सार

▼ अभ्यास के लिए
- पाठ्यपुस्तक के प्रश्नोत्तर
- गद्यांश पर आधारित बहुविकल्पीय प्रश्न
- लघु उत्तरीय प्रश्न
- दीर्घ उत्तरीय प्रश्न

पाठ की रूपरेखा

'मियाँ नसीरुद्दीन' शब्दचित्र 'हम-हशमत' नामक संग्रह (संस्मरण) से लिया गया है, जिसमें कई पीढ़ियों से नान अर्थात् रोटियाँ बनाने का कार्य करने वाले मियाँ नसीरुद्दीन के व्यक्तित्व, रुचियों एवं स्वभाव को शब्दों के माध्यम से उकेरा गया है। मियाँ नसीरुद्दीन रोटी पकाने की वर्षों से चली आ रही अपने परिवार की परंपरा व उसमें उनकी निपुणता को प्रकट करते हैं। वे ऐसे व्यक्तियों का भी प्रतिनिधित्व करते हैं, जो अपने रोज़गार को कला के समान मानते हैं और श्रमपूर्वक सीखने को ही वास्तविक रूप में असली हुनर मानते हैं।

पाठ का सार

मियाँ नसीरुद्दीन से लेखिका की मुलाकात

एक दिन दोपहर में लेखिका जामा मस्जिद के निकट बसे पुराने मटियामहल के गढ़ैया मोहल्ले से गुज़र रही थी। वहाँ से निकलते समय उसने एक साधारण-सी दुकान पर ढेर सारा आटा गुँथा देखा और सोचा, शायद सेवइयों की तैयारी होगी, पर पूछने पर पता चला कि वह नान अर्थात् रोटियाँ बनाने वालों के मसीहा कहे जाने वाले व छप्पन प्रकार की रोटियाँ बनाने में माहिर मियाँ नसीरुद्दीन नानबाई की दुकान थी। मियाँ अंदर ही चारपाई पर बैठे बीड़ी के दम ले रहे थे। उनके चेहरे पर गहरे अनुभव की झलक थी और आँखों में चुस्ती और चतुराई चमक रही थी।

मियाँ नसीरुद्दीन का अपने खानदानी पेशे पर अभिमान

मियाँ नसीरुद्दीन को रोटी बनाने के अपने खानदानी पेशे पर अत्यंत अभिमान था। मियाँ ने लेखिका को ग्राहक समझकर नजर उठाई और फरमाने के लिए कहा, किंतु लेखिका ने झिझककर कहा कि उन्हें कुछ प्रश्न पूछने थे। मियाँ ने सिर हिलाकर पूछने के लिए कहा। लेखिका द्वारा पूछा गया कि उन्होंने इतने प्रकार की रोटियाँ बनाने की कला को कहाँ से सीखा?

इस पर वे अपने बेपरवाही वाले खास अंदाज़ में उसे बताते हैं कि नानबाई का काम कई पुश्तों से उनके घर में चला आ रहा है और उन्होंने यह कार्य अपने पिता मियाँ बरकत शाही से सीखा, वही उनके गुरु थे। मियाँ नसीरुद्दीन अपनी खानदानी शान का अहसास करते हुए उन्हें बताते हैं कि उनके वालिद मियाँ बरकत शाही 'गढ़ैया वाले नानबाई' के नाम से मशहूर थे तथा उनके दादा साहिब मियाँ कल्लन भी बहुत ऊँचे दर्जे के नानबाई थे।

रोटी बनाने की कला का सीखना

लेखिका के द्वारा मियाँ नसीरुद्दीन से उन्हें उनके पिता व दादा से मिली किसी सीख के विषय में पूछने पर वे बताते हैं कि हुनर सच्ची लगन और मेहनत से सीखा जाता है। जैसे पढ़ाई में 'अलिफ़' से शुरू होकर आगे बढ़ा जाता है या फिर कच्ची, पक्की से होते हुए ऊँची जमातों (कक्षाओं) में पहुँचा जाता है, वैसे ही हुनर सीखने के लिए उससे जुड़े हुए छोटे-से-छोटे काम स्वयं करने पड़ते हैं। छोटे काम करके ही फिर बड़े कामों की तरफ़ बढ़ा जाता है।

मियाँ अपनी बात स्पष्ट करते हुए कहते हैं कि उन्होंने भट्टी बनाने, भट्टी में आँच देने और बर्तन धोने तक के छोटे-से-छोटे काम अपने हाथ से करके रोटी बनाने की कला को सीखा था।

वे आगे बताते हैं कि अपने पिता की इस दुकान पर भी वह सीधे आकर नहीं बैठे थे, अपितु इसके लिए भी उन्होंने गली-गली सामान बेचने का अनुभव प्राप्त किया था, जिसके उपरांत ही उन्हें यह ज़िम्मेदारी मिली थी।

खानदानी बड़प्पन का गर्व

लेखिका द्वारा अन्य नानबाइयों के विषय में पूछने पर मियाँ नसीरुद्दीन उन्हें बताते हैं कि वहाँ अन्य नानबाई अवश्य हैं, किंतु खानदानी नहीं। अपने परिवार के इतिहास पर गौरवान्वित होकर वे उन्हें बताते हैं कि एक बार बादशाह सलामत ने उनके बुजुर्गों से कहा कि ऐसी चीज़ बनाओ, जो न आग से पके, न पानी से बने। उन्होंने ऐसी चीज़ बनाई, जिसे बादशाह ने खूब पसंद किया, लेकिन वे उसके विषय में नहीं बताते। अपने पूर्वजों की प्रशंसा करते हुए वे कहते हैं कि खानदानी नानबाई कुएँ में भी रोटी पका सकता है। लेखिका द्वारा कहावत की सच्चाई पर प्रश्नचिह्न लगाने पर वे भड़क उठते हैं। लेखिका जब उनसे यह पूछती है कि उनके बुज़ुर्ग किस बादशाह के यहाँ काम करते थे तो उसे सुनते ही उनका स्वर बदल जाता है। वे स्वयं बादशाह का नाम न जानने के कारण इधर-उधर की बातें करने लगते हैं, किंतु लेखिका द्वारा बार-बार पूछने पर वे अंत में उसे खीझकर बोलते हैं कि आपको कौन-सा उस बादशाह के नाम चिट्ठी-पत्री भेजनी है यह कहकर उसकी बातों को टाल देते हैं।

शौक एवं कद्र के अभाव का दर्द

लेखिका से पीछा छुड़ाने के लिए मियाँ नसीरुद्दीन, बब्बन मियाँ को भट्टी सुलगाने का आदेश देते हैं। लेखिका ने उनके बारे में जानना चाहा तो उन्होंने बताया कि वे उनके कारीगर हैं। लेखिका उनके बच्चों के विषय में जानना चाहती थी, किंतु उनके चेहरे पर छुपे हुए रोष को देखने के उपरांत उन्होंने अपना विचार त्याग दिया और उनके कारीगरों के विषय में बातें करने लगी। मियाँ नसीरुद्दीन उन्हें बताते हैं कि वे उन्हें दो रुपये मन आटे की व चार रुपये मन मैदे की मजूरी देते हैं। लेखिका द्वारा रोटियों की किस्में जानने की इच्छा से पूछे गए सवाल पर वे बाकरखानी, शीरमाल, ताफ़तान, खमीरी इत्यादि रोटियों के फटाफट नाम गिनवा देते हैं। वे तुनकी रोटी की तारीफ़ करते हुए कहते हैं कि वह पापड़ से भी महीन होती है, लेकिन कहते-कहते वह पिछले ज़माने की यादों में खो जाते हैं और कहते हैं कि पहले के ज़माने जैसा खाने-पकाने का शौक अब किसे है? न तो लोगों को वह शौक है और न उन चीज़ों की कद्र। आज के ज़माने में तो भारी एवं मोटी तंदूरी रोटी का बोलबाला है। क्या बनाएँ और क्या खिलाएँ?

शब्दार्थ

साहबों—दोस्तों; **अपन**—मैं, हम; **मसीहा**—देवदूत; **धूम-धड़क्के**—धूम-धाम; **नानबाई**—रोटी बनाकर बेचने वाले; **लुत्फ़**—मज़ा, आनंद; **आड़**—ओट, आश्रय; **निहायत**—बिल्कुल; **सनते**—मिलाते; **मौसम की मार से पका चेहरा**—अनुभव युक्त; **काइयाँ**—चालाक; **पेशानी**—मस्तक; **अख़बारनवीस**—पत्रकार; **खुराफ़ात**—शरारत।

निठल्ला—काम न करने वाला; **इल्म**—ज्ञान; **तरेरना**—घूरना; **नगीनासाज़**—नगीना जड़ने वाला; **मीनासाज़**—मीनाकारी करने वाला; **रंगरेज़**—कपड़ा रँगने वाला; **तंबोली**—पान का व्यवसाय करने वाला; **फ़रमाना**—कहना; **वालिद**—पिता; **अख़्तियार करना**—स्वीकार करना।

हुनर—कौशल; **मरहूम**—स्वर्गवासी; **ठीया**—जगह; **लमहा-भर**—क्षण भर; **चेहरा ज़िंदा होना**—यादें ताज़ा होना; **नसीहत**—सलाह, सीख; **बज़ा**—उचित; **उस्ताद**—गुरु; **अलिफ़, बे, जीम**—फ़ारसी लिपि के वर्ण; **शागिर्द**—शिष्य; **परवान करना**—प्रगति करना।

बाबत—संबंधित; **जमात**—कक्षा; **दागना**—प्रश्न करना; **आँच देना**—आग जलाना; **तालीम**—शिक्षा।

खोमचा—गली-गली घूमकर सामान बेचना; **सराही**—प्रशंसा की गई; **गढ़ी**—बनी; **करतब**—कौशल।

लौंडिया—लड़की; **रूमाली**—रूमाल की तरह पतली रोटी; **ज़हमत**—कष्ट; **कूच**—एक जगह से दूसरी जगह जाना; **मोहलत**— अवकाश; **मज़मून**—विषय; **बाल की खाल निकालना**—बात की गहराई में जाना; **खिसियानी हँसी**—शर्म से हँसना; **खिल्ली उड़ाना**—मज़ाक उड़ाना; **रुक्का**—पत्र।

बिटर-बिटर—एकटक; **फाँक**—टुकड़ा; **अंधड़**—तूफ़ान; **महीन**—पतली, बारीक; **कौंध**—बिजली के समान चमक; **कद्रदान**—आदर करने वाला।

पाठ्यपुस्तक (आरोह भाग-1) के प्रश्नोत्तर

पाठ के साथ

1. मियाँ नसीरुद्दीन को नानबाइयों का मसीहा क्यों कहा गया है?

उत्तर मियाँ नसीरुद्दीन एक खानदानी नानबाई थे। वे तुनकी और रूमाली जैसी कागज़ से भी महीन रोटियाँ बनाने का हुनर रखने के साथ ही छप्पन प्रकार की रोटियाँ बनाना जानते थे। उनका मानना था कि रोटी बनाना भी एक कला (हुनर) है, वे स्वयं को इस कला का उस्ताद मानते थे। आत्मविश्वास से भरे हुए मियाँ नसीरुद्दीन के इन्हीं गुणों के कारण उन्हें नानबाइयों का मसीहा कहा गया है।

2. लेखिका मियाँ नसीरुद्दीन के पास क्यों गई थी?

उत्तर लेखिका मियाँ नसीरुद्दीन के पास एक पत्रकार की हैसियत से गई थी। मियाँ नसीरुद्दीन छप्पन तरह की रोटियाँ बनाने के लिए मशहूर थे। वह मियाँ नसीरुद्दीन की कारीगरी को बहुत बारीकी से जानना चाहती थी, जिसे प्रकाशित किया जा सके, इसलिए रोटियाँ खरीदने के बजाय उसने उनसे कुछ प्रश्नों के उत्तर जानने चाहे थे।

3. बादशाह के नाम का प्रसंग आते ही लेखिका की बातों में मियाँ नसीरुद्दीन की रुचि क्यों कम होने लगी?

उत्तर बादशाह के नाम का प्रसंग आते ही मियाँ नसीरुद्दीन की रुचि लेखिका की बातों में इसलिए कम होने लगी, क्योंकि इस प्रसंग के तथ्यों का उन्हें ठीक से ज्ञान नहीं था। बादशाह का बावर्ची होने की बात उन्होंने केवल अपने परिवार की बड़ाई व प्रशंसा के लिए कह दी थी। वे खास पकवान का नाम भी नहीं बता पाए थे। उन्होंने ये सभी बातें अपने पूर्वजों से सिर्फ़ सुनी थीं, जिस कारण लेखिका के इस प्रकार के प्रश्न को सुनकर मियाँ मुश्किल में पड़ गए थे।

4. मियाँ नसीरुद्दीन के चेहरे पर किसी दबे हुए अंधड़ के आसार देख यह मज़मून न छेड़ने का फैसला किया– इस कथन के पहले और बाद के प्रसंग का उल्लेख करते हुए इसे स्पष्ट कीजिए।

उत्तर लेखिका एक पत्रकार की हैसियत से मियाँ नसीरुद्दीन के परिवार और उनसे संबंधित बातों को जानना चाहती थी, परंतु मियाँ उनकी बातों से कुछ परेशान हो चुके थे। विशेष रूप से बादशाह के नाम को जानने वाला प्रसंग उनके लिए उबाऊ था, क्योंकि उसका उत्तर वे स्वयं भी नहीं जानते थे, इसलिए उन्होंने बातचीत को टालना ही उचित समझा और अपने कारीगर को भट्टी सुलगाने के लिए कहने लगे। लेखिका उनके बेटे-बेटियों के बारे में जानना चाहती थी, मगर मियाँ के चेहरे पर तनाव देखकर लेखिका ने प्रश्न से हटकर उनसे कारीगरों के बारे में पूछ लिया। इसका उत्तर भी उन्होंने चुभती हुई आवाज़ में दिया कि 'खाली शागिर्दी ही नहीं साहिब गिन के मजूरी देता हूँ। दो रुपये मन आटे की मजूरी, चार रुपये मन मैदे की मजूरी! हाँ!' लेखिका ने मियाँ के चेहरे के भाव और आवाज़ से समझ लिया था कि अगर वह बेटे-बेटियों का सवाल छेड़ेगी तो मियाँ नसीरुद्दीन साफ़-साफ़ जाने के लिए अवश्य कह देंगे, इसलिए उसने इस मज़मून को न छेड़ने का फैसला किया।

5. पाठ में मियाँ नसीरुद्दीन का शब्दचित्र लेखिका ने कैसे खींचा है?

उत्तर पाठ में मियाँ नसीरुद्दीन का शब्दचित्र लेखिका ने इस प्रकार खींचा है—मौसमों की मार से पका चेहरा, आँखों में काइयाँ भोलापन और पेशानी पर मँजे हुए कारीगर के तेवर।

पाठ के आस-पास

1. मियाँ नसीरुद्दीन की कौन-सी बातें आपको अच्छी लगीं?

उत्तर मियाँ नसीरुद्दीन की कई बातें हमें अच्छी लगीं, जो निम्नलिखित हैं

(i) **आत्मविश्वासपूर्ण व्यक्तित्व** वे आत्मविश्वास से भरपूर हैं। एक महिला पत्रकार के समक्ष भी वे सभी प्रश्नों का उत्तर पूरे विश्वास से, ज़ोर देकर और अदा के साथ देते हैं।

(ii) **अपने पेशे से लगाव** वे अपना काम बड़ी रुचि के साथ करते हैं और हुनर सीखने के लिए रुचि को महत्त्व देते हैं। बातें करते हुए भी उनका ध्यान अपने काम पर पूरी तरह लगा रहता है।

(iii) **शागिर्दों (कारीगरों) का सम्मान** वे अपने शागिर्दों का सम्मान करते हैं, उन्हें पूरा वेतन देते हैं, उनका शोषण नहीं करते, इसीलिए वे गर्व के साथ लेखिका को शागिर्दों को दिया जाने वाला वेतन भी ऊँची आवाज़ में ही बताते हैं।

2. तालीम की तालीम ही बड़ी चीज़ होती है–यहाँ लेखिका ने तालीम शब्द का दो बार प्रयोग क्यों किया है? क्या आप दूसरी बार आए तालीम शब्द की जगह कोई अन्य शब्द रख सकते हैं? लिखिए।

उत्तर यहाँ 'तालीम' शब्द का प्रयोग दो बार किया गया है। पहले 'तालीम' का अर्थ है–शिक्षा या प्रशिक्षण तथा दूसरे 'तालीम' का अर्थ है–पालन करना या आचरण करना। इसका अर्थ यह हुआ कि जो शिक्षा पाई जाए, उसका पालन करना अधिक आवश्यक है। दूसरी बार आए तालीम की जगह हम 'पालन' शब्द का प्रयोग भी कर सकते हैं।

3. मियाँ नसीरुद्दीन तीसरी पीढ़ी के हैं, जिन्होंने अपने खानदानी व्यवसाय को अपनाया। वर्तमान समय में प्राय: लोग अपने पारंपरिक व्यवसाय को नहीं अपना रहे हैं, ऐसा क्यों?

उत्तर वर्तमान समय में शहरीकरण व तकनीकी विकास के कारण लोगों की पारंपरिक या लघु उद्योगों के प्रति रुचि समाप्त हो रही है और वे इन व्यवसायों को करने की अपेक्षा विदेशी कंपनियों में नौकरी करना ज़्यादा बेहतर समझते हैं। पारंपरिक व्यवसाय से आय कम होती है, जिससे जीवन का निर्वाह नहीं हो पाता। यही कारण है कि लोग अपने पारंपरिक व्यवसाय को नहीं अपना रहे हैं।

4. मियाँ कहीं अख़बारनवीस तो नहीं हो? यह तो खोजियों की खुराफ़ात है–अख़बार की भूमिका को देखते हुए इस पर टिप्पणी करें।

उत्तर पत्रकारिता के बारे में मियाँ नसीरुद्दीन का विचार बिल्कुल ठीक है कि यह तो खोजियों की खुराफ़ात है। इस वाक्यांश को दो अर्थों में समझा जा सकता है

(i) **सकारात्मक** सकारात्मक दृष्टि से यह आविष्कार एवं नई सूचनाओं के अर्थ में है, जिसे खोजकर पत्रकार लोगों को उससे अवगत करवाते हैं और उससे विभिन्न क्षेत्रों में प्रगति का मार्ग प्रशस्त होता है।

(ii) **नकारात्मक** नकारात्मक अर्थ में छोटी-छोटी बातों को तिल का ताड़ बना देते हैं। लोगों में सनसनी और हड़कंप पैदा करने वाली ख़बरों को खोज-खोजकर निकालते हैं, ताकि सामान्य जनता के बीच में उनके अख़बार की लोकप्रियता बढ़े और उन्हें लाभ पहुँचे।

पकवानों को जानें

1. पाठ में आए रोटियों के अलग-अलग नामों की सूची बनाएँ और इनके बारे में जानकारी प्राप्त करें।

उत्तर (i) बाकरखानी (ii) शीरमाल
(iii) ताफतान (iv) बेसनी
(v) खमीरी (vi) रूमाली
(vii) गाव (viii) दीदा
(ix) गाजेबान (x) तुनकी

भाषा की बात

1. तीन-चार वाक्यों में अनुकूल प्रसंग तैयार कर नीचे दिए गए वाक्यों का इस्तेमाल करें
(क) पंचहज़ारी अंदाज़ से सिर हिलाया
(ख) आँखों के कंचे हम पर फेर दिए
(ग) आ बैठे उन्हीं के ठीये पर

उत्तर (क) एक बार मुझे अपने बड़े भाई के साथ मंडी हाउस में बैठने का सौभाग्य प्राप्त हुआ। वहाँ पर कुछ लोग किसी मुद्दे पर बहस कर रहे थे और चाय पी रहे थे। भाई साहब से उन लोगों के बारे में पूछने पर पता चला कि यह वर्ग बुद्धिजीवी वर्ग कहलाता है। उन्हीं लोगों के साथ एक ऐसे सज्जन भी वहाँ बैठे थे, जो बिना बोले प्रत्येक पक्ष-विपक्ष पर *पंचहज़ारी अंदाज में सिर हिला* रहे थे। उन्हें कुछ समझ में भी आ रहा था या नहीं। इसके विषय में कुछ कहा नहीं जा सकता।

(ख) अपने मित्र के दादाजी से जब मैं पहली बार मिला, तो वे अपने खानदान और रईसी के पुल बाँधने लगे, लेकिन उसी समय मेरे दोस्त के छोटे भाई ने उन्हें रोकते हुए एक शंका जताई, तो उन्होंने *आँखों के कंचे हम पर फेर दिए।*

(ग) पंडित आदिकांत पुजारी काफी समय से अपने मंदिर के मुख्य पुजारी जी की सेवा करते आ रहे थे, क्योंकि मुख्य पुजारी पंडित श्यामाचरण दुबे जी काफी वृद्ध हो गए थे। एक रात अचानक पंडित श्यामाचरण दुबे जी का देहावसान हो गया। पंडित आदिकांत जी ने न तो समय की परवाह की, न ही पुजारी समाज के विचार और निर्णय की, उसी रात *आ बैठे उन्हीं के ठीये पर।*

2. बिटर-बिटर देखना-यहाँ देखने के एक खास तरीके को प्रकट किया गया है। देखने संबंधी इस प्रकार के चार क्रिया-विशेषणों का प्रयोग कर वाक्य बनाइए।

उत्तर (i) **आँख दिखाना** (*गुस्से से देखना*) पुलिस वाले ने चोर को आँखें दिखाते हुए चोरी का सामान बताने के लिए कहा।
(ii) **चोरी-चोरी देखना** (*छिप-छिप कर देखना*) शशांक का मुझे चोरी-चोरी देखना मेरे मन को अच्छा लगता है।
(iii) **घूर-घूर कर देखना** (*लगातार देखना*) कार्य पूरा न करने पर अध्यापक ने मुझे घूरकर देखा और कक्षा से बाहर जाने के लिए कहा।
(iv) **कनखियों से देखना** (*तिरछी निगाह से देखना*) मेरी बेटी जब भी मुझसे नाराज़ होती है, तो मुझे कनखियों से देखती है।

3. नीचे दिए वाक्यों में अर्थ पर बल देने के लिए शब्द-क्रम परिवर्तित किया गया है। सामान्यतः इन वाक्यों को किस क्रम में लिखा जाता है? लिखें।
(क) मियाँ मशहूर हैं छप्पन किस्म की रोटियाँ बनाने के लिए।
(ख) निकाल लेंगे वक्त थोड़ा।
(ग) दिमाग में चक्कर काट गई है बात।
(घ) रोटी जनाब पकती है आँच से।

उत्तर (क) मियाँ छप्पन किस्म की रोटियाँ बनाने के लिए मशहूर हैं।
(ख) थोड़ा वक्त निकाल लेंगे।
(ग) बात दिमाग में चक्कर काट गई है।
(घ) जनाब! रोटी आँच से पकती है।

अभ्यास प्रश्न

गद्यांश पर आधारित बहुविकल्पीय प्रश्न

निम्नलिखित गद्यांशों को ध्यानपूर्वक पढ़कर पूछे गए प्रश्नों के सही उत्तर चुनिए।

1. साहबों, उस दिन अपन मटियामहल की तरफ़ से न गुज़र जाते तो राजनीति, साहित्य और कला के हज़ारों-हज़ार मसीहों के धूम-धड़क्के में नानबाइयों के मसीहा मियाँ नसीरुद्दीन को कैसे तो पहचानते और कैसे उठाते लुत्फ़ उनके मसीही अंदाज़ का। हुआ यह कि, हम एक दुपहरी जामा मस्जिद के आड़े पड़े मटियामहल के गढ़ैया मुहल्ले की ओर निकल गए। एक निहायत मामूली अँधेरी-सी दुकान पर पटापट आटे का ढेर सनते देख ठिठके। सोचा, सेवइयों की तैयारी होगी, पर पूछने पर मालूम हुआ खानदानी नानबाई मियाँ नसीरुद्दीन की दुकान पर खड़े हैं। मियाँ मशहूर हैं छप्पन किस्म की रोटियाँ बनाने के लिए।

(i) मियाँ नसीरुद्दीन के 'मसीही अंदाज' का क्या अर्थ है?
(क) बेपरवाह अंदाज
(ख) लापरवाह अंदाज
(ग) अहंकारी अंदाज
(घ) विनम्र अंदाज

उत्तर (क) बेपरवाह अंदाज

(ii) 'नानबाई' से क्या आशय है?
(क) नृत्य करने वाले
(ख) मिठाई बेचने वाले
(ग) रोटी बनाने वाला कारीगर
(घ) उपर्युक्त सभी

उत्तर (ग) रोटी बनाने वाला कारीगर

(iii) **कथन** (A) लेखिका रात को जामा मस्जिद के मटियामहल की ओर निकल गए।
कारण (R) लेखिका मियाँ नसीरुद्दीन की दुकान पर जाकर खड़े हो गए।
कूट
(क) कथन (A) और कारण (R) दोनों सही हैं तथा कारण (R), कथन (A) की सही व्याख्या करता है।
(ख) कथन (A) और कारण (R) दोनों सही हैं, परंतु कारण (R), कथन (A) की सही व्याख्या नहीं करता है।
(ग) कथन (A) सही है, किंतु कारण (R) गलत है।
(घ) कथन (A) गलत है, किंतु कारण (R) सही है।

उत्तर (घ) कथन (A) गलत है, किंतु कारण (R) सही है।

(iv) मियाँ नसीरुद्दीन किस कला में प्रवीण थे?
(क) वास्तुकला में (ख) चित्रकला में
(ग) हास्य रस में (घ) रोटी बनाने की कला में

उत्तर (घ) रोटी बनाने की कला में

(v) नसीरुद्दीन प्रसिद्ध हैं .... के लिए। रिक्त स्थान की पूर्ति कीजिए।
(क) अँधेरी-सी दुकान होने
(ख) सेवइयों की जल्दी तैयारी करने
(ग) रोटियाँ बनाकर बेचने की कला
(घ) छप्पन किस्म की रोटियाँ बनाने

उत्तर (घ) छप्पन किस्म की रोटियाँ बनाने

2. मियाँ नसीरुद्दीन ने पंचहज़ारी अंदाज़ से सिर हिलाया–'निकाल लेंगे वक्त थोड़ा पर यह तो कहिए, आपको पूछना क्या है?'

फिर घूरकर देखा और जोड़ा–'मियाँ, कहीं अख़बारनवीस तो नहीं हो? यह तो खोजियों की खुराफ़ात है। हम तो अख़बार बनाने वाले और अख़बार पढ़ने वाले–दोनों को ही निठल्ला समझते हैं। हाँ, कामकाज़ी आदमी को इससे क्या काम है। खैर, आपने यहाँ तक आने की तकलीफ़ उठाई ही है, तो पूछिए–क्या पूछना चाहते हैं।'

(i) मियाँ नसीरुद्दीन का 'पंचहजारी अंदाज' क्या है?
(क) प्रधान जैसा अंदाज
(ख) राजाओं का अंदाज
(ग) सेनापतियों-सा अंदाज
(घ) मंत्री का सा अंदाज

उत्तर (ग) सेनापतियों-सा अंदाज

(ii) मियाँ नसीरुद्दीन ने लेखिका को क्या समझा था?
(क) अखबारनवीस (ख) अभिनेत्री
(ग) कवयित्री (घ) लेखिका

उत्तर (क) अखबारनवीस

(iii) **कथन** (A) नसीरुद्दीन अखबार पढ़ने और छापने वाले दोनों को ही बेकार मानते हैं।
कारण (R) मियाँ नसीरुद्दीन के अनुसार बेमतलब के लिखना और छापना उनकी नजर में निहामत निकम्मापन है।
कूट
(क) कथन (A) और कारण (R) दोनों सही हैं तथा कारण (R), कथन (A) की सही व्याख्या करता है।
(ख) कथन (A) और कारण (R) दोनों सही हैं, परंतु कारण (R), कथन (A) की सही व्याख्या नहीं करता है।
(ग) कथन (A) सही है, किंतु कारण (R) गलत है।
(घ) कथन (A) गलत है, किंतु कारण (R) सही है।

उत्तर (क) कथन (A) और कारण (R) दोनों सही हैं तथा कारण (R), कथन (A) की सही व्याख्या करता है।

(iv) मियाँ नसीरुद्दीन ने अखबार के बारे में क्या कहा?
(क) खोजियों की खुराफात
(ख) अहंकारी लोगों का सरदर्द
(ग) निठल्लों का व्यापार
(घ) आय का साधन

उत्तर (क) खोजियों की खुराफात

(v) मियाँ नसीरुद्दीन की नजर में .... अखबार पढ़ने से कहीं अच्छा काम है। रिक्त स्थान की पूर्ति कीजिए।
(क) अखबार देखना (ख) खोजबीन करना
(ग) काम करना (घ) बातचीत करना

उत्तर (ग) काम करना

3. पूछना यह था कि किस्म-किस्म की रोटी पकाने का इल्म आपने कहाँ से हासिल किया? मियाँ नसीरुद्दीन ने आँखों के कंचे हम पर फेर दिए। फिर तरेरकर बोले–'क्या मतलब? पूछिए साहब–नानबाई इल्म लेने कहीं और जाएगा? क्या नगीनासाज़ के पास? क्या आईनासाज़ के पास? क्या मीनासाज़ के पास? या रफ़ूगर, रंगरेज़ या तेली-तंबोली से सीखने जाएगा? क्या फ़रमा दिया साहब–यह तो हमारा खानदानी पेशा ठहरा। हाँ, इल्म की बात पूछिए तो जो कुछ भी सीखा, अपने वालिद उस्ताद से ही। मतलब यह कि हम घर से न निकले कि कोई पेशा अख़्तियार करेंगे। जो बाप-दादा का हुनर था वही उनसे पाया और वालिद मरहूम के उठ जाने पर आ बैठे उन्हीं के ठीये पर!'

(i) लेखिका के अनुसार, नसीरुद्दीन का खानदानी पेशा क्या था?
(क) नगीनासाज (ख) आईनासाज
(ग) तेली (घ) नानबाई

उत्तर (घ) नानबाई

(ii) मियाँ नसीरुद्दीन अपना उस्ताद किसे मानते थे?
(क) अपने वालिद को
(ख) अपने दादा को
(ग) अपने मामा को
(घ) अपने नाना को

उत्तर (क) अपने वालिद को

(iii) सुमेलित कीजिए

	सूची I		सूची II
A.	इल्म	1.	कोई काम अपनाना
B.	आँखों के कंचे फेरना	2.	ज्ञान
C.	पेशा अख्तियार करना	3.	ध्यान से देखना या घूरकर देखना

कूट

	A	B	C		A	B	C
(क)	3	1	2	(ख)	2	1	3
(ग)	2	3	1	(घ)	1	2	3

उत्तर (ग) 2 3 1

(iv) 'नानबाई इल्म लेने कहीं और जाएगा' किसने कहा?

(क) लेखिका ने

(ख) मियाँ नसीरुद्दीन ने

(ग) मियाँ नसीरुद्दीन के नौकर ने

(घ) उपर्युक्त में से कोई नहीं

उत्तर (ख) मियाँ नसीरुद्दीन ने

(v) निम्नलिखित कथनों पर विचार कीजिए

कथन 1 लेखिका मियाँ नसीरुद्दीन से नानबाई का इल्म सीखना चाहती थी।

कथन 2 नानबाई का काम मियाँ नसीरुद्दीन का खानदानी पेशा था।

कथन 3 मियाँ नसीरुद्दीन ने अपने बाप-दादा के हुनर को ही अपना पेशा बनाया।

उपर्युक्त कथनों में से कौन-सा/से सही है/हैं?

(क) केवल 1 (ख) केवल 3 (ग) 1 और 2 (घ) 2 और 3

उत्तर (घ) 2 और 3

विषय-वस्तु पर आधारित प्रश्नोत्तर

लघु उत्तरीय प्रश्न

1. "ज्यादातर भट्टी पर कौन-सी रोटियाँ पका करती हैं।" इस सवाल का मियाँ ने क्या जवाब दिया?

उत्तर प्रस्तुत सवाल के विषय में मियाँ बोले भट्टियों पर कई तरह की रोटियाँ पकती हैं–खमीरी, बाकरखानी, शीरमाल, ताफतान, बेसनी, गाव, तुनकी, गाजेबान, दीदा, रूमाली आदि। यह बताते हुए मियाँ ने सवाल पूछने वाले को घूरकर देखा और बताया कि 'तुनकी पापड़ से ज्यादा महीन होती है। हाँ, किसी दिन खिलाएँगे, आपको।' इसके बाद वे पुरानी यादों को याद करने लगते हैं।

2. लेखिका जब मियाँ नसीरुद्दीन के पास आई तो मियाँ ने उन्हें क्या समझ लिया था?

उत्तर लेखिका जब मियाँ नसीरुद्दीन के पास पहुँची, तो मियाँ को लगा कि वह उनकी रोटी खरीदने के लिए आई है, लेकिन जब लेखिका ने बताया कि वह उनसे कुछ सवाल पूछने के लिए यहाँ आई है, तो मियाँ ने उन्हें पत्रकार समझ लिया। मियाँ का मानना था कि पत्रकार कामचोर होते हैं और अखबार पढ़ने वाले भी कामचोर होते हैं, किंतु मियाँ ने साथ ही यह भी कहा कि आप इतनी दूर से आई हैं, इसलिए आप जो पूछना चाहती हैं पूछ लीजिए।

3. मियाँ नसीरुद्दीन ने स्वयं को खानदानी और श्रेष्ठ नानबाई सिद्ध करने के लिए कौन-सा किस्सा सुनाया?

उत्तर मियाँ ने स्वयं को खानदानी और अन्य नानबाइयों में श्रेष्ठ सिद्ध करने के लिए बताया कि हमारे बुजुर्ग बादशाह सलामत के बावर्चीखाने में काम करते थे और एक दिन बादशाह सलामत ने हमारे बुजुर्गों से कहा कि मियाँ नानबाई कोई नई चीज खिला सकते हो, जो न आग से पके, न पानी से बने। बस हमारे बुजुर्गों ने वह खास चीज बनाई और बादशाह ने खाकर खूब सराहना की।

4. बच्चे को मदरसे भेजने के उदाहरण द्वारा मियाँ नसीरुद्दीन क्या स्पष्ट करना चाहते थे?

उत्तर 'बच्चे को मदरसे भेजा जाए और वह कच्ची में न बैठे, न पक्की में, न दूसरी में और जा बैठा सीधा तीसरी में तो उन तीन क्लासों का क्या हुआ?' इस उदाहरण के द्वारा मियाँ ने यह स्पष्ट करने का प्रयास किया है कि उन्होंने भी पहले बर्तन धोना, भट्टी बनाना और भट्टी को आँच देना सीखा था, तभी उन्हें रोटी पकाने का हुनर सिखाया गया था। अतः खोमचा लगाए बिना दुकानदारी चलानी नहीं आती।

5. प्रस्तुत पाठ के अंत में मियाँ ने अपना दर्द कैसे व्यक्त किया है?

उत्तर पाठ के अंत में मियाँ नसीरुद्दीन लंबी साँस खींचकर कहते हैं कि वर्तमान युग में खाने-पकाने की कला के पारखी, उसकी कद्र करने वाले व सराहने वाले नहीं हैं। भागदौड़ भरी जिंदगी में न तो अब कोई ठीक से पकाता है और यदि कोई अच्छी रोटी पकाकर दे भी देता है, तो खाने वाले यूँ ही दौड़ते-भागते खा लेते हैं, कला की कोई भी इज्जत नहीं करता। इसी कारण हमारी कई पारंपरिक कलाएँ नष्ट हो रही हैं।

दीर्घ उत्तरीय प्रश्न

1. मियाँ नसीरुद्दीन के व्यक्तित्व एवं चरित्र की विशेषताओं को स्पष्ट कीजिए।

उत्तर छप्पन किस्म की रोटियाँ बनाने के लिए प्रसिद्ध मियाँ नसीरुद्दीन खानदानी पेशेवर नानबाई हैं। अपने काम के प्रति गहरी निष्ठा एवं लगन के कारण उनके व्यक्तित्व में एक समर्पण भाव है तथा अपने व्यवसाय के प्रति गर्व के अहसास से उनमें आत्मविश्वास कूट-कूटकर भरा है। मियाँ अपने दिल में अपने पिता एवं दादा के प्रति असीम श्रद्धा की भावना रखते हैं। अपने व्यवसाय को वे सिर्फ़ पैसों को अर्जित करने का माध्यम न मानकर उसे एक हुनर अर्थात् कला के रूप में देखते हैं। उनका विश्वास है कि यह हुनर काम करने से आता है और काम छोटे हों या बड़े, सभी को उन्होंने अत्यंत ही उत्साह एवं तल्लीनता के साथ किया है। श्रम एवं अभ्यास को वे अपनी कला का ही नहीं, बल्कि जीवन का भी मूलमंत्र मानते हैं।

2. 'काम करने से आता है, नसीहतों से नहीं' उक्ति का अर्थ स्पष्ट करते हुए बताइए यह किसने कही व क्यों?

उत्तर प्रस्तुत उक्ति पाठ के प्रमुख पात्र मियाँ नसीरुद्दीन ने लेखिका द्वारा उनके पिता व दादाजी से मिली किसी नसीहत अर्थात् सीख के विषय में पूछने पर कही। इस उक्ति के माध्यम से मियाँ नसीरुद्दीन यह स्पष्ट करना चाहते थे कि किसी भी कार्य को सीखने व करने के लिए गुरुओं से शिक्षा प्राप्त करना आवश्यक है, किंतु व्यक्ति किसी कार्य को तब तक पूर्ण कुशलता या निपुणता के साथ नहीं सीख सकता, जब तक वह स्वयं उस कार्य को न करे। इसी तथ्य को सिद्ध करने के लिए उन्होंने कहा कि 'काम करने से आता है, नसीहतों से नहीं'।

3. आशय स्पष्ट कीजिए

(क) राजनीति, साहित्य और कला के हज़ारों-हज़ार मसीहा।

(ख) मौसमों की मार से पका चेहरा, आँखों में काइयाँ भोलापन और पेशानी पर मँजे हुए कारीगर के तेवर।

उत्तर (क) मसीहा का अर्थ है देवदूत, अर्थात् जो देवदूत की तरह आकर समाज या किसी परंपरा का संरक्षक बन जाता है। इस पंक्ति से लेखिका का अभिप्राय यह है कि राजनीति, साहित्य एवं कला के क्षेत्र अत्यंत व्यापक हैं, जिनमें समय-समय पर अनगिनत प्रतिभाएँ उभरती रहती हैं। समाज ऐसे हज़ारों की संख्या में उभर रहे मसीहाओं का स्थल बन जाता है, जहाँ हमेशा कोई-न-कोई उथल-पुथल होती ही रहती है।

(ख) प्रस्तुत पंक्ति के माध्यम से लेखिका ने मियाँ नसीरुद्दीन के व्यक्तित्व को स्पष्ट करने की कोशिश की है। लेखिका का कहना है कि मियाँ के चेहरे पर अनेक वर्षों के गहरे अनुभवों की छाप है। ज़िंदगी के कठोर संघर्षों से होकर गुज़रने के बाद उन्होंने बहुत कुछ सीखा है। उनकी आँखों से स्पष्ट झलकता है कि वे दुनिया को पहचानने में माहिर हैं। उनके माथे पर पड़ी सिलवटों के तेवर उनके पुराने एवं पके हुए हुनरमंद कारीगर होने का अहसास कराते हैं। उन्हें अपने हुनर पर गहरा विश्वास है और वे उस पर गर्व महसूस करते हैं।

4. 'मियाँ नसीरुद्दीन' शब्दचित्र में निहित संदेश को स्पष्ट कीजिए।

उत्तर 'मियाँ नसीरुद्दीन' शब्दचित्र के माध्यम से लेखिका ने खानदानी नानबाई मियाँ नसीरुद्दीन के व्यक्तित्व, रुचियों एवं स्वभाव का वर्णन करते हुए यह स्पष्ट करने की कोशिश की है कि मियाँ को अपने काम से अत्यधिक लगाव है। वे अत्यंत परिश्रम एवं ईमानदारी के साथ अपने कार्य को संपादित करते हैं। अत्यंत लगन से उन्होंने नानबाई की कला अपने पिता से सीखी और उसे गर्व के साथ अच्छी तरह से आगे बढ़ा रहे हैं। वे छप्पन प्रकार की रोटियाँ बनाने में माहिर हैं, जिनमें तुनकी जैसी पापड़ से पतली रोटी भी शामिल है। आत्मविश्वास से लबरेज मियाँ को अपने काम से गर्व का अनुभव होता है।

इस पाठ से यह संदेश मिलता है कि हमें अपना काम ईमानदारी एवं परिश्रम के साथ करना चाहिए। कोई भी काम छोटा या बड़ा नहीं है, बल्कि उसके प्रति हमारा समर्पण उसे छोटा या बड़ा बनाता है।

5. 'कोई भी काम छोटा या बड़ा नहीं होता, बल्कि उस काम को करने की भावना श्रेष्ठ होनी चाहिए' पंक्ति को पाठ के आधार पर स्पष्ट कीजिए।

उत्तर हमारे समाज में लोग तरह-तरह के कार्य करते हैं। प्रत्येक व्यक्ति अपनी आजीविका चलाने के लिए कोई-न-कोई कार्य अवश्य करता है। सभी लोगों का कार्य करने का तरीका भी अलग-अलग होता है। कोई अपना काम पूर्ण कर्त्तव्यनिष्ठा, परिश्रम एवं लगन या उत्साह के साथ करता है, तो कोई कम परिश्रम एवं कर्त्तव्यनिष्ठा के साथ, लेकिन वस्तुतः काम वही सफल होता है, जिसे पूर्ण ईमानदारी एवं लगन के साथ किया गया हो। काम बड़ा हो या छोटा, इससे व्यक्ति बड़ा या छोटा नहीं बनता, बल्कि उसका परिश्रम या कर्त्तव्यनिष्ठा श्रेष्ठ है या नहीं, से व्यक्ति के कद का निर्धारण होता है।

मियाँ नसीरुद्दीन नानबाई का कार्य करते हैं, लेकिन वे अपने काम को अत्यंत ईमानदारी एवं कर्त्तव्यनिष्ठा के साथ संपन्न करते हैं, जिसका परिणाम उनकी प्रसिद्धि के रूप में सामने आता है। किसी भी काम को करने में सफलता तभी प्राप्त होती है, जब उस काम में हमारी श्रेष्ठ भावनाएँ निहित होती हैं।

स्व-मूल्यांकन

गद्यांश पर आधारित बहुविकल्पीय प्रश्न

निम्नलिखित गद्यांश को ध्यानपूर्वक पढ़कर पूछे गए प्रश्नों के सही उत्तर चुनिए।

1. मियाँ ने घूरा–'बहुतेरे, पर खानदानी नहीं– सुनिए, दिमाग में चक्कर काट गई है एक बात। हमारे बुजुर्गों से बादशाह सलामत ने यूँ कहा– मियाँ नानबाई, कोई नई चीज खिला सकते हो?'
'हुक्म कीजिए, जहाँपनाह!'
बादशाह सलामत ने फरमाया– 'कोई ऐसी चीज बनाओ जो न आग से पके, न पानी से बने!'
'क्या उनसे बनी ऐसी चीज!'
'क्यों न बनती साहिब! बनी और बादशाह सलामत ने खूब खाई और खूब सराही!
लगा, हमारा आना कुछ रंग लाया चाहता है। बेसब्री से पूछा– 'वह पकवान क्या था– कोई खास ही चीज होगी।'
मियाँ कुछ देर सोच में खोए रहे। सोचा पकवान पर रोशनी डालने को है कि नसीरुद्दीन साहिब बड़ी रुखाई से बोले– 'यह हम न बतावेंगे। बस, आप इत्ता समझ लीजिए कि एक कहावत है कि न खानदानी नानबाई कुएँ में भी रोटी पका सकता है कहावत जब भी गढ़ी गई हो, हमारे बुजुर्गों के करतब पर ही पूरी उतरती है।'
मजा लेने के लिए टोका– 'कहावत यह सच्ची भी है कि ....'
मियाँ ने तरेरा– 'और क्या झूठी है? आप ही बताइए, रोटी पकाने में झूठ का क्या काम! झूठ से रोटी पकेगी। क्या पकती देखी है कभी! रोटी जनाब पकती है आँच से, समझे!'
सिर हिलाना पड़ा– 'ठीक फरमाते हैं।'

(i) मियाँ नसीरुद्दीन के बुजुर्गों से बादशाह ने क्या बनाने के लिए कहा था?
(क) कोई ऐसी चीज खिलाओ, जो न आग से पके और न पानी से
(ख) कोई अच्छी चीज बनाकर खिलाइए
(ग) कोई ऐसा विशेष व्यंजन खिलाइए, जो आज तक न खाया हो
(घ) कोई ऐसी चीज खिलाइए, जो आज तक न सुनी हो

(ii) मियाँ नसीरुद्दीन ने क्या दावा किया?
(क) वह कुएँ में भी रोटी पका सकता है
(ख) उनके बुजुर्ग कुएँ में भी रोटी पका सकते हैं
(ग) वह संसार का प्रत्येक व्यंजन बना सकता है
(घ) उपर्युक्त में से कोई नहीं

(iii) नसीरुद्दीन की रुखाई का क्या कारण था?
(क) पकवान के बारे में न बताने का
(ख) ज्यादा सवाल पूछने का
(ग) उनके दादाजी के बारे में विश्वास न करने का
(घ) उपर्युक्त सभी

(iv) 'रोटी पकाने में झूठ का क्या काम' यह कथन किसने कहा?
(क) लेखिका ने
(ख) मियाँ नसीरुद्दीन के शागिर्द ने
(ग) मियाँ नसीरुद्दीन ने
(घ) उपर्युक्त में से कोई नहीं

(v) **कथन** (A) बादशाह सलामत ने विचित्र चीज बनाने का हुक्म दिया।
कारण (R) नसीरुद्दीन ने बादशाह सलामत के लिए बने विचित्र पकवानों की सूची लेखिका को बताई।
कूट
(क) कथन (A) और कारण (R) दोनों सही हैं तथा कारण (R), कथन (A) की सही व्याख्या करता है।
(ख) कथन (A) और कारण (R) दोनों सही हैं, परंतु कारण (R), कथन (A) की सही व्याख्या नहीं करता है।
(ग) कथन (A) सही है, किंतु कारण (R) गलत है।
(घ) कथन (A) गलत है, किंतु कारण (R) सही है।

विषय-वस्तु पर आधारित प्रश्न

लघु उत्तरीय प्रश्न

1. मियाँ नसीरुद्दीन विभिन्न पेशे वाले खानदानों का उदाहरण देकर क्या स्पष्ट करना चाहते थे?
2. 'काम करने से आता है, नसीहतों से नहीं' मियाँ नसीरुद्दीन के इस वक्तव्य से आप कहाँ तक सहमत हैं?
3. अन्य नानबाइयों की तुलना में मियाँ नसीरुद्दीन स्वयं को श्रेष्ठ व अलग क्यों मानते थे?
4. वक्त से वक्त मिलाने की उक्ति को 'मियाँ नसीरुद्दीन' पाठ के संदर्भ में स्पष्ट कीजिए।
5. समाज में आए किस परिवर्तन से मियाँ नसीरुद्दीन दुःखी थे और क्यों?

दीर्घ उत्तरीय प्रश्न

1. मियाँ नसीरुद्दीन का रहन-सहन अत्यंत साधारण है—प्रमाणित कीजिए।
2. मियाँ नसीरुद्दीन द्वारा बताई गई शिक्षा की दो प्रणालियों के अंतर को अपने शब्दों में स्पष्ट कीजिए।
3. मियाँ नसीरुद्दीन को अपने परिवार के इतिहास पर अत्यंत गर्व है, उदाहरण सहित इस कथन को स्पष्ट कीजिए।
4. 'एकाएक मियाँ की आँखों के आगे कुछ कौंध गया' पंक्ति का भाव स्पष्ट कीजिए।
5. 'मियाँ नसीरुद्दीन अत्यंत संवेदनशील व्यक्ति हैं', पाठ से उदाहरण देकर इस कथन को सिद्ध कीजिए।

03 अध्याय

अपू के साथ ढाई साल

(सत्यजित राय)

लेखक-परिचय

भारतीय सिनेमा को कलात्मक ऊँचाई प्रदान करने वाले फ़िल्मकार सत्यजित राय का जन्म वर्ष 1921 में कोलकाता (पश्चिम बंगाल) में हुआ था। इनकी पहली फ़ीचर फ़िल्म पथेर पांचाली (बांग्ला) वर्ष 1955 में प्रदर्शित हुई थी, जिससे इन्हें अंतर्राष्ट्रीय स्तर पर प्रतिष्ठा प्राप्त हुई। इन्होंने लगभग तीस फ़िल्मों का निर्माण किया। इनकी अधिकांश फ़िल्में साहित्यिक कृतियों पर आधारित हैं। इनके पसंदीदा साहित्यकारों में बांग्ला के विभूति भूषण बंद्योपाध्याय से लेकर हिंदी के प्रेमचंद तक शामिल हैं। फ़िल्मों के पटकथा-लेखन, संगीत-संयोजन एवं निर्देशन के अतिरिक्त सत्यजित राय ने बांग्ला में बच्चों एवं किशोरों के लिए लेखन का काम भी बहुत-ही संजीदगी के साथ किया है। इन्हें फ्रांस का लेजन-डी-ऑनर, ऑस्कर और भारतरत्न सहित कई महत्त्वपूर्ण सम्मान मिले हैं। वर्ष 1992 में इनका निधन हो गया।

पाठ की रूपरेखा

'अपू के साथ ढाई साल' नामक संस्मरण लेखक सत्यजित राय की पहली फ़ीचर फ़िल्म 'पथेर पांचाली' को बनाते समय घटी घटनाओं एवं सामने आई कठिनाइयों का लिखित आलेख है, जिसमें धन के अभाव में फ़िल्म निर्माण संबंधी कठिनाई, पात्रों के चयन, पात्रों की आकस्मिक मृत्यु से उत्पन्न हुई समस्या व दृश्यों को उनकी स्वाभाविक व सहजता से फ़िल्माने के प्रति लेखक की कर्त्तव्यनिष्ठा इत्यादि को बहुत ही रोचकता के साथ पाठ में वर्णित किया गया है।

पाठ का सार

'अपू' की भूमिका के लिए अभिनेता की तलाश

लेखक की पहली फ़िल्म 'पथेर पांचाली' की शूटिंग का कार्य रोज शूटिंग न होने के कारण लगभग ढाई साल तक चला था। लेखक एक विज्ञापन कंपनी में नौकरी करता था, इसलिए उसे समय और पैसे की परेशानी के कारण फ़िल्म की शूटिंग बीच-बीच में रोकनी पड़ती थी। शूटिंग से पहले उसे 'अपू' की भूमिका निभाने वाले एक 6 वर्षीय लड़के की तलाश थी, जिसके लिए लेखक ने रासबिहारी एवेन्यू की एक बिल्डिंग में एक कमरा किराए पर लिया। कलाकार के लिए अख़बार में विज्ञापन भी दिया गया। बहुत-से लड़के आए, लेकिन अपू की भूमिका के लिए उसे जिस तरह का लड़का चाहिए था, वैसा एक भी नहीं था।

एक दिन 'टिया' नाम का एक लड़का आया, उसे देखकर लेखक को उस पर शक हुआ। लेखक द्वारा उसके पिताजी से पूछने पर पिताजी ने उत्तर दिया कि यह मेरी बेटी है, अपू की भूमिका मिलने की आशा से मैं इसके बाल कटवाकर लाया हूँ। आखिरकार

एक दिन लेखक की पत्नी की नज़र पड़ोस में रहने वाले एक बालक पर टिकी, जिसका नाम सुबीर बनर्जी था, वह फ़िल्म में 'अपू' बना।

फ़िल्म के ढाई साल तक चलने के कारण उसे बनाते समय जैसे-जैसे समय बढ़ता, लेखक को डर लगने लगता कि कहीं अपू और दुर्गा की भूमिका करने वाले बच्चे बड़े न हो जाएँ, परंतु सौभाग्य से अन्य बच्चों की तुलना में उनमें उतने परिवर्तन नहीं आए। फ़िल्म में अभिनय करने वाली और इंदिरा ठाकरुन की भूमिका निभाने वाली अस्सी साल की एक कलाकार चुन्नीबाला देवी भी सौभाग्य से जीवित रहीं।

रेलगाड़ी संबंधी दृश्य का फ़िल्मांकन

फ़िल्म में एक दृश्य रेलगाड़ी से संबंधित था। लेखक अपू , दुर्गा और अन्य कलाकारों को लेकर कलकत्ता से सत्तर मील दूर पालसिट गाँव में पहुँचा। वहाँ रेललाइन के पास काशफूलों से भरे मैदान में शूटिंग शुरू हुई। दृश्य लंबा था, इसलिए आधे ही दृश्य की शूटिंग हो पाई थी।

इस क्षेत्र में नवागत होने के कारण सभी थोड़े घबराए हुए थे। आधे दृश्य के लिए जब वे अगले सप्ताह पहुँचे, तो वहाँ से काशफूल गायब थे। फ़िल्म में स्वाभाविकता को बनाए रखने के लिए उस आधे दृश्य की शूटिंग अगले साल शरद् ऋतु में की गई, जब दोबारा मैदान में काशफूल आ गए।

अब रेलगाड़ी के दृश्यों की परेशानी थी। शॉट्स इतने थे कि एक नहीं, तीन-तीन रेलगाड़ियों के शॉट्स लिए गए। दृश्य को सही ढंग से शूट करने के लिए पहले रेलगाड़ियों से संबंधित संपूर्ण जानकारी एकत्रित की गई।

कलाकार दल के एक सदस्य अनिल बाबू पहले से ही गाड़ी के इंजन में सवार रहते थे, ताकि दृश्य की शूटिंग के दौरान वह बॉयलर में कोयला डालते जाएँ और रेलगाड़ी से धुआँ निकलता हुआ दिख सके। सफ़ेद काशफूलों की पृष्ठभूमि पर काला धुआँ बहुत-ही अच्छा लग रहा था। उस दृश्य में तीन-तीन रेलगाड़ियों का प्रयोग होते हुए भी फ़िल्म देखने के दौरान कोई उसे पहचान नहीं पाया।

धन की कमी के कारण शूटिंग में होने वाली परेशानियाँ

लेखक को धन के अभाव में काफी परेशानियाँ उठानी पड़ी थीं; जैसे– फ़िल्म में अपू और दुर्गा के एक पालतू कुत्ते की आवश्यकता के लिए गाँव के ही एक कुत्ते को चुना गया। दृश्य में कुत्ते को भात खाता हुआ दिखाया जाना था, जिसमें अपू की माँ सर्वजया अपू को भात खिलाने का प्रयास कर रही होती है, लेकिन अपू तीर-कमान से खेलने के लिए उतावला होता है। माँ भात को गमले में रख देती हैं। इसके उपरांत भूलो (कुत्ता) द्वारा उस भात को खाने का दृश्य शुरू हुआ कि तभी शाम हो जाती है, जिससे वह शॉट नहीं लिया जा सका और पैसे भी खत्म हो गए। छः महीने बाद जब फिर से वह भात वाला शॉट लेने बोडाल पहुँचे, तब तक वह कुत्ता मर चुका था।

नया कुत्ता खोजने पर सौभाग्य से उसी रंग का एक मिलता-जुलता कुत्ता मिल गया। अंत में फेंका हुआ भात उसने खाया और उस दृश्य की शूटिंग पूरी हो गई। बस गनीमत यह रही कि दर्शक अलग-अलग कुत्तों को पहचान नहीं पाए।

श्रीनिवास नामक पात्र के कारण उत्पन्न समस्या

लेखक के सम्मुख पात्रों की मृत्यु से संबंधित समस्या फ़िल्म के एक अन्य दृश्य में भी आई, जिसमें श्रीनिवास नाम के मिठाई बेचने वाले के साथ आधे दृश्यों की शूटिंग हो चुकी थी। इस बीच उसका देहांत हो गया। तभी उसके कद-काठी के समान एक आदमी मिला। अतः एक नंबर श्रीनिवास बाँसबन से बाहर आता है और अगले दृश्य में दो नंबर श्रीनिवास को पीठ करके मुखर्जी के घर के गेट के अंदर जाते हुए दिखाया गया। इस अंतर को भी दर्शक नहीं पहचान सके।

श्रीनिवास के सीन में भूलो कुत्ते के प्रशिक्षित न होने के कारण दौड़ने के दृश्य में परेशानी हुई। अंत में दुर्गा के हाथ में थोड़ी मिठाई छिपाते हुए उसे कुत्ते को दिखाकर दौड़ने की योजना से शूटिंग पूरी की गई।

बारिश संबंधी दृश्य का फ़िल्मांकन

पैसों की कमी के कारण बारिश के दृश्य में भी लेखक को मुश्किल आई। जब उसके पास पैसे आए, तब शरद् ऋतु आ चुकी थी, परंतु उस समय बरसात होने की संभावना बहुत कम थी। लेखक रोज़ाना कलाकारों, कैमरा और तकनीशियनों को लेकर देहात में जाकर बरसात की प्रतीक्षा करता रहता था। आखिरकार एक दिन बरसात आने पर अपू और दुर्गा ठंड के कारण पेड़ के नीचे एक-दूसरे से चिपककर बैठ गए, जिसकी वजह से दृश्य में स्वाभाविकता आ गई थी। शॉट के बाद उन्हें दूध में ब्रांडी मिलाकर दी गई। 'पथेर पांचाली' का यह दृश्य बहुत सुंदर बना।

बोडाल गाँव का चित्रण

लेखक को शूटिंग के लिए गोपाल ग्राम की तुलना में बोडाल नामक गाँव अधिक उपयुक्त लगा। वहाँ अपू के घर, स्कूल, मैदान, खेत, पुकुर, आम के पेड़, बाँस के झुरमुट सभी कुछ था, परंतु वहाँ कुछ विचित्र लोगों से उनका परिचय हुआ। साठ-पैंसठ वर्ष के मानसिक रूप से बीमार एक सज्जन 'सुबोध दा' को फ़िल्म वालों के प्रति गुस्सा था, इसलिए फ़िल्म वालों के विषय में सुनते ही 'मारो इनको लाठियों से' कहकर वे चिल्लाते थे, किंतु उनसे भली-भाँति परिचय होने के उपरांत, वे उन्हें वायलिन पर लोकगीतों की धुनें बजाकर सुनाते थे।

वास्तुसर्प का निकलना

लेखक ने कोलकाता में शूटिंग के लिए किराए पर एक जर्जर अवस्था का मकान लेकर उसकी मरम्मत करवाई। एक कमरा, जिसमें साउंड-रिकॉर्डिस्ट भूपेन बाबू बैठा करते थे, जिनसे लेखक केवल 'हाँ' या 'ना' में साउंड के ठीक होने के विषय में पूछा करता था।

एक दिन उसमें एक साँप निकल आया। लेखक ने तकनीशियन भूपेन बाबू से बाहर से पूछा– 'साउंड ठीक है?', परंतु जवाब न आया। जब दो-तीन बार पूछने पर भी जवाब न आया, तो लेखक ने अंदर जाकर देखा कि साँप को देखकर भूपेन बाबू की बोलती बंद थी। स्थानीय लोगों के बताने पर कि वह साँप वास्तुसर्प अर्थात् कुल देवता है, इसलिए लेखक व उसके दल ने उस साँप को छोड़ दिया, जो कई दिनों तक वहीं रहा।

शब्दार्थ

कालखंड—समय की एक अवधि; **स्थगित**—कुछ समय के लिए रोकना; **इश्तहार**—विज्ञापन; **भाड़ा**—किराया; **इंटरव्यू**—साक्षात्कार। **बेहाल**—परेशान; **गड़बड़**—गलती; **नामुमकिन**—असंभव। **नवागत**—नए आए हुए; **बौराए हुए**—घबराए हुए; **कंटिन्युइटी**—निरंतरता; **नदारद**—गायब, अनुपस्थित; **केबिन**—कक्ष; **बॉयलर**—रेल के इंजन में कोयला डालने वाला हिस्सा। **बर्ताव**—व्यवहार; **भात**—उबला हुआ चावल; **उतावला**—बेसब्र; **निवाला**—टुकड़ा, कोर; **अंश**—भाग; **छोर**—किनारा। **संदर्भ**—बारे में; **बाँसबन**—बाँस का वन; **पुकुर**—पोखर। **झुरमुट**—झाड़ियाँ; **सीन**—दृश्य; **ज़ाया**—व्यर्थ; **धीरज**—धैर्य; **सिवा**—अन्य, अतिरिक्त; **निरभ्र**—बादल रहित। **देहात**—गाँव; **आसरा**—शरण; **नेबूर**—नींबू; **पाता**—पत्ता; **करमचा**—खट्टा होना; **वृष्टि**—बादल; **सिहर**—काँपना। **फ़सफुसाना**—अत्यंत मंद स्वर में कहना; **पाजी**—दुष्ट; **राजकीय**—राज्य से संबंधित; **फुरसत**—अवकाश; **आपत्ति**—एतराज़, परेशानी; **ध्वस्त**—टूटा-फूटा। **मरम्मत**—बिगड़ी हुई स्थिति को सुधारना; **वास्तुसर्प**—कुल देवता, घर में दिखाई देने वाला साँप।

पाठ्यपुस्तक (आरोह भाग-1) के प्रश्नोत्तर

पाठ के साथ

1. 'पथेर पांचाली' फ़िल्म की शूटिंग का काम ढाई साल तक क्यों चला?

उत्तर 'पथेर पांचाली' फ़िल्म की शूटिंग का काम ढाई साल तक इसलिए चला, क्योंकि लेखक को एक विज्ञापन कंपनी में काम करने के कारण समय कम मिल पाता था तथा उसके पास धन का अभाव भी बना रहता था। वह फ़िल्म की शूटिंग के लिए पैसे इकट्ठे करता और जब पैसे खत्म हो जाते तो पुनः पैसे जमा होने तक फ़िल्म की शूटिंग स्थगित कर देता। अतः लेखक जब धन इकट्ठा करता था, तब अपना काम आगे बढ़ाता था। इस प्रकार, रुक-रुककर शूटिंग करने के कारण बीच-बीच में पात्र एवं स्थान संबंधी समस्याएँ आने के कारण फ़िल्म का काम ढाई साल तक चला।

2. 'अब अगर हम उस जगह बाकी आधे सीन की शूटिंग करते, तो पहले आधे सीन के साथ उसका मेल कैसे बैठता? उनमें से कंटिन्युइटी नदारद हो जाती है' इस कथन के पीछे क्या भाव है?

उत्तर इस कथन के पीछे लेखक का भाव यह है कि फ़िल्म के दृश्य की निरंतरता और स्वाभाविकता को बनाए रखने के लिए आवश्यक है कि वह टुकड़ों में न बँटा हो अर्थात् अखंड हो, तभी वह प्रभावशाली होगा। किसी भी दृश्य का पहला आधा अंश तथा बाद का आधा अंश यदि रंग-रूप के स्तर पर एक-दूसरे से भिन्न होगा, तो दृश्य में कृत्रिमता आ जाएगी। दृश्य की निरंतरता ही फ़िल्म की विश्वसनीयता तथा स्वाभाविकता को बनाए रखने में सहायक सिद्ध होती है।

3. किन दो दृश्यों में दर्शक यह पहचान नहीं पाते कि उनकी शूटिंग में कोई तरकीब अपनाई गई है?

उत्तर कुत्ते (भूलो) और मिठाई वाले श्रीनिवास नामक पात्र पर फ़िल्माए गए दृश्य में दर्शक यह नहीं पहचान पाते कि इनकी भिन्नता को दबाए रखने में कोई तरकीब अपनाई गई है।

प्रथम दृश्य भूलो (कुत्ता) आधी शूटिंग के बाद मर गया था, अतः उसकी जगह उससे मिलता-जुलता एक दूसरा कुत्ता लाया गया। शेष दृश्य की शूटिंग उस पर की गई। लेखक की कुशलता के कारण दर्शकों को कुत्ते का अंतर पता नहीं चला।

दूसरा दृश्य श्रीनिवास नामक मिठाई वाले पात्र का भी आधे सीन की शूटिंग के बाद देहांत हो गया था। उसकी जगह भी एक दूसरा आदमी उस भूमिका के लिए लिया गया, जो कद-काठी में तो श्रीनिवास जैसा ही था, परंतु उसका चेहरा उससे अलग था। इसी कारण से दूसरे सीन (बाद के) में उसकी पीठ दर्शकों की ओर दिखाकर शूट किया गया। यह तरकीबें इतनी कुशलता से अपनाई गईं कि दर्शक इन पात्रों के अंतर में विभेद ही नहीं कर पाए।

4. 'भूलो' की जगह दूसरा कुत्ता क्यों लाया गया? उसने फ़िल्म के किस दृश्य को पूरा किया?

उत्तर लेखक को भूलो (कुत्ते) के द्वारा गमले में भात खाने का दृश्य दिखाना था, लेकिन सूर्यास्त होने और साथ ही लेखक के पास शूटिंग के लिए पर्याप्त धन समाप्त होने के कारण वह यह दृश्य शूट नहीं कर सका था और उसी के बाद भूलो मर गया। अतः भात खाने वाले दृश्य को पूरा करने के लिए भूलो से मिलते-जुलते दूसरे कुत्ते को लाया गया। जब उसने गमले में पड़े भात को खाया, तब जाकर यह दृश्य पूरा हो पाया।

5. फ़िल्म में श्रीनिवास की क्या भूमिका थी और उनसे जुड़े बाकी दृश्यों को उनके गुज़र जाने के बाद किस प्रकार फ़िल्माया गया?

उत्तर फ़िल्म में श्रीनिवास की भूमिका मिठाई बेचने वाले की थी। श्रीनिवास (मिठाई वाले) की भूमिका से संबंधित कुछ दृश्य शूट किए गए थे, परंतु किन्हीं कारणों से कुछ दृश्य रह गए थे और इसी बीच श्रीनिवास की भूमिका निभाने वाले व्यक्ति की मृत्यु हो गई। तब उस पात्र से मिलते-जुलते आदमी की तलाश की गई।

लेखक को जो आदमी मिला, उसकी कद-काठी तो मिठाई वाले से मिलती थी, किंतु उसका चेहरा अलग था। ऐसे में फ़िल्मकार ने यह तरकीब अपनाई कि नया आदमी कैमरे की तरफ़ पीठ करके मुखर्जी के घर के अंदर आता है, अतः कोई भी अनुमान नहीं लगा पाया कि यह अलग व्यक्ति है। अतः बाकी दृश्यों में उसकी पीठ दिखाकर काम चलाया गया।

6. बारिश का दृश्य चित्रित करने में क्या मुश्किल आई और उसका समाधान किस प्रकार हुआ?

उत्तर फ़िल्मकार के पास धन का अभाव था, जिस कारण वह बारिश के दिनों में शूटिंग नहीं कर पाया था। अक्टूबर माह तक उसके पास पैसे इकट्ठे हुए तो बरसात के दिन समाप्त हो चुके थे। शरद ऋतु में बारिश

होना भाग्य पर निर्भर था। लेखक हर रोज़ अपनी टीम के साथ गाँव में जाकर बैठ जाता और बादलों की ओर टकटकी लगाकर देखता रहता। एक दिन उसकी इच्छा पूरी हो गई। अचानक बादल छा गए और तेज बारिश होने लगी। फ़िल्मकार ने इस बारिश का पूरा फायदा उठाया तथा दुर्गा और अपू का बारिश में भीगने वाला दृश्य शूट कर लिया। इस बारिश में भीगने से दोनों बच्चों को ठंड लग गई, परंतु दृश्य पूरा हो गया।

7. किसी फ़िल्म की शूटिंग करते समय फ़िल्मकार को जिन समस्याओं का सामना करना पड़ता है, उन्हें सूचीबद्ध कीजिए।

उत्तर किसी फ़िल्म की शूटिंग करते समय फ़िल्मकार को निम्नलिखित समस्याओं का सामना करना पड़ता है

- आर्थिक समस्या (धन की कमी)
- प्राकृतिक समस्या (धूप, बारिश, अँधेरे, प्रकाश इत्यादि)
- पात्र की मृत्यु या अनुपस्थिति
- कलाकारों का चयन
- पशु-पात्रों की समस्या (दृश्य के अनुसार उनके प्रशिक्षण की)
- स्थान से संबंधित समस्या
- दृश्य के फिल्मांकन में स्थानीय लोगों का हस्तक्षेप व असहयोग
- पात्रों के विकल्प के चुनाव की समस्या आदि।

पाठ के आस-पास

1. तीन प्रसंगों में राय ने कुछ इस प्रकार की टिप्पणियाँ की हैं कि दर्शक पहचान नहीं पाते हैं कि ..... या फ़िल्म देखते हुए इस ओर किसी का ध्यान नहीं गया कि ..... इत्यादि। ये प्रसंग कौन-से हैं, चर्चा करें और इस पर भी विचार करें कि शूटिंग के समय की असलियत फ़िल्म को देखते समय कैसे छिप जाती है?

उत्तर 'भूलो' कुत्ता, 'श्रीनिवास' मिठाई वाला और तीन ट्रेनों का प्रसंग इस पाठ में आया है, जिसमें अलग-अलग दृश्य में अलग-अलग मिलते-जुलते पात्रों या वस्तुओं का इस्तेमाल किया गया है। तीन रेलगाड़ियों का इस्तेमाल तीन बार किया गया। लेखक की टिप्पणी बिलकुल सही है कि वास्तविकता में और फ़िल्म में अंतर होता है। निर्देशक विभिन्न उपायों व विभिन्न तकनीकों का प्रयोग करके नकली को असली बनाकर या वास्तविकता को छिपाकर दिखा देता है, जिससे वास्तविक जीवन की कड़वी सच्चाइयाँ फ़िल्म के रंगीन पर्दे पर छिप जाती हैं और दर्शक वास्तविकता को पहचान नहीं पाते।

2. मान लीजिए कि आपको अपने विद्यालय पर एक डॉक्यूमेंट्री फ़िल्म बनानी है। इस तरह की फ़िल्म में आप किस तरह के दृश्यों को चित्रित करेंगे? फ़िल्म बनाने से पहले और बनाते समय किन बातों पर ध्यान देंगे?

उत्तर छात्र स्वयं करें।

3. 'पथेर पांचाली' फ़िल्म में इंदिरा ठाकरुन की भूमिका निभाने वाली अस्सी साल की चुन्नीबाला देवी ढाई साल तक काम कर सकी। यदि आधी फिल्म बनने के बाद चुन्नीबाला देवी की अचानक मृत्यु हो जाती, तो सत्यजित राय क्या करते? चर्चा करें।

उत्तर इंदिरा ठाकरुन की भूमिका निभाने वाली चुन्नीबाला देवी की यदि आधी फ़िल्म बनने के पश्चात् मृत्यु हो जाती, तो सत्यजित राय भूलो और श्रीनिवास की भाँति ही उससे मिलती-जुलती किसी अन्य वृद्ध महिला को तलाशते या तो किसी अन्य उपाय से उसका चेहरा सामने न दिखाकर पीठ दिखाते या फ़िल्म में उसके पैरों की गति दिखाकर काम चला लेते।
इसके अतिरिक्त कहानी में ही कुछ परिवर्तन कर देते, ताकि इंदिरा ठाकरुन की भूमिका ही कम हो जाती।

4. पठित पाठ के आधार पर यह कह पाना कहाँ तक उचित है कि फ़िल्म को सत्यजित राय एक कला माध्यम के रूप में देखते हैं, व्यावसायिक माध्यम के रूप में नहीं।

उत्तर पठित पाठ के आधार पर यह कहा जा सकता है कि सत्यजित राय फ़िल्म को कला माध्यम के रूप में ही देखते थे, क्योंकि यदि वे व्यावसायिक माध्यम के रूप में देखते तो किसी प्रोड्यूसर (फ़िल्म निर्माता) का पैसा लगवाते और फ़िल्म निर्माण में आने वाली समस्याओं से बचे रहते। इस तरह धन की कमी की समस्या से सालों तक जूझने से वे बच जाते। प्राकृतिक वर्षा के लिए देहात में नहीं भटकते, स्टूडियो में नकली वर्षा के दृश्य से काम चला लेते। इस संस्मरण को पढ़ते समय लेखक की कला साधना के प्रति गहरी निष्ठा स्पष्ट झलकती है, जो प्रमाणित करता है कि लेखक फ़िल्म को कला के माध्यम के रूप में देखता है, व्यवसाय के नहीं।

भाषा की बात

1. पाठ में कई स्थानों पर तत्सम, तद्भव, क्षेत्रीय सभी प्रकार के शब्द एक साथ सहज भाव से आए हैं। ऐसी भाषा का प्रयोग करते हुए अपनी प्रिय फ़िल्म पर एक अनुच्छेद लिखें।

उत्तर छात्र स्वयं करें।

2. हर क्षेत्र में कार्य करने या व्यवहार करने की निजी या विशिष्ट प्रकार की शब्दावली होती है। जैसे 'अपू के साथ ढाई साल' पाठ में फ़िल्म से जुड़े शब्द शूटिंग, शॉट, सीन आदि। फ़िल्म से जुड़ी शब्दावली में से किन्हीं दस की सूची बनाइए।

उत्तर निर्देशक, छायाकार, अभिनेता, अभिनेत्री, दृश्य, ग्लैमर, रिकॉर्डिंग, शॉट, शूटिंग, लाइट्स।

3. नीचे दिए गए शब्दों के पर्याय इस पाठ में ढूँढिए और उनका वाक्यों में प्रयोग कीजिए।
इश्तहार, खुशकिस्मती, सीन, वृष्टि, जमा

उत्तर इश्तहार—विज्ञापन
वाक्य प्रयोग विज्ञापन वस्तुओं की बिक्री में महत्त्वपूर्ण भूमिका निभाते हैं।
खुशकिस्मती—सौभाग्य
वाक्य प्रयोग मेरा सौभाग्य था कि मुझे इसरो में काम करने का मौका मिला।
सीन—दृश्य
वाक्य प्रयोग युद्ध का दृश्य बेहद भयावह व कारुणिक होता है।
वृष्टि—बारिश
वाक्य प्रयोग उचित समय पर बारिश का होना किसानों के लिए लाभदायक होता है।
जमा—इकट्ठा
वाक्य प्रयोग जन चेतना के कार्यक्रमों में लोगों का इकट्ठा होना अति आवश्यक है।

अभ्यास प्रश्न

गद्यांश पर आधारित बहुविकल्पीय प्रश्न

निम्नलिखित गद्यांशों को ध्यानपूर्वक पढ़कर पूछे गए प्रश्नों के सही उत्तर चुनिए।

1. 'पथेर पांचाली' फ़िल्म की शूटिंग का काम ढाई साल तक चला था! इस ढाई साल के कालखंड में हर रोज़ तो शूटिंग होती नहीं थी। मैं तब एक विज्ञापन कंपनी में नौकरी करता था। नौकरी के काम से जब फ़ुर्सत मिलती थी, तब शूटिंग करता था। मेरे पास उस समय पर्याप्त पैसे भी नहीं थे। पैसे खत्म होने के बाद, फिर से पैसे जमा होने तक शूटिंग स्थगित रखनी पड़ती थी।

शूटिंग का आरंभ करने से पहले फ़िल्म में काम करने के लिए कलाकार इकट्ठा करने का एक बड़ा आयोजन हुआ। विशेषकर अपू की भूमिका निभाने के लिए छः साल का लड़का मिल ही नहीं रहा था। आखिर मैंने अखबार में उस संदर्भ में एक इश्तहार दिया।

रासबिहारी एवेन्यू की एक बिल्डिंग में मैंने एक कमरा भाड़े पर लिया था। वहाँ पर बच्चे इंटरव्यू के लिए आते थे। बहुत-से लड़के आए, लेकिन अपू की भूमिका के लिए मुझे जिस तरह का लड़का चाहिए था, वैसा एक भी नहीं था। एक दिन एक लड़का आया। उसकी गर्दन पर लगा पाउडर देखकर मुझे शक हुआ। नाम पूछने पर नाजुक आवाज़ में वह बोला– 'टिया'। उसके साथ आए उसके पिता जी से मैंने पूछा, 'क्या अभी-अभी इसके बाल कटवाकर यहाँ ले आए हैं।' वे सज्जन पकड़े गए। सच छिपा नहीं सके बोले, "असल में यह मेरी बेटी है। अपू की भूमिका मिलने की आशा से इसके बाल कटवाकर आपके यहाँ ले आया हूँ।"

(i) 'पथेर पांचाली' फिल्म की शूटिंग कब तक चली?

(क) 3 साल (ख) ढाई साल
(ग) 2 साल (घ) ढाई महीने

उत्तर (ख) ढाई साल

(ii) लेखक 'पथेर पांचाली' फिल्म की शूटिंग के समय कहाँ काम करता था?

(क) एक सॉफ्ट ड्रिंक कंपनी में
(ख) एक व्हीकल कंपनी में
(ग) एक रेस्टोरेंट में
(घ) एक विज्ञापन कंपनी में

उत्तर (घ) एक विज्ञापन कंपनी में

(iii) अपू की भूमिका के लिए लेखक को कितने वर्ष तक का लड़का चाहिए था?

(क) छः वर्ष तक का
(ख) पाँच वर्ष तक का
(ग) सात वर्ष तक का
(घ) आठ वर्ष तक का

उत्तर (क) छः वर्ष तक का

(iv) सुमेलित कीजिए

	सूची I		सूची II
A.	कालखण्ड	1.	किराए पर लेना
B.	इश्तहार देना	2.	अवधि
C.	भाड़े पर लेना	3.	विज्ञापन देना

कूट

	A	B	C		A	B	C
(क)	3	1	2	(ख)	2	3	1
(ग)	1	3	2	(घ)	1	2	3

उत्तर (ख) 2 3 1

(v) सज्जन व्यक्ति के पकड़े जाने का क्या कारण था?

1. इंटरव्यू में सही जवाब न देना।
2. अपनी नाजुक आवाज में अपना नाम 'टिया' बताना।
3. सच को न छिपा पाना।

दिए गए कथनों में से कौन-सा/से सही है/हैं?

(क) 1 और 3 (ख) 2 और 3
(ग) 1 और 2 (घ) केवल 3

उत्तर (ख) 2 और 3

2. विज्ञापन देकर भी अपू की भूमिका के लिए सही तरह का लड़का न मिलने के कारण मैं तो बेहाल हो गया। आखिर एक दिन मेरी पत्नी छत से नीचे आकर मुझसे बोली, 'पास वाले मकान की छत पर एक लड़का देखा, जरा उसे बुलाइए तो!' आखिर हमारे पड़ोस के घर में रहने वाला लड़का सुबीर बनर्जी ही 'पथेर पांचाली' में 'अपू' बना। फिल्म का काम आगे भी ढाई साल चलने वाला है, इस बात का अंदाजा मुझे पहले नहीं था। इसलिए जैसे-जैसे दिन बीतने लगे, वैसे-वैसे मुझे डर लगने लगा। अपू और दुर्गा की भूमिका निभाने वाले बच्चे अगर ज्यादा बड़े हो गए, तो फिल्म में वह दिखाई देगा! लेकिन मेरी खुशकिस्मती से उस उम्र में बच्चे जितने बढ़ते हैं, उतने अपू और दुर्गा की भूमिका निभाने वाले बच्चे नहीं बढ़े। इंदिरा ठाकरुन की भूमिका निभाने वाली अस्सी साल की चुन्नीबाला देवी ढाई साल तक काम कर सकीं, यह भी मेरे सौभाग्य की बात थी।

(i) अपू की भूमिका के लिए लड़का ढूँढने हेतु लेखक द्वारा ····· भी सही लड़का नहीं मिला। रिक्त स्थान की पूर्ति कीजिए।

(क) अच्छे पैसे देकर (ख) विज्ञापन देकर
(ग) 'क' और 'ख' दोनों (घ) लालच देकर

उत्तर (ख) विज्ञापन देकर

(ii) अपू की भूमिका निभाने वाले लड़के का क्या नाम था?

(क) सुब्रतो बनर्जी (ख) टिया बनर्जी
(ग) सुबीर बनर्जी (घ) हरीश बनर्जी

उत्तर (ग) सुबीर बनर्जी

(iii) इंदिरा ठाकरुन की भूमिका निभाने वाली वृद्धा का नाम क्या था?

(क) मुन्नी बाई (ख) शशिबाला देवी
(ग) राजबाला देवी (घ) चुन्नीबाला देवी

उत्तर (घ) चुन्नीबाला देवी

(iv) **कथन** (A) 'पथेर पांचाली' में 'अपू' बना लड़का फिल्म बीच में ही छोड़कर चला गया।

कारण (R) 'अपू' बना लड़का सुबीर बनर्जी ढाई साल में अपनी उम्र से अधिक बड़ा दिखने लगा था।

कूट

(क) कथन (A) और कारण (R) दोनों सही हैं तथा कारण (R), कथन (A) की सही व्याख्या करता है।
(ख) कथन (A) और कारण (R) दोनों सही हैं, परंतु कारण (R), कथन (A) की सही व्याख्या नहीं करता है।
(ग) कथन (A) सही है, किंतु कारण (R) गलत है।
(घ) कथन (A) गलत है, किंतु कारण (R) सही है।

उत्तर (ग) कथन (A) सही है, किंतु कारण (R) गलत है।

(v) लेखक के डर का क्या कारण था?

(क) फिल्म के लिए लड़का न मिलना
(ख) चुन्नीबाला देवी द्वारा काम न करना
(ग) फिल्म में लगने वाला अत्यधिक समय
(घ) बच्चों द्वारा फिल्म में काम करने से मना करना

उत्तर (ग) फिल्म में लगने वाला अत्यधिक समय

3. उस सीन के बाकी अंश की शूटिंग हमने उसके अगले साल शरद ऋतु में, जब फिर से वह मैदान काशफूलों से भर गया, तब की। उसी समय रेलगाड़ी के शॉट्स लिए। लेकिन रेलगाड़ी के इतने शॉट्स थे कि एक रेलगाड़ी से काम नहीं चला। एक के बाद एक तीन रेलगाड़ियों को हमने शूटिंग के लिए इस्तेमाल किया। सुबह से लेकर दोपहर तक कितनी रेलगाड़ियाँ उस लाइन पर से जाती हैं- यह पहले ही टाइम-टेबल देखकर जान लिया था। हर एक ट्रेन एक ही दिशा से आने वाली थी। जिस स्टेशन से वे रेलगाड़ियाँ आने वाली थीं, उस स्टेशन पर हमारी टीम के अनिल बाबू थे। रेलगाड़ी स्टेशन से निकलते समय अनिल बाबू भी इंजन-ड्राइवर की केबिन में चढ़ते थे, क्योंकि गाड़ी के शूटिंग की जगह के पास आते ही बॉयलर में कोयला डालना जरूरी था, ताकि काला धुआँ निकले। सफेद काशफूलों की पृष्ठभूमि पर अगर काला धुआँ नहीं आया, तो दृश्य कैसे अच्छा लगेगा?

(i) लेखक ने बचे हुए सीन का बाकी अंश कब शूट किया?

(क) ग्रीष्म ऋतु में (ख) वर्षा ऋतु में
(ग) शिशिर ऋतु में (घ) शरद ऋतु में

उत्तर (घ) शरद ऋतु में

(ii) फिर से मैदान किसके फूलों से भर गया?

(क) काशफूलों से
(ख) गुलाब के फूलों से
(ग) चमेली के फूलों से
(घ) सदाबहार के फूलों से

उत्तर (क) काशफूलों से

(iii) गद्यांश के आधार पर दिए गए कथनों को ध्यानपूर्वक पढ़कर सही विकल्प का चयन कीजिए

कथन 1 रेलगाड़ी के शॉट्स को फिल्म से हटाने का निर्णय लिया।
कथन 2 रेलगाड़ी के शॉट्स के लिए एक रेलगाड़ी ही पर्याप्त थी।
कथन 3 रेलगाड़ी के शाट्स अधिक होने के कारण तीन रेलगाड़ियों का प्रयोग किया गया।

कूट

(क) केवल 1
(ख) 1 और 3
(ग) केवल 3
(घ) 1 और 2

उत्तर (ग) केवल 3

(iv) स्टेशन पर लेखक की टीम के अनिल बाबू रेलगाड़ी में क्यों चढ़ते थे?

(क) रेलगाड़ी चलाने के लिए
(ख) बॉयलर में कोयला डालने के लिए
(ग) गार्ड बनने के लिए
(घ) उपर्युक्त में से कोई नहीं

उत्तर (ख) बॉयलर में कोयला डालने के लिए

(v) **कथन** (A) लेखक सुबह से लेकर शाम तक शूटिंग की तैयारी में व्यस्त रहता था।

कारण (R) बॉयलर में कोयला डालना काला धुआँ निकालने के लिए जरूरी था।

कूट

(क) कथन (A) और कारण (R) दोनों सही हैं तथा कारण (R), कथन (A) की सही व्याख्या करता है।
(ख) कथन (A) और कारण (R) दोनों सही हैं, परंतु कारण (R), कथन (A) की सही व्याख्या नहीं करता है।
(ग) कथन (A) सही है, किंतु कारण (R) गलत है।
(घ) कथन (A) गलत है, किंतु कारण (R) सही है।

उत्तर (घ) कथन (A) गलत है, किंतु कारण (R) सही है।

विषय-वस्तु पर आधारित प्रश्नोत्तर

लघु उत्तरीय प्रश्न

1. शूटिंग के लिए सत्यजित राय को कौन-सा गाँव अच्छा लगा और क्यों?

उत्तर शूटिंग के लिए सत्यजित राय को बोडाल गाँव इसलिए अच्छा लगा, क्योंकि वहाँ अपू-दुर्गा का घर, अपू का स्कूल, गाँव का मैदान, खेत, पुकुर (सरोवर, पोखर), आम का पेड़, बाँस का झुरमुट आदि सब कुछ आसपास मिल गया। वहाँ के लोगों से धीरे-धीरे परिचय भी गहरा होने लगा और लोग आवश्यकता पड़ने पर सहायता भी करने लगे थे।

2. सत्यजित राय ने किस दृश्य को सबसे अच्छा कहा है और क्यों?

उत्तर सत्यजित राय ने बारिश में भीगते हुए अपू और दुर्गा के दृश्य को सबसे अच्छा कहा है, क्योंकि इस दृश्य में वे दोनों पानी में भीग जाने के कारण अत्यधिक ठंड लगने से सच में ठिठुरने लगे थे। उनके ठिठुरने में को

कृत्रिमता नहीं थी, बल्कि वास्तविकता एवं सहजता थी। इस दृश्य में उनका अभिनय बिल्कुल यथार्थ था, बिना किसी बनावटीपन के। इसी कारण यह दृश्य अत्यंत सजीव बन पड़ा है। यह दृश्य अपनी सजीवता अर्थात् जीवंतता के कारण ही सत्यजित राय को सर्वाधिक अच्छा लगा।

3. 'भूलो' पात्र के कारण फ़िल्म निर्देशक को किस परेशानी का सामना करना पड़ा? उसका समाधान उन्होंने किस प्रकार निकाला?

उत्तर 'पथेर पांचाली' फिल्म में 'भूलो' (कुत्ता) पात्र के कारण निर्देशक को काफी परेशानी का सामना करना पड़ा। यह कुत्ता कोई प्रशिक्षित कुत्ता नहीं था, इसलिए यह बताना मुश्किल था कि वह अपू और दुर्गा के साथ भागता जाएगा या नहीं। कुत्ते के मालिक का भी कुत्ते पर कोई नियंत्रण न होने के कारण वह उसकी आज्ञा का पालन नहीं कर रहा था। ऐसी स्थिति में सत्यजित राय ने दुर्गा को अपने हाथ में मिठाई छिपाने के लिए कहा और यह युक्ति काम कर गई। मिठाई दिखाने से कुत्ता उनके पीछे दौड़ने लगा, जिससे उन्हें इच्छानुसार शॉट मिल गया।

4. लेखक के सम्मुख किस प्रकार की समस्या थी? लेखक हर रोज देहात में जाकर क्यों बैठता था?

उत्तर लेखक के सम्मुख सबसे प्रमुख समस्या धन के अभाव की थी। बरसात के मौसम का दृश्य चित्रित करने के लिए बरसात के मौसम में पैसे न होने के कारण वह बारिश के दृश्य को चित्रित नहीं कर पाया। अक्टूबर महीने में पैसे आ जाने पर वह कलाकारों व तकनीशियन के साथ रोज देहात में जाकर बैठता और बारिश होने का इंतजार करता।

5. फिल्म बनाते समय लेखक के डर का क्या कारण था?

उत्तर फिल्म की शूटिंग रोज-रोज नहीं होती थी। इसलिए फिल्म को बनाने में अधिक समय लगने लगा जिसके कारण लेखक को यह डर सताने लगा कि अगर अपू और दुर्गा की भूमिका निभाने वाले बच्चे समय के साथ-साथ ज्यादा बड़े हो गए, तो फिल्म में इसका असर दिखेगा।

दीर्घ उत्तरीय प्रश्न

1. पुराने मकान में शूटिंग करने के कारण सत्यजित राय को किन समस्याओं का सामना करना पड़ा?

उत्तर फ़िल्म की शूटिंग करने के लिए सत्यजित राय ने एक पुराना मकान भाड़े पर लिया था, जिसके मालिक कलकत्ता में रहते थे। वह घर एकदम जीर्ण-शीर्ण अवस्था में था। उस घर की मरम्मत करके उसे शूटिंग के लायक बनवाने में ही लगभग एक महीना लग गया और इसमें पैसा भी खर्च हुआ।

इसके अतिरिक्त उस घर के एक हिस्से में कुछ ऐसे कमरे थे, जिनमें फ़िल्म निर्माण दल के सदस्य अपना सामान रखा करते थे और उसी के एक कमरे में रिकॉर्डिंग मशीन लेकर साउंड रिकॉर्डिस्ट भूपेन बाबू बैठा करते थे। एक दिन भूपेन बाबू वाले कमरे में एक बड़ा साँप निकल आया, जिसे देखकर भूपेन बाबू सहम गए और उनकी बोलती बंद हो गई। यह एक वास्तुसर्प (कुल देवता) था, जिसे स्थानीय लोगों ने मारने नहीं दिया।

2. 'सुबोध दा' कौन थे? फ़िल्मकार का उनसे परिचय कैसे हुआ?

उत्तर 'सुबोध दा' बोडाल गाँव में रहते थे। साठ-पैंसठ वर्ष की आयु के सुबोध दा मानसिक रूप से बीमार थे। फ़िल्म की शूटिंग के दौरान ही फ़िल्मकार का उनसे परिचय हुआ था। वे अपने झोंपड़े में अकेले रहते थे और दरवाज़े पर बैठकर कुछ-न-कुछ बड़बड़ाते रहते थे। उन्हें फ़िल्म वालों से बहुत चिढ़ थी। जब फ़िल्मकार और उसके साथी उस गाँव में पहुँचे, तो उन्हें देखकर वे क्रोधित हो गए और चिल्लाने लगे –'फ़िल्म वाले आए हैं, मारो इनको लाठियों से।' बाद में फ़िल्मकार से अच्छा परिचय हो जाने पर वे उन्हें पास बुलाकर वायलिन पर लोकगीतों की धुनें बजाकर सुनाते थे। बीच-बीच में वे किसी को रुजवेल्ट कहते, तो किसी को चर्चिल, हिटलर या अब्दुल गफ़्फ़ार खान।

3. धोबी के कारण सत्यजित राय को क्या परेशानी उठानी पड़ी? उस समस्या का क्या समाधान निकाला गया?

उत्तर सत्यजित राय जिस घर में शूटिंग करते थे, उसके पड़ोस में एक धोबी रहता था, जो थोड़ा-सा पागल था। वह कभी भी 'भाइयों और बहनों' कहकर किसी राजकीय मुद्दे पर लंबा भाषण देना शुरू कर देता था। शूटिंग के समय उसके ऐसा करने से साउंड रिकॉर्डिंग का काम प्रभावित होता था।

इस समस्या का समाधान निकालने के लिए उसके घरवालों ने ही लेखक की सहायता की थी। धोबी के रिश्तेदारों ने उसे ठीक से सँभाला, जिसके कारण सत्यजित राय के फ़िल्म निर्माण दल को विशेष परेशानी नहीं हुई। यदि उन रिश्तेदारों ने सत्यजित राय की मदद न की होती, तो वह धोबी सच में एक सिरदर्द बन जाता।

4. 'अब यहाँ धीरज रखने के सिवा दूसरा उपाय नहीं था' लेखक के इस कथन से हमें क्या शिक्षा मिलती है?

उत्तर वस्तुतः जीवन में धैर्य का अत्यधिक महत्त्व होता है। किसी भी कार्य की सफलता में धैर्य की भूमिका महत्त्वपूर्ण होती है। अतः हमें भी अपने जीवन में धैर्य रखना चाहिए। धैर्य सफलता की एक महत्त्वपूर्ण सीढ़ी है। धैर्य के गुण के कारण ही व्यक्ति अपने परिश्रम से प्रतिकूल परिस्थितियों को भी अपने अनुकूल बना सकता है। वह बड़ी-बड़ी कठिनाइयों का सामना कर सकता है। फ़िल्मकार सत्यजित राय ने धैर्य रखा। इसी के बल पर वे अपनी फ़िल्म बनाने के दौरान आने वाली अनेक समस्याओं का सफलतापूर्वक सामना कर सके। इसका परिणाम यह हुआ कि न केवल उन्होंने अपनी फ़िल्म पूरी की, बल्कि वे एक ऐसी फ़िल्म का निर्माण कर गए, जिसने अंतर्राष्ट्रीय स्तर पर धूम मचा दी। यदि वे इतनी लंबी अवधि तक धैर्य नहीं रख पाते, तो उनकी फ़िल्म न तो सफल होती और न ही प्रतिष्ठा पाती।

5. 'अपू के साथ ढाई साल' संस्मरण का प्रतिपाद्य स्पष्ट कीजिए।

उत्तर 'अपू के साथ ढाई साल' नामक संस्मरण 'पथेर पांचाली' फिल्म के अनुभवों से संबंधित है, जिसमें फ़िल्म के निर्माण से संबंधित कई बारीकियों का पता चलता है। सामान्यतः फ़िल्मी दुनिया हमें ग्लैमर से परिपूर्ण नज़र आती है, लेकिन इसके पीछे एक ऐसा सच भी छिपा होता है, जिसमें साधनहीनता के बीच अपनी कलादृष्टि को साकार करने का फ़िल्मकार का संघर्ष भी शामिल रहता है।

इसमें लेखक अर्थात् फ़िल्मकार ने फ़िल्म निर्माण के दौरान आने वाली अनेक समस्याओं का चित्रण किया है। पैसे एवं समय की कमी के कारण 'पथेर पांचाली' फ़िल्म के निर्माण की प्रक्रिया लगभग ढाई वर्ष तक चली, जिसके दौरान आने वाली अनेक कठिनाइयाँ लेखक के मस्तिष्क में बचपन की स्मृति की तरह अंकित हो गईं। उन सभी समस्याओं तथा उनका साहस के साथ किया गया सामना इत्यादि का जीवंत चित्रण इस संस्मरण में चित्रित किया गया है।

6. 'सत्यजित राय एक संवेदनशील निर्देशक हैं' सिद्ध कीजिए।

उत्तर सत्यजित राय एक गंभीर एवं उच्चस्तरीय फ़िल्म निर्देशक हैं, यह तथ्य अंतर्राष्ट्रीय स्तर पर भी मान्य हो चुका है, लेकिन साथ ही वे एक संवेदनशील निर्देशक भी हैं, यह तथ्य उनकी फ़िल्मों में दर्शाए गए विभिन्न दृश्यों से साबित हो जाता है।

फ़िल्म की कहानी एवं पटकथा में मानवीय मूल्यों को मिलने वाली प्राथमिकता फ़िल्म निर्माता या निर्देशक के दृष्टिकोण को स्पष्ट कर देती है, जिसमें सत्यजित राय अत्यंत समृद्ध हैं।

फ़िल्मों के अतिरिक्त व्यावहारिक जीवन में घटने वाली विभिन्न घटनाएँ भी इसका प्रमाण देती हैं; जैसे—'पथेर पांचाली' की शूटिंग के दौरान बारिश के दृश्य में अपू एवं दुर्गा को अत्यधिक ठंड लगने लगी, जिससे वे ठिठुरने लगे। शॉट के तुरंत बाद सत्यजित राय ने उन्हें ब्रांडी मिलाकर दूध पिलाया, जिससे उन्हें गर्मी मिली और ठंड से राहत। जो उनकी संवेदनशीलता के गुण को स्पष्ट रूप से सबके समक्ष प्रस्तुत करता है।

7. 'एक फ़िल्म का निर्माण किसी तपस्या से कम नहीं है' सिद्ध कीजिए।

उत्तर एक संवेदनशील फ़िल्मकार के लिए किसी फ़िल्म का निर्माण करना वास्तव में किसी तपस्या से कम नहीं है। एक-एक चरित्र के लिए उपयुक्त अभिनेता की तलाश करने में फ़िल्मकार या निर्देशक को बहुत अधिक खाक छाननी पड़ती है।

प्रस्तुत पाठ में ही सत्यजित राय को बारिश की प्रतीक्षा में कई दिनों तक देहात में जाकर अपने दल के साथ बैठना पड़ा, कुत्ते से युक्तिपूर्वक काम लेना पड़ा, मृत पात्रों के विकल्प ढूँढने पड़े, पागलों एवं सनकी व्यक्तियों की हरकतों को सहना पड़ा आदि।

फ़िल्म निर्माण के दौरान अनेक ऐसे कार्य करने पड़ते हैं, जिनसे शारीरिक एवं मानसिक तनाव अत्यधिक होता है। कभी-कभी तो यह तनाव यातना जैसा लगने लगता है, लेकिन इन सबके बावजूद फ़िल्मकार को संतुलन बनाकर चलना पड़ता है, इसलिए कहा जा सकता है कि फ़िल्म निर्माण किसी साधना या तपस्या से कम नहीं है।

स्व-मूल्यांकन

गद्यांश पर आधारित बहुविकल्पीय प्रश्न

निम्नलिखित गद्यांश को ध्यानपूर्वक पढ़कर पूछे गए प्रश्नों के सही उत्तर चुनिए।

1. **एक कमरे में रिकार्डिंग मशीन लेकर हमारे साउंड रिकॉर्डिस्ट भूपेन बाबू बैठा करते थे। हम शूटिंग के वक्त उन्हें देख नहीं सकते थे, फिर भी उनकी आवाज़ सुन सकते थे। हर शॉट के बाद हम उनसे पूछते, 'साउंड ठीक है न?' भूपेन बाबू इस पर 'हाँ' या 'ना' जवाब देते। एक दिन शॉट के बाद मैंने साउंड के बारे में उनसे सवाल किया, लेकिन कुछ भी जवाब नहीं आया।**

फिर एक बार पूछा, 'भूपेन बाबू, साउंड ठीक है न?' इस पर भी जवाब न आने पर मैं उनके कमरे में गया, तो देखा कि एक बड़ा-सा साँप उस कमरे की खिड़की से नीचे उतर रहा था। वह साँप देखकर भूपेन बाबू सहम गए थे और उनकी बोलती बंद हो गई थी।

वह साँप हमने वहाँ आने पर कुछ ही दिनों के बाद देखा था। उसे मार डालने की इच्छा होने पर भी स्थानीय लोगों के मना करने के कारण हम उसे मार नहीं सके। वह 'वास्तुसर्प' था और बहुत दिनों से वहाँ रह रहा था।

(i) भूपेन बाबू कौन थे?
- (क) शॉट को प्रारंभ करने वाले
- (ख) 'पथेर पांचाली' फिल्म के निर्देशक
- (ग) 'पथेर पांचाली' फिल्म के साउंड रिकॉर्डिस्ट
- (घ) फिल्म में शॉट की जानकारी देने वाले

(ii) भूपेन बाबू ने साउंड के बारे में कुछ भी जवाब क्यों नहीं दिया?
- (क) क्योंकि साउंड सही नहीं था
- (ख) क्योंकि भूपेन बाबू बीमार थे
- (ग) उन्होंने कमरे में एक बड़ा साँप देख लिया था
- (घ) वे क्रोधित हो गए थे

(iii) लेखक साँप को क्यों नहीं मार पाए?
- (क) साँप ज्यादा बड़ा था
- (ख) साँप भाग गया था
- (ग) साँप भयानक था
- (घ) स्थानीय लोगों ने मना कर दिया था

(iv) वास्तुसर्प से आशय है
- (क) घर में बार-बार दिखाई देने वाला साँप
- (ख) एक खतरनाक जहरीला साँप
- (ग) एक बहुत बड़ा कोबरा साँप
- (घ) उपर्युक्त में से कोई नहीं

(v) निम्नलिखित कथनों पर विचार करते हुए गद्यांश के अनुसार सही कथन को चयनित कर लिखिए

कथन 1 लेखक के कमरे में भूपेन बाबू को नहीं पाया।
कथन 2 भूपेन आवाज को सुनकर उसका जवाब नहीं देते थे।
कथन 3 साँप देखकर भूपेन बाबू उत्साहित हो गए।
कथन 4 शूटिंग के वक्त साउंड रिकॉर्डिस्ट को देखा नहीं जा सकता था।

- (क) 1 और 2
- (ख) 3 और 4
- (ग) केवल 4
- (घ) केवल 1

विषय-वस्तु पर आधारित प्रश्न

लघु उत्तरीय प्रश्न

1. अपू की भूमिका के लिए लेखक को बाल कलाकार किस प्रकार मिला?

2. लेखक का वक्तव्य है कि 'शूटिंग की शुरुआत में ही गड़बड़ हो गई' यह गड़बड़ क्या थी?

3. रेलगाड़ी से संबंधित दृश्य फ़िल्माने के लिए लेखक ने क्या-क्या तैयारियाँ कीं?

4. लेखक ने यह क्यों कहा कि आखिर यह फेंका हुआ भात उसने खाया और हमारे उस दृश्य की शूटिंग पूरी हुई?

5. लेखक क्यों चाहता था कि भूलो, अपू और दुर्गा के पीछे ही दौड़े?

दीर्घ उत्तरीय प्रश्न

1. फ़िल्म की शूटिंग करने में लेखक को कई कठिनाइयों का सामना करना पड़ा—इस तथ्य को उदाहरण सहित स्पष्ट कीजिए।

2. पाठ के आधार पर लेखक की चारित्रिक विशेषताएँ बताइए।

3. पाठ के शीर्षक की सार्थकता को स्पष्ट कीजिए।

4. फ़िल्म की प्रभावशीलता में उसके संयोजन की महत्त्वपूर्ण भूमिका होती है, प्रस्तुत पाठ के आधार पर स्पष्ट कीजिए।

5. यह फ़िल्म लेखक की अपने कर्त्तव्य के प्रति पूर्ण निष्ठा का परिणाम थी, स्पष्ट कीजिए।

04

अध्याय

विदाई-संभाषण

(बालमुकुंद गुप्त)

लेखक-परिचय

खड़ीबोली और आधुनिक हिंदी साहित्य को स्थापित करने वाले लेखकों में से एक बालमुकुंद गुप्त का जन्म 1865 ई. को रोहतक (हरियाणा) जिले के ग्राम गुड़ियानी में हुआ था। इनकी आरंभिक शिक्षा उर्दू में हुई तत्पश्चात् इन्होंने हिंदी सीखी। इन्होंने मिडिल तक विधिवत् शिक्षा प्राप्त की थी। गुप्त जी राष्ट्रीय नवजागरण के सक्रिय पत्रकार थे। भारतेंदु युग और द्विवेदी युग के बीच की कड़ी के रूप में माने जाने वाले बालमुकुंद गुप्त की रचनाओं में व्यंग्य-विनोद का पुट दिखाई देता है। शिवशंभु के चिट्ठे, चिट्ठे और खत, खेल तमाशा इत्यादि इनकी प्रमुख रचनाएँ हैं। वर्ष 1907 में साहित्य के इस पुरोधा का देहावसान हो गया।

अध्ययन के लिए
- पाठ की रूपरेखा
- पाठ का सार

अभ्यास के लिए
- पाठ्यपुस्तक के प्रश्नोत्तर
- गद्यांश पर आधारित बहुविकल्पीय प्रश्न
- लघु उत्तरीय प्रश्न
- दीर्घ उत्तरीय प्रश्न

पाठ की रूपरेखा

'विदाई-संभाषण' पाठ लॉर्ड कर्ज़न की अनैतिक व अन्यायपूर्ण नीतियों से त्रस्त भारतीयों की व्यथा को वर्णित करता है। पाठ में स्पष्ट किया गया है कि किस प्रकार ब्रिटिश अधिकारी द्वारा किए गए विकास कार्य, बनाई गई नीतियाँ इत्यादि सभी का उद्देश्य भारतीय संसाधनों का अधिक-से-अधिक दोहन कर उन्हें ब्रिटिशों के हित में उपयोग करना और भारत में ब्रिटिश राज के वर्चस्व को स्थापित करना था। साथ ही लॉर्ड कर्ज़न द्वारा अपने पसंदीदा व्यक्ति को कौंसिल में नियुक्त न करा पाने के कारण इस्तीफ़ा देकर इंग्लैंड लौटने की घटना का वर्णन भी है। किस प्रकार निरंकुशता सामान्य लोगों व वायसराय दोनों को कष्ट पहुँचाती है, इसे भारतीयों व लॉर्ड कर्ज़न दोनों की लाचारी व बेबसी में साम्य स्थापित करके पाठ में दिखाया गया है।

पाठ का सार

विदाई का कारुणिक क्षण

लेखक कर्ज़न को संबोधित करते हुए कहता है कि आखिरकार आपके शासन का अंत हो ही गया, अन्यथा आप तो यहाँ के स्थायी वायसराय बनने की इच्छा रखते थे। इतनी जल्दी आपको यह देश छोड़ना पड़ेगा, इसकी आशंका न आपको थी और न ही देशवासियों को। ऐसा प्रतीत होता है कि आपके और निवासियों के बीच कोई तीसरी शक्ति और भी है। इससे ईश्वर की इच्छा का भी पता चलता है। आपके दूसरी बार आने पर भारतवासी प्रसन्न नहीं थे। वे आपके जाने की प्रतीक्षा करते थे, परंतु अब आपके जाने से लोग दु:खी हैं। बिछड़न का यह समय पवित्र, निर्मल व कोमल होता है। यह समय करुणा पैदा करने वाला होता है।

भारत में तो पशु-पक्षी भी ऐसे समय में उदास हो जाते हैं। लेखक बताता है कि शिवशंभु की दो गायें थीं। बलशाली गाय, कमज़ोर गाय को रोज़ाना टक्कर मारा करती थी। एक दिन बलशाली गाय को पुरोहित को दान दे दिया गया, परंतु उसके जाने के बाद कमज़ोर गाय प्रसन्न नहीं रही और उसने चारा भी नहीं खाया। यहाँ जब पशु ऐसे हैं, तो मानव की दशा का अंदाज़ा लगाना मुश्किल नहीं है।

लॉर्ड कर्ज़न के शासन का दु:खद अंत

लेखक कहता है कि इस देश में पहले भी अनेक शासक आए और चले गए। यह परंपरा है, परंतु कर्ज़न का शासनकाल दु:खों से भरा था। कर्ज़न ने सारा राजकाज सुखांत समझकर किया था, लेकिन उसका अंत दु:खद हुआ, जिसका आभास न सामान्य जनता व अन्य अधिकारियों को ही हुआ और न स्वयं लॉर्ड कर्ज़न को।

वे सभी लीलाओं का केंद्र स्वयं को समझ रहे थे, किंतु वास्तव में सारी लीलाएँ रचने वाला कोई और है। वास्तव में, लीलामय की लीला का किसी को पता नहीं चलता। दूसरी बार आने पर आपने ऐसे कार्य करने की सोची थी, जिससे आने वाले शासकों को कोई परेशानी न हो, परंतु सब कुछ उलट गया।

वे स्वयं बेचैन रहे और देश में अशांति फैला दी। उनके स्थान पर आने वाले शासकों को अब कितने समय तक परेशान रहना पड़ेगा, इसका अनुमान लगाना कठिन है। लेखक वायसराय को संबोधित करते हुए कहता है कि आपने स्वयं भी कष्ट सहे और जनता को भी कष्ट ही दिए।

लॉर्ड कर्ज़न की शान-बान एवं उनका निर्मम शासन

भारत में लॉर्ड कर्ज़न की शान सबसे ऊपर थी। उतनी शान न तो बगदाद के खलीफ़ा अबुलहसन ने ही देखी और न अलहदीन को चिराग रगड़कर प्राप्त हुई। दिल्ली दरबार में ईश्वर तथा महाराज एडवर्ड के बाद उनका सर्वोच्च स्थान था। उनकी व उनकी पत्नी की कुर्सी सोने की थी।

महाराज के छोटे भाई का दर्जा भी उनसे नीचे था, इसलिए उनकी व उनकी पत्नी की कुर्सी चाँदी की थी। आप दाहिने हाथ थे तो वह बाएँ, आप प्रथम थे तो वह दूसरे। इस देश के सभी रईसों ने पहले आपको सलाम किया और बाद में बादशाह के भाई को। जुलूस में उनका हाथी, उनका आसन, छत्र और चँवर सबसे ऊँचा और आगे था, परंतु इतनी शान के बावजूद उन्हें ब्रिटेन के एक जंगी लाट (सेना का अफसर) के सामने नीचा देखना पड़ा।

कर्ज़न ने कौंसिल में गैर-कानूनी कानून पास करके तथा कनवोकेशन में अनुचित भाषण देकर भारत में अपनी धीर-गंभीर स्वभाव वाली छवि को तो समाप्त किया ही, साथ ही विलायत में बार-बार इस्तीफ़ा देने की धमकी के कारण उनका इस्तीफ़ा स्वीकार करके उन्हें नौकरी से भी निकाल दिया गया। अभी तक भारत में उनके इशारों पर ही हाकिम व राजा-महाराजा कार्य किया करते थे।

उनकी इच्छा पर ही बहुत-से राजा पदाधिकारी बना दिए गए, बहुत-से लोगों से उनका राज्य छीन लिया गया। उन्हीं के इशारों पर देश की शिक्षा और स्वाधीनता नष्ट हो गई। उन्होंने ही बंग देश के विभाजन की योजना बनाई, परंतु उनके अपने ही देश में उनके कहने पर एक फौज़ी अफ़सर नियुक्त न हो सका, परिणामस्वरूप उन्हें पद से इस्तीफ़ा देना पड़ा।

लॉर्ड कर्ज़न के पतन का कारण उसका मनमानापन व जिद्दी स्वभाव

लेखक कहता है कि आपका मनमाना शासन लोगों को याद रहेगा। आप ऊँचे चढ़कर गिरे हैं, परंतु गिरकर पड़े रहना अधिक दु:खी करता है। एक मामूली से क्लर्क के समान आपको नोटिस दे दिया गया। ऐसे समय में व्यक्ति स्वयं से घृणा करने लगता है। आपकी दयनीय स्थिति को जानने का भारतीयों को अवसर नहीं मिला, पर आपकी दशा से वे स्वयं आश्चर्यचकित थे। आप यदि अपने कामों पर ध्यान दें, तो आपने कभी प्रजा के हित की नहीं सोची। आपने आँख बंद कर हुक्म चलाए और किसी की नहीं सुनी। यह शासन करने का तरीका नहीं है। आपने हर काम अपनी ज़िद से पूरा किया। कैसर और जार भी कभी-कभी प्रजा की बात सुनते थे, आपने कभी प्रजा को अपने समीप ही नहीं आने दिया।

नादिरशाह ने भी आसिफ़जाह के द्वारा प्रार्थना करने पर कत्लेआम रोक दिया था, परंतु आपने आठ करोड़ जनता की प्रार्थना पर बंगाल विभाजन रद्द करने का फैसला नहीं लिया। अब आपका जाना निश्चित है, परंतु आप बंगाल विभाजन करके अपनी ज़िद पूरी करना चाहते हैं। आपकी बात न मानने पर आप नौकरी छोड़ रहे हैं, किंतु आपने प्रजा की कोई बात नहीं मानी, तो वे कहाँ जाकर अपना दु:ख व्यक्त करें।

उदार भारतीय जनमानस

आपकी ज़िद का परिणाम इस देश की जनता व स्वयं आप भुगत रहे हैं, किंतु यहाँ जनता यह मानती है कि समय परिवर्तनशील है, सभी चीज़ों का अंत निश्चित है। पराधीनता का यह समय भी बीत जाएगा।

इस उदार प्रजा की उदारता को न पहचानकर आप खाली हाथ ही लौट गए। लॉर्ड कर्ज़न इस देश के शिक्षितों को तो देख ही न सके, किंतु कभी-कभी इस देश की जिस अनपढ़ जनता का नाम अपने मुँह से उच्चारित कर लिया करते थे, वही अनपढ़ प्रजा नर सुल्तान नाम के एक राजकुमार की महिमा का गीत गाती है। उस राजकुमार ने अपनी विपत्ति के दिन नरवरगढ़ नाम के राज्य में काटे थे। वहाँ उसने चौकीदार से लेकर ऊँचे पद तक अनेक कार्य किए। उसने विदाई के समय नरवरगढ़ की जनता का, वहाँ की भूमि का उपकार माना था और उसे श्रद्धापूर्वक प्रणाम किया था। भारत की जनता आज तक उस कृतज्ञ राजकुमार को याद करती है।

लेखक द्वारा कर्ज़न का कल्पित विदाई-संभाषण

लेखक कर्ज़न से पूछता है कि यदि वे विदाई-संभाषण देंगे तो क्या कहेंगे, यही कि मैंने तुम्हारा शोषण करके ऐश्वर्य से युक्त जीवन जिया। मैंने प्रत्येक क्षण तुम्हारा अहित करने का प्रयास किया, लेकिन अब सामर्थ्यहीन होने के कारण कुछ नहीं कर सकता। वह कर्ज़न से पूछता है, क्या आप भारत के प्राचीन गौरव और यश को फिर से जगाने की कामना प्रकट कर सकते हैं? लेखक को विश्वास है कि यदि कर्ज़न ने ऐसा किया, तो यहाँ की जनता उनकी गलतियों को क्षमा कर देगी, परंतु लॉर्ड कर्ज़न में इतनी उदारता नहीं है।

शब्दार्थ

चिरस्थाई–सदैव विद्यमान रहने वाला, समाप्त न होने वाला; **करुणोत्पादक**–दु:ख उत्पन्न करने वाला; **विषाद**–दु:ख; **निर्मल**–दोष रहित; **वैर-भाव**–शत्रुता या विरोध की भावना; **आविर्भाव**–उत्पत्ति। **पुरोहित**–धार्मिक कृत्य करने वाला; **तथापि**–तो भी; **घोर**–अत्यंत; **दुखांत**–जिसका अंत दुखमय हो; **सूत्रधार**–नाट्यशाला का व्यवस्थापक; **सुखांत**–जिसका अंत सुखमय हो; **आदि**–आरंभ, प्राथमिक अवस्था; **लीला**–अभिनय; **लीलामय**–लीला से युक्त; **लाट**–गवर्नर; **चित्त**–हृदय। **हौदा**–हाथी की पीठ पर कसा जाने वाला आसन; **चँवर**–पशुओं की पूँछ के बालों से बना पंखा; **छत्र**–राज सिंहासन के ऊपर लगाया जाने वाला बड़ा छाता; **दर्जा**–स्थान, पद; **जंगी**–युद्ध में भाग लेने वाला, युद्ध संबंधी; **पटखनी**–चित कर देना; **धीर-गंभीर**–शांत एवं संयमित; **कनवोकेशन**– दीक्षांत समारोह; **वक्तृता**–भाषण; **दिवाला**–प्रतिष्ठा समाप्त होना; **तिलांजलि**–त्याग देना; **हाकिम**–राजा, उच्च अधिकारी; **काठ**–लकड़ी; **पायमाल**–दुर्दशाग्रस्त, नष्ट; **आरह**–लकड़ी चीरने का औज़ार; **नियत**–नियुक्त। **अदना**–छोटा-सा; **पतन**–महत्त्व समाप्त होना; **कान न देना**–महत्त्व न देना; **प्रजा**–जनता। **पराधीनता**–दूसरों के अधीन होने की अवस्था; **कृतज्ञता**–उपकार मानने का भाव; **महिमा**–महत्त्व; **ताब**–सामर्थ्य। **संभाषण**–वार्तालाप, बातचीत; **अभागे**–भाग्यहीन; **बदौलत**–कृपा से; **उदारता**–दयालुता।

पाठ्यपुस्तक (आरोह भाग–1) के प्रश्नोत्तर

पाठ के साथ

1. शिवशंभु की दो गायों की कहानी के माध्यम से लेखक क्या कहना चाहता है?

उत्तर शिवशंभु की दो गायों की कहानी के माध्यम से लेखक कहना चाहता है कि भारत के मानव समाज में ही नहीं, बल्कि पशु-पक्षियों में भी संवेदना है। भारत के मनुष्य ही नहीं, पशु-पक्षी भी अपने साथियों से गहरा लगाव रखते हैं। आपस में लड़ने-झगड़ने के बावजूद उनमें परस्पर अटूट प्रेम की भावना विद्यमान होती है। एक-दूसरे से अलग होते समय वे दु:ख का अनुभव करते हैं। लेखक कहना चाहता है कि भारत में विदाई का क्षण मनुष्यों के साथ-साथ पशुओं में भी करुणा को उत्पन्न करने वाला होता है।

2. आठ करोड़ प्रजा के गिड़गिड़ाकर विच्छेद न करने की प्रार्थना पर आपने ज़रा भी ध्यान नहीं दिया–यहाँ किस ऐतिहासिक घटना की ओर संकेत किया गया है?

उत्तर प्रस्तुत पंक्तियों में बंग-भंग अर्थात् बंगाल-विभाजन की घटना की ओर संकेत किया गया है। लॉर्ड कर्ज़न ने अपनी कूटनीतिक योजना के द्वारा बंगाल क्षेत्र के विभाजन की योजना बनाई। कर्ज़न के इस कलुषित इरादे को भारत की जनता समझ गई थी, परिणामतः बंगाल की आठ करोड़ जनता ने इस योजना का पुरज़ोर विरोध किया। यहाँ तक कि पूरा भारत इसके विरुद्ध उठ खड़ा हुआ था, परंतु कर्ज़न ने अपनी ज़िद को पूरा किया। बंगाल के दो हिस्से कर दिए गए-पूर्वी बंगाल एवं पश्चिमी बंगाल।

3. कर्ज़न को इस्तीफ़ा क्यों देना पड़ गया?

उत्तर लॉर्ड कर्ज़न को दो कारणों से इस्तीफा देना पड़ा, जो निम्नलिखित हैं

(i) बंगाल विभाजन की योजना को मनमाने ढंग से लागू करना। इसकी प्रतिक्रिया में भारतवासी उसके विरुद्ध उठ खड़े हुए, जिससे ब्रिटिश शासन की जड़ें हिलने लगीं और वह वापस इंग्लैंड जाने का बहाना खोजने लगा।

(ii) कर्ज़न ने एक फौज़ी अफ़सर को अपनी इच्छा से इंग्लैंड में नियुक्त कराना चाहा था परंतु उसकी यह इच्छा पूरी नहीं हुई। उसकी सिफारिश अनसुनी कर दी गई, जिससे वह क्षुब्ध हो गया और इस्तीफ़े की पेशकश कर दी, जिसे स्वीकार भी कर लिया गया।

4. विचारिए तो, क्या शान आपकी इस देश में थी और अब क्या हो गई! कितने ऊँचे होकर आप कितने नीचे गिरे! आशय स्पष्ट कीजिए।

उत्तर लेखक लॉर्ड कर्ज़न से विचार करने के लिए कहता है कि उसकी दुर्गति के पीछे क्या कारण था। इस देश (भारत) में कर्ज़न को जो शानो-शौकत और मान-सम्मान प्राप्त हुआ, उतना किसी भी अन्य शासक को नहीं मिला। दिल्ली के दरबार में उसकी कुर्सी सोने की थी, उसका हाथी जुलूस में सबसे आगे चलता था, उसका आसन सबसे ऊँचा था। उसे सम्राट एडवर्ड के भाई से भी ज़्यादा सम्मान मिला था।

उसके एक इशारे पर राजा-महाराजा तक हाथ बाँधे खड़े रहते थे। उसने बड़े-बड़े राजाओं को मिट्टी में मिला दिया, अनेक अयोग्य व्यक्तियों को उच्च पदों पर नियुक्त कर दिया। अतः लॉर्ड कर्ज़न अपनी आन-बान और शान के साथ ऊँचा स्थान रखता था और कहाँ ऐसी स्थिति में पहुँच गया कि एक अदना-सा फौज़ी अफ़सर भी उसकी सिफारिश पर नहीं रखा गया। इसके विपरीत उसी का इस्तीफ़ा स्वीकार कर लिया गया।

5. आपके और यहाँ के निवासियों के बीच कोई तीसरी शक्ति भी है–यहाँ तीसरी शक्ति किसे कहा गया है?

उत्तर प्रस्तुत पंक्ति में 'तीसरी शक्ति' से अभिप्राय ब्रिटिश सरकार से है। गवर्नर या वायसराय की भारत में नियुक्ति ब्रिटिश सरकार किया करती थी। उसी के नियंत्रण व नियमों के अनुसार भारत में गवर्नर कार्य किया करता था अर्थात् ब्रिटिश सरकार ही सर्वोच्च शक्ति थी, जिस पर ईश्वर के समान ही किसी का नियंत्रण नहीं था। उसी तीसरी शक्ति के प्रभाव से लॉर्ड कर्ज़न को ब्रिटेन वापस जाना पड़ा था।

पाठ के आस-पास

1. पाठ का यह अंश 'शिवशंभु के चिट्ठे' से लिया गया है। शिवशंभु नाम की चर्चा पाठ में भी हुई है। बालमुकुंद गुप्त ने इस नाम का उपयोग क्यों किया होगा?

उत्तर 'शिवशंभु के चिट्ठे' बालमुकुंद गुप्त की व्यंग्यात्मक कृति है। शिवशंभु एक काल्पनिक पात्र है जो भाँग के नशे में डूबा रहता है तथा खरी-खरी बातें कहता है। तत्कालीन समय में ब्रिटिश सरकार ने प्रेस पर प्रतिबंध लगाए हुए थे अर्थात् कोई भी सामान्य जन सरकार की नीतियों का खुलेआम विरोध नहीं कर सकता था। प्रेस पर प्रतिबंध के कारण ही मैथिलीशरण गुप्त की रचना 'भारत-भारती' पर भी प्रतिबंध लगा दिया गया था। बालमुकुंद गुप्त ने शायद इसी समस्या से बचने के लिए इस काल्पनिक पात्र का उपयोग किया हो। अतः सुरक्षित रहते हुए लेखक सरकार की नीतियों की पोल खोलकर उसके प्रति जन सामान्य को सचेत करना चाहता होगा।

2. नादिर से भी बढ़कर आपकी ज़िद है। लॉर्ड कर्ज़न के संदर्भ में क्या आपको यह बात सही लगती है? पक्ष या विपक्ष में तर्क दीजिए।

उत्तर कर्ज़न के संदर्भ में यह बात हमें बिल्कुल सही लगती है, क्योंकि अगर वह ज़िद्दी न होता, तो जनभावनाओं की कद्र अवश्य करता। एक शासक के नाते उसका कर्त्तव्य था कि वह जनता की इच्छाओं का सम्मान करे तथा उनके हित में निर्णय ले। यही नहीं, कर्ज़न इस देश को अपनी इच्छानुसार चलाना चाहता था।

नादिर से भी बढ़कर ज़िद्दी होना बंग-भंग की उसकी नीति से स्पष्ट होता है। बंगाल के आठ करोड़ लोगों ने उसके सामने गिड़गिड़ाकर प्रार्थना की कि बंगाल विभाजन न किया जाए, किंतु वह अपनी ज़िद के कारण टस से मस नहीं हुआ, जबकि नादिरशाह ने आसिफ़जाह द्वारा माफी माँग लिए जाने पर तत्काल कत्लेआम रोक दिया था। कर्ज़न की तुलना में नादिरशाह एक उदार व्यक्ति था।

3. क्या आँख बंद करके मनमाने हुक्म चलाना और किसी की कुछ न सुनने का नाम ही शासन है? इन पंक्तियों को ध्यान में रखते हुए शासन क्या है? इस पर चर्चा कीजिए।

उत्तर कुछ लोगों द्वारा तानाशाह की भाँति देश की अधिसंख्यक जनता को नियंत्रण में रखना शासन कहलाता है, जिससे देश में सुव्यवस्था बनी रहे, परंतु ऐसा करने से राज्य में कभी भी सुव्यवस्था कायम नहीं हो सकती। सुव्यवस्था को बनाए रखने के लिए शासक द्वारा किए गए किसी भी कार्य में जनता या प्रजा की सहमति और भागीदारी होनी चाहिए। यही नीति एक स्वस्थ शासन व्यवस्था का आधार होती है।

4. इस पाठ में आए अलिफ लैला, अलहदीन, अबुलहसन और बगदाद के खलीफ़ा के बारे में सूचना एकत्रित कर कक्षा में चर्चा कीजिए।

उत्तर छात्र स्वयं करें।

गौर करने की बात

(क) इससे आपका जाना भी परंपरा की चाल से कुछ अलग नहीं है, तथापि आपके शासनकाल का नाटक घोर दुखांत है और अधिक आश्चर्य की बात यह है कि दर्शक तो क्या, स्वयं सूत्रधार भी नहीं जानता था कि उसने जो खेल सुखांत समझकर खेलना आरंभ किया था, वह दुखांत हो जावेगा।

(ख) यहाँ की प्रजा ने आपकी ज़िद का फल यहीं देख लिया कि आपकी जिस ज़िद ने इस देश की प्रजा को पीड़ित किया, आपको भी उसने कम पीड़ा न दी, यहाँ तक कि आप स्वयं उसका शिकार हुए।

भाषा की बात

1. वे दिन-रात यही मनाते थे कि जल्द श्रीमान यहाँ से पधारें। सामान्य तौर पर आने के लिए 'पधारें' शब्द का इस्तेमाल किया जाता है। यहाँ पधारें शब्द का क्या अर्थ है?

उत्तर यहाँ 'पधारें' शब्द का अर्थ है—चले जाएँ।

2. पाठ में से कुछ वाक्य नीचे दिए गए हैं, जिनमें भाषा का विशिष्ट प्रयोग (जैसे भारतेंदु युगीन हिंदी में) हुआ है। उन्हें सामान्य हिंदी में लिखिए।

(क) आगे भी इस देश में जो प्रधान शासक आए, अंत को उनको जाना पड़ा।

(ख) आप किसको आए थे और क्या कर चले?

(ग) उनका रखाया एक आदमी नौकर न रखा।

(घ) पर आशीर्वाद करता हूँ कि तू फिर उठे और अपने प्राचीन गौरव और यश को फिर से लाभ करे।

उत्तर (क) पहले भी इस देश में जो प्रधान शासक आए, अंत में उन्हें जाना पड़ा।

(ख) आप क्या करने आए थे और क्या करके जा रहे हैं?

(ग) उनके रखवाने से एक आदमी नौकर भी न रखा गया।

(घ) परंतु मैं आशीर्वाद देता हूँ कि तू फिर उठे और अपने प्राचीन गौरव और यश को फिर से प्राप्त करे।

अभ्यास प्रश्न

गद्यांशों पर आधारित बहुविकल्पीय प्रश्न

निम्नलिखित गद्यांशों को ध्यानपूर्वक पढ़कर पूछे गए प्रश्नों के सही उत्तर चुनिए।

1. विचारिए तो, क्या शान आपकी इस देश में थी और अब क्या हो गई! कितने ऊँचे होकर आप कितने नीचे गिरे! अलिफ लैला के अलहदीन ने चिराग रगड़कर और अबुलहसन ने बगदाद के खलीफ़ा की गद्दी पर आँख खोलकर वह शान न देखी, जो दिल्ली दरबार में आपने देखी। आपकी और आपकी लेडी की कुर्सी सोने की थी और आपके प्रभु महाराज के छोटे भाई और उनकी पत्नी की चाँदी की। आप दाहिने थे, वह बाएँ, आप प्रथम थे, वह दूसरे। इस देश के सब रईसों ने आपको सलाम पहले किया और बादशाह के भाई को पीछे। जुलूस में आपका हाथी सबसे आगे और सबसे ऊँचा था; हौदा, चँवर, छत्र आदि सबसे बढ़-चढ़कर थे। सारांश यह है कि ईश्वर और महाराज एडवर्ड के बाद इस देश में आप ही का एक दर्जा था, किंतु अब देखते हैं कि जंगी लाट के मुकाबले में आपने पटखनी खाई, सिर के बल नीचे आ रहे! आपके स्वदेश में वही ऊँचे माने गए, आपको साफ़ नीचा देखना पड़ा! पद-त्याग की धमकी से भी ऊँचे न हो सके।

(i) भारत में कर्जन की शान कैसी थी?

(क) वैभवपूर्ण (ख) निम्न स्तर की
(ग) अपमानपूर्ण (घ) इनमें से कोई नहीं

उत्तर (क) वैभवपूर्ण

(ii) कर्जन के किस कार्य की हर जगह निंदा हुई?

(क) उसने गैर-कानूनी बिल पास किया
(ख) अपने पद से त्याग-पत्र देने पर
(ग) अत्याचार करने पर
(घ) उपर्युक्त सभी

उत्तर (क) उसने गैर-कानूनी बिल पास किया

(iii) लेखक कर्जन को किस सत्य से अवगत करा रहा है?

(क) देशवासियों के लिए निरंतर योजनाएँ बनाना
(ख) देश की शानो-शौकत में लगे रहना
(ग) दिल्ली दरबार की शान का प्रदर्शन करना
(घ) कर्जन का उच्च ओहदे पर होकर भी नीचे गिरना

उत्तर (घ) कर्जन का उच्च ओहदे पर होकर भी नीचे गिरना

(iv) निम्नलिखित कथनों पर विचार करते हुए गद्यांश के अनुसार सही कथन को चयनित कर लिखिए।

(क) बादशाह के भाई को सोने की कुर्सी दी गई
(ख) भारत के रईसों ने कर्जन को पहले मान-सम्मान दिया
(ग) जुलूस में कर्जन का घोड़ा सबसे आगे था
(घ) देश ने कर्जन को दर्जा नहीं दिया

उत्तर (ख) भारत के रईसों ने कर्जन को पहले मान-सम्मान दिया

(v) **कथन** (A) भारत में ईश्वर और महाराज एडवर्ड के बाद लॉर्ड कर्जन का दर्जा था।

कारण (R) कर्जन देश को सर्वोच्च मानकर उसके अनुरूप निर्णय लेते थे।

कूट

(क) कथन (A) और कारण (R) दोनों सही हैं तथा कारण (R), कथन (A) की सही व्याख्या करता है।
(ख) कथन (A) और कारण (R) दोनों सही हैं, परंतु कारण (R), कथन (A) की सही व्याख्या नहीं करता है।
(ग) कथन (A) सही है, किंतु कारण (R) गलत है।
(घ) कथन (A) गलत है, किंतु कारण (R) सही है।

उत्तर (ग) कथन (A) सही है, किंतु कारण (R) गलत है।

2. आप बहुत धीर-गंभीर प्रसिद्ध थे। उस सारी धीरता-गंभीरता का आपने इस बार कौंसिल में बेकानूनी कानून पास करते और कनवोकेशन वक्तृता देते समय दिवाला निकाल दिया। यह दिवाला तो इस देश में हुआ। उधर विलायत में आपके बार-बार इस्तीफ़ा देने की धमकी ने प्रकाश कर दिया कि जड़ हिल गई है। अंत में वहाँ भी आपको दिवालिया होना पड़ा और धीरता-गंभीरता के साथ दृढ़ता को भी तिलांजलि देनी पड़ी। इस देश के हाकिम आपकी ताल पर नाचते थे, राजा-महाराजा डोरी हिलाने से सामने हाथ बाँधे हाज़िर होते थे। आपके एक इशारे में प्रलय होती थी।

कितने ही राजों को मट्टी के खिलौने की भाँति आपने तोड़-फोड़ डाला। कितने ही मट्टी-काठ के खिलौने आपकी कृपा के जादू से बड़े-बड़े पदाधिकारी बन गए। आपके इस इशारे में इस देश की शिक्षा पायमाल हो गई, स्वाधीनता उड़ गई। बंग देश के सिर पर आरह रखा गया। आह, इतने बड़े माइ लॉर्ड का यह दर्जा हुआ कि फ़ौजी अफ़सर उनके इच्छित पद पर नियत न हो सका और उनको उसी गुस्से के मारे इस्तीफ़ा दाखिल करना पड़ा, वह भी मंज़ूर हो गया। उनका रखाया एक आदमी नौकर न रखा, उल्टा उन्हीं को निकल जाने का हुक्म मिला।

(i) **कथन** (A) लॉर्ड कर्जन की धीरता-गंभीरता मात्र दिखावा थी।

कारण (R) इसका पर्दाफाश कौंसिल में गैर-कानूनी कानून पास करते समय हो गया था।

कूट

(क) कथन (A) और कारण (R) दोनों सही हैं तथा कारण (R), कथन (A) की सही व्याख्या करता है।
(ख) कथन (A) और कारण (R) दोनों सही हैं, परंतु कारण (R), कथन (A) की सही व्याख्या नहीं करता है।
(ग) कथन (A) सही है, किंतु कारण (R) गलत है।
(घ) कथन (A) गलत है, किंतु कारण (R) सही है।

उत्तर (ग) कथन (A) सही है, किंतु कारण (R) गलत है।

(ii) ब्रिटिश सरकार ने कर्जन का इस्तीफा क्यों मंजूर किया?
(क) मजबूत स्थिति के कारण
(ख) भारत में गलत व्यवहार के कारण
(ग) कमजोर हालत के कारण
(घ) उपर्युक्त में से कोई नहीं

उत्तर (ग) कमजोर हालत के कारण

(iii) कर्जन के इस्तीफे का क्या कारण था?
(क) एक फौजी अफसर को उसकी इच्छानुसार पद पर न रखवाने के कारण
(ख) ब्रिटेन की महारानी को नाराज करने के कारण
(ग) अपना अपमान होने के कारण
(घ) मनवांछित कार्य न करने के कारण

उत्तर (क) एक फौजी अफसर को उसकी इच्छानुसार पद पर न रखवाने के कारण

(iv) कर्जन ने भारत पर अपने प्रभाव के कारण क्या कार्य किया?
(क) अफसरों व राजा-महाराजाओं को अपने आदेशानुसार कार्य करवाया
(ख) अनेक राजाओं का शासन छीन लिया
(ग) अनेक व्यर्थ लोगों को ऊँचे पदों पर बैठाया
(घ) उपर्युक्त सभी

उत्तर (घ) उपर्युक्त सभी

(v) निम्नलिखित कथनों पर विचार करते हुए गद्यांश के अनुसार सही कथन को चयनित कर लिखिए।
(क) सरकारी अधिकारी कर्जन का आदेश स्वीकार नहीं करते थे
(ख) कर्जन आत्म प्रशंसा से दूर रहते थे
(ग) राजा-महाराजा उनका सत्कार नहीं करते थे
(घ) बार-बार त्यागपत्र की धमकी देने स कर्जन की साख को ब्रिटेन में भी बट्टा लगा

उत्तर (घ) बार-बार त्यागपत्र की धमकी देने से कर्जन की साख को ब्रिटेन में भी बट्टा लगा

3. **क्या आँख बंद करके मनमाने हुक्म चलाना और किसी की कुछ न सुनने का नाम ही शासन है? क्या प्रजा की बात पर कभी कान न देना और उसको दबाकर उसकी मर्जी के विरुद्ध ज़िद से सब काम किए चले जाना ही शासन कहलाता है? एक काम तो ऐसा बतलाइए, जिसमें आपने ज़िद छोड़कर प्रजा की बात पर ध्यान दिया हो। कैसर और जार भी घेरने-घोटने से प्रजा की बात सुन लेते हैं पर आप एक मौका तो बताइए, जिसमें किसी अनुरोध या प्रार्थना सुनने के लिए प्रजा के लोगों को आपने अपने निकट फटकने दिया हो और उनकी बात सुनी हो।**

नादिरशाह ने जब दिल्ली में कत्लेआम किया तो आसिफजाह के तलवार गले में डालकर प्रार्थना करने पर उसने कत्लेआम उसी दम रोक दिया। पर आठ करोड़ प्रजा के गिड़गिड़ाकर विच्छेद न करने की प्रार्थना पर आपने ज़रा भी ध्यान नहीं दिया। इस समय आपकी शासन-अवधि पूरी हो गई है, तथापि बंग-विच्छेद किए बिना घर जाना आपको पसंद नहीं है! नादिर से भी बढ़कर आपकी ज़िद है। क्या समझते हैं कि आपकी ज़िद से प्रजा के जी में दुःख नहीं होता? आप विचारिए, तो एक आदमी को आपके कहने पर पद न देने से आप नौकरी छोड़ जाते हैं, इस देश की प्रजा की भी यदि कहीं जाने की जगह होती, तो क्या वह नाराज़ होकर इस देश को छोड़ न जाती?

(i) कर्जन का शासन कैसा था?
(क) उचित (ख) न्यायपूर्ण
(ग) अनुचित और निरंकुश (घ) सत्य से परिपूर्ण

उत्तर (ग) अनुचित और निरंकुश

(ii) 'कैसर' और 'जार' शब्द किससे बने हैं?
(क) रोम के तानाशाह जूलियस सीजर से
(ख) हिंदी भाषा से
(ग) संस्कृत भाषा से
(घ) फारसी भाषा से

उत्तर (क) रोम के तानाशाह जूलियस सीजर से

(iii) 'कैसर' व 'जार' शब्दों का प्रयोग किसके लिए किया जाता है?
(क) क्रमशः मनमानी करने वाले शासकों तथा रूस के तानाशाहों के लिए
(ख) क्रमशः रूस के तानाशाहों तथा मनमानी करने वाले शासकों के लिए
(ग) रोम के तानाशाही शासकों के लिए
(घ) रूस के जार शासकों के लिए

उत्तर (क) क्रमशः मनमानी करने वाले शासकों तथा रूस के तानाशाहों के लिए

(iv) गद्यांश के अनुसार, नादिरशाह ने जिद के कारण किस राज्य में भयंकर कत्लेआम करवाया?
(क) बंगाल में (ख) उत्तराखंड में
(ग) दिल्ली में (घ) मध्य प्रदेश में

उत्तर (ग) दिल्ली में

(v) सुमेलित कीजिए

सूची I		सूची II	
A.	मनमाने हुक्म चलाना	1.	बंगाल-विभाजन
B.	नादिर से भी बढ़कर	2.	उल्टे-सीधे आदेश देना
C.	बंग-विच्छेद	3.	लॉर्ड कर्जन

कूट

	A	B	C		A	B	C
(क)	3	1	2	(ख)	2	3	1
(ग)	2	1	3	(घ)	1	2	3

उत्तर (ख) 2 3 1

विषय-वस्तु पर आधारित प्रश्नोत्तर

लघु उत्तरीय प्रश्न

1. 'लॉर्ड कर्ज़न मूलतः जन विरोधी थे' सिद्ध कीजिए।

उत्तर लॉर्ड कर्ज़न मूल रूप से जन विरोधी शासक थे। वे अपनी मनमानी करते थे। ब्रिटिश शासन की नज़रों में वे श्रेष्ठ शासक सिद्ध होना चाहते थे, इसलिए उन्होंने भारत की जनसामान्य की शक्ति को कम करने तथा भारतीय संसाधनों से ब्रिटिश हितों की पूर्ति करने के विभिन्न उपाय किए।

भारतीयों की भावनाओं को जानबूझकर अनसुना किया तथा अनेक ऐसी योजनाएँ क्रियान्वित कीं, जिससे भारतीयों की उन्नति होने की अपेक्षा उनकी शक्ति कम हो।

2. ब्रिटिश शासकों ने लॉर्ड कर्जन को उनके पद से क्यों हटा दिया?

उत्तर भारत पर इंग्लैंड की रानी विक्टोरिया का शासन था। उनकी अनुमति के बिना कोई भी कार्य नहीं किया जाता था। रानी के आदेशों का पालन करवाने हेतु वायसराय लॉर्ड कर्जन को नियुक्त किया गया था। ब्रिटिश शासकों को जब यह प्रतीत हुआ कि वे ब्रिटिश शासकों के हित को नहीं बचा सकते, साथ ही उनके उद्देश्यों को पूरा नहीं कर सकते, तो उन्होंने कर्जन को वायसराय पद से हटा दिया।

3. नर सुल्तान ने नरवरगढ़ से विदा के समय क्या कहा?

उत्तर नर सुल्तान ने नरवरगढ़ से विदा होते समय कहा कि 'प्यारे नरवरगढ़! मेरा प्रणाम ले। आज मैं तुमसे जुदा होता हूँ। तू मेरा अन्नदाता है। अपनी विपदा के दिन मैंने तुझमे कांटे हैं। तेरे ऋण का बदला मैं गरीब सिपाही नहीं दे सकता। भाई नरवरगढ़! यदि मैंने जान-बूझकर एक दिन भी अपनी सेवा में चूक की हो, यहाँ की प्रजा की शुभ चिंता न की हो, यहाँ की स्त्रियों को माता और बहन की दृष्टि से न देखा हो तो मेरा प्रणाम न ले, नहीं तो प्रसन्न होकर एक बार मेरा प्रणाम ले और मुझे जाने की आज्ञा दे।

4. लॉर्ड कर्जन की तुलना तानाशाहों से करने का क्या कारण है?

उत्तर लेखक ने लॉर्ड कर्जन को क्रूर तानाशाही शासक बताते हुए उसे जार, कैसर एवं नादिरशाह जैसे शासकों से भी अधिक क्रूर बताया है। लेखक का कहना है कि रोम के तानाशाह कैसर और जार जनता के घेरने व घोटने से जनता की बात सुन लेते थे, किंतु तुमने एक बार भी ऐसा नहीं किया। ईरान का नादिरशाह जैसे क्रूर शासक ने जब दिल्ली में कत्लेआम किया तो आसिफजाह की प्रार्थना पर उसे रोक दिया गया था, किंतु लॉर्ड कर्जन ने तो करोड़ों लोगों की प्रार्थना को अस्वीकार कर दिया तथा बंगाल पर आरी चलाई। इस कारण लेखक ने लॉर्ड कर्जन को क्रूर तानाशाही शासक कहा है।

5. भारत के लोग लॉर्ड कर्जन को किस कारण नापसंद करते थे?

उत्तर लॉर्ड कर्जन निरंकुश सत्ता के पक्षधर थे। कर्जन सुधारों के नाम पर विभिन्न प्रकार के आयोगों का गठन करते थे तथा उनकी पूरी कोशिश होती थी कि अंग्रेज अधिकारियों का वर्चस्व स्थापित रहे। उन्होंने कभी भी जनता के हित के लिए कार्य नहीं किया।

उनके जिद्दी स्वभाव व क्रूरता के कारण ही बंगाल विभाजन हुआ, जिसने करोड़ों लोगों की प्रार्थना को अस्वीकार किया। अपनी इन्हीं नीतियों के कारण भारत के लोग लॉर्ड कर्जन को नापसंद करते थे।

6. लेखक के द्वारा लॉर्ड कर्जन को किसकी भावनाओं का सम्मान न करने का दोष दिया गया?

उत्तर लेखक के द्वारा लॉर्ड कर्जन को भारत की प्रजा का सम्मान न करने का दोष दिया गया। भारत की जनता ने उनका बहुत सम्मान किया, वैभव दिया, जो उन्हें अपने संपूर्ण जीवनकाल में प्राप्त नहीं हो सकता था। प्रजा को लॉर्ड कर्जन से जो उम्मीदें थीं, वे उन उम्मीदों पर खरे नहीं उतरे। भारत की जनता को लगता था कि कर्जन उनकी माँग के अनुसार बंगाल का विभाजन नहीं करेगा, किंतु लॉर्ड कर्जन ने जनता की उम्मीदों के अनुरूप कार्य किया, जिससे उनकी भावनाओं को चोट पहुँची।

दीर्घ उत्तरीय प्रश्न

1. पाठ के अंतर्गत भारत की जनता के स्वभाव पर क्या टिप्पणी की गई है?

उत्तर लेखक के अनुसार, भारत की जनता उदार, सहनशील, कृतज्ञ, करुणाशील, क्षमाशील एवं श्रद्धालु है। भारत की जनता अत्याचारियों द्वारा किए जाने वाले अत्याचारों की अधिक परवाह नहीं करती, बल्कि वे ईश्वर पर विश्वास करते हैं तथा सब अत्याचारों को सहते रहते हैं। उनका विश्वास है कि ईश्वर ही उनका एकमात्र रक्षक अर्थात् रखवाला है, अतः समय आने पर वही सारी विपदाओं को दूर करेगा।

वास्तव में, लेखक भारतीय जनता के स्वभाव की इन विशेषताओं की चर्चा व्यंग्य के रूप में ही करता है। वह जनसामान्य पर व्यंग्य करके उनकी आंतरिक क्षमता एवं शक्ति को प्रेरित करना चाहता है, ताकि वे जीवन की विपरीत परिस्थितियों को अपने अनुकूल करने के लिए प्रयास करें। साथ ही उसने भारतीयों के सरल स्वभाव की चर्चा करते हुए कहा कि यदि कोई शासक उनके साथ सद्व्यवहार करता है तो वे उसे युगों-युगों तक याद रखते हैं तथा अपने गीतों में उसकी महिमा गाते हैं।

2. लॉर्ड कर्जन द्वारा किए गए भारत विरोधी कार्यों को स्पष्ट कीजिए।

उत्तर लॉर्ड कर्जन ने भारतीय जनता के हितों के विरुद्ध निम्नलिखित कार्य किए

(i) लोक-इच्छा के विरुद्ध बंगाल-विभाजन किया।

(ii) भारतीय शिक्षा प्रणाली को तहस-नहस कर दिया।

(iii) भारतीयों की अभिव्यक्ति संबंधी स्वाधीनता को कम किया।

(iv) भारतीयों की इच्छा-अनिच्छा के विरुद्ध मनमाने ढंग से शासन किया।

(v) प्रेस पर प्रतिबंध लगाया।

(vi) अंग्रेज़ों का वर्चस्व स्थापित किया।

(vii) देश के संसाधनों का अंग्रेज़ी हित में प्रयोग किया।

3. लॉर्ड कर्जन की इच्छा क्या थी? उसका क्या परिणाम हुआ?

उत्तर लॉर्ड कर्ज़न की इच्छा थी कि वह भारतवर्ष में पनपने वाले सारे विरोधों एवं संघर्षों को कमज़ोर कर दे। ब्रिटिश साम्राज्य की जड़ें गहरी बनाने के लिए उसने बंग-भंग की योजना बनाई, ताकि बंगाल में उत्पन्न होने वाला राजनीतिक विरोध फिर से सिर न उठा पाए, लेकिन वास्तव में इसका परिणाम लॉर्ड कर्ज़न की इच्छा के बिल्कुल विपरीत हुआ। बंगाल के लोग बंग-भंग की योजना से शांत होने की अपेक्षा और अधिक क्षुब्ध एवं उग्र हो गए। चारों ओर अशांति फैल गई और स्वतंत्रता की आग पहले की अपेक्षा और अधिक भड़क उठी। अब यह बंगाल तक ही सीमित न रहकर पूरे देश में फैल गई।

4. 'बिछड़ने का समय बड़ा ही करुणोत्पादक होता है'–पंक्ति का भाव स्पष्ट कीजिए।

उत्तर जीवन कभी भी एक जैसा नहीं रहता। यह हमेशा परिवर्तित होता रहता है। इसमें आशा-निराशा, प्रेम-विरह, मिलना-बिछुड़ना, सुख-दुःख आदि लगा ही रहता है। इसके बावजूद मनुष्य जहाँ प्रेम, मिलन, आशा, सुख आदि सकारात्मक स्थितियों में प्रसन्न होता है, वहीं विरह, निराशा आदि की स्थितियों में दुःखी हो जाता है, करुणा से भर जाता है। यह स्वाभाविक मानवीय प्रवृत्ति है। इसी कारण कहा जा सकता है कि 'बिछड़ने का समय बड़ा ही करुणोत्पादक होता है।' लेखक अपने कथन के प्रमाण में दो गायों की चर्चा करते हुए कहता है कि जब कमज़ोर गाय को हमेशा सताने वाली शक्तिशाली गाय से उसे अलग किया गया, तो कमज़ोर गाय ने खाना तक नहीं खाया। बिछड़ने का दुःख तो पशु-पक्षियों में भी होता है, फिर मनुष्य इससे अलग कैसे रह सकता है।

स्व-मूल्यांकन

गद्यांश पर आधारित बहुविकल्पीय प्रश्न

निम्नलिखित गद्यांश को ध्यानपूर्वक पढ़कर पूछे गए प्रश्नों के सही उत्तर चुनिए।

1. यहाँ की प्रजा ने आपकी ज़िद का फल यहीं देख लिया। उसने देख लिया कि आपकी जिस ज़िद ने इस देश की प्रजा को पीड़ित किया, आपको भी उसने कम पीड़ा न दी, यहाँ तक कि आप स्वयं उसका शिकार हुए। यहाँ की प्रजा वह प्रजा है, जो अपने दु:ख और कष्टों की अपेक्षा परिणाम का अधिक ध्यान रखती है। वह जानती है कि संसार में सब चीजों का अंत है।

दु:ख का समय भी एक दिन निकल जावेगा, इसी से सब दु:खों को झेलकर, पराधीनता सहकर भी वह जीती है। माई लॉर्ड! इस कृतज्ञता की भूमि की महिमा आपने कुछ न समझी और न यहाँ की दीन प्रजा की श्रद्धा-भक्ति अपने साथ ले जा सके, इसका बड़ा दु:ख है।

(i) लॉर्ड कर्जन को किसकी जिद थी?
- (क) भारत पर जीवनभर राज्य करने की
- (ख) बंगाल विभाजन की
- (ग) जनता को परेशान करने की
- (घ) उपर्युक्त में से कोई नहीं

(ii) भारतीय प्रजा की विशेषता क्या है?
- (क) वह अपने दु:ख और कष्टों की अपेक्षा परिणाम का अधिक ध्यान रखती है
- (ख) वह अपने सुख-दु:ख का अधिक ध्यान रखती है
- (ग) वह धार्मिक कार्यों पर अधिक ध्यान देती है
- (घ) उपर्युक्त में से कोई नहीं

(iii) लेखक को किस बात का दु:ख है?
- (क) कर्जन ने अपने पद की उपेक्षा की
- (ख) कर्जन ने भारत भूमि की गरिमा को नहीं समझा
- (ग) कर्जन ने भारत को स्वतंत्र नहीं किया
- (घ) उपर्युक्त सभी

(iv) **कथन** (A) संसार में सब चीजों का अंत है।
कारण (R) प्रजा इसी कारण दु:ख झेलकर व पराधीनता सहकर भी जीती थी।

कूट
- (क) कथन (A) और कारण (R) दोनों सही हैं तथा कारण (R), कथन (A) की सही व्याख्या करता है।
- (ख) कथन (A) और कारण (R) दोनों सही हैं, परंतु कारण (R), कथन (A) की सही व्याख्या नहीं करता है।
- (ग) कथन (A) सही है, किंतु कारण (R) गलत है।
- (घ) कथन (A) गलत है, किंतु कारण (R) सही है।

(v) निम्नलिखित कथनों पर विचार करते हुए गद्यांश के अनुसार सही कथन को चयनित कर लिखिए
- (क) देश की प्रजा को कर्जन पर अभिमान था
- (ख) लॉर्ड कर्जन को देश की प्रजा में श्रद्धा-भक्ति दिखाई दी थी
- (ग) लॉर्ड कर्जन ने कृतज्ञता की भूमि की महिमा को नहीं समझा
- (घ) संसार में सभी चीजों में स्थायित्व है

विषय-वस्तु पर आधारित प्रश्न

लघु उत्तरीय प्रश्न

1. 'विदाई-संभाषण' पाठ के आधार पर बताइए कि शांत रस का आविर्भाव कब होता है?

2. 'परदे के पीछे एक और ही लीलामय की लीला हो रही है, यह उसे ख़बर नहीं' पंक्ति का भावार्थ स्पष्ट कीजिए।

3. बिस्तरा गरम राख पर रखने का अर्थ स्पष्ट करते हुए बताइए कि लेखक ने ऐसा क्यों कहा?

4. लॉर्ड कर्ज़न की तुलना क्लर्क से क्यों की गई?

5. राजकुमार सुल्तान की शासन पद्धति के माध्यम से लेखक ने लॉर्ड कर्ज़न के शासन पर व्यंग्य किया है। स्पष्ट कीजिए।

दीर्घ उत्तरीय प्रश्न

1. विदाई-संभाषण के माध्यम से लेखक क्या कहना चाहता है?

2. पाठ में भारतीयों की किन-किन विशेषताओं का उल्लेख किया गया है?

3. लॉर्ड कर्ज़न का प्रत्येक कार्य ब्रिटिश सरकार के हित में था। स्पष्ट कीजिए।

4. लेखक की भाषा-शैली पर विचार व्यक्त कीजिए।

5. पाठ का प्रतिपाद्य अपने शब्दों में लिखिए।

05

अध्याय

गलता लोहा

(शेखर जोशी)

लेखक-परिचय

'नई कहानी आंदोलन' के कहानीकार शेखर जोशी का जन्म वर्ष 1932 में अल्मोड़ा (उत्तरांचल) में हुआ था। हिंदी साहित्य के 'नई कहानी आंदोलन' के बीच उभरी प्रतिभाओं में शेखर जोशी का स्थान अन्यतम है। उनकी कहानियाँ 'नई कहानी आंदोलन' के प्रगतिशील पक्ष का प्रतिनिधित्व करती हैं। निहायत सहज एवं आडंबरहीन भाषा-शैली में वे सामाजिक यथार्थ के बारीक नुक्तों को पकड़ते एवं प्रस्तुत करते हैं। उनके रचना संसार से गुज़रते हुए समकालीन जनजीवन की बहुविध विडंबनाओं को महसूस किया जा सकता है। ऐसा करने में उनकी प्रगतिशील जीवन दृष्टि और यथार्थ बोध का अत्यधिक योगदान रहा है। इनकी प्रमुख रचनाएँ हैं–कोसी का घटवार, साथ के लोग, दाज्यू, हलवाहा, नौरंगी बीमार है (कहानी संग्रह); एक पेड़ की याद (शब्दचित्र-संग्रह)। वर्ष 2022 में इनका निधन हो गया।

▼ अध्ययन के लिए

- पाठ की रूपरेखा
- पाठ का सार

▼ अभ्यास के लिए

- पाठ्यपुस्तक के प्रश्नोत्तर
- गद्यांश पर आधारित बहुविकल्पीय प्रश्न
- लघु उत्तरीय प्रश्न
- दीर्घ उत्तरीय प्रश्न

पाठ की रूपरेखा

प्रस्तुत कहानी 'गलता लोहा' में लेखक ने समाज के जातिगत विभाजन पर कई कोणों से टिप्पणी की है। इस कहानी से यह स्पष्ट होता है कि शेखर जोशी के लेखन में अर्थ की गहराई का दिखावा एवं बड़बोलापन जितना कम है, वास्तविक अर्थ-गांभीर्य उतना ही अधिक है। लेखक की किसी मुखर टिप्पणी के बगैर ही पूरे पाठ से गुज़रते हुए हम यह देख पाते हैं कि एक मेधावी, किंतु निर्धन ब्राह्मण युवक मोहन किन परिस्थितियों के कारण उस मनोदशा तक पहुँच जाता है, जहाँ उसके लिए जातीय अभिमान बेमानी हो जाता है। सामाजिक विधि-निषेधों को ताक पर रखकर वह धनराम लोहार के आफर पर केवल बैठता ही नहीं, बल्कि उसके काम में भी अपनी कुशलता दिखाता है।

पाठ का सार

मोहन का परिवार एवं उसका बचपन

मोहन के पैर अपने आप ही शिल्पकार टोले की ओर मुड़ जाते हैं, क्योंकि उसके मन में धनराम लोहार के आफर की वह प्रतिध्वनि थी, जिसे वह लगभग तीन-चार दिन से दुकान की ओर जाते हुए दूर से सुनता था। मोहन निहाई पर रखे हुए गर्म लोहे पर पड़ती हथौड़े की धप्-धप् की आवाज, ठंडे लोहे पर लगती चोट से उठता स्वर और निशाना साधने से पहले हथौड़ी की आवाज को वह दूर से ही पहचान लेता था। मोहन अपने खेतों में उगी काँटेदार झाड़ियों को साफ करने के लिए लंबे बेट वाले हँसुवे को लेकर घर से निकलता है। मोहन के पिता वंशीधर ने जीवनभर पुरोहिती की और अब वृद्धावस्था में उनसे कठिन श्रम व व्रत-उपवास नहीं होते थे। उन्हें चंद्रदत्त के यहाँ रुद्री पाठ करने जाना था, किंतु शरीर की कमज़ोरी के कारण वे नहीं जा पाते। मोहन यह व्यवसाय कर पाने में कुशल नहीं है।

पिता का भार हल्का करने के लिए वह खेतों की ओर चला जाता है, तभी उसे अपने दोस्त धनराम की याद आ जाती है और वह धनराम लोहार की दुकान पर हँसुवे में धार लगवाने पहुँच जाता है, जिसके आफर से आती धप्-धप् की आवाज़ों को वह दूर से

पहचान लिया करता था। धनराम अपने बाएँ हाथ से धौंकनी फूँकता हुआ दाएँ हाथ से भट्ठी में गर्म होते लोहे को उलट-पुलट रहा था और मोहन भट्ठी से दूर हटकर एक खाली कनिस्तर के ऊपर बैठा हुआ उसकी कारीगरी को पारखी निगाहों से देख रहा था।

धनराम व मोहन का बचपन की यादों में खो जाना

धनराम, मोहन का सहपाठी था। दोनों बचपन की यादों में खो जाते हैं। मोहन द्वारा धनराम से मास्टर त्रिलोक सिंह के बारे में पूछने पर वह उसे बताता है कि वे पिछले साल ही गुज़र गए। दोनों बचपन की दुनिया में लौट जाते हैं और हँस-हँसकर उनकी बातें करने लगते हैं। मोहन पढ़ाई व गायन में निपुण होने के कारण मास्टर जी का चहेता था। अन्य बच्चों द्वारा मास्टर जी के प्रश्नों के जवाब न देने पर वह उनके प्रश्नों के जवाब देता, इसलिए मास्टर साहब ने उसे कमज़ोर बच्चों को दंड देने का भी अधिकार दिया था। धनराम ने भी मोहन से मास्टर के आदेश पर डंडे खाए थे। धनराम इसके बावजूद भी मोहन के प्रति स्नेह व आदरभाव रखता था, क्योंकि जातिगत आधार की हीनता उसके मन में बचपन में ही बिठा दी गई थी। उसने मोहन को कभी अपना प्रतिद्वंद्वी नहीं समझा। मास्टर त्रिलोक सिंह सदैव कहा करते थे कि मोहन एक दिन बहुत बड़ा आदमी बनकर स्कूल का नाम रोशन करेगा।

धनराम की पढ़ाई में अरुचि

धनराम गाँव के खेतिहर या मज़दूर परिवारों के लड़कों की तरह तीसरे दरजे (कक्षा) तक ही पढ़ पाया था। तेरह का पहाड़ा याद न होने के कारण मास्टर जी के पीटने से उनकी संटी भी टूट गई। मास्टर जी का नियम था कि सज़ा पाने वाले को अपने लिए हथियार भी जुटाना होता था। धनराम के पिता ने उसे हथौड़े से लेकर घन चलाने तक की विद्या सिखा दी थी। विद्या सिखाने के दौरान मास्टर त्रिलोक सिंह उसे अपनी पसंद का बेंत चुनने की छूट देते थे, परंतु गंगाराम इसका चुनाव स्वयं करते थे। एक दिन गंगाराम अचानक चल बसे, जिसके पश्चात् धनराम ने सहज भाव से उनकी विरासत सँभाल ली और पास-पड़ोस के गाँव वालों को याद नहीं रहा कि वे कब गंगाराम के आफर को धनराम का आफर कहने लगे थे।

मोहन के पिता वंशीधर की महत्त्वाकांक्षा

प्राइमरी स्कूल की सीमा लाँघते ही मोहन के छात्रवृत्ति प्राप्त करने पर वंशीधर तिवारी उसे बड़ा आदमी बनाने का स्वप्न देखने लगते हैं। पैतृक पुरोहिताई के धंधे से अपने परिवार का पेट तक नहीं भर पाता है, इसलिए मोहन पढ़-लिखकर वंश का दारिद्रय (गरीबी) मिटा दे, यही उनकी मनोकामना थी।

मोहन द्वारा स्कूल पहुँचने के लिए किया गया संघर्ष

मोहन का स्कूल गाँव से चार मील दूर होने के कारण उसे संघर्ष करना पड़ा। वंशीधर रोज़ाना शाम को थके हुए मोहन को प्रोत्साहित करने के लिए पुराणों में निहित विद्याव्यसनी बालकों की कथा सुनाते। वर्षा ऋतु के समय नदी पार करने की कठिनाई को देखते हुए वंशीधर अपने एक यजमान के घर में मोहन के रहने का प्रबंध कर देते थे तथा जल स्तर घटने पर वह वापस गाँव लौट आता था। एक दिन अचानक नदी का पानी भर जाने से वह जैसे-तैसे घर पहुँचा। इस घटना से वंशीधर घबराकर मोहन के भविष्य को लेकर चिंतित रहने लगे।

मोहन का पढ़ने के लिए लखनऊ जाना व जीवनगत परिस्थितियों से समझौता करना

बिरादरी के एक संपन्न परिवार का युवक रमेश छुट्टियों में गाँव आने पर वंशीधर से मोहन को अपने साथ लखनऊ ले जाने के लिए कहता है। वहीं से उसकी ज़िंदगी का नया अध्याय शुरू होता है।

रमेश बड़ा बाबू था, वह मोहन को घरेलू नौकर से अधिक कुछ हैसियत नहीं देता था। मोहन, रमेश की मानसिकता को भली-भाँति समझता है। अंतत: वह काफी टालमटोल के बाद उसका एक साधारण से स्कूल में दाखिला करवा देता है। शहर में काम के बोझ व नए वातावरण से सामंजस्य स्थापित न करने के कारण मोहन स्कूल में अपनी कोई पहचान नहीं बना पाता।

गर्मियों की छुट्टियों में भी मोहन का घर जाना आसान न होने पर वह परिस्थितियों से समझौता कर लेता है। वह घरवालों को असलियत बताकर उन्हें दु:खी नहीं करना चाहता था। आठवीं कक्षा पास करने के बाद बेरोज़गारी का तर्क देकर उसका तकनीकी स्कूल में दाखिला करवा दिया जाता है।

वह पहले की तरह घर व स्कूल के काम में व्यस्त रहता है। डेढ़-दो वर्ष के बाद वह अपने पैरों पर खड़ा होने के लिए कारखानों के चक्कर काटने लगता है। इधर वंशीधर को अपने बेटे के बड़े अफ़सर बनने की उम्मीद थी, परंतु वास्तविकता का पता चलने पर उन्हें अत्यंत दु:ख होता है।

गाँव वालों की जाति संबंधी मान्यताएँ

धनराम व मोहन बचपन के विभिन्न प्रसंगों पर बातें करते हैं। धनराम हँसुवे पर धार लगाने के पश्चात् कहता है कि यदि पंडित जी किसी के हाथों हँसुवे को भिजवा देते तो वह तभी ठीक कर देता। मोहन बिना कुछ कहे वहीं बैठा रहता है।

गाँव में सामान्य तौर पर ब्राह्मण टोले के लोग शिल्पकार टोले में नहीं बैठते थे, उनका बैठना अपराध माना जाता था। धनराम, मोहन के इस व्यवहार से आश्चर्यचकित होने पर भी अपने कार्य में तल्लीन रहता है।

मोहन की सृजनात्मकता

धनराम द्वारा अपनी दुकान पर लोहे की मोटी छड़ को भट्ठी में गलाकर गोल बनाने पर छड़ निहाई पर ठीक प्रकार से न फँसने के कारण ढंग से मुड़ नहीं पाती, तब मोहन कुछ देर देखने के बाद स्वयं दूसरी पकड़ से लोहे को स्थिर करके, धनराम के हाथों से हथौड़ा लेता है और नपी-तुली चोटों से छड़ को पीटते-पीटते गोले का रूप दे डालता है। मोहन के काम व स्फूर्ति को देखकर धनराम अवाक् रह जाता है। वह पुरोहित खानदान के युवक द्वारा लोहार का काम करने पर आश्चर्यचकित था।

धनराम के संकोच व धर्मसंकट से उदासीन मोहन लोहे के छल्ले की त्रुटिहीन गोलाई की जाँच करता है। उसकी आँखों में एक सर्जक की चमक थी, जिसमें न स्पर्द्धा थी और न ही किसी प्रकार की हार-जीत का भाव।

शब्दार्थ

अनायास—बिना प्रयास के; **अनुगूँज**—प्रतिध्वनि; **निहाई**—लोहे का ठोस टुकड़ा, जिस पर लोहार लोहे को रखकर पीटते हैं; **हँसुवे**—घास काटने का औज़ार, दराँती; **पुरोहिताई**—पुरोहित का व्यवसाय;
जर्जर—कमज़ोर, टूटा-फूटा; **रुद्रीपाठ**—भगवान शंकर की पूजा में किया गया पाठ; **आफर**—लोहार की दुकान पर काम करने का स्थान।
आशय—मतलब; **अनुष्ठान**—धार्मिक क्रियाकलाप; **अनुत्तरित**—बिना उत्तर के; **धौंकनी**—लोहे की नली, फूँकनी; **धमाचौकड़ी**—उछल-कूद; **समवेत**—सामूहिक, एक साथ; **कुशाग्र**—तेज़; **बेजोड़**—अद्वितीय, अनुपम।
हमजोली—साथी; **हीनता**—छोटापन; **प्रतिद्वंद्वी**—शत्रु , बराबरी का लड़ने वाला।
ज़ाहिर—दिखाना, व्यक्त करना; **घोटा लगाना**—रटना; **सामर्थ्य**—शक्ति; **घन**—बड़ा व भारी हथौड़ा; **विरासत**—पुरखों या पूर्वजों से प्राप्त ज्ञान या संपत्ति; **लाँघना**—पार करना; **पैतृक**—पिता से संबंधित।
दारिद्रय—गरीबी; **विद्याव्यसनी**—विद्या प्राप्त करने की ललक रखने वाला; **प्रोत्साहित**—प्रेरित करना; **घसियारा**—घास काटने वाला; **पात-पतेल**—पत्ते; **बिरादरी**—जाति।
हीला-हवाली—टालमटोल करना; **मेधावी**—होशियार; **दरजे**—कक्षा।
बाबत—बारे में; **स्वप्न भंग**—सपने का टूटना;
सेक्रेटेरियट—सचिवालय।
फुर्सत—समय; **तत्काल**—तुरंत; **मर्यादा**—सीमा; **सँड़सी**—लोहे को पकड़ने का कैंचीनुमा औज़ार; **संकोच**—हिचकिचाना; **अभ्यस्त**—अभ्यास से सँवरा हुआ; **हस्तक्षेप**—दखल देना; **आकस्मिक**—अचानक; **अवाक्**—मौन, चकित रह जाना।
शंकित—संदेह; **धर्मसंकट**—दुविधा; **उदासीन**—रुचि न लेना, हटकर; **त्रुटिहीन**—निर्दोष; **स्वीकृति**—हामी भरना; **मुद्रा**—हाव-भाव; **सर्जक**—बनाने वाला, रचनाकार; **स्पर्द्धा**—मुकाबला, प्रतियोगिता।

पाठ्यपुस्तक (आरोह भाग-1) के प्रश्नोत्तर

पाठ के साथ

1. कहानी के उस प्रसंग का उल्लेख करें, जिसमें किताबों की विद्या और घन चलाने की विद्या का ज़िक्र आया है।

उत्तर धनराम एक साथ दो विद्याएँ सीख रहा था। एक तरफ़, लोहार पिता का पुत्र होने के कारण उसके पिता गंगाराम उसे अपना खानदानी व्यवसाय सिखा रहे थे; जैसे—सान चढ़ाना, धौंकनी फूँकना और हथौड़ा चलाना आदि। अगर धनराम से कोई गलती हो जाती थी, तो उसके पिता उसकी छड़ी या हत्थे से पिटाई करते। दूसरी तरफ़, वह स्कूल में पढ़ाई कर रहा था। उसके दिमाग में गणित नहीं बैठता था। मास्टर त्रिलोक सिंह उसे तेरह का पहाड़ा सिखाते-सिखाते थक जाते तो उसे संटी से पीटते। इस प्रकार धनराम दो विद्याएँ—किताबों की विद्या और घन चलाने की विद्या साथ-साथ सीख रहा था।

2. धनराम मोहन को अपना प्रतिद्वंद्वी क्यों नहीं समझता था?

उत्तर धनराम नीची जाति से अर्थात् लोहार और मोहन ऊँची जाति से अर्थात् ब्राह्मण था। जातिगत भेदभाव के कारण धनराम को यह बात अच्छी तरह समझ में आ गई थी कि वह स्वयं नीची और मोहन ऊँची जाति का है। मोहन पढ़ाई में भी बुद्धिमान था। उसकी प्रतिभा के कारण मास्टर त्रिलोक सिंह ने उसे कक्षा का मॉनिटर बना दिया था। मास्टर साहब अकसर मोहन की प्रशंसा करते हुए कहते कि एक दिन बड़ा होकर मोहन उनका और स्कूल का नाम रोशन करेगा। इन सभी बातों के कारण धनराम ने मोहन को अपने से श्रेष्ठ मान लिया था, इसलिए धनराम मोहन से स्पर्द्धा नहीं करता था।

3. धनराम को मोहन के किस व्यवहार पर आश्चर्य होता है और क्यों?

उत्तर धनराम द्वारा लगातार लोहे की छड़ को गोलाई में मोड़ने में असफल होने पर मोहन ने बिना संकोच किए दूसरी तरफ़ से लोहे को स्थिर किया और धनराम के हाथ से हथौड़ा लेकर उस पर नपी-तुली चोटें मारना प्रारम्भ किया। मोहन उसके बाद दोबारा उसे भट्ठी में गरम करके निहाई पर रखकर ठोकते-पीटते सुघड़ गोले का रूप दे देता है। मोहन यह काम इतनी स्फूर्ति और कुशलतापूर्वक करता है कि धनराम आश्चर्यचकित रह जाता है। मोहन अपनी जाति को भुलाकर इस कार्य को स्वीकार कैसे कर पाया? ब्राह्मण टोले के लोग तो ऊँची जाति के होते हैं और निम्न जाति के लोगों के साथ उठना-बैठना भी स्वीकार नहीं करते। यही सोचकर वह मोहन के व्यवहार पर आश्चर्यचकित होता है और अवाक् दृष्टि से उसे देखता रह जाता है।

4. मोहन के लखनऊ आने के बाद के समय को लेखक ने उसके जीवन का एक नया अध्याय क्यों कहा है?

उत्तर मोहन के लखनऊ आने के बाद के समय को लेखक ने उसके जीवन का एक नया अध्याय इसलिए कहा है, क्योंकि वह पढ़ाई के लिए अपने गाँव से दूर एक नई उम्मीद के साथ शहर आ गया था। उसे लखनऊ में रमेश के घर में बिल्कुल बदले हुए जीवन को स्वीकार करना पड़ा। गाँव में पढ़ाई के रास्ते नहीं थे, यहाँ पर पढ़ाई के रास्ते खुले तो थे, लेकिन संघर्षमय थे। उसे रमेश के यहाँ नौकरों की भाँति रहने के लिए विवश होना पड़ा। जिस बालक के उज्ज्वल भविष्य की कल्पना की जा रही थी वह जीवन से ही कुंठित हो जाता है और स्वावलंबी बनने के लिए फैक्ट्रियों के चक्कर लगाने लगता है। रमेश के घर की परिस्थितियाँ बहुत सुखद तो नहीं थीं, परंतु नई दुनिया के अनुभवों के साथ उसे जीवन से समझौता करना पड़ा।

5 मास्टर त्रिलोक सिंह के किस कथन को लेखक ने 'ज़बान के चाबुक' कहा है, क्यों?

उत्तर "तेरे दिमाग में तो लोहा भरा पड़ा है रे! विद्या का ताप कहाँ लगेगा, इसमें" मास्टर त्रिलोक सिंह के इस व्यंग्य वचन को लेखक ने 'ज़बान के चाबुक' कहा है। चाबुक की चोट व्यक्ति के शरीर को कष्ट पहुँचाती है, लेकिन शब्दों की चोट शारीरिक चोट से भी ज़्यादा खतरनाक होती है,

क्योंकि वह व्यक्ति की अंतरात्मा पर प्रहार करती है। मास्टर जी का यह कथन धनराम के मानसिक बल को कमज़ोर करने के लिए पर्याप्त था। उसके मन में यह बात अच्छी तरह बिठा दी गई कि वह तो बस लोहार का काम ही सीख सकता है, विद्यार्जन उसके वश की बात नहीं, इसीलिए मास्टर त्रिलोक सिंह के कथन को लेखक ने 'जबान के चाबुक' कहा है।

6 (i) **बिरादरी का यही सहारा होता है।**

(क) **किसने किससे कहा?**

(ख) **किस प्रसंग में कहा?**

(ग) **किस आशय से कहा?**

(घ) **क्या कहानी में यह आशय स्पष्ट हुआ है?**

(ii) **उसकी आँखों में एक सर्जक की चमक थी–कहानी का यह वाक्य**

(क) **किसके लिए कहा गया है?**

(ख) **किस प्रसंग में कहा गया है?**

(ग) **यह पात्र विशेष के किन पहलुओं को उजागर करता है?**

उत्तर (i) (क) यह कथन मोहन के पिता वंशीधर तिवारी ने अपनी बिरादरी के संपन्न युवक रमेश से कहा, जो लखनऊ से गाँव आया हुआ था।

(ख) वंशीधर तिवारी को अपने पुत्र मोहन की पढ़ाई को लेकर काफ़ी चिंता थी। मोहन को आगे की शिक्षा पूरी करने के लिए गाँव से दूर नदी पार करके जाना पड़ता था, जो उसके लिए सुरक्षित नहीं था, इसलिए मोहन की पढ़ाई बीच में ही रोकनी पड़ी। यह बात जब रमेश को पता चली, तब रमेश ने सहानुभूति प्रकट करते हुए मोहन को अपने साथ लखनऊ भेज देने के लिए कहा। यह भी कहा कि घर में जहाँ चार सदस्य हैं, वहाँ पाँचवाँ भी रह लेगा और पढ़ाई कर लेगा। रमेश की ये बातें सुनकर वंशीधर तिवारी प्रसन्न हो गए और कृतज्ञता व्यक्त करते हुए उन्होंने उपर्युक्त वाक्य कहा।

(ग) वंशीधर तिवारी का आशय यह था कि जाति-बिरादरी का यही लाभ होता है। अपनी बिरादरी के लोगों की यही विशेषता है कि वे हर संभव प्रयास करके एक-दूसरे की मदद करते हैं।

(घ) कहानी में वंशीधर तिवारी का यह आशय स्पष्ट नहीं हुआ। जब तक मोहन रमेश के यहाँ रहा, तिवारी जी अँधेरे में रहे। उन्हें लगता था कि उनका बेटा पढ़-लिखकर बड़ा आदमी बनकर वापस गाँव आएगा, परंतु ऐसा नहीं हुआ। रमेश जिस सहानुभूति से मोहन को अपने साथ लेकर गया था, उसे वह निभा न सका। उसने मोहन का भरपूर शोषण किया। उसे नौकर की तरह रखा। मोहन कई सालों तक वहाँ रहा, किंतु एक मामूली से स्कूल में साधारण-सी पढ़ाई ही कर सका, वो भी केवल आठवीं तक। पढ़ाई की फ़ीस और रोटी के बदले में वह रमेश के यहाँ नौकर बनकर रहा। ऐसा व्यवहार बिरादरी को सहारा देना नहीं, बल्कि बिरादरी के नाम पर शोषण करना है।

(ii) (क) कहानी में यह वाक्य मोहन के लिए कहा गया है।

(ख) यह वाक्य मोहन के लिए उस समय कहा गया था जब मोहन, धनराम के आफर पर बैठकर उसके काम को देख रहा था। जब धनराम एक मोटी छड़ वाले लोहे को ठीक से नहीं मोड़ पाया, तो मोहन ने अपनी ऊँची जाति की परवाह न करते हुए उस छड़ को बड़ी ही कुशलता से मोड़कर गोल कर दिया। अपनी सफलता पर उसकी आँखों में एक चमक व्याप्त थी।

(ग) यह कथन पात्र विशेष मोहन के चारित्रिक पहलुओं को उजागर करता है कि उसके अंदर किसी भी कार्य को करने का साहस एवं स्वीकारोक्ति की भावना है। वह ऊँच-नीच के जातिगत भेदभाव से मुक्त है, इसलिए उसने लोहार जैसे निम्न माने जाने वाले कार्य को सीखा। उसने जाति को महत्त्व न देकर कार्य को महत्त्व दिया।

पाठ के आस-पास

1. गाँव और शहर, दोनों जगहों पर चलने वाले मोहन के जीवन संघर्ष में क्या फ़र्क है? चर्चा करें और लिखें।

उत्तर मोहन का जीवन संघर्षों से भरा हुआ था। गाँव में उसे साधनहीनता एवं प्राकृतिक बाधाओं का संघर्ष झेलना पड़ा। अपने घर के आसपास विद्यालय न होने के कारण उसे चार मील दूर जाना पड़ता था। उसे दो मील की ऊँचाई चढ़ने के अतिरिक्त, नदी को पार करके अपनी पढ़ाई करनी पड़ रही थी। शहर में इस प्रकार की बाधा तो नहीं थी, लेकिन संघर्ष और कठिनाइयाँ उसे वहाँ और ज़्यादा झेलनी पड़ीं। रमेश बाबू के यहाँ उसे दिनभर नौकर की तरह काम करना पड़ता था। उसे हर परिस्थिति से समझौता करना पड़ रहा था। जिस पढ़ाई की उम्मीद लेकर वह गाँव से शहर आया था, वहाँ उसे वह नहीं मिल सकी। पढ़ाई के नाम पर साधारण से स्कूल से वह आठवीं तक ही पढ़ाई कर सका, जिससे एक मेधावी छात्र का उज्ज्वल भविष्य अंधकारमय हो गया।

2. एक अध्यापक के रूप में त्रिलोक सिंह का व्यक्तित्व आपको कैसा लगता है? अपनी समझ में उसकी खूबियाँ और कमियों पर विचार करें।

उत्तर अध्यापक त्रिलोक सिंह के व्यक्तित्व के दोनों पक्षों का वर्णन निम्नलिखित है

खूबियाँ मास्टर त्रिलोक सिंह का शिक्षा देने का तरीका परंपरागत है। चाहे वह तरीका ठीक न हो, फिर भी वे पढ़ाने-लिखाने, सिखाने और बच्चों को आगे बढ़ाने में रुचि रखते हैं। मारना, पीटना, डाँटना, कठोर वचन कहना अपना अधिकार समझते हैं। इसी कारण धनराम पर सभी तरीके आजमाते हैं। शिक्षा कर्म में उनकी सच्ची निष्ठा है।

कमियाँ मास्टर जी जातिगत भेदभाव से जकड़े हुए हैं। जाति की उच्चता और नीचता का भाव उनके मन को जकड़े होने के कारण ही वह मोहन से प्रेम करते हैं और धनराम का तिरस्कार करते हैं। धनराम को दिमाग में लोहा होने का व्यंग्य वचन कहना, किसी भी दृष्टिकोण से एक अध्यापक के लिए उचित नहीं है। वे धनराम से मुफ़्त में दराँतियों पर धार भी चढ़वाते हैं, जो प्रशंसनीय नहीं है।

3. 'गलता लोहा' कहानी का अंत एक खास तरीके से होता है। क्या इस कहानी का कोई अन्य अंत भी हो सकता है? चर्चा करें।

उत्तर इस कहानी का अंत, इसे प्रारंभ से जोड़ता है, इसलिए यह खास है। यदि कहानी के अंत में यह स्पष्ट कर दिया गया होता कि मोहन हँसुवे पर धार चढ़वाकर खेती करने निकल पड़ता है या लोहे के कार्य में ही रुचि रखते हुए जातिगत व पारंपरिक व्यवसाय की रूढ़ि से स्वयं को पूरी तरह मुक्त कर देता है, तो यह निष्कर्षात्मक कहानी होती, लेकिन इसमें पाठकों को सोचने-समझने के लिए अधिक मुद्दा नहीं मिलता।

लोहे की छड़ को गोल करना एक आकस्मिक साहस या व्यवहार था। यदि वहाँ पर उसके पिता (ब्राह्मण) या गाँव के ही किसी सम्मानित वृद्ध व्यक्ति द्वारा उसे शाबाशी देते हुए कहानी का अंत किया गया होता, तो शायद कहानी का संदेश और भी अच्छा हो सकता था।

भाषा की बात

1. पाठ में निम्नलिखित शब्द लौह कर्म से संबंधित हैं। किसका क्या प्रयोजन है? शब्द के सामने लिखिए।

- धौंकनी
- दराँती
- सँड़सी
- आफर
- हथौड़ा

उत्तर
- **धौंकनी** यह आग को सुलगाने व धधकाने का काम करती है। इसे मुँह पर लगाकर आग को फूँका जाता है।
- **दराँती** यह मूल रूप से घास काटने या फसल काटने के काम आती है। दराँती जैसे औज़ार को लोहार ही बनाते हैं।
- **सँड़सी** कैंची के आकार का बना हुआ औज़ार, जिससे गर्म छड़, घर में बटलोई इत्यादि को पकड़ा जाता है।
- **आफर** भट्ठी या लोहार की दुकान।
- **हथौड़ा** ठोस वस्तु पर चोट करने वाला औज़ार, जिससे लोहा पीटते हैं।

2. पाठ में 'काँट-छाँटकर' जैसे कई संयुक्त क्रिया शब्दों का प्रयोग हुआ है। कोई पाँच शब्द पाठ में से चुनकर लिखिए और अपने वाक्यों में प्रयोग कीजिए।

उत्तर (i) **खा-पीकर**

(क) हम लोग **खा-पीकर** झील में नाव चलाने लगे।

(ख) मोहन सुबह **खा-पीकर** स्कूल जाता है।

(ii) **उलट-पलट**

(क) धनराम दाएँ हाथ से भट्ठी में गर्म लोहे को **उलट-पलट** रहा था।

(ख) घर पहुँचे तो देखकर ऐसा लगा कि जैसे घर में कोई चोर घुस आया हो और सारा सामान **उलट-पलट** करके रख दिया हो।

(iii) **उठा-पटक**

(क) मास्टर जी के कक्षा में पहुँचते ही **उठा-पटक** करने वाले बच्चे भी एकदम शांत हो जाते हैं।

(ख) चिड़चिड़ाते हुए पापा ने कहा कि ज़्यादा **उठा-पटक** मत किया करो, शांत रहा करो।

(iv) **पढ़-लिखकर**

(क) वंशीधर की हार्दिक इच्छा थी कि मोहन **पढ़-लिखकर** घर का दारिद्रय मिटा दे।

(ख) मोहन के पिता का कहना था कि मोहन **पढ़-लिखकर** एक दिन बड़ा आदमी बनेगा।

(v) **थका-माँदा**

(क) दिनभर के पश्चात् जब मोहन **थका-माँदा** घर पहुँचता था, तो उसके पिता उसे पुराणों की कथा सुनाकर प्रोत्साहित करते।

(ख) **थके-माँदे** व्यक्ति को नींद जल्दी आ जाती है।

3 'बूते' का प्रयोग पाठ में तीन स्थानों पर हुआ है। उन्हें छाँटकर लिखिए और जिन संदर्भों में उनका प्रयोग हुआ है, उन संदर्भों में उन्हें स्पष्ट कीजिए।

उत्तर (i) वृद्ध हो चले वंशीधर जी के **बूते** का यह सब काम नहीं रहा।
यहाँ पर इसका अर्थ 'सामर्थ्य' से है। यह वंशीधर जी के शरीर की शक्ति से संबंधित है। उनकी सामर्थ्य या शरीर में इतनी शक्ति नहीं रही कि वह अब पुरोहिताई का काम करने के लिए चढ़ाई करके जाएँ।

(ii) दान-दक्षिणा के **बूते** पर वे किसी तरह परिवार का आधा पेट भर पाते थे।

यहाँ बूते का अर्थ है—सहारे, बल पर। वंशीधर अपने पैतृक कार्य धार्मिक कर्मकांडों के द्वारा जीविकोपार्जन किया करते थे, जिससे केवल वे किसी तरह जीवनयापन कर पाते थे। उनकी दयनीय स्थिति को अभिव्यक्त करने के लिए ही यहाँ 'बूते' शब्द को प्रयुक्त किया गया है।

(iii) जिस पुरोहिताई के **बूते** पर उन्होंने घर-संसार चलाया था, वह भी अब वैसे कहाँ कर पाते हैं।

यहाँ पर भी बूते का अर्थ है—सहारे पर, आधार पर अर्थात् जिन धार्मिक-कर्मकांडों के आधार पर वंशीधर आज तक अपने परिवार का पालन-पोषण करते आए थे, आज वे उस कार्य को भी पूर्ण सामर्थ्य के साथ नहीं कर पाते थे।

4. मोहन! थोड़ा दही तो ला दे बाजार से।
मोहन! ये कपड़े धोबी को दे तो आ।
मोहन! एक किलो आलू तो ला दे।
ऊपर के वाक्यों में मोहन को आदेश दिए गए हैं।
इन वाक्यों में आप सर्वनाम का इस्तेमाल करते हुए उन्हें दोबारा लिखिए।

उत्तर आप थोड़ा दही तो ला दें बाज़ार से।
आप ये कपड़े धोबी को दे तो आएँ।
आप एक किलो आलू तो ला दें।

विज्ञापन की दुनिया

1. विभिन्न व्यापारी अपने उत्पाद की ब्रिकी के लिए अनेक तरह के विज्ञापन बनाते हैं। आप भी हाथ से बनी किसी वस्तु की बिक्री के लिए एक ऐसा विज्ञापन बनाइए, जिससे हस्तकला का कारोबार चले।

उत्तर छात्र स्वयं करें।

अभ्यास प्रश्न

गद्यांश पर आधारित बहुविकल्पीय प्रश्न

निम्नलिखित गद्यांशों को ध्यानपूर्वक पढ़कर पूछे गए प्रश्नों के सही उत्तर चुनिए।

1. मोहन के पैर अनायास ही शिल्पकार टोले की ओर मुड़ गए। उसके मन के किसी कोने में शायद धनराम लोहार के आफर की वह अनुगूँज शेष थी, जिसे वह पिछले तीन-चार दिनों से दुकान की ओर जाते हुए दूर से सुनता रहा था। निहाई पर रखे लाल गर्म लोहे पर पड़ती हथौड़े की धप्-धप् आवाज, ठंडे लोहे पर लगती चोट से उठता ठनकता स्वर और निशाना साधने से पहले खाली निहाई पर पड़ती हथौड़ी की खनक, जिन्हें वह दूर से ही पहचान सकता था।

लंबे बेंट वाले हँसुवे को लेकर वह घर से इस उद्देश्य से निकला था कि अपने खेतों के किनारे उग आई काँटेदार झाड़ियों को काँट-छाँटकर साफ कर आएगा। बूढ़े वंशीधर जी के बूते का अब यह सब काम नहीं रहा। यही क्या, जन्म भर जिस पुरोहिताई के बूते पर उन्होंने घर-संसार चलाया था, वह भी अब वैसे कहाँ कर पाते हैं। यजमान लोग उनकी निष्ठा और संयम के कारण ही उन पर श्रद्धा रखते हैं। लेकिन बुढ़ापे का जर्जर शरीर अब उतना कठिन श्रम और व्रत-उपवास नहीं झेल पाता।

(i) मोहन घर से किस उद्देश्य के लिए निकला था?
 (क) खेतों की देख-रेख करने के उद्देश्य से
 (ख) खेतों में घुस आए आवारा पशुओं को भगाने के उद्देश्य से
 (ग) खेतों की रक्षा करने के उद्देश्य से
 (घ) खेतों के किनारे उग आई काँटेदार झाड़ियों को काट-छाँटकर साफ करने के उद्देश्य से

उत्तर (घ) खेतों के किनारे उग आई काँटेदार झाड़ियों को काट-छाँटकर साफ करने के उद्देश्य से

(ii) सुमेलित कीजिए

	सूची I		सूची II
A.	धप्-धप् की आवाज	1.	काँटेदार झाड़ियों को काटना
B.	लंबे बेंट वाले हँसुवे	2.	ठंडे लोहे पर लगता
C.	ठनकता स्वर	3.	गर्म लोहे पर पड़ती

कूट

	A	B	C		A	B	C
(क)	1	2	3	(ख)	2	3	1
(ग)	2	1	3	(घ)	3	1	2

उत्तर (घ) 3 1 2

(iii) बूढ़े वंशीधर जी क्या कार्य नहीं कर पाते थे?
 (क) खेती (ख) पुरोहिताई
 (ग) 'क' और 'ख' दोनों (घ) इनमें से कोई नहीं

उत्तर (ग) (क) और (ख) दोनों

(iv) यजमान किस पर श्रद्धा रखते थे?
 (क) मोहन पर (ख) वंशीधर पर
 (ग) लेखक पर (घ) इनमें से कोई नहीं

उत्तर (ख) वंशीधर पर

(v) 'निहाई' का क्या अर्थ है?
 (क) लोहे का बड़ा टुकड़ा (ख) लकड़ी का बड़ा टुकड़ा
 (ग) पत्थर का बड़ा टुकड़ा (घ) मिट्टी का बड़ा ढेला

उत्तर (क) लोहे का बड़ा टुकड़ा

2. मोहन के प्रति थोड़ी-बहुत ईर्ष्या रहने पर भी धनराम प्रारंभ से ही उसके प्रति स्नेह और आदर का भाव रखता था। इसका एक कारण शायद यह था कि बचपन से ही मन में बिठा दी गई जातिगत हीनता के कारण धनराम ने कभी मोहन को अपना प्रतिद्वंद्वी नहीं समझा, बल्कि वह इसे मोहन का अधिकार ही समझता था। बीच-बीच में त्रिलोक सिंह मास्टर का यह कहना कि मोहन एक दिन बहुत बड़ा आदमी बनकर स्कूल का और उनका नाम ऊँचा करेगा, धनराम के लिए किसी और तरह से सोचने की गुंजाइश ही नहीं रखता था और धनराम! वह गाँव के दूसरे खेतिहर या मज़दूर परिवारों के लड़कों की तरह किसी प्रकार तीसरे दरजे तक ही स्कूल का मुँह देख पाया था।

(i) मोहन से थोड़ी-बहुत ईर्ष्या का भाव कौन रखता था?
 (क) वंशीधर (ख) लेखक
 (ग) रमेश (घ) धनराम

उत्तर (घ) धनराम

(ii) धनराम ने मोहन को कभी क्या नहीं समझा?
 (क) अपना प्रतिद्वंद्वी (ख) अपना मित्र
 (ग) अपना शत्रु (घ) अपना नौकर

उत्तर (क) अपना प्रतिद्वंद्वी

(iii) धनराम के मन में बचपन से ही क्या बिठा दिया गया था?
 (क) जातिगत समानता (ख) जातिगत हीनता
 (ग) धार्मिक असमानता (घ) इनमें से कोई नहीं

उत्तर (ख) जातिगत हीनता

(iv) 'मोहन एक दिन बहुत बड़ा आदमी बनेगा' किसने कहा था?
 (क) धनराम ने
 (ख) वंशीधर ने
 (ग) मास्टर त्रिलोक सिंह ने
 (घ) उपर्युक्त में से कोई नहीं

उत्तर (ग) मास्टर त्रिलोक सिंह ने

(v) निम्नलिखित कथनों पर विचार करते हुए गद्यांश के अनुसार सही कथन को चयनित कर लिखिए।
(क) धनराम ने मोहन के प्रति आदर भाव नहीं रखा
(ख) धनराम सामाजिक बैरता को समझता था
(ग) धनराम तीसरे दरजे तक ही स्कूल जा पाया था
(घ) धनराम के मन में मोहन के प्रति मैत्री भाव नहीं था

उत्तर (ग) धनराम तीसरे दरजे तक ही स्कूल जा पाया था

3. औसत दफ़्तरी बड़े बाबू की हैसियत वाले रमेश के लिए मोहन को अपना भाई-बिरादर बतलाना अपने सम्मान के विरुद्ध जान पड़ता था और उसे घरेलू नौकर से अधिक हैसियत वह नहीं देता था, इस बात को मोहन भी समझने लगा था। थोड़ी-बहुत हीला-हवाली करने के बाद रमेश ने निकट के ही एक साधारण से स्कूल में उसका नाम लिखवा दिया, लेकिन एकदम नए वातावरण और रात-दिन के काम के बोझ के कारण गाँव का वह मेधावी छात्र शहर के स्कूली जीवन में अपनी कोई पहचान नहीं बना पाया। उसका जीवन एक बँधी-बँधाई लीक पर चलता रहा।

साल में एक बार गर्मियों की छुट्टी में गाँव जाने का मौका भी तभी मिलता, जब रमेश या उसके घर का कोई प्राणी गाँव जाने वाला होता, वरना उन छुट्टियों को भी अगले दरजे की तैयारी के नाम पर उसे शहर में ही गुज़ार देना पड़ता था। अगले दरजे की तैयारी तो बहाना भर थी, सवाल रमेश और उसकी गृहस्थी की सुविधा-असुविधा का था।

मोहन ने परिस्थितियों से समझौता कर लिया था, क्योंकि और कोई चारा भी नहीं था। घरवालों को अपनी वास्तविक स्थिति बतलाकर वह दुःखी नहीं करना चाहता था। वंशीधर उसके सुनहरे भविष्य के सपने देख रहे थे।

(i) रमेश मोहन को किस दरजे में रखता था?
(क) घरेलू नौकर के (ख) मालिक के
(ग) मित्र के (घ) छोटे भाई के

उत्तर (क) घरेलू नौकर के

(ii) रमेश, मोहन को अपना भाई-बिरादर क्यों नहीं बताना चाहता था?
(क) इससे वह मोहन का अपमान नहीं करना चाहता था
(ख) इसे वह अपना अपमान समझता था
(ग) वह मोहन को इस योग्य नहीं समझता था
(घ) उपर्युक्त में से कोई नहीं

उत्तर (ख) इसे वह अपना अपमान समझता था

(iii) निम्नलिखित कथनों पर विचार कीजिए
1. रमेश मोहन को अपना भाई बताना अपने सम्मान के खिलाफ समझता था।
2. मोहन शहर के वातावरण में खुद को ढाल न सका।
3. मोहन ने अपनी वास्तविक स्थिति अपने घरवालों को बता दी।
उपर्युक्त कथनों में से कौन-सा/से सही है/हैं?
(क) केवल 1 (ख) केवल 3
(ग) 1 और 2 (घ) 2 और 3

उत्तर (ग) 1 और 2

(iv) सुमेलित कीजिए

	सूची I		सूची II
A.	औसत दफ्तरी	1.	इधर-उधर की बातें करना
B.	हीला-हवाली करना	2.	आने वाले काल में सफल होना
C.	सुनहरे भविष्य के सपने देखना	3.	कार्यालय में काम करने वाला

कूट
A B C / A B C
(क) 2 1 3 (ख) 1 2 3
(ग) 3 1 2 (घ) 2 3 1

उत्तर (ग) 3 1 2

(v) मोहन जैसा मेधावी छात्र शहर के स्कूली जीवन में अपनी कोई पहचान क्यों नहीं बना पाया?
(क) साधारण स्कूल में दाखिला होने के कारण
(ख) गर्मी की छुट्टियाँ गाँव में बिताने के कारण
(ग) नए वातावरण व रात-दिन काम के बोझ के कारण
(घ) परिस्थितियों से समझौता न करने के कारण

उत्तर (ग) नए वातावरण व रात-दिन काम के बोझ के कारण

विषय-वस्तु पर आधारित प्रश्नोत्तर

लघु उत्तरीय प्रश्न

1. मास्टर त्रिलोक सिंह मोहन पर प्रसन्न क्यों रहते थे?

उत्तर मास्टर त्रिलोक सिंह मोहन की प्रतिभा एवं उसकी उच्च जातिगत पृष्ठभूमि के कारण उस पर प्रसन्न रहते थे। उन्हें मोहन की निम्न विशेषताएँ पसंद थीं
(i) मोहन एक मेधावी छात्र था तथा उसकी बुद्धि प्रखर थी।
(ii) वह एक अच्छा गायक भी था।
(iii) वह पुरोहित खानदान का ब्राह्मण लड़का था।

2. पाठ के आधार पर पहाड़ी गाँवों की समस्याओं पर प्रकाश डालिए।

उत्तर पहाड़ी गाँवों का रहन-सहन अत्यंत कठिन होता है। वहाँ के रास्ते ऊँचे-नीचे होते हैं तथा कहीं-कहीं रास्तों के बीच में नदियाँ बहती हैं। बदलते मौसम के साथ ही वहाँ से आवागमन बाधित होता है। जब नदियों में जल भर आता है, तो वहाँ का जन-जीवन मानो ठहर-सा जाता है। पहाड़ी बच्चों को विद्यालय जाने के लिए काफी परिश्रम करना पड़ता है। मोहन को भी वर्षा ऋतु में नदी पार करने में कठिनाई होती है जिसके कारण उसे एक यजमान के घर में जल-स्तर घटने तक रुकना पड़ता है।

3. वंशीधर तिवारी ने मोहन को पढ़ने के लिए लखनऊ क्यों भेजा?

उत्तर वंशीधर तिवारी मोहन की प्रतिभा को देखते हुए उसे उच्च शिक्षा दिलाना चाहते थे, परंतु गाँव के आसपास ऐसा कोई विद्यालय नहीं था, जहाँ रोज आसानी से जाया जा सके। उनके पास मोहन को छात्रावास भेजने के लिए पैसे भी नहीं थे, न ही और कोई ठिकाना था। तभी उन्हें लखनऊ में काम करने वाले रमेश बाबू ने निमंत्रण दिया कि वह मोहन को अपने परिवार में रखकर पढ़ा-लिखा देगा। अतः वंशीधर मोहन को लखनऊ भेजने के लिए तुरंत तैयार हो गए।

4. मोहन ने परिस्थितियों से समझौता क्यों कर लिया था?

उत्तर मोहन ने रमेश के साथ रहते हुए अपनी परिस्थितियों के साथ समझौता कर लिया था, क्योंकि उस समय उसके पास कोई भी अन्य विकल्प नहीं था। वह घरवालों को अपनी वास्तविक स्थिति को बताकर उन्हें दुःखी नहीं करना चाहता था, क्योंकि वंशीधर उसके सुनहरे भविष्य के सपने देख रहे थे। अतः वह उनके उन सपनों को तोड़ना नहीं चाहता था।

5. रमेश बाबू मोहन को किस नियत से लखनऊ ले गए?

उत्तर रमेश बाबू स्वार्थी और व्यवहार-कुशल मनुष्य थे। जब वंशीधर तिवारी ने उन्हें मोहन की पढ़ाई-लिखाई की समस्या के बारे में बताया, तो उन्होंने उनके साथ सहानुभूति दिखाई। उनके मन में आया कि मोहन के रूप में उन्हें बिना पैसे दिए नौकर मिल रहा है। वे यदि कोई और नौकर रखते, तो वह तनख़्वाह लेता और जब चाहता, तब भाग जाता। मोहन उसके घर में टिककर रहेगा और केवल भोजन तथा स्कूल फीस में ही घर के सब काम करता रहेगा। यह सोचकर वे उसे लखनऊ ले गए।

6. गाँव में जाति संबंधी भेदभाव का प्रभाव लोगों के व्यवहार पर किस प्रकार दिखाई देता है?

उत्तर गाँव में जाति-पाँति के अंतर को बहुत महत्त्व दिया जाता है। पुरोहितों या ब्राह्मणों को ऊँचा माना जाता है और शिल्पकारों को नीचा माना जाता है। इस अंतर का सीधा प्रभाव रोज़-रोज़ के व्यवहार पर देखा जा सकता है। ब्राह्मण टोले के लोग लोहारों के घर में जाकर बैठते तक नहीं। वे उनसे खड़े-खड़े ही बात करते हैं। यदि लोहार उन्हें बैठने के लिए कहें, तो वह भी असभ्यता मानी जाती है। धनराम मोहन से मार खाकर भी उससे ईर्ष्या नहीं करता, क्योंकि वह उसे स्वयं से श्रेष्ठ मानता है। मास्टर त्रिलोक सिंह भी पुरोहित-पुत्र मोहन पर अधिक ध्यान देते हैं, जबकि लोहार-पुत्र को 'धनुवाँ' कहकर तिरस्कृत करते हैं।

दीर्घ उत्तरीय प्रश्न

1. रमेश बाबू ने मोहन को आठवीं कक्षा के बाद हाथ का तकनीकी काम क्यों सिखाया? क्या आप इसे उचित समझते हैं?

उत्तर रमेश बाबू ने मोहन को आठवीं कक्षा के बाद हाथ का काम सिखाने का फैसला किया। इसके दो कारण थे

पहला कारण दिखावटी था। उनकी मान्यता थी कि आजकल बी.ए., एम.ए. करने का कोई लाभ नहीं। इससे बेरोज़गारी ही बढ़ती है।

दूसरा कारण वास्तविक था। वे मोहन की पढ़ाई पर पैसा खर्च नहीं करना चाहते थे। कम-से-कम खर्च करके उससे घर के काम लेते रहना चाहते थे। वास्तव में, आज के समय में तकनीकी शिक्षा अधिक बेहतर होती है, लेकिन एक स्तर तक सामान्य शिक्षा लेने के बाद ही। ऐसा नहीं कि पढ़ाई शुरू करते ही तकनीकी शिक्षा ली जाने लगे, इससे तो बच्चा एक प्रशिक्षित मज़दूर बनकर ही रह जाएगा। अतः आवश्यक है कि एक स्तर तक सामान्य शिक्षा देने के बाद उसे रोज़गारपरक तकनीकी शिक्षा दी जाए, ताकि भविष्य में वह आत्मनिर्भर बन सके।

2. वंशीधर को धनराम के कौन-से शब्द कचोटते रहे और क्यों?

उत्तर वंशीधर का पुत्र मोहन बचपन से ही मेधावी था, लेकिन वंशीधर के पास इतने संसाधन नहीं थे कि वे उसे आगे ठीक से पढ़ा-लिखा सकें। अतः उन्होंने उसे अपनी बिरादरी के एक व्यक्ति रमेश के यहाँ लखनऊ भेज दिया, जहाँ पढ़ाने के नाम पर उसे घरेलू नौकर बना दिया गया। इस तरह एक मेधावी छात्र साधन हीनता का शिकार होकर एक सामान्य विद्यार्थी बन गया। वंशीधर को अपने पुत्र से बड़ी आशाएँ थीं। वे उसके अधिकारी बनने के सपने देखा करते थे।

एक दिन धनराम द्वारा उनसे मोहन के बारे में पूछने पर उसने बताया कि उसकी सचिवालय में नियुक्ति हो गई है और शीघ्र ही वह बड़े पद पर पहुँच जाएगा।

मोहन की प्रशंसा करते हुए धनराम ने उनसे कहा कि मोहन बचपन से ही बहुत बुद्धिमान था। धनराम के यही शब्द वंशीधर को कचोटते रहे, क्योंकि उन्हें मोहन की वास्तविकता का पता चल गया था। लोगों से उसकी प्रशंसा सुनकर उन्हें और दुःख होता था।

3. 'गलता लोहा' कहानी के आधार पर रमेश बाबू का चरित्र चित्रण कीजिए।

उत्तर रमेश बाबू शहरी संस्कृति से प्रभावित दोगले चरित्र के पात्र हैं। उनके मन में कुछ और तथा व्यवहार में कुछ और है। वे गाँव जाकर अपनी बाबूगिरी और उदारता का प्रभाव छोड़ना चाहते हैं, इसलिए वे मोहन की पढ़ाई-लिखाई का दायित्व अपने ऊपर ले लेते हैं, किंतु उनके मन में स्वार्थ है। वे मोहन को नौकर बनाकर रखना चाहते हैं। वे उसका परिचय देते हुए उसे अपना भाई-बंधु नहीं बताते, बल्कि उसके साथ नौकर जैसा व्यवहार करते हैं। पढ़ाई के नाम पर भी वे समस्या को टालते-भर हैं। वे मोहन को सामान्य से एक स्कूल में पढ़ाते हैं, ताकि कम-से-कम पैसा खर्च हो। उनके इस व्यवहार की प्रशंसा नहीं की जा सकती।

4. 'गलता लोहा' कहानी के आधार पर मोहन का चरित्र चित्रण कीजिए।

उत्तर इस कहानी का केंद्रीय चरित्र मोहन नामक पात्र है। वह उच्च जाति में पैदा होकर भी साधनहीन तथा विवश है। वह प्रतिभाशाली गायक तथा प्रखर छात्र है, परंतु उसकी परिस्थितियाँ अत्यंत कठिन हैं। वह चुपचाप सभी परिस्थितियों को सहता है। वह स्वभाव से मौन, शांत, धीर, गंभीर और सहनशील है। इस कारण वह रमेश बाबू के परिवार में रहकर नौकरों जैसा व्यवहार भी सह लेता है। वह जानता है कि उसके पिता उसका दुःख सहन नहीं कर पाएँगे, इसलिए वह उन्हें रमेश बाबू के दुर्व्यवहार के बारे में भी कुछ नहीं बताता।

मोहन के व्यवहार में उच्च कुल का अहंकार नहीं है। वह चाहता है कि वह भी हाथ का काम करे, किंतु समाज के जड़ वातावरण के कारण वह सोच में ही पड़ा रहता है। कहानी के अंत में वह अपनी जातिगत उच्चता की रूढ़ि को लाँघ जाता है और धनराम के कार्य को पूर्ण करता है।

5. 'गलता लोहा' कहानी में चित्रित सामाजिक परिस्थितियों पर प्रकाश डालिए।

उत्तर 'गलता लोहा' कहानी में गाँव के परंपरागत समाज का चित्रण किया गया है। ब्राह्मण जाति के लोग स्वयं को अन्य जातियों के लोगों से श्रेष्ठ समझते थे। वे काम के सिलसिले में या आवश्यकता होने पर शिल्पकारों के पास या अन्य जातियों एवं व्यवसाय वाले लोगों के मुहल्ले में जाते अवश्य थे, लेकिन उनके पास बैठते नहीं थे। उनसे बैठने के लिए कहना भी उनकी मर्यादा के विरुद्ध माना जाता था।

मोहन कुछ वर्ष तक शहर में रहा, लेकिन वहाँ की कृत्रिम जीवन-शैली तथा बेरोज़गारी की समस्या से परेशान होकर अपने गाँव वापस आ गया। अपने गाँव में वापस आकर वह जातिवादी व्यवस्था को चुनौती देता है तथा अपने से निम्न मानी जाने वाली जाति के व्यक्ति के साथ मिलकर उसके काम में भागीदारी करता है।

स्व-मूल्यांकन

गद्यांश पर आधारित बहुविकल्पीय प्रश्न

निम्नलिखित गद्यांश को ध्यानपूर्वक पढ़कर पूछे गए प्रश्नों के सही उत्तर चुनिए।

1. लोहे की एक मोटी छड़ को भट्ठी में गलाकर धनराम गोलाई में मोड़ने की कोशिश कर रहा था। एक हाथ से सँड़सी पकड़कर जब वह दूसरे हाथ से हथौड़े की चोट मारता, तो निहाई पर ठीक घाट में सिरा न फँसने के कारण लोहा उचित ढंग से मुड़ नहीं पा रहा था। मोहन कुछ देर तक उसे काम करते हुए देखता रहा फिर जैसे अपना संकोच त्यागकर उसने दूसरी पकड़ से लोहे को स्थिर कर लिया और धनराम के हाथों से हथौड़ा लेकर नपी-तुली चोट मारते, अभ्यस्त हाथों से धौंकनी फूँककर लोहे को दुबारा भट्ठी में गरम करते और फिर निहाई पर रखकर उसे ठोकते-पीटते सुघड़ गोले का रूप दे डाला।

(i) मोहन धनराम के पास क्यों गया था?
- (क) अपने हँसुवे की धार तेज करवाने
- (ख) उससे मिलने व जरूरी बात करने
- (ग) कोई अधूरा काम पूरा करने
- (घ) उसका अपमान करने

(ii) धनराम उस समय क्या कर रहा था?
- (क) सँड़सी बनाने का कार्य कर रहा था
- (ख) लोहे की एक मोटी छड़ को भट्ठी में गलाकर उसे गोलाई में मोड़ने का प्रयास कर रहा था
- (ग) दराँती की धार तेज कर रहा था
- (घ) किसी अन्य हँसुवे की धार तेज कर रहा था

(iii) धनराम अपने काम में सफल क्यों नहीं हो रहा था?
- (क) क्योंकि उसके कार्य का तरीका सही नहीं था
- (ख) क्योंकि आज उसका अपने कार्य में मन नहीं था
- (ग) क्योंकि वह अपने कार्य को जल्दी करने की कोशिश कर रहा था
- (घ) उपर्युक्त में से कोई नहीं

(iv) अपना संकोच त्यागकर धनराम का पूरा कार्य किसने किया?
- (क) वंशीधर ने
- (ख) लेखक ने
- (ग) मोहन ने
- (घ) इनमें से कोई नहीं

(v) **कथन.**(A) मोहन धनराम के काम को बारीकी से देख रहा था।
कारण (R) मोहन ने अपना संकोच त्यागकर धनराम का साथ दिया।

कूट
- (क) कथन (A) और कारण (R) दोनों सही हैं तथा कारण (R), कथन (A) की सही व्याख्या करता है।
- (ख) कथन (A) और कारण (R) दोनों सही हैं, परंतु कारण (R), कथन (A) की सही व्याख्या नहीं करता है।
- (ग) कथन (A) सही है, किंतु कारण (R) गलत है।
- (घ) कथन (A) गलत है, किंतु कारण (R) सही है।

विषय-वस्तु पर आधारित प्रश्न

लघु उत्तरीय प्रश्न

1. 'गलता लोहा' कहानी का उद्देश्य स्पष्ट कीजिए।

2. मोहन ने पुरोहिती के व्यवसाय को क्यों नहीं अपनाया?

3. वंशीधर के जीवन संघर्ष पर टिप्पणी कीजिए।

4. वंशीधर द्वारा मोहन को आगे पढ़ाने के क्या कारण थे?

दीर्घ उत्तरीय प्रश्न

1. 'मास्साब भी क्या आदमी थे लला।' कहानी का यह वाक्य
- (क) किसने किससे कहा?
- (ख) किस प्रसंग में कहा?
- (ग) किसके लिए कहा?

2. वंशीधर तिवारी के चरित्र पर प्रकाश डालिए।

3. धनराम की चारित्रिक विशेषताओं का उल्लेख कीजिए।

4. प्रस्तुत कहानी समाज में व्याप्त जातिगत भेदभाव को समाप्त करने की प्रेरणा देती है। स्पष्ट करें।

06

अध्याय

लेखिका-परिचय

श्रेष्ठ कहानीकार मन्नू भंडारी का जन्म वर्ष 1931 में भानपुरा (मध्य प्रदेश) में हुआ। हिंदी कहानी में मन्नू भंडारी तब सक्रिय हुईं, जब 'नई कहानी आंदोलन' अपने उत्कर्ष पर था और उस उत्कर्ष में इन्होंने अपना विशेष योगदान दिया। इनकी प्रमुख रचनाएँ हैं—एक प्लेट सैलाब, मैं हार गई, तीन निगाहों की एक तस्वीर, यही सच है, त्रिशंकु, आँखों देखा झूठ (कहानी-संग्रह); आपका बंटी, महाभोज, स्वामी, एक इंच मुस्कान (राजेंद्र यादव के साथ) (उपन्यास); रजनी, निर्मला, स्वामी, दर्पण (पटकथाएँ)। इन्हें हिंदी अकादमी दिल्ली का शिखर सम्मान, बिहार सरकार, भारतीय भाषा परिषद् कोलकाता, राजस्थान संगीत नाटक अकादमी और उत्तर प्रदेश हिंदी संस्थान द्वारा पुरस्कृत भी किया गया। वर्ष 2021 में इनका देहावसान हो गया।

- **अध्ययन के लिए**
  - पाठ की रूपरेखा
  - पाठ का सार
- **अभ्यास के लिए**
  - पाठ्यपुस्तक के प्रश्नोत्तर
  - गद्यांश पर आधारित बहुविकल्पीय प्रश्न
  - लघु उत्तरीय प्रश्न
  - दीर्घ उत्तरीय प्रश्न

रजनी

(मन्नू भंडारी)

पाठ की रूपरेखा

मन्नू भंडारी द्वारा लिखित 'रजनी' एक पटकथा है, जो पिछली सदी के नवें दशक का एक बहुचर्चित टी.वी. धारावाहिक रहा है। यह पाठ 'रजनी' पटकथा की एक ऐसी स्वतंत्र कड़ी है, उसमें स्त्री पात्र रजनी वर्तमान समय की शिक्षा संबंधी समस्या (जैसे—कोचिंग व ट्यूशन सेंटर के नाम पर किया जाने वाला शिक्षा का व्यवसाय) की ओर हमारा ध्यान आकर्षित करती है।

पाठ का सार

पहला दृश्य : लीला का घर

रजनी लीला बेन के घर जाकर बाज़ार चलने के लिए कहती है। लीला उसे बताती है कि आज उसके बेटे अमित का रिज़ल्ट आ रहा है, इसलिए वह घर पर ही रहेगी। रजनी उसे मिठाई तैयार रखने को कहती है, क्योंकि अमित बहुत होशियार लड़का है। अमित के लिए भी रजनी आंटी 'हीरो' हैं, तभी अमित स्कूल से आता है। उसका चेहरा उतरा हुआ होता है। वह रिपोर्ट कार्ड माँ की तरफ़ फेंकते हुए कहता है कि मैंने पहले ही आपको गणित का ट्यूशन लगवाने को कहा था।

ट्यूशन न करने की वजह से उसे गणित में केवल 72 अंक मिले हैं। लीला कहती है कि तुमने तो सारे सवाल ठीक किए थे। तुम्हें तो 95 नंबर ज़रूर मिलने चाहिए थे। रजनी रिपोर्ट कार्ड में देखती है कि अमित को अन्य विषयों में 86, 88, 82, 90 अंक मिले और सबसे कम अंक गणित में ही मिले हैं। अमित गुस्सा व दुःखी होता है। रजनी अमित को समझाती है तथा सारी बातों की जाँच करने के लिए कहती है।

उसे पता चलता है कि मिस्टर पाठक उसे गणित पढ़ाते हैं और वे प्रत्येक बच्चे को ट्यूशन लेने के लिए कहते हैं। अमित ने हाफ-ईयरली में 96 नंबर पाए थे, फिर भी अध्यापक ने उससे ट्यूशन रखने का आग्रह किया था। रजनी अमित से कहती है कि वह कल उसके स्कूल जाकर सर से मिलेगी। अमित डरकर उन्हें जाने से रोकता है। लीला भी डरती है कि इस कारण कहीं स्कूल वाले उसे आगे भी परेशान न करें। रजनी उन्हें समझाकर अगले दिन स्कूल जाने का संकल्प लेती है।

दूसरा दृश्य : प्रधानाचार्य का कक्ष

रजनी अमित के स्कूल के हेडमास्टर से मिलने उनके कमरे में जाती है और अमित सक्सेना की गणित की कॉपी देखने की अनुमति माँगती है, हेडमास्टर वार्षिक परीक्षा की कॉपियों को दिखाना, स्कूल नियम के विरुद्ध बताते हैं। रजनी कहती है कि वह केवल देखना चाहती है कि गलती किसकी है अमित की या एक्ज़ामिनर की। हेडमास्टर फिर भी कॉपी न दिखाने पर अड़े रहकर अमित को ही दोषी बताते हैं।

रजनी व्यंग्य करती है कि यहाँ होशियार बच्चों को भी ट्यूशन लेने के लिए मजबूर किया जाता है। इस पर हेडमास्टर ट्यूशन को टीचर्स व स्टूडेंट्स का आपसी मामला बताता है। यह सुनकर रजनी उसे कुर्सी छोड़ने के लिए कहती है, ताकि ट्यूशन के काले धंधे को रोका जा सके। तभी हेडमास्टर आग-बबूला होकर रजनी को वहाँ से चले जाने के लिए कहता है।

तीसरा दृश्य : रजनी का घर

शाम के समय रजनी के पति रवि के घर आने पर रजनी उसे चाय देते हुए सारी बात बताती है। इस पर रवि उसे समझाता है कि टीचर ट्यूशन करें या धंधा, तुम्हें क्या परेशानी है। तुम्हारा बेटा तो अभी पढ़ने नहीं जा रहा। इस बात पर रजनी गुस्सा हो जाती है और कहती है कि अमित के लिए आवाज़ क्यों नहीं उठानी चाहिए। वह कहती है कि अन्याय करने वाले से अधिक दोषी अन्याय सहने वाला होता है। वह रवि से कहती है कि अमित, लीला बेन और तुम्हारे जैसे लोगों के कारण ही इस देश में कुछ नहीं बदलता।

चौथा दृश्य : डायरेक्टर ऑफ एजुकेशन का दफ़्तर

रजनी व तीन-चार अन्य लोग डायरेक्टर ऑफ एजुकेशन के दफ़्तर के बाहर बैठकर उनसे मिलने की प्रतीक्षा करते हैं, किंतु मिलने का समय समाप्त होता देख वह बेचैन होने लगती है। प्रतीक्षा करते-करते जब बहुत देर हो जाती है, तो वह बड़बड़ाने लगती है। तभी एक आदमी आकर स्लिप के नीचे पाँच रुपये का नोट रख देता है। चपरासी उसे तुरंत डायरेक्टर से मिलने अंदर भेजता है। रजनी यह देखकर क्रोधित होती है और उस व्यक्ति के वापस आने पर चपरासी को धकेलकर अंदर चली जाती है।

डायरेक्टर भी अंदर खाली बैठा पेपरवेट हिला रहा होता है। निदेशक उसे घंटी बजने पर अंदर आने की बात कहता है। रजनी द्वारा उसे खरी-खोटी सुनाने पर वह उससे बात करता है। रजनी उसे बताती है कि वह प्राइवेट स्कूलों और बोर्ड के आपसी संबंधों के बारे में जानकारी इकट्ठा कर रही है। डायरेक्टर समझता है कि शायद वह कोई रिसर्च प्रोजेक्ट पर काम कर रही है। वह बताता है कि बोर्ड मान्यता प्राप्त प्राइवेट स्कूलों को भी 90% ग्रांट देता है। वह स्कूलों के सिलेबस बनाता है, वार्षिक परीक्षा लेता है, इसके बदले में स्कूलों को उसके नियम मानने होते हैं।

इस पर रजनी कहती है कि प्राइवेट स्कूलों में ट्यूशन के धंधे के बारे में आपका क्या विचार है। निदेशक कहता है कि इसमें धंधे जैसी कोई बात नहीं है। कमज़ोर बच्चों के माँ-बाप अपने बच्चों को ट्यूशन दिलवाते हैं। यह कोई मजबूरी नहीं है। इस पर रजनी उसे बताती है कि होशियार बच्चों को भी ट्यूशन लेने के लिए मजबूर किया जाता है। अगर ट्यूशन न ली जाए तो उसके नंबर कम कर दिए जाते हैं। हेडमास्टर ऐसे टीचर के खिलाफ़ एक्शन लेने से मना करता है। क्या आपको ऐसे रैकेट बंद करने के लिए दखलअंदाज़ी नहीं करनी चाहिए?

इस पर निदेशक कहता है कि आज तक ऐसी कोई शिकायत नहीं आई है। रजनी व्यंग्य करती है कि बिना शिकायत के आपको कोई जानकारी नहीं होती, क्या शिकायत के बगैर वे इस काले धंधे को नहीं रोक सकते। निदेशक द्वारा व्यस्तता का तर्क देने पर वह उसे कहती है—मैं आपके पास शिकायतों का ढेर लगवाती हूँ।

पाँचवाँ दृश्य : अख़बार का दफ़्तर

रजनी संपादक के पास जाती है। वह उसके कार्य की प्रशंसा करते हुए कहता है कि आपने ट्यूशन के विरोध में एक आंदोलन ही खड़ा कर दिया है, जो बहुत आवश्यक है। रजनी उनसे उनका साथ देने तथा इसे अपने समाचार-पत्र में स्थान देने के लिए कहती है, जिससे अनेक अभिभावकों को राहत मिलेगी तथा बच्चों का भविष्य सँवर जाएगा।

संपादक रजनी की भावनाएँ समझकर उसका साथ देने का वादा करता है। वह सारी बातें नोट करके एक आकर्षक समाचार बनाता है। रजनी प्रसन्न होकर उसे बताती है कि 25 तारीख को पेरेंट्स की मीटिंग की जा रही है। यह सूचना अख़बार में ज़रूर दी जाए, ताकि सब लोगों को सूचना मिल जाए।

छठा दृश्य : बैठक स्थल

एक हॉल में पेरेंट्स की मीटिंग का आयोजन होता है। बड़ी संख्या में लोगों के आने से पूरा हॉल भर जाता है। प्रेस के लोग भी आते हैं। रजनी जोश में सभी को संबोधित करती है—आपकी बड़ी संख्या में उपस्थिति से हमारी मंज़िल हमें शीघ्र ही मिल जाएगी। कुछ बच्चों को ट्यूशन आवश्यक है, क्योंकि कुछ की माँ उन्हें पढ़ा नहीं सकतीं, तो कुछ के पिता घर के काम में मदद नहीं करते।

टीचर्स के एक प्रतिनिधि ने बताया कि उन्हें कम वेतन मिलता है। अतः उन्हें ट्यूशन से ही गुज़ारा करना पड़ता है। कई जगह कम वेतन देकर अध्यापकों से अधिक वेतन पर दस्तख़त करवाए जाते हैं। इस पर हमारा कहना है कि वे संगठित होकर आंदोलन चलाएँ तथा अन्याय का पर्दाफ़ाश करें। हम यह नियम बनाएँ कि स्कूल का टीचर अपने स्कूल के बच्चों का ट्यूशन नहीं करेगा और इस नियम को तोड़ने वाले टीचर्स के खिलाफ़ सख़्त कार्यवाही की जाए। इससे बच्चों के साथ ज़ोर-ज़बरदस्ती अपने-आप बंद हो जाएगी। सभा में उपस्थित लोग उसकी बात का समर्थन करते हैं। सभा में तालियों की गड़गड़ाहट गूँज उठती है।

सातवाँ दृश्य : रजनी का घर

रजनी का पति रवि अख़बार पढ़ते हुए उसे बताता है कि बोर्ड ने उसके प्रस्ताव को ज्यों-का-त्यों स्वीकार कर लिया है। रजनी बहुत प्रसन्न होती है। रवि भी उस पर गर्व करता है, तभी लीला बेन, कांति भाई और अमित मिठाई लेकर वहाँ आ जाते हैं।

शब्दार्थ

काट देना—छोड़ देना/भुला देना; **भोग**—खाना खिलाना।
मेधावी—बुद्धिमान/होशियार; **कांग्रेचुलेशंस**—बधाई देना/मुबारकबाद देना;
सफ़ाई-वफ़ाई—लिखने में होने वाली गलतियाँ या काँट-छाँट।
अँधेर—अन्याय; **बल पड़ना**—तनाव में आना; **टर्मिनल**—सत्र/अवधि;
हाफ़-ईयरली—अर्द्ध-वार्षिक/छमाही।
बदमाशी—मनमानी/ज़बरदस्ती; **घुड़कना**—डाँटना/धमकाना।
जुलुम-ज़्यादती—अन्याय-अत्याचार; **दनदनाती**—तेज़ कदमों से जाती;
असहाय—दीन/बेचारा; **अदब**—सम्मान/तमीज़; **ईयरली एक्ज़ाम्स**—वार्षिक परीक्षाएँ।
एक्ज़ामिनर—परीक्षक; **सेंट-परसेंट**—पूरे/शत-प्रतिशत
तैश—क्रोध/जोश; **हरकत**—बुरा काम/गतिविधि/शैतानी।
धाँधली—गलत कार्य/धोखेबाज़ी का काम; **घिनौना**—घृणित;
रैकेट—गैर-कानूनी काम करने वालों का समूह; **तमतमाना**—गुस्से से लाल होना; **स्लिप**—पर्ची; **चिंदी-चिंदी**—टुकड़े-टुकड़े।
गदगद होना—अत्यंत प्रसन्न होना; **ठेका लेना**—ज़िम्मेदारी लेना।
गुनहगार—अपराधी; **हिकारत**—घृणा/उपेक्षा; **सूली**—फाँसी; **डायरेक्टर ऑफ एजुकेशन**—शिक्षा निदेशक; **प्रतीक्षारत**—इंतज़ार में बैठे।
सुनतीच नई—सुनती ही नहीं; **आश्चर्य मिश्रित कौतूहल**—हैरानी से भरी जिज्ञासा; **रिलेशंस**—संबंध; **रिसर्च प्रोजेक्ट**—शोध परियोजना; **इंटरेस्टिंग सब्जेक्ट**—रुचिपूर्ण विषय।
रिकगनाइज़—स्वीकार करना/मान्य; **ग्रांट**—धन की सहायता;
कंट्रोल—नियंत्रण; **ऑफ़कोर्स**—क्यों नहीं; **सिलेबस**—पाठ्यक्रम;
कंडक्ट—आयोजित/संचालन; **कोंचता**—तंग करना।
एक्शन—कार्यवाही; **दखलअंदाज़ी**—हस्तक्षेप; **पेरेंट**—अभिभावक;
इंपोर्टेंट मैटर्स—महत्त्वपूर्ण विषय/आवश्यक मामले;
सेमिनार्स—संगोष्ठियाँ; **ऑर्गनाइज़**—आयोजित; **मोंटाज**—दृश्य मीडिया (टेलीविज़न में) में जब अलग दृश्यों या छवियों को एक साथ इकट्ठा कर उसे संयोजित किया जाता है तो उसे मोंटाज कहते हैं।
बाकायदा—पूरी तरह/कायदे के अनुसार; **इश्यू**—मुद्दा; **आँख मूँदना**—ध्यान न देना; **आवेश**—जोश; **धुआँधार**—पूरे जोश में लिखना।
राइट-अप—लिखित विषय-सामग्री; **आग्रह**—अनुरोध/गुज़ारिश;
प्री.टी.आई—समाचार-एजेंसी; **फ़ोकस**—ध्यान।
तनख़्वाह—वेतन; **गुज़ारा**—निर्वाह; **दस्तख़त**—हस्ताक्षर;
अनुरोध—आग्रह; **संगठित**—मिलकर; **एप्रूव्ड**—स्वीकृत।
प्राउड—गर्व; **रियली**—सच में।

पाठ्यपुस्तक (आरोह भाग-1) के प्रश्नोत्तर

पाठ के साथ

1. रजनी ने अमित के मुद्दे को गंभीरता से लिया, क्योंकि
(क) वह अमित से बहुत स्नेह करती थी
(ख) अमित उसकी मित्र लीला का बेटा था
(ग) वह अन्याय के विरुद्ध आवाज़ उठाने की सामर्थ्य रखती थी
(घ) उसे अख़बार की सुर्खियों में आने का शौक था

उत्तर (ग) वह अन्याय के विरुद्ध आवाज़ उठाने की सामर्थ्य रखती थी

2. जब किसी का बच्चा कमज़ोर होता है, तभी उसके माँ-बाप ट्यूशन लगवाते हैं। अगर लगे कि कोई टीचर लूट रहा है, तो उस टीचर से न लें ट्यूशन, किसी और के पास चले जाएँ.....यह कोई मजबूरी तो है नहीं—प्रसंग का उल्लेख करते हुए बताएँ कि यह संवाद आपको किस सीमा तक सही या गलत लगता है? तर्क दीजिए।

उत्तर प्रस्तुत कहानी में जब रजनी अमित के उदाहरण को लेते हुए ज़बरदस्ती ट्यूशन पढ़ाने की समस्या की शिकायत लेकर विद्यालय के हेडमास्टर के पास जाती है, तो वे इसे अध्यापक और बच्चों के बीच का आपसी मामला कहकर टालते हैं और अमित की कॉपी दिखाना नियम के विरुद्ध बताते हैं। तब रजनी इस समस्या को लेकर शिक्षा निदेशक से मिलने उनके दफ़्तर जाती है। शिक्षा निदेशक रजनी को तर्क देते हैं कि ट्यूशन करने में कोई मजबूरी नहीं है। यदि बच्चे को लगता है कि कोई अध्यापक उसे लूट रहा है, तो वह किसी और अध्यापक के पास चला जाए। शिक्षा निदेशक का यह संवाद अत्यधिक सतही और अतार्किक है। ऐसा लगता है कि वह स्वयं समस्या की गहराई में जाना ही नहीं चाहते। समझने और समाधान निकालने की अपेक्षा समस्या को टालने में उसकी रुचि है। ज़बरदस्ती ट्यूशन पढ़ाने और न पढ़ने पर कम अंक देना उसके लिए कोई गंभीर बात नहीं है। इस तरह का संवाद या बयान देना इस गंभीर पद की गरिमा और गंभीरता दोनों को कम करता है, अतः यह पूरी तरह से गलत है।

3. 'तो एक और आंदोलन का मसला मिल गया' फुसफुसा कर कही गई यह बात
(क) किसने किस प्रसंग में कही?
(ख) इससे कहने वाले की किस मानसिकता का पता चलता है?

उत्तर (क) यह बात रजनी के पति ने तब कही थी, जब रजनी ने ज़बरदस्ती ट्यूशन लेने के खिलाफ़ भाषण देने के दौरान यह बताया कि कुछ अध्यापकों को कम तनख़्वाह देकर अधिक तनख़्वाह पर हस्ताक्षर करवाए जाते हैं। इसके लिए रजनी ने सलाह देते हुए कहा कि वे भी संगठित होकर आंदोलन करें और इस अन्याय का पर्दाफ़ाश करें।

(ख) इससे कहने वाले की स्वकेंद्रित मानसिकता का पता चलता है। ऐसे लोग अपने को हर तरह की सामाजिक समस्याओं से अलग रखते हैं व बचकर रहना चाहते हैं। वे सिर्फ अपने काम से काम रखना चाहते हैं तथा दूसरों की समस्याओं में स्वयं को नहीं उलझाना चाहते। जो समाज की भलाई के दृष्टिकोण से पूर्णतः अनुचित है।

4. रजनी धारावाहिक की इस कड़ी की मुख्य समस्या क्या है? क्या होता अगर

(क) अमित का पर्चा सचमुच खराब होता।

(ख) संपादक रजनी का साथ न देता।

उत्तर रजनी धारावाहिक की इस कड़ी की मुख्य समस्या है— अध्यापकों द्वारा अपने ही विद्यालय के छात्रों को ज़बरदस्ती ट्यूशन पढ़ने के लिए विवश करना और ट्यूशन न पढ़ने पर कम अंक देना। इस कड़ी में इसके विरुद्ध लोगों में चेतना पैदा करने की कोशिश की गई है।

(क) अगर अमित का पर्चा सचमुच खराब होता तो रजनी इस समस्या को लेकर एक आंदोलन नहीं खड़ा कर पाती। वह अपनी गलती का पता चलने पर बात को वहीं समाप्त कर देती।

(ख) अगर संपादक रजनी का साथ न देता तो यह समस्या बड़े आंदोलन का रूप लेने में सफल नहीं हो पाती, क्योंकि न तो इतनी जल्दी शिक्षा बोर्ड इस मुद्दे का संज्ञान ही लेता और न ट्यूशन संबंधी नियमों को बनाता।

पाठ के आस-पास

1. गलती करने वाला तो है ही गुनहगार, पर उसे बर्दाश्त करने वाला भी कम गुनहगार नहीं होता—इस संवाद के संदर्भ में आप सबसे ज़्यादा किसे और क्यों गुनहगार मानते हैं?

उत्तर इस संवाद के संदर्भ में मेरी दृष्टि से दोनों ही दोषी हैं। ट्यूशन पढ़ने के लिए बाध्य करने वाले अध्यापक तो गुनहगार हैं ही, परंतु इस जबरदस्ती को सहने वाला व्यक्ति भी कम दोषी नहीं माना जाना चाहिए, क्योंकि अन्याय का विरोध करने की शक्ति वह नहीं जुटा पा रहा है। इससे कहीं-न-कहीं अन्यायी को अन्याय करने की खुली छूट मिलती है, जिससे अन्यायी का साहस और अधिक बढ़ जाता है।

2. स्त्री के चरित्र की बनी-बनाई धारणा से रजनी का चेहरा किन मायनों में अलग है?

उत्तर रजनी का चेहरा स्त्री के चरित्र की बनी-बनाई धारणा से बिलकुल भिन्न है। प्रायः भारतीय नारी को कोमल, सहनशील, क्षमाशील और शक्तिहीन माना जाता है, परंतु रजनी को शक्तिशाली, साहसी, संघर्षशील स्त्री का चेहरा बनाकर दिखाया गया है। प्रायः भारतीय नारी अन्याय को सहजता से सहन कर लेती है, जबकि रजनी अपने सामने होते हुए अन्याय को सहन नहीं कर पाती है। वह तुरंत निर्दोष व्यक्ति के पक्ष में और दोषी व्यक्ति के विरुद्ध आवाज़ उठाती है, जो एक सामाजिक समस्या के समाधान के रूप में सामने आता है और देखते-ही-देखते एक आंदोलन का रूप ले लेता है।

3. पाठ के अंत में मीटिंग के स्थान का विवरण कोष्ठक में दिया गया है। यदि इसी दृश्य को फिल्माया जाए तो आप कौन-कौन से निर्देश देंगे?

उत्तर यदि इसी दृश्य को फिल्माया जाए, तो निम्नलिखित निर्देश देंगे

- मीटिंग के अनुरूप तैयार किया गया मंच तथा बैनर।
- लोगों का उत्साह में आना।
- रजनी का मंच पर भाषण देना।

4. इस पटकथा में दृश्य-संख्या का उल्लेख नहीं है, लेकिन गिनती करें तो सात दृश्य हैं। आप किस आधार पर इस दृश्यों को अलग करेंगे?

उत्तर पटकथा में दृश्यों को संख्या के आधार पर अलग-अलग नहीं दर्शाया गया है। हम स्थान के आधार पर दृश्यों को अलग कर सकते हैं।

भाषा की बात

1. निम्नलिखित वाक्यों के रेखांकित अंश में जो अर्थ निहित हैं, उन्हें स्पष्ट करते हुए लिखिए

(क) वरना तुम तो मुझे काट ही देतीं।

(ख) अमित जब तक तुम्हारे भोग नहीं लगा लेता, हम लोग खा थोड़े ही सकते हैं।

(ग) बस-बस, मैं समझ गया।

उत्तर (क) काट देना–अलग करना, छोड़ देना, भूल जाना।

स्पष्टीकरण रजनी लीला से अमित के परीक्षा परिणाम की घोषणा को लेकर कहती है कि मैं तुम्हारे घर न आती तो तुम मुझे मिठाई खिलाने की बात तो भूल ही जाती।

(ख) भोग लगाना–खिला लेना

स्पष्टीकरण अमित जब तक रजनी आंटी को खिला नहीं लेता, तब तक वह किसी और को नहीं खाने देता।

(ग) बस-बस–और अधिक कहने से रोक देना।

स्पष्टीकरण संपादक रजनी से कहता है कि और अधिक कहने की आवश्यकता नहीं है, मैं सारी बात समझ गया।

अभ्यास प्रश्न

गद्यांश पर आधारित बहुविकल्पीय प्रश्न

निम्नलिखित गद्यांशों को ध्यानपूर्वक पढ़कर पूछे गए प्रश्नों के सही उत्तर चुनिए।

1. **हाँ! कॉपी लौटाते हुए कहा था कि तुमने किया तो अच्छा है पर यह तो हाफ़-ईयरली है...बहुत आसान पेपर होता है इसका तो। अब अगर ईयरली में भी पूरे नंबर लेने हैं, तो तुरंत ट्यूशन लेना शुरू कर दो। वरना रह जाओगे। सात लड़कों ने तो शुरू भी कर दिया था। पर मैंने जब मम्मी-पापा से कहा, हमेशा बस एक ही जवाब (मम्मी की नकल उतारते हुए) मैथ्स में तो तू वैसे ही बहुत अच्छा है, क्या करेगा ट्यूशन लेकर? देख लिया अब? सिक्स्थ पोजीशन आई है मेरी। जो आज तक कभी नहीं आई थी।**
(अमित की आँखों से फिर आँसू टपक पड़ते हैं।)

(i) **अमित के अध्यापक किस बात पर जोर दे रहे थे?**
(क) ट्यूशन लगाने के लिए
(ख) और अधिक पढ़ने के लिए
(ग) गणित पर ध्यान देने के लिए
(घ) उपर्युक्त में से कोई नहीं

उत्तर (क) ट्यूशन लगाने के लिए

(ii) **गद्यांश के अनुसार, कितने लड़कों ने ट्यूशन लेना शुरू भी कर दिया था?**
(क) आठ (ख) दस
(ग) बारह (घ) सात

उत्तर (घ) सात

(iii) **अमित की मम्मी ने उसे गणित का ट्यूशन लगाने से मना क्यों किया?**
(क) क्योंकि घर में ट्यूशन के लिए अधिक पैसे नहीं थे
(ख) क्योंकि अमित गणित में होशियार था
(ग) क्योंकि अमित गणित में अच्छे अंक नहीं लाया था
(घ) उपर्युक्त सभी

उत्तर (ख) क्योंकि अमित गणित में होशियार था

(iv) **कथन** (A) **अमित सिक्स्थ पोजीशन आने के कारण बहुत दु:खी था।**
कारण (R) **अमित के गणित अध्यापक ने उसे ट्यूशन लेने के लिए कहा था।**
कूट
(क) कथन (A) और कारण (R) दोनों सही हैं तथा कारण (R) कथन (A) की सही व्याख्या करता है।
(ख) कथन (A) गलत है, लेकिन कारण (R) सही है।
(ग) कथन (A) तथा कारण (R) दोनों गलत हैं।
(घ) कथन (A) सही है, लेकिन कारण (R) कथन (A) की गलत व्याख्या करता है।

उत्तर (क) कथन (A) और कारण (R) दोनों सही हैं तथा कारण (R) कथन (A) की सही व्याख्या करता है।

(v) **गद्यांश का केंद्रीय भाव है**
(क) परीक्षा में अच्छे नंबर न आना
(ख) मैथ्स विषय की कठिनाई से अवगत कराना
(ग) ट्यूशन सेंटर के नाम पर शिक्षा का व्यवसाय
(घ) अमित का दु:खी रहना

उत्तर (ग) ट्यूशन सेंटर के नाम पर शिक्षा का व्यवसाय

2. **देखो, तुम मुझे फिर गुस्सा दिला रहे हो रवि....गलती करने वाला तो है ही गुनहगार, पर उसे बर्दाश्त करने वाला भी कम गुनहगार नहीं होता, जैसे लीला बेन और कांति भाई और हज़ारों-हज़ारों माँ-बाप। लेकिन सबसे बड़ा गुनहगार तो वह है जो चारों तरफ़ अन्याय, अत्याचार और तरह-तरह की धाँधलियों को देखकर भी चुप बैठा रहता है, जैसे तुम। (नकल उतारते हुए) हमें क्या करना है, हमने कोई ठेका ले रखा है दुनिया का। (गुस्से और हिकारत से) माई फुट (उठकर भीतर जाने लगती है। जाते-जाते मुड़कर) तुम जैसे लोगों के कारण ही तो इस देश में कुछ नहीं होता, हो भी नहीं सकता। (भीतर चली जाती है।)**

(i) **गलती सहने से क्या होता है?**
(क) इससे अत्याचारी का पतन होता है
(ख) इससे असली गुनहगार का पता चलता है
(ग) इससे अत्याचारी को साहस मिलता है
(घ) उपर्युक्त में से कोई नहीं

उत्तर (ग) इससे अत्याचारी को साहस मिलता है

(ii) **गुनहगार कौन होता है?**
(क) गुनाह करने वाला
(ख) गुनाह सहने वाला
(ग) 'क' और 'ख' दोनों
(घ) उपर्युक्त में से कोई नहीं

उत्तर (ग) 'क' और 'ख' दोनों

(iii) **वक्ता कौन है?**
(क) वक्ता लेखिका है
(ख) वक्ता डॉक्टर है
(ग) वक्ता समाजसेविका है
(घ) वक्ता वकील है

उत्तर (ग) वक्ता समाजसेविका है

(iv) **देश का विकास किन लोगों के कारण नहीं होता?**
(क) जो अन्याय सहते हैं
(ख) जो अन्याय करते हैं
(ग) जो अन्याय की खिलाफत करते हैं
(घ) उपर्युक्त में से कोई नहीं

उत्तर (क) जो अन्याय सहते हैं

(v) सुमेलित कीजिए

सूची I		सूची II	
A.	बर्दाश्त करना	1.	अन्याय को सहन करने वाला
B.	सबसे बड़ा गुनहगार	2.	सहन करना
C.	हिकारत	3.	घृणा

कूट

	A	B	C		A	B	C
(क)	3	1	2	(ख)	1	3	2
(ग)	1	2	3	(घ)	2	1	3

उत्तर (घ) 2 1 3

3. निदेशक : वैरी सैड! हेडमास्टर को एक्शन लेना चाहिए ऐसे टीचर के खिलाफ़।

रजनी : क्या खूब! आप कहते हैं कि हेडमास्टर को एक्शन लेना चाहिए.....हेडमास्टर कहते हैं मैं कुछ नहीं कर सकता, तब करेगा कौन? मैं पूछती हूँ कि ट्यूशन के नाम पर चलने वाले इस घिनौने रैकेट को तोड़ने के लिए दखलअंदाज़ी नहीं करनी चाहिए आपको, आपके बोर्ड को? (चेहरा तमतमा जाता है)

निदेशक : लेकिन हमारे पास तो आज तक किसी पेरेंट से इस तरह की कोई शिकायत नहीं आई।

रजनी : यानी की शिकायत आने पर ही आप इस बारे में कुछ सोच सकते हैं। वैसे शिक्षा के नाम पर दिन-दहाड़े चलने वाली इस दुकानदारी की आपके (बहुत ही व्यंग्यात्मक ढंग से) बोर्ड ऑफ एजुकेशन को कोई जानकारी ही नहीं, कोई चिंता ही नहीं?

(i) रजनी निदेशक के पास क्यों गई?

(क) ट्यूशन पढ़ाने वालों की पैरवी करने
(ख) ट्यूशन करने वालों के विरुद्ध कार्यवाही करने
(ग) अपनी किसी शिकायत को जमा कराने
(घ) उपर्युक्त में से कोई नहीं

उत्तर (ख) ट्यूशन करने वालों के विरुद्ध कार्यवाही करने

(ii) निदेशक के अनुसार, ट्यूशन करने वाले अध्यापकों पर किसे एक्शन लेना चाहिए?

(क) हेडमास्टर को
(ख) रजनी को
(ग) प्रबंधक को
(घ) निदेशक को

उत्तर (क) हेडमास्टर को

(iii) निदेशक के पास आज तक कैसी शिकायत नहीं आई थी?

(क) मार पीट संबंधी
(ख) छुट्टी संबंधी
(ग) ट्यूशन पढ़ाने संबंधी
(घ) उपर्युक्त में से कोई नहीं

उत्तर (ग) ट्यूशन पढ़ाने संबंधी

(iv) प्रस्तुत गद्यांश के माध्यम से शिक्षा बोर्ड की किस कार्यशैली का पता चलता है?

(क) कर्मठता का (ख) अकर्मण्यता का
(ग) लापरवाही का (घ) कृतज्ञता का

उत्तर (ख) अकर्मण्यता का

(v) निम्नलिखित कथनों पर विचार करते हुए गद्यांश के अनुसार सही कथन को चयनित कर लिखिए

(क) रजनी ट्यूशन पढ़ाने को अवैध बताती है
(ख) रजनी शिक्षा को दिन-दहाड़े चलने वाली दुकानदारी कहती है
(ग) रजनी को शिक्षा-व्यवस्था का ज्ञान न था
(घ) रजनी शिक्षा-प्रणाली को सही बताते हुए मास्टर की शिकायत करती है

उत्तर (ख) रजनी शिक्षा को दिन-दहाड़े चलने वाली दुकानदारी कहती है

विषय-वस्तु पर आधारित प्रश्नोत्तर

लघु उत्तरीय प्रश्न

1. अमित अपनी माँ से क्यों नाराज़ होता है?

उत्तर अमित अभी नासमझ बालक है। वह नहीं समझ पाता कि उसके गणित के अध्यापक पैसे के लोभ में ज़बरदस्ती उसे ट्यूशन पढ़ने के लिए कहते हैं और जान-बूझकर कम अंक दे रहे हैं।

वह अन्य लड़कों को ट्यूशन पढ़ते देखकर सोचता है कि शायद ट्यूशन पढ़ना आवश्यक है। उसकी कक्षा के अधिकतर बच्चे ट्यूशन लेते थे। चूँकि उसकी माँ उसे गणित की ट्यूशन लेने से रोकती है, इसलिए वह अपने कम अंक आने के लिए अपनी माँ को दोषी मानता है और उनसे नाराज होता है।

2. हेडमास्टर ने रजनी की शिकायत को बहुत हल्के ढंग से लेते हुए क्या उत्तर दिया?

उत्तर हेडमास्टर ने रजनी की बात को बहुत हल्के ढंग से लेते हुए कहा कि आप भी कमाल करती हैं, बच्चे ने कहा और आपने मान लिया। प्रत्येक बच्चा घर जाकर यही कहता है कि उसने पेपर अच्छा किया है और उसे बहुत अच्छे नंबर मिलेंगे। अगर हम इसी तरह कॉपियाँ दिखाने लग जाएँ, तो यहाँ तो पेरेंट्स की भीड़ लग जाएगी। इसीलिए स्कूलों में वार्षिक परीक्षा की कॉपियाँ नहीं दिखाने का नियम बनाया गया है और वे यह नियम नहीं तोड़ सकते।

3. रजनी ने हेडमास्टर द्वारा ट्यूशन संबंधी विषय पर असमर्थता प्रकट करने पर क्या कहा?

उत्तर रजनी ने ट्यूशन संबंधी विषय पर हेडमास्टर द्वारा असमर्थता प्रकट करने पर गुस्से में कहा कि यदि आप कुछ नहीं कर सकते तो यह कुर्सी छोड़ दीजिए, क्योंकि यहाँ पर कुछ कर सकने वाला आदमी चाहिए, जो ट्यूशन के नाम पर चलने वाली धाँधलियों को रोक सके। मासूम और बेगुनाह बच्चों को ऐसे टीचर्स के शिकंजों से बचा सके जो ट्यूशन न लेने पर बच्चों के नंबर काट लेते हैं और आप हैं कि कॉपियाँ न दिखाने के नियम से उनके सारे गुनाह ढक देते हैं।

4. रजनी संपादक से क्या करने के लिए कहती है?

उत्तर रजनी संपादक को अमित का उदाहरण देते हुए ट्यूशन की समस्या से अवगत कराती है तथा उससे इसे अख़बार में प्रकाशित करने का आग्रह करती है। वह संपादक से कहती है कि 25 तारीख को होने वाली पेरेंट्स मीटिंग की सूचना आप अख़बार के माध्यम से दे दीजिए, जिससे यह ख़बर अधिक-से-अधिक लोगों तक पहुँच जाए, क्योंकि दिन-रात भाग-दौड़ करने के बावजूद मुश्किल से सौ-सवा सौ लोगों तक ही यह ख़बर पहुँच पाएगी।

5. 'रजनी' पाठ के आधार पर बताइए कि शिक्षा बोर्ड और प्राइवेट स्कूलों के बीच क्या संबंध होता है?

उत्तर शिक्षा बोर्ड, मान्यता प्राप्त प्राइवेट स्कूलों को 90% तक का अनुदान देते हैं। यह सहायता स्कूलों के रख-रखाव, अध्यापक और विद्यार्थियों के स्तर को ऊँचा उठाने के लिए दी जाती है। शिक्षा बोर्ड ही स्कूलों के अधिकतर नियम बनाता है। पाठ्यक्रम भी बोर्ड द्वारा ही बनाकर भेजा जाता है। वार्षिक परीक्षा के पेपर भी बोर्ड द्वारा बनाए जाते हैं। प्राइवेट स्कूलों पर शिक्षा बोर्ड का नियंत्रण पूरी तरह रहता है, इसलिए वे अपनी मनमानी नहीं कर सकते। वे अपनी प्रत्येक गतिविधि के लिए शिक्षा बोर्ड के प्रति उत्तरदायी होते हैं।

6. रजनी के चरित्र की विशेषताएँ लिखिए।

उत्तर रजनी इस कहानी की नायिका है। उसके चरित्र का सबसे बड़ा गुण यह है कि वह हमेशा संघर्षशील रहती है। अन्याय के विरुद्ध लड़ती है, संघर्ष करती है। वह निर्भीक और आत्मविश्वास से भरपूर स्त्री है। वह सच्चाई के लिए किसी से भी टकराने को तैयार रहती है। उसमें लोगों को इकट्ठा करने तथा तर्क सहित अपनी बातों से लोगों को प्रभावित करने की अद्भुत शक्ति है। वह अन्याय का पर्दाफ़ाश करने के लिए सदैव तत्पर रहती है।

7. 'रजनी' पाठ का संदेश स्पष्ट कीजिए।

उत्तर 'रजनी' पाठ शिक्षा के व्यवसायीकरण, ट्यूशन के रैकेट, अधिकारियों की उदासीनता तथा आम जनता द्वारा अन्याय का विरोध करने की आवश्यकता आदि से संबंधित संदेश देता है। प्रस्तुत पाठ हमें यह सिखाता है कि यदि अन्याय को नहीं रोका गया तो वह बढ़ता जाएगा। अन्याय का विरोध पूरा समाज मिलकर ही कर सकता है, क्योंकि आम आदमी के सहयोग के बिना सामाजिक, प्रशासनिक एवं राजनीतिक व्यवस्था में सकारात्मक परिवर्तन संभव नहीं है।

दीर्घ उत्तरीय प्रश्न

1. वार्षिक परीक्षाओं की कॉपियाँ न दिखाने के पीछे हेडमास्टर क्या तर्क देते हैं? क्या इस तर्क से आप सहमत हैं?

उत्तर हेडमास्टर वार्षिक परीक्षाओं की कॉपियाँ न दिखाने के पीछे केवल यह तर्क देते हैं कि ऐसा करने से छात्रों तथा उनके अभिभावकों की भीड़ लग जाएगी और उन्हें सँभालना मुश्किल हो जाएगा। मैं हेडमास्टर के इस तर्क से सहमत नहीं हूँ। सभी अभिभावकों को कक्षा में एक निर्धारित समय पर बुलाना चाहिए और एक-एक कर कॉपी दिखानी चाहिए। यदि सबको कॉपियाँ नहीं भी दिखाई जाती हैं, तो जो अभिभावक कॉपी देखना चाहते हैं, उन्हें अवश्य दिखाई जाएँ। कॉपी न दिखाने से भ्रष्ट अध्यापक कॉपियाँ जाँचने में मनमानी करने लगेंगे। इस प्रकार, योग्य छात्रों का भविष्य अंधकारमय हो जाएगा।

2. 'अध्यापकों द्वारा ट्यूशन पढ़ाना उनकी मजबूरी है।' इस कथन को 'रजनी' पाठ के आधार पर स्पष्ट कीजिए। कुछ बच्चों को ट्यूशन पढ़ना आवश्यक क्यों है?

उत्तर कुछ अध्यापक प्राइवेट स्कूल में पढ़ाते हैं। वहाँ उन्हें इतनी कम तनख़्वाह मिलती है कि ट्यूशन से पैसा कमाना अनिवार्य हो जाता है। कई जगह तो ऐसा भी है कि कम तनख़्वाह देकर ज़्यादा पर दस्तखत करवाए जाते हैं। ट्यूशन पढ़ाना वास्तव में आवश्यक अपनी जीविका चलाने के लिए उनकी मजबूरी है।

अनेक बच्चों को ट्यूशन पढ़ना इसलिए आवश्यक हो जाता है, क्योंकि कुछ माताएँ इतनी समर्थ नहीं होतीं कि वे अपने बच्चों को पढ़ा सकें और कुछ बच्चों के पिता के पास इतना समय नहीं होता कि वे उनकी पढ़ाई पर ध्यान दे सकें। ऐसे में कमज़ोर बच्चों के लिए ट्यूशन पढ़ना आवश्यक हो जाता है।

3. रजनी ने बोर्ड के सामने क्या प्रस्ताव रखा? अपना प्रस्ताव स्वीकृत होने पर रजनी को कैसा लगा?

उत्तर रजनी ने बोर्ड के सामने यह प्रस्ताव रखा कि वह ऐसा नियम बनाए कि कोई भी शिक्षक अपने ही स्कूल के छात्रों को ट्यूशन नहीं पढ़ाएगा। ऐसी स्थिति में बच्चों के साथ ज़ोर-ज़बरदस्ती करने, उसके नंबर काटने जैसी हरकतें नहीं होंगी। साथ ही इस नियम को तोड़ने वाले शिक्षकों के विरुद्ध सख्त-से-सख्त कार्यवाही की जाएगी।

अपना प्रस्ताव स्वीकृत होने पर रजनी को बहुत प्रसन्नता हुई। उसने जैसा प्रस्ताव रखा था, बोर्ड द्वारा वैसा ही मान लिया गया। रजनी का मानना है कि यदि डटकर मुकाबला किया जा, तो हर अन्याय को समाप्त किया जा सकता है।

4. रजनी और निदेशक की ट्यूशन संबंधी हुई बातचीत को अपने शब्दों में लिखें।

उत्तर रजनी प्राइवेट स्कूलों में चल रहे ट्यूशन के व्यवसाय संबंधी शिकायत लेकर शिक्षा बोर्ड के निदेशक से मिलने जाती है। निदेशक रजनी की बात सुनकर कहता है कि ट्यूशन कोई व्यवसाय नहीं है, बल्कि माता-पिता पढ़ाई में कमज़ोर बच्चे की ट्यूशन रखते हैं। उन्हें इसके लिए कोई मजबूर नहीं कर सकता।

माता-पिता अपने बच्चे के भविष्य को सँवारने के लिए ही ट्यूशन रखते हैं। रजनी कहती है कि स्कूलों में अध्यापक पढ़ने में तेज़ बच्चों को भी डरा-धमकाकर ट्यूशन लेने के लिए मजबूर करते हैं।

हेडमास्टर से भी शिकायत करने से लाभ नहीं है, क्योंकि वह इसे अध्यापक और विद्यार्थियों का आपसी मामला कहकर अपने हाथ खड़े कर देते हैं। निदेशक कहता है कि यह बात उसकी जानकारी में नहीं है। आज तक किसी भी माता-पिता ने लिखित रूप से इसकी शिकायत नहीं की। वैसे भी उसके पास कई और महत्त्वपूर्ण कार्य हैं। निदेशक की बातों से उसे लगता है कि यहाँ भी कुछ होने वाला नहीं, इसलिए वह वहाँ से चली जाती है।

5. "गलती करने वाला तो है ही गुनहगार, पर उसे बर्दाश्त करने वाला भी कम गुनहगार नहीं होता, जैसे लीला बेन और कांति भाई और हज़ारों-हज़ारों माँ-बाप। लेकिन सबसे बड़ा गुनहगार तो वो है, जो चारों तरफ़ अन्याय, अत्याचार और तरह-तरह की धाँधलियों को देखकर भी चुप बैठा रहता है।" यह कथन किसका है? इस कथन पर टिप्पणी करें तथा स्पष्ट करें कि हमें अन्याय और अत्याचार का मुकाबला किस तरह करना चाहिए?

उत्तर यह कथन रजनी का है। यह कथन सत्य है कि केवल गलती करने वाला ही गुनहगार नहीं होता, बल्कि उसे सहने वाले भी गुनहगार होते हैं। जैसे प्रस्तुत पाठ में लीला बेन तथा कांति भाई अध्यापक के द्वारा निरंतर हो रहे अन्याय को देखकर भी चुप होकर उसे सहन करते रहे।

इस पाठ में रजनी वर्तमान युग में होने वाले शिक्षा के व्यवसायीकरण तथा ट्यूशन की आड़ में बच्चों पर हो रहे अत्याचार के प्रति आवाज़ उठा रही है, लेकिन इस अत्याचार को देखकर भी लीलाबेन तथा कांति भाई जैसे लोग चुपचाप इसे सहन कर रहे हैं। यदि हम समाज में हो रहे अन्याय, अत्याचार और धाँधलियों को देखकर भी चुप रहते हैं। उनके प्रति कोई आवाज़ नहीं उठाते तो हम भी उतने ही गुनहगार बनते हैं, जितने अन्यायी एवं अत्याचारी। इसलिए एक अच्छा नागरिक एवं देशवासी होने के नाते हमारा यह परम कर्त्तव्य है कि हमें समाज में चारों तरफ़ हो रहे अन्याय, अत्याचार एवं धाँधलियों का पुरजोर विरोध करना चाहिए। हमें निडर व संगठित होकर इनका मुकाबला करना चाहिए। इनके बारे में आस-पास के लोगों को जागरूक करना चाहिए। इसकी जानकारी पुलिस विभाग तथा सरकारी जाँच एजेंसियों को देनी चाहिए।

6. 'रजनी' पाठ का पात्र अमित सरल व सहज प्रवृत्ति का बालक है। पाठ में वर्णित उदाहरण के आधार पर स्पष्ट कीजिए।

उत्तर अमित एक प्रतिभाशाली लड़का है। वह पढ़ाई में बहुत तेज़ है। सातवीं कक्षा की वार्षिक परीक्षा में उसे गणित में कम अंक मिले हैं। उसने अर्द्ध-वार्षिक परीक्षा में गणित में छियानवें अंक प्राप्त किए थे और उसने वार्षिक परीक्षा में भी बहुत अच्छा पेपर किया था। उसके गणित के अध्यापक अतिरिक्त पैसे कमाने के लालच में बच्चों से ट्यूशन लेने को कहते हैं और जो बच्चा ट्यूशन नहीं लेता, उसे कम अंक दे देते हैं।

अमित को भी गणित के अध्यापक ने ट्यूशन लेने को कहा था। चूँकि वह गणित में तेज़ था, इसलिए उसने ट्यूशन नहीं ली, जिसका परिणाम यह हुआ कि उसे कम अंक दिए गए। अभी वह न्याय अन्याय की परिभाषा नहीं समझता, इसलिए वह ट्यूशन को गलत नहीं मानता। वह किसी भी कारण अपने अध्यापक को नाराज़ नहीं करना चाहता है। उसे अपने अध्यापकों पर श्रद्धा है, इसलिए वह उनके लिए एक भी कठोर शब्द नहीं बोलता है।

7. सरकारी कार्यालयों की व्यवस्था के बारे में प्रस्तुत पाठ में क्या बताया गया है? स्पष्ट कीजिए।

उत्तर प्रस्तुत पाठ के माध्यम से सरकारी कार्यालयों की दुर्दशा पर टिप्पणी की गई है। इस कहानी में यह दिखाया गया है कि सरकारी अधिकारी अपने कर्त्तव्य के प्रति कितने लापरवाह होते हैं। उन्हें आम जनता की परेशानियों से कोई लेना-देना नहीं होता। शिक्षा निदेशक जैसे बड़े अधिकारी भी समस्या को टालने में लगे रहते हैं। वे ऑफिस में खाली बैठने के बावजूद भी किसी से मिलना नहीं चाहते। चपरासी भी रिश्वत लेकर ही मिलने वालों को साहब से मिलने के लिए भेजता है। इससे ऐसा लगता है मानो निदेशक उसे रिश्वत लेने के लिए प्रोत्साहन देते हैं।

स्व-मूल्यांकन

गद्यांश पर आधारित बहुविकल्पीय प्रश्न

निम्नलिखित गद्यांश को ध्यानपूर्वक पढ़कर पूछे गए प्रश्नों के सही उत्तर चुनिए।

1. **बड़ा अच्छा लगा जब टीचर्स की ओर से भी एक प्रतिनिधि ने आकर बताया कि कई प्राइवेट स्कूलों में तो उन्हें इतनी कम तनख़्वाह मिलती है कि ट्यूशन न करें तो उनका गुज़ारा ही न हो। कई जगह तो ऐसा भी है कि कम तनख़्वाह देकर ज़्यादा पर दस्तखत करवाए जाते हैं। ऐसे टीचर्स से मेरा अनुरोध है कि वे संगठित होकर एक आंदोलन चलाएँ और इस अन्याय का पर्दाफ़ाश करें (हॉल में बैठा हुआ पति धीरे से फुसफुसाता है, लो, अब एक और आंदोलन का मसला मिल गया, कैमरा फिर रजनी पर) इसलिए अब हम अपनी समस्या से जुड़ी सारी बातों को नज़र में रखते हुए ही बोर्ड के सामने यह प्रस्ताव रखेंगे कि वह ऐसा नियम बनाए (एक-एक शब्द पर जोर देते हुए) कि कोई भी टीचर अपने ही स्कूल के छात्रों का ट्यूशन नहीं करेगा। (रुककर) ऐसी स्थिति में बच्चों के साथ ज़ोर-ज़बरदस्ती करने, उनके नंबर काटने की गंदी हरकतें अपने आप बंद हो जाएँगी। साथ ही यह भी हो कि इस नियम को तोड़ने वाले टीचर्स के खिलाफ़ सख्त-से-सख्त कार्यवाही की जाएगी....।**

(i) प्राइवेट स्कूलों के अध्यापकों की क्या समस्या थी?
- (क) उन्हें बेहद कम तनख्वाह मिलती है
- (ख) उन्हें गुजारा करने के लिए ट्यूशन करना पड़ता है
- (ग) उन्हें अधिक वेतन पर हस्ताक्षर करने पड़ते हैं तथा वेतन कम मिलता है
- (घ) उपर्युक्त सभी

(ii) रजनी के अनुसार, प्राइवेट स्कूलों के अध्यापकों की समस्या का समाधान क्या था?
- (क) वे संगठित होकर आंदोलन चलाएँ
- (ख) कम वेतन की धाँधलेबाजी का पर्दाफाश करें
- (ग) 'क' और 'ख' दोनों
- (घ) उपर्युक्त में से कोई नहीं

(iii) रजनी के अनुसार, बोर्ड को कैसा नियम बनाना चाहिए?
- (क) कोई भी टीचर अपने ही स्कूल के छात्रों का ट्यूशन नहीं करेगा
- (ख) कोई भी टीचर अधिक बच्चों को ट्यूशन नहीं पढ़ाएगा
- (ग) कोई भी स्कूल टीचर को कम वेतन नहीं देगा
- (घ) कोई भी टीचर बच्चों को कम नंबर नहीं देगा

(iv) 'लो एक और आंदोलन का मसला मिल गया' यह कथन किसने कहा?
- (क) लेखिका ने
- (ख) रजनी ने
- (ग) रजनी के पति ने
- (घ) अमित की माँ ने

(v) रजनी के अनुसार बोर्ड द्वारा नियम बनाने का क्या परिणाम होगा?
- (क) कोई भी टीचर छात्रों के नंबर नहीं बदलेगा
- (ख) कोई भी टीचर छात्रों को प्रोत्साहित नहीं करेगा
- (ग) कोई भी टीचर अपने ही स्कूल के छात्रों का ट्यूशन नहीं करेगा
- (घ) उपर्युक्त सभी

विषय-वस्तु पर आधारित प्रश्न

लघु उत्तरीय प्रश्न

1. शिक्षा निदेशक ने ट्यूशन की शिकायत को क्या कहकर टाला?

2. निदेशक द्वारा इंपोर्टेंट मेटर की व्यस्तता बताने पर रजनी उन पर क्या व्यंग्य करती है?

3. रजनी द्वारा प्राइवेट ट्यूशंस के विरुद्ध आवाज उठाने का कारण स्पष्ट कीजिए।

4. रजनी संपादक को ट्यूशन रोकने के क्या-क्या लाभ गिनाती है?

5. प्रस्तुत पाठ के अनुसार विद्यालय में किस तरह के हेडमास्टर होने चाहिए?

दीर्घ उत्तरीय प्रश्न

1. आपके अनुसार क्या शिक्षा निदेशक को केवल लिखित शिकायत पर ही कार्यवाही करनी चाहिए। तर्क सहित उत्तर दीजिए।

2. हेडमास्टर द्वारा वार्षिक परीक्षा की कॉपी न दिखाने का क्या कारण हो सकता है? स्पष्ट कीजिए।

3. 'हमने कोई ठेका ले रखा है' रजनी के पति का यह कथन समाज के किन लोगों की मानसिकता को व्यक्त करता है?

4. 'तुम जैसे लोगों के कारण ही तो इस देश में कुछ नहीं हो सकता' वाक्य से रजनी क्या बताना चाहती है?

5. 'शिक्षा के क्षेत्र में फैली इस दुकानदारी को तो बंद होना चाहिए' कथन का आशय स्पष्ट कीजिए।

07

अध्याय

लेखक-परिचय

कथाकार कृश्नचंदर का जन्म वर्ष 1914 में पंजाब के वज़ीराबाद गाँव, ज़िला गुजरांकलां में हुआ था। इनकी प्राथमिक शिक्षा पुंछ (जम्मू और कश्मीर) में हुई। उच्च शिक्षा के लिए वे वर्ष 1930 में लाहौर आ गए और फॉरमेन क्रिश्चियन कॉलेज में प्रवेश लिया। वर्ष 1934 में पंजाब विश्वविद्यालय से उन्होंने अंग्रेज़ी में एम.ए. किया। तत्पश्चात् उनका जुड़ाव फ़िल्म जगत् से हो गया और अंतिम समय तक वे मुंबई में ही रहे। साहित्य अकादमी पुरस्कार से सम्मानित कृश्नचंदर ने उपन्यास, नाटक, रिपोर्ताज, लेख आदि लिखे। इनकी प्रमुख रचनाएँ हैं–एक गिरजा-ए-खंदक, यूकेलिप्टस की डाली (कहानी-संग्रह); शिकस्त, जरगाँव की रानी, सड़क वापस जाती है, आसमान रौशन है, एक गधे की आत्मकथा, अन्नदाता हम वहशी हैं, जब खेत जागे, बावन पत्ते, एक वायलिन समंदर के किनारे, कागज़ की नाव, मेरी यादों के किनारे (उपन्यास)। वर्ष 1977 में इनका देहावसान हो गया।

अध्ययन के लिए
- पाठ की रूपरेखा
- पाठ का सार

अभ्यास के लिए
- पाठ्यपुस्तक के प्रश्नोत्तर
- गद्यांश पर आधारित बहुविकल्पीय प्रश्न
- लघु उत्तरीय प्रश्न
- दीर्घ उत्तरीय प्रश्न

जामुन का पेड़

(कृश्नचंदर)

पाठ की रूपरेखा

प्रस्तुत हास्य-व्यंग्य कथा 'जामुन का पेड़' में चीज़ों को अनुपात से अधिक फैलाकर दिखाने की हास्य-व्यंग्य की पुरानी परिपाटी की मौजूदगी के कारण घटनाएँ अतिशयोक्तिपूर्ण एवं अविश्वसनीय जान पड़ती हैं। पाठ में हँसते-हँसते ही हमारे भीतर इस बात की समझ पैदा होती है कि कार्यालयी तौर-तरीकों में पाया जाने वाला विस्तार कितना निरर्थक और पदानुक्रम कितना हास्यास्पद है। इसमें व्यवस्था की संवेदनशून्यता को भी उजागर किया गया है।

पाठ का सार

जामुन के पेड़ के नीचे आदमी का दबना

रात को आँधी चलने से सेक्रेटेरियेट (सचिवालय) के लॉन में खड़ा जामुन का पेड़ गिर जाता है। सुबह माली देखता है कि पेड़ के नीचे एक आदमी दबा पड़ा है। वह तुरंत यह सूचना चपरासी को देता है। चपरासी दौड़ता हुआ क्लर्क के पास जाता है, क्लर्क सुपरिंटेंडेंट के पास और सुपरिंटेंडेंट दौड़ता हुआ लॉन में आता है। इस तरह मिनटों में दबे हुए आदमी के पास भीड़ इकट्ठी हो जाती है। क्लर्कों को रसीले व फलदार जामुनों की याद आ रही थी कि तभी माली आदमी के बारे में पूछता है, क्योंकि उन्हें उस आदमी के जीवित होने में संदेह था, लेकिन तभी वह दबा आदमी कराहते हुए बोल पड़ता है–'मैं जिंदा हूँ।' माली के पेड़ हटाने के सुझाव देने पर सुपरिंटेंडेंट ने अपने ऊपर के अधिकारी से पूछने की बात कही। इस तरह बात डिप्टी सेक्रेटरी, ज्वॉइंट सेक्रेटरी, चीफ़ सेक्रेटरी से होते हुए मिनिस्टर के पास पहुँची। मंत्री ने चीफ़ सेक्रेटरी से कुछ कहा और उसी क्रम में बात नीचे तक पहुँची और फाइल चलती रही और इसी क्रम में आधा दिन बीत जाता है।

सरकारी विभागों का निराशाजनक व्यवहार

दोपहर तक पेड़ के चारों ओर भारी भीड़ इकट्ठी हो जाती है। कुछ मनचले क्लर्क सरकारी अनुमति के बिना पेड़ हटाना चाहते थे, लेकिन उसी समय सुपरिंटेंडेंट फाइल लेकर भागा-भागा आकर कहता है कि हम लोग व्यापार विभाग से संबंधित हैं और मैं

इस फाइल को अर्जेंट मार्क करके कृषि विभाग में भेज रहा हूँ। यह काम कृषि विभाग का है। दूसरे दिन कृषि विभाग पेड़ हटवाने की ज़िम्मेदारी व्यापार विभाग पर डाल देता है।

व्यापार विभाग पुन: कृषि विभाग पर ज़िम्मेदारी डालकर अपना पल्ला झाड़ लेता है। इस प्रकार, दूसरे दिन भी फाइल चलती रही। शाम को इस मामले को हॉर्टीकल्चर विभाग के पास भेजने का फैसला किया गया, क्योंकि यह फलदार पेड़ था और एग्रीकल्चर डिपार्टमेंट ही अनाज और खेती-बाड़ी के मामलों में फ़ैसला करने का हकदार है।

हॉर्टीकल्चर विभाग द्वारा पेड़ काटने से मना करना

चारों तरफ़ पुलिस का पहरा था, मगर एक पुलिस कांस्टेबल को दया आ जाती है। वह माली को दबे हुए आदमी को खाना खिलाने की इज़ाज़त देता है। माली दबे हुए आदमी से कहता है, "तुम्हारी फाइल चल रही है, उम्मीद है कल तक फैसला हो जाएगा।" दबा हुआ आदमी कुछ नहीं बोलता। माली पेड़ के तने को ध्यान से देखकर कहता है, "अच्छा हुआ कि तना तुम्हारे कूल्हे पर गिरा, अगर कमर पर गिरता तो रीढ़ की हड्डी टूट जाती", दबा हुआ आदमी फिर भी कुछ नहीं बोलता। माली द्वारा उसके परिवार के बारे में पूछने पर दबे हुए आदमी ने स्वयं को लावारिस बताया। इस पर माली खेद प्रकट करता हुआ वहाँ से हट गया। तीसरे दिन हॉर्टीकल्चर विभाग से जवाब आया कि आजकल 'पेड़ लगाओ' स्कीम ज़ोर-शोर से चल रही है। अत: जामुन के पेड़ को काटने की इजाज़त नहीं दी जा सकती।

पेड़ को बचाने के लिए लोगों का सुझाव देना

हॉर्टीकल्चर विभाग द्वारा पेड़ काटने से मना करने पर वहाँ खड़े लोग पेड़ को बचाने के लिए अपने-अपने सुझाव देने लगते हैं कि तभी एक मनचले ने आदमी को ही काटने की बात की क्योंकि इससे पेड़ बच जाएगा। दबे हुए आदमी ने इस पर आपत्ति की कि ऐसे तो वह मर जाएगा। काटने का सुझाव देने वाले आदमी ने अपना तर्क दिया कि आजकल प्लास्टिक सर्जरी उन्नति कर चुकी है। यदि आदमी को बीच में से काटकर निकाल लिया जाए, तो उसे प्लास्टिक सर्जरी से जोड़ा जा सकता है। इस बात पर फाइल मेडिकल विभाग में भेजी गई। वहाँ से रिपोर्ट आई कि सारी जाँच-पड़ताल करके पता चला कि प्लास्टिक सर्जरी तो हो सकती है और ऑपरेशन भी सफल हो जाएगा, किंतु आदमी मर जाएगा। अत: प्लास्टिक सर्जरी का फैसला रद्द हो जाता है।

दबे हुए व्यक्ति का शायर होना

रात को माली ने दबे हुए आदमी के मुँह में खिचड़ी डालते हुए उसे बताया कि अब मामला ऊपर चला गया है। सुना है कि कल सेक्रेटेरियट के सभी सेक्रेटरियों की मीटिंग होगी। वहाँ केस के सुलझने की संभावना है। विभागों की लेट-लतीफी को देखकर दबा हुआ आदमी एक शेर सुनाता है

"ये तो माना कि तगाफ़ुल न करोगे लेकिन
खाक हो जाएँगे हम तुमको ख़बर होने तक!"

यह सुनकर माली हैरान हो जाता है। आदमी के शायर होने की बात सारे सचिवालय और फिर यह चर्चा पूरे शहर में फैल जाती है। वहाँ तरह-तरह के कवि व शायर इकट्ठे होकर अपनी रचनाएँ सुनाने लगते हैं। कई क्लर्क उस आदमी को अपनी कविता पर आलोचना करने के लिए मजबूर करने लगते हैं। जब सब-कमेटी को यह पता चलता है, तो वह यह मामला कल्चरल डिपार्टमेंट को सौंप देती है। साहित्य अकादमी के सचिव के पास फाइल पहुँचती है और सचिव उसी समय उस आदमी का इंटरव्यू लेने पहुँच जाता है। दबा हुआ आदमी बताता है कि उसका उपनाम 'ओस' है तथा कुछ दिन पहले ही उसका लिखा हुआ 'ओस के फूल' गद्य-संग्रह प्रकाशित हुआ है। सचिव आश्चर्य जताता है कि इतना बड़ा कवि उसकी अकादमी का सदस्य नहीं है। आदमी ने उससे पेड़ के नीचे से निकालने के लिए कहा, तो सचिव उसे वहाँ से निकालने का आश्वासन देकर चला जाता है। अगले दिन सचिव उसे साहित्य अकादमी का सदस्य चुने जाने की बधाई देता है। आदमी द्वारा पेड़ के नीचे से निकालने की प्रार्थना करने पर वह अपनी असमर्थता जताता है। वह कहता है कि यदि तुम मर गए, तो हम तुम्हारी पत्नी को वज़ीफा दे सकते हैं। उनके विभाग का संबंध सिर्फ कल्चर से है। पेड़ काटने का काम आरी-कुल्हाड़ी से होगा, इसलिए वन विभाग को लिख दिया गया है।

पेड़ काटने में विदेश विभाग द्वारा उत्पन्न बाधा

शाम को माली खुश होकर बताता कि कल वन विभाग वाले पेड़ काट देंगे। दबे हुए आदमी का स्वास्थ्य जवाब दे रहा था। दूसरे दिन वन विभाग के लोग आरी-कुल्हाड़ी लेकर आते हैं, तो विदेश विभाग के आदेश से यह कार्य रोक दिया जाता है। वास्तव में, यह पेड़ पीटोनिया राज्य के प्रधानमंत्री ने सचिवालय में दस साल पहले लगाया था। पेड़ काटने से दोनों राज्यों के संबंध बिगड़ जाएँगे। पीटोनिया सरकार राज्य को बहुत सहायता देती है। अत: दो देशों के संबंधों को मधुर बनाने के लिए एक आदमी के जीवन का बलिदान दिया जा सकता है।

पेड़ काटने की अनुमति मिलना

अंडर सेक्रेटरी बताता है कि प्रधानमंत्री विदेश दौरे से सुबह वापस आ गए हैं। अब वे ही निर्णय देंगे। शाम के पाँच बजे स्वयं सुपरिंटेंडेंट कवि की फाइल लेकर आया और चिल्लाते हुआ बोला कि प्रधानमंत्री ने सारी ज़िम्मेदारी स्वयं पर लेते हुए पेड़ काटने की अनुमति दे दी है। कल यह पेड़ काट दिया जाएगा। तुम्हारी फाइल पूरी हो गई, परंतु तब कवि का हाथ ठंडा था, आँखों की पुतलियाँ निर्जीव और चींटियों की एक लंबी पाँत (कतार) उसके मुँह में जा रही थी, क्योंकि उसके जीवन की फाइल भी पूरी हो चुकी थी।

शब्दार्थ

झक्कड़—आँधी; **सेक्रेटेरियट**—सचिवालय, सरकारी अधिकारियों का कार्यालय।
रुआँसा—रोनी सूरत, रोता हुआ-सा; **अंडर-सेक्रेटरी**— अवर (अधीन) सचिव; **डिप्टी**—उप; **ज्वॉइंट**—संयुक्त।
मनचला—बेफिक्र, अलमस्त; **हुकूमत**—शासन; **अर्जेंट**—अति आवश्यक; **मार्क**—चिह्न; **फ़ौरन**—तुरंत, शीघ्र; **हॉर्टीकल्चर डिपार्टमेंट**—उद्यान कृषि विभाग; **एग्रीकल्चर**—कृषि; **इजाज़त**—अनुमति।
युक्ति—तरीका; **तगाफुल**— विलंब, देर, उपेक्षा।
आलोचना—टिप्पणी; **कल्चरल**—संस्कृति; **अनुरोध**— गुज़ारिश;
अभागा—बदनसीब; **हुँकार**—'हाँ' का स्वर, ललकारने का शब्द;
मेंबर—सदस्य; **गद्य-संग्रह**—निबंधों की किताब।

पाठ्यपुस्तक (आरोह भाग-1) के प्रश्नोत्तर

पाठ के साथ

1. बेचारा जामुन का पेड़ कितना फलदार था और इसकी जामुनें कितनी रसीली होती थीं।

(क) ये संवाद कहानी के किस प्रसंग में आया है?

(ख) इससे लोगों की कैसी मानसिकता का पता चलता है?

उत्तर (क) ये संवाद सेक्रेटेरियेट के लॉन में जामुन के पेड़ के गिरने से संबंधित है। जामुन का एक फलदार पेड़, जो सचिवालय के लॉन में स्थित था, रात की आँधी में गिर गया तथा उस पेड़ के नीचे एक आदमी दब गया। सुबह होने पर सचिवालय के माली ने उसे देखा और क्लर्क को इसकी सूचना दी। सभी क्लर्क इकट्ठे हो गए। वे सभी जामुन के पेड़ की प्रशंसा में चर्चा करते हैं, किंतु उन्हें उसके नीचे दबे व्यक्ति की कोई चिंता नहीं है।

(ख) इससे लोगों की संवेदनहीन मानसिकता तथा स्वार्थपरता का पता चलता है। आज लोग इतने स्वकेंद्रित एवं स्वार्थ में अंधे हो गए हैं कि उन्हें मरता हुआ व्यक्ति दिखाई नहीं देता, बल्कि केवल अपना हित दिखाई देता है। उन्हें इस बात की अधिक चिंता है कि अब खाने के लिए जामुन नहीं मिलेगी। उन्हें दबे हुए ज़िंदा आदमी की पीड़ा से कुछ लेना-देना नहीं है।

2. दबा हुआ आदमी एक कवि है, यह बात कैसे पता चली और इस जानकारी का फाइल की यात्रा पर क्या असर पड़ा?

उत्तर लॉन का माली दबे हुए आदमी को खाना खिलाते हुए उसे उसके केस की फाइल के विषय में बताता है, तब दबा हुआ आदमी कार्यवाही पर देरी होते हुए देखकर अनायास ही एक शेर सुना देता है।

"ये तो माना कि तगाफुल न करोगे लेकिन
खाक हो जाएँगे हम तुमको ख़बर होने तक!"

शेर सुनकर माली ने उससे पूछा कि क्या वह शायर है। उसने सिर हिलाते हुए 'हाँ' कहा। तब माली ने उसके शायर होने की बात क्लर्क को और क्लर्कों ने अन्य लोगों को बताई। इस प्रकार बात तेज़ी से फैलते-फैलते सभी को पता चल गई। इस जानकारी का उसके केस पर यह प्रभाव पड़ा कि जो केस थोड़ा जल्दी सुलझता, उसमें अब और देरी होने की संभावना बढ़ गई। इस प्रकार फाइल एग्रीकल्चर और हॉर्टीकल्चर आदि विभागों से होती हुई कल्चरल विभाग में आ गई। कल्चरल विभाग में आने पर भी फैसला पूर्ण नहीं हुआ। अंततः कार्यवाही और आगे की ओर बढ़ा दी गई और फैसला आने तक दबा हुआ व्यक्ति मर गया।

3. कृषि विभाग वालों ने मामले को हॉर्टीकल्चर विभाग को सौंपने के पीछे क्या तर्क दिया?

उत्तर कृषि विभाग वालों ने मामले को हॉर्टीकल्चर विभाग को सौंपने के पीछे यह तर्क दिया कि कृषि विभाग को अनाज और खेती-बाड़ी से संबंधित मामलों में फैसले लेने का अधिकार है। जामुन का पेड़ फलदार होने के कारण यह मामला हॉर्टीकल्चर विभाग का है। उन्हें ही इस विषय में फैसला लेना चाहिए। इस प्रकार, कृषि विभाग द्वारा फाइल हॉर्टीकल्चर विभाग को सौंप दी गई। दूसरे शब्दों में, कृषि विभाग ने भी अपना पल्ला झाड़ दिया। जामुन के पेड़ के नीचे दबे हुए आदमी के प्रति मानवीय संवेदना दूर-दूर न थी।

4. इस पाठ में सरकार के किन-किन विभागों की चर्चा की गई है और पाठ से उनके कार्य के बारे में क्या अंदाज़ा मिलता है?

उत्तर इस पाठ में सरकार के निम्नलिखित विभागों और उनके कार्यों की चर्चा की गई है

- **व्यापार विभाग** यह विभाग देश में होने वाले व्यापार संबंधी कार्यों को देखता है।
- **कृषि विभाग** इस विभाग का संबंध खेती से है।
- **हॉर्टीकल्चर विभाग** इसका संबंध बागवानी (उद्यानों) और उसके रख-रखाव से है।
- **मेडिकल विभाग** इसका संबंध शल्य चिकित्सा, दवाई आदि से है।
- **कल्चरल विभाग** इसका संबंध कला और साहित्य के विकास से है।
- **फॉरेस्ट विभाग** इसका संबंध जंगल और वहाँ के पेड़ों एवं वनस्पतियों से है।
- **विदेश विभाग** यह विदेश तथा स्वदेश के आपसी संबंधों से संबंधित कार्य करता है।

पाठ के आस-पास

1. कहानी में दो प्रसंग ऐसे हैं, जहाँ लोग पेड़ के नीचे दबे आदमी को निकालने के लिए कटिबद्ध होते हैं। ऐसा कब-कब होता है और लोगों का यह संकल्प दोनों बार किस-किस वजह से भंग होता है?

उत्तर **पहला प्रसंग** पहली बार जब सचिवालय के क्लर्क, माली और चपरासियों ने हुकूमत की परवाह किए बिना पेड़ को अपने आप हटा देने का निश्चय किया, तभी सुपरिंटेंडेंट फाइल लिए दौड़ा-दौड़ा आया। वह पेड़ को हटाने से रोकने का कारण बताता है कि वह पेड़ कृषि विभाग के अंतर्गत आता है और हम लोग व्यापार विभाग से संबंधित हैं, इसलिए इस मामले को अर्जेंट मार्क करके कृषि विभाग में भेजा जा रहा है। वहाँ से उत्तर आते ही इस पेड़ को हटवा दिया जाएगा।

दूसरा प्रसंग दूसरी बार फॉरेस्ट विभाग से कर्मचारी आरी-कुल्हाड़ी लेकर उस पेड़ को काटने के लिए आते हैं। तभी विदेश विभाग से आदेश आ गया कि इसे काटा नहीं जा सकता, क्योंकि यह पेड़ पीटोनिया राज्य के प्रधानमंत्री ने लगाया था। अतः इस पेड़ को काटने से दोनों राज्यों के संबंध बिगड़ सकते हैं और अपने देश को वहाँ से मिलने वाली सहायता भी बंद हो सकती है।

2. यह कहना कहाँ तक युक्तिसंगत है कि इस कहानी में हास्य के साथ-साथ करुणा की भी अंतर्धारा है। अपने उत्तर के पक्ष में तर्क दें।

उत्तर यह युक्ति पूर्णतः संगत है कि इस कहानी में हास्य के साथ-साथ करुणा की भी अंतर्धारा है या सम्मिश्रण है, क्योंकि कहानी में आरंभ से अंत तक के दृश्य में हास्य के पीछे करुणा की प्रधानता है। क्लर्क जामुन के पेड़ को उसके रसीले फलों के चटकारे लेकर याद करते हैं और दबे हुए आदमी की परवाह नहीं करते। उधर वह कराहता रहता

है, परंतु उसकी कराहने की आवाज किसी को सुनाई नहीं पड़ती। कहानी के मध्य में मनचले क्लर्क ने तो आदमी को ही काटने का सुझाव दे डाला, ताकि पेड़ को बचाया जा सके। इस उक्ति में हास्य और करुणा दोनों का मिला-जुला पुट है। कहानी का अंत अत्यंत ही कारुणिक हैं, जब इधर पेड़ को काटने का फैसला किया जाता है और उधर वह दबा हुआ व्यक्ति मर जाता है।

3. यदि आप माली की जगह होते, तो हुकूमत के फैसले का इंतज़ार करते या नहीं? अगर हाँ, तो क्यों? और नहीं, तो क्यों?

उत्तर यदि मैं माली की जगह होता तो मामला क्लर्क तक भी नहीं पहुँचाता, हुकूमत के फैसले का इंतज़ार तो बहुत दूर की बात है, मानवीय दृष्टिकोण से मेरी प्रथम प्रतिक्रिया यह होती कि आवाज़ दे-देकर सबको इकट्ठा करता और पेड़ को हटाने की कोशिश करता, ताकि वह दबा हुआ व्यक्ति किसी भी हालत में बच जाए। यद्यपि अधिकारी के आदेश या हुकूमत के फैसले का इंतज़ार सामान्य स्थिति के लिए उचित है, परंतु मनुष्य के जीवन से मूल्यवान कुछ भी नहीं है, इसलिए मैं कोई भी खतरा मोल ले लेता।

शीर्षक सुझाइए

कहानी के वैकल्पिक शीर्षक सुझाएँ। निम्नलिखित बिंदुओं को ध्यान में रखकर शीर्षक गढ़े जा सकते हैं

- **कहानी में बार-बार फ़ाइल का ज़िक्र आया है और अंत में दबे हुए आदमी के जीवन की फाइल पूर्ण होने की बात कही गई है।**
- **सरकारी दफ़्तरों की लंबी और विवेकहीन कार्यप्रणाली की ओर बार-बार इशारा किया गया है।**
- **कहानी का मुख्य पात्र उस विवेकहीनता का शिकार हो जाता है।**

उत्तर (i) सरकारी फाइल (ii) सरकारी दफ़्तर
(iii) अभागा मनुष्य

भाषा की बात

1. नीचे दिए गए अंग्रेज़ी शब्दों के हिंदी प्रयोग लिखिए।

1. अर्जेंट **2. फॉरेस्ट डिपार्टमेंट**
3. मेंबर **4. डिप्टी सेक्रेटरी**
5. चीफ़ सेक्रेटरी
6. मिनिस्टर **7. अंडर सेक्रेटरी**
8. हॉर्टीकल्चर डिपार्टमेंट **9. एग्रीकल्चर डिपार्टमेंट**

उत्तर 1. अति आवश्यक 2. वन विभाग
3. सदस्य 4. उपसचिव
5. मुख्य सचिव 6. मंत्री
7. अवर सचिव 8. उद्यान कृषि विभाग
9. कृषि विभाग

2. इसकी चर्चा शहर में भी फैल गई और शाम तक गली-गली से शायर जमा होने शुरू हो गए–यह एक संयुक्त वाक्य है, जिसमें दो स्वतंत्र वाक्यों को समानाधिकरण समुच्चयबोधक शब्द 'और' से जोड़ा गया है। संयुक्त वाक्य को इस प्रकार सरल वाक्य में बदला जा सकता है–इसकी चर्चा शहर में फैलते ही शाम तक गली-गली से शायर जमा होने शुरू हो गए। पाठ में से पाँच संयुक्त वाक्यों को चुनिए और उन्हें सरल वाक्य में रूपांतरित कीजिए।

उत्तर

संयुक्त वाक्य	सरल वाक्य
प्रधानमंत्री ने पेड़ काटने का हुक्म दे दिया और सारी अंतर्राष्ट्रीय ज़िम्मेदारी अपने सिर ले ली।	प्रधानमंत्री ने पेड़ काटने का हुक्म देकर सारी अंतर्राष्ट्रीय ज़िम्मेदारी अपने सिर ले ली।
बेचारा सेक्रेटरी उसी समय अपनी गाड़ी में सवार होकर सेक्रेटेरियट पहुँचा और दबे हुए आदमी से इंटरव्यू लेने लगा।	बेचारा सेक्रेटरी उसी समय अपनी गाड़ी में सेक्रेटेरियट पहुँचकर दबे हुए आदमी से इंटरव्यू लेने लगा।
इतना बड़ा कवि 'ओस के फूल' का लेखक और हमारी अकादमी का मेंबर नहीं है।	'ओस के फूल' का लेखक बड़ा कवि होते हुए भी हमारी अकादमी का मेंबर नहीं है।
आधा आदमी उधर से निकल आएगा और पेड़ वहीं का वहीं रहेगा।	आधा आदमी उधर से निकल आने पर पेड़ भी वहीं का वहीं रह जाएगा।
एग्रीकल्चर डिपार्टमेंट अनाज और खेती-बाड़ी के मामलों में फैसला करने का हकदार है।	एग्रीकल्चर डिपार्टमेंट अनाज के साथ-साथ खेती-बाड़ी के मामलों में फैसला करने का हकदार है।

3. साक्षात्कार अपने-आप में एक विधा है। जामुन के पेड़ के नीचे दबे आदमी की फाइल बंद होने (मृत्यु) के लिए ज़िम्मेदार किसी एक व्यक्ति का काल्पनिक साक्षात्कार करें और लिखें।

उत्तर छात्र स्वयं करें।

अभ्यास प्रश्न

गद्यांश पर आधारित बहुविकल्पीय प्रश्न

निम्नलिखित गद्यांशों को ध्यानपूर्वक पढ़कर पूछे गए प्रश्नों के सही उत्तर चुनिए।

1. **"क्या मुश्किल है?" माली बोला, "अगर सुपरिंटेंडेंट साहब हुक्म दें, तो अभी पंद्रह-बीस माली, चपरासी और क्लर्क लगाकर पेड़ के नीचे से दबे हुए आदमी को निकाला जा सकता है।"**

"माली ठीक कहता है," बहुत-से क्लर्क एक साथ बोल पड़े, "लगाओ ज़ोर, हम तैयार हैं।"

एक साथ बहुत से लोग पेड़ को उठाने को तैयार हो गए।

"ठहरो!" सुपरिंटेंडेंट बोला, "मैं अंडर सेक्रेटरी से पूछ लूँ।" सुपरिंटेंडेंट अंडर सेक्रेटरी के पास गया। अंडर सेक्रेटरी डिप्टी सेक्रेटरी के पास गया। डिप्टी सेक्रेटरी ज्वॉइंट सेक्रेटरी के पास गया। ज्वॉइंट सेक्रेटरी चीफ़ सेक्रेटरी के पास गया। चीफ़ सेक्रेटरी मिनिस्टर के पास गया। मिनिस्टर ने चीफ़ सेक्रेटरी से कुछ कहा। चीफ़ सेक्रेटरी ने ज्वॉइंट सेक्रेटरी से कुछ कहा। ज्वॉइंट सेक्रेटरी ने डिप्टी सेक्रेटरी से कहा। डिप्टी सेक्रेटरी ने अंडर सेक्रेटरी से कहा। फाइल चलती रही। इसी में आधा दिन बीत गया।

(i) **माली के अनुसार किसके हुक्म द्वारा दबे आदमी को शीघ्र ही निकाला जा सकता है?**

(क) सुपरिंटेंडेंट साहब के (ख) क्लर्क के
(ग) सेक्रेटरी के (घ) बाबू के

उत्तर (क) सुपरिंटेंडेंट साहब के

(ii) **माली ने 'क्या मुश्किल है' किसके लिए कहा?**

(क) क्लर्कों को पेड़ को उठवाने के लिए
(ख) पेड़ के नीचे दबे व्यक्ति को निकालने के लिए
(ग) सुपरिंटेंडेंट से बात करने के लिए
(घ) उपर्युक्त में से कोई नहीं

उत्तर (ख) पेड़ के नीचे दबे व्यक्ति को निकालने के लिए

(iii) **सुपरिंटेंडेंट ने किससे बात करने के लिए कहा?**

(क) माली से (ख) चीफ सेक्रेटरी से
(ग) अंडर सेक्रेटरी से (घ) मिनिस्टर से

उत्तर (ग) अंडर सेक्रेटरी से

(iv) **आधा दिन किसमें बीत गया था?**

(क) फाइल को एक अधिकारी से दूसरे अधिकारी तक भेजते रहने में
(ख) पेड़ के नीचे दबे व्यक्ति को निकालने में
(ग) सुपरिंटेंडेंट से बात करने में
(घ) मिनिस्टर को समझाने में

उत्तर (क) फाइल को एक अधिकारी से दूसरे अधिकारी तक भेजते रहने में

(v) **सुपरिंटेंडेंट से लेकर अंडर सेक्रेटरी तक के पास जाने का क्या परिणाम हुआ?**

(क) विवाद को आसानी से हल किया गया
(ख) शीघ्र ही एक मीटिंग बुलाई गई
(ग) केवल फाइल चलती रही
(घ) सभी की सहमति से आदमी को बचाया गया

उत्तर (ग) केवल फाइल चलती रही

2. **दूसरे दिन माली ने चपरासी को बताया, चपरासी ने क्लर्क को, क्लर्क ने हेड-क्लर्क को। थोड़ी ही देर में सेक्रेटेरियट में यह अफवाह फैल गई कि दबा हुआ आदमी शायर है। बस, फिर क्या था लोगों का झुंड-का-झुंड शायर को देखने के लिए उमड़ पड़ा। इसकी चर्चा शहर में भी फैल गई और शाम तक गली-गली से शायर जमा होने शुरू हो गए। सेक्रेटेरियट का लॉन भाँति-भाँति के कवियों से भर गया और दबे हुए आदमी के चारों ओर कवि सम्मेलन का-सा वातावरण उत्पन्न हो गया। सेक्रेटेरियट के कई क्लर्क और अंडर सेक्रेटरी तक, जिन्हें साहित्य और कविता से लगाव था, रुक गए। कुछ शायर दबे हुए आदमी को अपनी कविताएँ और दोहे सुनाने लगे। कई क्लर्क उसको अपनी कविता पर आलोचना करने को मजबूर करने लगे।**

(i) **सेक्रेटेरियट में कौन-सी अफवाह फैल गई थी?**

(क) माली ने अकेले ही पेड़ से दबे व्यक्ति को निकाल लिया है
(ख) पेड़ के नीचे दबा हुआ व्यक्ति शायर है
(ग) पेड़ के नीचे दबे हुए व्यक्ति की जानकारी मंत्री से हैं
(घ) क्लर्कों ने मिलकर पेड़ के नीचे दबे व्यक्ति को निकाल लिया है

उत्तर (ख) पेड़ के नीचे दबा हुआ व्यक्ति शायर है

(ii) **सेक्रेटेरियट के लॉन में किसकी भीड़ हो गई?**

(क) तरह-तरह के कवियों की
(ख) आस-पास के लोगों की
(ग) दबे हुए व्यक्ति के परिजनों की
(घ) उपर्युक्त में से कोई नहीं

उत्तर (क) तरह-तरह के कवियों की

(iii) **निम्नलिखित कथनों पर विचार कीजिए**

1. पेड़ के नीचे दबा हुआ व्यक्ति शहर का एक संपन्न व्यक्ति था।
2. सेक्रेटेरियट के क्लर्क और अन्य व्यक्तियों ने दबे हुए व्यक्ति को निकाल लिया।
3. पेड़ के नीचे दबे हुए व्यक्ति को लोग अपनी कविता सुनाकर उसे आलोचना करने के लिए मजबूर करने लगे।

उपर्युक्त कथनों में से कौन-सा/से सही है/हैं?

(क) केवल 1 (ख) केवल 3
(ग) 1 और 2 (घ) 2 और 3

उत्तर (ख) केवल 3

(iv) सेक्रेटेरियट के किन लोगों को कविता से लगाव था?
(क) कुछ क्लर्कों का (ख) अंडर सेक्रेटरी का
(ग) 'क' और 'ख' दोनों (घ) इनमें से कोई नहीं

उत्तर (ग) 'क' और 'ख' दोनों

(v) निम्नलिखित कथनों पर विचार करते हुए गद्यांश के अनुसार सही कथन को चयनित कर लिखिए
(क) अफवाह फैल गई कि दबा हुआ आदमी कलाकार है
(ख) सेक्रेटेरियट का लॉन पत्रकारों से भर गया
(ग) नाटक व फिल्म से जुड़े लोग लॉन में उपस्थित हुए
(घ) शायर दबे आदमी को अपना काव्य सुनाने लगे थे

उत्तर (घ) शायर दबे आदमी को अपना काव्य सुनाने लगे थे

3. **"यह हम नहीं कर सकते।" सेक्रेटरी ने कहा, "और जो हम कर सकते थे, वह हमने कर दिया है, बल्कि हम तो यहाँ तक कर सकते हैं कि अगर तुम मर जाओ, तो तुम्हारी बीवी को वज़ीफा दे सकते हैं, अगर तुम दरख्वास्त दो, तो हम वह भी कर सकते हैं।"**

"मैं अभी जीवित हूँ।" कवि रुक-रुककर बोला, "मुझे ज़िंदा रखो।"

"मुसीबत यह है," सरकारी साहित्य अकादमी का सेक्रेटरी हाथ मलते हुए बोला, "हमारा विभाग सिर्फ़ कल्चर से संबंधित है। पेड़ काटने का मामला कलम-दवात से नहीं आरी-कुल्हाड़ी से संबंधित है। उसके लिए हमने फॉरेस्ट डिपार्टमेंट को लिख दिया है और अर्जेंट लिखा है।"

(i) सेक्रेटरी ने किस चीज की असमर्थता जताई?
(क) दबे हुए व्यक्ति को बाहर निकालने की
(ख) कविताएँ सुनाने की
(ग) वजीफा देने की
(घ) उपर्युक्त सभी

उत्तर (क) दबे हुए व्यक्ति को बाहर निकालने की

(ii) सेक्रेटरी ने दबे हुए आदमी को क्या आश्वासन दिया?
(क) अगर तुम मर जाओ, तो तुम्हारी बीवी को वजीफा दे सकते हैं
(ख) तुम्हारी दरख्वास्त ले सकते हैं
(ग) 'क' और 'ख' दोनों
(घ) उपर्युक्त में से कोई नहीं

उत्तर (ग) 'क' और 'ख' दोनों

(iii) कवि क्या चाहता था?
(क) मुझे जिंदा रखो (ख) मेरी कविताएँ छापो
(ग) मेरी शायरी सुनो (घ) मेरी ऊपर तक बात पहुँचाओ

उत्तर (क) मुझे जिंदा रखो

(iv) सुमेलित कीजिए

सूची I	सूची II
A. कवि	1. पेड़ के नीचे दबा आदमी
B. दरख्वास्त देना	2. निवेदन न करना
C. अर्जेंट	3. शीघ्रता करना

कूट

	A	B	C		A	B	C
(क)	3	1	2	(ख)	1	3	2
(ग)	1	2	3	(घ)	2	1	3

उत्तर (ग) 1 2 3

(v) गद्यांश के अनुसार पेड़ काटने के मामले का संबंध है
(क) कलम-दवात से (ख) सचिवालय से
(ग) आरी-कुल्हाड़ी से (घ) वन विभाग से

उत्तर (ग) आरी-कुल्हाड़ी से

विषय-वस्तु पर आधारित प्रश्नोत्तर

लघु उत्तरीय प्रश्न

1. जामुन का पेड़ गिरने पर वहाँ एकत्रित हुए दफ्तर के लोगों की प्रतिक्रिया स्पष्ट कीजिए।

उत्तर जामुन का पेड़ गिरने पर जब वहाँ दफ्तर के लोग इकट्ठा हुए तो उनके द्वारा की गई प्रतिक्रिया अमानवीय थी। रात को तूफान आने पर लॉन में खड़ा जामुन का पेड़ गिर जाता है और एक आदमी उसके नीचे दब जाता है। सुबह माली यह देखकर कलर्कों को सूचित करता है। वे सभी वहाँ इकट्ठा होते हैं और जामुन की यादों में खो जाते हैं, साथ ही कहते हैं 'बेचारा जामुन का पेड़, कितना फलदार था तथा इसकी जामुन कितनी रसीली होती थी', किंतु किसी को भी जामुन के पेड़ के नीचे दबे व्यक्ति के विषय में किसी प्रकार की चिंता नहीं होती है।

2. पेड़ के स्थान पर कवि को काटने का निर्णय करने वाले प्रसंग में निहित व्यंग्य को स्पष्ट कीजिए।

उत्तर कवि को पेड़ के नीचे से निकालने के लिए जब वन विभाग के कर्मचारी सचिवालय के लॉन में आते हैं, तो उन्हें पेड़ को काटने से रोक दिया जाता है। इसके पीछे तर्क यह दिया जाता है कि इससे पीटोनिया के साथ उनके संबंध खराब हो सकते हैं। यह प्रसंग उन सरकारी नीतियों पर व्यंग्य है, जिनका हवाला देकर प्रशासन सामान्य जनता की आवश्यकताओं की अनदेखी कर विदेशों से अपने संबंध मधुर बनाने के प्रयास करता हैं।

3. जामुन का पेड़ काटने से किन दो देशों के मध्य संबंध बिगड़ने की संभावना थी और क्यों?

उत्तर जामुन का पेड़ काटने पर विदेश विभाग के आदेश से इस कार्य पर रोग लगा दी गई, क्योंकि इस पेड़ को पीटोनिया राज्य के प्रधानमंत्री ने सचिवालय में दस साल पहले स्वयं लगाया था। पेड़ काटने से दोनों राज्य के संबंध बिगड़ जाएँगे।

अतः आदमी की जान का क्या? किंतु एक देश के साथ बने-बनाए संबंधों को बिगाड़ना अनुचित था। अतः भारत और पीटोनिया राज्य के संबंधों को मधुर बनाने के लिए एक आदमी के जीवन का बलिदान दिया जा सकता है।

4. "सरकारी दफ्तरों में की जाने वाले औपचारिकताओं की उलझन मनुष्य के जीवन से भी बड़ी है।" सिद्ध कीजिए।

उत्तर पाठ के आधार पर यह कथन सत्य है। पेड़ गिरने की घटना जोकि सामान्य थी, वह भी सरकारी घटना हो जाती है, जिसके सुपरिण्टेंडेंट डिप्टी सेक्रेटरी, ज्वॉइंट सेक्रेटरी, अंडर सेक्रेटरी, चीफ सेक्रेटरी आदि

सभी इस समस्या में कूद पड़ते हैं और विभिन्न विभागों में इसकी फाइलें चलने लगती हैं।

यह एक सामान्य सी घटना थी, जिसमें पेड़ के नीचे दबे आदमी को किसी भी तरह निकाल दिया जाना चाहिए, किंतु उल्टी-सीधी बातों और औपचारिकताओं के बीच आदमी दबा रहता है और जब तक फाइल पूरी हो पाती है, मौत से संघर्ष कर रहे आदमी की जिंदगी पूरी हो जाती है।

दीर्घ उत्तरीय प्रश्न

1. चपरासी और माली ने पेड़ के नीचे दबे आदमी को देखकर भी उसकी सहायता क्यों नहीं की?

उत्तर सचिवालय के अन्य कर्मचारियों के समान चपरासी एवं माली भी कागजी कार्यवाही पर विश्वास करते थे। उनकी आदत अन्य कर्मचारियों की तरह अपने काम को टालना तथा ऊपर के अधिकारियों को प्रसन्न रखने की हो गई थी।

वे स्वयं अपने विवेक से कोई निर्णय लेना नहीं जानते थे, क्योंकि सरकारी कार्यशैली ने उन्हें अच्छी तरह प्रशिक्षित कर दिया था कि अपनी इच्छा या विवेक से काम करने का परिणाम ज़िंदगीभर की जवाब-तलबी है। जब तक बड़े अधिकारी का आदेश नहीं होता, तब तक वे अपनी सोच से किसी भी तरह का कार्य नहीं करते। इसलिए वे पेड़ के नीचे दबे आदमी को बचाने की अपेक्षा आदतवश ऊपर के अधिकारियों से बात करने चल देते हैं।

2. सुपरिंटेंडेंट ने पेड़ हटाने का आदेश स्वयं न देकर अपने ऊपर के अधिकारियों का सहारा क्यों लिया?

उत्तर सचिवालय की कार्यशैली का अभ्यस्त हो जाने के कारण सुपरिंटेंडेंट ने पेड़ हटाने का आदेश स्वयं नहीं दिया। सरकारी कार्यप्रणाली का पालन करते-करते छोटे-छोटे कार्यों को भी फाइलों एवं आदेशों के बीच उलझाना उसका स्वभाव बन चुका था।

यही कारण था कि वह हमेशा ज़िम्मेदारियों को अपने ऊपर लेने से बचता रहता था। किसी भी निर्णय की ज़िम्मेदारी अपने से ऊपर के अधिकारी पर डाल देना उसकी प्रकृति बन गई थी। इसलिए व्यक्ति के ऊपर गिरे जामुन के पेड़ को भी हटाने का आदेश स्वयं न देकर, उसके लिए अंडर सेक्रेटरी के पास पूछने चला गया।

3. सरकारी कार्यालयों में काम जटिल, उबाऊ एवं लंबी प्रक्रिया वाले क्यों हो जाते हैं?

उत्तर सरकारी कार्यालयों में नौकरशाही के अंतर्गत पदानुक्रम होता है अर्थात् कर्मचारियों एवं अधिकारियों में एक स्तरीकरण होता है तथा प्रत्येक नीचे वाला अपने से ऊपर वाले अधिकारी के प्रति जवाबदेह होता है। इस विशेषता के कारण ही लाल फीताशाही की प्रवृत्ति पनपती है, इसका अर्थ यह हुआ कि कोई भी कार्य नियमों एवं विधानों के अंतर्गत ही संपन्न हो सकता है।

सरकारी कार्यालयों में प्रत्येक काम एक निश्चित प्रणाली का पालन करते हुए लिखित तौर पर संपन्न होता है, जिसमें छोटे-बड़े सभी कर्मचारी एवं अधिकारी अपनी-अपनी टिप्पणी एवं राय प्रस्तुत करते हैं। इस प्रक्रिया में स्वाभाविक रूप से समय बहुत लंबा लगता है, जिससे जटिलता उसमें स्वतः ही आ जाती है।

4. हॉर्टीकल्चर विभाग के सेक्रेटरी के उत्तर को व्यंग्यपूर्ण क्यों कहा गया है?

उत्तर हॉर्टीकल्चर विभाग के सेक्रेटरी ने कहा कि उनका विभाग फलदार पेड़ों को काटने के पक्ष में नहीं है। वे तो 'पेड़ लगाओ' अभियान से जुड़े हुए हैं। अतः वे जामुन के पेड़ को काटने की अनुमति कदापि नहीं दे सकते। उसका उत्तर व्यंग्यपूर्ण इसलिए था, क्योंकि उसे जामुन के फलों की तो चिंता थी, किंतु पेड़ के नीचे दबे हुए आदमी की नहीं। वह पेड़ लगाकर धरती को मनुष्यों के जीवन जीने योग्य बनाने के प्रति तो प्रयासरत् है, किंतु पेड़ के नीचे दबे हुए व्यक्ति के प्रति उसकी संवेदनशीलता समाप्त हो गई है। वह केवल सरकारी नीतियों में ही फँसकर रह गया है। उसके इसी आचरण पर यह पंक्ति व्यंग्य करती है।

5. 'जामुन का पेड़' कहानी के माध्यम से सरकारी विभागों द्वारा कार्यों को एक-दूसरे पर टालने की प्रवृत्ति को दर्शाया गया है। स्पष्ट कीजिए।

उत्तर सरकारी विभाग आपस में एक-दूसरे पर काम टालते रहते हैं तथा आपसी नोंकझोंक में फँसे रहते हैं। व्यापार विभाग का सुपरिंटेंडेंट चाहता तो गिरे हुए जामुन के पेड़ को हटवा सकता था और दबे हुए आदमी को बचा सकता था, परंतु उसने इसे कृषि विभाग का काम बताकर उनको पत्र लिख दिया। उधर कृषि विभाग उससे भी अधिक तुनकमिजाज़ निकला। उसने फ़ौरन लिखा कि पेड़ व्यापार विभाग के लॉन में गिरा है, अतः उसे हटाने या न हटाने की ज़िम्मेदारी उनकी है।

इसकी प्रतिक्रिया में व्यापार विभाग ने पुनः लिखा कि पेड़ हटवाने की ज़िम्मेदारी कृषि विभाग की ही होती है। इस प्रकार, फाइल एक कार्यालय से दूसरे कार्यालय में घूमती रही। तत्पश्चात् यह फाइल हॉर्टीकल्चर, कल्चरल, फॉरेस्ट और विदेश विभाग में भी घूमी। सभी जगह घूमने के बाद भी अंततः निर्णय स्वयं प्रधानमंत्री को ही लेना पड़ा, लेकिन तब तक बहुत देर हो चुकी थी और पेड़ हटाने का उद्देश्य समाप्त हो चुका था, क्योंकि पेड़ के नीचे दबे आदमी की मृत्यु हो चुकी थी।

6. 'जामुन का पेड़' पाठ में निहित व्यंग्य को समझाइए।

उत्तर 'जामुन का पेड़' पाठ में कार्यालय के तौर-तरीकों में निहित निरर्थकता और पदों की क्रम संख्या ही हास्यास्पद दशा पर करारी चोट की गई है। मानवीय संबंधों की उपेक्षा करने पर व्यंग्य किया गया है। एक छोटी-सी बात के लिए व मामूली कार्य करवाने के लिए सरकारी कार्यालय में कई दिन लग जाते हैं। एक-दूसरे पर आरोप लगाने, कार्य न करने, अपनी जिम्मेदारियों से पलायन करने व काम के प्रति उदासीन रहने के कारण निर्दोष व्यक्ति की जान चली जाती है। तब जाकर फाइलों का काम खत्म हो पाता है, किंतु इस बात पर पहले ही यदि निर्णय ले लिया गया होता तो पेड़ के नीचे दबा हुआ आदमी बच जाता, लेकिन सरकारी दफ्तर की नीति व कार्यप्रणाली ने उस आदमी की जान ले ली।

स्व-मूल्यांकन

गद्यांश पर आधारित बहुविकल्पीय प्रश्न

निम्नलिखित गद्यांश को ध्यानपूर्वक पढ़कर पूछे गए प्रश्नों के सही उत्तर चुनिए।

1. दूसरे दिन जब फॉरेस्ट डिपार्टमेंट के आदमी आरी-कुल्हाड़ी लेकर पहुँचे, तो उनको पेड़ काटने से रोक दिया गया। मालूम हुआ कि विदेश विभाग से हुक्म आया था कि इस पेड़ को न काटा जाए। कारण यह था कि इस पेड़ को दस साल पहले पीटोनिया राज्य के प्रधानमंत्री ने सेक्रेटेरियेट के लॉन में लगाया था। अब अगर यह पेड़ काटा गया, तो इस बात का काफी अंदेशा था कि पीटोनिया सरकार से हमारे संबंध सदा के लिए बिगड़ जाएँगे।

"मगर एक आदमी की जान का सवाल है," एक क्लर्क चिल्लाया।

"दूसरी ओर दो राज्यों के संबंधों का सवाल है," दूसरे क्लर्क ने पहले क्लर्क को समझाया, "और यह भी तो समझो की पीटोनिया सरकार हमारे राज्य को कितनी सहायता देती है-क्या हम उनकी मित्रता की खातिर एक आदमी के जीवन का भी बलिदान नहीं कर सकते?"

(i) दूसरे दिन सेक्रेटेरियट में कौन पहुँचा?
(क) मंत्री के आदमी
(ख) पुलिस सुपरिंटेंडेंट
(ग) फॉरेस्ट डिपार्टमेंट के आदमी
(घ) सेक्रेटरी

(ii) विदेश विभाग से क्या हुक्म आया था?
(क) पेड़ को न काटा जाए
(ख) पेड़ को काट दिया जाए
(ग) हमारे आने का इंतजार किया जाए
(घ) नए पेड़ लगाए जाएँ

(iii) पेड़ को दस साल पहले किसने लगाया था?
(क) देश के प्रधानमंत्री ने
(ख) पीटोनिया राज्य के प्रधानमंत्री ने
(ग) देश के मुख्यमंत्री ने
(घ) पीटोनिया राज्य के मुख्यमंत्री ने

(iv) गद्यांश में दूसरा क्लर्क क्या चाहता था?
(क) आदमी की जान बचाई जाए
(ख) पीटोनिया सरकार से बात की जाए
(ग) पीटोनिया सरकार से मित्रता की खातिर एक आदमी के जीवन का बलिदान कर दिया जाए
(घ) हमें मित्रता की खातिर एक आदमी के जीवन का बलिदान नहीं करना चाहिए

(v) निम्नलिखित कथनों पर विचार करते हुए गद्यांश के अनुसार सही कथन को चयनित कर लिखिए
(क) पेड़ को फॉरेस्ट डिपाटमेंट द्वारा शीघ्र ही काटा गया
(ख) सभी ने आदमी की जान की परवाह की
(ग) व्यापार विभाग के आदमी आरी-कुल्हाड़ी लेकर पहुँचे
(घ) दो राज्यों के संबंधों व मित्रता का सवाल था

विषय-वस्तु पर आधारित प्रश्न

लघु उत्तरीय प्रश्न

1. दबे हुए आदमी ने अपना परिचय कैसे दिया?

2. दबे हुए आदमी ने शेर क्यों व कब सुनाया?

3. पेड़ काटने की अनुमति कब मिली?

4. सचिव द्वारा साहित्य अकादमी का सदस्य चुने जाने की बधाई किसे दी गई?

5. 'जामुन का पेड़' पाठ का उद्‌देश्य स्पष्ट कीजिए।

दीर्घ उत्तरीय प्रश्न

1. लेखक का मेडिकल विभाग पर किया गया व्यंग्य क्या स्पष्ट करता है?

2. 'जामुन का पेड़' पाठ के आधार पर बताइए कि कवियों का कौन-सा व्यवहार अमानवीय है?

3. सेक्रेटरी ने पेड़ के नीचे दबे आदमी के लिए क्या करने और क्या न करने का हवाला दिया?

4. माली ने दबे हुए आदमी को बाहर न निकाल पाने की असमर्थता को कैसे व्यक्त किया?

5. 'जामुन का पेड़' पाठ का प्रतिपाद्य स्पष्ट कीजिए।

08

अध्याय

लेखक-परिचय

स्वतंत्र भारत के प्रथम प्रधानमंत्री जवाहरलाल नेहरू का जन्म 1889 ई. में इलाहाबाद (उत्तर प्रदेश) के एक संपन्न परिवार में हुआ था। इनके पिता इलाहाबाद के एक बड़े वकील थे। इंग्लैंड से वकालत करने के पश्चात् ये गाँधीजी से अत्यंत प्रभावित हुए, जिसके कारण ये पढ़ाई छोड़कर स्वतंत्रता आंदोलन में जुट गए। वर्ष 1929 में नेहरू जी भारतीय राष्ट्रीय कांग्रेस के लाहौर अधिवेशन के अध्यक्ष बने और उन्होंने पूर्ण स्वतंत्रता की माँग की। वर्ष 1947 में नेहरू जी स्वतंत्र भारत के प्रथम प्रधानमंत्री बने तथा अंत तक भारत के निर्माण में जुटे रहे। इनकी प्रमुख रचनाएँ हैं–मेरी कहानी (आत्मकथा), भारत की खोज, विश्व इतिहास की झलक, हिंदुस्तान की कहानी, पिता के पत्र पुत्री के नाम (हिंदी अनुवाद), हिंदुस्तान की समस्याएँ आदि। वर्ष 1964 में इनका स्वर्गवास हो गया।

▼ अध्ययन के लिए
- पाठ की रूपरेखा
- पाठ का सार

▼ अभ्यास के लिए
- पाठ्यपुस्तक के प्रश्नोत्तर
- गद्यांश पर आधारित बहुविकल्पीय प्रश्न
- लघु उत्तरीय प्रश्न
- दीर्घ उत्तरीय प्रश्न

भारत माता

(जवाहरलाल नेहरू)

पाठ की रूपरेखा

प्रस्तुत पाठ समाजवाद की ओर झुकाव रखने वाले नेहरू जी की रचना 'हिंदुस्तान की कहानी' का पाँचवाँ अध्याय है। इसमें उन्होंने 'भारत माता' शब्द पर विचार करते हुए यह निष्कर्ष निकाला है कि 'भारत माता की जय' का अर्थ है—'यहाँ के करोड़ों लोगों की जय।' नेहरू जी ने यह स्पष्ट करने का प्रयास किया है कि किस तरह देश के कोने-कोने में आयोजित जलसों में जाकर वे आम लोगों को यह बताते थे कि अनेक हिस्सों में बँटा होने के बाद भी हिंदुस्तान एक है।

पाठ का सार

नेहरू जी की भारत भ्रमण के दौरान किसानों से वार्ता

जवाहरलाल नेहरू जब भी विभिन्न जलसों में जाते, तो वे श्रोताओं से 'भारत माता' के बारे में चर्चा किया करते थे। शहरी लोगों से भिन्न होने के कारण वे विशेष रूप से किसानों से अपने देश और आज़ादी संबंधी चर्चा अवश्य किया करते थे। वे उन्हें बताते थे कि जिस देश की आज़ादी के लिए वे प्रयास कर रहे हैं, वह उत्तर से दक्षिण तथा पूर्व से पश्चिम तक अनेक विभिन्नताएँ होने के उपरांत भी एक है और वहाँ के लोगों की समस्याएँ भी एक-सी हैं।

वे उन्हें खैबर दर्रे से लेकर कन्याकुमारी तक का हाल बताते थे और कहते थे कि देश के सभी किसान उनसे एक-से सवाल करते हैं, क्योंकि इनकी तकलीफें एक-सी थीं। गरीबी, कर्ज़, पूँजीपतियों द्वारा शोषण, ज़मींदार, महाजन, कड़े लगान, सूद, पुलिस के अत्याचार और विदेशी शासन—ये ही उनकी समस्याएँ थीं। नेहरू जी ने कोशिश की कि भारतवासी पूरे हिंदुस्तान के बारे में सोचें तथा विदेशी शासन से छुटकारा पाएँ।

भारतीयों को विदेशों में हो रहे परिवर्तनों से अवगत कराना

जवाहरलाल नेहरू अपनी बातचीत में चीन, स्पेन, अबीसिनिया, मध्य यूरोप, मिस्र और पश्चिमी एशिया में होने वाले संघर्षों का भी वर्णन किया करते थे। वे उन्हें रूस में हो रहे परिवर्तनों तथा अमेरिका की उन्नति के बारे में भी बताते थे। किसानों को विदेशों के बारे में समझाना आसान नहीं था, परंतु यह काम उन्हें कठिन भी नहीं लगा।

इसका कारण यह था कि किसानों ने पुराने महाकाव्यों तथा पुराणों की कथा-कहानियाँ पढ़ रखी थीं। कुछ ने तीर्थ यात्राएँ की हुई थीं। इस बहाने वे देश के चारों धामों की यात्रा कर चुके थे। कुछ सिपाहियों ने बड़ी-बड़ी लड़ाइयों में हिस्सा लिया था। कुछ लोग वर्ष 1930 में आई आर्थिक मंदी के कारण दूसरे देशों को जानते थे। इन सभी कारणों के चलते भारतीयों को दूसरे देशों के बारे में बताना नेहरू जी के लिए सरल हो गया था।

'भारत माता' शब्द की व्याख्या

अनेक बार नेहरू जी का स्वागत 'भारत माता की जय' के नारे से होता था। तब वे किसानों से इस नारे में आई 'भारत माता' के विषय में पूछते थे। प्रायः इस बारे में उन्हें जानकारी नहीं होती थी। एक हट्टे-कट्टे जाट किसान ने उन्हें बताया कि भारत माता का अर्थ भारत की धरती से है। तब नेहरू उनसे पूछते थे कि कौन-सी धरती? उनके गाँव की धरती, ज़िले, सूबे या पूरे देश की धरती। इस प्रश्न पर किसान फिर हैरान रह जाते थे और फिर सब चुप हो जाते थे।

नेहरू जी उन्हें बताते थे कि हिंदुस्तान वह सब तो है ही, जो वे सोचते हैं, बल्कि वह उससे भी कहीं अधिक है। यहाँ के नदी, पहाड़, जंगल, खेत और करोड़ों भारतीय मिलकर 'भारत माता' कहलाते हैं। भारत माता की जय का मतलब इन सबकी जय से है। जब वे स्वयं को भी भारत माता का अंग समझते थे, तो उनकी आँखों में एक चमक आ जाती थी।

शब्दार्थ

अकसर—प्रायः; **जलसा**—समारोह; **संस्थापक**—स्थापना करने वाला; **सयाने**—समझदार; **गिज़ा**—खुराक/भोजन; **नज़रिया**—सोचने का तरीका/दृष्टिकोण; **महदूद**—सीमित; **मसला**—मुद्दा/मामला; **ज़िक्र**—चर्चा; **दक्खिन**—दक्षिण; **पच्छिम**—पश्चिम; **यक-साँ**—एक जैसा/समान; **स्वराज्य**—अपना राज्य; **धुर**—अत्यधिक दूर; **सूद**—ब्याज; **जुल्म**—अत्याचार; **ढढ्ढा**—बोझ; **जुज़**—अंश/भाग; **कशमकश**—संघर्ष/ऊहापोह/द्वंद्व/पसोपेश। **अचरज**—हैरानी/आश्चर्य/ताज्जुब; **तब्दीली**—परिवर्तन/बदलाव; **धावा**—हमला/आक्रमण; **मुल्क**—देश/वतन; **हवाले**—संदर्भ; **कुतूहल**—उत्सुकता/जिज्ञासा; **हट्टे-कट्टे**—हृष्ट-पुष्ट/स्वस्थ/मज़बूत कद-काठी वाला; **सूबा**—प्रदेश/क्षेत्र; **अज़ीज़**—प्रिय; **दरअसल**—वास्तव में।

पाठ्यपुस्तक (आरोह भाग-1) के प्रश्नोत्तर

पाठ के साथ

1. भारत की चर्चा नेहरू जी कब और किससे करते थे?

उत्तर जब नेहरू जी देश में दौरा करते हुए और जनसभाओं में जाया करते थे, तो वे शहरों में होने वाली सभाओं की अपेक्षा किसानों की सभा में 'भारत' की चर्चा अवश्य किया करते थे। उन्हें लगता था कि किसानों को संपूर्ण भारत के बारे में जानकारी कम है तथा उनका दृष्टिकोण सीमित है, इसलिए उन्हें भारत के व्यापक अर्थ का ज्ञान कराना चाहिए।

2. नेहरू जी भारत के सभी किसानों से कौन-कौन से प्रश्न बार-बार करते थे?

उत्तर नेहरू जी किसानों से तीन प्रश्न बार-बार पूछ लिया करते थे, जोकि निम्न हैं

(i) भारत माता कौन है?

(ii) वह धरती कौन-सी है, जिसे वे 'भारत माता' कहते हैं—गाँव की, ज़िले की, सूबे की या पूरे हिंदुस्तान की?

(iii) 'भारत माता की जय' नारे का अर्थ क्या है?

3. दुनिया के बारे में किसानों को बताना नेहरू जी के लिए क्यों आसान था?

उत्तर दुनिया के बारे में किसानों को बताना नेहरू जी के लिए इसलिए आसान था, क्योंकि कुछ ग्रामीण किसान पुराणों और महाकाव्यों की कथा-कहानियाँ सुन चुके थे, जिसमें दुनिया के विभिन्न देशों के नाम भी आए थे। कुछ किसान तीर्थ यात्रा भी कर चुके थे, जो देश के चारों कोनों पर स्थित हैं, इसलिए उससे वे परिचित थे। कुछ किसानों ने सैनिकों के रूप में जंग के समय विभिन्न स्थानों पर जाकर युद्ध किया था और विदेशी नौकरियाँ की थीं। इसके अतिरिक्त वर्ष 1930 में विश्व स्तर पर आई आर्थिक मंदी के कारण भी वे कुछ देशों से परिचित थे।

4. किसान सामान्यतः भारत माता का क्या अर्थ लेते थे?

उत्तर किसान सामान्यतः भारत माता का अर्थ 'भारत की धरती' से लेते थे।

5. भारत माता के प्रति नेहरू की क्या अवधारणा थी?

उत्तर भारत माता के प्रति नेहरू जी की अवधारणा थी कि भारत की नदियाँ, पहाड़, खेत, सारी धरती, करोड़ों लोग सब मिलकर भारत माता हैं, क्योंकि ये सब इसके अंग हैं। इन्हीं सबके मेल से भारत माता का निर्माण हुआ है अर्थात् भारत की प्रकृति, समृद्धि और समस्त प्राणी ही भारत माता है।

6. आज़ादी से पूर्व किसानों को किन समस्याओं का सामना करना पड़ता था?

उत्तर आज़ादी से पूर्व किसानों को भिन्न प्रकार की समस्याओं का सामना करना पड़ता था; जैसे—गरीबी, कर्ज़, पूँजीपतियों द्वारा शोषण, महाजनों और ज़मींदारों के शिकंजे में फँसना, खेती करने के बदले कर (टैक्स) देना, अधिक ब्याज चुकाना, पुलिस के अत्याचार, विदेशी शासन की क्रूरता आदि।

पाठ के आस-पास

1. आज़ादी से पहले भारत निर्माण को लेकर नेहरू जी के क्या सपने थे? क्या आजादी के बाद वे साकार हुए? चर्चा कीजिए।

उत्तर आज़ादी से पहले भारत निर्माण को लेकर नेहरू जी के अनेक सपने थे; जैसे—देश के लोगों को गरीबी, कर (टैक्स), कर्ज़ व पूँजीपतियों और महाजनों के चंगुल से मुक्ति दिलाना, ब्याज वसूली में कमी करना तथा पुलिस अत्याचार से मुक्त भारत का निर्माण करना, जिसे विदेशी शासनकाल में करना संभव नहीं था।

नेहरू जी के ये सपने आज भी सपने ही हैं। ये सपने स्वतंत्रता प्राप्ति के पश्चात् भी भारत में पूर्ण न हो सके। आज भी करोड़ों किसान भुखमरी के शिकार हैं, वे आत्महत्या करने के लिए मजबूर हैं।

किसानों को बार-बार कर्ज़ लेने के लिए अपने खेत-घर गिरवी रखने पड़ते हैं। हाँ, लगान वसूली और ब्याज (सूद) ज़रूर कम कर दिए गए हैं। आसान शर्तों पर बैंक किसानों को ऋण देते हैं। पुलिस के अत्याचार आज भी आम जनता को सहने ही पड़ते हैं।

2. भारत के विकास को लेकर आप क्या सपने देखते हैं?

उत्तर भारत के विकास को लेकर हमारे सपने वही हैं, जो नेहरू जी ने देखे थे

(i) भारतवासियों को रोटी, कपड़ा और मकान की समस्या से न जूझना पड़े।

(ii) शिक्षा के क्षेत्र में सरकार ऐसी नीति अपनाए, जिससे गरीब-से-गरीब बच्चों को भी शिक्षा प्राप्त हो सके। एक निश्चित सीमा तक सभी को मुफ्त शिक्षा दिलाई जाए और ऐसा सिर्फ कागजों पर नहीं, बल्कि यथार्थ में हो।

(iii) रोज़गार के पर्याप्त अवसर उपलब्ध हों।

(iv) अन्न पैदा करने वाले किसानों का सम्मान हो, उन्हें भी जीवन जीने के लिए सरकार की तरफ़ से मूलभूत आवश्यकताओं की पूर्ति मुफ़्त में की जाए।

(v) मज़दूरों का भी जीवन सुखी एवं खुशहाल हो।

(vi) पुलिस की निरंकुशता व अत्याचार आम जनता को न सहने पड़ें।

(vii) सोने की चिड़िया कहे जाने वाले भारत में हमेशा सुख, समृद्धता और उन्नति का साम्राज्य हो।

(viii) देश में तकनीकी क्रांति आए।

3. आपकी दृष्टि में भारत माता और हिंदुस्तान की क्या संकल्पना है? बताइए।

उत्तर हमारी दृष्टि में भारत माता की संकल्पना यहाँ की हरी-भरी धरती, खेत, जंगल, पहाड़, नदियाँ, वनस्पतियाँ, संस्कृति, सभ्यता, ऋषि-मुनि, यहाँ रहने वाली जनता, महापुरुष आदि का सम्मिलित योग है। हिंदुस्तान की संकल्पना भी इससे अलग नहीं है, क्योंकि यहाँ की धरती से निकलने वाली स्वस्थ परंपराएँ आज भी देश के कोने-कोने में जीवित हैं, फल-फूल रही हैं। सच्चे अर्थों में यहाँ की सारी प्रकृति एवं जनता ही हिंदुस्तान है।

4. वर्तमान समय में किसानों की स्थिति किस सीमा तक बदली है? चर्चा करके लिखिए।

उत्तर वर्तमान समय में किसानों की स्थिति एक सीमा तक ज़रूर बदली है। उन्हें अब आसान शर्तों पर बैंकों से ऋण सरलता से मिल जाता है। किसी प्राकृतिक आपदा (सूखा या बाढ़) आने पर उनके लगान माफ़ कर दिए जाते हैं, हालाँकि ये सुविधाएँ बहुत कम हैं, जिस कारण अभी भी किसानों को पेट भरने के लिए कठिनाई झेलनी पड़ती है।

5. आज़ादी से पूर्व अनेक नारे प्रचलित थे। किन्हीं दस नारों का संकलन करें और संदर्भ भी लिखें।

उत्तर

नारा	संदर्भ
1. जय जवान, जय किसान	लालबहादुर शास्त्री
2. इंकलाब ज़िंदाबाद	भगत सिंह
3. स्वराज्य मेरा जन्मसिद्ध अधिकार है	बाल गंगाधर तिलक
4. जय हिंद	सुभाषचंद्र बोस
5. करो या मरो	महात्मा गाँधी
6. कर मत दो	सरदार वल्लभभाई पटेल
7. साइमन वापस जाओ	लाला लाजपत राय
8. तुम मुझे खून दो, मैं तुम्हें आज़ादी दूँगा।	सुभाषचंद्र बोस
9. सारे जहाँ से अच्छा हिंदोस्ताँ हमारा	मोहम्मद इकबाल
10. वंदे मातरम्	बंकिम चंद्र चटर्जी

भाषा की बात

1. नीचे दिए गए वाक्यों का पाठ के संदर्भ में अर्थ लिखिए
दक्खिन, पच्छिम, यक-साँ, एक जुज़, ढद्‌ढे।

उत्तर **दक्खिन** दक्षिणी प्रांतों के लिए; जैसे–केरल, तमिलनाडु, आंध्र प्रदेश, कर्नाटक।

पच्छिम पश्चिम के प्रांतों के लिए; जैसे–महाराष्ट्र, गुजरात, राजस्थान।

यक-साँ एक-सा अर्थात् एक समान।

एक जुज़ एक हिस्सा या एक अंश के संदर्भ में।

ढद्‌ढे बोझ के संदर्भ में।

2. नीचे दिए गए संज्ञा शब्दों के विशेषण रूप लिखिए
आज़ादी, चमक, हिंदुस्तान, विदेश, सरकार, यात्रा, पुराण, भारत

उत्तर **विशेषण** आज़ाद, चमकीला, हिंदुस्तानी, विदेशी, सरकारी, यात्री, पौराणिक, भारतीय।

अभ्यास प्रश्न

गद्यांश पर आधारित बहुविकल्पीय प्रश्न

निम्नलिखित गद्यांशों को ध्यानपूर्वक पढ़कर पूछे गए प्रश्नों के सही उत्तर चुनिए।

1. अक्सर जब मैं एक जलसे से दूसरे जलसे में जाता होता और इस तरह चक्कर काटता रहता होता था, तो इन जलसों में मैं अपने सुनने वालों से अपने इस हिंदुस्तान या भारत की चर्चा करता। भारत एक संस्कृत शब्द है और इस जाति के परंपरागत संस्थापक के नाम से निकला हुआ है। मैं शहरों में ऐसा बहुत कम करता, क्योंकि वहाँ के सुनने वाले कुछ ज़्यादा सयाने थे और उन्हें दूसरे ही किस्म की गिज़ा की ज़रूरत थी। लेकिन किसानों से, जिनका नज़रिया महदूद था, मैं इस बड़े देश की चर्चा करता, जिसकी आज़ादी के लिए हम लोग कोशिश कर रहे थे और बताता कि किस तरह देश का एक हिस्सा दूसरे से जुदा होते हुए भी हिंदुस्तान एक था। मैं उन मसलों का ज़िक्र करता, जो उत्तर से लेकर दक्षिण तक और पूरब से लेकर पश्चिम तक, किसानों के लिए यक-साँ थे और स्वराज्य का भी ज़िक्र करता, जो थोड़े लोगों के लिए नहीं, बल्कि सभी के फ़ायदे के लिए हो सकता था।

(i) लेखक जलसों में किसकी चर्चा करता था?

(क) हिंदुस्तान की (ख) अमेरिका की
(ग) इंग्लैंड की (घ) जापान की

उत्तर (क) हिंदुस्तान की

(ii) निम्नलिखित कथनों पर विचार करते हुए गद्यांश के अनुसार सही कथन को चयनित कर लिखिए

(क) भारत शब्द हिंदी-उर्दू भाषा का शब्द है
(ख) लेखक का कथन कुछ लोगों के लिए ही विशेष सहायक होता है
(ग) इस बड़े देश की चर्चा करने का कोई लाभ नहीं है
(घ) देश का एक हिस्सा दूसरे से जुड़ा होते हुए भी एक था

उत्तर (घ) देश का एक हिस्सा दूसरे से जुड़ा होते हुए भी एक था

(iii) लेखक के अनुसार, किसानों का नजरिया कैसा था?

(क) सीमित (ख) असीमित (ग) बड़ा (घ) दीर्घ

उत्तर (क) सीमित

(iv) लेखक के अनुसार, किसका जिक्र थोड़े लोगों के लिए नहीं, बल्कि सभी के लिए लाभदायक था?

(क) पराधीनता (ख) महदूद (ग) स्वराज्य (घ) यक-साँ

उत्तर (ग) स्वराज्य

(v) लेखक शहरों में भारत की चर्चा कम क्यों करता था?

(क) शहरों में चर्चा करने वाला कोई नहीं था
(ख) शहरों में लोग कम संख्या में थे
(ग) शहरों में सुनने वाले ज्यादा सयाने थे
(घ) शहरों में चर्चा, वाद-विवाद का परिणाम था

उत्तर (ग) शहरों में सुनने वाले ज्यादा सयाने थे

2. मैं उत्तर-पश्चिम में खैबर के दर्रे से लेकर धुर दक्खिन में कन्याकुमारी तक की अपनी यात्रा का हाल बताता और यह कहता कि सभी जगह किसान मुझसे एक-से सवाल करते, क्योंकि उनकी तकलीफ़ें एक-सी थीं यानी गरीबों, कर्ज़दारों, पूँजीपतियों के शिकंजे, ज़मींदार, महाजन, कड़े लगान और सूद, पुलिस के ज़ुल्म और ये सभी बातें गुँथी हुई थीं, उस ढद्ढे के साथ, जिसे एक विदेशी सरकार ने हम पर लाद रखा था और इनसे छुटकारा भी सभी को हासिल करना था। मैंने इस बात की कोशिश की कि लोग सारे हिंदुस्तान के बारे में सोचें और कुछ हद तक इस बड़ी दुनिया के बारे में भी, जिसके हम एक जुज़ हैं। मैं अपनी बातचीत में चीन, स्पेन, अबीसिनिया, मध्य यूरोप, मिस्र और पच्छिमी एशिया में होने वाले कशमकशों का ज़िक्र भी ले आता।

(i) गद्यांश के अनुसार, लेखक ने निम्नलिखित में से कहाँ की यात्रा की?

(क) खैबर के दर्रे (ख) कन्याकुमारी
(ग) 'क' व 'ख' दोनों (घ) चीन, रूस

उत्तर (ग) 'क' और 'ख' दोनों

(ii) लेखक के अनुसार, किनकी तकलीफें एकसमान थीं?

(क) महाजनों की (ख) जमींदारों की
(ग) कर्जदारों की (घ) किसानों की

उत्तर (घ) किसानों की

(iii) गद्यांश में लेखक क्या चाहता था?

(क) सभी शोषक वर्गों से छुटकारा
(ख) हम सारे हिंदुस्तान के बारे में सोचें
(ग) हम इस बड़ी दुनिया के बारे में भी सोचें, जिसके हम अंश हैं
(घ) उपर्युक्त सभी

उत्तर (घ) उपर्युक्त सभी

(iv) लेखक अपनी बातचीत में कहाँ के कशमकशों का जिक्र भी करता था?

(क) चीन, स्पेन (ख) अबीसिनिया, मध्य यूरोप
(ग) मिस्र और पच्छिमी एशिया (घ) ये सभी

उत्तर (घ) ये सभी

(v) **कथन** (A) गरीब, पूँजीपति, किसान, जमींदार विदेशी सरकार के चंगुल से बेखबर थे।

कारण (R) लेखक चाहता था कि सभी लोग हिंदुस्तान के बारे में सोचें।

कूट

(क) कथन (A) और कारण (R) दोनों सही हैं तथा कारण (R), कथन (A) की सही व्याख्या करता है।
(ख) कथन (A) और कारण (R) दोनों सही हैं, परंतु कारण (R), कथन (A) की सही व्याख्या नहीं करता है।
(ग) कथन (A) सही है, किंतु कारण (R) गलत है।
(घ) कथन (A) गलत है, किंतु कारण (R) सही है।

उत्तर (घ) कथन (A) गलत है, किंतु कारण (R) सही है।

3. कभी ऐसा भी होता है कि जब मैं किसी जलसे में पहुँचता, तो मेरा स्वागत "भारत माता की जय" नारे से ज़ोर के साथ किया जाता। मैं लोगों से अचानक पूछ बैठता कि इस नारे से उनका क्या मतलब है? यह भारत माता कौन है, जिसकी वे जय चाहते हैं। मेरे सवाल से उन्हें कुतूहल और ताज्जुब होता और कुछ जवाब न बन पड़ने पर वे एक-दूसरे की तरफ़ या मेरी तरफ़ देखने लग जाते। मैं सवाल करता ही रहता। आखिर एक हट्टे-कट्टे जाट, जो अनगिनत पीढ़ियों से किसानी करता आया था, ने जवाब दिया कि भारत माता से उनका मतलब धरती से है। कौन-सी धरती? खास उनके गाँव की धरती या ज़िले की या सूबे की या सारे हिंदुस्तान की धरती से उनका मतलब है? इस तरह सवाल-जवाब चलते रहते, यहाँ तक कि वे ऊबकर मुझसे कहने लगते कि मैं ही बताऊँ।

(i) **निम्नलिखित कथनों पर विचार करते हुए गद्यांश के अनुसार सही कथन को चयनित कर लिखिए**

(क) लेखक के सवाल से लोगों को कुतूहल व ताज्जुब होता है
(ख) समारोह में वंदे मातरम् के नारे खूब जोर से लगते थे
(ग) धरती का संबंध एक विशेष प्रांत की धरती से था
(घ) लेखक के सवालों से लोग संतुष्ट हो जाते थे

उत्तर (क) लेखक के सवाल से लोगों को कुतूहल व ताज्जुब होता है

(ii) **हट्टे-कट्टे जाट ने 'भारत-माता' का क्या मतलब बताया?**

(क) धरती
(ख) भारत देश
(ग) दुर्गा माता
(घ) देवी-देवता

उत्तर (क) धरती

(iii) **नेहरू जी (लेखक) ने किसानों से क्या प्रश्न पूछा?**

(क) भारत माता कौन हैं?
(ख) भारत माता यदि धरती है, तो किस गाँव, सूबे या देश की?
(ग) 'क' और 'ख' दोनों
(घ) उपर्युक्त में से कोई नहीं

उत्तर (ग) 'क' और 'ख' दोनों

(iv) **कथन** (A) **नेहरू जी लोगों से अकसर पूछते कि भारत माता कौन है।**

कारण (R) **किसी भी जलसे में नेहरू जी के पहुँचने पर लोग उनका स्वागत 'भारत माता की जय' बोलकर करते थे।**

कूट

(क) कथन (A) और कारण (R) दोनों सही हैं तथा कारण (R), कथन (A) की सही व्याख्या करता है।
(ख) कथन (A) गलत है, लेकिन कारण (R) सही है।
(ग) कथन (A) और कारण (R) दोनों गलत हैं।
(घ) कथन (A) सही है, लेकिन कारण (R), कथन (A) की गलत व्याख्या करता है।

उत्तर (क) कथन (A) और कारण (R) दोनों सही हैं तथा कारण (R) कथन (A) की सही व्याख्या करता है।

(v) **लेखक के सवालों का जवाब न पाकर क्या होता?**

(क) लोग लेखक के सामने अपना रोष प्रकट करते थे
(ख) लोग वहाँ से उठकर चले जाते
(ग) लोग एक-दूसरे की तरफ देखने लग जाते
(घ) लोग जय-जयकार के नारे लगाने बंद कर देते थे

उत्तर (ग) लोग एक-दूसरे की तरफ देखने लग जाते

विषय-वस्तु पर आधारित प्रश्नोत्तर

लघु उत्तरीय प्रश्न

1. नेहरू जी किसानों को किस बात से अवगत कराते थे?

उत्तर नेहरू जी किसानों को आजादी की लड़ाई के विषय में बताते थे। वे किसानों से आजादी की लड़ाई में आने वाली कठिनाइयों की भी चर्चा करते थे, साथ ही अपनी कार्यप्रणाली बताते थे। नेहरू जी ऐसा इसलिए करते थे, क्योंकि उन्हें यह पता था कि देश का एक बड़ा भाग किसानों का है, इसलिए आजादी के लिए किसानों को इसके विषय में अवगत रहने की अत्यंत आवश्यकता है। इस संदर्भ में वे यह भी बताते थे कि देश के भले ही दो टुकड़े हो गए, लेकिन भारत अभी भी एक ही है।

2. नेहरू जी आजाद भारत के लिए क्या-क्या सपने देखते थे?

उत्तर नेहरू जी का विचार था कि आजाद भारत में गरीबी की समस्या समाप्त हो जाएगी। देश में किसानों का शोषण व उन पर हो रहे अत्याचार समाप्त हो जाएँगे तथा वह खुशी-खुशी अपना कार्य कर पाएँगे। भ्रष्टाचार की समस्या से भी भारत मुक्त हो पाएगा। भारत में रह रहे लोगों को किसी की गुलामी नहीं करनी पड़ेगी, वे अपनी योग्यता व कार्यक्षमता के आधार पर नौकरी का चुनाव कर पाएँगे। अंग्रेजों के शासन से छुटकारा मिलेगा, जिससे रोजगार के अवसर अधिक होंगे और देश उन्नति की ओर अग्रसर होगा।

3. नेहरू जी को अपनी यात्रा उत्तर-पश्चिम से लेकर कन्याकुमारी तक में किस विषय का पता चलता है?

उत्तर नेहरू जी को अपनी यात्रा उत्तर-पश्चिम से लेकर कन्याकुमारी तक में किसानों की समस्या के विषय में पता चलता है, क्योंकि सभी किसान उनसे एक ही प्रकार के प्रश्न करते हैं; जैसे–गरीबी, कर्जदारों, पूँजीपतियों के शिकंजे, जमींदार, महाजन, लगान आदि। इसके साथ ही विदेशी सरकार ने कठोर कर व्यवस्था भी लगाई हुई थी। अपनी यात्रा के दौरान वह भारत से बाहर होने वाले बदलावों का भी जिक्र करते थे, साथ ही दूसरे देशों के किसानों के विषय में बताकर यह स्पष्ट करने का प्रयास करते थे कि उनकी समस्याओं का हल भी हो सकता है।

4. नेहरू जी को दुनियाभर के किसानों की जानकारी कैसे थी?

उत्तर नेहरू जी ने भारत के पुराण और महाकाव्यों का अध्ययन किया हुआ था, जिस कारण वे भारत के बारे में सब कुछ जानते थे। तीर्थ यात्रा करने से भी नेहरू जी को भारत के किसानों के दृष्टिकोण की जानकारी थी। बाद में नेहरू जी देश के अलग-अलग कोनों में जाकर किसानों से मिलने लगे। वे भारत के किसानों को प्रेरित करते व बताते कि अन्य देश के किसानों ने भी अपनी आजादी की लड़ाई स्वयं लड़ी थी।

दीर्घ उत्तरीय प्रश्न

1. 'भारत माता' पाठ के लेखक गाँवों एवं शहरों में दिए जाने वाले अपने भाषणों में क्या अंतर रखते थे?

उत्तर 'भारत माता' पाठ के लेखक जवाहरलाल नेहरू देशभर में भ्रमण कर जगह-जगह भाषण देते थे। शहर के लोग शिक्षित एवं समझदार होते थे तथा उनकी समस्याएँ भी भिन्न प्रकार की होती थीं, इसलिए नेहरू जी वहाँ विकास या प्रगति संबंधी बातें करते थे। दूसरी तरफ़ गाँव के लोग सामान्यतः कम पढ़े-लिखे या अनपढ़ होते थे और उनका दृष्टिकोण एवं दायरा भी सीमित होता था। इन लोगों को वे यह समझाते थे कि गाँव के लोग भी देश के ही भाग हैं। इन लोगों के बीच वे देश की एकता पर बल देते थे। उनसे स्वराज्य की चर्चा करते, जो सभी के लिए लाभदायक था। इस तरह, नेहरू जी गाँव एवं शहरों में दिए जाने वाले अपने भाषणों में अंतर रखते थे।

2. हमारे महाकाव्यों और पुराणों ने सभी भारतीयों को पूरे देश में एक साथ जोड़ रखा है। इस कथन की पुष्टि कीजिए।

उत्तर हमारे महाकाव्यों एवं पुराणों का पूरे भारत देश की जनता को आपस में एक साथ जोड़ने में अत्यधिक योगदान है। हमारे किसान एवं जनसामान्य इन्हें पढ़कर या सुनकर न केवल भारत के अतीत की संस्कृति से परिचित होते हैं, बल्कि भारत के विभिन्न प्रांतों; जैसे—अयोध्या, इंद्रप्रस्थ, अंग, विदिशा, मथुरा, कपिलवस्तु, कुरुक्षेत्र आदि से भी परिचित होते हैं। इन स्थलों से जुड़ी कथाओं एवं जानकारियों के कारण लोग भावनात्मक रूप से उस स्थान से स्वयं का जुड़ाव महसूस करते हैं। इस तरह महाकाव्यों एवं पुराणों की समग्र भारत को एक साथ बाँधने में महत्त्वपूर्ण भूमिका है।

3. नेहरू जी की विश्व दृष्टि पर एक संक्षिप्त टिप्पणी लिखिए।

उत्तर नेहरू जी की दृष्टि वास्तव में विश्व दृष्टि कही जा सकती है, क्योंकि उनका दृष्टिकोण केवल भारत की सीमा तक सीमित नहीं था, बल्कि उनका सरोकार पूरे विश्व के साथ था। यही कारण था कि उन्होंने किसानों को चीन, स्पेन, अबीसिनिया, मध्य यूरोप, मिस्र एवं पश्चिमी एशिया में चल रहे संघर्षों का हवाला दिया। उन्होंने रूस में होने वाले परिवर्तनों से भी किसानों को परिचित कराया तथा अमेरिका की उन्नति के बारे में भी बताया। वास्तव में, नेहरू जी का दृष्टिकोण विश्व मानवतावाद से प्रभावित था। वे विश्व के सभी मानवों को एक-दूसरे से जोड़कर देखते थे। यही कारण था कि भारत के किसानों के हितों को भी वे विश्व के अन्य देशों के किसानों के हितों के समान ही समझते थे।

4. भारत के किसानों की कौन-सी समस्याएँ पूरे देश में एकसमान हैं?

उत्तर भारत के किसानों की निम्नलिखित समस्याएँ लगभग पूरे देश में एकसमान हैं

(i) निर्धनता या गरीबी
(ii) अशिक्षा
(iii) कर्ज़ का बोझ
(iv) महाजनों एवं ज़मींदारों के शिकंजे में फँसा होना
(v) लगान का अत्यधिक भार
(vi) सूद (ब्याज) के बोझ से त्रस्त
(vii) पुलिस एवं प्रशासन का अत्याचार

5. 'भारत माता की जय' के बारे में पूछने पर लोग कुतूहल से क्यों भर जाते थे?

उत्तर 'भारत माता की जय' का नारा लगाना एक परंपरा-सा बन गया था, लेकिन अधिकांश लोग इसका मर्म ठीक से नहीं समझते थे। उन्हें बस यही लगता था कि वे देश का जय गान कर रहे हैं तथा अपने देश की उन्नति एवं प्रगति के बारे में अपनी कामना प्रकट कर रहे हैं। नेहरू जी द्वारा लोगों से अचानक इस नारे का अर्थ पूछे जाने पर लोग विस्मय के साथ उन्हें देखने लगते थे।

उनके द्वारा इस प्रश्न का उत्तर नहीं दिया जाता था। जब नेहरू जी लोगों को यह बताते थे कि भारत के लोग ही भारत माता के अंश हैं, वही भारत माता हैं, तो लोग आश्चर्यचकित हो जाते थे और स्वयं को भारत माता का अंग जानकर उनकी आँखों में एक चमक आ जाती थी, मानो उन्होंने कोई बहुत बड़ी खोज कर ली हो।

स्व-मूल्यांकन

गद्यांश पर आधारित बहुविकल्पीय प्रश्न

निम्नलिखित गद्यांश को ध्यानपूर्वक पढ़कर पूछे गए प्रश्नों के सही उत्तर चुनिए।

1. मैं इसकी कोशिश करता और बताता कि हिंदुस्तान वह सब कुछ है, जिसे उन्होंने समझ रखा है, लेकिन वह इससे भी बहुत ज़्यादा है। हिंदुस्तान के नदी और पहाड़, जंगल और खेत, जो हमें अन्न देते हैं, ये सभी अज़ीज़ हैं, लेकिन आखिरकार जिनकी गिनती है, वे हैं हिंदुस्तान के लोग, उनके और मेरे जैसे लोग, जो इस सारे देश में फैले हुए हैं। भारत माता दरअसल यही करोड़ों लोग हैं और "भारत माता की जय" से मतलब हुआ इन लोगों की जय।

मैं उनसे कहता कि तुम इस भारत माता के अंश हो, एक तरह से तुम ही भारत माता हो और जैसे-जैसे ये विचार उनके मन में बैठते, उनकी आँखों में चमक आ जाती। इस तरह, मानो उन्होंने कोई बड़ी खोज कर ली हो।

(i) लेखक के अनुसार, हिंदुस्तान क्या है?
- (क) वह सब-कुछ, जो उसे वहाँ के रहने वाले समझते हैं
- (ख) जो लोग समझते हैं, उससे भी ज्यादा है
- (ग) 'क' और 'ख' दोनों
- (घ) उपर्युक्त में से कोई नहीं

(ii) गद्यांश के अनुसार, हमारे लिए क्या प्रिय है?
- (क) हिंदुस्तान के नदी, पहाड़, जंगल और खेत
- (ख) हमारे सगे-संबंधी और मित्र
- (ग) हमारी भूमि या जमीन, जिस पर हमारा हक है
- (घ) उपर्युक्त सभी

(iii) लेखक के अनुसार, 'भारत माता' कौन है?
- (क) हमारा देश
- (ख) हमारे देश के लोग
- (ग) हमारी धरती
- (घ) हमारी पूँजी

(iv) लेखक के अनुसार, लोगों की आँखों में चमक आने का क्या कारण था?
- (क) भारत माता के सही अर्थ की जानकारी प्राप्त कर लेना
- (ख) लेखक से मिलना
- (ग) स्वराज्य प्राप्त करने की आशा
- (घ) देश में मिल-जुलकर रहने का प्रण

(v) प्रस्तुत गद्यांश का मूलभाव है
- (क) लोगों की जय-विजय की गाथा बताना
- (ख) हिंदुस्तान की विशालता का वर्णन
- (ग) हिंदुस्तान के लोगों का मन
- (घ) भारत देश की अमरता की कहानी

विषय-वस्तु पर आधारित प्रश्न

लघु उत्तरीय प्रश्न

1. नेहरू जी ने लोगों में देशभक्ति जगाने के लिए कौन-कौन से कार्य किए?
2. नेहरू जी लोगों के समक्ष कौन-सी यात्रा का वर्णन करते थे? स्पष्ट कीजिए।
3. पाठ 'भारत माता' का उद्देश्य स्पष्ट कीजिए।
4. नेहरू जी ने स्वतंत्रता आंदोलन में जन-जागरण कैसे किया?

दीर्घ उत्तरीय प्रश्न

1. भारत की एकता को पाठ में किस आधार पर सिद्ध किया गया है? स्पष्ट कीजिए।
2. 'यह काम आसान न था, लेकिन जैसा मैंने समझ रखा था, वैसा मुश्किल भी न था।' पंक्ति का आशय स्पष्ट कीजिए।
3. 'भारत माता' पाठ का प्रतिपाद्य अपने शब्दों में लिखिए।
4. प्राचीन महाकाव्यों एवं पुराणों के ज्ञान ने लोगों को क्या लाभ पहुँचाया?

01
अध्याय

आरोह भाग-1 : पद्य भाग

हम तौ एक एक करि जांनां
(कबीर)

कवि-परिचय

भक्तिकाल की निर्गुण धारा की ज्ञानाश्रयी शाखा के प्रतिनिधि कवि कबीरदास का जन्म 1398 ई. में लहरतारा, वाराणसी, (उत्तर प्रदेश) में हुआ था। उनकी विधिवत शिक्षा के संबंध में कोई साक्ष्य प्राप्त नहीं है। अपनी शिक्षा के विषय में कबीरदास ने स्वयं लिखा है-'मसि कागद छुयो नहि कलम गहि नहि हाथ।' कबीर पुस्तकीय ज्ञान की अपेक्षा अनुभवजन्य ज्ञान को सर्वोपरि मानते थे। उनकी रचनाओं में नाथ, सिद्ध और सूफ़ी संतों का प्रभाव स्पष्ट दिखाई देता है। वे कर्मकांड, मूर्तिपूजा, जाति व धर्म के आधार पर किए जाने वाले भेदभाव के सख्त विरोधी थे। उनका अपनी भाषा पर पूर्ण अधिकार था, उन्होंने उसे जैसे चाहा, वैसे प्रयोग किया। उनके इसी गुण के कारण हजारी प्रसाद द्विवेदी ने उन्हें 'वाणी का डिक्टेटर' कहा है। उनकी रचनाएँ 'बीजक' संग्रह में संकलित हैं। उनका देहांत 1518 ई. में मगहर में हो गया था।

▼ **अध्ययन के लिए**
- कविता की रूपरेखा
- काव्यांशों की व्याख्या

▼ **अभ्यास के लिए**
- पाठ्यपुस्तक के प्रश्नोत्तर
- काव्यांश पर आधारित बहुविकल्पीय प्रश्न
- लघु उत्तरीय प्रश्न
- दीर्घ उत्तरीय प्रश्न

कविता की रूपरेखा

प्रस्तुत काव्यांश में कबीर ने बर्तन, लकड़ी आदि विभिन्न उदाहरणों के माध्यम से ईश्वर के अद्वैत रूप को स्थापित करने का प्रयास किया है और संसार की प्रत्येक वस्तु में उसकी व्याप्ति दिखाई है। कबीरदास ने आत्मा और परमात्मा को एक ही रूप में देखा है।

काव्यांशों की व्याख्या

काव्यांश 1

हम तौ एक एक करि जांनां।
दोइ कहैं तिनहीं कौं दोजग जिन नाहिंन पहिचांनां।।
एकै पवन एक ही पानीं एकै जोति समांनां।
एकै खाक गढ़े सब भांड़ै एकै कोंहरा सांनां।।
जैसे बाढ़ी काष्ट ही काटै अगिनि न काटै कोई।
सब घटि अंतरि तूँही व्यापक धरै सरूपै सोई।।
माया देखि के जगत लुभांनां काहे रे नर गरबांनां।
निरभै भया कछू नहिं ब्यापै कहै कबीर दिवांनां।।

शब्दार्थ

एक—परमात्मा, एक; **दोइ**—दो; **तिनहीं**—उनको; **दोजग**—नरक; **नाहिंन**—नहीं; **एकै**—एक ही; **जोति**—प्रकाश; **समांनां**—समाहित/व्याप्त; **खाक**—मिट्‌टी; **गढ़े**—बनाए गए हैं; **भांड़ै**— बर्तन; **कोंहरा**—कुम्हार; **सांनां**—मिलाया/एक साथ मिलाकर; **बाढ़ी**—बढ़ई; **काष्ट**—लकड़ी; **अगिनी**—अग्नि, आग; **घटि**—घड़ा/कुंभकार; **अंतरि**—भीतर, अंदर; **धरै**—रखे; **सरूपै**—स्वरूप; **सोई**—वही; **माया**— सांसारिक आकर्षण; **गरबांनां**—गर्व करना; **निरभै**—निडर, निर्भय; **दिवांनां**—बैरागी।

संदर्भ प्रस्तुत काव्यांश हमारी पाठ्यपुस्तक 'आरोह भाग-1' से उद्धृत है। यह जयदेव सिंह एवं वासुदेव सिंह द्वारा संकलित-संपादित कबीर वाङ्मय-खंड-2 (सबद) से लिया गया है, जिसके रचयिता कबीरदास जी हैं।

प्रसंग प्रस्तुत काव्यांश में कबीर जगत् एवं ब्रह्म दोनों को पृथक् न मानते हुए उन्हें एक ही परम तत्त्व अर्थात् परमात्मा की सत्ता के अंतर्गत स्वीकार करते हैं।

व्याख्या कबीर कहते हैं कि उन्होंने तो यह जान लिया है कि ईश्वर एक ही है, जिसने इस सृष्टि की रचना की है। उन्होंने ईश्वर के अद्वैत रूप को पहचान लिया है। जो लोग उस परम तत्त्व के आत्मा-परमात्मा, जीव-ब्रह्म आदि अलग-अलग अस्तित्वों को मानते हैं, उन लोगों ने वास्तव में परमात्मा के मर्म को नहीं जाना है, ऐसे लोग नरक के भागी हैं। कबीर ईश्वर की अद्वैतता का प्रमाण देते हुए कहते हैं कि संसार में एक जैसी हवा बहती है, एक जैसा पानी है तथा एक ही ज्योति अर्थात् प्राणतत्त्व सबमें समाया हुआ है। वे कहते हैं कि जिस प्रकार कुम्हार एक ही तरह की मिट्‌टी से अनेक तरह के बर्तन बनाता है, चाहे उनका आकार-प्रकार भिन्न-भिन्न है, किंतु मिट्‌टी एक ही होती है, ठीक उसी प्रकार ईश्वर ने मनुष्य के शरीर का निर्माण भी एक जैसे पंच तत्त्व (अग्नि, वायु, जल, पृथ्वी, आकाश) से किया है, भले ही उनके आकार-प्रकार या स्वरूप भिन्न-भिन्न दिखाई देते हों, किंतु मर जाने के बाद वे मिट्‌टी में विलीन हो जाते हैं।

कबीर अपने मत की पुष्टि करते हुए कहते हैं कि जिस प्रकार एक बढ़ई लकड़ी को तो काट सकता है, लेकिन उस लकड़ी में निहित अग्नि अर्थात् प्राणतत्त्व को वह नहीं काट सकता, उसी प्रकार यह शरीर तो नष्ट हो जाता है, परंतु शरीर में व्याप्त आत्मा सदैव रहती है अर्थात् परमात्मा के सभी मनुष्यों में समाए होने के कारण आत्मा अमर एवं अनश्वर है। कबीर कहते हैं कि वे प्रभु भक्ति में लीन होकर सांसारिक मोह-माया को छोड़ चुके हैं, किंतु मनुष्य संसार के माया-जाल में फँसा हुआ है। वे उसे समझाते हुए कहते हैं कि हे मनुष्य! तू इस झूठी माया पर क्यों अहंकार करता है? तुम्हें किसी बात पर अहंकार नहीं करना चाहिए, यह अहंकार निरर्थक है।

अंत में प्रभु के प्रेम से सराबोर कबीर कहते हैं कि जो मनुष्य इस माया अर्थात् सांसारिक आकर्षणों के भ्रम से मुक्त हो जाते हैं, वे निर्भय रहते हैं। उन्हें किसी प्रकार का कोई भय नहीं सताता है। ठीक इसी प्रकार कबीर भी अब निर्भय हो गए हैं, उन्हें अब कोई भय या डर नहीं है, क्योंकि उनके हृदय में प्रभु के लिए प्रेम पूर्ण रूप से है।

काव्य शैली

(*i*) प्रस्तुत पद में कबीर ने तात्विक रूप से आत्मा एवं परमात्मा को एक माना है। उन्होंने भौतिक सुखों के प्रति मोह तथा प्राणी में मौजूद अहंकार को पूरी तरह से व्यर्थ बताया है।

(*ii*) 'एक एक' में यमक अलंकार है। इसमें 'एक' का अर्थ है—'परमात्मा', जबकि दूसरे 'एक' का अर्थ है— 'एक'।

(*iii*) प्रस्तुत पद में उदाहरण अलंकार दर्शनीय है। बढ़ई, लकड़ी एवं आग के उदाहरण अत्यंत प्रभावी बन पड़े हैं।

(*iv*) भाषा सधुक्कड़ी है, जिसमें अनेक बोलियों का प्रभाव झलकता है।

(*v*) गेयता व संगीतात्मकता का गुण है।

पाठ्यपुस्तक (आरोह भाग-1) के प्रश्नोत्तर

पद के साथ

1. कबीर की दृष्टि में ईश्वर एक है। इसके समर्थन में उन्होंने क्या तर्क दिए हैं?

उत्तर कबीर ने ईश्वर को एक मानते हुए निम्नलिखित तर्क दिए हैं

(i) वायु, जल एवं ज्योति के समान ईश्वर भी एक ही है।

(ii) संपूर्ण जगत् एक ही ज्योति अर्थात् परमात्मा से ज्योतिर्मय है।

(iii) परमात्मा उस अग्नि के समान है, जो लकड़ी में विद्यमान रहती है, किंतु जिस प्रकार लकड़ी के काटने पर भी अग्नि नहीं कटती, उसी प्रकार परमात्मा अनश्वर है और वह कण-कण में विद्यमान है।

(iv) कुम्हार एक ही मिट्‌टी से बहुत-से बर्तन बनाता है, जिस प्रकार बर्तन भिन्न-भिन्न प्रकार के होते हैं, उसी प्रकार प्रभु एक ही है और वह विभिन्न प्रकार के मनुष्यों की रचना करता है। केवल अज्ञानी व्यक्ति ही विभिन्न प्रकार के ईश्वर के रूपों का वर्णन करता है।

2. मानव शरीर का निर्माण किन पंच तत्त्वों से हुआ है?

उत्तर मानव शरीर का निर्माण पाँच प्रमुख तत्त्वों–अग्नि, वायु, जल, पृथ्वी एवं आकाश से हुआ है, जिन्हें पंच महाभूत भी कहा जाता है। ये पंच तत्त्व न केवल शरीर के निर्माण में सहायक हैं, बल्कि इनके संतुलन से ही शरीर स्वस्थ और सक्रिय रहता है।

3. जैसे बाढ़ी काष्ट ही काटै अगिनी न काटै कोई।
सब घटि अंतरि तूँही व्यापक धरै सरूपै सोई।।

इसके आधार पर बताइए कि कबीर की दृष्टि में ईश्वर का क्या स्वरूप है?

उत्तर प्रस्तुत काव्य पंक्तियों में स्पष्ट किया गया है कि ईश्वर सर्वव्यापक है, जगत् के कण-कण में विद्यमान है। संपूर्ण जगत् में उसका अस्तित्व भी उसी प्रकार है, जैसे लकड़ी के अंदर अग्नि का निवास होता है, किंतु लकड़ी को काट दिए जाने पर भी उसमें निहित अग्नि नष्ट नहीं होती, उसी प्रकार ईश्वर भी आत्मा के रूप में मनुष्य के शरीर में रहता है। शरीर नश्वर है, लेकिन उसमें रहने वाली आत्मा अजर-अमर है।

4. कबीर ने अपने को दीवाना क्यों कहा है?

उत्तर कबीर स्वयं मिथ्या जगत् से दूर रहकर प्रभु की भक्ति में डूब गए हैं। जब कोई किसी के प्रेम में लीन हो जाता है, तो वह दीवाना ही कहलाता है, उसी प्रकार कबीर भी परमात्मा के सच्चे साधक होकर सांसारिक मोह-माया से दूर हो गए और निर्भय होकर प्रभु भक्ति में लीन होने के कारण स्वयं को दीवाना मानते हैं।

पद के आस-पास

1. अन्य संत कवियों नानक, दादू और रैदास आदि के ईश्वर संबंधी विचारों का संग्रह करें और उन पर एक परिचर्चा करें।

उत्तर छात्र स्वयं करें।

2. कबीर के पदों को शास्त्रीय संगीत और लोक संगीत दोनों में लयबद्ध भी किया गया है; जैसे–कुमारगंधर्व, भारती बंधु और प्रह्लाद सिंह टिपाणिया आदि द्वारा गाए गए पद। इनके कैसेट्स अपने पुस्तकालय के लिए मँगवाएँ और पाठ्यपुस्तक के पदों को भी लयबद्ध करने का प्रयास करें।

उत्तर छात्र स्वयं करें।

अभ्यास प्रश्न

काव्यांश पर आधारित बहुविकल्पीय प्रश्न

निम्नलिखित काव्यांशों को ध्यानपूर्वक पढ़कर पूछे गए प्रश्नों के सही उत्तर चुनिए।

1. हम तौ एक एक करि जांनां।
दोइ कहैं तिनहीं कौं दोजग जिन नाहिंन पहिचांनां।।
एकै पवन एक ही पानीं एकै जोति समांनां।
एकै खाक गढ़े सब भांड़ै एकै कोंहरा सांनां।।

(i) कबीर जी ने क्या जान लिया है?
(क) ईश्वर अनेक है (ख) ईश्वर एक है
(ग) गुरु ही ईश्वर है (घ) ईश्वर ही गुरु है

उत्तर (ख) ईश्वर एक है

(ii) कबीर जी के अनुसार, ईश्वर के मर्म को कौन नहीं जानता?
(क) जो गुरु को पर-ब्रह्म नहीं मानते
(ख) जो गुरु की माया को नहीं जानते
(ग) जो आत्मा-परमात्मा, जीव-ब्रह्म आदि को अलग-अलग मानते हैं
(घ) जो आत्मा-परमात्मा को एक मानते हैं

उत्तर (ग) जो आत्मा-परमात्मा, जीव-ब्रह्म आदि को अलग-अलग मानते हैं

(iii) कबीर जी के अनुसार, ईश्वर ने मनुष्य का निर्माण कैसे किया है?
(क) एक जैसे तत्त्वों से
(ख) भिन्न-भिन्न तत्त्वों से
(ग) अपने भिन्न-भिन्न स्वरूप से
(घ) उपर्युक्त में से कोई नहीं

उत्तर (क) एक जैसे तत्त्वों से

(iv) कबीरदास के अनुसार ईश्वर को अलग मानने वाले लोग किसके भोगी हैं?
(क) स्वर्ग के (ख) नरक के
(ग) परलोक के (घ) पृथ्वी लोक के

उत्तर (ख) नरक के

(v) दिए गए कथनों में से सही विकल्प वाले कथन का चयन कर लिखिए।
कथन 1 मनुष्य सर्वव्यापी सत्ता है।
कथन 2 बढ़ई लकड़ी काट सकता है, परंतु आग नहीं।
कथन 3 कबीर के अनुसार आत्मा व परमात्मा एक ही हैं।
कूट
(क) केवल 1 (ख) 1 और 2
(ग) 2 और 3 (घ) केवल 3

उत्तर (ग) 2 और 3

2. जैसे बाढ़ी काष्ट ही काटै अगिनी न काटै कोई।
सब घटि अंतरि तूँही व्यापक धरै सरूपै सोई।।
माया देखि के जगत लुभांनां काहे रे नर गरबांनां।
निरभै भया कछू नहिं ब्यापै कहै कबीर दिवांनां।।

(i) कबीर जी के अनुसार, निर्भय व्यक्ति कौन है?
(क) जो सांसारिक आकर्षणों के भ्रम से मुक्त है
(ख) जो मुक्त रूप से विषय-वासनाओं में लिप्त है
(ग) जो ईश्वर के भय से मुक्त है
(घ) उपर्युक्त सभी

उत्तर (क) जो सांसारिक आकर्षणों के भ्रम से मुक्त है

(ii) **कथन** (A) मनुष्य को माया और सांसारिक आकर्षणों पर अहंकार नहीं करना चाहिए।
कारण (R) माया और सांसारिक आकर्षण अस्थायी और झूठे होते हैं।
कूट
(क) कथन (A) और कारण (R) दोनों सही हैं तथा कारण (R), कथन (A) की सही व्याख्या करता है।
(ख) कथन (A) और कारण (R) दोनों सही हैं, परंतु कारण (R), कथन (A) की सही व्याख्या नहीं करता है।
(ग) कथन (A) सही है, किंतु कारण (R) गलत है।
(घ) कथन (A) गलत है, किंतु कारण (R) सही है।

उत्तर (क) कथन (A) और कारण (R) दोनों सही हैं तथा कारण (R), कथन (A) की सही व्याख्या करता है।

(iii) कबीर ने ईश्वर भक्ति में लीन होने के लिए किसे छोड़ दिया है?
(क) माता-पिता को
(ख) घर-परिवार को
(ग) पाठ-पूजा को
(घ) सांसारिक मोह-माया को

उत्तर (घ) सांसारिक मोह-माया को

(iv) कबीर के अनुसार, धर्म का दिखावा करने वाले लोग ...... होते हैं।
(क) धार्मिक (ख) पाखंडी
(ग) निष्ठावान (घ) सत्यवादी

उत्तर (ख) पाखंडी

(v) कबीर ने स्वयं को क्या कहा है?
(क) वे मोह-माया से युक्त होकर परमात्मा की भक्ति में लीन हैं
(ख) वे ईश्वर भक्ति के लिए इधर-उधर भटकते हैं
(ग) वे मिथ्या जगत से दूर परमात्मा की भक्ति में लीन हैं
(घ) उपर्युक्त सभी

उत्तर (ग) वे मिथ्या जगत से दूर परमात्मा की भक्ति में लीन हैं

विषय-वस्तु पर आधारित प्रश्नोत्तर

लघु उत्तरीय प्रश्न

1. ईश्वर के स्वरूप के बारे में कबीर ने क्या कहा है?

उत्तर ईश्वर के स्वरूप को स्पष्ट करते हुए कबीर ने कहा है कि ईश्वर एक है और उसका अंश ही सभी प्राणियों में समाया हुआ है। सभी प्राणियों का स्वरूप भिन्न-भिन्न है, लेकिन तात्विक रूप से वे एक हैं, क्योंकि उनमें एक ही परमात्मा का अंश समाहित है तथा वह अनश्वर है।

2. कबीर के अनुसार, ईश्वर की अद्वैतता का क्या महत्त्व है?

उत्तर कबीर के अनुसार, ईश्वर अद्वैत है अर्थात् वह एक ही है और सबमें समाया हुआ है। ईश्वर के इस स्वरूप को समझने से मनुष्य संसार के माया-जाल और द्वैत की भ्रांतियों से मुक्त हो सकता है। अद्वैतता का बोध ही सच्चा ज्ञान है, जिससे मनुष्य अपने अहंकार और भेदभाव से ऊपर उठता है।

3. 'हवा, पानी और ज्योति' के माध्यम से कबीर ने क्या समझाने का प्रयास किया है?

उत्तर 'हवा, पानी और ज्योति' के माध्यम से कबीर ने यह समझाने का प्रयास किया है कि संसार में एक ही प्रकार की हवा बहती है, एक जैसा पानी है और एक ही प्राणतत्त्व सबमें व्याप्त है। इससे उन्होंने यह स्पष्ट किया कि भले ही जीवों का आकार और स्वरूप अलग हो, लेकिन उनके भीतर का तत्त्व एक समान है।

4. कबीर ने कुम्हार और मिट्टी का उदाहरण क्यों दिया है?

उत्तर कबीर ने कुम्हार और मिट्टी का उदाहरण यह समझाने के लिए दिया है कि जैसे कुम्हार एक ही मिट्टी से विभिन्न आकारों के बर्तन बनाता है, वैसे ही ईश्वर ने सभी मनुष्यों का निर्माण एक ही तत्त्व से किया है। भले ही उनके रूप और आकार भिन्न-भिन्न दिखाई देते हैं, लेकिन उनके भीतर वही दिव्य तत्त्व विद्यमान है।

दीर्घ उत्तरीय प्रश्न

1. 'हम तौ एक एक करि जांनां' पद का प्रतिपाद्य स्पष्ट कीजिए।

उत्तर प्रस्तुत पद में कबीर ने बताया है कि परमात्मा कण-कण में व्याप्त है और आत्मा भी इसी का एक अंश है, लोग अज्ञानवश ही इन्हें अलग-अलग मानते हैं।

कबीर हवा, पानी, प्रकाश आदि का उदाहरण देकर यह सिद्ध करने की कोशिश करते हैं कि भिन्न-भिन्न स्वरूप वाले प्राणी केवल बाहरी रूप से अलग हैं, आंतरिक स्तर पर हृदय में विद्यमान परमात्मा एक ही है। मनुष्य भौतिक सुखों के लोभ में यह समझ नहीं पाता कि यह परमात्मा अनश्वर है और परमात्मा का अंश होने के कारण आत्मा भी अनश्वर होती है।

2. कबीर ने माया और अहंकार के बारे में क्या कहा है?

उत्तर कबीर ने माया और अहंकार को झूठा और नश्वर बताया है। उनके अनुसार, मनुष्य इस माया-जाल में फँसकर संसार के आकर्षणों और सुख-संपत्ति पर अहंकार करता है, जो व्यर्थ है। माया मनुष्य को सच्चे ज्ञान और ईश्वर की अद्वैतता को समझने से रोकती है। अहंकार को उन्होंने आत्मा के विकास में सबसे बड़ी बाधा माना है। कबीर कहते हैं कि माया और अहंकार से मुक्त होकर ही मनुष्य प्रभु की भक्ति में लीन हो सकता है।

3. कबीर के अनुसार प्रभु के प्रेम में डूबे व्यक्ति का जीवन कैसा होता है?

उत्तर कबीर के अनुसार, प्रभु के प्रेम में डूबे व्यक्ति का जीवन निर्भय और शांतिमय होता है। ऐसा व्यक्ति संसार के माया-मोह और भौतिक आकर्षणों से मुक्त हो जाता है। वह किसी भी प्रकार के भय, अहंकार या चिंता से परे रहता है। उसके जीवन में केवल ईश्वर के प्रति पूर्ण समर्पण और प्रेम होता है, जो उसे आंतरिक संतोष और आत्मिक आनंद प्रदान करता है। कबीर कहते हैं कि प्रभु-प्रेम से सराबोर व्यक्ति के हृदय में ईश्वर का वास होता है, जिससे उसका जीवन दिव्यता से भर जाता है।

4. कबीर के अनुसार मनुष्य के अहंकार का कारण क्या है?

उत्तर कबीर के अनुसार मनुष्य का अहंकार संसार की माया और सांसारिक सुख-सुविधाओं के प्रति उसके मोह के कारण उत्पन्न होता है। वह सांसारिक वस्तुओं और सुखों के प्रति मोह और आकर्षण में डूबा रहता है, जिससे उसे अपनी वास्तविकता का ज्ञान नहीं होता। वह अपने आपको अन्य जीवों से अलग और श्रेष्ठ मानता है, जबकि सच्चाई यह है कि सभी जीव एक ही परम तत्त्व से उत्पन्न हुए हैं। यह अहंकार उसे ईश्वर के वास्तविक स्वरूप को पहचानने से रोकता है।

स्व-मूल्यांकन

काव्यांश पर आधारित बहुविकल्पीय प्रश्न

निम्नलिखित काव्यांश को ध्यानपूर्वक पढ़कर पूछे गए प्रश्नों के सही उत्तर चुनिए।

1. हम तौ एक एक करि जांनां।
दोइ कहैं तिनहीं कौं दोजग जिन नाहिंन पहिचांनां।।
एकै पवन एक ही पानीं एकै जोति समांनां।
एकै खाक गढ़े सब भांड़ै एकै कोंहरा सांनां।।
जैसे बाढ़ी काष्ट ही काटै अगिनि न काटै कोई।
सब घटि अंतरि तूँही व्यापक धरै सरूपै सोई।।
माया देखि के जगत लुभांनां काहे रे नर गरबांनां।
निरभै भया कछू नहिं ब्यापै कहै कबीर दिवांनां।।

(i) कबीर जी ने ईश्वर के कौन-से रूप को पहचान लिया है?
(क) द्वैत रूप को (ख) अद्वैत रूप को
(ग) साकार रूप को (घ) द्वैताद्वैत रूप को

(ii) कैसे लोगों के लिए संसार नरक के समान है?
(क) जिन्होंने ईश्वर को मानने से इंकार कर दिया है
(ख) जिन्होंने परमात्मा की वास्तविकता को नहीं पहचाना है
(ग) जिन्होंने ईश्वर की सत्ता को साकार रूप दिया है
(घ) जिन्होंने कर्मकांड करना छोड़ दिया है

(iii) कबीर के अनुसार मनुष्य किस चीज में फँसा हुआ है?
(क) धर्म और ईश्वर (ख) ज्ञान और शिक्षा
(ग) कर्म और भक्ति (घ) माया और मोह

(iv) **कथन** (A) आत्मा अमर और अकाट्य है।
कारण (R) आत्मा परमात्मा का अंश है तथा उसे कोई भौतिक तत्त्व नष्ट नहीं कर सकता।

कूट
(क) कथन (A) और कारण (R) दोनों सही हैं तथा कारण (R), कथन (A) की सही व्याख्या करता है।
(ख) कथन (A) और कारण (R) दोनों सही हैं, परंतु कारण (R), कथन (A) की सही व्याख्या नहीं करता है।
(ग) कथन (A) सही है, किंतु कारण (R) गलत है।
(घ) कथन (A) गलत है, किंतु कारण (R) सही है।

(v) काव्यांश में 'भांड़ै' से क्या तात्पर्य है?
(क) भीड़
(ख) मनुष्य
(ग) मिट्टी के बर्तन
(घ) आग

विषय-वस्तु पर आधारित प्रश्न

लघु उत्तरीय प्रश्न

1. 'माया देखि के जगत लुभांनां काहे रे नर गरबांनां' पंक्ति से क्या अभिप्राय है?

2. कबीर जी ने अद्वैत की क्या परिभाषा दी है?

3. कबीर जी ने 'ईश्वर एक ही है' कथन के पक्ष में कौन-कौन से उदाहरण दिए हैं?

दीर्घ उत्तरीय प्रश्न

1. 'हम तौ एक एक करि जांनां' पद के आधार पर बताइए कि मनुष्य को सांसारिक वस्तुओं का मोह क्यों नहीं करना चाहिए?

2. 'हम तौ एक एक करि जांनां' पद के काव्य सौंदर्य को स्पष्ट कीजिए।

02

अध्याय

मेरे तो गिरधर गोपाल, दूसरो न कोई

(मीरा)

कवयित्री-परिचय

सगुण भक्ति काव्यधारा की कृष्ण भक्ति शाखा से जुड़ी महत्त्वपूर्ण भक्त कवयित्री मीराबाई का जन्म 1498 ई. में कुड़की गाँव (मारवाड़ रियासत), राजस्थान में हुआ था। संत कवि रैदास को उनका गुरु माना जाता है। बचपन से ही कृष्ण भक्ति में चित्त रमने के कारण मीरा उन्हें ही अपना आराध्य एवं पति मानने लगीं। उन्होंने लोक-लाज और कुल की मर्यादा के नाम पर लगाए गए सामाजिक एवं वैचारिक बंधनों का हमेशा विरोध किया। उन्होंने न तो पर्दा प्रथा का पालन किया और न ही मंदिरों में सार्वजनिक रूप से नाचने-गाने में कभी हिचक महसूस की। मीरा का काव्य विरह-वेदना व मिलन के उल्लास से युक्त प्रेम का काव्य है। मीरा की प्रमुख रचनाएँ मीरा पदावली व नरसीजी-रो-माहेरो हैं। 1546 ई. में कृष्ण भक्ति में तल्लीन इस कवयित्री का स्वर्गवास हो गया।

▼ **अध्ययन के लिए**

- कविता की रूपरेखा
- काव्यांशों की व्याख्या

▼ **अभ्यास के लिए**

- पाठ्यपुस्तक के प्रश्नोत्तर
- काव्यांश पर आधारित बहुविकल्पीय प्रश्न
- लघु उत्तरीय प्रश्न
- दीर्घ उत्तरीय प्रश्न

कविता की रूपरेखा

इस पद में मीरा ने श्रीकृष्ण के प्रति अपने अगाध प्रेम व आस्था का वर्णन किया है तथा सांसारिक क्रियाकलापों में लिप्त लोगों के प्रति चिंता प्रकट करते हुए स्वयं को इस भवसागर से निकालने का अनुग्रह किया है।

काव्यांशों की व्याख्या

काव्यांश 1

मेरे तो गिरधर गोपाल, दूसरो न कोई
जा के सिर मोर-मुकुट, मेरो पति सोई
छांड़ि दयी कुल की कानि, कहा करिहै कोई?
संतन ढिग बैठि-बैठि, लोक-लाज खोयी
अंसुवन जल सींचि-सींचि, प्रेम-बेलि बोयी
अब त बेलि फैलि गयी, आणंद-फल होयी
दूध की मथनियाँ बड़े प्रेम से विलोयी
दधि मथि घृत काढ़ि लियो, डारि दयी छोयी
भगत देखि राजी हुयी, जगत देखि रोयी
दासि मीरां लाल गिरधर! तारो अब मोही

शब्दार्थ

गिरधर—गिरि (पर्वत) को धारण करने वाला, कृष्ण; **गोपाल**—गाय पालने वाला, कृष्ण; **मोर-मुकुट**—मोर पंखों से बना मुकुट; **सोई**—वही; **कुल की कानि**—परिवार की मर्यादा; **कहा**—क्या; **करिहै**—करेगा; **संतन**—संत; **ढिग**—साथ; **लोक-लाज**—समाज में मर्यादा; **अंसुवन जल**—आँसुओं का जल; **सींचि**—सींचकर; **प्रेम-बेलि**—प्रेम रूपी बेल या लता; **मथनियाँ**—मथानी; **विलोयी**—मथी; **दधि**—दही; **घृत**—घी; **काढ़ि लियो**—निकाल लिया; **डारि दयी**—डाल दी; **छोयी**—छाछ; **तारो**—उद्धार; **मोही**—मुझे।

संदर्भ प्रस्तुत काव्यांश हमारी पाठ्यपुस्तक 'आरोह भाग-1' में संकलित मीराबाई द्वारा रचित पद से उद्धृत है।

प्रसंग प्रस्तुत काव्यांश में कवयित्री ने श्रीकृष्ण के प्रति अपनी अपूर्व भक्ति भावना का परिचय दिया है। मीराबाई श्रीकृष्ण के प्रति अपना समर्पण भाव व्यक्त करके उनसे स्वयं के उद्धार की याचना कर रही हैं।

व्याख्या श्रीकृष्ण की अनन्य भक्त मीराबाई अपने आराध्य के प्रति अपनी भक्ति भावना को प्रकट करते हुए कहती हैं कि मेरे लिए तो श्रीकृष्ण ही सब कुछ हैं। संसार में किसी अन्य व्यक्ति से मेरा कोई संबंध नहीं है। जिसके सिर पर मोर-मुकुट शोभायमान है, वही श्रीकृष्ण मेरे पति हैं। कहने का तात्पर्य यह है कि मीरा श्रीकृष्ण को अपना स्वामी मान चुकी हैं। मीरा ने कृष्ण के लिए कुल की मान-मर्यादा, यश आदि विचारों को भी त्याग दिया है, इसलिए अब श्रीकृष्ण की शरण में जाने के उपरांत कोई भी उनका अनर्थ नहीं कर सकता अर्थात् अब मीरा को किसी की भी परवाह नहीं है। मीराबाई आगे कहती हैं कि समाज द्वारा उनका संतों की संगति में बैठने को हेय दृष्टि से देखने के कारण उन्होंने लोक-लाज की भावना का भी त्याग कर दिया है। वह आगे कहती हैं कि मैंने जिस प्रेम रूपी बेल को अपने विरहाश्रुओं (आँसुओं) के जल से सींच-सींचकर बोया था, अब वह बेल बड़ी होकर फैल गई है और अब उससे आनंददायक फल भी प्राप्त होने लगे हैं अर्थात् मीरा ने विरह में रो-रोकर कृष्ण भक्ति रूपी बेल को सींचा था और अब श्रीकृष्ण उनके मन में बस गए हैं। अब उन्हें बार-बार श्रीकृष्ण का स्मरण करना आनंद देता है। मीराबाई कहती हैं कि उन्होंने कृष्ण भक्ति रूपी दूध की दही को अपनी भक्ति द्वारा मथकर उसमें से घी अर्थात् सार निकाल लिया है और छाछ रूपी सारहीन वस्तु को छोड़ दिया है अर्थात् उन्होंने यह रहस्य जान लिया है कि ईश्वर भक्ति ही इस भौतिक संसार में उद्धार करने वाली है। सांसारिकता छाछ के समान ही सारहीन है। मीरा प्रभु के भक्तजनों को देखकर प्रसन्न होती हैं और संसार में व्यर्थ के कार्यों में व्यस्त लोगों को देखकर दुःखी होती हैं। अंत में मीरा अपने प्रभु को पुकारते हुए कहती हैं कि मैं आपकी दासी हूँ। भवसागर रूपी इस संसार से मुझे मुक्त कीजिए और मेरा उद्धार कीजिए। इस प्रकार, यहाँ एक ओर मीरा कृष्ण-भक्ति में आनंदित हैं, तो दूसरी ओर अपनी मुक्ति की बात कहकर श्रीकृष्ण से मिलने तथा उन्हें पाने की व्याकुलता को भी अभिव्यक्त करती हैं।

काव्य शैली

(*i*) प्रस्तुत काव्यांश में मीरा ने कृष्ण के प्रति अपने भक्ति भाव और अनन्य प्रेम को प्रकट किया है तथा ईश्वर भक्ति को ही संसार से मुक्ति का साधन माना है।

(*ii*) मीरा की भाषा राजस्थानी मिश्रित ब्रजभाषा है, जिसमें मधुरता का समावेश है।

(*iii*) काव्यांश में अलंकारों की छटा देखते ही बनती है। 'गिरधर गोपाल', 'कुल की कानि', 'कहा करिहै कोई', 'लोक-लाज खोयी' में अनुप्रास अलंकार, 'मोर-मुकुट', 'प्रेम-बेलि' तथा 'आणंद-फल' में रूपक अलंकार, 'बैठि-बैठि' तथा 'सींचि-सींचि' में पुनरुक्तिप्रकाश अलंकार तथा 'दूध की मथनियाँ बड़े प्रेम से विलोयी' में अन्योक्ति अलंकार है।

(*iv*) भाषा में संगीतात्मकता तथा गेयता का गुण विद्यमान है।

(*v*) प्रस्तुत पद में माधुर्य गुण है।

पाठ्यपुस्तक (आरोह भाग-1) के प्रश्नोत्तर

पद के साथ

1. मीरा कृष्ण की उपासना किस रूप में करती हैं? वह रूप कैसा है?

उत्तर मीरा कृष्ण की उपासना अपने स्वामी (पति) के रूप में करती हैं। उनका रूप अत्यंत मनोहारी है। वे गिरि अर्थात् पर्वत को धारण करने वाले हैं। उनके सिर पर मोर-मुकुट शोभायमान है। मीरा उन्हें अपना सर्वस्व एवं स्वयं को उनकी दासी मानती हैं। सच्चे भाव से भक्ति करने वाले को वे सहज ही मिल जाते हैं।

2. भाव व शिल्प सौंदर्य स्पष्ट कीजिए।

(क) अंसुवन जल सींचि-सींचि, प्रेम-बेलि बोयी
अब त बेलि फैलि गयी, आणंद-फल होयी

(ख) दूध की मथनियाँ बड़े प्रेम से विलोयी
दधि मथि घृत काढ़ि लियो, डारि दयी छोयी

उत्तर (क) **भाव सौंदर्य** प्रस्तुत पंक्तियों में भक्ति अपनी पराकाष्ठा पर है। कवयित्री मीरा ने कहा है कि उन्होंने अपने आँसुओं के जल से सींच-सींचकर अपने हृदय में कृष्ण भक्ति रूपी बेल को बोकर बड़ा किया है। अब यह भक्ति रूपी बेल बड़ी हो गई है और इसमें आनंद रूपी फल आने लगा है अर्थात् मीरा को इस भक्ति में आनंद की प्राप्ति होने लगी है।

शिल्प सौंदर्य

(i) प्रस्तुत पद में ब्रजभाषा मिश्रित राजस्थानी भाषा है, जिसमें सहजता एवं मधुरता का गुण विद्यमान है।

(ii) 'सींचि-सींचि' में पुनरुक्तिप्रकाश अलंकार, 'अंसुवन जल', 'प्रेम-बेलि' तथा 'आणंद-फल' में रूपक अलंकार तथा 'प्रेम-बेलि बोयी' और 'बेलि फैलि' में अनुप्रास अलंकार की छटा है।

(iii) भाषा में गेयता तथा संगीतात्मकता है।

(ख) **भाव सौंदर्य** प्रस्तुत पंक्तियों में कवयित्री कहती हैं कि उसने बड़े यत्न से दूध की मथनी बिलोयी है अर्थात् संसार का गहन चिंतन किया है। जिस प्रकार दही से घी निकालकर छाछ को छोड़ दिया जाता है, उसी प्रकार उसने भी कृष्ण भक्ति के तत्त्व को आत्मसात् करके सांसारिकता का त्याग कर दिया है।

शिल्प सौंदर्य

(i) प्रस्तुत पंक्तियों में अन्योक्ति अलंकार है। 'घी' कृष्ण भक्ति का तथा 'छाछ' सांसारिकता का प्रतीक है।
(ii) ब्रजभाषा मिश्रित राजस्थानी भाषा है।
(iii) भाषा प्रवाहमयी तथा प्रभावशाली है।
(iv) तत्सम शब्दावली का प्रयोग किया गया है; जैसे—दधि, मथि, घृत आदि।
(v) प्रस्तुत पंक्तियों की भाषा गेयात्मक तथा संगीतमयी है।

3. मीरा जगत् को देखकर रोती क्यों हैं?

उत्तर मीरा ने यह जान लिया था कि ईश्वरीय भक्ति से ही जीवन को सफल बनाया जा सकता है। जब मीरा संसार के लोगों को कर्मकांड, मोह-माया, आडंबरों आदि में लिप्त देखती हैं, तो सोचती हैं कि लोग भ्रम में पड़कर सांसारिक विषय-वासनाओं में भटककर अपने मूल्यवान जीवन को व्यर्थ ही गँवा रहे हैं।

वे सब यह नहीं जानते कि संसार के सारे भौतिक सुख व्यर्थ हैं, सार-हीन हैं अर्थात् हर वस्तु क्षणिक और नश्वर है। इस संसार में ईश्वर की भक्ति ही शाश्वत है, इसलिए जगत् में ऐसे लोगों को देखकर मीरा रोती हैं अर्थात दुःखी होती हैं।

पद के आस-पास

1. कल्पना करें, प्रेम प्राप्ति के लिए मीरा को किन-किन कठिनाइयों का सामना करना पड़ा होगा?

उत्तर मीरा चित्तौड़ जैसे प्रतिष्ठित राजघराने की बहू थीं। वह कृष्ण की अनन्य भक्त थीं। प्रेम प्राप्ति के लिए मीरा को अनेक कठिनाइयों का सामना करना पड़ा होगा। समाज तथा परिवार के लोगों द्वारा ताने मारना तथा राणा द्वारा विष देकर मारने का प्रयत्न करना तो पदों में वर्णित है ही, इनके अतिरिक्त उन्हें बार-बार अपमान भी सहन करना पड़ा होगा। राजकुल से संबंध रखने के कारण और भी कई तरह के बंधन सहने पड़े होंगे। उन्हें मारने के और भी प्रयत्न किए गए होंगे। संभवतः उन्हें अनेक यातनाएँ सहने के कारण राजघराने को छोड़ने के लिए विवश होना पड़ा होगा।

2. लोक-लाज खोने का अभिप्राय क्या है?

उत्तर प्रायः प्रत्येक समाज में करने योग्य और न करने योग्य कार्य वर्णित होते हैं। मीरा के काल में भी यह बात लागू थी। उस समय एक कुलीन वर्ग की स्त्री का यूँ सबके सामने नाचना-गाना, साधुओं के साथ सत्संग करना आदि हेय दृष्टि से देखा जाता था। मीरा ने इन सबका उल्लंघन किया, इसीलिए मीरा ने स्वयं कहा है कि उन्होंने समाज के इन नियमों को तोड़ा है और सामाजिक मनुष्यों की दृष्टि में उन्होंने अपनी लोक-लाज खो दी है।

अभ्यास प्रश्न

काव्यांश पर आधारित बहुविकल्पीय प्रश्न

निम्नलिखित काव्याश को ध्यानपूर्वक पढ़कर पूछे गए प्रश्नों के सही उत्तर चुनिए।

1. मेरे तो गिरधर गोपाल, दूसरो न कोई
जा के सिर मोर-मुकुट, मेरो पति सोई
छांड़ि दयी कुल की कानि, कहा करिहै कोई?
संतन ढिग बैठि-बैठि, लोक-लाज खोयी
अंसुवन जल सींचि-सींचि, प्रेम-बेलि बोयी
अब त बेलि फैलि गयी, आणंद-फल होयी
दूध की मथनियाँ बड़े प्रेम से विलोयी
दधि मथि घृत काढ़ि लियो, डारि दयी छोयी
भगत देखि राजी हुयी, जगत देखि रोयी
दासि मीरां लाल गिरधर! तारो अब मोही

(i) मीरा के सब कुछ कौन हैं?
(क) उनके गुरु जी (ख) उनके आराध्य श्रीकृष्ण
(ग) उनके पति (घ) उनके महाराज

उत्तर (ख) उनके आराध्य श्रीकृष्ण

(ii) श्रीकृष्ण के सिर पर क्या शोभायमान है?
(क) मोर-मुकुट
(ख) हीरों का मुकुट
(ग) सोने का मुकुट
(घ) उपर्युक्त में से कोई नहीं

उत्तर (क) मोर-मुकुट

(iii) मीरा को अब किसी की परवाह क्यों नहीं है?
(क) क्योकि उन्होंने कुल की मान-मर्यादा को त्याग दिया है
(ख) क्योंकि श्रीकृष्ण की शरण में अब कोई उनका अनर्थ नहीं कर सकता
(ग) 'क' और 'ख' दोनों
(घ) उपर्युक्त में से कोई नहीं

उत्तर (ग) 'क' और 'ख' दोनों

(iv) 'दधि मथि घृत काढ़ि लियो' पंक्ति का क्या तात्पर्य है?
(क) मीरा ने सांसारिक कार्यों को प्रेमपूर्वक निभाया
(ख) मीरा ने संतों के साथ बैठकर सबको ज्ञान का महत्त्व सिखाया
(ग) मीरा ने भक्ति के माध्यम से जीवन का सार प्राप्त किया
(घ) मीरा ने अपने कार्य से सबको प्रसन्न किया

उत्तर (ग) मीरा ने भक्ति के माध्यम से जीवन का सार प्राप्त किया

(v) **कथन** (A) **मीराबाई ने अपने आराध्य को जगत का उद्धारक माना।**
कारण (R) **ईश्वर भक्ति ही मनुष्य को संसार से मुक्त कर सकती है।**
कूट
(क) कथन (A) और कारण (R) दोनों सही हैं तथा कारण (R), कथन (A) की सही व्याख्या करता है।
(ख) कथन (A) और कारण (R) दोनों सही हैं, परंतु कारण (R), कथन (A) की सही व्याख्या नहीं करता है।
(ग) कथन (A) सही है, किंतु कारण (R) गलत है।
(घ) कथन (A) गलत है, किंतु कारण (R) सही है।

उत्तर (क) कथन (A) और कारण (R) दोनों सही हैं तथा कारण (R), कथन (A) की सही व्याख्या करता है।

विषय-वस्तु पर आधारित प्रश्नोत्तर

लघु उत्तरीय प्रश्न

1. 'छांड़ि दयी कुल की कानि, कहा करिहै कोई' पंक्ति से मीरा का क्या तात्पर्य है?

उत्तर प्रस्तुत पंक्ति से कवयित्री मीरा का तात्पर्य यह है कि उन्होंने श्रीकृष्ण को अपने पति के रूप में स्वीकार कर लिया है। इसके लिए उन्होंने अपने कुल अर्थात् परिवार की मान-मर्यादा, सम्मान इत्यादि को त्याग दिया है। अब उन्हें कोई कुछ भी कहे, उन्हें किसी की परवाह नहीं है अर्थात् उन्हें तो केवल श्रीकृष्ण की भक्ति में लीन रहना है।

2. मीरा ने किसे आनंद फल कहा है और इसकी प्राप्ति कैसे हुई?

उत्तर मीरा ने कृष्ण भक्ति को 'आनंद फल' कहा है। उन्होंने विरह की अग्नि में जलकर, अपने विरहाश्रुओं से भक्ति की प्रेम-बेल को सींच-सींचकर बोया था। उस बेल के बढ़ने पर अर्थात् कृष्ण की भक्ति हृदय में स्थायी हो जाने पर उन्हें आनंद फल की प्राप्ति हुई।

3. 'घृत' और 'छोयी' शब्दों से किस ओर संकेत किया गया है?

उत्तर साधारण अर्थ में 'घृत' घी का तथा 'छोयी' छाछ का पर्याय है, परंतु अपने पद में मीरा ने घृत के माध्यम से कृष्ण भक्ति का महत्त्व उजागर किया है और सांसारिकता को छाछ के समान व्यर्थ बताया है।

4. मीराबाई ने प्रेम रूपी बेल को किससे सींचा?

उत्तर मीराबाई ने प्रेम रूपी बेल को अपने विरहाश्रुओं (आँसुओं) के जल से सींचा। उनके आँसू श्रीकृष्ण के प्रति उनकी गहरी भक्ति, प्रेम और विरह का प्रतीक थे। इन आँसुओं ने उनकी भक्ति को पुष्ट किया और प्रेम रूपी बेल को बढ़ाकर आनंददायक फल प्रदान किया।

दीर्घ उत्तरीय प्रश्न

1. मीरा ने श्रीकृष्ण को पदों में जगत-उद्धारक के रूप में प्रस्तुत किया है। स्पष्ट कीजिए।

उत्तर मीरा ने पदों में जगत् को सांसारिक मोह माया में उलझा हुआ बताया है। वह कहती हैं 'भगत देखि राजी हुयी, जगत् देखि रोयी, दासि मीरां लाल गिरधर! तारो अब मोही' अर्थात् जिस किसी ने श्रीकृष्ण की आराधना करनी आरंभ की, उसे इन सांसारिक बंधनों से मुक्ति मिल गई, किंतु और सभी इसी भवसागर में उलझकर रह गए हैं। इसलिए अब वह उनका भी उद्धार करें। अतः कहा जा सकता है कि उन्होंने श्रीकृष्ण को जगत्-उद्धारक के रूप में प्रस्तुत किया है।

2. प्रस्तुत पदों में मीरा ने किस रूप में कृष्ण भक्ति की है?

उत्तर प्रस्तुत पदों में मीरा दो रूपों में अपने आराध्य की भक्ति करती हैं। पहले रूप में वह कृष्ण को अपना पति कहती हैं अर्थात् यहाँ वह पत्नी रूप में अपनी भक्ति भावना अभिव्यक्त कर रही हैं, इसलिए यहाँ माधुर्य भाव की भक्ति है और उनके दूसरे रूप में दासत्व भाव प्रकट हुआ है। अंत में मीरा स्वयं को कृष्ण की दासी कहकर संबोधित करती हैं और उनसे अपनी मुक्ति की प्रार्थना करती हैं। अतः यहाँ मीरा ने माधुर्य भाव तथा दास्य भाव से श्रीकृष्ण के प्रति अपनी भक्ति भावना प्रकट की है।

3. मीराबाई को संसार के व्यर्थ कार्यों में लगे लोगों को देखकर कैसा लगता है?

उत्तर मीराबाई संसार के व्यर्थ कार्यों में लगे लोगों को देखकर रोती हैं। वे मानती हैं कि सांसारिक मोह-माया और तुच्छ कार्यों में व्यस्त रहकर लोग अपने जीवन का मूल उद्देश्य भूल जाते हैं। उनके अनुसार, भौतिक सुख-सुविधाओं की लालसा में लोग ईश्वर भक्ति जैसे सार्थक और शाश्वत मार्ग से विमुख हो जाते हैं। मीराबाई को यह देखकर पीड़ा होती है कि लोग व्यर्थ चीजों में उलझकर अपने जीवन को व्यर्थ कर रहे हैं, जबकि ईश्वर भक्ति ही जीवन का वास्तविक और उच्चतम उद्देश्य है।

4. मीराबाई के पद में उनकी किस भावना की प्रधानता है?

उत्तर मीराबाई के पद में उनकी अनन्य भक्ति, प्रेम और समर्पण की भावना की प्रधानता है। उन्होंने श्रीकृष्ण को अपने आराध्य, पति और जीवन का केंद्र मानकर संसार के सभी बंधनों और लोक-लाज को त्याग दिया है। उनकी भक्ति में आत्मसमर्पण और ईश्वर के प्रति पूर्ण निष्ठा झलकती है। मीराबाई ने प्रेम रूपी बेल को अपने आँसुओं से सींचकर उसे विकसित किया, जिससे उन्हें आनन्द का फल प्राप्त हुआ। इस पद में उनकी ईश्वर के प्रति व्याकुलता, विरह और मिलन की उत्कंठा भी स्पष्ट होती है। सांसारिकता को तुच्छ मानते हुए उन्होंने ईश्वर भक्ति को ही सर्वोपरि बताया है।

5. मीराबाई ने किससे अपनी मुक्ति की प्रार्थना की है और क्यों?

उत्तर मीराबाई ने अपनी मुक्ति की प्रार्थना श्रीकृष्ण से की है, क्योंकि संसार एक भवसागर की तरह है, जिसमें मोह, माया और सांसारिक बंधन मनुष्य को डुबो देते हैं। मीराबाई इस सांसारिकता को त्यागकर ईश्वर के साथ एकत्व प्राप्त करना चाहती हैं। वे श्रीकृष्ण को अपना आराध्य और पति मानती हैं तथा वह मानती हैं कि केवल श्रीकृष्ण ही उन्हें इस भवसागर से मुक्त कर सकते हैं। उन्होंने ईश्वर भक्ति के माध्यम से अपने जीवन को अर्थपूर्ण बनाया है और अब वे ईश्वर से अपने उद्धार और उनके चरणों में शरण पाने की आकांक्षा रखती हैं। उनकी यह प्रार्थना उनकी गहरी भक्ति और समर्पण को दर्शाती है।

स्व-मूल्यांकन

काव्यांश पर आधारित बहुविकल्पीय प्रश्न

निम्नलिखित काव्यांश को ध्यानपूर्वक पढ़कर पूछे गए प्रश्नों के सही उत्तर चुनिए।

1. **मेरे तो गिरधर गोपाल, दूसरो न कोई**
जा के सिर मोर-मुकुट, मेरो पति सोई
छांड़ि दयी कुल की कानि, कहा करिहै कोई?
संतन ढिग बैठि-बैठि, लोक-लाज खोयी
अंसुवन जल सींचि-सींचि, प्रेम-बेलि बोयी
अब त बेलि फैलि गयी, आणंद-फल होयी
दूध की मथनियाँ बड़े प्रेम से विलोयी
दधि मथि घृत काढ़ि लियो, डारि दयी छोयी
भगत देखि राजी हुयी, जगत देखि रोयी
दासि मीरां लाल गिरधर! तारो अब मोही

(i) मीरा का संसार में किसी अन्य व्यक्ति से कोई संबंध क्यों नहीं है?
(क) क्योंकि उन्होंने श्रीकृष्ण को ही सब कुछ मान लिया है
(ख) क्योंकि उनके परिवार ने उन्हें त्याग दिया है
(ग) क्योंकि वे अपने परिवार के साथ रहना पसंद नहीं करती हैं
(घ) क्योंकि वे संसार में अकेली हैं

(ii) सांसारिकता किसके समान सारहीन है?
(क) छाछ (ख) दूध
(ग) पानी (घ) ये सभी

(iii) 'जगत देखि रोयी' से क्या तात्पर्य है?
(क) मीराबाई को संसार के लोगों को ईश्वर भक्ति न करते देख रोना आता है
(ख) मीराबाई संसार में दु:खी प्राणियों को देखकर रोने लगती हैं
(ग) मीराबाई को संसार छोड़कर जाने का दु:ख सताता है
(घ) मीराबाई भौतिक सुखों को याद कर करके रोती हैं

(iv) **कथन** (A) मीराबाई के लिए भौतिक सुख व्यर्थ है।
कारण (R) मीराबाई ने यह भेद जान लिया है कि ईश्वर भक्ति ही संसार का उद्धार करने वाली है।
कूट
(क) कथन (A) और कारण (R) दोनों सही हैं तथा कारण (R), कथन (A) की सही व्याख्या करता है।
(ख) कथन (A) और कारण (R) दोनों सही हैं, परंतु कारण (R), कथन (A) की सही व्याख्या नहीं करता है।
(ग) कथन (A) सही है, किंतु कारण (R) गलत है।
(घ) कथन (A) गलत है, किंतु कारण (R) सही है।

(v) काव्यांश में 'कानि' से क्या तात्पर्य है?
(क) सामने (ख) मर्यादा
(ग) वंश (घ) मन

विषय-वस्तु पर आधारित प्रश्न

लघु उत्तरीय प्रश्न

1. 'मेरे तो गिरधर गोपाल' पद का भाव स्पष्ट कीजिए।

2. 'कुल की कानि' का आशय स्पष्ट कीजिए।

3. मीराबाई ने लोक-लाज को क्यों त्याग दिया?

दीर्घ उत्तरीय प्रश्न

1. 'मीराबाई के लिए सांसारिकता छाछ के समान सारहीन है' इस कथन को स्पष्ट करते हुए इसके पक्ष में अपना तर्क प्रस्तुत कीजिए।

2. 'भगत देखि राजी हुयी, जगत देखि रोयी' पंक्ति का आशय स्पष्ट कीजिए।

03

अध्याय

घर की याद

(भवानी प्रसाद मिश्र)

कवि-परिचय

कविता और साहित्य के साथ-साथ राष्ट्रीय स्वतंत्रता आंदोलन में सक्रिय भागीदारी करने वाले प्रमुख कवियों में शामिल भवानी प्रसाद मिश्र का जन्म वर्ष 1913 में टिगरिया गाँव, होशंगाबाद (मध्य प्रदेश) में हुआ था। इनकी कविता हिंदी की सहज लय की कविता है। इस सहजता का संबंध गाँधीजी के चरखे की लय से भी है, इसीलिए उन्हें 'कविता का गाँधी' भी कहा गया है। सहजता और लोक के अत्यधिक करीब रहने वाले भवानी प्रसाद मिश्र जिस विषय को भी उठाते हैं, उसे अत्यंत घरेलू बना देते हैं। सतपुड़ा के जंगल, सन्नाटा, गीतफरोश, चकित है दु:ख, इदं न मम् आदि उनकी प्रमुख रचनाएँ हैं। उन्हें अपने उत्कृष्ट लेखन के लिए साहित्य अकादमी, पद्मश्री आदि पुरस्कारों से सम्मानित किया गया है। साहित्य के इस पुरोधा का वर्ष 1985 में स्वर्गवास हो गया।

- **अध्ययन के लिए**
  - कविता की रूपरेखा
  - काव्यांशों की व्याख्या
- **अभ्यास के लिए**
  - पाठ्यपुस्तक के प्रश्नोत्तर
  - काव्यांश पर आधारित बहुविकल्पीय प्रश्न
  - लघु उत्तरीय प्रश्न
  - दीर्घ उत्तरीय प्रश्न

कविता की रूपरेखा

कविता में कवि ने जेल प्रवास के दौरान रात भर हुई वर्षा से उद्वेलित परिजनों के प्रति मन में उठे मार्मिक भावों को अभिव्यक्त किया है कि किस प्रकार कवि स्वयं घर से दूर होने के कारण व्यथित है। कवि अपनी व्यथा को छिपाने का प्रयास करता है, ताकि उसके परिजन दु:खी न हों। इन्हीं भावों की मार्मिक अभिव्यक्ति प्रस्तुत कविता में की गई है।

काव्यांशों की व्याख्या

काव्यांश 1

आज पानी गिर रहा है,
बहुत पानी गिर रहा है,
रात भर गिरता रहा है,
प्राण मन घिरता रहा है,

बहुत पानी गिर रहा है,
घर नज़र में तिर रहा है,
घर कि मुझसे दूर है जो,
घर खुशी का पूर है जो,

शब्दार्थ

प्राण मन घिरना—प्राणों और मन में छा जाना; **तिर**—तैरना; **पूर**—परिपूर्ण, समृद्ध।

संदर्भ प्रस्तुत काव्यांश हमारी पाठ्यपुस्तक 'आरोह भाग-1' में संकलित 'भवानी प्रसाद मिश्र' द्वारा रचित लंबी कविता 'घर की याद' से अवतरित है।

प्रसंग प्रस्तुत काव्यांश में कवि ने कारावास में रहने के दौरान रातभर वर्षा होने के कारण घर की याद आने का वर्णन किया है।

व्याख्या कवि कहता है कि आज बाहर बहुत पानी बरस रहा है अर्थात् बाहर मूसलाधार वर्षा हो रही है। रात भर हुई इस वर्षा ने उसके मन की कोमल भावनाओं को जागृत कर दिया है। ऐसी तेज़ वर्षा में कवि की आँखों के सामने उसका घर तैरता हुआ नज़र आने लगता है अर्थात् कारावास में रहने के कारण उसे अपना घर और घर के सदस्य याद आने लगते हैं। वह घर, जो उससे बहुत दूर है और खुशियों से भरा हुआ है। कहने का भाव यह है कि कवि के जेल-प्रवास के समय भयंकर वर्षा होने के कारण उसे घर की याद आने लगती है।

काव्य शैली

(*i*) प्रस्तुत काव्यांश में कवि ने सीधी व सरल भाषा में अपने मन की व्यथा का चित्रण किया है, जिसमें सहजता व प्रवाहमयता का गुण विद्यमान है।
(*ii*) 'पानी गिर रहा है' वाक्य की आवृत्ति से दृश्य बिंब उभरता है।
(*iii*) 'पानी गिरना', 'प्राण-मन का घिरना' लाक्षणिक अर्थों को दर्शाता है।
(*iv*) प्रस्तुत काव्यांश में 'घर नज़र में तिर' में अनुप्रास अलंकार है।
(*v*) प्रस्तुत कविता तुकांत है।
(*vi*) प्रस्तुत काव्यांश में खड़ीबोली में सहज अभिव्यक्ति की गई है।

काव्यांश 2

घर कि घर में चार भाई,
मायके में बहिन आई,
बहिन आई बाप के घर,
हाय रे परिताप के घर!
घर कि घर में सब जुड़े हैं,
सब कि इतने कब जुड़े हैं,
चार भाई चार बहिनें,
भुजा भाई प्यार बहिनें

शब्दार्थ

मायके—माँ का घर; **परिताप**—अत्यधिक दुःख।

संदर्भ पूर्ववत्।

प्रसंग प्रस्तुत काव्यांश में कवि अपने घर के सदस्यों की याद आने पर भावुक हो उठता है। उसे अपने भाई-बहनों और उनके आपसी प्यार की बहुत याद आती है।

व्याख्या प्रस्तुत काव्यांश में कवि अपने परिवार के सदस्यों को याद करते हुए कहता है कि उसके घर में चार भाई हैं। आज उसकी विवाहिता बहन भी मायके अर्थात् अपने घर आई होगी और उसे न पाकर वह बहुत दुःखी हुई होगी। परिवार की वर्तमान स्थिति को देखकर ऐसा लगता है मानो उसकी बहन अपने पिता के घर न आकर कष्ट और दुःख के घर आ गई है। तात्पर्य यह है कि उसके जेल जाने से घर में उदासी छा गई है।

कवि का घर वास्तव में एक सुखी घर है, क्योंकि सभी एक-दूसरे से जुड़े हुए हैं अर्थात् सभी का आपस में गहरा प्यार है। चारों भाई चार भुजाओं के समान हैं और बहनें अपने भाइयों से अत्यधिक स्नेह करती हैं। सभी के बीच प्रेम व स्नेह का अटूट रिश्ता है।

काव्य शैली

(*i*) प्रस्तुत काव्यांश में कवि ने घर की स्मृति का भावपूर्ण चित्रण किया है।
(*ii*) भाषा सरल, सहज तथा प्रवाहमयी है।
(*iii*) भाइयों को भुजा व बहनों को स्नेह का प्रतीक बताया गया है।
(*iv*) 'भुजा भाई' में अनुप्रास एवं उपमा अलंकार है।
(*v*) प्रस्तुत काव्यांश में खड़ीबोली में सहज अभिव्यक्ति हुई है।

काव्यांश 3

और माँ बिन-पढ़ी मेरी,
दुःख में वह गढ़ी मेरी
माँ कि जिसकी गोद में सिर,
रख लिया तो दुःख नहीं फिर,
माँ कि जिसकी स्नेह-धारा,
का यहाँ तक भी पसारा,
उसे लिखना नहीं आता,
जो कि उसका पत्र पाता।

शब्दार्थ

गढ़ी—सहारा; **स्नेह-धारा**—प्रेम की भावना; **पसारा**—फैलाव, प्रसार।

संदर्भ पूर्ववत्।

प्रसंग प्रस्तुत काव्यांश में कवि वर्षा के दिन जेल में बैठा घर की स्मृति में खोकर अपनी माँ को याद कर रहा है।

व्याख्या कवि कहता है कि उसकी माँ पढ़ी-लिखी नहीं है। उन्होंने बहुत ही कष्ट सहन किया है। वह माँ उसके जेल जाने के कारण दुःखी एवं आहत है। वह अपनी माँ की ममता का उल्लेख करते हुए कहता है कि उनकी गोद में सिर रखने से उसके सारे कष्ट व दुःख दूर हो जाते हैं अर्थात् माँ के स्नेह भरे स्पर्श से कवि अपने सारे कष्ट भूल जाता है।

कवि आगे कहता है कि माँ के स्नेह की धारा का फैलाव बहुत दूर-दूर तक है। इस कारण उसके स्नेह की धारा यहाँ (जेल) तक भी बह रही है। भाव यह है कि कवि जेल में भी माँ के स्नेह स्पर्श को अनुभव करता है। कवि कहता है कि उसकी माँ पढ़ी-लिखी नहीं है जिस कारण वह उसे पत्र भी नहीं लिख सकती, इसीलिए उसे अपनी माँ का कोई पत्र भी प्राप्त नहीं होता।

काव्य शैली

(*i*) प्रस्तुत काव्यांश में कवि ने माँ की सहजता व सरलता के साथ उसकी ममता एवं स्नेहिल स्पर्श का भी वर्णन किया है।
(*ii*) भाषा अलंकारों से मुक्त, सरल, सहज तथा सुबोध है।
(*iii*) प्रस्तुत काव्यांश की भाषा तुकांत है।
(*iv*) माँ के लिए 'स्नेह-धारा' विशेषण का प्रयोग किया गया है।
(*v*) खड़ीबोली में सहज अभिव्यक्ति हुई है।

काव्यांश 4

पिता जी जिनको बुढ़ापा,
एक क्षण भी नहीं व्यापा,
जो अभी भी दौड़ जाएँ,
जो अभी भी खिलखिलाएँ,
मौत के आगे न हिचकें,
शेर के आगे न बिचकें,
बोल में बादल गरजता,
काम में झंझा लरजता,

शब्दार्थ

व्यापा—अनुभव हुआ; **हिचकें**—संकोच/झिझक; **बिचकें**—डरें/घबराएँ; **झंझा**—तेज़ हवा, आँधी; **लरजना**—काँपना, डरना।

संदर्भ पूर्ववत्।

प्रसंग प्रस्तुत काव्यांश में कवि अपने पिता की ज़िंदादिली, बहादुरी और दृढ़ता को याद करते हुए उनका वर्णन करता है।

व्याख्या कवि कहता है कि घर पर मेरे पिताजी हैं, यद्यपि वह बूढ़े हो चुके हैं, परंतु बुढ़ापे का उन पर कोई प्रभाव नहीं पड़ा है। आज भी उनके हृदय में

नवयुवकों जैसा उत्साह और साहस है। वे शरीर से भी इतने स्वस्थ हैं कि अभी भी नवयुवकों की तरह दौड़ लगा सकते हैं। वे अभी भी खिल-खिलाकर हँस सकते हैं। पिताजी में अभी भी युवाओं जैसी चुस्ती-फुर्ती है। कहने का भाव है कि वे प्रसन्नता एवं उल्लास से परिपूर्ण हैं।

कवि कहता है कि उनमें इतना साहस है कि वे मौत के सामने भी डटकर खड़े हो सकते हैं तथा शेर के सामने आने पर भी वे नहीं डरते अर्थात् उनके सामने कितनी भी भयंकर मुसीबत क्यों न आ जाए, वे उससे कभी नहीं घबराते। उनकी आवाज़ में बादलों जैसी गर्जना है। उनके कार्यों में आँधी-तूफ़ान जैसा कंपन है अर्थात् वे जब भी कोई कार्य करते हैं, तो ऐसा लगता है, जैसे आँधी-तूफ़ान आ गया हो।

कवि के कहने का भाव यह है कि पिताजी की उम्र का प्रभाव उनके किसी भी कार्य पर नहीं पड़ा। आज भी उनकी इच्छाशक्ति दृढ़ व अद्वितीय है।

काव्य शैली

(i) प्रस्तुत काव्यांश में कवि ने अपने पिता के प्रभावशाली व्यक्तित्व का वर्णन किया है।

(ii) भाषा सरल, सहज एवं प्रभावशाली है।

(iii) कविता तुकांत है।

(iv) 'जो अभी भी' में अनुप्रास अलंकार, 'बोल में बादल गरजता' तथा 'काम में झंझा लरजता' में उपमा अलंकार का प्रयोग हुआ है।

(v) प्रस्तुत काव्यांश में उत्साह भाव के दर्शन होते हैं।

काव्यांश 5

आज गीता पाठ करके,
दंड दो सौ साठ करके,
खूब मुगदर हिला लेकर,
मूठ उनकी मिला लेकर,
जब कि नीचे आए होंगे,
नैन जल से छाए होंगे,
हाय, पानी गिर रहा है,
घर नज़र में तिर रहा है,

शब्दार्थ

दंड—व्यायाम का तरीका; **मुगदर**—व्यायाम के लिए लकड़ी की बनी मुँगरी (उपकरण); **मूठ**—पकड़ने का स्थान।

संदर्भ पूर्ववत्।

प्रसंग प्रस्तुत काव्यांश में कवि ने अपने पिता को याद करते हुए उनके सरल स्वभाव के साथ-साथ उनकी आध्यात्मिक प्रवृत्ति एवं नित्य व्यायाम क्रिया का भी वर्णन किया है।

व्याख्या कवि अपने पिता को याद करते हुए कहता है कि जब रोज़ की तरह श्रीमद्भगवत गीता का पाठ करके तथा दो सौ साठ दंड-बैठक लगाकर, मुगदर हिलाकर अर्थात् व्यायाम-कसरत करने के उपरांत मुगदर को दोनों हाथों से हिलाकर और उनकी मूठों को मिलाकर जब वे ऊपर से नीचे आए होंगे, तो मुझे याद करके उनकी आँखें भर आई होंगी। वे मुझे अपने पास न पाकर बहुत व्याकुल हुए होंगे। इन सब बातों की स्मृति कवि को व्यथित कर देती है तथा बरसते पानी में कवि को घर की याद सताने लगती है।

काव्य शैली

(i) प्रस्तुत काव्यांश में कवि ने पुत्र वियोग में व्यथित पिता की स्थिति का वर्णन किया है।

(ii) प्रस्तुत काव्य से कवि के सांस्कृतिक परिवेश की जानकारी मिलती है; जैसे—गीता पाठ करना, व्यायाम करना आदि।

(iii) भाषा में सरलता, सहजता तथा प्रवाहमयता का गुण है।

(iv) कविता में बिंबात्मक शैली दिखाई देती है; जैसे—गीता पाठ करना, नैन जल से छाए होंगे, घर नज़र में तिर रहा आदि।

(v) 'दंड दो सौ साठ' में अनुप्रास अलंकार है।

(vi) प्रस्तुत काव्यांश में कविता तुकांत तथा गेयात्मक का गुण है।

काव्यांश 6

चार भाई चार बहिनें,
भुजा भाई प्यार बहिनें,
खेलते या खड़े होंगे,
नज़र उनको पड़े होंगे।
पिताजी जिनको बुढ़ापा,
एक क्षण भी नहीं व्यापा,
रो पड़े होंगे बराबर,
पाँचवें का नाम लेकर,

शब्दार्थ

क्षण—पल; **व्यापा**—समाया।

संदर्भ पूर्ववत्।

प्रसंग प्रस्तुत काव्यांश में कवि अपने पिता को याद करते हुए भाव-विभोर हो उठता है।

व्याख्या कवि अपने भाई-बहनों को याद करते हुए कहता है कि उसके चार भाई तथा चार बहनें हैं। उसके भाई भुजा के समान सहयोगी और कर्मठ हैं और बहनें प्रेम की प्रतीक हैं। इस समय जब उसके घर में उसके भाई-बहन खेल रहे होंगे या खड़े होंगे तो उसके पिताजी की नज़र उन पर अवश्य गई होगी और वे उन्हें देखकर प्रसन्न हो रहे होंगे, लेकिन मुझ अभागे को ना पाकर, मेरा नाम लेकर आँसू बहा रहे होंगे। भाव यह है कि एक क्षण के लिए भी जिन पर बुढ़ापे का असर नहीं हुआ था, जो किसी भी मुसीबत से नहीं घबराते, ऐसे दृढ़ एवं साहसी पिताजी, अपना धैर्य खो बैठे होंगे। अपने पुत्र को मिलने वाली यातनाएँ याद करके उनकी आँखों से आँसू बह निकले होंगे। कवि (बेटे) की स्मृति ने उन्हें रुला दिया होगा।

काव्य शैली

(i) प्रस्तुत काव्यांश में कवि ने पुत्र वियोग से व्यथित पिता की दयनीय स्थिति का वर्णन किया है।

(ii) भाषा सरल तथा भावानुकूल है।

(iii) भाई के लिए भुजा उपमा का प्रयोग किया गया है। अतः 'भुजा भाई' में उपमा एवं अनुप्रास का सहज प्रयोग है।

(iv) कविता अनुभूति से पूर्ण है तथा वात्सल्य रस का मार्मिक चित्रण हुआ है।

(v) खड़ीबोली में सहज अभिव्यक्ति हुई है।

काव्यांश 7

पाँचवाँ मैं हूँ अभागा,
जिसे सोने पर सुहागा,
पिताजी कहते रहे हैं,
प्यार में बहते रहे हैं,
आज उनके स्वर्ण बेटे,
लगे होंगे उन्हें हेटे,
क्योंकि मैं उन पर सुहागा
बँधा बैठा हूँ अभागा,

शब्दार्थ

अभागा—भाग्यहीन; **हेटे**—गौण, हीन।

संदर्भ पूर्ववत्।

प्रसंग प्रस्तुत काव्यांश में कवि जेल-प्रवास के समय अपने घर को याद करके व्यथित होकर स्वयं को अभागा समझने लगता है।

व्याख्या कवि अपने पिता को याद करते हुए कहता है कि मैं अपने पिता का पाँचवाँ पुत्र हूँ। मुझे वे सदैव ही अपने पुत्रों में 'सोने पे सुहागा' अर्थात् अन्य पुत्रों से श्रेष्ठ मानते थे। ऐसा कहते हुए उन्हें हमेशा ही अत्यधिक प्रसन्नता की अनुभूति होती थी।

आज मेरे जेल में बंदी होने के कारण उन्हें अपने चारों सोने के समान गुणों वाले पुत्र भी तुच्छ व हीन लग रहे होंगे, क्योंकि वे तो मुझे उनसे श्रेष्ठ समझा करते थे। आज मैं भाग्यहीन जेल में होने के कारण उन्हें कष्ट पहुँचा रहा हूँ।

काव्य शैली

(i) प्रस्तुत काव्यांश से पिता का पुत्र के प्रति तथा पुत्र का पिता के प्रति गहरे प्रेम का परिचय मिलता है।
(ii) कवि का अपने पिता के प्रति स्नेह का मार्मिक चित्रण है।
(iii) 'सोने पे सुहागा' मुहावरे का अच्छा प्रयोग हुआ है।
(iv) 'स्वर्ण बेटे' में रूपक अलंकार तथा 'बँधा बैठा हूँ' में अनुप्रास अलंकार है।
(v) प्रस्तुत काव्यांश की भाषा सरल, सहज एवं प्रवाहमयी है।

काव्यांश 8

और माँ ने कहा होगा,
दुःख कितना बहा होगा,
आँख में किस लिए पानी,
वहाँ अच्छा है भवानी,
वह तुम्हारा मन समझकर,
और अपनापन समझकर,
गया है सो ठीक ही है,
यह तुम्हारी लीक ही है,

शब्दार्थ

लीक—रास्ता, परंपरा।

संदर्भ पूर्ववत्।

प्रसंग प्रस्तुत काव्यांश में कवि अपनी माँ तथा पिता के मन की व्यथा का अनुभव कर रहा है।

व्याख्या कवि अपने पिता की स्थिति का अनुमान लगाकर कहता है कि उसके पिताजी की आँखों में आँसू देखकर माँ का हृदय दुःखी हो रहा होगा और वे उन्हें ढाँढस बँधाते हुए कहती होंगी कि वहाँ हमारा बेटा भवानी (कवि) अच्छी तरह से होगा। आप अपना मन क्यों छोटा कर रहे हैं? क्यों आँसू बहा रहे हैं? वह उन्हें समझाते हुए कहती है कि वह आपके मन की बात समझकर और आपसे अपनत्व का भाव दर्शाने के कारण ही जेल गया है। वह आपके द्वारा बताए गए रास्ते पर ही तो चल रहा है अर्थात् वह तो आपके (पिताजी) द्वारा बनाई गई परंपरा का ही पालन कर रहा है।

काव्य शैली

(i) प्रस्तुत काव्यांश में माँ के दुःख और अपने पुत्र पर उनके गौरवान्वित होने का वर्णन है।
(ii) संवाद शैली के कारण काव्य प्रभावी तथा सजीव हो गया है।
(iii) छंदमुक्त काव्यांश है।
(iv) काव्यांश में कवि ने तुकांतता का प्रयोग किया है।
(v) खड़ीबोली में सशक्त अभिव्यक्ति हुई है।

काव्यांश 9

पाँव जो पीछे हटाता,
कोख को मेरी लजाता,
इस तरह होओ न कच्चे,
रो पड़ेंगे और बच्चे,
पिताजी ने कहा होगा,
हाय, कितना सहा होगा,
कहाँ, मैं रोता कहाँ हूँ,
धीर मैं खोता, कहाँ हूँ,

शब्दार्थ

लजाता—लज्जित करना; **कच्चे**—कमज़ोर; **धीर**—धैर्य।

संदर्भ पूर्ववत्।

प्रसंग प्रस्तुत काव्यांश में कवि की माँ उसके पिताजी को हृदय को दृढ़ करने एवं धैर्य धारण करने के लिए समझा रही हैं।

व्याख्या प्रस्तुत काव्यांश में कवि की माँ कवि के पिता को समझाती हुई कह रही हैं कि जिस रास्ते पर उनका बेटा चल रहा है, वह संघर्ष का रास्ता है, उसके कर्त्तव्य का रास्ता है। यदि वह उस पर चलने से अपना पाँव पीछे हटा लेता, तो इससे मेरी कोख ही लज्जित हो जाती अर्थात् यदि वह अपने देश के प्रति कर्त्तव्य से मुँह मोड़ लेता, तो उसकी वीर जननी को ही लज्जा आती। ऐसे समय में तुम अपनी आँखों से आँसू बहाकर उसे कायर मत बनाओ। माँ पिताजी को हिम्मत देते हुए कहती हैं कि आप मन को कमज़ोर न करें। आप धैर्य बनाए रखिए अन्यथा अन्य बच्चों का साहस भी टूट जाएगा और वे रो पड़ेंगे।

कवि कहता है कि तब पिताजी ने अपने आँसुओं को छिपाते हुए कहा होगा कि मैं कहाँ रो रहा हूँ, मैं अपना धैर्य नहीं खो रहा। कवि यह सोचकर करुणा से भर गया है कि अपने हृदय में वेदना छिपाना उनके लिए कितना मुश्किल हो रहा होगा। अंदर-ही-अंदर वे कितने व्यथित हो रहे होंगे।

काव्य शैली

(i) प्रस्तुत काव्यांश में कवि ने अपने माता-पिता की भावुकता व धैर्यशीलता का उल्लेख किया है।
(ii) 'पाँव पीछे हटाना' तथा 'कोख को लजाना' मुहावरों का सहज तथा सुंदर प्रयोग हुआ है।
(iii) संवाद शैली तथा प्रश्न शैली के कारण काव्य के सौंदर्य में वृद्धि हो गई है।
(iv) भाषा सरल तथा प्रवाहमयी है।
(v) कविता तुकांतमयी है।

काव्यांश 10

हे सजीले हरे सावन,
हे कि मेरे पुण्य पावन,
तुम बरस लो वे न बरसें,
पाँचवें को वे न तरसें,

मैं मजे में हूँ सही है,
घर नहीं हूँ बस यही है,
किंतु यह बस बड़ा बस है,
इसी बस से सब विरस है,

शब्दार्थ

सजीला—आकर्षक और सुंदर; **पुण्य**—पवित्र, मंगलदायक; **बस**—केवल, बेबसी; **विरस**—रसहीन।

संदर्भ पूर्ववत्।

प्रसंग प्रस्तुत काव्यांश में कवि ने अपनी मानसिक स्थिति को प्रकट किया है।

व्याख्या कवि सावन को संबोधित करते हुए कहता है कि हे सुंदर, आकर्षक व लोगों को खुशियाँ प्रदान करने वाले सावन, हे शुभ व जन का मंगल करने वाले सावन तुम अवश्य बरसो। तुम्हारे बरसने से जगत का उद्धार होता है, लेकिन मेरे पिताजी की आँखों को न बरसने दो अर्थात् वे अपने पाँचवें पुत्र को याद करके दुःखी न हों। कवि को सावन का बरसना अच्छा लगता है, पर अपने पिता की आँखों से आँसुओं का बरसना नहीं।

कवि आगे कहता है कि मेरा संदेश देते हुए उन्हें कहना कि मैं यहाँ पर बहुत आनंद में हूँ। सुख से रह रहा हूँ, बस कमी है तो इस बात की कि मैं घर में नहीं हूँ। कवि के 'बस' कहने में ही उसका दर्द छिपा है।

कवि स्वयं को ही संबोधित करते हुए कहता है कि मैंने उन्हें ढाँढस बँधाने के लिए तो यह कह दिया कि 'बस' घर में नहीं हूँ, परंतु घर से अलग होकर रहना बहुत कठिन है। इसी दुःख से मेरा जीवन दुःखी है। मैं वियोग की पीड़ा झेल रहा हूँ, जो नीरस है और नरक के समान है।

काव्य शैली

(i) प्रस्तुत काव्यांश में कवि ने सावन को दूत बनाकर अपना संदेश पहुँचाया है।
(ii) भाषा सरल तथा सहज है।
(iii) 'पुण्य पावन' तथा 'बस बड़ा बस' में अनुप्रास अलंकार एवं 'बस' शब्द के दो अर्थ होने से यमक अलंकार है।
(iv) प्रस्तुत काव्यांश में संबोधन शैली है।
(v) कविता तुकांत से पूर्ण है।

काव्यांश 11

किंतु उनसे यह न कहना,
उन्हें देते धीर रहना,
उन्हें कहना लिख रहा हूँ,
उन्हें कहना पढ़ रहा हूँ,

काम करता हूँ कि कहना,
नाम करता हूँ कि कहना,
चाहते हैं लोग कहना,
मत करो कुछ शोक कहना,

शब्दार्थ

धीर—धैर्य; **शोक**—दुःख।

संदर्भ पूर्ववत्।

प्रसंग प्रस्तुत काव्यांश में कवि अपने माता-पिता के दुःख को कम करने के लिए सावन को दूत बनाकर अपना संदेश उन तक पहुँचाने के लिए कहता है।

व्याख्या कवि संदेशवाहक सावन से कहता है कि हे सुंदर, सजीले सावन! तुम घर जाकर मेरे पिता को ये मत कहना कि मैं दुःखी हूँ। उनके सामने निराशा की बातें मत करना। उन्हें कहना कि मैं आनंद से हूँ। लिख-पढ़ रहा हूँ। मैं यहाँ पर अपनी ही मस्ती में काम कर रहा हूँ।

मैं साहित्य का अध्ययन व कविताएँ लिखकर नाम भी कर रहा हूँ। हर समय व्यस्त रहता हूँ। अपना समय व्यर्थ नहीं करता। यहाँ मुझे किसी प्रकार का कोई कष्ट नहीं है। तुम उन्हें कहना कि जेल के लोग भी उसे बहुत चाहते हैं, इसलिए वे उसके लिए किसी भी प्रकार का शोक न करें अर्थात् वे दुःखी न हों।

काव्य शैली

(i) प्रस्तुत काव्यांश में कवि अपने दुःख को छिपाना चाहता है, जिससे यह प्रसंग अत्यंत मार्मिक बन पड़ा है।
(ii) सावन को संदेशवाहक बनाया गया है, जो अत्यंत प्राचीन परंपरा है।
(iii) सावन को संदेशवाहक बनाए जाने के कारण यहाँ मानवीकरण अलंकार है।
(iv) भाषा प्रवाहपूर्ण तथा अनुभूतिपूर्ण है।
(v) प्रस्तुत काव्यांश में खड़ीबोली में सहज अभिव्यक्ति हुई है।

काव्यांश 12

और कहना मस्त हूँ मैं,
कातने में व्यस्त हूँ मैं,
वज़न सत्तर सेर मेरा,
और भोजन ढेर मेरा,

कूदता हूँ, खेलता हूँ,
दुःख डट कर ठेलता हूँ,
और कहना मस्त हूँ मैं,
यों न कहना अस्त हूँ मैं,

शब्दार्थ

कातना—रुई से सूत बनाना; **डट कर ठेलना**—पूर्ण समर्पण से हराना; **अस्त**—निराश।

संदर्भ पूर्ववत्।

प्रसंग प्रस्तुत काव्यांश में कवि सावन के माध्यम से अपना संदेश भेज रहा है।

व्याख्या कवि सावन से कहता है कि हे सावन! तुम मेरे माता-पिता से कहना कि मैं यहाँ गाँधीजी के निर्देश पर सूत कातता हूँ अर्थात् देश सेवा के कार्य में व्यस्त हूँ। मैं यहाँ खूब खाता-पीता हूँ, मेरा वज़न सत्तर सेर (1 सेर = 933 ग्राम) हो गया है। कहने का भाव है कि मैं हर प्रकार से यहाँ पर खुश और मज़े में हूँ।

आगे कवि कहता है कि हे सावन! तुम पिताजी से यह भी कहना कि मैं यहाँ पर खूब खेलता-कूदता और दुःखों को अपने से दूर रखता हूँ। तुम उनसे कहना कि मैं हमेशा मस्त और निश्चिंत रहता हूँ, लेकिन तुम उनसे यह कभी भी मत कहना कि मैं उदास तथा निराश रहता हूँ।

काव्य शैली

(i) प्रस्तुत काव्यांश में कवि अपने दुःख को छिपाकर, एक ऐसे चित्र का निर्माण कर रहा है, जिससे उसके माता-पिता दुःखी न हों।
(ii) भाषा तुकांत तथा प्रवाहमयी है।
(iii) 'डट कर ठेलना' तथा 'अस्त होना' मुहावरों का सुंदर प्रयोग हुआ है।
(iv) 'सत्तर सेर' में अनुप्रास अलंकार है।
(v) प्रस्तुत काव्यांश की भाषा सरल, सहज एवं बोधगम्य है।

काव्यांश 13

हाय रे, ऐसा न कहना,
है कि जो वैसा न कहना,
कह न देना जागता हूँ,
आदमी से भागता हूँ,
कह न देना मौन हूँ मैं,
खुद न समझूँ कौन हूँ मैं,
देखना कुछ बक न देना,
उन्हें कोई शक न देना,
हे सजीले हरे सावन,
हे कि मेरे पुण्य पावन,
तुम बरस लो वे न बरसें,
पाँचवें को वे न तरसें।

शब्दार्थ

मौन—चुप; **बक न देना**—व्यर्थ की बात कहना।

संदर्भ पूर्ववत्।

प्रसंग प्रस्तुत काव्यांश में कवि जेल में घर की याद आने के कारण सावन को दूत बनाकर अपने पिता को संदेश भेजता है।

व्याख्या कवि सावन को निर्देश देते हुए कहता है कि तुम उनसे यह मत कहना कि मैं एकदम चुपचाप रहता हूँ। जैसा मैं तुम्हें दिख रहा हूँ अर्थात् मेरे पिता के सामने मेरे दुःखों का बखान न करना। तुम उनसे यह मत कह देना कि मुझे नींद नहीं आती, मुझे आदमियों को देखकर भय लगता है। मुझे अपनी सुध-बुध नहीं रहती।

हे सजीले सावन! देखो, मेरे पिताजी के सामने बहुत सोच-समझकर बोलना। उनसे कोई व्यर्थ की बात न कहना, जिससे उन्हें मेरी दुःखदायी स्थिति के विषय में किसी प्रकार का कोई संदेह हो। ऐसा बोलना, जिससे वे तुम्हारी बातों पर विश्वास करें। तुम उन्हें मेरे कष्टों के विषय में मत बताना। यदि तुमने मेरे कष्टों का वर्णन उनके सामने कर दिया, तो उनका दुःख और बढ़ जाएगा।

मेरे हरे-भरे सुंदर सावन! हे मेरे मंगल की कामना करने वाले मित्र! तुम जितना चाहो उतना बरस लो, पर 'वे न बरसें' अर्थात् मेरे पिता के बादल रूपी नयनों से दुःख के आँसू न बहें। ऐसी कोई भी बात उनके सामने मत कहना, जिससे उनको मेरी याद आए अर्थात् वे अपने पाँचवें पुत्र की याद में तरसने लगें। भावार्थ यह है कि कवि की याद में उसके माता-पिता तो चिंतित हैं ही, कवि भी उनकी स्थिति की कल्पना करके दुःखी हो रहा है। वह स्वयं तो उनके पास नहीं पहुँच सकता, पर वह अपना संदेश बरसते सावन के माध्यम से पहुँचा रहा है।

काव्य शैली

(*i*) प्रस्तुत काव्यांश में कवि की पितृ भक्ति व प्रेम सराहनीय है।
(*ii*) प्रस्तुत काव्यांश में 'आदमी से भागता हूँ' से कवि की अंतर्व्यथा का वर्णन मिलता है।
(*iii*) सावन के लिए 'सजीला', 'हरा', 'पुण्य', 'पावन' विशेषणों का प्रयोग किया गया है, जो रचनात्मक दृष्टि से अच्छा है।
(*iv*) प्रस्तुत काव्यांश में 'पुण्य पावन' में अनुप्रास अलंकार है।
(*v*) भाषा सरल तथा सुबोध है।
(*vi*) कविता तुकांतमयी है

पाठ्यपुस्तक (आरोह भाग-1) के प्रश्नोत्तर

कविता के साथ

1. पानी के रातभर गिरने और प्राण-मन के घिरने में परस्पर क्या संबंध है?

उत्तर रातभर पानी के गिरने और प्राण-मन के घिरने में अत्यंत गहरा संबंध है। वर्षा की बूँदें गिरते ही मन उल्लासित हो जाता है। उसी समय वियोगावस्था में अपनों से मिलने की इच्छा भी अधिक जागृत होती है। वर्षा के समय सुहावने मौसम में अपने घर के सदस्यों की याद तीव्र हो जाती है। अपने बहन-भाइयों के साथ पानी में खेलना-कूदना-नहाना कवि को जेल में बैठे-बैठे याद आ जाता है। इसी कारण कवि का प्राण-मन व्याकुल हो गया। इस प्रकार, रातभर पानी गिरता रहा और घर एवं परिवार की यादें कवि के प्राण-मन में छाई रहीं।

2. मायके आई बहन के लिए कवि ने घर को 'परिताप का घर' क्यों कहा है?

उत्तर कवि ने घर को 'परिताप का घर' इसलिए कहा है, क्योंकि जब लड़कियाँ मायके में आती हैं, तो उनका मन अपने परिवार के सदस्यों को देखकर खिल उठता है। कवि की बहन जब मायके आई, तो उसके लिए दुःख की बात यह थी कि उसका एक भाई (कवि) जेल में बंद था, जिस कारण घर में खुशी के वातावरण की जगह शोक की लहर थी। बहन ने जब अपने भाई को घर में नहीं पाया, तो उसके लिए वही घर 'परिताप का घर' बन गया।

3. पिता के व्यक्तित्व की किन विशेषताओं को उकेरा गया है?

उत्तर कविता में कवि के पिता की निम्नलिखित विशेषताओं को बताया गया है
(i) कवि के पिता स्वस्थ एवं बलिष्ठ शरीर वाले व्यक्ति थे, वे नित्य व्यायाम करते थे।
(ii) अधिक उम्र होने पर भी उन पर बुढ़ापे का कोई प्रभाव नहीं था।
(iii) वे इस उम्र में भी दौड़ लगाते थे।
(iv) उनका स्वभाव हँसमुख था।
(v) वे निडर और साहसी थे।
(vi) उनकी वाणी में बादल-सी गर्जना थी।
(vii) उनके कार्य करने की गति बहुत तीव्र थी।
(viii) वे धार्मिक प्रवृत्ति के व्यक्ति थे।
(ix) उनका ह्रदय अत्यंत कोमल था।
(x) वे एक पक्के देशभक्त एवं बहादुर व्यक्ति थे।
(xi) वे अत्यधिक भावुक व्यक्ति भी थे।

4. निम्नलिखित पंक्तियों में 'बस' शब्द के प्रयोग की विशेषताएँ बताओ

मैं मजे में हूँ सही है,
घर नहीं हूँ बस यही है,
किंतु यह बस बड़ा बस है,
इसी बस से सब विरस है,

उत्तर प्रस्तुत पंक्तियों में 'बस' शब्द का प्रयोग बहुआयामी और लाक्षणिक अर्थों को व्यक्त करता है। इसकी विशेषताएँ निम्नलिखित हैं

स्थिति का वर्णन 'घर नहीं हूँ बस यही है' में 'बस' शब्द यह संकेत देता है कि कवि के जीवन में एकमात्र कमी यह है कि वह घर पर नहीं है। यह सामान्य स्थिति को सरलता से व्यक्त करता है।

लाचारी और विवशता 'किंतु यह बस बड़ा बस है' में 'बस' शब्द का प्रयोग कवि की विवशता और उसकी असमर्थता को उजागर करता है। वह अपने घर से दूर रहने के लिए मजबूर है, जो उसके जीवन में सबसे बड़ा दुःख है।

आंतरिक वेदना 'इसी बस से सब विरस है' में 'बस' शब्द का अर्थ है कि यह कमी उसके जीवन को नीरस और खाली बना रही है। यह कवि के मन के खालीपन और उसकी गहरी पीड़ा को व्यक्त करता है।

भावनात्मक गहराई हर बार 'बस' का प्रयोग कवि की भावनाओं और मनोदशा को अलग-अलग रूपों में प्रकट करता है, जिससे पाठक को उसकी स्थिति और संघर्ष का एहसास होता है।

5. कविता की अंतिम 12 पंक्तियों को पढ़कर कल्पना कीजिए कि कवि अपनी किस स्थिति व मन:स्थिति को अपने प्रियजनों से छिपाना चाहता है?

उत्तर कविता की अंतिम 12 पंक्तियों में कवि की मनोव्यथा का वर्णन हुआ है। वह जेल में बंद है। उसे सब लोग बेगाने लगते हैं। वह हर आदमी से दूर भागता है। उसे एकांत में रहना अच्छा लगता है। अपने प्रियजनों की स्मृति में खोया रहता है। वास्तव में, कवि जेल की यातनापूर्ण व कष्टदायी स्थितियों से दुःखी है। अतः वह जेल के उस यातनापूर्ण जीवन व अपनी व्यथित मनःस्थिति को अपने प्रियजनों से छिपाना चाहता है अन्यथा वे दुःखी होंगे।

कविता के आस-पास

1. ऐसी पाँच रचनाओं का संकलन कीजिए, जिसमें प्रकृति के उपादानों की कल्पना संदेशवाहक के रूप में की गई है।

उत्तर 'बादल राग', 'मेघ आए बन-ठन के', 'मेघदूत', 'अहा : धरती कितना देती है', 'जूही की कली'।

2. घर से अलग होकर आप घर को किस तरह से याद करते हैं? लिखें।

उत्तर जब भी हम घर से अलग होते हैं, तो हमें घर का हर सदस्य याद आता है। माँ के हाथ का बना खाना, पिता का प्यार, भाई-बहनों का साथ आदि। इस प्रकार, एक-एक घटना की याद आती रहती है। मन में बार-बार घर जाने के विचार आते हैं। हम फ़ोन द्वारा, पत्र द्वारा उनका हाल-चाल जानने का प्रयास करते हैं।

अभ्यास प्रश्न

काव्यांश पर आधारित बहुविकल्पीय प्रश्न

निम्नलिखित काव्याशों को ध्यानपूर्वक पढ़कर पूछे गए प्रश्नों के सही उत्तर चुनिए।

1. घर कि घर में चार भाई,
मायके में बहिन आई,
बहिन आई बाप के घर,
हाय रे परिताप के घर!

घर कि घर में सब जुड़े हैं,
सब कि इतने कब जुड़े हैं,
चार भाई चार बहिनें,
भुजा भाई प्यार बहिनें

(i) कवि के घर में कितने भाई हैं?

(क) पाँच (ख) चार
(ग) तीन (घ) दो

उत्तर (ख) चार

(ii) 'हाय रे परिताप के घर' से कवि का क्या आशय है?

(क) उसकी विवाहिता बहन घर आई होगी
(ख) उसकी बहन उसे न देखकर दु:खी हुई होगी
(ग) उसे ऐसा लगेगा, जैसे बहन पिता के घर न आकर दु:ख के घर आ गई है
(घ) उपर्युक्त सभी

उत्तर (घ) उपर्युक्त सभी

(iii) काव्यांश के अनुसार, निम्नलिखित कथनों में से सही कथनों पर विचार कीजिए

1. परिवार के सभी सदस्य एक-दूसरे से बहुत प्रेम करते हैं।
2. परिवार के सभी सदस्य परस्पर लड़ते रहते हैं।
3. एक ही घर में कई घर हो चुके हैं।

कूट

(क) 1 और 2 (ख) केवल 1
(ग) केवल 3 (घ) ये सभी

उत्तर (ख) केवल 1

(iv) कवि के परिवार में भाई किसके समान हैं?

(क) प्रेम के समान
(ख) भुजाओं के समान
(ग) एक लाठी के समान
(घ) आँखों के समान

उत्तर (ख) भुजाओं के समान

(v) 'भुजा भाई प्यार बहिनें' में कौन-सा अलंकार है?

(क) अनुप्रास (ख) श्लेष
(ग) रूपक (घ) अतिशयोक्ति

उत्तर (क) अनुप्रास

2. पाँव जो पीछे हटाता,
कोख को मेरी लजाता,
इस तरह होओ न कच्चे,
रो पड़ेंगे और बच्चे,
पिताजी ने कहा होगा,
हाय, कितना सहा होगा,
कहाँ, मैं रोता कहाँ हूँ,
धीर मैं खोता, कहाँ हूँ,

(i) कवि की माँ किसे समझा रही होंगी?
(क) कवि के भाई को (ख) कवि की पत्नी को
(ग) कवि के पिता को (घ) कवि की बहन को

उत्तर (ग) कवि के पिता को

(ii) कवि की माँ के अनुसार, कवि के पाँव पीछे हटाने से क्या होगा?
(क) माँ की कोख लज्जित होगी
(ख) मेरा हृदय भर आएगा
(ग) मेरा मन दुःखी होगा
(घ) मैं सहन नहीं कर पाऊँगी

उत्तर (क) माँ की कोख लज्जित होगी

(iii) कवि कौन-से रास्ते पर चल रहा है?
(क) गलत रास्ते पर
(ख) प्रेम के रास्ते पर
(ग) अपने घर के रास्ते पर
(घ) कर्त्तव्य पथ तथा संघर्ष के रास्ते पर

उत्तर (घ) कर्त्तव्य पथ तथा संघर्ष के रास्ते पर

(iv) **कथन** (A) माँ ने पिता से कहा कि तुम धैर्य बनाए रखो।
कारण (R) पिताजी का मनोबल टूटने से अन्य बच्चों का साहस भी टूट सकता था।

कूट
(क) कथन (A) और कारण (R) दोनों सही हैं तथा कारण (R), कथन (A) की सही व्याख्या करता है।
(ख) कथन (A) और कारण (R) दोनों सही हैं, परंतु कारण (R), कथन (A) की सही व्याख्या नहीं करता है।
(ग) कथन (A) सही है, किंतु कारण (R) गलत है।
(घ) कथन (A) गलत है, किंतु कारण (R) सही है।

उत्तर (क) कथन (A) और कारण (R) दोनों सही हैं तथा कारण (R), कथन (A) की सही व्याख्या करता है।

(v) 'कोख को लजाना' का क्या अर्थ होगा?
(क) अपमान कमाना (ख) क्रोध दिलाना
(ग) खुश होना (घ) उदास होना

उत्तर (क) अपमान कमाना

3. और कहना मस्त हूँ मैं,
कातने में व्यस्त हूँ मैं,
वज़न सत्तर सेर मेरा,
और भोजन ढेर मेरा,
कूदता हूँ, खेलता हूँ,
दुःख डट कर ठेलता हूँ,
और कहना मस्त हूँ मैं,
यों न कहना अस्त हूँ मैं,

(i) 'दुःख डट कर ठेलता हूँ' पंक्ति में किस भावना को व्यक्त किया गया है?
(क) निराशा और असंतोष (ख) भय और चिंता
(ग) आलस्य और सुस्ती (घ) संघर्ष और दृढ़ता

उत्तर (घ) संघर्ष और दृढ़ता

(ii) 'कातने में व्यस्त हूँ मैं' से कवि का क्या तात्पर्य है?
(क) कवि जेल में शाक-सब्जी काट रहा है
(ख) कवि गाँधीजी के निर्देश पर सूत कातने में व्यस्त है
(ग) कवि फसल काटने में व्यस्त है
(घ) उपर्युक्त में से कोई नहीं

उत्तर (ख) कवि गाँधीजी के निर्देश पर देश सेवा में व्यस्त है

(iii) कवि के अनुसार, कवि का वजन कितना हो गया है?
(क) 20 सेर (ख) 50 सेर
(ग) 60 सेर (घ) 70 सेर

उत्तर (घ) 70 सेर

(iv) 'यों न कहना अस्त हूँ मैं' से कवि का क्या अभिप्राय है?
(क) कवि चाहता है कि उसके घर वाले उससे मिलने आएँ
(ख) कवि नहीं चाहता कि उसके कष्टों का घर पर किसी को पता चले
(ग) कवि नहीं चाहता कि उसके आनंद का घर पर किसी को पता चले
(घ) कवि चाहता है कि वह जल्दी घर चला जाए

उत्तर (ख) कवि नहीं चाहता कि उसके कष्टों का घर पर किसी को पता चले

(v) कवि अपना संदेश किसके माध्यम से भेजता है?
(क) डाकिए (ख) बादल
(ग) देशभक्त (घ) घनिष्ठ मित्र

उत्तर (ख) बादल

विषय-वस्तु पर आधारित प्रश्नोत्तर

लघु उत्तरीय प्रश्न

1. पिता कवि को 'सोने पे सुहागा' क्यों मानते हैं?

उत्तर पिता को अपने सभी बेटे प्यारे हैं, परंतु उन्हें सबसे अधिक स्नेह कवि से है। कवि ने अपने आपको देश सेवा में समर्पित करके, उनके सिखाए गए नियमों तथा सिद्धांतों को क्रियान्वित किया और अपने माता-पिता का नाम उज्ज्वल किया, इसलिए कवि के पिता उसे 'सोने पे सुहागा' कहते थे।

2. कवि द्वारा सावन के माध्यम से झूठा संदेश भिजवाना क्या दर्शाता है?

उत्तर कवि द्वारा सावन को दूत बनाकर अपने पिता को झूठा संदेश भिजवाना यह दर्शाता है कि कवि अपने पिता को व्यथित और दुःखी नहीं देख सकता। उसके पिता दुःखी न हों, इसीलिए वह अपने दुःख और संताप को छिपाने के लिए तैयार है।

3. कवि ने स्वयं को अभागा क्यों कहा है?

उत्तर कवि को स्वतंत्रता आंदोलन में शामिल होने के कारण कारावास की सज़ा मिली। उसके जेल जाने के कारण उसके माता-पिता अत्यंत दुःखी थे और वह स्वयं को उनके दुःख का कारण समझ रहा था, इसलिए कवि ने स्वयं को अभागा कहा।

4. अपने पिता की किस परंपरा को कवि आगे बढ़ा रहा है?

उत्तर कवि के जेल जाने से दुःखी उसके पिता को ढाँढस बँधाते हुए उसकी माँ कहती हैं कि आपके देश प्रेम की इच्छा को जानकर और आपके प्रति अपनत्व की भावना के कारण ही वह जेल गया है। यह तुम्हारी ही परंपरा थी, जिसे वह आगे बढ़ा रहा है।

5. 'घर की याद' कविता का प्रतिपाद्य लिखिए।

उत्तर 'घर की याद' कविता में कवि ने जेल-प्रवास के दौरान रात को वर्षा होने से हृदय में जागृत हुई कोमल भावनाओं के कारण अपने घर व परिवार के सदस्यों की याद आने का वर्णन किया है। इसमें ममतामयी माँ, साहसी, दृढ़ स्वभाव, मेहनती व भावुक पिता तथा भाई-बहनों का स्मरण उसके हृदय में उनसे बिछड़ने की पीड़ा को अभिव्यक्त किया गया है।

दीर्घ उत्तरीय प्रश्न

1. परिवार के प्रति कवि की संवेदनाओं का वर्णन कीजिए।

उत्तर कवि अपने परिवार से बहुत प्रेम करता है। उसे रह-रहकर अपनी माँ, भाई-बहनों तथा पिता की याद आती है। वह अपनी माँ के स्नेह को कारागार में भी महसूस करता है। वह इस स्थिति को सोचकर ही दुःखी हो उठता है कि उसके कारण उसके पिता की आँखों में आँसू आ गए होंगे। वह उनका दुःख कम करने के लिए यह जताना चाहता है कि वह जेल में दुःखी नहीं है। अतः वे उसकी चिंता करके दुःखी न हों।

2. जेल जाकर कवि की मानसिक स्थिति कैसी हो गई?

उत्तर जेल जाकर कवि की मानसिक स्थिति अत्यंत संवेदनशील और भावुक हो गई थी। कवि को इस बात पर बहुत गर्व था कि वह देश के प्रति अपने कर्त्तव्य को पूरा कर रहा है, परंतु स्वयं को अकेला और अपने परिवार से दूर पाकर दुःखी भी था। कवि को अपने माता-पिता की चिंता सताती थी, विशेषकर यह सोचकर कि उसकी अनुपस्थिति से वे कितने दुःखी होंगे। वह सावन से अपने माता-पिता को ऐसा कोई संदेश न देने का आग्रह करता है, जिससे उनकी व्यथा और बढ़े। कवि अपनी स्थिति को सहने का साहस दिखाता है, लेकिन वह अपने माता-पिता की भावनाओं को ठेस पहुँचाने से बचाने की कोशिश करता है। यह कवि की गहरी करुणा और परिवार के प्रति प्रेम को दर्शाता है।

3. कविता पढ़ने के पश्चात् कवि की माँ के बारे में क्या छवि उभरती है?

उत्तर कविता पढ़ने के पश्चात् हमें यह पता चलता है कि कवि की माँ भले ही अनपढ़ हैं, लेकिन उनकी सोच अत्यंत प्रभावशाली है। उन्हें इस बात का दुःख अवश्य हो रहा है कि उनका एक बेटा उनसे दूर (कारावास में) है, परंतु उन्हें इस बात पर गर्व भी है कि कवि ने देशहित में स्वयं को समर्पित कर दिया। यदि कवि ऐसा न करता, तो वह लज्जित हो जातीं। मुश्किल समय में जब कवि के पिता भावुक होकर रो पड़ते हैं, तब वे ही उन्हें धीरज बँधाती हैं और पूरे घर को सँभालने का प्रयास करती हैं। इससे उनकी सहनशीलता व देशभक्ति की भावना का पता लगता है।

4. 'तुम बरस लो वे न बरसें' पंक्ति का भावार्थ स्पष्ट कीजिए।

उत्तर प्रस्तुत पंक्ति के माध्यम से कवि बादल से अनुरोध करते हुए कहता है कि तुम बरस लो अर्थात् तुम्हारे बरसने से जगत का कल्याण होगा, इसलिए तुम बरसो, परंतु तुम मेरे पिता से ऐसा कुछ न कहना, जिससे वे दुःखी हों। तुम्हारा बरसना लोगों के लिए मंगलमय होगा, लेकिन मेरे पिता के लिए दुःख भरा हो सकता है, इसलिए तुम उन्हें कुछ न बताना। यदि उन्हें मेरी यातना के बारे में पता चला तो उनके दुःखी होने से मुझे अत्यंत पीड़ा पहुँचेगी।

5. प्रस्तुत कविता के आधार पर मिश्र जी की भाषा-शैली पर टिप्पणी कीजिए।

उत्तर कवि मिश्र जी की कविता की सबसे बड़ी विशेषता सहज लेखन तथा सहज अभिव्यक्ति है। उनकी कविता में अलंकारों के माध्यम से चमत्कार उत्पन्न करने का गुण दिखाई नहीं देता, अपितु अलंकार स्वाभाविक रूप से स्वयं ही आ जाते हैं। इनकी कविता सहज लय की कविता है। मिश्र जी में बोल-चाल के गद्यात्मक से लगते वाक्य-विन्यास को ही कविता में बदल देने की अपूर्व क्षमता है। इसी कारण उनकी कविता सहज होती है। इनकी कविताओं में भावों को मुख्य स्थान प्रदान किया गया है।

स्व-मूल्यांकन

काव्यांश पर आधारित बहुविकल्पीय प्रश्न

निम्नलिखित काव्यांश को ध्यानपूर्वक पढ़कर पूछे गए प्रश्नों के सही उत्तर चुनिए।

1. हाय रे, ऐसा न कहना,
है कि जो वैसा न कहना,
कह न देना जागता हूँ,
आदमी से भागता हूँ,
कह न देना मौन हूँ मैं,
खुद न समझूँ कौन हूँ मैं,
देखना कुछ बक न देना,
उन्हें कोई शक न देना,
हे सजीले हरे सावन,
हे कि मेरे पुण्य पावन,
तुम बरस लो वे न बरसें,
पाँचवें को वे न तरसें।

(i) कवि सावन से अपने पिता को क्या नहीं कहने के लिए कहता है?
(क) जैसा मैं दिख रहा हूँ वैसा न कहना
(ख) मेरे दु:खों का बखान मत करना
(ग) मुझे नींद नहीं आती
(घ) उपर्युक्त सभी

(ii) कवि के पिताजी का दु:ख कब बढ़ जाएगा?
(क) कवि की दु:खदायी स्थिति का पता चलने पर
(ख) कवि की दु:खदायी स्थिति का पता न चलने पर
(ग) कवि को संघर्ष में न देखकर
(घ) कवि को घर आते देखकर

(iii) कवि ने सावन को किसकी संज्ञा दी है?
(क) रंगीला
(ख) सजीला
(ग) हठीला
(घ) भड़कीला

(iv) कवि स्वयं किसके पास नहीं पहुँच सकता?
(क) माँ-बाप
(ख) दादा-दादी
(ग) भाई-बहन
(घ) उपर्युक्त सभी

(v) कवि की चिंता का कारण क्या है?
(क) उसकी वजह से उसके परिवार का दु:खी होना
(ख) अपने परिवार से न मिल पाना
(ग) अपने परिवार को बताकर न आना
(घ) उपर्युक्त में से कोई नहीं

विषय-वस्तु पर आधारित प्रश्न

लघु उत्तरीय प्रश्न

1. वर्षा के पानी का गिरना कवि के भावों का प्रतीक है। स्पष्ट कीजिए।

2. कवि अपने माता-पिता को कष्ट नहीं पहुँचाना चाहता है। कविता के आधार पर इस तथ्य को सिद्ध कीजिए।

3. संपूर्ण कविता भावों से संचालित है कैसे? स्पष्ट कीजिए।

दीर्घ उत्तरीय प्रश्न

1. 'किंतु उनसे यह न कहना ...... यों न कहना अस्त हूँ मैं' पंक्तियों का आशय स्पष्ट कीजिए।

2. कवि का बहन के घर आने के समाचार को पाकर दु:खी होने का क्या कारण है? स्पष्ट कीजिए।

3. कवि अपनी कौन-सी मनोस्थिति व परिस्थिति को अपने परिवारजनों से छिपाता है और क्यों?

04

अध्याय

कवि-परिचय

प्रगतिशील काव्यधारा के प्रमुख कवि त्रिलोचन (वासुदेव सिंह) का जन्म वर्ष 1917 को चिरानी पट्टी, ज़िला सुल्तानपुर (उत्तर प्रदेश) में हुआ था। त्रिलोचन की कविताओं में भावावेश के स्थान पर भावों की स्थिरता है, जिसे उन्होंने बिना किसी लाग-लपेट के सीधे सरल शब्दों में अभिव्यक्त किया है। अंग्रेज़ी छंद 'सॉनेट' को हिंदी साहित्य में स्थापित करने का श्रेय भी इन्हें ही जाता है। उनकी रचना के विषय व उसकी प्रस्तुति दोनों एक-दूसरे के पूरक के रूप में उनकी कविताओं में दिखाई देते हैं, जिनमें सामान्य-सा भी भेद दिखाई नहीं देता। धरती, दिगंत, मेरा घर, चैती (काव्य); देशकाल, रोज़नामचा (गद्य) इनकी प्रसिद्ध रचनाएँ हैं। अपने उत्कृष्ट लेखन कार्य के लिए इन्हें साहित्य अकादमी, शलाका सम्मान इत्यादि से पुरस्कृत किया गया है। वर्ष 2007 में इनका देहावसान हो गया।

अध्ययन के लिए
- कविता की रूपरेखा
- काव्यांशों की व्याख्या

अभ्यास के लिए
- पाठ्यपुस्तक के प्रश्नोत्तर
- काव्यांश पर आधारित बहुविकल्पीय प्रश्न
- लघु उत्तरीय प्रश्न
- दीर्घ उत्तरीय प्रश्न

चंपा काले काले अच्छर नहीं चीन्हती

(त्रिलोचन)

कविता की रूपरेखा

'चंपा काले काले अच्छर नहीं चीन्हती' कविता आर्थिक मजबूरियों के चलते गाँवों से शहरों की ओर होते पलायन, शिक्षा-व्यवस्था में व्याप्त अंतर्विरोधों की कविता है। जहाँ नायिका चंपा संयोगवश ही उस शोषणकारी व्यवस्था के विरुद्ध खड़ी दिखाई देती है, जिसने मनुष्य के जीवन को नारकीय (द्वेषपूर्ण) बना दिया है।

काव्यांशों की व्याख्या

काव्यांश 1

चंपा काले काले अच्छर नहीं चीन्हती
मैं जब पढ़ने लगता हूँ वह आ जाती है
खड़ी खड़ी चुपचाप सुना करती है
उसे बड़ा अचरज होता है:
इन काले चीन्हों से कैसे ये सब स्वर
निकला करते हैं

शब्दार्थ

अच्छर—अक्षर; **चीन्हती**—पहचानती; **अचरज**—हैरानी, आश्चर्य; **चीन्हों**—अक्षरों।

संदर्भ प्रस्तुत काव्यांश हमारी पाठ्यपुस्तक 'आरोह भाग-1' में संकलित त्रिलोचन द्वारा रचित कविता 'चंपा काले काले अच्छर नहीं चीन्हती' से उद्धृत है।

प्रसंग प्रस्तुत काव्यांश में कवि ने पलायन के लोक अनुभवों एवं साक्षरता के प्रति ग्रामीण समाज में व्याप्त उदासीनता को चंपा के माध्यम से अभिव्यक्त किया है।

व्याख्या कविता की नायिका चंपा एक ग्वाल-बाला है, जो अशिक्षित है और अक्षरों के महत्त्व को नहीं जानती। कवि जब कभी भी कुछ पढ़ना आरंभ करता है, तो वह उस समय उसके पास आकर खड़ी हो जाती है और अत्यधिक आश्चर्य प्रकट करती कि इन काले-काले अक्षरों में इतने सारे स्वर कैसे छिपे पड़े हैं? वास्तव में, अनपढ़ चंपा अशिक्षित होने के कारण अक्षरों के महत्त्व से अपरिचित है।

कवि द्वारा पढ़ते समय बोले जाने वाले अक्षरों को ध्यानपूर्वक सुनकर वह यह समझने की कोशिश करती है कि इससे निकलने वाले भिन्न-भिन्न स्वरों का और उनके अर्थ का उद्‌गम क्या हो सकता है अर्थात् ये स्वर कहाँ छिपे हुए हैं और इनका अर्थ क्या है? वह अक्षरों के अर्थ से हैरान होती है।

काव्य शैली

(*i*) प्रस्तुत काव्यांश में निरक्षर व्यक्ति के हृदय में उठने वाले भावों को अभिव्यक्त किया गया है।

(*ii*) कवि ने ग्रामीण वातावरण को जीवंत बनाने के लिए ग्राम्य शब्दों का सुंदर प्रयोग किया है; जैसे—अच्छर, चीन्हती, अचरज।

(*iii*) 'काले काले' तथा 'खड़ी-खड़ी' में पुनरुक्तिप्रकाश अलंकार मौजूद है।

(*iv*) मुक्त छंद व प्रसाद गुण का प्रयोग किया गया है।

(*v*) भाषा सरल एवं बोधगम्य है।

काव्यांश 2

चंपा सुंदर की लड़की है
सुंदर ग्वाला है : गायें-भैंसें रखता है
चंपा चौपायों को लेकर
चरवाही करने जाती है
चंपा अच्छी है
चंचल है
न ट ख ट भी है
कभी कभी ऊधम करती है
कभी कभी वह कलम चुरा देती है
जैसे तैसे उसे ढूँढ कर जब लाता हूँ
पाता हूँ-अब कागज़ गायब
परेशान फिर हो जाता हूँ

शब्दार्थ

ग्वाला—गायें-भैंसें पालने वाला; **चौपाया**—चार पैरों वाले जानवर; **चरवाही**—मवेशी चराना; **चंचल**—शरारती; **ऊधम**—शरारत, तंग करने वाली हरकतें।

संदर्भ पूर्ववत्।

प्रसंग प्रस्तुत काव्यांश में कवि ने चंपा के व्यक्तित्व की विशेषताओं का वर्णन किया है।

व्याख्या कवि चंपा का परिचय देते हुए पाठकों को बताता है कि वह सुंदर नामक एक ग्वाले की बेटी है और उसका पिता गायें-भैंसों को पालता है। चौपायों अर्थात् गायें-भैंसों को लेकर चंपा रोज़ उन्हें चराने के लिए ले जाती है। वह बहुत सुंदर, अच्छी, चंचल व नटखट लड़की है, जो शरारतें करते हुए ऊधम भी मचाती है। कभी वह कवि की कलम चुरा लेती है। कवि जैसे तैसे अपनी कलम को ढूँढकर लाता है, तो उतने में वह उसका कागज़ गायब कर देती है। कवि उसकी इन सभी शरारतों से परेशान हो जाता है।

काव्य शैली

(*i*) प्रस्तुत काव्यांश में कवि ने भोली चंपा की सहज शरारतों का मनोरम वर्णन किया है।

(*ii*) ग्रामीण भाषा एवं परिवेश के अनुरूप ग्राम्य शब्दों का प्रयोग हुआ है। चौपाया, चरवाही जैसे शब्द ग्रामीण परिवेश को साकार कर रहे हैं।

(*iii*) काव्यांश की अभिव्यक्ति एकदम सरल, सपाट एवं सीधी है।

(*iv*) 'कभी कभी' तथा 'जैसे तैसे' शब्दों के प्रयोग में पुनरुक्तिप्रकाश अलंकार की छटा है, जिससे काव्य में प्रवाह का गुण विद्यमान हो गया है।

काव्यांश 3

चंपा कहती है :
तुम कागद ही गोदा करते हो दिन भर
क्या यह काम बहुत अच्छा है
यह सुनकर मैं हँस देता हूँ
फिर चंपा चुप हो जाती है
उस दिन चंपा आई, मैंने कहा कि
चंपा, तुम भी पढ़ लो
हारे गाढ़े काम सरेगा
गाँधी बाबा की इच्छा है-
सब जन पढ़ना-लिखना सीखें
चंपा ने यह कहा कि
मैं तो नहीं पढ़ूँगी
तुम तो कहते थे गाँधी बाबा अच्छे हैं
वे पढ़ने-लिखने की कैसे बात कहेंगे
मैं तो नहीं पढ़ूँगी

शब्दार्थ

कागद—कागज़; **गोदा**—लिखा; **हारे गाढ़े काम सरेगा**—कठिनाई के दिनों में काम आएगा; **जन**—आदमी।

संदर्भ पूर्ववत्।

प्रसंग प्रस्तुत काव्यांश में साक्षरता के प्रति ग्रामीण समाज में व्याप्त उदासीनता को चंपा के माध्यम से अभिव्यक्त किया गया है।

व्याख्या कवि कहता है कि चंपा निरक्षर है, उसका काले अक्षरों से कोई संबंध नहीं है। अतः वह कवि से पूछती है कि तुम जो दिनभर कागज़ पर कुछ-कुछ लिखते रहते हो, क्या यह काम बहुत अच्छा है? चंपा की नज़र में लिखने का कोई महत्त्व नहीं है, इसके बावजूद वह जानना चाहती है कि शेष लोग इसके बारे में क्या सोचते हैं? उसकी बात सुनकर कवि हँसने लगता है, तो चंपा चुप हो जाती है।

एक दिन चंपा के आने पर कवि ने उससे कहा कि तुम भी पढ़ना सीख लो, इससे मुसीबत के समय में तुम्हें सहायता मिलेगी। यह तुम्हारे काम आएगा। महात्मा गाँधी की भी यही इच्छा है कि सभी व्यक्ति पढ़ना-लिखना सीख लें। कवि के इस आग्रह का उत्तर देते हुए चंपा कहती है कि अभी तक तो तुम कहते थे कि गाँधीजी बहुत अच्छे हैं। यदि वे अच्छे हैं, तो फिर पढ़ने-लिखने की बात क्यों कहते हैं? मैं तो उनके कहने के बाद भी नहीं पढ़ूँगी। चंपा महात्मा गाँधी की अच्छाई या बुराई का मापदंड पढ़ने की सीख से लेती है और न पढ़ने का निश्चय दोहराती है।

काव्य शैली

(*i*) प्रस्तुत काव्यांश में निरक्षर व्यक्ति की मनोदशा का सुंदर चित्रण किया गया है।

(*ii*) शिक्षा के प्रति लोगों के मन में उपेक्षा के भाव को यहाँ स्पष्ट किया गया है।

(*iii*) 'चंपा चुप' तथा 'पढ़ना-लिखना' में अनुप्रास अलंकार की छटा है तथा चंपा के द्वारा प्रश्न पूछे जाने के क्रम में प्रश्न अलंकार की प्रतीति होती है।

(*iv*) देशज शब्दावली युक्त सरल एवं सहज खड़ीबोली का प्रयोग हुआ है।

(*v*) काव्यांश में मुक्त छंद एवं संवाद शैली का प्रयोग किया गया है।

काव्यांश 4

मैंने कहा कि चंपा, पढ़ लेना अच्छा है
ब्याह तुम्हारा होगा, तुम गौने जाओगी,
कुछ दिन बालम संग साथ रह चला जाएगा जब कलकत्ता
बड़ी दूर है वह कलकत्ता
कैसे उसे सँदेसा दोगी
कैसे उसके पत्र पढ़ोगी
चंपा पढ़ लेना अच्छा है!

शब्दार्थ

ब्याह—शादी; **गौना**—विवाह पश्चात् नवविवाहित युवती का पहली बार ससुराल जाना; **बालम**—पति; **संग**—साथ; **सँदेसा**—संदेश।

संदर्भ पूर्ववत्।

प्रसंग प्रस्तुत काव्यांश में कवि चंपा को शिक्षित होने के महत्त्व को स्पष्ट कर रहा है।

व्याख्या कवि चंपा को पढ़ने की सलाह देते हुए कहता है कि तुम्हारे लिए पढ़ना सीख लेना अच्छा है, क्योंकि जब तुम्हारा विवाह होगा, तो तुम्हारा पति कुछ दिनों तक साथ रहने के बाद नौकरी करने के लिए कलकत्ता चला जाएगा। कलकत्ता यहाँ से बहुत दूर है, ऐसी स्थिति में तुम उसे बिना पढ़े-लिखे किस तरह संदेश भेज पाओगी और उसके द्वारा भेजा गया पत्र भला कैसे पढ़ सकोगी? अपने पति को संदेश भेजने और उसका संदेश या पत्र पढ़ने के लिए तुम्हें पढ़ना अवश्य सीख लेना चाहिए।

काव्य शैली

(*i*) प्रस्तुत काव्यांश में कवि ने गाँव की अशिक्षित लड़की की मानसिकता को ध्यान में रखकर शिक्षा के महत्त्व को एक विशिष्ट तरीके से दर्शाया है।

(*ii*) गाँवों से शहरों की ओर होने वाले पलायन की प्रवृत्ति को दर्शाया गया है।

(*iii*) कवि द्वारा चंपा को समझाने के क्रम में प्रश्न अलंकार का सुंदर प्रयोग किया गया है।

(*iv*) काव्यांश में ब्याह, गौना, बालम, सँदेसा जैसे ग्रामीण शब्दों का प्रयोग करके ग्रामीण परिवेश जीवंत बन गया है। गाँव का बिंब साकार हो उठता है।

(*v*) 'संग साथ' में अनुप्रास अलंकार है।

(*vi*) ग्रामीण जीवन का सहज, स्वाभाविक एवं जीवंत चित्रण किया गया है।

काव्यांश 5

चंपा बोली : तुम कितने झूठे हो, देखा,
हाय राम, तुम पढ़-लिख कर इतने झूठे हो
मैं तो ब्याह कभी न करूँगी
और कहीं जो ब्याह हो गया
तो मैं अपने बालम को संग साथ रखूँगी
कलकत्ता मैं कभी न जाने दूँगी
कलकत्ते पर बजर गिरे।

शब्दार्थ

बजर गिरना—वज्र गिरे, भारी विपत्ति आना।

संदर्भ पूर्ववत्।

प्रसंग प्रस्तुत काव्यांश में चंपा ने पढ़ना-लिखना सीखने की अपेक्षा कलकत्ता के विनाश की कामना की है।

व्याख्या कवि द्वारा चंपा को पढ़ने की सलाह देने पर वह नाराज़ हो जाती है। वह कहती है कि तुम बहुत झूठ बोलते हो। तुम पढ़-लिखकर भी झूठ बोलते हो। वह कहती है कि मैं शादी कभी नहीं करूँगी और यदि कहीं शादी हो भी गई, तो मैं पति को हमेशा अपने साथ रखूँगी। उसे कभी कलकत्ता नहीं जाने दूँगी। परिवारों को दूर करने वाले शहर कलकत्ते पर वज्र गिरे अर्थात् उसका विनाश हो।

काव्य शैली

(*i*) प्रस्तुत काव्यांश में चंपा का भोलापन, अल्हड़पन और हठी स्वभाव दिखाई देता है। वह पढ़ाई-लिखाई को झूठ और चालाकी का पर्याय मानती है।

(*ii*) कलकत्ता महानगरीय संस्कृति का प्रतीक है, जिसे गाँवों से होते पलायन के लिए ज़िम्मेदार माना गया है।

(*iii*) चंपा के स्वाभाविक संवादों के कारण कविता में सजीवता आ गई है।

(*iv*) 'तुम पढ़-लिख कर इतने झूठे हो' में व्यंजना शब्द-शक्ति का प्रयोग किया गया है।

(*v*) प्रस्तुत काव्यांश में 'कभी न करूँगी' और 'संग साथ' में अनुप्रास अलंकार है।

(*vi*) भाषा ग्रामीण परिवेश के अनुकूल अत्यंत सरल, सीधी और सादगीपूर्ण है।

पाठ्यपुस्तक (आरोह भाग-1) के प्रश्नोत्तर

कविता के साथ

1. चंपा ने ऐसा क्यों कहा कि कलकत्ता पर बजर गिरे?

उत्तर चंपा नहीं चाहती थी कि उसका पति उसे छोड़कर कलकत्ता जाए। इसी कारण वह कलकत्ता पर वज्र गिरने की बात करती है। वह सोचती है कि जब कलकत्ता नष्ट हो जाएगा तो उसका पति कलकत्ता नहीं जा पाएगा और न ही उसे संदेश पत्र भेजने और पढ़ने के लिए साक्षर होना पड़ेगा। चंपा द्वारा कलकत्ता शहर पर बजर गिरने की बात करना अर्थात् उसके विनाश की कामना करना लाक्षणिक अर्थों में शोषण के प्रतीक उन शहरों के विनाश की कामना है, जिन्होंने सामान्य व्यक्ति के जीवन को नष्ट कर दिया है।

2. चंपा को इस पर क्यों विश्वास नहीं होता कि गाँधी बाबा ने पढ़ने-लिखने की बात कही होगी?

उत्तर चंपा को कवि की इस बात पर, कि गाँधी बाबा ने पढ़ने-लिखने की बात कही होगी, इसलिए विश्वास नहीं होता, क्योंकि उसका मानना था कि शिक्षित होने के उपरांत व्यक्ति झूठ बोलने लगता है। उसमें छल-प्रपंच की भावना उत्पन्न हो जाती है। गाँधी जी अच्छे व्यक्ति हैं और वे किसी में ऐसे दुर्गुणों के होने का कभी समर्थन नहीं कर सकते।

3. कवि ने चंपा की किन विशेषताओं का उल्लेख किया है?

उत्तर कवि ने चंपा की निम्नलिखित विशेषताओं का उल्लेख किया है

- चंपा भोली और सीधी लड़की है।
- वह अनपढ़ है और पढ़ना भी नहीं चाहती।
- वह शरारती स्वभाव वाली है।
- वह स्पष्टवादी है, जो बात मन में है, वह उसे साफ-साफ कह देती है।
- चंपा शोषक व्यवस्था के खिलाफ़ है।
- वह मेहनती है एवं चरवाही का काम करती है।
- चंपा में परिवार के साथ मिलकर रहने की भावना है।
- चंपा को शहरी जीवन पसंद नहीं है।

4. आपके विचार में चंपा ने ऐसा क्यों कहा होगा कि मैं तो नहीं पढ़ूँगी?

उत्तर मेरे विचार से चंपा ने ऐसा इसलिए कहा होगा, क्योंकि उसके मन में यह बात घर कर गई होगी कि पढ़े-लिखे लोग अच्छे नहीं होते। वे झूठ बोलते हैं, उनमें छल-प्रपंच की भावना होती है। पढ़-लिखकर व्यक्ति अपने समाज से अलग होकर शहरों की ओर पलायन करने लगते हैं तथा ग्रामीणों का शहरों में होने वाला शोषण भी शिक्षित व्यक्ति ही करते हैं, जिसका विरोध लाक्षणिक रूप में चंपा ने 'कलकत्ते पर बजर गिरे' कहकर किया है।

कविता के आस-पास

1. यदि चंपा पढ़ी-लिखी होती, तो कवि से कैसे बातें करती?

उत्तर यदि चंपा पढ़ी-लिखी होती, तो वह कवि के लिखने-पढ़ने की सामग्रियों को नहीं चुराती। वह उनके कार्य में सहयोग करती। उसकी बातों में सरलता, निष्कपटता व अबोधपन नहीं होता। वह कवि से शिष्टाचार व आदर सहित बस काम की ही बातें करती। इसके अतिरिक्त वह कवि की योग्यता का सम्मान कर उनके तर्कों को नहीं काटती और उनका कहना भी मानती।

2. इस कविता में पूर्वी प्रदेशों की स्त्रियों की किस विडंबनात्मक स्थिति का वर्णन हुआ है?

उत्तर इस कविता में पूर्वी प्रदेश की स्त्रियों का निरक्षर होना और शिक्षित होने के लिए किसी प्रकार का कोई प्रयास न करने संबंधी उनकी विडंबनात्मक स्थिति का वर्णन किया गया है। वे पढ़ाई का महत्त्व या अर्थ तक नहीं जानतीं। आज की दुनियादारी का उन्हें कुछ भी पता नहीं। वे बस चारदीवारी में ही बंद रहकर अपना जीवन बिताना जानती हैं।

इसके अतिरिक्त कविता में उनके अपने प्रिय से दूर रहने की विवशता का भी वर्णन हुआ है। उनकी स्थिति यह है कि निरक्षर होने के कारण वे कलकत्ता जैसे महानगरों में रोज़गार के लिए गए अपने पति को न तो पत्र लिख पाती हैं और न उनके द्वारा लिखे पत्र पढ़ पाती हैं, जिससे उन्हें घुट-घुटकर रहना पड़ता है। विडंबना की स्थिति यह है कि अपनी इस दयनीय स्थिति के प्रति वे चिंतित भी नहीं हैं, जिसे कवि ने अपनी रचना के माध्यम से व्यक्त करने का प्रयास किया है।

3. संदेश ग्रहण करने और भेजने में असमर्थ होने पर एक अनपढ़ लड़की को किस वेदना और विपत्ति को भोगना पड़ता है? अपनी कल्पना से लिखिए।

उत्तर संदेश ग्रहण करने और भेजने में असमर्थ होने पर एक अनपढ़ लड़की को अत्यधिक वेदना और विपत्ति को भोगना पड़ता है। उसे अपने परिजनों की ख़बर नहीं मिल पाती। वह अपने हृदय की अनुभूतियों को लिखित रूप में अभिव्यक्त करने में पूर्णतः असमर्थ होती है। उसे किसी भी पत्र-व्यवहार अर्थात् पत्र लिखकर भेजने या प्राप्त पत्रों को पढ़ने के लिए सदैव दूसरों पर आश्रित होना पड़ता है, जिस कारण वह स्वयं कई बार हीनता का अनुभव करने लगती है और अकेलापन महसूस करने लगती है।

4. त्रिलोचन पर एन.सी.ई.आर.टी. द्वारा बनाई गई फ़िल्म देखिए।

उत्तर छात्र स्वयं करें।

अभ्यास प्रश्न

काव्यांश पर आधारित बहुविकल्पीय प्रश्न

निम्नलिखित काव्याशों को ध्यानपूर्वक पढ़कर पूछे गए प्रश्नों के सही उत्तर चुनिए।

1. **चंपा काले काले अच्छर नहीं चीन्हती**
मैं जब पढ़ने लगता हूँ वह आ जाती है
खड़ी खड़ी चुपचाप सुना करती है
उसे बड़ा अचरज होता है:
इन काले चीन्हों से कैसे ये सब स्वर
निकला करते हैं

(i) **चंपा कौन है?**
(क) कविता में चंपा कवि की पत्नी है
(ख) चंपा गाँव की एक निरक्षर लड़की है
(ग) चंपा एक पढ़ी-लिखी गाँव की लड़की है
(घ) चंपा शहर की एक निरक्षर लड़की है

उत्तर (ख) चंपा गाँव की एक निरक्षर लड़की है

(ii) **कवि के अनुसार, चंपा क्या नहीं जानती?**
(क) वह अक्षरों का महत्त्व नहीं जानती
(ख) वह आदमी का महत्त्व नहीं जानती
(ग) वह किताबों को नहीं पहचानती
(घ) वह गाँधीजी को नहीं जानती

उत्तर (क) वह अक्षरों का महत्त्व नहीं जानती

(iii) **जब कवि पढ़ता है, तो चंपा आकर क्या करती है?**
(क) कवि के पास आकर उसे गालियाँ देती है
(ख) कवि को चाय पिलाती है
(ग) कवि के पास आकर खड़ी हो जाती है और उसे सुना करती है
(घ) कवि को पढ़ने नहीं देती

उत्तर (ग) कवि के पास आकर खड़ी हो जाती है और उसे सुना करती है

(iv) **कथन** (A) **चंपा कवि के पढ़ने के समय चुपचाप खड़ी रहती है।**
कारण (R) **चंपा अक्षरों से निकलने वाले स्वरों और उनके अर्थ को समझने का प्रयास करती है।**
(क) कथन (A) और कारण (R) दोनों सही हैं तथा कारण (R), कथन (A) की सही व्याख्या करता है।
(ख) कथन (A) और कारण (R) दोनों सही हैं, परंतु कारण (R), कथन (A) की सही व्याख्या नहीं करता है।
(ग) कथन (A) सही है, किंतु कारण (R) गलत है।
(घ) कथन (A) गलत है, किंतु कारण (R) सही है।

उत्तर (क) कथन (A) और कारण (R) दोनों सही हैं तथा कारण (R), कथन (A) की सही व्याख्या करता है।

(v) **'अच्छर' है**
(क) तत्सम शब्द
(ख) ग्राम्य शब्द
(ग) शहरी शब्द
(घ) विदेशज शब्द

उत्तर (ख) ग्राम्य शब्द

2. **चंपा सुंदर की लड़की है**
सुंदर ग्वाला है : गायें-भैंसें रखता है
चंपा चौपायों को लेकर
चरवाही करने जाती है
चंपा अच्छी है
चंचल है
न ट ख ट भी है
कभी कभी ऊधम करती है
कभी कभी वह कलम चुरा देती है
जैसे तैसे उसे ढूँढ कर जब लाता हूँ
पाता हूँ-अब कागज़ गायब
परेशान फिर हो जाता हूँ

(i) **चंपा के पिता का क्या नाम है?**
(क) त्रिलोचन (ख) सुंदर
(ग) उधभसिंह (घ) ग्वाला

उत्तर (ख) सुंदर

(ii) **सुंदर का व्यवसाय क्या है?**
(क) वह एक ग्वाला है, जो गायें-भैंसें रखता है
(ख) सुंदर एक शिक्षक है
(ग) सुंदर कपड़े का व्यापारी है
(घ) सुंदर शहर में नौकरी करता है

उत्तर (क) वह एक ग्वाला है, जो गाये-भैंसें रखता है

(iii) **चंपा के व्यक्तित्व की क्या विशेषता है?**
(क) वह अच्छी है
(ख) वह चंचल है
(ग) वह नटखट भी है
(घ) उपर्युक्त सभी

उत्तर (घ) उपर्युक्त सभी

(iv) **निम्नलिखित कथनों में से सही कथनों पर विचार कीजिए**
1. चंपा सुंदर नामक ग्वाले की बेटी है।
2. चंपा कवि को उसकी चीजें लौटाकर माफी माँगती है।
3. कवि चंपा की शरारतों से परेशान हो जाता है।

कूट

(क) 1 और 2 (ख) 1 और 3

(ग) 2 और 3 (घ) केवल 1

उत्तर (ख) 1 और 3

(v) कवि की परेशानी का कारण क्या था?

(क) चंपा का भोली होना

(ख) चंपा का गाय-भैंस चराने जाना

(ग) चंपा का कवि की चीजों को छुपाना

(घ) चंपा का शांत बैठ जाना

उत्तर (ग) चंपा का कवि की चीजों को छुपाना

3. चंपा कहती है :
तुम कागद ही गोदा करते हो दिन भर
क्या यह काम बहुत अच्छा है
यह सुनकर मैं हँस देता हूँ
फिर चंपा चुप हो जाती है
उस दिन चंपा आई, मैंने कहा कि
चंपा, तुम भी पढ़ लो
हारे गाढ़े काम सरेगा
गाँधी बाबा की इच्छा है
सब जन पढ़ना-लिखना सीखें
चंपा ने यह कहा कि
मैं तो नहीं पढ़ूँगी
तुम तो कहते थे गाँधी बाबा अच्छे हैं
वे पढ़ने-लिखने की कैसे बात कहेंगे
मैं तो नहीं पढ़ूँगी

(i) चंपा कवि से क्या पूछती है?

(क) दिन भर कागज पर लिखना क्या बहुत अच्छा काम है

(ख) तुम्हे पढ़ना क्यों अच्छा लगता है

(ग) तुम मेरे साथ क्यों नहीं खेलते

(घ) तुम मेरे साथ गाय-भैंस क्यों नहीं चराते

उत्तर (क) दिन भर कागज पर लिखना क्या बहुत अच्छा काम है

(ii) एक दिन कवि ने चंपा से क्या कहा?

(क) तुम मेरे साथ शहर चलो

(ख) तुम भी पढ़ना-लिखना सीख लो

(ग) तुम्हें निरक्षर ही क्यों रहना है

(घ) उपर्युक्त में से कोई नहीं

उत्तर (ख) तुम भी पढ़ना-लिखना सीख लो

(iii) कवि के अनुसार, महात्मा गाँधी की क्या इच्छा है?

(क) सभी व्यक्ति देश-सेवा करें

(ख) सभी व्यक्ति पढ़ना-लिखना सीख लें

(ग) सभी व्यक्ति आंदोलनों में सहयोग करें

(घ) सभी व्यक्ति देश के लिए लिखें

उत्तर (ख) सभी व्यक्ति पढ़ना-लिखना सीख लें

(iv) चंपा ने यह क्यों कहा कि वह गाँधीजी के कहने के बाद भी क्यों नहीं पढ़ेगी?

(क) उसका मानना है कि पढ़ने के बाद सब शहर चले जाते हैं

(ख) उसका मानना है कि पढ़ने के बाद लोग किसी से स्नेह नहीं रखते

(ग) उसका मानना है कि पढ़ने के बाद व्यक्ति झूठ बोलने लगता है

(घ) उसका मानना है कि गाँधीजी ने ऐसा कुछ नहीं कहा है

उत्तर (ग) उसका मानना है कि पढ़ने के बाद व्यक्ति झूठ बोलने लगता है

(v) 'हारे गाढ़े काम सरेगा' का क्या अर्थ है?

(क) कठिन समय में काम आएगा

(ख) कठिन समय नहीं आएगा

(ग) सभी काम बन जाएँगे

(घ) कोई भी काम नहीं बनेगा

उत्तर (क) कठिन समय में काम आएगा

विषय-वस्तु पर आधारित प्रश्नोत्तर

लघु उत्तरीय प्रश्न

1. 'चंपा नटखट है' यह कैसे पता चलता है?

उत्तर चंपा के नटखट स्वभाव का पता उसकी शरारत भरी गतिविधियों से चलता है। वह अपनी अबोध बातों से कवि को परेशान करती रहती है, साथ ही वह कभी उसकी कलम चुरा लेती है, तो कभी उसके कागज़ छुपा लेती है।

2. चंपा लेखक के पढ़ने-लिखने को 'कागद गोदना' क्यों कहती है?

उत्तर चंपा निरक्षर है। वह पढ़ने-लिखने को व्यर्थ का कार्य समझती है, इसलिए उसे लेखक का हमेशा पढ़ते-लिखते रहना अच्छा नहीं लगता। अपनी इसी मानसिकता के कारण वह लेखक के पढ़ने-लिखने को 'कागद गोदना' कहती है।

3. विवाह और पति के बारे में चंपा की क्या धारणा है?

उत्तर विवाह की बात सुनते ही चंपा शर्माकर शादी करने से मना करती है, परंतु जब पति की बात आती है, तो वह सदैव उसे अपने साथ रखने की बात कहती है। वह स्वयं से पति को अलग करने वाले कलकत्ता के ही नष्ट हो जाने की कामना करती है।

4. कविता की नायिका चंपा किसका प्रतिनिधित्व करती है?

उत्तर कविता की नायिका चंपा देश की निरक्षर व ग्रामीण स्त्रियों का प्रतिनिधित्व करती है। ये अबोध बालिकाएँ प्रायः उपेक्षा की शिकार होती हैं। वे पढ़ाई-लिखाई को निरर्थक समझकर पढ़ने का अवसर त्याग देती हैं।

दीर्घ उत्तरीय प्रश्न

1. गाँधीजी का प्रसंग किस संदर्भ में आया है तथा क्यों?

उत्तर गाँधीजी का प्रसंग साक्षरता के संदर्भ में आया है। गाँधीजी की इच्छा थी कि सभी लोग पढ़े-लिखें। कवि जानता था कि सभी लोग गाँधी बाबा पर श्रद्धा रखते हैं। चंपा भी उन्हें महात्मा मानती है। कवि इसी प्रभाव के द्वारा चंपा को पढ़ने के लिए तैयार करना चाहता है। इसी उद्देश्य के कारण कविता में गाँधीजी का प्रसंग आया है।

2. 'तुम पढ़-लिख कर इतने झूठे हो' पंक्ति का आशय स्पष्ट कीजिए।

उत्तर 'तुम पढ़-लिख कर इतने झूठे हो' पंक्ति के माध्यम से कवि त्रिलोचन ने वर्तमान शिक्षित लोगों पर व्यंग्य किया है। कवि इस पंक्ति के माध्यम से स्पष्ट करने का प्रयास करता है कि आधुनिक शिक्षा ने लोगों में छल-कपट, बैर-भाव तथा शोषण करने की मानसिकता को विकसित कर दिया है। अपने लाभ के लिए वह किसी भी स्तर तक जा सकता है।

3. लेखक चंपा को पढ़ने के लिए किस प्रकार प्रेरित करता है?

उत्तर लेखक चंपा को पढ़ने के लिए प्रेरित करते हुए कहता है कि पढ़ाई कठिन समय में काम आती है तथा गाँधी बाबा की भी यही इच्छा है कि सभी लोग पढ़े-लिखें। साथ ही कवि चंपा को समझाता है कि एक-न-एक दिन तुम्हारी शादी होगी और तुम्हारा पति रोज़गार की तलाश में कलकत्ता जाएगा। तब उस समय वह पत्र के माध्यम से ही अपना संदेश भेज सकेगी और पति के पत्र भी पढ़ सकेगी, लेकिन ऐसा तो तभी होगा, जब वह पढ़ना सीख लेगी।

4. चंपा अपने मत के प्रति आग्रही नारी थी। सिद्ध कीजिए।

उत्तर चंपा अपने मत के प्रति बहुत आग्रहशील थी। अपनी बात पर अडिग रहने के लिए वह बड़े-से-बड़े तर्क को भी काट देती है। कवि सभी के शिक्षित होने संबंधी गाँधीजी की इच्छा और विवाहोपरांत प्रिय के पत्र पढ़ने व उन्हें भेजने के लिए शिक्षा को आवश्यक बताता है, जिन्हें वह गाँधीजी की मंशा पर संदेह व्यक्त करके और अपने पति को सदैव अपने पास रखने का तर्क देकर काट देती है। साथ ही वह इन परिस्थितियों के ज़िम्मेदार कलकत्ता महानगर के सर्वनाश की कामना भी करती है।

5. 'चंपा काले काले अच्छर नहीं चीन्हती' कविता का प्रतिपाद्य/उद्देश्य स्पष्ट करें।

उत्तर प्रस्तुत कविता में कवि ने पूर्वी उत्तर प्रदेश के गाँव की एक भोली अनपढ़ लड़की का चित्रण किया है। उसका नाम चंपा है। चंपा निरक्षर है। वह पढ़ना-लिखना बेकार का काम समझती है। यहाँ कवि ने अक्षरों के लिए 'काले काले' विशेषण का प्रयोग करके शिक्षा व्यवस्था की पोल खोली है। कविता की नायिका चंपा शोषक व्यवस्था के विरोध में खड़ी हो जाती है। वह 'कलकत्ते पर बजर गिरे' कथन से अपने जीवन की सुरक्षा के प्रति सावधान होकर संकेत दे जाती है।

स्व-मूल्यांकन

काव्यांश पर आधारित बहुविकल्पीय प्रश्न

निम्नलिखित काव्यांश को ध्यानपूर्वक पढ़कर पूछे गए प्रश्नों के सही उत्तर चुनिए।

1. **चंपा बोली : तुम कितने झूठे हो, देखा,**
हाय राम, तुम पढ़-लिख कर इतने झूठे हो
मैं तो ब्याह कभी न करूँगी
और कहीं जो ब्याह हो गया
तो मैं अपने बालम को संग साथ रखूँगी
कलकत्ता मैं कभी न जाने दूँगी
कलकत्ते पर बजर गिरे।

(i) चंपा कवि से नाराज होकर क्या कहती है?
(क) तुम ही शहर चले जाओ
(ख) तुम बहुत झूठ बोलते हो
(ग) तुम्हें गाँव से चले जाना चाहिए
(घ) मैं परिवार से दूर नहीं जाऊँगी

(ii) शादी होने के बाद चंपा क्या करेगी?
(क) चंपा शादी के बाद कलकत्ता चली जाएगी
(ख) चंपा अपने पति को कलकत्ता भेज देगी
(ग) चंपा अपने पति को कलकत्ता नहीं जाने देगी
(घ) उपर्युक्त में से कोई नहीं

(iii) **कथन** (A) चंपा ने कलकत्ता पर बजर गिरने की कामना की।
कारण (R) चंपा को लगता है कि कलकत्ता परिवारों को दूर करने वाला शहर है।
कूट
(क) कथन (A) और कारण (R) दोनों सही हैं तथा कारण (R), कथन (A) की सही व्याख्या करता है।
(ख) कथन (A) और कारण (R) दोनों सही हैं, परंतु कारण (R), कथन (A) की सही व्याख्या नहीं करता है।
(ग) कथन (A) सही है, किंतु कारण (R) गलत है।
(घ) कथन (A) गलत है, किंतु कारण (R) सही है।

(iv) चंपा ने ऐसा क्यों कहा कि कलकत्ता पर बजर गिरे?
(क) कवि द्वारा उसके पति का कलकत्ता जाने के बारे में कहने पर
(ख) कलकत्ता उसकी नजरों में अच्छा शहर नहीं है
(ग) कलकत्ता बहुत बड़ा शहर है, वह वहाँ खो जाएगी
(घ) उपर्युक्त में से कोई नहीं

(v) 'बजर गिरना' का क्या अर्थ है?
(क) विपत्ति न आना
(ख) विपत्ति आना (विनाश होना)
(ग) बाढ़ आ जाना
(घ) मेल हो जाना

विषय-वस्तु पर आधारित प्रश्न

लघु उत्तरीय प्रश्न

1. चंपा की किन शरारतों के कारण कवि परेशान हो जाता है?

2. चंपा को गाँधीजी की अच्छाई पर संदेह क्यों हुआ?

3. कविता में शिक्षित वर्ग पर निहित व्यंग्य को स्पष्ट कीजिए।

दीर्घ उत्तरीय प्रश्न

1. चंपा ने पढ़े-लिखे लोगों को लेकर क्या टिप्पणी की?

2. कविता में कवि किन बातों को सुनकर हँसने लगता है?

3. कवि शिक्षा को आवश्यक मानकर उस पर जोर क्यों देता है?

05 अध्याय

कवि-परिचय

नई कविता के प्रतिनिधि कवि दुष्यंत कुमार का जन्म वर्ष 1933 में ग्राम राजपुर नवादा (उत्तर प्रदेश) में हुआ था। इनके पिता का नाम दुष्यंत नारायण था।
इलाहाबाद में एम.ए. करने के बाद यहीं से इनका साहित्यिक जीवन आरंभ हुआ। यहाँ ये परिमल की गोष्ठियों में भाग लेने के साथ नए पत्ते जैसे महत्त्वपूर्ण पत्र से जुड़े। जीविकोपार्जन के लिए इन्होंने आकाशवाणी तथा मध्य प्रदेश के राजभाषा विभाग में कार्य किया।
दुष्यंत कुमार की लेखन शैली सहज थी। उन्होंने कभी भी साहित्यिक गुणवत्ता से समझौता नहीं किया। उनकी ग़ज़लों में उर्दू एवं तत्सम शब्दों की बहुलता है। सूर्य का स्वागत, आवाज़ों के घेरे, साये में धूप आदि उनकी मुख्य काव्य रचनाएँ हैं। एक कंठ विषपायी प्रमुख गीति-नाट्य एवं आँगन में एक वृक्ष, छोटे-छोटे सवाल, दोहरी ज़िंदगी उनके प्रमुख उपन्यास हैं। वर्ष 1975 में भोपाल में इनका निधन हो गया।

अध्ययन के लिए
- कविता की रूपरेखा
- काव्यांशों की व्याख्या

अभ्यास के लिए
- पाठ्यपुस्तक के प्रश्नोत्तर
- काव्यांश पर आधारित बहुविकल्पीय प्रश्न
- लघु उत्तरीय प्रश्न
- दीर्घ उत्तरीय प्रश्न

गजल
(दुष्यंत कुमार)

कविता की रूपरेखा

दुष्यंत कुमार रचित 'ग़ज़ल' में कवि ने समाज की दुरवस्था पर प्रकाश डाला है। कवि देश व समाज की दुरवस्था को देखकर चिंतित है, क्योंकि जिन लोगों पर जनकल्याण का दायित्व है, वही लोग भ्रष्टाचार में लिप्त हैं। राजनीतिक व्यवस्था के कुशासन के कारण जन-सामान्य को कष्ट पहुँचता है। कवि ने उन लोगों पर भी कटाक्ष किया है, जो संघर्ष करने से पहले ही अपनी हार स्वीकार लेते हैं, इसलिए कवि को लगता है कि जनता में जागृति लाने हेतु इस तरह की रचनाएँ लिखना आवश्यक है।

काव्यांशों की व्याख्या

काव्यांश 1

कहाँ तो तय था चिरागाँ हरेक घर के लिए,
कहाँ चिराग मयस्सर नहीं शहर के लिए।
यहाँ दरख़्तों के साये में धूप लगती है,
चलो यहाँ से चलें और उम्र भर के लिए।

शब्दार्थ

तय—निश्चित; **चिरागाँ**—चिराग, दीपक; **मयस्सर**—उपलब्ध; **दरख़्त**—पेड़, वृक्ष; **साये**—छाँव, छाया।

संदर्भ प्रस्तुत काव्यांश हमारी पाठ्यपुस्तक 'आरोह भाग-1' में संकलित 'ग़ज़ल' से लिया गया है। यह 'ग़ज़ल' दुष्यंत कुमार के ग़ज़ल संग्रह 'साये में धूप' में संकलित है।

प्रसंग प्रस्तुत काव्यांश में कवि देश व समाज की दुरवस्था को देखकर अपने मन के निराशा भाव एवं दुःख को प्रकट करता है।

व्याख्या कवि कहता है कि स्वतंत्र भारत के लिए सभी ने एक सपना देखा था कि अब यहाँ के प्रत्येक घर में रोशनी होगी, दीपकों की माला जलेगी अर्थात् ढेर सारी खुशियाँ मिलेंगी, किंतु वास्तविक स्थिति इसके विपरीत है। प्रत्येक घर की बात तो दूर, यहाँ तो पूरे शहर के लिए भी एक दीपक या किसी भी प्रकार का प्रकाश उपलब्ध नहीं है। सभी जगह अँधेरा-ही-अँधेरा व्याप्त है अर्थात् सामाजिक व्यवस्था अत्यंत निराशाजनक स्थिति में है, जहाँ लोगों को खुशी प्राप्त करने के लिए कोई अवसर नहीं है। ऐसी व्यवस्था वाले समाज में कहीं भी सुख-चैन नहीं है।

कवि आगे कहता है कि यहाँ के वृक्षों के नीचे भी छाँह नहीं मिलती, बल्कि वहाँ भी धूप ही लगती है अर्थात् जिस व्यवस्था में, जिनके आश्रय में लोगों को सुख-शांति मिलनी चाहिए, वहाँ भी इसकी प्राप्ति नहीं होती। चारों तरफ़ अव्यवस्था एवं भ्रष्टाचार का वातावरण व्याप्त है। ऐसी स्थिति में यह मन करता है कि इस देश को छोड़कर उम्र भर अर्थात् हमेशा के लिए कहीं दूर चले जाना चाहिए।

काव्य शैली

(i) प्रस्तुत काव्यांश में कवि ने स्वतंत्र भारत के कटु यथार्थ का प्रामाणिक वर्णन किया है। वह स्वतंत्रता पश्चात् की निराशा एवं आम आदमी के दुःख को व्यक्त करने में सफल रहा है।
(ii) 'चिराग' एवं 'दरख़्त' क्रमशः आशा एवं सुव्यवस्था के प्रतीक हैं।
(iii) मयस्सर, चिरागाँ, दरख़्त, साये, उम्र जैसे उर्दू शब्दों के प्रयोग से ग़ज़ल अपने स्वाभाविक स्वरूप को प्राप्त कर सकी है।
(iv) काव्यांश में खड़ीबोली में सहज एवं प्रभावी अभिव्यक्ति हुई है।
(v) 'साये में धूप लगती है' में विरोधाभास अलंकार मौजूद है।
(vi) काव्यांश की भाषा सरल, सहज एवं प्रवाहमयी है।

काव्यांश 2

न हो कमीज़ तो पाँवों से पेट ढँक लेंगे,
ये लोग कितने मुनासिब हैं इस सफ़र के लिए।
खुदा नहीं, न सही, आदमी का ख्वाब सही,
कोई हसीन नज़ारा तो है नज़र के लिए।

शब्दार्थ

मुनासिब—योग्य, सही, अनुकूल; **ख्वाब**—सपना; **हसीन**—अत्यंत सुंदर; **नज़ारा**—दृश्य।

संदर्भ पूर्ववत्।

प्रसंग प्रस्तुत काव्यांश में राजनीति एवं समाज में मौजूद व्यवस्थाओं को समाप्त करने और विकल्प की तलाश को मान्यता देने का भाव निहित है।

व्याख्या प्रस्तुत काव्यांश में कवि कहता है कि भारत के लोग कभी अपने अभावों का रोना नहीं रोते, यदि उन्हें पहनने के लिए कमीज़ न मिले तो वे अपने अधिकारों के लिए संघर्ष नहीं करते, बल्कि अपने पाँवों को सिकोड़कर अपना पेट ढँकने की कोशिश करते हैं। उनमें विरोध एवं संघर्ष करने की भावना मर चुकी है। देश के शासकों के लिए ऐसे उदासीन और संतोषी जीव बहुत ही अनुकूल हैं। इन्हीं के कारण कुशासन की सत्ता बड़े आराम से चलती है।

ये भारतीय लोग भगवान को भी इसलिए मानते हैं, ताकि उनके सामने अपना बुरा समय गुज़ारने के लिए कोई मनमोहक नज़ारा रहे। उनका इष्ट या भगवान भी सच नहीं है। यह केवल उनके सपनों का संसार है, जिसके सहारे वे अपना समय व्यतीत करना चाहते हैं एवं अपने यथार्थ से मुँह मोड़ना चाहते हैं।

काव्य शैली

(i) प्रस्तुत काव्यांश में कवि ने भारतवासियों की दबी-कुचली अशक्त आवाज़ पर कटाक्ष किया है। यहाँ की धार्मिकता यथार्थ से मुँह चुराने का एक साधन भर है। इस यथार्थ का मानसिक विश्लेषण किया गया है।
(ii) पाँवों से पेट ढँकने का बिंब अत्यंत मार्मिक है।
(iii) छोटे-छोटे प्रचलित शब्दों का स्वाभाविक एवं प्रवाहपूर्ण प्रयोग हुआ है।
(iv) उर्दू शब्दावली का स्वाभाविक प्रयोग द्रष्टव्य है।
(v) दुष्यंत कुमार की ग़ज़ल में लेखन कला का सुंदर उदाहरण प्रस्तुत हुआ है।

काव्यांश 3

वे मुतमइन हैं कि पत्थर पिघल नहीं सकता,
मैं बेकरार हूँ आवाज़ में असर के लिए।
तेरा निज़ाम है सिल दे ज़ुबान शायर की,
ये एहतियात ज़रूरी है इस बहर के लिए।
जिएँ तो अपने बगीचे में गुलमोहर के तले,
मरें तो गैर की गलियों में गुलमोहर के लिए।

शब्दार्थ

मुतमइन—विश्वस्त, आश्वस्त; **बेकरार**—बेचैन, व्याकुल; **निज़ाम**—शासन; **ज़ुबान**—आवाज़; **शायर**—कवि (ग़ज़ल या शेर लिखने वाला); **एहतियात**— सावधानी; **बहर**—ग़ज़ल का कोई शेर या छंद; **गुलमोहर**—एक प्रकार का फूलदार पेड़; **गैर**—अन्य, विरोधी; **गलियों**—रास्तों।

संदर्भ पूर्ववत्।

प्रसंग प्रस्तुत काव्यांश में कवि निराशा से पूर्ण जनता को जागृत करने का प्रयास करता है। वह निष्क्रिय समाज व हताश जनता में स्फूर्ति, उत्साह एवं आशा का संचार करना चाहता है।

व्याख्या कवि ने यह बताने का प्रयास किया है कि समाज का शोषित-पीड़ित वर्ग पूरी तरह यह विश्वास किए बैठा है कि सत्ताधारी लोगों के दिल पत्थर के हैं। उनमें कोई दया, सहानुभूति या संवेदना नहीं है, परंतु कवि का विश्वास है कि आवाज़ में असर हो, तो सत्ताधारी पत्थर दिल भी पिघल जाएँगे, इसलिए वह पीड़ितों की आवाज़ में असर डालने की कोशिश कर रहा है।

सत्ताधारियों की शासन व्यवस्था तभी तक सुरक्षित रहती है, जब तक समाज का प्रबुद्ध वर्ग यानी चिंतक, विचारक, कवि या शायर लोग चुप रहें, वे व्यवस्था के विरुद्ध आवाज़ न उठाएँ। शासक वर्ग के लिए यह सावधानी ज़रूरी भी है, परंतु दूसरी ओर हमें भी ज़माने में उचित बदलाव लाने के लिए अपनी आवाज़ को बुलंद करना आवश्यक है।

कवि आगे कहता है कि हमारा यही धर्म एवं कर्त्तव्य भी है कि अगर हम अपने बगीचे में जिएँ, तो इसी गुलमोहर के नीचे जिएँ और गैर की गलियों में मरें, तो भी इसी गुलमोहर के लिए मरें अर्थात् अपनी इच्छानुसार जीवन व्यतीत करें। उस पर किसी भी प्रकार का नियंत्रण न हो। आशय यह है कि समाज कल्याण ही हमारा धर्म होना चाहिए। हम इसी के लिए जिएँगे और इसी के लिए मरेंगे।

काव्य शैली

(*i*) प्रस्तुत काव्यांश में कवि का आशावादी दृष्टिकोण व्यक्त हुआ है। वह सामाजिक क्रांति के लिए व्याकुल है। कवि को विश्वास है कि जन-आंदोलन से हर परिवर्तन संभव है।

(*ii*) उर्दू मिश्रित खड़ीबोली का प्रयोग किया गया है।

(*iii*) ग़ज़ल की प्रकृति के अनुसार, उर्दू शब्दों का प्रचुर प्रयोग हुआ है।

(*iv*) काव्यांश में शैली लाक्षणिक है। पत्थर पिघलना, शायर की जुबान सिलना आदि प्रयोग अनूठा अर्थ, 'गैर की गलियों में मरने' का प्रभावशाली बिंब प्रस्तुत किया गया है तथा 'गुलमोहर' प्रतीक का प्रभावी प्रयोग हुआ है।

(*v*) 'पत्थर पिघल' और 'गैर की गलियों में गुलमोहर' में अनुप्रास अलंकार की छटा है।

(*vi*) भाषा में प्रवाह है एवं ओज गुण से परिपूर्ण है।

पाठ्यपुस्तक (आरोह भाग-1) के प्रश्नोत्तर

ग़ज़ल के साथ

1. आखिरी शेर में 'गुलमोहर' की चर्चा हुई है। क्या उसका आशय एक खास तरह के फूलदार वृक्ष से है या उसमें सांकेतिक अर्थ निहित है? समझाकर लिखें।

उत्तर 'गुलमोहर' के नाम से ही ज्ञात होता है कि यह एक फूलदार वृक्ष है। जब यह खिल जाता है, तब सबको अपनी ओर आकर्षित करता है। इसके नीचे बैठकर व्यक्ति को सुख-शांति के साथ-साथ स्वतंत्रता का भी एहसास होता है।

यहाँ यह 'सपनों के भारत' का सांकेतिक अर्थ प्रकट करता है। यह सामाजिक हितों एवं जनकल्याण का प्रतीक है। कवि ऐसे ही भारत की कल्पना करता है, जहाँ प्रत्येक व्यक्ति अपनी इच्छानुसार जीवन जी सके। चाहे इसके लिए उसे कुछ भी त्याग व संघर्ष करना पड़े। यदि उसे इसके लिए अपने घर को भी छोड़ना पड़ा तो इसके लिए भी वह तत्पर है। मनुष्य को प्रत्येक स्थिति में मानवीय गुणों को बनाए रखना चाहिए, इससे समाज में अव्यवस्था उत्पन्न नहीं होगी।

2. पहले शेर में 'चिराग' शब्द एक बार बहुवचन में आया है और दूसरी बार एकवचन में। अर्थ एवं काव्य सौंदर्य की दृष्टि से इसका क्या महत्त्व है?

उत्तर 'चिराग' शब्द का शाब्दिक अर्थ 'रोशनी' अथवा 'दीपक' है और दोनों बार यह रोशनी के लिए ही प्रयुक्त हुआ है। पहली बार आया 'चिरागाँ' शब्द बहुवचन है, जिसका अर्थ है— बहुत सारी रोशनी अर्थात् बहुत मात्रा में सुख-सुविधाएँ। पहली बार 'चिराग' शब्द बहुवचन में इसलिए प्रयोग किया गया है, क्योंकि वर्तमान व्यवस्था लागू करते समय यह निश्चित किया गया था कि सबके घर में चिराग दिए जाएँगे। स्पष्ट है कि इससे बहुत-से दीपकों के लिए संकेत किया गया है। दूसरी बार एकवचन का प्रयोग करते हुए कहा गया है कि पूरे शहर में एक भी चिराग उपलब्ध नहीं है।

इसका भाव स्पष्ट है कि व्यवस्था बनाने वालों ने तो प्रत्येक व्यक्ति को सुविधा-साधन उपलब्ध कराने का आश्वासन दिया था, परंतु आज प्रत्येक व्यक्ति तो दूर, समूचे शहर में ही इसका अभाव है और सभी शहरों की स्थिति ऐसी ही बदतर है।

3. ग़ज़ल के तीसरे शेर को गौर से पढ़ें। यहाँ दुष्यंत का इशारा किस तरह के लोगों की ओर है?

उत्तर ग़ज़ल के तीसरे शेर में दुष्यंत का इशारा उन लोगों की ओर है, जो स्वयं को परिस्थिति के अनुसार ढाल लेते हैं, जो विपत्ति सहकर पले-बढ़े हैं। जिनके जीवन की आवश्यकताएँ सीमित हैं, जो जितना मिल जाए, उसी में संतोष कर लेते हैं, जो अपने अधिकारों के लिए संघर्ष नहीं करते हैं साथ ही वह अन्याय का विरोध नहीं करते। शोषक वर्ग अथवा राजनेता उनकी इसी स्थिति का लाभ उठाकर उनका शोषण करते हैं।

4. आशय स्पष्ट करें

तेरा निज़ाम है सिल दे ज़ुबान शायर की,
ये एहतियात ज़रूरी है इस बहर के लिए।

उत्तर प्रस्तुत पंक्तियों का आशय है कि शासक वर्ग अपनी शक्ति का गलत प्रयोग करके किसी की भी ज़ुबान पर अर्थात् बोलने पर पाबंदी लगा सकता है। इसलिए शायर को ग़ज़ल लिखने में ऐसी सावधानी बरतने की ज़रूरत होती है कि कोई उसकी ज़ुबान (आवाज़) पर ताला न लगा दे। वह अपनी आवाज़ को बुलंद तो करे, पर सावधानीपूर्वक। कहीं ऐसा न हो कि सत्ताधारी लोग उसकी आवाज़ जनता तक पहुँचने ही न दें।

ग़ज़ल के आस-पास

1. दुष्यंत की इस ग़ज़ल का मिज़ाज बदलाव के पक्ष में है। इस कथन पर विचार करें।

उत्तर दुष्यंत राजनीतिक व सामाजिक व्यवस्थाओं में परिवर्तन लाने के पक्ष में हैं, तभी वह दरख़्त के साये में भी धूप की बात कहते हैं। वे पत्थर दिलों को पिघलाने में विश्वास रखते हैं। यह ग़ज़ल व्यवस्था के बदलाव की आकांक्षा को व्यक्त करती है। कवि कहता है कि इस व्यवस्था का निर्माण जिस उद्देश्य के लिए हुआ था, वह पूरा नहीं हुआ। यहाँ सभी लोगों के जीवन में सुख-सुविधाएँ उपलब्ध कराना तो दूर, आम आदमी में से किसी एक का भी सुधार नहीं हुआ। अब कवि सत्ता के विरुद्ध छंद लिखने जा रहा है। वह सत्ता को चुनौती देता है कि यदि कोई रोक सकता है, तो रोक ले। कवि व्यवस्था को सुधारने के लिए जनमानस को जागृत करता है, उसके अंतःकरण को झकझोरता है, उसे संघर्ष करने के लिए प्रेरित करता है, यही इस ग़ज़ल का मिज़ाज है।

2. हमको मालूम है जन्नत की हकीकत लेकिन
दिल के खुश रखने को गालिब ये ख्याल अच्छा है।
दुष्यंत की गज़ल का चौथा शेर पढ़ें और बताएँ कि गालिब के उपर्युक्त शेर से वह किस तरह जुड़ता है?

उत्तर अपनी गज़ल के चौथे शेर में दुष्यंत का कहना है कि ईश्वर का अस्तित्व नहीं होता है, यह तो कल्पना मात्र है, तो भी कोई अंतर नहीं पड़ता। उस काल्पनिक भगवान पर विश्वास करने से हमारी दृष्टि में सुंदर दृश्य तो आ ही जाते हैं। इस प्रकार दुष्यंत का शेर आदमी के ख्वाब की वास्तविकता को जानता है, पर दिल को खुश करने के लिए हसीन नज़ारे की झलक भी काफ़ी होती है।

गालिब भी स्वर्ग की वास्तविकता से परिचित हैं, पर दिल को खुश करने के लिए उसकी सुंदर कल्पना करना गलत नहीं मानते। इस प्रकार, दोनों शेरों में शायर वास्तविकता से भिन्न काल्पनिक दुनिया में सैर करता है एवं मन को बहलाने के भ्रम में रहता है।

अभ्यास प्रश्न

काव्यांश पर आधारित बहुविकल्पीय प्रश्न

निम्नलिखित काव्याशों को ध्यानपूर्वक पढ़कर पूछे गए प्रश्नों के सही उत्तर चुनिए।

1. कहाँ तो तय था चिरागाँ हरेक घर के लिए,
कहाँ चिराग मयस्सर नहीं शहर के लिए।
यहाँ दरख़्तों के साये में धूप लगती है,
चलो यहाँ से चलें और उम्र भर के लिए।

(i) प्रस्तुत पंक्तियों में कवि ने क्या स्पष्ट किया है?
(क) अपने आशावादी दृष्टिकोण को
(ख) देश व समाज की बुरी अवस्था के प्रति निराशा को
(ग) अपने दृष्टिकोण को
(घ) समाज में स्त्रियों पर हो रहे अत्याचार को

उत्तर (ख) देश व समाज की बुरी अवस्था के प्रति निराशा को

(ii) कवि के अनुसार, सभी घरों के लिए क्या तय था?
(क) सभी को खुशियों की सोगात मिलेगी
(ख) सभी को एक-एक घर मिलेगा
(ग) सभी के घर बिजली आएगी
(घ) सभी के विकास के लिए यत्न होगा

उत्तर (क) सभी को खुशियों की सोगात मिलेगी

(iii) 'यहाँ दरख्तों के साये में धूप लगती है' पंक्ति से कवि का क्या आशय है?
(क) देश में चारों ओर सुख-शांति का वातावरण है
(ख) आजकल पेड़ों के नीचे छाया नहीं मिलती है
(ग) देश में ऐसी अव्यवस्था है कि उनके साये में सुख-शांति नहीं है
(घ) आज देश में चारों ओर अव्यवस्था नहीं है

उत्तर (ग) देश में ऐसी अव्यवस्था है कि उनके साए में सुख-शांति नहीं है

(iv) **कथन** (A) कवि ने देश में भ्रष्टाचार और अव्यवस्था की आलोचना की है।
कारण (R) देश में जिनसे आशा थी, वही व्यवस्था लोगों को राहत देने में असफल रही है।
कूट
(क) कथन (A) और कारण (R) दोनों सही हैं तथा कारण (R), कथन (A) की सही व्याख्या करता है।
(ख) कथन (A) और कारण (R) दोनों सही हैं, परंतु कारण (R), कथन (A) की सही व्याख्या नहीं करता है।
(ग) कथन (A) सही है, किंतु कारण (R) गलत है।
(घ) कथन (A) गलत है, किंतु कारण (R) सही है।

उत्तर (क) कथन (A) और कारण (R) दोनों सही हैं तथा कारण (R), कथन (A) की सही व्याख्या करता है।

(v) कवि अव्यवस्था की स्थिति में क्या कहना चाहता है?
(क) ऐसे देश को तो सदा के लिए छोड़कर चले जाना चाहिए
(ख) ऐसे देश में सुख-शांति का बोलबाला होना चाहिए
(ग) हमें ऐसे देश के प्रति कृतज्ञता प्रकट करनी चाहिए
(घ) उपर्युक्त में से कोई नहीं

उत्तर (क) ऐसे देश को तो सदा के लिए छोड़कर चले जाना चाहिए

2. न हो कमीज़ तो पाँवों से पेट ढँक लेंगे,
ये लोग कितने मुनासिब हैं इस सफ़र के लिए।
खुदा नहीं, न सही, आदमी का ख्वाब सही,
कोई हसीन नज़ारा तो है नज़र के लिए।

(i) कवि के अनुसार, इस देश के लोग कैसे हैं?
(क) साधन संपन्न हैं
(ख) अत्यंत विपन्न हैं
(ग) अभाव का रोना नहीं रोते
(घ) अभाव में रोते कलपते हैं

उत्तर (ग) अभाव का रोना नहीं रोते

(ii) देश के शासकों के लिए कैसे लोग अनुकूल होते हैं?
(क) जो विरोध तथा संघर्ष नहीं करते
(ख) जो अपने प्रति उदासीन होते हैं
(ग) जो बहुत ही संतोषी होते हैं
(घ) उपर्युक्त सभी

उत्तर (घ) उपर्युक्त सभी

(iii) प्रस्तुत काव्यांश में कवि ने किन पर कटाक्ष किया है?
(क) भारतीयों की दबी-कुचली अशक्त आवाज पर
(ख) भारतीयों की व्यवस्था पर
(ग) शासन की व्यवस्था पर
(घ) देश की स्थिति पर

उत्तर (क) भारतीयों की दबी-कुचली अशक्त आवाज पर

(iv) कवि के अनुसार, यहाँ के लोगों का भगवान कैसा है?

(क) कल्पनात्मक (ख) यथार्थ
(ग) वास्तविक (घ) सम्मुख

उत्तर (क) कल्पनात्मक

(v) 'पाँवों से पेट ढँकना' का क्या अर्थ है?

(क) अपने अभावों को छिपाना (ख) अपना व्यवहार सही करना
(ग) संघर्ष करना (घ) झगड़ा न करना

उत्तर (क) अपने अभावों को छिपाना

विषय-वस्तु पर आधारित प्रश्नोत्तर

लघु उत्तरीय प्रश्न

1. कवि के अनुसार समाज में बदलाव लाने के लिए क्या कदम उठाए जाने चाहिए?

उत्तर कवि के अनुसार समाज में बदलाव लाने के लिए हमें अपनी आवाज को बुलंद करना चाहिए और सत्ताधारी वर्ग के खिलाफ आवाज उठानी चाहिए। अपने अधिकारों के लिए संघर्ष करना हमारा धर्म और कर्त्तव्य है। केवल संतुष्ट रहने की बजाय हमें समाज में सुधार और न्याय के लिए प्रयास करने चाहिए।

2. कवि के अनुसार हमें कैसा जीवन जीना चाहिए?

उत्तर कवि कहते हैं कि हमें अपने बगीचे में गुलमोहर के तले जीवन जीना चाहिए अर्थात् हमें अपने जीवन को स्वतंत्र रूप से और अपने अनुसार जीना चाहिए, बिना किसी बाहरी नियंत्रण के। हमें अपने अधिकारों के लिए संघर्ष करना चाहिए और सत्ताधारी वर्ग और अन्याय का विरोध करना चाहिए।

3. 'कहाँ तो तय था चिरागाँ हरेक घर के लिए' पंक्ति का क्या अर्थ है?

उत्तर प्रस्तुत पंक्ति का अर्थ है कि स्वतंत्र भारत में यह आशा थी कि हर घर में खुशियाँ होंगी, हर घर में रोशनी और समृद्धि होगी, परंतु यह केवल सपना मात्र था, जो वास्तविकता में नहीं बदला। समाज में अंधकार और अव्यवस्था व्याप्त है।

4. 'कोई हसीन नजारा तो है नजर के लिए' पंक्ति का क्या अर्थ है?

उत्तर प्रस्तुत पंक्ति का अर्थ है कि लोग भगवान को इसलिए मानते हैं ताकि उन्हें अपनी कठिनाइयों और दुःखों से मुक्ति पाने के लिए कोई आकर्षक सपना या दृश्य मिले, जबकि उनके जीवन में कोई वास्तविक सुख नहीं है।

5. 'ये लोग कितने मुनासिब हैं इस सफर के लिए' पंक्ति में कवि किसकी आलोचना कर रहे हैं?

उत्तर प्रस्तुत पंक्ति में कवि भारतीय समाज के उन लोगों की आलोचना कर रहे हैं, जो अपने अधिकारों के लिए संघर्ष करने की बजाय स्थिति के साथ समझौता कर लेते हैं। उनका यह आदर्श शासकों के लिए आदर्श बन जाता है, क्योंकि वे ऐसे लोगों को आसानी से नियंत्रित कर सकते हैं।

दीर्घ उत्तरीय प्रश्न

1. कवि उम्रभर के लिए पलायन क्यों करना चाहता है?

उत्तर कवि कहता है कि देश के राजनीतिक नेताओं ने वादा किया था कि वे हर घर को चिराग अर्थात् सुख-सुविधाएँ उपलब्ध कराएँगे, किंतु आज समग्र शहर में भी चिराग उपलब्ध नहीं हैं। देश में कई संस्थाएँ हैं, पर वे ईमानदारीपूर्वक जनकल्याण के लिए काम नहीं करतीं। कवि उन्हें दरख़्त अथवा वृक्ष की संज्ञा देता है और कहता है कि हर वृक्ष छाँव की बजाय धूप बरसा रहा है।

अतः कवि के मन में निराशा होती है और उसके मन में ऐसा स्थान छोड़ने की इच्छा होती है। कवि इन सभी कुटिल व्यवस्थाओं से दूर रहकर अपना जीवन व्यतीत करना चाहता है।

2. 'दरख़्तों का साया' और 'धूप' किसके प्रतीक हैं?

उत्तर 'दरख़्तों का साया' का अर्थ है—जनकल्याण की संस्थाओं द्वारा प्रदत्त सेवाएँ। 'धूप' का अर्थ है—कष्ट। कवि कहना चाहता है कि भारत की संस्थाएँ, भारत की शासन व्यवस्था सुख की बजाय दुःख अथवा कष्ट बढ़ाने वाली हैं। यहाँ साये की बजाय धूप का साम्राज्य है यानी यहाँ हर जगह भ्रष्टाचार व्याप्त है। इन कल्याणकारी संस्थाओं एवं सरकारी तंत्र के कारण लोगों को राहत मिलने की जगह उनका कष्ट और बढ़ता ही है।

3. कमीज़ न होने पर लोग पाँवों से पेट क्यों ढँक लेते हैं?

उत्तर यहाँ के लोग इतने दीन-हीन और यथास्थितिवादी हो चुके हैं कि वे अपने अधिकारों के लिए संघर्ष नहीं करते। वे हर अभाव को चुपचाप सह लेते हैं। वे अपने में सिकुड़कर जैसे-तैसे जीने को ही अपनी नियति बना लेते हैं। इनमें संघर्ष करने की इच्छा मर चुकी है। जो है उसी में संतोष करते हैं और कुछ नहीं भी है, तो भी खाली पेट ही संतोष करके सो जाते हैं।

4. कवि आस्तिक लोगों के विचार से खुश क्यों नहीं है?

उत्तर कवि आस्तिक लोगों पर कटाक्ष करते हुए कहता है कि भारत के लोग ईश्वरवादी हैं, आस्तिक हैं। उन्होंने भगवान को नहीं देखा है, फिर भी वे ईश्वर पर विश्वास करते हैं। उनके नाम पर सारे कष्ट सहन कर लेते हैं। वे यह सोचकर संतुष्ट हो जाते हैं कि उनका सुख-दुःख ईश्वर के हाथ में है। यही सोचकर वे व्यवस्था तथा कठिनाइयों के विरुद्ध कोई आवाज़ नहीं उठाते। कवि वास्तव में लोगों के ईश्वर के प्रति इसी दृष्टिकोण के कारण खुश नहीं है।

5. 'साये में धूप' गजल का प्रतिपाद्य/उद्देश्य लिखिए।

उत्तर प्रस्तुत गजल कवि द्वारा एक विशेष मनःस्थिति में लिखी गई है। वर्तमान राजनीति व समाज में जो कुछ चल रहा है, उसे कवि बदलना चाहता है। कवि किसी अच्छे विकल्प को मान्यता देना चाहता है। वर्तमान व्यवस्था सामाजिक है या राजनैतिक, कवि उससे मतभेद रखता है। यह व्यवस्था स्वार्थ से परिपूर्ण है, जो केवल अपने लिए ही सोचती है। ऐसी व्यवस्था के स्थान पर कवि निःस्वार्थ, त्याग और समर्पण की भावना लाना चाहता है। कवि पत्थरों के स्थान पर नमी तथा अँधेरों के स्थान पर प्रकाश को स्थापित करना चाहता है।

6. कवि के असंतोष होने के कारण लिखिए।

उत्तर कवि वर्तमान व्यवस्था से असंतुष्ट है। कवि के असंतोष के निम्नलिखित कारण हैं

(i) सामाजिक व्यवस्था अत्यंत निराशाजनक स्थिति में है।

(ii) मूलभूत सुविधाओं की बहुत कमी है।

(iii) चारों तरफ अव्यवस्था तथा भ्रष्टाचार का वातावरण व्याप्त है।

(iv) लोगों में प्रतिरोध की भावना समाप्त हो गई है। वे उदासीन और हर स्थिति में संतुष्ट रहते हैं।

(v) वे ईश्वर के कल्पनात्मक स्वरूप को मानकर उसी के सहारे जीवन व्यतीत कर लेते हैं।

स्व-मूल्यांकन

काव्यांश पर आधारित बहुविकल्पीय प्रश्न

निम्नलिखित काव्यांश को ध्यानपूर्वक पढ़कर पूछे गए प्रश्नों के सही उत्तर चुनिए।

1. वे मुतमइन हैं कि पत्थर पिघल नहीं सकता,
मैं बेकरार हूँ आवाज़ में असर के लिए।
तेरा निज़ाम है सिल दे जुबान शायर की,
ये एहतियात ज़रूरी है इस बहर के लिए।
जिएँ तो अपने बगीचे में गुलमोहर के तले,
मरें तो गैर की गलियों में गुलमोहर के लिए।

(i) कवि के अनुसार, समाज के शोषित व पीड़ित लोग क्या मानते हैं?
(क) सत्ताधारी लोग बहुत ही दयालु प्रवृत्ति के हैं
(ख) सत्ताधारी लोग हमारी बात जरूर मान लेंगे
(ग) सत्ताधारी लोग पत्थर दिल के हैं
(घ) सत्ताधारी लोग हमारा शोषण नहीं करेंगे

(ii) कवि के अनुसार, सत्ताधारी लोग क्या चाहते हैं?
(क) समाज का प्रबुद्ध वर्ग चुप रहे
(ख) समाज का प्रबुद्ध वर्ग हमारा विरोध करे
(ग) समाज के सभी लोग जागरूक हो जाएँ
(घ) उपर्युक्त सभी

(iii) 'जिएँ तो अपने बगीचे में गुलमोहर के तले' पंक्ति का क्या अभिप्राय है?
(क) अपने देश में अपनी इच्छानुसार जिएँ
(ख) सभी अपने बगीचे में गुलमोहर का पेड़ लगाएँ
(ग) सभी अपने देश में सत्ता पक्ष के सामने चुप रहें
(घ) उपर्युक्त में से कोई नहीं

(iv) **कथन** (A) कवि पीड़ितों की आवाज में असर डालने की कोशिश कर रहा है।
कारण (R) प्रभावशाली आवाज से सत्ताधारियों के पत्थर जैसे दिल भी पिघल सकते हैं।
कूट
(क) कथन (A) और कारण (R) दोनों सही हैं तथा कारण (R), कथन (A) की सही व्याख्या करता है।
(ख) कथन (A) और कारण (R) दोनों सही हैं, परंतु कारण (R), कथन (A) की सही व्याख्या नहीं करता है।
(ग) कथन (A) सही है, किंतु कारण (R) गलत है।
(घ) कथन (A) गलत है, किंतु कारण (R) सही है।

(v) 'गुलमोहर' यहाँ किसका प्रतीक है?
(क) एक छायादार पेड़ का
(ख) इच्छानुसार जीवन जीने का
(ग) सत्ता पक्ष का
(घ) अपने देश का

विषय-वस्तु पर आधारित प्रश्न

लघु उत्तरीय प्रश्न

1. पेड़ की छाया में भी धूप लगने से कवि का क्या आशय है? स्पष्ट कीजिए।

2. 'चलो यहाँ से चलें और उम्र भर के लिए' पंक्ति में कवि ने कहाँ चलने के लिए कहा है और क्यों?

3. कवि ने सत्ता पक्ष पर क्या कटाक्ष किया है?

दीर्घ उत्तरीय प्रश्न

1. 'गज़ल' पाठ के आधार पर तत्कालीन शासन व्यवस्था का चित्रण कीजिए।

2. कवि किसके अस्तित्व को कल्पना मानता है और क्यों?

3. एक शायर की जुबान पर कौन पाबंदी लगा सकता है?

06

अध्याय

कवयित्री-परिचय

शैव आंदोलन की महत्त्वपूर्ण कवयित्री अक्कमहादेवी का जन्म 12वीं सदी में कर्नाटक के उडुतरी गाँव (ज़िला शिवमोगा) में हुआ था। अक्कमहादेवी शिव की उपासक थीं। उन्होंने उपासना में व्यवधान उत्पन्न होने के कारण गृह त्याग दिया था। उन्होंने अपनी रचनाओं और अपने कृत्यों के माध्यम से समाज द्वारा महिलाओं के लिए निर्मित मर्यादाओं व नियमों को खंडित करने का प्रयास किया। उनके इस शैव आंदोलन में निम्न वर्ग की महिलाओं ने बढ़-चढ़कर भागीदारी निभाई, जिनमें उनकी यातना और संघर्षयुक्त जीवन का वर्णन है। उनकी मुख्य रचनाएँ हिंदी में वचन सौरभ नाम से 'स्पीकिंग ऑफ शिवा' है।

▼ अध्ययन के लिए
- कविता की रूपरेखा
- काव्यांशों की व्याख्या

▼ अभ्यास के लिए
- पाठ्यपुस्तक के प्रश्नोत्तर
- काव्यांश पर आधारित बहुविकल्पीय प्रश्न
- लघु उत्तरीय प्रश्न
- दीर्घ उत्तरीय प्रश्न

हे भूख! मत मचल, हे मेरे जूही के फूल जैसे ईश्वर

(अक्कमहादेवी)

कविता की रूपरेखा

यहाँ प्रस्तुत कविता में दो वचन लिए गए हैं। दोनों वचनों का अनुवाद 'केदारनाथ सिंह' ने किया है। कविता में वर्णित पहले 'वचन' में कवयित्री ने शिव की भक्ति को जीवन-बंधन से मुक्ति के माध्यम के रूप में प्रस्तुत किया है। साथ ही कवयित्री जीवन-मरण के बंधन से मुक्त होने के लिए सांसारिक सुविधाओं के प्रति आकृष्ट एवं उनका उपभोग करने वाली इंद्रियों को नियंत्रण में रहने के लिए कहती है।

दूसरे 'वचन' में कवयित्री ईश्वर प्राप्ति के लिए उन परिस्थितियों के निर्मित होने की कामना करती है, जिनसे ईश्वर प्राप्ति में बाधक 'स्व' व 'अहंकार' का भाव समाप्त हो जाए।

काव्यांशों की व्याख्या

काव्यांश 1

हे भूख! मत मचल
प्यास, तड़प मत
हे नींद! मत सता
क्रोध, मचा मत उथल-पुथल
हे मोह! पाश अपने ढील
लोभ, मत ललचा
हे मद! मत कर मदहोश
ईर्ष्या, जला मत
ओ चराचर! मत चूक अवसर
आई हूँ संदेश लेकर चन्नमल्लिकार्जुन का

शब्दार्थ

मचलना—पाने की ज़िद, आतुर होना; **मोह**—लगाव; **पाश**—बंधन, जकड़; **मद**—नशा; **मदहोश**—नशे में चूर; **ईर्ष्या**—जलन; **चराचर**—जड़ और चेतन संसार, संसार के सभी प्राणी; **चन्नमल्लिकार्जुन**—शिव।

संदर्भ प्रस्तुत काव्यांश हमारी पाठ्यपुस्तक 'आरोह भाग-1' में संकलित 'हे भूख! मत मचल, हे मेरे जूही के फूल जैसे ईश्वर' से लिया गया है। यह काव्यांश प्रसिद्ध शैव भक्त कवयित्री अक्कमहादेवी द्वारा रचित है।

प्रसंग अक्कमहादेवी शिव की अनन्य भक्त थीं। इस वचन में वह सांसारिकता का संपूर्ण त्याग कर देना चाहती है, इसके साथ ही वह इंद्रियों को नियंत्रित करने का भी संदेश देती है।

व्याख्या प्रस्तुत वचन में कवयित्री अपनी समस्त इंद्रियों से नियंत्रण में रहने का आग्रह कर रही है। वह भूख से कहती है कि तू मचलकर मनुष्य को मत सता। हे प्यास! अर्थात् सांसारिक तृष्णा तू मनुष्य को अपनी पीड़ा से मत तड़पा। हे नींद! अर्थात् आलस्य तू मनुष्य को मत सता, क्योंकि तेरे कारण व्यक्ति ईश्वर भक्ति को भूल जाता है। इसके आगे कवयित्री मन के पाँच विकारों को संबोधित करते हुए कहती है कि हे क्रोध! तू अपनी उथल-पुथल मत मचा, क्योंकि तेरे कारण व्यक्ति का विवेक नष्ट हो जाता है। हे मोह! तू अपने बंधन ढीले कर दे, क्योंकि तेरे पाश अर्थात् बंधन में बँधा व्यक्ति सदैव सांसारिकता में उलझा रहता है।

हे लोभ! तू मनुष्य को भौतिक सुख-सुविधाओं की ओर मत ललचा, क्योंकि तेरे वशीभूत होकर व्यक्ति सदैव अपने अहित को निमंत्रण देता है। हे मद! अर्थात् अहंकार तू अपने नशे में मनुष्य को मदहोश मत कर, क्योंकि तू मनुष्य को उन्नति से पतन की ओर ले जाता है। हे ईर्ष्या! तू मनुष्य को मत जला, क्योंकि ईर्ष्या की जलन से जला हुआ व्यक्ति उचित-अनुचित का विचार नहीं कर पाता।

कवयित्री का आशय यह है कि इनके वश में आकर व्यक्ति अपनी इंद्रियों पर अपना नियंत्रण खो देता है। ऐसी स्थिति में उसे अच्छे-बुरे तक का ज्ञान नहीं रहता, तो उसे ईश्वर का ध्यान कैसे रह पाएगा? इसलिए तुम मनुष्यों को सताना छोड़ दो। वह सृष्टि के प्रत्येक जड़ एवं चेतन पदार्थ को संबोधित करते हुए कहती है कि मैं भगवान चन्नमल्लिकार्जुन (शिव) का संदेश लेकर आई हूँ, इसलिए इसे ग्रहण करके अपना जीवन सँवारो।

काव्य शैली

(*i*) प्रस्तुत काव्यांश में कवयित्री शिव आराधना के लिए सभी इंद्रियों का निग्रह (त्याग) करना चाहती है।

(*ii*) भूख, प्यास, नींद, क्रोध, मोह, लोभ, मद, ईर्ष्या आदि को मानवीय पात्रों की तरह संबोधित किया गया है, अतः यहाँ मानवीकरण अलंकार तथा 'मत मचल', 'मचा मत' तथा 'हे मद! मत कर मदहोश' में अनुप्रास अलंकार का स्वतः प्रभावशाली प्रयोग हुआ है।

(*iii*) प्रस्तुत काव्यांश में संबोधन शैली के द्वारा कविता सजीव हो उठी है।

(*iv*) काव्यांश की भाषा खड़ीबोली है, जो सरल, सरस व प्रभावशाली है।

काव्यांश 2

हे मेरे जूही के फूल जैसे ईश्वर
मँगवाओ मुझसे भीख
और कुछ ऐसा करो
कि भूल जाऊँ अपना घर पूरी तरह
झोली फैलाऊँ और न मिले भीख
कोई हाथ बढ़ाए कुछ देने को
तो वह गिर जाए नीचे
और यदि मैं झुकूँ उसे उठाने
तो कोई कुत्ता आ जाए
और उसे झपटकर छीन ले मुझसे।

शब्दार्थ

जूही—एक सुगंधित फूल; **अपना घर**—सांसारिकता; **झोली**—आँचल; **झपटकर**—खींचकर।

संदर्भ पूर्ववत्।

प्रसंग प्रस्तुत काव्यांश में कवयित्री ईश्वर को जूही के फूल जैसा मानते हुए उनसे अपना अहंकार नष्ट करने की प्रार्थना करती है। इस पद में वह ईश्वर के प्रति समर्पण का भाव व्यक्त करती है।

व्याख्या कवयित्री अपने आराध्य ईश्वर को पुकारती हुई कहती है कि जूही के फूल के समान कोमल और परोपकारी ईश्वर, कुछ ऐसा करो कि मैं अपना 'अहंकार' त्याग दूँ। तुम मुझसे गलत से गलत कार्य करवाओ, जिससे मेरे भीतर का 'मैं' अर्थात् अहंकार न रहे और मेरी भक्ति का मार्ग सुगम हो जाए। तुम कुछ ऐसा करो कि मैं अपना घर पूरी तरह से भूल जाऊँ, जिससे मेरे पास तुम्हारी शरण में आने के अतिरिक्त कोई अन्य मार्ग शेष न बचे।

तुम मेरे लिए ऐसी परिस्थितियों का सृजन करो, जिससे मुझे भीख अर्थात् मनुष्य को दूसरों के सामने झोली फैलानी पड़े और इस पर भी मुझे भीख न मिले। यदि कोई हाथ भीख देने के लिए उठे, तो वह भीख मेरी झोली में न आकर नीचे गिर जाए। इतने पर भी यदि मेरे अहंकार का नाश न हो, तो जब मैं नीचे झुककर उसे उठाने का प्रयास करूँ, तो कोई कुत्ता उसे झपटकर मुझसे छीन ले।

कवयित्री चाहती है कि उसकी स्थिति इतनी दयनीय हो जाए कि उसके मन में किसी भी प्रकार का कोई विकार न रहे और तब भगवान उस पर अपनी कृपा-दृष्टि डालें। कहने का भाव यह है कि कवयित्री भौतिक व सांसारिक वस्तुओं का त्याग करके केवल उस 'परम ईश्वर' की कृपा प्राप्त करना चाहती है।

काव्य शैली

(*i*) प्रस्तुत काव्यांश में कवयित्री की भगवान शिव की अनुकंपा प्राप्त करने की तीव्र इच्छा प्रकट हुई है। कवयित्री ने अपनी सहनशीलता का अनुपम परिचय दिया है।

(*ii*) 'मँगवाओ मुझसे' तथा 'कोई कुत्ता' में अनुप्रास अलंकार तथा 'जूही के फूल जैसे ईश्वर' में उपमा अलंकार है।

(*iii*) 'अपना घर' तथा 'मैं' अहं के परिचायक हैं।

(*iv*) संपूर्ण काव्यांश में बिंब विधान की प्रधानता झलकती है।

(*v*) खड़ीबोली तथा मुक्तक शैली में लिखे गए इस काव्यांश की भाषा सरल, सहज तथा सुबोध है।

पाठ्यपुस्तक (आरोह भाग-1) के प्रश्नोत्तर

कविता के साथ

1. लक्ष्य प्राप्ति में इंद्रियाँ बाधक होती हैं–इसके संदर्भ में अपने तर्क दीजिए।

उत्तर इसमें कोई संदेह नहीं है कि इंद्रियाँ लक्ष्य प्राप्ति में बाधक होती हैं। इंद्रियों का मूल कार्य है—स्वयं को संतुष्ट करना। इस प्रक्रिया में उचित-अनुचित का बोध नहीं रहता। हमारी इंद्रियाँ तथा मन आत्म संतुष्टि के मार्ग में आने वाली हर कठिनाई से पलायन कर जाते हैं। मन बड़ा चंचल होता है, वह हमें स्थिर नहीं रहने देता।

जब मनुष्य अपने लक्ष्य की ओर अग्रसर होता है, तब इंद्रियाँ उसमें आने वाली कठिनाइयों का अनुभव कर उसे भटका देती हैं, परंतु लक्ष्य प्राप्ति के लिए दृढ़ निश्चय और एकाग्रता नितांत आवश्यक है। लक्ष्य प्राप्ति के लिए आराम, सुख, स्वाद, क्रोध, मोह, ईर्ष्या आदि को त्यागना पड़ता है, क्योंकि इन्हें त्यागकर ही जीवन-पथ सुगम बनता है।

2. 'ओ चराचर! मत चूक अवसर'–इस पंक्ति का आशय स्पष्ट कीजिए।

उत्तर प्रस्तुत पंक्ति से आशय यह है कि हे समस्त जड़ व चेतन जगत! तुम ईश्वर प्राप्ति के इस अवसर से मत चूको अर्थात् मैं भगवान शिव का संदेश लेकर आई हूँ कि तुम सब अपनी इंद्रियों को नियंत्रित करो और उनके प्रभाव से मुक्त होकर प्रभु भक्ति में लीन हो जाओ। तुम्हारे पास ईश्वर प्राप्ति का यह अच्छा अवसर है, तुम इससे मत चूको।

3. ईश्वर के लिए किस दृष्टांत का प्रयोग किया गया है? ईश्वर और उसके साम्य का आधार बताइए।

उत्तर ईश्वर के लिए जूही के फूल का दृष्टांत दिया गया है। जिस प्रकार जूही का फूल कोमल, सात्विक और सुगंधयुक्त होता है, उसी प्रकार ईश्वर भी सात्विक और कोमल होता है। जूही का फूल कोमलता का प्रतीक होता है। वह अपनी सुगंध से सारे संसार को सुगंधित करता है। वह अपने आसपास आनंद का संचार करता है। जूही के फूल के समान सर्वव्यापी ईश्वर भी अपने एहसास से सभी को सुख और शांति प्रदान करता है और सभी जीवों को आनंदित करता है। वह कोई भेदभाव नहीं करता तथा सबका कल्याण करता है।

4. 'अपना घर' से क्या तात्पर्य है? इसे भूलने की बात क्यों कहीं गई है?

उत्तर अक्कमहादेवी द्वारा रचित कविता में 'अपना घर' से तात्पर्य सांसारिकता से है। 'अपना घर' मोह-माया, स्वार्थ, ममता आदि सांसारिक बंधनों का प्रतीक है। कवयित्री इसे भुलाना चाहती है, क्योंकि कवयित्री का मानना है कि उपर्युक्त सभी तत्त्व ईश्वर प्राप्ति में बाधक हैं। इन सभी तत्त्वों में मनुष्य फँसकर ईश्वर को भूल जाता है। इससे मनुष्य में 'मैं' अर्थात् अहंकार की भावना प्रबल हो जाती है, इसलिए कवयित्री ने अपना घर भूलने की बात कही है और इसे भुलाकर ही ईश्वर से मिलना संभव हो सकता है।

5. दूसरे वचन में ईश्वर से क्या कामना की गई है और क्यों?

उत्तर दूसरे वचन में कवयित्री ने ईश्वर से यह कामना की है कि उसका अहंकार पूरी तरह से नष्ट हो जाए। वह चाहती है कि उसे भीख माँगने पर विवश होना पड़े तथा भीख माँगने पर भी उसे भीख न मिले। यदि कोई भीख देना भी चाहे, तो कुत्ता उसे भी छीनकर ले जाए, क्योंकि कवयित्री का मानना है कि इससे उसका अहं नष्ट हो जाएगा और वह शिव की कृपा प्राप्त कर पाएगी।

कविता के आस-पास

1. क्या अक्कमहादेवी को 'कन्नड़ की मीरा' कहा जा सकता है?

उत्तर मीरा हिंदी भाषा के साहित्य में अपना महत्त्वपूर्ण स्थान रखती हैं और अक्कमहादेवी कन्नड़ साहित्य में। दोनों में भक्ति की पराकाष्ठा के दर्शन होते हैं। इन दोनों में कई समानताएँ मिलती हैं।

दोनों विवाहित थीं, परंतु दोनों ने अपना घर छोड़कर स्वयं को अपने इष्ट के चरणों में समर्पित कर दिया था अर्थात् प्रभु भक्ति में लीन हो गई थीं। इसके लिए दोनों ने ही सामाजिक मर्यादाओं तथा बंधनों का खंडन किया। दोनों समृद्ध राजपरिवारों से संबंध रखती थीं, परंतु फिर भी दोनों सांसारिक मोह-माया से दूर ही रहीं। अतः हम कह सकते हैं कि दोनों में अत्यधिक समानता है और अक्कमहादेवी को 'कन्नड़ की मीरा' कहा जा सकता है।

अभ्यास प्रश्न

काव्यांश पर आधारित बहुविकल्पीय प्रश्न

निम्नलिखित काव्यांश को ध्यानपूर्वक पढ़कर पूछे गए प्रश्नों के सही उत्तर चुनिए।

1. हे भूख! मत मचल
प्यास, तड़प मत
हे नींद! मत सता
क्रोध, मचा मत उथल-पुथल
हे मोह! पाश अपने ढील
लोभ, मत ललचा
हे मद! मत कर मदहोश
ईर्ष्या, जला मत
ओ चराचर! मत चूक अवसर
आई हूँ संदेश लेकर
चन्नमल्लिकार्जुन का

(i) प्रस्तुत काव्यांश में कवयित्री क्या आग्रह कर रही है?

(क) अपनी इंद्रियों के नियंत्रण में रहने का
(ख) दीन-हीनों की सहायता करने का
(ग) भौतिक सुख-सुविधाओं को पाने का
(घ) उपर्युक्त में से कोई नहीं

उत्तर (क) अपनी इंद्रियों के नियंत्रण में रहने का

(ii) काव्यांश में 'प्यास' से क्या तात्पर्य है?

(क) पानी की प्यास (ख) आलस्य
(ग) सांसारिक तृष्णा (घ) क्रोध

उत्तर (ग) सांसारिक तृष्णा

(iii) **कथन** (A) क्रोध को उथल-पुथल न मचाने का आग्रह किया है।
कारण (R) क्रोध से मनुष्य का विवेक नष्ट हो जाता है।

कूट

(क) कथन (A) और कारण (R) दोनों सही हैं तथा कारण (R), कथन (A) की सही व्याख्या करता है।
(ख) कथन (A) और कारण (R) दोनों सही हैं, परंतु कारण (R), कथन (A) की सही व्याख्या नहीं करता है।
(ग) कथन (A) सही है, किंतु कारण (R) गलत है।
(घ) कथन (A) गलत है, किंतु कारण (R) सही है।

उत्तर (क) कथन (A) और कारण (R) दोनों सही हैं तथा कारण (R), कथन (A) की सही व्याख्या करता है।

(iv) 'चन्नमल्लिकार्जुन' कौन हैं?

(क) कोई देवता (ख) विष्णु (ग) यमराज (घ) शिवजी

उत्तर (घ) शिवजी

(v) प्रस्तुत संपूर्ण काव्यांश में कौन-सा अलंकार है?

(क) विरोधाभास (ख) मानवीकरण
(ग) विभावना (घ) अतिशयोक्ति

उत्तर (ख) मानवीकरण

विषय-वस्तु पर आधारित प्रश्नोत्तर

लघु उत्तरीय प्रश्न

1. क्रोध को लेकर कवयित्री ने क्या कहा है?

उत्तर कवयित्री ने क्रोध से कहा है कि वह उथल-पुथल न मचाए, क्योंकि क्रोध व्यक्ति के विवेक को नष्ट कर देता है और उसे गलत कार्यों की ओर प्रेरित करता है। क्रोध के प्रभाव से व्यक्ति अपनी निर्णय क्षमता खो बैठता है और उचित-अनुचित का भान नहीं कर पाता। क्रोध को नियंत्रित करके ही व्यक्ति सही मार्ग पर चल सकता है।

2. प्यास को संबोधित करते हुए कवयित्री का क्या संदेश है?

उत्तर कवयित्री ने प्यास अर्थात् सांसारिक तृष्णा से कहा है कि वह मनुष्य को अपनी पीड़ा से तड़पाने के बजाय उसे शांति प्रदान करे, ताकि वह भक्ति और साधना में ध्यान लगा सके। प्यास, जोकि सांसारिक तृष्णा का प्रतीक है, व्यक्ति को बाहरी सुखों और भौतिकता की ओर खींचती है, जिससे उसकी आत्मिक उन्नति रुक जाती है।

3. अक्कमहादेवी भूख, प्यास, लोभ आदि से दूर क्यों रहना चाहती हैं?

उत्तर अक्कमहादेवी मानवीय मनोविकारों से दूर रहना चाहती हैं, क्योंकि उनका मानना है कि भूख, प्यास और नींद मनुष्य को अपने वश में कर लेते हैं तथा लोभ, मोह, क्रोध, ईर्ष्या और मद उसकी चिंतन-शक्ति का ह्रास कर देते हैं। इनके वशीभूत होकर ईश्वर से मिलन असंभव है। अतः वह इनसे दूर रहना चाहती हैं।

4. कवयित्री किसका संदेश लेकर आई है और क्यों?

उत्तर कवयित्री अपने आराध्य चन्नमल्लिकार्जुन देव अर्थात् भगवान शिव का संदेश लेकर आई है, क्योंकि शिव का संदेश कल्याणकारी है। जो भी प्राणी अपनी इंद्रियों को वश में करके सच्चे हृदय से उनकी भक्ति करते हैं, उन्हें सांसारिक भवसागर से मुक्ति प्राप्त हो जाती है।

5. 'मँगवाओ मुझसे भीख' का आशय स्पष्ट कीजिए।

उत्तर कवयित्री अपने आराध्य से आग्रह करते हुए कहती है कि वह उससे भीख मँगवाएँ अर्थात् वह स्वयं को निरीह, असहाय एवं असमर्थ बनाना चाहती है। इससे उसकी 'मैं' अर्थात् अहंकार की भावना का लोप हो जाएगा और वह ईश्वर का स्मरण करने के लिए विवश हो जाएगी। इस प्रकार, ईश्वर उसे शीघ्र ही प्राप्त हो जाएँगे।

दीर्घ उत्तरीय प्रश्न

1. प्रथम वचन में कवयित्री द्वारा मानवीय विकारों को दुत्कारना क्या प्रदर्शित करता है?

उत्तर प्रथम वचन में कवयित्री भूख, प्यास, नींद, क्रोध, मोह, मद, लोभ, ईर्ष्या आदि मानवीय विकारों को दुत्कारती है। इससे पता चलता है कि कवयित्री यह मानती है कि ये सभी भाव मनुष्य को ईश्वर से दूर ले जाते हैं, जबकि वह सभी मनुष्यों को ईश्वर प्राप्ति की ओर अग्रसर करना चाहती है। कवयित्री का आचरण यह प्रदर्शित करता है कि वह अपने साथ-साथ दूसरों को भी ईश्वर प्राप्ति का मार्ग दिखाना चाहती है।

2. 'हे मोह! पाश अपने ढील' पंक्ति का आशय स्पष्ट कीजिए।

उत्तर प्रस्तुत पंक्ति से कवयित्री का आशय यह है कि मनुष्य मोह के वशीभूत अर्थात् सांसारिक विषय-वासनाओं, घर-परिवार, माता-पिता इत्यादि के प्रति लगाव व आसक्ति के बंधनों में बँधा हुआ है, उन बंधनों को वह ढीला कर दे अर्थात् त्याग दे। इन विषय वासनाओं के मोह में जब तक मनुष्य बँधा रहेगा, तब तक उसे ईश्वर की प्राप्ति नहीं हो सकती, इसलिए हे मनुष्य! तू इस बंधन से मुक्त होकर ईश्वर प्राप्ति के मार्ग पर अग्रसर हो।

3. 'झोली फैलाऊँ और न मिले भीख' पंक्ति के माध्यम से कवयित्री क्या कहना चाहती है?

उत्तर प्रस्तुत पंक्ति के माध्यम से कवयित्री ईश्वर से यह प्रार्थना करती है कि यदि वह अपना अहं त्यागकर भीख माँग रही हो और यदि उसमें अहंकार का थोड़ा-सा भी अंश शेष हो, तो उसे भीख न मिले अर्थात् जब तक कवयित्री के भीतर से अहंकार का भाव पूर्ण रूप से समाप्त नहीं हो जाता, तब तक ईश्वर ऐसी परिस्थितियों का निर्माण करें, जिससे उसका अहं समाप्त हो जाए।

4. अहंकार ईश्वर प्राप्ति में कैसे बाधक है?

उत्तर ईश्वर एक ऐसी अनुभूति है, जिसमें हम स्वयं को भूलकर अपना अस्तित्व खो देते हैं तथा ईश्वर की साधना में लीन हो जाते हैं। यदि हमारे मन में अहंकार की भावना है, तो हमारे मन में विनम्रता की भावना समाप्त हो जाती है और ऐसी अवस्था में हम ईश्वर की प्रार्थना व साधना तो दूर उसके सामने नतमस्तक भी नहीं हो पाते। अतः ईश्वर आराधना अर्थात् ईश्वर में एकाकार होने के लिए मनुष्य के लिए अहंकार का सर्वथा त्याग करना ही उचित होता है।

5. कवयित्री अपनी स्थिति अत्यंत दयनीय क्यों करना चाहती है?

उत्तर कवयित्री अपने आराध्य शिव से दूर नहीं जाना चाहती, इसलिए वह चाहती है कि उसके हृदय से अहंकार का पूर्ण रूप से त्याग हो जाए, क्योंकि अहंकार ईश्वर प्राप्ति में सबसे बड़ा बाधक बनता है। अहंकार की भावना को मन से निकालने के लिए कवयित्री ईश्वर से प्रार्थना करती है कि हे ईश्वर! मेरी स्थिति अत्यंत दयनीय कर दो। मेरे लिए ऐसी परिस्थितियों का सृजन कर दो, जिससे मुझे दूसरों के सामने भीख माँगनी पड़े और वह भीख भी मेरी झोली में न गिरकर नीचे गिर जाए और यदि मैं उसे उठाने का प्रयास भी करूँ तो कोई कुत्ता उसे छीनकर ले जाए। ऐसी दयनीय स्थिति में कवयित्री के मन में कोई विकार नहीं रहेगा और ईश्वर उस पर अवश्य अपनी कृपा दृष्टि डालेंगे।

स्व-मूल्यांकन

काव्यांश पर आधारित बहुविकल्पीय प्रश्न

निम्नलिखित काव्यांश को ध्यानपूर्वक पढ़कर पूछे गए प्रश्नों के सही उत्तर चुनिए।

1. हे मेरे जूही के फूल जैसे ईश्वर
मँगवाओ मुझसे भीख
और कुछ ऐसा करो
कि भूल जाऊँ अपना घर पूरी तरह
झोली फैलाऊँ और न मिले भीख
कोई हाथ बढ़ाए कुछ देने को
तो वह गिर जाए नीचे
और यदि मैं झुकूँ उसे उठाने
तो कोई कुत्ता आ जाए
और उसे झपटकर छीन ले मुझसे।

(i) कवयित्री ने ईश्वर की उपमा किससे की है?
(क) चमेली के फूल से
(ख) कमल के फूल से
(ग) जूही के फूल से
(घ) गुलाब के फूल से

(ii) **कथन** (A) कवयित्री ईश्वर से प्रार्थना करती है कि उससे भीख मँगवाएँ।
कारण (R) कवयित्री अपने मन में समाज के डर को समाप्त करना चाहती है।
कूट
(क) कथन (A) और कारण (R) दोनों सही हैं तथा कारण (R), कथन (A) की सही व्याख्या करता है।
(ख) कथन (A) और कारण (R) दोनों सही हैं, परंतु कारण (R), कथन (A) की सही व्याख्या नहीं करता है।
(ग) कथन (A) सही है, किंतु कारण (R) गलत है।
(घ) कथन (A) गलत है, किंतु कारण (R) सही है।

(iii) अपनी दयनीय स्थिति बनाने के लिए कवयित्री क्या कार्य करना चाहती है?
(क) मैं दूसरों से भीख माँगू
(ख) अपना घर पूरी तरह से भूल जाऊँ
(ग) मुझे मिली भीख को कुत्ता उठाकर ले जाए
(घ) उपर्युक्त सभी

(iv) काव्यांश के अनुसार, कवयित्री की कामना क्या है?
(क) परम ईश्वर की प्राप्ति
(ख) निकृष्ट कार्य करना
(ग) अत्यधिक भौतिक सुखों की प्राप्ति
(घ) दीनता-हीनता का त्याग

(v) प्रस्तुत काव्यांश का मूल भाव क्या है?
(क) सांसारिक वस्तुओं का त्याग
(ख) ईश्वर की कृपा प्राप्त करना
(ग) भौतिक वस्तुओं का त्याग करना
(घ) उपर्युक्त सभी

विषय-वस्तु पर आधारित प्रश्न

लघु उत्तरीय प्रश्न

1. कवयित्री ने सांसारिक विषय-वासनाओं के लिए किन प्रतीकों का प्रयोग किया है?

2. कवयित्री ने मनोविकारों को क्या करने के लिए कहा है?

3. 'ईश्वर प्राप्ति सदैव अहंकार भाव को त्यागकर होती है' प्रस्तुत उक्ति को सिद्ध कीजिए।

दीर्घ उत्तरीय प्रश्न

1. कविता के आधार पर बताइए कि मानव जीवन और भक्ति का क्या संबंध है?

2. मनुष्य के जीवन में इंद्रियों का क्या महत्त्व है? स्पष्ट कीजिए।

3. अक्कमहादेवी के अनुसार, कौन-कौन से बंधन उन्हें अपने आराध्य से दूर ले जाते हैं और क्यों?

07

अध्याय

सबसे खतरनाक

अवतार सिंह संधू (पाश)

कवि-परिचय

समकालीन पंजाबी साहित्य के महत्त्वपूर्ण कवि अवतार सिंह संधू (पाश) का जन्म वर्ष 1950 में तलवंडी सलेम गाँव, जालंधर (पंजाब) में हुआ था। इन्होंने स्नातक तक की शिक्षा ग्रहण की। जन-आंदोलनों से जुड़े पाश की कविताओं का मुख्य स्वर समाज व राजनीति में व्याप्त अव्यवस्था के प्रति विरोध का है। राजनीतिक असंतोष से उत्पन्न उनकी रचनाओं में लोक संस्कृति व परंपराओं के दर्शन भी होते हैं। उनकी रचनाओं में सामान्य जन की व्यथा, निराशा व विरोध स्पष्टता के साथ दिखाई देते हैं। उन्हें जागृत करने के लिए इन्होंने सिआड़, हेमज्योति, हॉक और एंटी-47 आदि पत्रिकाओं का संपादन किया। लौह कथा, उड़दें बाजां मगर, साडै समिया बिच, लड़ेंगे साथी (पंजाबी); बीच का रास्ता नहीं होता, लहू है कि तब भी गाता है (हिंदी अनुवाद) इनकी प्रमुख रचनाएँ हैं। जन कवि पाश का देहांत वर्ष 1988 में हुआ।

▼ **अध्ययन के लिए**
- कविता की रूपरेखा
- काव्यांशों की व्याख्या

▼ **अभ्यास के लिए**
- पाठ्यपुस्तक के प्रश्नोत्तर
- काव्यांश पर आधारित बहुविकल्पीय प्रश्न
- लघु उत्तरीय प्रश्न
- दीर्घ उत्तरीय प्रश्न

कविता की रूपरेखा

'सबसे खतरनाक' कविता में कवि ने समाज में दिन-प्रतिदिन होते मानवता के ह्रास व लोगों के अन्याय का विरोध न करके उसे सहन करने जैसी स्थितियों का वर्णन किया है। साथ ही कवि ने बेहतर भविष्य के निर्माण के लिए सपनों के मर जाने और जड़ स्थितियों व परंपराओं को बदलने के प्रयास न करने और बेहतर भविष्य के सपनों के गुम हो जाने को सबसे खतरनाक माना है।

काव्यांशों की व्याख्या

काव्यांश 1

मेहनत की लूट सबसे खतरनाक नहीं होती
पुलिस की मार सबसे खतरनाक नहीं होती
गद्दारी-लोभ की मुट्ठी सबसे खतरनाक नहीं होती
बैठे-बिठाए पकड़े जाना-बुरा तो है
सहमी-सी चुप में जकड़े जाना-बुरा तो है
पर सबसे खतरनाक नहीं होता

शब्दार्थ

मेहनत-परिश्रम, श्रम; **गद्दारी**-धोखा देना, देशद्रोह करना; **खतरनाक**-घातक, **बैठे-बिठाए**-अकारण/अनायास; **सहमी-सी**-भयभीत; **जकड़**-बंधन।

संदर्भ प्रस्तुत काव्यांश हमारी पाठ्यपुस्तक 'आरोह भाग-1' में संकलित कविता 'सबसे खतरनाक' से उद्धृत है। इस कविता के रचयिता 'अवतार सिंह संधू (पाश)' हैं।

प्रसंग प्रस्तुत काव्यांश में कवि स्पष्ट करता है कि मेहनत की लूट, पुलिस के अत्याचार व देशद्रोह मनुष्यता के लिए सबसे अधिक खतरनाक नहीं हैं, बल्कि इस क्रूरता के प्रति मौन रहकर सहनशील बने रहना अत्यंत खतरनाक है।

व्याख्या कवि कहता है कि परिश्रम की कमाई की लूट अर्थात् मेहनत के बदले उचित मजदूरी का न मिलना खतरनाक नहीं है, पुलिस की मार पड़ना भी खतरनाक नहीं है और प्रलोभन के कारण देश के विरुद्ध षड्यंत्र रचना भी अत्यधिक खतरनाक नहीं है। अपितु संघर्ष किए बिना पुलिस द्वारा पकड़े जाना एवं जेल में डाल दिया जाना बहुत खराब स्थिति है। अन्याय के विरुद्ध चुपचाप सहमे पड़े रहना भी बुरी स्थिति है, परंतु इन सबको मानवता के लिए सबसे खतरनाक नहीं कहा जा सकता।

काव्य शैली

(i) प्रस्तुत काव्यांश की आवेगपूर्ण मौलिक शैली पाठकों को प्रभावित करती है, जिसमें अनुभूति एवं जीवन की विविध स्थितियों का मार्मिक चित्रण है।

(ii) 'सबसे खतरनाक नहीं होता' तथा 'बुरा तो है' पदों की आवृत्ति पाठकों के सामने एक आकर्षण व उनके मन में जिज्ञासा उत्पन्न करती है।

(iii) 'गद्दारी-लोभ' में सामासिक शैली का प्रयोग हुआ है।

(iv) 'सहमी-सी' व 'जकड़े जाना' में क्रमशः उपमा व अनुप्रास अलंकार है।

(v) काव्यांश में सरल एवं सहज शब्दावली युक्त खड़ीबोली का प्रयोग हुआ है।

काव्यांश 2

कपट के शोर में
सही होते हुए भी दब जाना–बुरा तो है
किसी जुगनू की लौ में पढ़ना–बुरा तो है
मुट्ठियाँ भींचकर बस वक्त निकाल लेना–बुरा तो है
सबसे खतरनाक नहीं होता

शब्दार्थ

कपट–छल; षड्यंत्र; **लौ**–प्रकाश, रोशनी; **भींचकर**–दबाकर।

संदर्भ पूर्ववत्।

प्रसंग प्रस्तुत काव्यांश में कवि ने अभावग्रस्तता व विरोध के भाव को भीतर ही दबाना मनुष्य के लिए बुरा माना है, किंतु सबसे खतरनाक नहीं माना है।

व्याख्या कवि कहता है यह बात बुरी एवं खतरनाक है कि चारों ओर छल-कपट को देखकर भी व्यक्ति चुप रहे और उसके विरुद्ध आवाज़ न उठाए। यह बात भी बहुत बुरी है कि व्यक्ति जुगनू के प्रकाश में पढ़े अर्थात् साधनहीनता की स्थिति में रहे। साधनहीनता से निकलने के लिए संघर्ष न करे। यह भी बुरी बात है कि व्यक्ति अन्याय के विरोध में संघर्ष करना चाहे, किंतु कुछ कर न सके, केवल अपनी मुट्ठियाँ भींचता रहे। ये सब बातें बुरी हैं, परंतु इनसे भी बुरी और खतरनाक स्थितियाँ और हैं, जिनके परिणाम दूरगामी हैं।

काव्य शैली

(i) प्रस्तुत काव्यांश में 'बुरा तो है' पद की आवृत्ति का प्रभावशाली प्रयोग हुआ है। इससे पाठकों में यह जिज्ञासा उत्पन्न होती है कि इससे बुरा और क्या है?

(ii) साधनहीनता के लिए 'जुगनू' प्रतीक का सुंदर प्रयोग किया गया है।

(iii) काव्यांश में मुट्ठियाँ भींचकर वक्त निकाल लेने का बिंब प्रभावशाली है।

(iv) कथन में आवेश, जोश और मौलिकता है।

(v) सरल शब्दावली का प्रयोग हुआ है।

काव्यांश 3

सबसे खतरनाक होता है
मुर्दा शांति से भर जाना
न होना तड़प का सब सहन कर जाना
घर से निकलना काम पर
और काम से लौटकर घर आना
सबसे खतरनाक होता है
हमारे सपनों का मर जाना
सबसे खतरनाक वह घड़ी होती है
आपकी कलाई पर चलती हुई भी जो
आपकी निगाह में रुकी होती है

शब्दार्थ

तड़प–अत्यंत दुःखी होना; **निगाह**–नज़र, दृष्टि।

संदर्भ पूर्ववत्।

प्रसंग प्रस्तुत काव्यांश में कवि ने मनुष्य के लिए सर्वाधिक खतरनाक स्थिति के बारे में वर्णन किया है।

व्याख्या प्रस्तुत काव्यांश में कवि कहता है कि सबसे खतरनाक स्थिति वह है, जब व्यक्ति जीवन के उल्लास व उमंग से मुँह मोड़कर तथा निराशा व अवसाद से घिरकर मृत शरीर के समान सन्नाटे में जीने का अभ्यस्त हो जाता है। उसके अंदर कभी न समाप्त होने वाली शांति छा जाती है। वह मूकदर्शक बनकर सब कुछ चुपचाप सहन करता जाता है और एक निश्चित ढर्रे पर आधारित जीवन जीने लगता है। वह घर से काम पर जाता है और काम समाप्त करके घर लौट आता है। उसके जीवन का मशीनीकरण हो जाता है। उसके सभी सपने मर जाते हैं और जीवन में कोई नयापन नहीं रह जाता है। उसकी सारी इच्छाएँ समाप्त हो जाती हैं। ये परिस्थितियाँ अत्यंत खतरनाक होती हैं।

कवि कहता है कि सबसे खतरनाक दृष्टि वह है, जो अपनी कलाई पर बँधी घड़ी को सामने चलता देखकर भी यह सोचे कि जीवन स्थिर है। दूसरे शब्दों में, मनुष्य नित्य हो रहे परिवर्तनों के अनुसार स्वयं को नहीं बदलता और न ही स्वयं को बदलना चाहता है। यही स्थिति सबसे खतरनाक होती है।

काव्य शैली

(*i*) प्रस्तुत काव्यांश में कवि संघर्ष और प्रगति को जीवन के लिए आवश्यक मानता है, इसलिए वह जड़ता और निष्क्रियता की निंदा करता है।

(*ii*) 'सपनों का मर जाना' एक लाक्षणिक प्रयोग है। यहाँ 'सपना' शब्द आकांक्षाओं के लिए प्रयुक्त हुआ है।

(*iii*) काव्यांश में 'मुर्दा शांति' में प्रयुक्त 'मुर्दा' विशेषण कवि के भावों को अत्यंत प्रभावी ढंग से प्रकट करता है।

(*iv*) 'घड़ी' में श्लेष अलंकार है।

(*v*) सरल एवं सहज शब्दावलीयुक्त खड़ीबोली का प्रयोग हुआ है।

काव्यांश 4

सबसे खतरनाक वह आँख होती है
जो सब कुछ देखती हुई भी जमी बर्फ होती है
जिसकी नज़र दुनिया को मुहब्बत से चूमना भूल जाती है
जो चीज़ों से उठती अंधेपन की भाप पर ढुलक जाती है
जो रोज़मर्रा के क्रम को पीती हुई
एक लक्ष्यहीन दुहराव के उलटफेर में खो जाती है

शब्दार्थ

अंधेपन–अज्ञानता, बुद्धिहीनता; **ढुलक**–गिरना; **रोज़मर्रा**–प्रतिदिन, दैनिक; **दुहराव**–असमंजस; **उलटफेर**–बदलाव, परिवर्तन।

संदर्भ पूर्ववत्।

प्रसंग प्रस्तुत काव्यांश में कवि संवेदनहीनता को मानवता के लिए सर्वाधिक हानिकारक मानता है।

व्याख्या कवि सामाजिक विद्रूपताओं अर्थात् सामाजिक अव्यवस्थाओं का विरोध न करने को सबसे खतरनाक मानता है। वह कहता है कि वह आँख बहुत खतरनाक होती है, जो अपने सामने हो रहे अन्याय को संवेदनशून्य होकर वैसे ही देखती रहती है, जैसे वह जमी हुई बर्फ हो। जिसकी नज़र इस संसार को प्यार से चूमना भूल जाती है अर्थात् जिस नज़र से प्रेम व सौंदर्य की भावना समाप्त हो जाती है और जो हर वस्तु को घृणा की दृष्टि से देखती है, वह नज़र खतरनाक होती है। ऐसी नज़र जो वस्तु के लोभ में अंधी होकर उसे पाने के लिए लालायित हो उठती है, वह सबसे खतरनाक होती है। वह ज़िंदगी जो दैनिक क्रियाकलापों में संवेदनहीनता के साथ भटकती रहती है, जो लक्ष्यहीन होकर सिर्फ़ अपनी दिनचर्या को पूरा करती है, वह सबसे खतरनाक होती है।

काव्य शैली

(*i*) प्रस्तुत काव्यांश में कवि ने समाज की संवेदनशून्यता पर व्यंग्य किया है।

(*ii*) कवि संवेदनशील, प्रेममय और परिवर्तनकारी जीवन-शैली का समर्थक है। वह जड़ता और सुनिश्चित ढर्रे पर चलने वाली जीवन-शैली का विरोधी है।

(*iii*) 'जमी बर्फ' संवेदनशून्य ठंडे हृदय का प्रतीक है।

(*iv*) 'अंधेपन की भाप' में रूपक अलंकार है।

(*v*) कवि की कथन-शैली मौलिक है।

(*vi*) सरल एवं सहज खड़ीबोली का प्रयोग हुआ है।

काव्यांश 5

सबसे खतरनाक वह चाँद होता है
जो हर हत्याकांड के बाद
वीरान हुए आँगनों में चढ़ता है
पर आपकी आँखों को मिर्चों की तरह नहीं गड़ता है

शब्दार्थ

वीरान–जनहीन, खाली; **गड़ता**–चुभना।

संदर्भ पूर्ववत्।

प्रसंग प्रस्तुत काव्यांश में कवि चाँद के माध्यम से उस खौफ़नाक स्थिति की ओर इशारा करता है, जहाँ प्रतिकूलताओं से जूझने के संकल्प क्षीण पड़ते जा रहे हैं।

व्याख्या कवि कहता है कि वह चाँद खतरनाक होता है, जो हत्याकांड अर्थात् अन्याय को देखने के बाद भी आवाज नहीं उठाता है, बल्कि वह उन आँगनों में चढ़ता है, जो वीरान हो गए हैं अर्थात् अन्याय एवं अत्याचार देखने के उपरांत भी विरोध न करना सबसे खतरनाक है।

चाँद सौंदर्य एवं शांति का प्रतीक है, परंतु हत्याकांडों का चश्मदीद गवाह भी है। ऐसे चाँद की चाँदनी लोगों की आँखों में मिर्च की तरह नहीं गड़ती, बल्कि इसके विपरीत लोग चाँदनी में शांति महसूस करते हैं। ऐसी शांति मानवता के लिए खतरनाक है। इससे मानवीय समस्याओं का समाधान नहीं निकल सकता।

काव्य शैली

(*i*) प्रस्तुत काव्यांश में कवि ने चाँद को अन्याय का विरोध न करने वालों के प्रतीक के रूप में चित्रित किया है।

(*ii*) प्रस्तुत काव्यांश का अर्थ सांकेतिक है।

(*iii*) 'मिर्च की तरह गड़ना' का प्रयोग बहुत सार्थक है।

(*iv*) मुक्त छंद की कविता होने के बावजूद 'चढ़ता है', 'गड़ता है' जैसी तुकबंदी से कविता अधिक प्रभावी हो गई है।

(*v*) काव्यांश की शैली आवेशपूर्ण एवं मौलिक है।

(*vi*) सरल एवं सहज खड़ीबोली का प्रयोग हुआ है।

काव्यांश 6

सबसे खतरनाक वह गीत होता है
आपके कानों तक पहुँचने के लिए
जो मरसिए पढ़ता है
आतंकित लोगों के दरवाज़ों पर
जो गुंडे की तरह अकड़ता है।

शब्दार्थ

मरसिए—करुण रस की कविता जो किसी व्यक्ति की मृत्यु पर पढ़ी जाती है; **आतंकित**—भयभीत; **अकड़ना**—ज़िद करना।

संदर्भ पूर्ववत्।

प्रसंग प्रस्तुत काव्यांश में कवि उस गीत को सबसे खतरनाक मानता है, जो व्यक्ति में उत्साह की जगह भय पैदा करता है।

व्याख्या प्रस्तुत काव्यांश में कवि कहता है कि ऐसे गीत सबसे खतरनाक होते हैं, जो आपका ध्यान खींचने के लिए करुणा भरे स्वर व्यक्त करते हैं अर्थात् जो व्यक्ति में उत्साह का संचार करने के बजाय उसमें भय उत्पन्न करते हैं। जो डरे हुए लोगों को गुंडों की भाँति और अधिक धमकाते हैं, उन्हें लज्जित करते हैं, चिढ़ाते हैं तथा भयभीत करते हैं। आशय यह है कि गीतकार का दायित्व बनता है कि वह डरे हुए लोगों को सहारा दे और प्रेरणा दे। उसकी बजाय उन्हें रुलाना या डराना दोनों ही निंदनीय हैं।

काव्य शैली

(i) प्रस्तुत काव्यांश में कवि भयभीत लोगों के लिए करुण या भयानक रस के गीतों को अनावश्यक मानता है।

(ii) 'मरसिया पढ़ना' भारत की एक परंपरागत शैली है, जिसमें रो-रोकर मृत्यु के गीत गाए जाते हैं।

(iii) काव्यांश में 'गुंडे की तरह अकड़ने' का प्रभावशाली प्रयोग हुआ है।

(iv) कवि की शैली मौलिक है तथा कविता का आवेग बहुत तीव्र है।

(v) गीत का मानवीकरण करने के कारण यहाँ मानवीकरण अलंकार है।

(vi) काव्यांश की भाषा सरल एवं सहज खड़ीबोली है।

काव्यांश 7

सबसे खतरनाक वह रात होती है
जो ज़िंदा रूह के आसमानों पर ढलती है
जिसमें सिर्फ़ उल्लू बोलते और हुआँ हुआँ करते गीदड़
हमेशा के अँधेरे बंद दरवाज़ों-चौगाठों पर चिपक जाते हैं

शब्दार्थ

रूह—आत्मा; **चौगाठों**—चौखट।

संदर्भ पूर्ववत्।

प्रसंग प्रस्तुत काव्यांश में कवि रूढ़ियों व परंपराओं से उत्पन्न अज्ञानता एवं कायरता को मानवता के लिए सर्वाधिक खतरनाक मानता है।

व्याख्या कवि कहता है कि वह रात सबसे खतरनाक होती है, जो जीवित आत्माओं अर्थात् मनुष्यों के संसार पर आ घिरती है, जिसमें सिर्फ उल्लू बोलते हैं या गीदड़ हुआँ-हुआँ करते हैं। ये उल्लू और गीदड़ हमेशा-हमेशा के लिए बंद हुए अँधेरे दरवाज़ों और चौखटों पर जाकर चिपक जाते हैं।

आशय यह है कि वे अंधी रूढ़ियाँ सबसे ज्यादा खतरनाक होती हैं, जो जीवित मनुष्यों के दिलों पर प्रभावी हो जाती हैं। उन रूढ़ियों का महिमागान करने वाले लोग उल्लुओं और गीदड़ों की भाँति हुआँ-हुआँ करते हुए अज्ञानी लोगों के हृदयों पर सवार हो जाते हैं। वे उन्हें रूढ़ियों को तोड़कर बाहर नहीं निकलने देते।

काव्य शैली

(i) प्रस्तुत काव्यांश के अनुसार कवि रूढ़ियों का कट्टर विरोधी है, इसलिए उसके स्वर में प्रखर व्यंग्य और विरोध का भाव है।

(ii) 'उल्लू बोलना', 'गीदड़ का हुआँ-हुआँ करना' तथा 'हमेशा के अँधेरे बंद कमरे' का बिंब बहुत सशक्त एवं सजीव है। यह जड़ रूढ़ियों का यथार्थ प्रतीक है।

(iii) काव्यांश में 'हमेशा के बंद कमरे' के माध्यम से कवि ने रूढ़िग्रस्त लोगों पर तीखा व्यंग्य किया है।

(iv) काव्यांश में सरल एवं सहज शब्दावलीयुक्त खड़ीबोली का प्रयोग हुआ है।

काव्यांश 8

सबसे खतरनाक वह दिशा होती है
जिसमें आत्मा का सूरज डूब जाए
और उसकी मुर्दा धूप का कोई टुकड़ा
आपके जिस्म के पूरब में चुभ जाए
मेहनत की लूट सबसे खतरनाक नहीं होती
पुलिस की मार सबसे खतरनाक नहीं होती
गद्दारी-लोभ की मुट्ठी सबसे खतरनाक नहीं होती।

शब्दार्थ

जिस्म—शरीर।

संदर्भ पूर्ववत्।

प्रसंग प्रस्तुत काव्यांश में कवि अंतरात्मा की आवाज़ को अनसुना करने को सबसे अधिक खतरनाक मानता है।

व्याख्या कवि कहता है कि सबसे खतरनाक वह दिशा है, जिसमें आत्मा का सूरज डूब जाता है, क्योंकि ऐसी स्थिति में व्यक्ति अपने अंदर की आवाज़ को नहीं सुनता। उसकी मुर्दा अर्थात् प्रतिक्रियाविहीन जैसी स्थिति सबसे खतरनाक होती है। उसकी सोच एवं विचारधारा मुर्दा धूप का टुकड़ा होती है, जो मनुष्य के शरीर पर काँटे की तरह चुभी रहती है। भाव यह है कि आत्मा के मर जाने पर उसकी मुर्दा छाप अर्थात् रूढ़ियों से ग्रस्त विचारधारा हमारे साथ चिपककर हमारी पहचान बन जाए, तो यह स्थिति सबसे अधिक खतरनाक है।

कवि कहता है कि किसी की मेहनत की कमाई लुट जाए, तो वह खतरनाक नहीं होती। पुलिस की मार तथा गद्दारी आदि भी इतनी खतरनाक नहीं होती बल्कि सबसे खतरनाक स्थिति तो वह है, जब व्यक्ति के अंदर विषम परिस्थितियों में संघर्ष करने की क्षमता ही समाप्त हो जाए।

काव्य शैली

(i) प्रस्तुत काव्यांश में कवि पुराणपंथी विचारधारा का विरोध करता है। वह रूढ़ एवं शांति रखने वाली विचारधारा को 'मुर्दा धूप का टुकड़ा' कहता है, जो काँच के टुकड़े की भाँति मनुष्य के शरीर में चुभी हो। यह नवीन प्रयोग अत्यंत सशक्त है।

(ii) 'आत्मा का सूरज' तथा 'जिस्म के पूरब' में रूपक अलंकार है।

(iii) कवि की कथन-शैली सर्वथा नई एवं मौलिक है।

(iv) सरल एवं सहज शब्दावली युक्त खड़ीबोली का प्रयोग हुआ है।

पाठ्यपुस्तक (आरोह भाग-1) के प्रश्नोत्तर

कविता के साथ

1. कवि ने किस आशय से मेहनत की लूट, पुलिस की मार, गद्दारी-लोभ को सबसे खतरनाक नहीं माना?

उत्तर कवि मेहनत की लूट, पुलिस की मार, गद्दारी-लोभ को खतरनाक नहीं मानता, क्योंकि इनका प्रभाव सीमित होता है तथा इनकी क्षति-पूर्ति की जा सकती है। कवि की दृष्टि में ये बातें अनिवार्य रूप से मनुष्य को गतिहीन या जड़ नहीं बनाती हैं। इन सबके होते हुए भी मनुष्य गतिशील एवं संवेदनशील बना रहता है, इसलिए कवि ने इन्हें सबसे खतरनाक नहीं माना है।

2. सबसे खतरनाक शब्द के बार-बार दोहराए जाने से कविता में क्या असर पैदा हुआ?

उत्तर सबसे खतरनाक शब्द के बार-बार कहे जाने से कविता का कथ्य प्रभावशाली बनकर पाठक के समक्ष प्रस्तुत हुआ है। इससे खतरनाक और सबसे खतरनाक शब्द का अंतर भी ज्ञात हो जाता है। खतरनाक शब्द के बार-बार आने से पाठकों की कविता में जिज्ञासा अंत तक बनी रहती है। पाठक कविता को रुचि से पढ़ता है।

3. कवि ने कविता में कई बातों को 'बुरा है' न कहकर 'बुरा तो है' कहा है। 'तो' के प्रयोग से कथन की भंगिमा में क्या बदलाव आया है? स्पष्ट कीजिए।

उत्तर कवि ने समाज में व्याप्त कई बुराइयों के लिए कहा है—बुरा तो है। इस 'तो' शब्द के जोड़ने से कवि का अभिप्राय यह है कि समाज में ये बुराइयाँ तो हैं, पर इनसे और भी अधिक भयंकर बुराइयाँ हैं, जो समाप्त नहीं हो रहीं। 'तो' शब्द से तुलनात्मक स्थिति का ज्ञान होना सरल हो जाता है।

4. 'मुर्दा शांति से भर जाना' और 'हमारे सपनों का मर जाना' इनको सबसे खतरनाक माना गया है। आपकी दृष्टि से इन बातों में क्या संगति है और ये क्यों सबसे खतरनाक हैं?

उत्तर ये दोनों ही स्थितियाँ सबसे अधिक खतरनाक हैं, क्योंकि जब किसी व्यक्ति में मुर्दे जैसी शांति समा जाती है, तो वह कोई भी प्रतिक्रिया नहीं कर सकता। ऐसी स्थिति में जीवन मृत्यु के समान हो जाता है। 'हमारे सपनों का मर जाना' से आशय जीवन के प्रति निराश और आशाओं के समाप्त हो जाने तथा कुछ भी करने की उमंग न होने से है। दोनों ही स्थितियाँ सबसे खतरनाक हैं, क्योंकि दोनों ही स्थितियाँ मनुष्य को निष्क्रिय व ओजविहीन बना देती हैं। मनुष्य संघर्ष से पीछे हट जाता है। अतः दोनों बातों में पर्याप्त संगति है।

5. सबसे खतरनाक वह घड़ी होती है/आपकी कलाई पर चलती हुई भी जो/आपकी निगाह में रुकी होती है। इन पंक्तियों में 'घड़ी' शब्द की व्यंजना से अवगत कराइए।

उत्तर घड़ी समय की गति का प्रतीक है, पर यहाँ यह कलाई की घड़ी न होकर जीवन का प्रतीक है। जिस प्रकार घड़ी निरंतर चलती रहती है, उसी प्रकार जीवन भी निरंतर चलायमान रहता है। 'घड़ी' शब्द में यह व्यंजना है कि वह समय जीवन में सबसे खतरनाक होता है, जो आगे बढ़ने की अपेक्षा एक ही जगह स्थिर हो जाए। यह 'रुकना' ही उस घड़ी अर्थात् उस समय को सूचित करता है। घड़ी जीवन के ठहराव और व्यक्ति की निष्क्रियता को गहराई से व्यंजित करती है।

6. वह चाँद सबसे खतरनाक क्यों होता है, जो हर हत्याकांड के पश्चात् आपकी आँखों में मिर्चों की तरह नहीं गड़ता है?

उत्तर यहाँ 'चाँद' उस बौद्धिक वर्ग की ओर संकेत करता है, जो नरसंहार, हत्याकांड इत्यादि अमानवीय घटनाओं को देखकर भी नहीं पिघलता, बल्कि अपनी किरणें उसी तरह बिखेरता है अर्थात् प्रतिक्रिया विहीन होकर शांति एवं धैर्य धारण करने के लिए कहता है। उसकी शीतल किरणें अर्थात् प्रबुद्ध वर्ग की वाणी मिर्च के समान हृदय में नहीं चुभती है, जबकि हत्याकांड के साक्षी व्यक्ति में अत्याचार के विरुद्ध रोष होना चाहिए। ऐसी सामाजिक अव्यवस्था को व्यवस्थित करने की इच्छा शक्ति होनी चाहिए। जिनमें यह रोष एवं इच्छा नहीं है, वह व्यक्ति भी सबसे खतरनाक है।

कविता के आस-पास

1. कवि ने 'मेहनत की लूट सबसे खतरनाक नहीं होती' से कविता का आरंभ करके फिर इसी से अंत क्यों किया है?

उत्तर कवि ने 'मेहनत की लूट सबसे खतरनाक नहीं होती' से कविता का आरंभ भी किया है और अंत भी। कवि ने इस पंक्ति का प्रयोग दो बार इसलिए किया है, क्योंकि वह ध्यान दिलाना चाहता है कि इनसे भी खतरनाक अन्य दूसरी बातें हैं, जिन पर मनुष्य को गंभीरता से विचार करके उन्हें परिवर्तित करने का प्रयास करना चाहिए।

2. कवि द्वारा उल्लिखित बातों के अतिरिक्त समाज में अन्य किन बातों को आप खतरनाक मानते हैं?

उत्तर अपहरण, चोरी, भ्रष्टाचार, नारी जाति का अपमान, हत्या, आतंकवाद, घूसखोरी आदि अन्य कई खतरनाक बातें समाज में व्याप्त हैं।

3. समाज में मौजूद खतरनाक बातों को समाप्त करने के लिए आपके क्या सुझाव हैं?

उत्तर समाज में मौजूद खतरनाक बातों को समाप्त करने के लिए हमारे निम्न सुझाव हैं

(i) लोगों में साहस पैदा करना चाहिए।

(ii) कठोर कानून बनाकर उनका पालन करना चाहिए।

(iii) पुलिस और प्रशासन को ईमानदारी से अपना कर्तव्य निभाना चाहिए।

(iv) अन्याय के विरुद्ध आवाज़ उठाने वालों को सम्मानित करना चाहिए।

(v) जागरूक बनकर समाज में जागरूकता लानी चाहिए।

अभ्यास प्रश्न

काव्यांश पर आधारित बहुविकल्पीय प्रश्न

निम्नलिखित काव्यांशों को ध्यानपूर्वक पढ़कर पूछे गए प्रश्नों के सही उत्तर चुनिए।

1. मेहनत की लूट सबसे खतरनाक नहीं होती
पुलिस की मार सबसे खतरनाक नहीं होती
गद्दारी-लोभ की मुट्ठी सबसे खतरनाक नहीं होती
बैठे-बिठाए पकड़े जाना-बुरा तो है
सहमी-सी चुप में जकड़े जाना-बुरा तो है
पर सबसे खतरनाक नहीं होता

(i) कवि के अनुसार, क्या सबसे खतरनाक नहीं होता?
(क) मेहनत के बदले उचित मजदूरी का न मिलना
(ख) पुलिस की मार पड़ना
(ग) गद्दारी व लोभ करना
(घ) उपर्युक्त सभी

उत्तर (घ) उपर्युक्त सभी

(ii) 'बुरा तो है' के संदर्भ में निम्न में से क्या सही है?
(क) बिना संघर्ष किए पुलिस द्वारा पकड़े जाना
(ख) अन्याय को चुपचाप सहन करना
(ग) 'क' और 'ख' दोनों
(घ) उपर्युक्त में से कोई नहीं

उत्तर (ग) 'क' और 'ख' दोनों

(iii) कवि के अनुसार अन्याय के विरुद्ध चुप्पी का क्या परिणाम होता है?
(क) अन्याय का अंत
(ख) मजदूरों के अधिकारों का हनन
(ग) समाज में नैतिकता का पतन
(घ) पुलिस की कठोरता

उत्तर (ग) समाज में नैतिकता का पतन

(iv) 'सहमी-सी चुप में जकड़े जाना' पंक्ति में अलंकार है
(क) उपमा (ख) रूपक (ग) श्लेष (घ) संदेह

उत्तर (क) उपमा

(v) कथन (A) अन्याय के विरुद्ध चुप रहना सबसे बुरी स्थिति है।
कारण (R) चुप्पी समाज में अन्याय और अत्याचार को बढ़ावा देती है।
कूट
(क) कथन (A) और कारण (R) दोनों सही हैं तथा कारण (R), कथन (A) की सही व्याख्या करता है।
(ख) कथन (A) और कारण (R) दोनों सही हैं, परंतु कारण (R), कथन (A) की सही व्याख्या नहीं करता है।
(ग) कथन (A) सही है, किंतु कारण (R) गलत है।
(घ) कथन (A) गलत है, किंतु कारण (R) सही है।

उत्तर (क) कथन (A) और कारण (R) दोनों सही हैं तथा कारण (R), कथन (A) की सही व्याख्या करता है।

2. सबसे खतरनाक होता है
मुर्दा शांति से भर जाना
न होना तड़प का सब सहन कर जाना
घर से निकलना काम पर
और काम से लौटकर घर आना
सबसे खतरनाक होता है
हमारे सपनों का मर जाना
सबसे खतरनाक वह घड़ी होती है
आपकी कलाई पर चलती हुई भी जो
आपकी निगाह में रुकी होती है

(i) सबसे खतरनाक स्थिति है
(क) अवसादपूर्ण व एकांत में जीने का अभ्यस्त होना
(ख) सपनों का मरना
(ग) जीवन को स्थिर समझना
(घ) उपर्युक्त सभी

उत्तर (घ) उपर्युक्त सभी

(ii) मनुष्य के सपने कब मर जाते हैं?
(क) जब उसके जीवन का मशीनीकरण हो जाता है
(ख) जब उसकी बात कोई नहीं समझता
(ग) जब उसके पास कुछ भी शेष नहीं रहता
(घ) जब कोई उसका अपना नहीं होता

उत्तर (क) जब उसके जीवन का मशीनीकरण हो जाता है

(iii) सबसे खतरनाक दृष्टि कौन-सी है?
(क) जब मनुष्य परिवर्तनों से मुँह मोड़ लेता है
(ख) जब उसके जीवन में एक ठहराव-सा आ जाता है
(ग) जब वह स्वयं को स्थिर समझता है
(घ) उपर्युक्त सभी

उत्तर (घ) उपर्युक्त सभी

(iv) कवि के अनुसार, जीवन के लिए क्या आवश्यक है?
(क) संघर्ष और प्रगति
(ख) जीवन में स्थिरता
(ग) परिवर्तनों को स्वीकार करना
(घ) इच्छाओं का मर जाना

उत्तर (क) संघर्ष और प्रगति

(v) निम्नलिखित कथनों में से सही कथनों पर विचार कीजिए
1. कवि के अनुसार, सपनों का मर जाना सबसे खतरनाक है।
2. परिवर्तनों के अनुसार स्वयं को न बदलना गतिशीलता का प्रतीक है।
3. जीवन का मशीनीकरण व्यक्ति की रचनात्मकता को खत्म कर देता है।

कूट

(क) केवल 2 (ख) 1 और 2

(ग) 1 और 3 (घ) केवल 3

उत्तर (ग) 1 और 3

3. सबसे खतरनाक वह आँख होती है
जो सब कुछ देखती हुई भी जमी बर्फ़ होती है
जिसकी नज़र दुनिया को मुहब्बत से चूमना भूल जाती है
जो चीज़ों से उठती अंधेपन की भाप पर ढुलक जाती है
जो रोज़मर्रा के क्रम को पीती हुई
एक लक्ष्यहीन दुहराव के उलटफेर में खो जाती है

(i) कौन-सी आँख सबसे खतरनाक होती है?

(क) जो सब कुछ देखती है

(ख) जो केवल बुरा देखती है

(ग) जो अपने सामने हो रहे अन्याय के प्रति संवेदनहीन होती है

(घ) जो हर नई चीज देखना चाहती है

उत्तर (ग) जो अपने सामने हो रहे अन्याय के प्रति संवेदनहीन होती है

(ii) 'जिसकी नजर दुनिया को मुहब्बत से चूमना भूल जाती है' पंक्ति से आशय है

(क) हर चीज को घृणा से देखने वाली नजर खतरनाक होती है

(ख) हमें परस्पर प्रेम व स्नेह से रहना चाहिए

(ग) प्रेम जीवन में आवश्यक नहीं होता

(घ) उपर्युक्त में से कोई नहीं

उत्तर (क) हर चीज को घृणा से देखने वाली नजर खतरनाक होती है

(iii) 'जमी बर्फ' प्रतीक है

(क) संवेदनहीनता का (ख) संवेदनशीलता का

(ग) शांति का (घ) क्रोध का

उत्तर (क) संवेदनहीनता का

(iv) कैसी जिंदगी खतरनाक होती है?

(क) लक्ष्य पर डटी रहने वाली

(ख) कर्त्तव्यहीन

(ग) दीन-हीन

(घ) लक्ष्यहीन

उत्तर (घ) लक्ष्यहीन

(v) निम्नलिखित कथनों में से सही कथनों पर विचार कीजिए

1. संवेदनहीन होकर अन्याय को देखना सबसे खतरनाक है।
2. दैनिक जीवन का लक्ष्यहीन दोहराव सबसे खतरनाक स्थिति है।
3. वह आँख, जो संसार की हर वस्तु को घृणा की दृष्टि से देखती है, सबसे खतरनाक नहीं है।

कूट

(क) केवल 3 (ख) 1 और 2

(ग) केवल 2 (घ) ये सभी

उत्तर (ख) 1 और 2

विषय-वस्तु पर आधारित प्रश्नोत्तर

लघु उत्तरीय प्रश्न

1. सपनों के मर जाने का जीवन पर क्या प्रभाव पड़ता है?

उत्तर सपनों के मर जाने से जीवन में उत्साह, उमंग और उद्देश्य समाप्त हो जाता है, व्यक्ति निराशा और अवसाद से घिर जाता है और उसका जीवन एक मशीनी ढर्रे पर चलने लगता है। वह अपनी रचनात्मकता और संभावनाओं को खो बैठता है। सपनों के बिना जीवन निष्प्राण और दिशाहीन हो जाता है, जिससे समाज और व्यक्ति दोनों का विकास रुक जाता है।

2. "आपकी कलाई पर चलती हुई भी जो आपकी निगाह में रुकी होती है" इस कथन का प्रतीकात्मक अर्थ क्या है?

उत्तर प्रस्तुत पंक्ति का प्रतीकात्मक अर्थ है कि व्यक्ति जीवन में हो रहे परिवर्तनों और संभावनाओं को अनदेखा करते हुए स्थिरता का भ्रम पाल लेता है। यह दर्शाता है कि व्यक्ति समय के प्रवाह को महसूस नहीं करता और निष्क्रिय होकर जीता है। यह स्थिति मानसिक जड़ता और प्रगति के अभाव को दर्शाती है।

3. 'बैठे-बिठाए पकड़े जाना' से कवि का क्या आशय है?

उत्तर 'बैठे-बिठाए पकड़े जाना' से कवि का आशय है कि व्यक्ति बिना किसी संघर्ष या विरोध के अन्याय का शिकार हो जाता है। यह स्थिति तब उत्पन्न होती है, जब व्यक्ति समाज की समस्याओं से उदासीन रहता है और अपने अधिकारों के प्रति जागरूक नहीं होता। यह निष्क्रियता न केवल व्यक्ति के लिए, बल्कि पूरे समाज के लिए हानिकारक होती है।

4. कौन-कौन सी स्थितियाँ बुरी होते हुए भी सबसे खतरनाक नहीं हैं?

उत्तर निम्नलिखित स्थितियाँ बुरी होते हुए भी सबसे खतरनाक नहीं हैं

(i) मेहनत की लूट होना

(ii) पुलिस की मार पड़ना

(iii) बैठे-बिठाए पकड़े जाना

(iv) सहमी हुई चुप्पी का होना

(v) सही आवाज़ का दब जाना

(vi) विवशतावश समय को काटना

5. कवि ने सबसे खतरनाक दिशा किसे कहा है?

उत्तर कवि ने सबसे खतरनाक दिशा उसे माना है, जिसमें आत्मा का प्रकाश नहीं होता। उस दिशा में आत्मारूपी सूर्य अस्त हो जाता है और कोई आशा शेष नहीं रहती है। आत्मा मृतक के समान हो जाती है। सामाजिक विद्रूपताओं को देखकर भी वह तटस्थ रहती है।

6. कवि ने आँख को 'जमी बर्फ' क्यों कहा है?

उत्तर कवि ने आँख को 'जमी बर्फ' इसलिए कहा है, क्योंकि जिस प्रकार बर्फ़ में तरलता तो अवश्य होती है, किंतु वह जमने के कारण दिखाई नहीं देती, उसी प्रकार मनुष्य की संवेदनाओं, भावनाओं के जमने अर्थात् संवेदनशून्य होने के कारण उसे सामाजिक कुरीतियाँ, अव्यवस्थाएँ दिखाई नहीं देतीं।

दीर्घ उत्तरीय प्रश्न

1. 'गद्दारी-लोभ की मुट्ठी सबसे खतरनाक नहीं होती' पंक्ति से कवि का क्या आशय है?

उत्तर गद्दारी से कवि का तात्पर्य देश अथवा किसी को धोखा देना तथा लोभ की मुट्ठी से तात्पर्य है—किसी लालच के वशीभूत हो जाना। इस पंक्ति का आशय यह है कि अपने स्वार्थ पूरे करने के लिए अथवा किसी लालच में पड़कर गद्दारी करना, किंतु यह सबसे खतरनाक नहीं होता, क्योंकि इसमें गतिशीलता है, संवेदनशीलता है, जबकि सबसे खतरनाक होता है—गतिहीन होना, जड़ होना, संवेदनशून्य होना।

2. सबसे खतरनाक बातें क्या-क्या हैं?

उत्तर कवि के अनुसार, सबसे खतरनाक बातें निम्नलिखित हैं

(i) मुर्दे जैसी शांति का होना अर्थात् गतिहीन या जड़ होना।
(ii) तड़पकर सब कुछ सह लेना।
(iii) सपनों का मर जाना।
(iv) समय के एक बिंदु पर ठहर जाना।
(v) अन्याय देखकर भी अनदेखा करना।
(vi) रोज़मर्रा के जीवन क्रम को दोहराते चले जाना।
(vii) बुराई का आँखों में न गड़ना।
(viii) आत्मा का मर जाना।

3. कवि के अनुसार किस तरह का जीवन व्यतीत करना बुरा है?

उत्तर कवि के अनुसार, बिना किसी दोष के अकारण ही पकड़े जाना, मानव का डरकर अपनी चुप्पी में जकड़े रहना, छल-कपट के वातावरण में मनुष्य की सही आवाज़ का न उभर पाना, साधनहीनता में किसी तरह जीवन व्यतीत करना बुरा है। अपने विद्रोह को दबाकर केवल संतुष्ट होकर वक्त गुज़ार देना इत्यादि स्थितियाँ मानव के लिए दुःखद हैं, परंतु इनमें सुधार संभव है, इसलिए ये स्थितियाँ मानव और समाज के लिए बुरी तो हैं, परंतु सबसे खतरनाक नहीं।

4. सपनों का मर जाना कैसे खतरनाक है?

उत्तर सपने ही जीवन में नए रंग भरते हैं। वे मनुष्य को नया कार्यक्षेत्र प्रदान करते हैं। सपनों के मरने से मनुष्य की कामनाएँ, इच्छाएँ नष्ट हो जाती हैं। वह वर्तमान में ही संतुष्ट रहने का प्रयास करता है। इससे उसका विकास अवरुद्ध हो जाता है।

जिस व्यक्ति के सपने मर जाते हैं, उसके जीवन का उद्देश्य ही समाप्त हो जाता है और बिना उद्देश्य के व्यक्ति का जीवन लक्ष्यहीन होकर बिखर जाता है। धीरे-धीरे ऐसे व्यक्ति का अस्तित्व ही समाप्त हो जाता है। इसलिए सपनों का मर जाना खतरनाक है।

5. 'सबसे खतरनाक' कविता का प्रतिपाद्य लिखिए।

उत्तर प्रस्तुत कविता प्रतिदिन क्रूर व निर्दयी होती जा रही दुनिया की विद्रूपताओं के चित्रण के साथ उस खतरनाक स्थिति की ओर संकेत करती है, जहाँ विपरीत परिस्थितियों से जूझने के संकल्प क्षीण पड़ते जा रहे हैं। कवि ऐसी ही परिस्थितियों की तरफ विशेष संकेत करता है, जहाँ आत्मा के सवाल बेमानी हो जाते हैं। जड़ स्थितियों को बदलने की प्यास के मर जाने और बेहतर भविष्य के सपनों के खो जाने को कवि ने सबसे खतरनाक स्थिति माना है।

स्व-मूल्यांकन

काव्यांश पर आधारित बहुविकल्पीय प्रश्न

निम्नलिखित काव्यांश को ध्यानपूर्वक पढ़कर पूछे गए प्रश्नों के सही उत्तर चुनिए।

1. सबसे खतरनाक वह दिशा होती है
जिसमें आत्मा का सूरज डूब जाए
और उसकी मुर्दा धूप का कोई टुकड़ा
आपके जिस्म के पूरब में चुभ जाए
मेहनत की लूट सबसे खतरनाक नहीं होती
पुलिस की मार सबसे खतरनाक नहीं होती
गद्दारी-लोभ की मुट्ठी सबसे खतरनाक नहीं होती।

(i) व्यक्ति अपने अंदर की आवाज कब नहीं सुनता?
(क) जब वह लक्ष्य की ओर अग्रसर होता है
(ख) जब उसकी आत्मा का सूरज डूब जाता है
(ग) जब वह दिशा से भटक जाता है
(घ) जब उसकी विचारधारा बदल जाती है

(ii) 'मुर्दा धूप का टुकड़ा' किसका प्रतीक है?
(क) जीवन की ऊर्जा का
(ख) रूढ़िवादी और प्रतिक्रियाविहीन विचारधारा का
(ग) नई सोच और प्रेरणा का
(घ) आत्मा की शुद्धता का

(iii) सबसे खतरनाक चीज होती है
(क) रूढ़ियों व परंपरा को न मानने वाली विचारधारा
(ख) रूढ़ियों से ग्रस्त विचारधारा
(ग) मेहनत की कमाई
(घ) गद्दारी व लोभ करना

(iv) प्रस्तुत काव्यांश में कवि क्या कहना चाहता है?
(क) वह दिशा खतरनाक होती है, जहाँ आत्मा का सूरज डूब जाता है
(ख) मनुष्य को प्रतिक्रिया विहीन सोच से दूर ही रहना चाहिए
(ग) रूढ़ियों से ग्रस्त विचारधारा सही नहीं होती
(घ) उपर्युक्त सभी

(v) **कथन** (A) व्यक्ति की निष्क्रियता समाज के लिए सबसे खतरनाक होती है।
कारण (R) निष्क्रियता व्यक्ति को समाज में सकारात्मक बदलाव लाने के लिए प्रेरित करती है।
कूट
(क) कथन (A) और कारण (R) दोनों सही हैं तथा कारण (R), कथन (A) की सही व्याख्या करता है।
(ख) कथन (A) और कारण (R) दोनों सही हैं, परंतु कारण (R), कथन (A) की सही व्याख्या नहीं करता है।
(ग) कथन (A) सही है, किंतु कारण (R) गलत है।
(घ) कथन (A) गलत है, किंतु कारण (R) सही है।

विषय-वस्तु पर आधारित प्रश्न

लघु उत्तरीय प्रश्न

1. मरसिए पढ़ना मानवता को पीछे की ओर धकेलना है। स्पष्ट कीजिए।

2. 'जिस्म के पूरब में चुभ जाए' पंक्ति का आशय स्पष्ट कीजिए।

दीर्घ उत्तरीय प्रश्न

1. मुट्ठियाँ भींचकर बस वक्त निकाल लेने से कवि का क्या आशय है? स्पष्ट कीजिए।

2. व्यक्ति के जीवन का मशीनीकरण कब व क्यों हो जाता है?

3. कवि ने कविता में चाँद को किसके प्रतीक के रूप में चित्रित किया है? विस्तारपूर्वक बताइए।

08

अध्याय

आओ, मिलकर बचाएँ

(निर्मला पुतुल)

कवयित्री-परिचय

निर्मला पुतुल का जन्म वर्ष 1972 में झारखंड के दुमका ज़िले में एक आदिवासी परिवार में हुआ था। उनका आरंभिक जीवन बहुत कष्टमय रहा। घर में पिताजी व चाचा जी के शिक्षक होने के बावजूद घर की आर्थिक स्थिति ठीक न होने के कारण उनके अध्ययन में बाधा उत्पन्न होती रही। उन्होंने नर्सिंग में डिप्लोमा किया एवं इग्नू से स्नातक की डिग्री प्राप्त की। आदिवासी समाज के विस्थापन, पलायन एवं मानवाधिकार आदि मुद्दों पर उन्होंने कार्य किया और साथ ही संथाली समाज के सकारात्मक और नकारात्मक दोनों पहलुओं को बेबाकी (निर्भयता) से उजागर किया है। ऐसे में वह अपने परिवेश की वास्तविक स्थिति को समझने में सफल हो सकीं। 'नगाड़े की तरह बजते शब्द', 'अपने घर की तलाश में' इनकी प्रमुख रचनाएँ हैं।

▼ अध्ययन के लिए

- कविता की रूपरेखा
- काव्यांशों की व्याख्या

▼ अभ्यास के लिए

- पाठ्यपुस्तक के प्रश्नोत्तर
- काव्यांश पर आधारित बहुविकल्पीय प्रश्न
- लघु उत्तरीय प्रश्न
- दीर्घ उत्तरीय प्रश्न

कविता की रूपरेखा

'आओ, मिलकर बचाएँ' कविता में निर्मला पुतुल आदिवासी समाज एवं उनके जीवन के विभिन्न अनछुए पहलुओं से हमारा परिचय कराती है। प्रस्तुत कविता में कवयित्री संथाली समाज के भोलेपन, प्रकृति से जुड़ाव, कठोर परिश्रम करने की क्षमता आदि के साथ उनमें विद्यमान अशिक्षा, कुरीतियों आदि को भी उद्घाटित करती है। कवयित्री अपने परिवेश को शहरों की अपसंस्कृति से बचाने का प्रयास कर रही है। प्रस्तुत कविता में उन चीज़ों को बचाने के विषय में कहा गया है, जो अच्छे समाज व प्रकृति के परिवेश हेतु आवश्यक हैं। कविता में कवयित्री ने प्रकृति के नष्ट होने व विस्थापन की समस्या के विषय में भी बताया है, जिसके कारण आदिवासी समाज संकट में है।

काव्यांशों की व्याख्या

काव्यांश 1

अपनी बस्तियों को
नंगी होने से
शहर की आबो-हवा से बचाएँ उसे
बचाएँ डूबने से
पूरी की पूरी बस्ती को
हड़िया में

शब्दार्थ

नंगी होना—निर्लज्ज या अमर्यादित होना; **आबो-हवा**—वातावरण, जलवायु; **हड़िया**—आदिवासियों की एक प्रकार की शराब।

संदर्भ प्रस्तुत काव्यांश हमारी पाठ्यपुस्तक 'आरोह भाग-1' में संकलित निर्मला पुतुल की कविता 'आओ, मिलकर बचाएँ' से उद्धृत है।

प्रसंग प्रस्तुत काव्यांश में कवयित्री आदिवासी जीवन-शैली एवं अपने परिवेश, प्रकृति व संस्कृति को शहरों की अपसंस्कृति से बचाने का आग्रह करती है।

व्याख्या कवयित्री कहती है कि हमारी बस्तियाँ शहरी वातावरण की निरंकुशता के कारण शर्म-हया को छोड़कर नंगी होती जा रही हैं। इन बस्तियों को बचाने के लिए हमें इन्हें शहरी परिवेश एवं प्रभाव से बचाना होगा। यहाँ तन को ढँकने की अपेक्षा तन को दिखाने की होड़ लग रही है। लोगों के तन की तरह धरती भी नंगी होती जा रही है। वृक्षों को काटा जा रहा है। शहरी आबो-हवा के कारण ही नशे की लत इन बस्तियों में भी ज़ोर पकड़ती जा रही है। झारखंड की धरती के निवासी नशे की लत के अत्यधिक शिकार होकर मादक पेय पदार्थ 'हड़िया' (शराब का एक जनजातीय प्रकार) में डूबते जा रहे हैं।

हमें उनके नशे की इस बढ़ती प्रवृत्ति को रोकना होगा, कवयित्री आग्रह करती है कि शर्म या लज्जा को बचाने के साथ-साथ हमें लोगों को नशे की बढ़ती लत से भी बचाना होगा अन्यथा शहरी संस्कृति से प्रभावित होकर यहाँ के निवासी कुमार्ग पर चले जाएँगे, जिससे यहाँ का वातावरण भी दूषित होता जाएगा।

काव्य शैली

(*i*) प्रस्तुत काव्यांश में कवयित्री की अपनी धरती, अपनी संस्कृति एवं अपने लोगों को बचाने की तड़प एवं ललक है।

(*ii*) काव्यांश में 'नंगी होना' शब्द त्रिआयामी अर्थ को व्यक्त करता है
(क) कम कपड़े पहनना।
(ख) मर्यादाएँ तोड़ना या निर्लज्ज होना।
(ग) धरती का पेड़-पौधों से विहीन होना।

(*iii*) 'शहरी आबो-हवा' शहरी अपसंस्कृति एवं कृत्रिम चकाचौंध की प्रतीक है। 'हड़िया' शब्द सर्वनाश का प्रतीक है। देशी शराब के सेवन से लोगों का तन एवं मन, शरीर एवं आत्मा दोनों का सर्वनाश हो रहा है।

(*iv*) काव्यांश की भाषा छंदमुक्त होते हुए भी प्रवाहमान है। इसमें सरस एवं सहज भाषा का प्रयोग दर्शनीय है।

(*v*) प्रस्तुत काव्यांश तुकांतरहित है।

काव्यांश 2

अपने चेहरे पर
संथाल परगना की माटी का रंग
भाषा में झारखंडीपन
ठंडी होती दिनचर्या में
जीवन की गर्माहट
मन का हरापन
भोलापन दिल का
अक्खड़पन, जुझारूपन भी

शब्दार्थ

संथाल परगना—झारखंड का एक आदिवासी क्षेत्र; **माटी**—मिट्टी; **झारखंडीपन**—झारखंड का स्वभाव; **ठंडी होती**—धीमी पड़ती; **दिनचर्या**— दैनिक जीवन में होने वाली गतिविधि; **हरापन**—हरियाली; **अक्खड़पन**— कठोर होना, रूखाई; **जुझारूपन**—संघर्ष करने का स्वभाव, संघर्षशीलता।

संदर्भ पूर्ववत्।

प्रसंग प्रस्तुत काव्यांश में कवयित्री ने लोगों के व्यवहार में प्रादेशिक गुण बने रहने के साथ ही अपने परिवेश को शहरों की संस्कृति के प्रभाव से बचाने का भी आग्रह किया है।

व्याख्या कवयित्री कहना चाहती है कि झारखंड के लोगों के चेहरों पर शहरी संस्कृति का प्रभाव न हो, बल्कि संथाल परगना की मिट्टी का स्वाभाविक रंग हो अर्थात् लोगों के व्यवहार में प्रादेशिक गुण बने रहें। उनकी भाषा का झारखंडी स्वभाव नष्ट न हो व उनकी भाषा में किसी भी प्रकार का शहरी बनावटीपन न आए, वे अपनी बोली में ही बोलें।

शहरी संस्कृति के प्रभाव में आकर यहाँ के लोगों की दिनचर्या में ठहराव आ गया है। उनके जीवन का उत्साह नष्ट हो गया है। कवयित्री चाहती है कि यहाँ के लोगों के जीवन में वह उत्साह फिर से लौट आए। मन में फिर से सरसता और मधुरता आ जाए। उनके दिलों में चालाकी और समझदारी की अपेक्षा वही पहले जैसा भोलापन आ जाए।

उनके स्वभाव का अक्खड़पन, उनका बात-बात पर गर्म होकर तन जाना और संघर्ष करने के लिए सदैव तत्पर रहने जैसे सभी गुण वापस लौट आएँ। ऐसे में ही वह अपने चरित्र को बनाए रख पाने में सक्षम हो सकेंगे।

काव्य शैली

(*i*) प्रस्तुत काव्यांश में शहरी जीवन की जड़ता एवं ठहराव की जगह उमंग, उत्साह और उल्लास भरे जीवन की वकालत की गई है। कवयित्री का स्व-संस्कृति प्रेम प्रकट हुआ है। उसे अपने संथाली लोक-स्वभाव पर स्वाभाविक गर्व है।

(*ii*) 'ठंडी होती दिनचर्या' उमंग-उल्लास से शून्य, ठहरे हुए जीवन का प्रतीक है।

(*iii*) 'माटी का रंग' सांस्कृतिक विशेषता का परिचायक है। 'मन का हरापन' लाक्षणिक प्रयोग है। इससे मन की मधुरता, सरसता और उमंग-उल्लास की अभिव्यक्ति हुई है।

(*iv*) प्रस्तुत काव्यांश तुकांतरहित है।

(*v*) काव्यांश की भाषा अत्यंत सरल एवं प्रवाहमयी है।

काव्यांश 3

भीतर की आग
धनुष की डोरी
तीर का नुकीलापन
कुल्हाड़ी की धार
जंगल की ताज़ा हवा
नदियों की निर्मलता
पहाड़ों का मौन
गीतों की धुन
मिट्टी का सोंधापन
फसलों की लहलहाहट

शब्दार्थ

आग—उत्साह, गर्मी; **निर्मलता**—पवित्रता; **मौन**—चुपचाप, शांति; **सोंधापन**— सुगंध, खुशबू; **लहलहाहट**—लहराना।

संदर्भ पूर्ववत्।

प्रसंग प्रस्तुत काव्यांश में कवयित्री ने अपने परिवेश व संस्कृति को शहरों की सभ्यता व संस्कृति से बचाने का आग्रह किया है।

व्याख्या कवयित्री कहती है कि संथाली समाज को संघर्ष करने की अपनी प्रवृत्ति, परिश्रम करने की अपनी आदत, अपने पारंपरिक हथियार धनुष व उसकी डोरी, तीरों के नुकीलेपन तथा कुल्हाड़ी की धार आदि को बचाना चाहिए, क्योंकि यह सभी प्रवृत्तियाँ ही उनके समाज की पहचान हैं। वह इस समाज से कहती है कि हमें अपने जंगलों को काटने से बचाना चाहिए, ताकि ताज़ी हवा हमें मिलती रहे। नदियों को दूषित न करके उनकी स्वच्छता को बचाए रखना चाहिए। पहाड़ों पर शोर को रोककर शांति बनाए रखनी चाहिए। हमें अपने गीतों की धुन को बचाना है, क्योंकि यह हमारी संस्कृति की पहचान है। हमें मिट्टी की सुगंध तथा लहलहाती फसलों को बचाना है। ये सब तत्त्व हमारी संस्कृति के परिचायक हैं। हमें अपनी जीवन-शैली को छोड़कर शहरी जीवन-शैली को नहीं अपनाना चाहिए। कवयित्री चाहती है कि यहाँ का वातावरण अपने इसी वास्तविक रूप में विद्यमान रहे तथा यह समाज शहरी जीवन एवं परिवेश से प्रभावित न हो।

काव्य शैली

(*i*) प्रस्तुत काव्यांश में कवयित्री लोकजीवन की सहजता को बनाए रखना चाहती है।

(*ii*) कवयित्री पर्यावरण की स्वच्छता और निर्दोषता के प्रति सचेत है।

(*iii*) 'भीतर की आग' वस्तुतः मन की तीव्र इच्छा और उमंग की द्योतक है।

(*iv*) काव्यांश की भाषा आडंबरहीन है। तुकांतता, छंदबद्धता, अलंकारों की भरमार से रहित है तथा इसमें अभिव्यक्ति की सादगी और अर्थ की गहराई है।

(*v*) काव्यांश में छोटे-छोटे वाक्यांश वास्तव में पूरे वाक्य और प्राकृतिक बिंब को अपने में समेटे हुए हैं।

(*vi*) काव्यांश में मिश्रित शब्दावली में सरल एवं सहज अभिव्यक्ति हुई है।

काव्यांश 4

नाचने के लिए खुला आँगन
गाने के लिए गीत
हँसने के लिए थोड़ी-सी
खिलखिलाहट

रोने के लिए मुट्ठी भर एकान्त
बच्चों के लिए मैदान
पशुओं के लिए हरी-हरी घास
बूढ़ों के लिए पहाड़ों की शांति

शब्दार्थ

खिलखिलाहट—खुलकर हँसना; **मुट्ठी भर**—थोड़ा-सा; **एकान्त**—अकेलापन।

संदर्भ पूर्ववत्।

प्रसंग प्रस्तुत काव्यांश में कवयित्री ने आदिवासी समाज के परिवेश और संस्कृति के मूल स्वरूप को बचाए रखने का आह्वान किया है।

व्याख्या कवयित्री कहती है कि इस समाज की संस्कृति व परिवेश के स्वरूप में अंतर आ चुका है। आबादी व विकास के कारण घर छोटे होते जा रहे हैं। यदि नाचने के लिए व मौज-मस्ती करने के लिए आँगन चाहिए, तो आबादी पर नियंत्रण करना होगा। फ़िल्मी प्रभाव से मुक्त होने के लिए अपने गीत होने आवश्यक हैं। व्यर्थ के तनाव को दूर करने के लिए थोड़ी हँसी बचाकर रखनी चाहिए, ताकि खिलखिलाकर हँसा जा सके। अपनी पीड़ा को व्यक्त करने के लिए, रोने के लिए थोड़ा-सा एकांत भी आवश्यक है। बच्चों को खेलने के लिए मैदान, पशुओं को चरने के लिए हरी-हरी घास तथा बूढ़ों के लिए पहाड़ी प्रदेश का शांत वातावरण चाहिए। इन सबकी प्राप्ति के लिए हमें सामूहिक प्रयास करने होंगे।

काव्य शैली

(*i*) प्रस्तुत काव्यांश में कवयित्री लोकजीवन की सहजता को बनाए रखना चाहती है। वह नृत्य, गान, हँसी, खिलखिलाहट, दुःख, खेल-कूद, शांति सबको महत्त्व देती है।

(*ii*) 'हरी-हरी' में पुनरुक्तिप्रकाश अलंकार है।

(*iii*) प्रस्तुत काव्यांश में अभिव्यक्ति प्रवाहमयी है। लोक-प्रचलित शब्दों का मुक्त रूप से प्रयोग हुआ है।

(*iv*) काव्यांश में मिश्रित शब्दावली का प्रयोग हुआ है।

(*v*) काव्यांश की भाषा अत्यंत सहज है। न तुकांतता, न आग्रह, न छंदबद्धता, न संगीत, न लय फिर भी इसमें आकर्षण है।

काव्यांश 5

और इस अविश्वास-भरे दौर में
थोड़ा-सा विश्वास
थोड़ी-सी उम्मीद
थोड़े-से सपने

आओ, मिलकर बचाएँ
कि इस दौर में भी बचाने को
बहुत कुछ बचा है,
अब भी हमारे पास!

शब्दार्थ

अविश्वास—दूसरों पर विश्वास न करना; **दौर**—समय।

संदर्भ पूर्ववत्।

प्रसंग प्रस्तुत काव्यांश में कवयित्री ने यह बताने का प्रयास किया है कि हमारे समाज में अविश्वास को विश्वास में परिवर्तित किए जाने की आवश्यकता है। वह विश्वास एवं आशा के संसार में जीने की पक्षधर है।

व्याख्या कवयित्री कहती है कि आज चारों ओर अविश्वास तथा धोखाधड़ी का बोलबाला है। कोई किसी पर विश्वास नहीं करता। अतः ऐसे माहौल में हमें लोगों में थोड़ा-सा विश्वास जगाना होगा, अच्छे कार्य संपन्न होने के लिए थोड़ी-सी उम्मीदें तथा थोड़े-से सपने भी बचाने होंगे, ताकि हम अपनी कल्पना के अनुसार जीवन-शैली निर्मित कर सकें। अंत में कवयित्री लोगों को जागृत करते हुए कहती है कि हम सबको मिलकर इन सभी जीवन मूल्यों को बचाने का प्रयास करना चाहिए, क्योंकि आज कृत्रिम जीवन-शैली के इस दौर में भी हमारे पास बहुत कुछ बचाने के लिए बचा है, जिसकी रक्षा कर हम अपनी बहुमूल्य संस्कृति व सभ्यता को पुनः स्थापित कर सकते हैं।

काव्य शैली

(*i*) प्रस्तुत काव्यांश में कवयित्री लोकजीवन के सकारात्मक गुणों को बनाए रखने की प्रेरणा देती है।

(*ii*) 'थोड़ा-सा, थोड़ी-सी, थोड़े-से' की आवृत्ति से मनोरम अभिव्यक्ति हुई है। इससे कथन में लय और प्रवाह का समावेश हो गया है।

(*iii*) काव्यांश में मिश्रित शब्दावली में सरल एवं सहज अभिव्यक्ति हुई है।

(*iv*) काव्यांश में न तो छंदबद्धता है, न तुकांतता, न संगीत, न लय, बल्कि अर्थ का प्रभाव है।

(*v*) प्रस्तुत काव्यांश में लेखिका की कथन-शैली काव्यात्मक है।

पाठ्यपुस्तक (आरोह भाग-1) के प्रश्नोत्तर

कविता के साथ

1. 'माटी का रंग' का प्रयोग करते हुए किस बात की ओर संकेत किया गया है?

उत्तर 'माटी का रंग' का प्रयोग करते हुए कवयित्री का अभिप्राय यह है कि हम जिस माटी में जन्म लेकर पले और बड़े हुए हैं, उस माटी के प्रति हमें प्यार व समर्पण का भाव रखना चाहिए। कवयित्री के 'माटी का रंग' प्रयोग के पीछे एक अभिप्राय और है, जो संथाल की भूमि की मूल पहचान को उजागर करना चाहता है। वहाँ की भाषा, अक्खड़ता, नाच-गान, स्वच्छ वातावरण, कुल्हाड़ी, धनुष-बाण आदि माटी के रंग की ओर ही संकेत कर रहे हैं।

2. भाषा में झारखंडीपन से क्या अभिप्राय है?

उत्तर 'झारखंडीपन' से अभिप्राय है—झारखंड के लोगों की अपनी बोली, उनकी अपनी जीवन-शैली। वहाँ के लोग अपनी मूल भाषा को ही समझते और बोलते हैं। कवयित्री चाहती है कि संथाली लोग अपनी मूल भाषा को कभी न भूलें और शहरीकरण के चक्कर में अपनी भाषा की स्वाभाविक विशेषताओं को कभी नष्ट न करें।

3. दिल के भोलेपन के साथ-साथ अक्खड़पन और जुझारूपन को भी बचाने की आवश्यकता पर बल क्यों दिया जाता है?

उत्तर 'दिल के भोलेपन' का तात्पर्य सरल, सहज स्वभाव और अक्खड़पन के भाव में निहित है। अपने निश्चय पर दृढ़ रहना और जुझारूपन से संघर्ष करना, ये सभी बातें आदिवासी समाज के लोगों की विशेष पहचान हैं। जो लोग भोले होते हैं, उनको बहलाना कोई कठिन काम नहीं है। इसलिए भोलेपन के साथ-साथ अक्खड़पन का होना भी ज़रूरी है अर्थात् अपनी बात पर टिके रहना और अपने कार्य के लिए जुझारू होना। कवयित्री चाहती है कि ये सभी बातें संथाल के लोगों में होनी चाहिए और इन्हें बचाए रखने का प्रयास करना चाहिए।

4. प्रस्तुत कविता आदिवासी समाज की किन बुराइयों की ओर संकेत करती है?

उत्तर प्रस्तुत कविता आदिवासी समाज की निम्नलिखित बुराइयों की ओर संकेत करती है

(i) संथाली समाज में शिक्षा की कमी है।

(ii) उनके जीवन पर शहरी जीवन का प्रभाव पड़ रहा है, जिस कारण वे अपनी ही संस्कृति को भूलते जा रहे हैं।

(iii) उनके जीवन में उत्साह की कमी झलकती है।

(iv) लोगों का शराब की ओर अत्यधिक झुकाव होता जा रहा है।

(v) वह अपने अस्त्र-शस्त्रों का त्याग कर रहे हैं।

(vi) उनमें आत्मविश्वास का अभाव होता जा रहा है।

(vii) उनमें दूसरों के प्रति अविश्वास की भावना बढ़ती जा रही है।

5. 'इस दौर में भी बचाने को बहुत कुछ बचा है' से क्या आशय है?

उत्तर प्रस्तुत पंक्ति से कवयित्री का आशय यह है कि इस संथाली समाज पर शहरी संस्कृति के प्रभाव के कारण उत्पन्न अविश्वास, ईर्ष्या-द्वेष, ठंडापन, अमर्यादा में रहना आदि प्रभावों के बावजूद अभी भी बहुत कुछ बचा है।

उनकी भाषा व संस्कृति संबंधी पर्यावरण में कोई परिवर्तन नहीं आया है। अभी शहरी सभ्यता ने इस आदिवासी समाज में अपने पूरे पाँव नहीं पसारे हैं। अतः समय रहते यहाँ के मूल तत्त्वों को बचाया जा सकता है।

6. निम्नलिखित पंक्तियों के काव्य सौंदर्य को उद्घाटित कीजिए

(क) ठंडी होती दिनचर्या में
जीवन की गर्माहट

(ख) थोड़ा-सा विश्वास
थोड़ी-सी उम्मीद
थोड़े-से सपने
आओ, मिलकर बचाएँ

उत्तर (क) (i) प्रस्तुत पंक्तियों में कवयित्री स्पष्ट करती है कि शहरी संस्कृति के प्रभाव में आकर यहाँ के लोगों की दिनचर्या में ठहराव आ गया है। उनके जीवन का उत्साह नष्ट हो गया है।

(ii) कवयित्री ने दिनचर्या में आई नीरसता को दूर करने के लिए 'गर्माहट' शब्द का लाक्षणिक प्रयोग किया है।

(iii) 'गर्माहट' उमंग व उत्साह का प्रतीक है।

(iv) काव्यांश में शांत रस विद्यमान है।

(v) यह काव्य-पंक्ति छंदमुक्त है।

(vi) भाषा अत्यंत सरल व सहज है।

(ख) (i) उपर्युक्त काव्य-पंक्ति प्रेरणादायक है। इसमें कवयित्री लोगों में उम्मीद व विश्वास को बनाए रखना चाहती है, ताकि हम अपनी कल्पना के अनुरूप जीवन-शैली निर्मित कर सकें।

(ii) 'थोड़ा-सा', 'थोड़ी-सी', 'थोड़े-से' तीनों शब्दों के प्रयोग से कविता में अभिव्यक्ति अच्छी बन पड़ी है।

(iii) आरोह-अवरोह उत्पन्न होने से कविता अच्छी हो गई है।

(iv) इसमें अच्छे भविष्य के लिए सभी को मिलकर चलने की प्रेरणा दी गई है।

(v) उम्मीद-उर्दू, विश्वास-संस्कृत व सपने-तद्भव आदि शब्दों का प्रयोग किया गया है।

(vi) काव्य पंक्ति में प्रयुक्त भाषा सहज व सुबोध है।

7. बस्तियों को शहर की किस आबो-हवा से बचाने की आवश्यकता है?

उत्तर आदिवासी बस्तियों पर शहर के परिवेश का प्रभाव बढ़ता जा रहा है। शहरों की असभ्यता, अनुशासनहीनता, चकाचौंध व प्रदूषित पर्यावरण से बस्तियाँ बुरी तरह प्रभावित हुई हैं। आदिवासी बस्तियाँ सांस्कृतिक प्रदूषण से भी नहीं बच पाएँगी। कवयित्री चाहती है कि बस्तियों का पर्यावरण शहर के पर्यावरण के कारण खराब न हो, इसलिए उसे बचाए रखना बहुत ही आवश्यक है।

कविता के आस-पास

1. आप अपने शहर या बस्ती को किन-किन चीज़ों से बचाना चाहेंगे?

उत्तर हम अपने शहर या बस्ती को निम्न चीज़ों से बचाना चाहेंगे

(i) पर्यावरण प्रदूषण से
(ii) शहर की अमर्यादित सभ्यता से
(iii) महानगरों में व्याप्त स्वार्थ की भावना व ईर्ष्या-द्वेष से
(iv) तनाव भरी ज़िंदगी से

2. आदिवासी समाज की वर्तमान स्थिति पर टिप्पणी करें।

उत्तर आदिवासी समाज जैसा पहले था, आज वैसा नहीं है। उसकी वर्तमान स्थिति में बहुत सुधार आ गया है। सरकार ने आदिवासी बस्तियों में शिक्षा केंद्र खोल दिए हैं, जिससे लोग शिक्षित होकर अपना भला-बुरा समझ रहे हैं। यातायात के साधन सुलभ हो रहे हैं और बेरोज़गारी दूर हो रही है। समाज के लिए लोग काम कर रहे हैं तथा अपने अधिकारों के प्रति सजग हो रहे हैं। पुराने रीति-रिवाज़ों को छोड़कर लोग जागरूक हो रहे हैं और स्वयं को आधुनिक परिवेश में भी रूपांतरित कर रहे हैं।

अभ्यास प्रश्न

काव्यांश पर आधारित बहुविकल्पीय प्रश्न

निम्नलिखित काव्यांशों को ध्यानपूर्वक पढ़कर पूछे गए प्रश्नों के सही उत्तर चुनिए।

1. अपनी बस्तियों को
नंगी होने से
शहर की आबो-हवा से बचाएँ उसे
बचाएँ डूबने से
पूरी की पूरी बस्ती को
हड़िया में

(i) प्रस्तुत काव्यांश में कवयित्री किसे बचाने की बात कर रही है?
(क) शहर की आबो-हवा को
(ख) महानगरों से शहर के जन-जीवन को
(ग) आदिवासी जीवन-शैली व प्रकृति-संस्कृति को
(घ) शहरी जीवन-शैली को

उत्तर (ग) आदिवासी जीवन-शैली व प्रकृति-संस्कृति को

(ii) बस्तियों के नंगी होने से क्या तात्पर्य है?
(क) शहर की निरंकुशता बस्तियों में भी आ रही है
(ख) बस्तियाँ लोगों से खाली हो रही हैं
(ग) लोग शहरी जीवन जी रहे हैं
(घ) उपर्युक्त में से कोई नहीं

उत्तर (क) शहर की निरंकुशता बस्तियों में भी आ रही है

(iii) काव्यांश के अनुसार, शहर के लोगों की क्या विशेषता होती है?
(क) शहर के लोग पढ़े-लिखे होते हैं
(ख) तन को ढँकने के बजाय उसे दिखाने की होड़ लगी रहती है
(ग) शहरी लोग बहुत पैसे कमाते हैं
(घ) शहर के लोग भाग-दौड़ भरी जिंदगी जीते हैं

उत्तर (ख) तन को ढँकने के बजाय उसे दिखाने की होड़ लगी रहती है

(iv) कवयित्री के अनुसार, हमें बस्तियों में बढ़ती किस प्रवृत्ति को रोकना होगा?
(क) शिक्षा ग्रहण करने की
(ख) शहरीकरण से दूर रहने की
(ग) शहर के तौर-तरीके अपनाने की
(घ) उपर्युक्त सभी

उत्तर (ग) शहर के तौर-तरीके अपनाने की

(v) 'हड़िया' क्या है?
(क) मिट्टी का बड़ा बर्तन
(ख) दूध से बना एक पेय पदार्थ
(ग) एक जहरीला पदार्थ
(घ) एक प्रकार की जनजातीय शराब

उत्तर (घ) एक प्रकार की जनजातीय शराब

2. अपने चेहरे पर
संथाल परगना की माटी का रंग
भाषा में झारखंडीपन
ठंडी होती दिनचर्या में
जीवन की गर्माहट
मन का हरापन
भोलापन दिल का
अक्खड़पन, जुझारूपन भी

(i) प्रस्तुत काव्यांश में कहाँ के जनजातीय जीवन को बचाने की बात हो रही है?
(क) मध्य प्रदेश के
(ख) छत्तीसगढ़ के
(ग) झारखंड के
(घ) गुजरात के

उत्तर (ग) झारखंड के

(ii) कवयित्री संथाल जाति के लोगों के लिए क्या चाहती है?
(क) वे शहरी जीवन जिएँ
(ख) उनके व्यवहार में प्रादेशिक गुण बने रहें
(ग) उनकी भाषा सभ्य हो जाए
(घ) वे निरक्षरता को त्याग दें

उत्तर (ख) उनके व्यवहार में प्रादेशिक गुण बने रहें

(iii) शहरी संस्कृति का संथाल जाति के लोगों पर क्या प्रभाव पड़ा है?
(क) उनकी दिनचर्या में ठहराव आ गया है
(ख) उनके जीवन का उत्साह नष्ट हो गया है
(ग) 'क' और 'ख' दोनों
(घ) उपर्युक्त में से कोई नहीं

उत्तर (ग) 'क' और 'ख' दोनों

(iv) कवयित्री संथाल लोगों का कौन-सा गुण वापस लौटाना चाहती है?
(क) उनके स्वभाव का अक्खड़पन
(ख) उनके मन का उत्साह
(ग) संघर्ष के लिए सदैव तत्पर रहना
(घ) उपर्युक्त सभी

उत्तर (घ) उपर्युक्त सभी

(v) **कथन** (A) कवयित्री के अनुसार झारखंड के लोगों को अपनी बोली में ही बात करनी चाहिए।
कारण (R) बोली उनकी क्षेत्रीय पहचान और संस्कृति को प्रकट करती है।

कूट

(क) कथन (A) और कारण (R) दोनों सही हैं तथा कारण (R), कथन (A) की सही व्याख्या करता है।
(ख) कथन (A) और कारण (R) दोनों सही हैं, परंतु कारण (R), कथन (A) की सही व्याख्या नहीं करता है।
(ग) कथन (A) सही है, किंतु कारण (R) गलत है।
(घ) कथन (A) गलत है, किंतु कारण (R) सही है।

उत्तर (क) कथन (A) और कारण (R) दोनों सही हैं तथा कारण (R), कथन (A) की सही व्याख्या करता है।

3. **भीतर की आग** **नदियों की निर्मलता**
धनुष की डोरी **पहाड़ों का मौन**
तीर का नुकीलापन **गीतों की धुन**
कुल्हाड़ी की धार **मिट्टी का सोंधापन**
जंगल की ताज़ा हवा **फसलों की लहलहाहट**

(i) **संथाली समाज की विशेषता है**
(क) संघर्ष करने की प्रवृत्ति
(ख) परिश्रम करने की आदत
(ग) 'क' और 'ख' दोनों
(घ) उपर्युक्त में से कोई नहीं

उत्तर (ग) 'क' और 'ख' दोनों

(ii) **संथाली लोगों का पारंपरिक हथियार है**
(क) धनुष-बाण
(ख) कुल्हाड़ी
(ग) 'क' और 'ख' दोनों
(घ) बंदूक

उत्तर (ग) 'क' और 'ख' दोनों

(iii) **कवयित्री के अनुसार, संथाली समाज को क्या करना चाहिए?**
(क) जंगलों को कटने से बचाना चाहिए
(ख) नदियों को दूषित नहीं करना चाहिए
(ग) पहाड़ों पर शोर की अपेक्षा शांति बनाए रखनी चाहिए
(घ) उपर्युक्त सभी

उत्तर (घ) उपर्युक्त सभी

(iv) **निम्नलिखित कथनों में से सही कथनों पर विचार कीजिए**
1. **शहरीकरण से सांस्कृतिक एवं पारंपरिक परिवेश को खतरा है।**
2. **पारंपरिक हथियार संथाली समाज की पहचान है।**
3. **पहाड़ों का मौन मानसिक शांति देता है।**

कूट
(क) 1 और 2 (ख) 2 और 3 (ग) केवल 3 (घ) ये सभी

उत्तर (घ) ये सभी

(v) **वस्तुत: कवयित्री काव्यांश के माध्यम से क्या कहना चाहती है?**
(क) हमारा लोकजीवन व प्रकृति सुरक्षित रहने चाहिए
(ख) पर्यावरण संरक्षण आवश्यक नहीं है
(ग) नदियों का उपभोग करना चाहिए
(घ) उपर्युक्त में से कोई नहीं

उत्तर (क) हमारा लोकजीवन व प्रकृति सुरक्षित रहने चाहिए

विषय-वस्तु पर आधारित प्रश्नोत्तर

लघु उत्तरीय प्रश्न

1. कवयित्री ने अपने प्राकृतिक परिवेश में कौन-कौन से सुखद अनुभव किए हैं?

उत्तर कवयित्री ने अपने प्राकृतिक परिवेश में निम्नलिखित सुखद अनुभव किए हैं
(i) जंगल की ताज़ी हवा
(ii) नदियों का निर्मल जल
(iii) पहाड़ों का मौन
(iv) गीतों की मधुर धुनें
(v) मिट्टी की स्वाभाविक सुगंध
(vi) लहलहाती फसलें आदि।

2. कवयित्री सहज जीवन जीने के लिए क्या आवश्यक मानती है?

उत्तर कवयित्री सहज जीवन जीने के लिए प्राकृतिक सौंदर्य, स्वाभाविक नाच-गान, उन्मुक्त हँसी और रुदन, खेलने के लिए खुली जगह, पशुओं के लिए चरागाह और बूढ़ों के लिए शांति को आवश्यक मानती है।

3. बस्तियों के नंगे होने का क्या अर्थ है?

उत्तर बस्तियों के नंगे होने का अर्थ है—अपनी मर्यादा और लाज-लज्जा छोड़कर अमर्यादित जीवन जीना, वस्त्रों से तन को ठीक से न ढँकना और धरती के पेड़ रूपी वस्त्रों को काटना।

4. अपनी बस्तियों को
नंगी होने से
शहर की आबो-हवा से बचाएँ उसे
यहाँ 'अपनी बस्तियों' तथा 'शहर की आबो-हवा' का क्या अर्थ है?

उत्तर 'अपनी बस्तियों' से आशय है—झारखंड के आदिवासी संथालों की बस्तियाँ, जबकि 'शहर की आबो-हवा' का अर्थ है—शहर का सांस्कृतिक तथा प्राकृतिक प्रदूषण, विशेषकर शहरी अपसंस्कृति से जनजातीय समाज को बचाना।

5. 'हँसने के लिए थोड़ी-सी खिलखिलाहट, रोने के लिए मुट्ठी भर एकांत' से कवयित्री का क्या अभिप्राय है?

उत्तर कवयित्री झारखंड के जन-जीवन के स्वाभाविक सुख-दुःख को बनाए रखने का आग्रह करते हुए इन पंक्तियों के द्वारा यह कहना चाहती है कि हमारे जीवन में हँसी हो, खिलखिलाहट हो और रोने के लिए भी थोड़ा-सा अकेलापन मिले, तभी ज़िंदगी स्वाभाविक ढंग से गुजर सकती है।

दीर्घ उत्तरीय प्रश्न

1. 'बस्ती को बचाएँ डूबने से' का आशय स्पष्ट कीजिए।

उत्तर यहाँ कवयित्री के कहने का अर्थ यह है कि आज पारंपरिक रीति-रिवाज़ अपनी मौलिकता खो रहे हैं, उनका अस्तित्व धीरे-धीरे लुप्त होता जा रहा है, यह चिंता का विषय है। आदिवासियों की संस्कृति का लुप्त होना बस्ती के डूबने के समान है। इसे बचाना ज़रूरी है। इसे बचाने के लिए शराब (हड़िया) के सेवन की प्रवृत्ति को बढ़ने से रोकना होगा।

2. 'आओ, मिलकर बचाएँ' कविता का प्रतिपाद्य/उद्देश्य लिखिए।

उत्तर प्रस्तुत कविता में प्रकृति और सामाजिक व्यवस्था को बचाने के लिए प्रयास करने का आह्वान किया गया है। कवयित्री को लगता है कि हम अपनी पारंपरिक भाषा, भावुकता, भोलापन, ग्रामीण संस्कृति को भूलते जा रहे हैं। प्राकृतिक नदियाँ, पहाड़, मैदान, मिट्टी, फसल, हवाएँ आधुनिकता का शिकार हो रही हैं। हमें इन सबको बचाना चाहिए।

आजकल के वातावरण में बढ़ रहे विकारों को हमें मिटाना है और उसके स्थान पर प्राचीन संस्कृति-संस्कारों और प्राकृतिक उपादानों को बचाना है। कवयित्री कहती है कि हमें अभी अधिक चिंता करने की आवश्यकता नहीं है, क्योंकि हमारे पास अभी भी बहुत कुछ बचा है।

3. संथाली आदिवासी कैसे होते हैं? वर्तमान में इनमें क्या परिवर्तन हो रहे हैं?

उत्तर संथाली आदिवासी अपनी मिट्टी और प्रकृति से जुड़े हुए हैं। इनकी जिंदगी में आडंबरों व दिखावे का कोई स्थान नहीं होता। ये मन से भोले, अक्खड़ और संघर्ष करने वाले स्वभाव के होते हैं। नाचना-गाना, परस्पर प्रेम व विश्वास यही इनकी जीवन-शैली होती है, परंतु वर्तमान में संथाली आदिवासी शहर के संपर्क में आकर अपनी प्रकृति से जुड़ी परंपराओं को छोड़ते जा रहे हैं तथा वे दिखावे की ओर बढ़ रहे हैं। नाचना-गाना, प्रकृति से लगाव, भोलापन, पहाड़ों का आनंददायक जीवन आदि सबसे वे दूर होते जा रहे हैं।

4. शहरी जीवन भाग-दौड़ से भरा है, लेकिन कवयित्री उसे ठंडी दिनचर्या क्यों मानती है?

उत्तर शहर में लोग अपने भौतिक अभावों को दूर करने के लिए भाग-दौड़ में व्यस्त रहते हैं, परंतु उनमें सामाजिक संबंध, भावों, प्रेम तथा सौहार्द का अत्यधिक अभाव है। उनमें शहरी जीवन आडंबरों से भरा हुआ है। उनका जीवन प्रकृति के सान्निध्य से सर्वथा दूर है। उनके जीवन में बनावटीपन व दिखावा मात्र है। उनमें परस्पर स्नेह का अभाव है, इसलिए उनके रिश्तों में आंतरिक स्नेह व प्रेम की भावना नहीं है, इसलिए कवयित्री शहरी जीवन को ठंडी दिनचर्या मानती है और ऐसे जीवन को वह बस्तियों से दूर ही रखना चाहती है।

स्व-मूल्यांकन

काव्यांश पर आधारित बहुविकल्पीय प्रश्न

निम्नलिखित काव्यांश को ध्यानपूर्वक पढ़कर पूछे गए प्रश्नों के सही उत्तर चुनिए।

1. नाचने के लिए खुला आँगन
गाने के लिए गीत
हँसने के लिए थोड़ी-सी खिलखिलाहट
रोने के लिए मुट्ठी भर एकांत
बच्चों के लिए मैदान
पशुओं के लिए हरी-हरी घास
बूढ़ों के लिए पहाड़ों की शांति
और इस अविश्वास भरे दौर में
थोड़ा-सा विश्वास
थोड़ी-सी उम्मीद
थोड़े-से सपने
आओ, मिलकर बचाएँ
कि इस दौर में भी बचाने को
बहुत कुछ बचा है,
अब भी हमारे पास!

(i) संथाली समाज में घर छोटे क्यों होते जा रहे हैं?
(क) उनकी लापरवाही के कारण
(ख) जंगलों की अधिकता के कारण
(ग) आबादी व विकास के कारण
(घ) नदियों के विस्तार के कारण

(ii) कवयित्री के अनुसार, व्यर्थ के तनाव को दूर किससे किया जा सकता है?
(क) थोड़ी सी खिली हुई हँसी से
(ख) परस्पर बातचीत से
(ग) जंगल में एकांतवास से
(घ) साधना करने से

(iii) कवयित्री के अनुसार, आज के वातावरण में क्या आवश्यक है?
(क) अच्छे कार्यों के लिए उम्मीदों की
(ख) थोड़े-से विश्वास को जगाने की
(ग) थोड़े-से सपनों की
(घ) उपर्युक्त सभी

(iv) **कथन** (A) रोने के लिए मुट्ठी भर एकांत जरूरी है।
कारण (R) व्यक्ति अपनी पीड़ा को व्यक्त करने के लिए एकांत में अधिक सहज महसूस करता है।
कूट
(क) कथन (A) और कारण (R) दोनों सही हैं तथा कारण (R), कथन (A) की सही व्याख्या करता है।
(ख) कथन (A) और कारण (R) दोनों सही हैं, परंतु कारण (R), कथन (A) की सही व्याख्या नहीं करता है।
(ग) कथन (A) सही है, किंतु कारण (R) गलत है।
(घ) कथन (A) गलत है, किंतु कारण (R) सही है।

(v) कवयित्री के अनुसार नाचने के लिए क्या आवश्यक है?
(क) संगीत
(ख) खुला आँगन
(ग) बड़ी संख्या में लोग
(घ) आधुनिक घर

विषय-वस्तु पर आधारित प्रश्न

लघु उत्तरीय प्रश्न

1. कविता के मूल स्वर को अपने शब्दों में लिखिए।

2. बस्ती के हड़िया में डूबने में निहित व्यंग्य को स्पष्ट कीजिए।

3. प्रस्तुत कविता के आधार पर चारों ओर व्याप्त वातावरण को स्पष्ट कीजिए।

दीर्घ उत्तरीय प्रश्न

1. कवयित्री ने अपनी कविता में किन-किन पक्षों को उद्घाटित किया है?

2. कवयित्री लोगों के दिल में चालाकी और समझदारी की अपेक्षा क्या चाहती है? स्पष्ट कीजिए।

3. कवयित्री ने आदिवासी समाज के परिवेश और संस्कृति के मूल स्वरूप को बनाए रखने का आह्वान क्यों किया है?

01
अध्याय

भारतीय गायिकाओं में बेजोड़ : लता मंगेशकर
(कुमार गंधर्व)

लेखक-परिचय

पद्मविभूषण, कालिदास सम्मान जैसे प्रतिष्ठित सम्मानों से सम्मानित पंडित कुमार गंधर्व का जन्म वर्ष 1924 में सुलेभवि, ज़िला बेलगाँव (कर्नाटक) में हुआ था। इनका मूल नाम शिवपुत्र सिद्धराम कोमकाली था। दस वर्ष की उम्र से गायकी की मंचीय प्रस्तुति करने वाले कुमार गंधर्व के संगीत की मुख्य विशेषता मालवा लोक धुनों और हिंदुस्तानी शास्त्रीय संगीत का सुंदर सामंजस्य है, जिसका अद्भुत नमूना कबीर के पदों का उनके द्वारा गायन है। इन्होंने लोक में रचे बसे लुप्तप्राय पदों का संग्रह कर और उन्हें स्वरों में बाँधकर अंतर्राष्ट्रीय पहचान दी। वर्ष 1992 में इनका स्वर्गवास हो गया।

▼ **अध्ययन के लिए**
- पाठ की रूपरेखा
- पाठ का सार

▼ **अभ्यास के लिए**
- पाठ्यपुस्तक के प्रश्नोत्तर
- पाठ पर आधारित बहुविकल्पीय प्रश्न
- विषय-वस्तु पर आधारित प्रश्नोत्तर

पाठ की रूपरेखा

लेखक ने स्वर साम्राज्ञी लता मंगेशकर की गायकी पर बेबाक (निर्भयतापूर्वक) टिप्पणी की है। लता मंगेशकर के 'गानपन' के बहाने लेखक ने शास्त्रीय संगीत और चित्रपट संगीत अर्थात् फ़िल्मी संगीत के संबंधों पर भी अपना मत प्रकट किया है। संगीत ज़िंदगी को लय देता है, ताज़गी देता है, हर मोड़ पर आने वाले उतार-चढ़ाव से जूझने की ताकत देता है और मन को उन्मुक्त करता है। संगीत की दुनिया में लता मंगेशकर एक ऐसा नाम है, एक ऐसा सुर है, जिसने एक महान् शास्त्रीय गायक को कलम उठाने पर विवश कर दिया। मूल हिंदी में लिखी गई यह रचना भाषा की सांगीतिक धरोहर है। यह एक ऐसी परख है, जो न शास्त्रीय है और न सुगम। बस एक संगीत है, 'गानपन' की पहचान है।

पाठ का सार

लता : एक विलक्षण गायिका

लेखक बताता है कि बरसों पहले जब वह बीमार था, तब एक दिन उसे रेडियो पर एक अद्वितीय स्वर सुनाई दिया। यह स्वर उसके अंतर्मन को छू गया। गाना समाप्त होने पर गायिका का नाम लता मंगेशकर बताया गया। नाम सुनकर वह हैरान रह गया। लेखक को प्रसिद्ध गायक दीनानाथ मंगेशकर की अजब गायकी का दूसरा रूप उनकी बेटी की कोमल आवाज़ में सुनने को मिला। यह शायद 'बरसात' फ़िल्म से पहले का गाना था। लता से पहले प्रसिद्ध गायिका नूरजहाँ का चित्रपट संगीत में अपना दबदबा था, परंतु लता उससे आगे निकल गई। कला के क्षेत्र में ऐसे चमत्कार बहुत ही कम होते हैं; जैसे—प्रसिद्ध सितारवादक विलायत खाँ अपने सितारवादक पिता की तुलना में बहुत आगे निकल गए थे। लेखक का मानना है कि लता के बराबर की गायिका कोई नहीं हुई। लता ने चित्रपट संगीत को अत्यधिक लोकप्रिय बनाया। आज बच्चों के गाने का स्वर बदल गया है। यह सब लता के कारण संभव हुआ है। चित्रपट संगीत के विविध

प्रकारों को आम आदमी समझने लगा है तथा गुनगुनाने लगा है। लता ने नई पीढ़ी के संगीत को संस्कारित किया है तथा आम आदमी में संगीत विषयक् अभिरुचि पैदा करने में योगदान दिया है।

लता के स्वर में गानपन

शास्त्रीय गान और लता के गान में से लोग लता के गान को ही अधिक पसंद करते हैं। इसका कारण लता का गानपन, उनका सुरीलापन एवं मस्त करने वाला स्वर है। श्रोता को रागों से नहीं, सुमधुर गानपन से मतलब होता है। यह गानपन लता के स्वर में शत-प्रतिशत है। यही लता की लोकप्रियता का मुख्य मर्म भी है।

लता तथा नूरजहाँ की गायकी में अंतर

नूरजहाँ की गायकी में जहाँ एक मादक उत्तान (नशीली ऊँची तान) होती थी, वहीं लता के स्वर में एक निर्मलता होती है। उनमें कोमलता और मुग्धता का संगम है, मानो उनका निजी जीवन उनके स्वर में झलक उठा है। यह अलग बात है कि संगीत-दिग्दर्शकों ने उनकी इस कला का भरपूर उपयोग नहीं किया। लता के गाने में एक प्रकार का नादमय उच्चार है। उनके गीत के दो शब्दों का अंतर स्वरों के आलाप से भर जाता है। ऐसा लगता है, मानो दोनों शब्द एक-दूसरे में विलीन हो गए हैं। लता की यह विशेषता अनुपम है। लोग कहते हैं कि लता ने करुण रस के गाने बहुत अच्छे गाए हैं। लेखक का मत इसके विपरीत है। उसके अनुसार, लता ने मुग्ध शृंगार के गाने मध्य और द्रुत लय में बहुत अच्छे गाए हैं। लेखक का मानना है कि संगीत-दिग्दर्शकों ने उनसे ऊँची पट्टी में गवाकर उनके साथ अन्याय किया है।

शास्त्रीय संगीत और चित्रपट (फ़िल्मी) संगीत

लेखक का मानना है कि शास्त्रीय संगीत व चित्रपट संगीत में तुलना करना निरर्थक है। शास्त्रीय संगीत में गंभीरता स्थायी भाव है, जबकि चित्रपट संगीत में तेज़ी, लय व चपलता प्रमुख होती है। चित्रपट संगीत में ताल प्राथमिक अवस्था का होता है और शास्त्रीय संगीत में इसका परिष्कृत रूप होता है। चित्रपट संगीत में आधे तालों, आसान लय, सुलभता व लोच की प्रमुखता आदि विशेषताएँ होती हैं। चित्रपट संगीत गायकों को शास्त्रीय संगीत की उत्तम जानकारी अवश्य होनी चाहिए। लता के पास यह ज्ञान भरपूर है। लता के तीन-साढ़े-तीन मिनट के गान और तीन-साढ़े-तीन घंटे की शास्त्रीय महफिल का कलात्मक व आनंदात्मक मूल्य एक जैसा है।

गायकी में लता का स्थान

उनके गानों में स्वर, लय व शब्दार्थ का संगम होता है। गाने की सारी मिठास, सारी ताकत उसकी रंजकता (रिझाने की शक्ति) पर आधारित होती है और रंजकता का संबंध रसिक को आनंदित करने के सामर्थ्य से है। लता का स्थान अव्वल दरजे के खानदानी गायक के समान है। किसी ने पूछा कि क्या लता शास्त्रीय गायकों की तीन घंटे की महफिल जमा सकती हैं? लेखक उसी से प्रश्न करता है कि क्या कोई प्रथम श्रेणी का शास्त्रीय गायक तीन मिनट में चित्रपट का गाना इतनी कुशलता और रसोत्कटता (रस से भरपूर) से गा सकेगा? शायद नहीं। खानदानी गवैयों ने चित्रपट संगीत पर लोगों के कान बिगाड़ देने का आरोप लगाया है। लेखक का मानना है कि चित्रपट संगीत ने लोगों के कान सुधारे हैं।

चित्रपट (फ़िल्मी) संगीत का महत्त्व

लेखक का मत है कि शास्त्रीय गायक आत्मसंतुष्ट प्राणी है। उन्होंने शास्त्र-शुद्धता को कर्मकांड की तरह तूल दे रखी है, जबकि चित्रपट संगीत ने अभिजात्य संगीत को लोगों तक पहुँचाया है। आज लोगों को शास्त्र-शुद्ध और नीरस गाना नहीं, बल्कि सुरीला और भावपूर्ण गाना चाहिए। चित्रपट संगीत का लचकदार होना ही उसकी सबसे बड़ी शक्ति है। चित्रपट संगीत की मान्यताएँ, झंझटें और चुनौतियाँ अलग तरह की हैं। यहाँ नव-निर्माण की संभावनाएँ भी बहुत हैं। बड़े-बड़े संगीतकार शास्त्रीय रागदारी का, लोकगीतों की धुनों का भरपूर उपयोग कर रहे हैं। वे धूप की तरह कौतुक करने वाले पंजाबी लोकगीतों का, बादल की तरह घुमड़ते राजस्थानी लोकगीतों का, घाटियों में गूँजते पहाड़ी लोकगीतों का, ऋतु चक्रों का, खेती से संबंधित कृषि गीतों का भरपूर उपयोग कर रहे हैं। वास्तव में, चित्रपट संगीत का दायरा बहुत बड़ा है। उसमें अनेक अलक्षित (जिसकी ओर ध्यान न गया हो) प्रयोग करने की गुंजाइश बनी हुई है।

लता : चित्रपट संगीत की साम्राज्ञी

लता, चित्रपट संगीत की अनभिषिक्त (बेताज) साम्राज्ञी हैं। अनेक गायक-गायिकाओं की तुलना में उनकी लोकप्रियता सबसे अधिक है। लगभग आधी शताब्दी से वे जन-मन पर छाई हुई हैं। यह एक चमत्कार है, जिसे हम प्रत्यक्ष अपनी आँखों से अपने इर्द-गिर्द होता हुआ देख रहे हैं।

शब्दार्थ

अद्वितीय–जिसकी तरह कोई न हो; **तन्मयता**–एकाग्रता। **विलक्षण**–अपूर्व; **अनुकरण**–नकल करना; **मालिकाएँ**–स्वरों के क्रमबद्ध समूह स्वर, मालिका में बोल (शब्द) नहीं होते। **ध्वनिमुद्रिका**–स्वरलिपि; **शास्त्रीय गायकी**–जिसमें गायन को कुछ निर्धारित नियमों के अंदर ही गाया-बजाया जाता है, खयाल, ध्रुपद, धमार आदि शास्त्रीय गायकी के अंतर्गत आते हैं; **मालकोस**–भैरवी थाट का राग जिसमें 'रे' और 'प' वर्जित हैं। इसमें सारे स्वर कोमल लगते हैं। **त्रिताल**–यह सोलह मात्राओं का ताल है। इसमें चार-चार मात्राओं के चार विभाग होते हैं; **गानपन**–गाने का ऐसा अंदाज जो एक आम आदमी को भी भावविभोर कर दे; **पार्श्व**–पीछे; **मादक उत्तान**–नशीली ऊँची तान; **द्रुत लय**–तेज़/मध्यलय से दोगुनी और विलंबित लय से चौगुनी तेज़ लय द्रुतलय कहलाती है; **उत्कटता**–व्यग्रता; **जलदलय**–द्रुत लय (तेज़); **चपलता**–तेज़ी; **परिष्कृत**–सँवरा हुआ; **लोच**–स्वरों का बारीक मनोरंजक प्रयोग; **निःसंशय**–जिसमें संदेह न हो। **विशद**–व्यापक; **सुभाषित**–सूक्ति; **आस्वादित**–स्वाद/आनंद लेना; **रंजकता**–रिझाने की शक्ति। **अवलंबित**–टिकी हुई; **मर्म**–दुःख/कष्ट; **सुसंवाद साधना**–आपस में तालमेल बैठाना; **तैलचित्र**–जिस चित्र में तैलीय रंगों का प्रयोग किया जाता है; **हुकुमशाही**–दबदबा; **अभिजात्य**–कुलीन/भद्र; **चौकस वृत्ति**–सतर्क रहने की भावना। **कौतुक**–मनोरंजन; **रूक्ष**–रूखा; **निर्जल**–बिना जल के; **पर्जन्य**–बादल; **खोर**–गली; **अलक्षित**–जिसकी ओर ध्यान न गया हो; **असंशोधित**–बिना सँवरा हुआ; **अदृष्टिपूर्व**–जिसे पहले नहीं देखा गया हो; **अनभिषिक्त**–बेताज; **अचल**–एक ही जगह स्थिर।

पाठ्यपुस्तक (वितान भाग-1) के प्रश्नोत्तर

1. लेखक ने पाठ में 'गानपन' का उल्लेख किया है। पाठ के संदर्भ में स्पष्ट करते हुए बताएँ कि आपके विचार में इसे प्राप्त करने के लिए किस प्रकार के अभ्यास की आवश्यकता है?

उत्तर लेखक ने पाठ में जिस 'गानपन' का उल्लेख किया है, उसका अर्थ है—गाने का ऐसा अंदाज, जो एक आम आदमी को भी भाव विभोर कर दे, क्योंकि आम आदमी को यह पता नहीं होता है कि गाना किस राग में गाया गया है, बल्कि उसे तो गाने में ऐसी मिठास चाहिए, जो उसे मदहोश कर दे। जिस प्रकार मनुष्यता हो तो वह मनुष्य है, वैसे ही 'गानपन' हो तो वह संगीत है और लता की लोकप्रियता का मुख्य मर्म यह 'गानपन' ही है।

हमारे विचार से इस 'गानपन' की विशेषता को प्राप्त करने के लिए नादमय उच्चार द्वारा गाने का अभ्यास करने की आवश्यकता है। इसमें दो शब्दों का अंतर बहुत ही सुंदर रीति से एक-दूसरे में विलीन हो जाता है। गीतों को मार्मिकता, मधुरता तथा स्वाभाविकता के साथ ही गाना चाहिए। श्रोताओं को आनंदित करने के लिए स्वर, लय व अर्थ का संगम होना ज़रूरी है। रागों की शुद्धता पर ज़ोर न देकर गाने को मिठास व स्वाभाविकता के साथ गाया जाना चाहिए।

2. लेखक ने लता की गायकी की किन विशेषताओं को उजागर किया है? आपको लता की गायकी में कौन-सी विशेषताएँ नज़र आती हैं? उदाहरण सहित बताइए।

उत्तर लेखक ने लता की गायकी की निम्नलिखित विशेषताओं को उजागर किया है

(i) **निर्मलता** लता की गायकी की एक प्रमुख विशेषता स्वरों की निर्मलता है। लता का जीवन की ओर देखने का जो दृष्टिकोण है, वही उनके गाने की निर्मलता में झलकता है।

(ii) **कोमलता और मुग्धता** लता की गायकी के अंतर्गत स्वरों में कोमलता और मुग्धता है। इसके विपरीत नूरजहाँ के गायन में एक मादक उत्तान दिखाई पड़ता था।

(iii) **सुरीलापन** सुरीलापन लता की गायकी की सबसे महत्त्वपूर्ण विशेषता है। उनका सुरीलापन हर गीत को लोकप्रिय एवं आनंदमय बना देता है। इनके स्वरों में मिठास, तन्मयता, मस्ती एवं लोच रहती है तथा उच्चारण मधुरता से भरा होता है।

(iv) **नादमय उच्चार** यह लता के गायन की एक अन्य प्रमुख विशेषता है। उनके गीत के किन्हीं दो शब्दों का अंतर स्वरों के आलाप द्वारा बड़ी सुंदर रीति से भरा रहता है और ऐसा प्रतीत होता है कि वे दोनों शब्द विलीन होते-होते एक-दूसरे में मिल जाते हैं।

(v) **शृंगार की अभिव्यक्ति** लेखक के अनुसार, लता ने करुण रस के साथ अधिक न्याय नहीं किया है, परंतु मुग्ध शृंगार की अभिव्यक्ति करने वाले गाने लता ने बड़ी उत्कटता से गाए हैं।

मुझे लता की गायकी में उपर्युक्त सभी विशेषताएँ दिखाई देती हैं। यही कारण है कि उनके जैसा स्वर चित्रपट संगीत में किसी अन्य गायक या गायिका का सुनाई नहीं देता। उनका हर गीत लोगों के मन को छू लेता है। वास्तव में, गायकी के क्षेत्र में लता सर्वश्रेष्ठ हैं।

3. 'लता ने करुण रस के गानों के साथ न्याय नहीं किया है, जबकि शृंगारपरक गाने वे बड़ी उत्कटता से गाती हैं' इस कथन से आप कहाँ तक सहमत हैं?

उत्तर अधिकतर लोग यह मानते हैं कि लता के गानों में करुण रस विशेष प्रभावशाली रीति से व्यक्त होता है, परंतु लेखक इस बात से सहमत नहीं है। लेखक का मत है कि करुण की अपेक्षा शृंगार की अभिव्यक्ति करने वाले गाने लता ने अपेक्षाकृत अधिक उत्कटता (उत्तम) से गाए हैं। हम लेखक के इस कथन से आंशिक रूप से सहमत हैं। लता ने शृंगारपरक गाने अधिक उत्कटता के साथ अवश्य गाए हैं, परंतु उन्होंने करुण रस के साथ भी न्याय किया है। हाँ, यह अवश्य है कि उन्होंने करुण रस के गीत कम गाए हैं। उदाहरण के लिए; "ऐ मेरे वतन के लोगों, ज़रा आँख में भर लो पानी, जो शहीद हुए हैं उनकी, जरा याद करो कुर्बानी" गीत सुनकर तो देश के प्रथम प्रधानमंत्री पं. जवाहरलाल नेहरू तक अपने आँसुओं को नहीं रोक पाए थे। इसके साथ ही 'ओ बाबुल प्यारे....', 'कभी खुशी कभी गम' जैसे गीतों को सुनकर श्रोताओं की आँखें नम हो जाती हैं।

यह बात अलग है कि संगीत निर्देशकों और गीतकारों ने लता से शृंगारपरक गीतों को अधिक गवाया है, क्योंकि उन्हें ऐसा लगता है कि ऐसे गीत आम जनता में अधिक लोकप्रिय होते हैं।

4. "संगीत का क्षेत्र ही विस्तीर्ण है। वहाँ अब तक अलक्षित, असंशोधित और अदृष्टिपूर्व ऐसा खूब बड़ा प्रांत है, तथापि बड़े जोश से इसकी खोज और उपयोग चित्रपट के लोग करते चले आ रहे हैं।" इस कथन को वर्तमान फ़िल्मी संगीत के संदर्भ में स्पष्ट कीजिए।

उत्तर लेखक द्वारा प्रस्तुत कथन कहने का कारण यह है कि संगीत में बहुत-सी धुनें, राग, स्वर अभी खोजने के लिए बाकी हैं। ऐसे कई नए प्रयोग किए जाने शेष हैं, जिनकी ओर संगीत से जुड़े लोगों की दृष्टि नहीं गई, यद्यपि भारतीय सिनेमा जगत अपनी तरह से कई तरह के प्रयोग कर रहा है। यदि आज के संगीत को ध्यानपूर्वक सुनें तो यह बात पूरी तरह स्पष्ट हो जाएगी कि आज नित नए-नए प्रयोग किए जा रहे हैं, जिससे संगीत का क्षेत्र और विस्तृत होता जा रहा है।

चित्रपट संगीत का तंत्र ही अलग है। यहाँ नए-नए प्रयोगों की बहुत संभावना है। जिस प्रकार शास्त्रीय रागों का चित्रपट संगीत दिग्दर्शकों ने उपयोग किया है, उसी प्रकार राजस्थानी, पंजाबी, बंगाली तथा अन्य प्रदेश के लोकगीतों को भी चित्रपट संगीत में स्थान दिया गया है। यह ध्यान रखना चाहिए कि धूप का कौतुक करने वाले पंजाबी लोकगीत, पहाड़ों की घाटियों के पहाड़ी गीत, कृषि गीत और ब्रजभूमि में समाविष्ट सहज मधुर गीतों का अतिशय मार्मिक एवं रसानुकूल उपयोग चित्रपट क्षेत्र के संगीत निर्देशकों ने किया है और आगे भी नए-नए प्रयोग करते रहने की अत्यधिक गुंजाइश है, इसलिए लेखक ने कहा है कि चित्रपट संगीत का क्षेत्र बहुत ही विस्तृत है। वहाँ अब तक अलक्षित, असंशोधित और अदृष्टिपूर्व ऐसा खूब बड़ा प्रांत है, तथापि बड़े जोश से इसकी खोज और उपयोग चित्रपट क्षेत्र के लोग करते चले आ रहे हैं। फलस्वरूप चित्रपट संगीत दिनों-दिन अधिक विकसित होता जा रहा है।

5. 'चित्रपट संगीत ने लोगों के कान बिगाड़ दिए'–अक्सर यह आरोप लगाया जाता रहा है। इस संदर्भ में कुमार गंधर्व की राय और अपनी राय लिखें।

उत्तर 'चित्रपट संगीत ने लोगों के कान बिगाड़ दिए हैं' जैसा आरोप लेखक के अनुसार गलत है। वास्तव में, चित्रपट संगीत ने लोगों के कान बिगाड़े नहीं, अपितु सुधारे हैं। संगीत को समझने हेतु इसने नए अवसर दिए हैं। संगीत के विविध प्रकार अब लोगों को समझ में आ रहे हैं। पहले संगीत के सुर, लय, ताल की समझ लोगों में नहीं थी, लेकिन अब गीतों में सुरीलापन क्या होता है, यह भी समझ में आने लगा है। साधारण मनुष्य भी संगीत की सूक्ष्मता को समझने लगा है।

चित्रपट संगीत के कारण ही छोटे-छोटे बच्चे भी सुर और लय में गुनगुनाते दिखाई देते हैं। संगीत की लोकप्रियता, उसका प्रसार एवं अभिरुचि के विकास में चित्रपट संगीत का महत्त्वपूर्ण योगदान है। लोगों का शास्त्रीय संगीत को समझने का दृष्टिकोण बदला है और इसका श्रेय लेखक ने चित्रपट संगीत में लता को ही दिया है। श्रोताओं को केवल शास्त्र-शुद्ध और नीरस गाना नहीं चाहिए, बल्कि उन्हें तो सुरीला, भावपूर्ण गाना चाहिए और यह क्रांति चित्रपट संगीत ही लाया है।

मैं भी लेखक की राय से सहमत हूँ कि चित्रपट संगीत ने कर्णप्रिय संगीत रचने में महत्त्वपूर्ण भूमिका का निर्वाह किया है। यह सच है कि चित्रपट संगीत ही समाज की संगीत विषयक अभिरुचि में प्रभावशाली मोड़ लाया है। हाँ, यह बात अवश्य है कि आज चित्रपट के कुछ गीतों के बोल अश्लील और फूहड़ हो गए हैं, जिससे यह आशंका बढ़ती जा रही है कि कहीं गीतों का स्तर न गिर जाए।

6. शास्त्रीय एवं चित्रपट दोनों तरह के संगीतों के महत्त्व का आधार क्या होना चाहिए? कुमार गंधर्व की इस संबंध में क्या राय है? स्वयं आप क्या सोचते हैं?

उत्तर कुमार गंधर्व की राय में चित्रपट संगीत हो या शास्त्रीय संगीत, दोनों तरह के संगीतों के महत्त्व का आधार श्रोताओं को होने वाले आनंद की प्राप्ति होना चाहिए। शास्त्रीय अथवा चित्रपट संगीत में रंजकता अर्थात् मन मोहने वाली लय और ताल नहीं हो, तो संगीत नीरस प्रतीत होगा। गाने में जो 'गानपन' होता है, वह केवल शास्त्रीय गायन के पक्के सुर-ताल के निर्दोष ज्ञान के कारण नहीं होता। गाने की सारी मिठास, सारी ताकत उसकी रंजकता पर निर्भर है। सुनने वाले के समक्ष रंजकता का मर्म कैसे प्रस्तुत किया जाए, किस रीति से उसकी बैठक बिठाई जाए और श्रोताओं से कैसे सुसंवाद साधा जाए, यह सभी तथ्य संगीत के महत्त्व के आधार हैं। इन तथ्यों के बिना श्रोता और गायक दोनों को ही, चाहे शास्त्रीय संगीत हो या चित्रपट संगीत, आनंद की अनुभूति नहीं हो सकती, जबकि संगीत का लक्ष्य तो लोगों को आनंद प्रदान करना है। मेरे विचार में मधुरता, लोच, सुरीलापन, सरलता एवं लयता जैसे गुणों को संगीत में सम्मिलित किया जाना अत्यंत आवश्यक है। यदि कोई गीत या संगीत आम आदमी के दिल को नहीं छू सकता, तो उस संगीत को अच्छा संगीत नहीं कहा जा सकता।

कुछ करने और सोचने के लिए

1. पाठ में किए गए अंतरों के अलावा संगीत शिक्षक से चित्रपट संगीत एवं शास्त्रीय संगीत का अंतर पता करें। इन अंतरों को सूचीबद्ध करें।

उत्तर शास्त्रीय संगीत और चित्रपट संगीत की तुलना नहीं की जा सकती है, हालाँकि दोनों प्रकार के संगीत का लक्ष्य आनंद की प्राप्ति है। यदि दोनों प्रकार के संगीतों की तुलना की जाए तो, *उनमें मौजूद अनेक समानताओं के बावजूद निम्नलिखित अंतर देखे जा सकते हैं*

शास्त्रीय संगीत	चित्रपट संगीत
शास्त्रीय संगीत का स्थायी भाव गंभीरता है।	चित्रपट संगीत का स्थायी भाव चपलता है।
शास्त्रीय संगीत में ताल अपने परिष्कृत रूप में पाई जाती है।	चित्रपट संगीत की ताल प्राथमिक अवस्था की ताल होती है।
शास्त्रीय संगीत में तालों का पूरा ध्यान रखा जाता है।	चित्रपट संगीत में आधी तालों का उपयोग किया जाता है। इसकी लयकारी बिल्कुल अलग होती है, जो अपेक्षाकृत आसान होती है।
शास्त्रीय संगीत लगभग तीन–साढ़े तीन घंटे में आनंद और कलात्मकता प्रदान करता है।	चित्रपट संगीत का एक गीत तीन–साढ़े तीन मिनट में वही आनंद और कलात्मकता प्रदान करता है।
शास्त्रीय संगीत के गायक को चित्रपट संगीत का ज्ञान होना आवश्यक नहीं है।	चित्रपट संगीत के गायक को शास्त्रीय संगीत का ज्ञान होना आवश्यक है।

2. कुमार गंधर्व ने लिखा है–चित्रपट संगीत गाने वाले को शास्त्रीय संगीत की उत्तम जानकारी होना आवश्यक है? क्या शास्त्रीय गायकों को भी चित्रपट संगीत से कुछ सीखना चाहिए? कक्षा में विचार-विमर्श करें।

उत्तर छात्र स्वयं करें।

अभ्यास प्रश्न

पाठ पर आधारित बहुविकल्पीय प्रश्न

1. लता मंगेशकर के पिता का क्या नाम था?

(क) भोलानाथ मंगेशकर (ख) ध्रुवनाथ मंगेशकर
(ग) दीनानाथ मंगेशकर (घ) बालकनाथ मंगेशकर

उत्तर (ग) दीनानाथ मंगेशकर

2. लता मंगेशकर से पहले किस प्रसिद्ध गायिका का बोलबाला था?

(क) सुमन कल्याणपुरी (ख) नूरजहाँ
(ग) गीतादत्त (घ) आशा भोंसले

उत्तर (ख) नूरजहाँ

3. श्री विलायत खाँ कौन-से संगीत में पारंगत हो चुके थे?

(क) तबला बजाने में (ख) बैंजों में
(ग) सितार वादन में (घ) बाँसुरी वादन में

उत्तर (ग) सितार वादन में

4. लता के गायन की प्रमुख विशेषता क्या है?

(क) नादमय उच्चारण
(ख) शास्त्रीय संगीत की विशेषज्ञ
(ग) पाश्चात्य संगीत का ज्ञान
(घ) हारमोनियम बजाने में कुशल

उत्तर (क) नादमय उच्चारण

5. लता ने प्राय: किस पट्टी में गीत गाए हैं?

(क) ऊँची पट्टी में (ख) निम्न पट्टी में
(ग) मध्यम पट्टी में (घ) ये सभी

उत्तर (क) ऊँची पट्टी में

6. लता मंगेशकर की किस लय के गाने में उत्कृष्टता है?

(क) शृंगार रस की लय (ख) मध्यम लय
(ग) द्रुत लय (घ) ये सभी

उत्तर (ग) द्रुत लय

7. शास्त्रीय संगीत का स्थायी भाव क्या है?

(क) चपलता (ख) ओज (ग) साहस (घ) गंभीरता

उत्तर (घ) गंभीरता

8. शास्त्रीय संगीत में कैसी ताल का प्रयोग करते हैं?

(क) निकृष्ट (ख) निम्न पट्टी
(ग) परिष्कृत (घ) सामान्य

उत्तर (ग) परिष्कृत

9. प्रस्तुत पाठ का प्रमुख लक्ष्य क्या है?

(क) संगीत में अभिरुचि उत्पन्न करना
(ख) लता मंगेशकर का परिचय देना
(ग) शास्त्रीय संगीत से परिचय कराना
(घ) चित्रपट संगीत को प्रकाशित करना

उत्तर (ख) लता मंगेशकर का परिचय देना

10. कथन (A) शास्त्रीय गान और लता के गान में से लोग लता के गान को ही अधिक पसंद करते हैं।

कारण (R) लता का गानपन, उनका सुरीलापन एवं मस्त करने वाला स्वर है।

कूट

(क) कथन (A) और कारण (R) दोनों सही हैं तथा कारण (R), कथन (A) की सही व्याख्या करता है।
(ख) कथन (A) और कारण (R) दोनों सही हैं, परंतु कारण (R), कथन (A) की सही व्याख्या नहीं करता है।
(ग) कथन (A) सही है, किंतु कारण (R) गलत है।
(घ) कथन (A) गलत है, किंतु कारण (R) सही है।

उत्तर (क) कथन (A) और कारण (R) दोनों सही हैं तथा कारण (R), कथन (A) की सही व्याख्या करता है।

11. निम्नलिखित कथनों पर विचार कीजिए

1. लता के स्वर में कोमलता और मुग्धता का संगम है।
2. लता के पास चित्रपट संगीत का ज्ञान नहीं है।
3. लता का स्थान अव्वल दरजे के खानदानी गायक के समान है।
4. लता से पहले चित्रपट संगीत में गायिका नूरजहाँ प्रसिद्ध थी।

सही कथनों वाले विकल्प को चयनित कर लिखिए।

(क) 1 और 3
(ख) 1, 2 और 3
(ग) 1, 3 और 4
(घ) 2 और 3

उत्तर (ग) 1, 3 और 4

विषय-वस्तु पर आधारित प्रश्नोत्तर

1. लेखक ने सामान्य लोगों में संगीत के प्रति सूक्ष्म समझ को स्थापित करने का श्रेय किसे दिया और क्यों? स्पष्ट कीजिए।

उत्तर लेखक का मानना है कि पहले भी संगीत का स्वर घर-घर में था और छोटे-छोटे बच्चे गाया करते थे, परंतु उस गाने में और आजकल के बच्चों के गाने में बहुत अंतर है। आजकल के नन्हें-मुन्ने बच्चे भी स्वर में गुनगुनाते हैं, जिसका कारण है कोकिला लता के स्वर का निरंतर अनुकरण करना। चित्रपट संगीत के कारण लता का कोकिला स्वर प्रत्येक संगीत प्रेमी के कानों में पड़ रहा है, जिससे संगीत के विविध प्रकारों से सामान्य लोगों में स्वर ज्ञान, लय की समझ बढ़ती जा रही है। इसके साथ ही आकारयुक्त लय की भी समझ लोगों को होने लगी है। लेखक ने संगीत की सूक्ष्मता की समझ सामान्य लोगों तक पहुँचाने का श्रेय लता को दिया है, क्योंकि उन्होंने नई पीढ़ी के संगीत को सँवारा है तथा सामान्य लोगों में उनके स्वर को सुनकर संगीत विषय से संबंधी अभिरुचि उत्पन्न हुई है, इसीलिए लेखक ने संगीत की लोकप्रियता, उसका प्रसार और अभिरुचि के विकास का श्रेय लता को दिया है।

2. लेखक ने लता को चित्रपट संगीत के क्षेत्र में अनभिषिक्त साम्राज्ञी क्यों माना है? उल्लेख कीजिए।

उत्तर लेखक ने लता को चित्रपट संगीत के क्षेत्र में अनभिषिक्त साम्राज्ञी इसलिए माना है, क्योंकि उनके समक्ष अनेक पार्श्व गायिकाएँ आईं हैं, परंतु उनके जैसा कोमल, नादमय कंठ अन्य किसी गायिका का न था। लता से पहले चित्रपट संगीत में गायिका नूरजहाँ का स्वर मुखरित था, परंतु नूरजहाँ जैसी अन्य गायिकाओं में लता की लोकप्रियता सर्वोपरि है। बीते अनेक वर्षों से वह गाती आ रही हैं और उनकी लोकप्रियता ज्यों की त्यों अबाधित है।

लगभग आधी शताब्दी तक जन-मन पर सतत प्रभुत्व रखना आसान नहीं है। लता के स्वरों में कोमलता और मुग्धता है, जिससे प्रतीत होता है कि लता का जीवन की ओर देखने का जो दृष्टिकोण है, वही उसके गायन की निर्मलता में झलकता है। एक स्वर हमेशा विद्यमान नहीं रहता, परंतु भारत के कोने-कोने में लता का गाना जितना प्रसिद्ध है, उतना ही विदेश में उनके स्वर का चमत्कार प्रत्यक्ष रूप से देखा जा सकता है।

3. 'भारतीय गायिकाओं में बेजोड़ : लता मंगेशकर' पाठ का उद्देश्य स्पष्ट कीजिए।

उत्तर प्रस्तुत पाठ के माध्यम से भारतीय गायिकाओं में लता के जोड़ (समान) की गायिका न होने के कारणों को प्रत्यक्ष-अप्रत्यक्ष रूप से स्पष्ट किया गया है। लेखक ने लता के गानों को बहुत समय पहले रेडियो पर सुना था। वह उसी समय से स्वयं को लता के संगीत से जुड़ा हुआ अनुभव करने लगा। लता से पहले भी नूरजहाँ व अन्य गायिकाएँ आईं थीं, परंतु लता की तरह लोकप्रियता के शिखर तक कोई नहीं पहुँच पाया। लता के संगीत में जो मधुरता, मिठास, सुरीलापन, गानपन है, वह लोगों को संगीत से सीधा जोड़ता है।

लता के गानपन ने संगीत को विशिष्ट लोगों की श्रेणी से निकालकर साधारण लोगों में लोकप्रिय बना दिया है। चित्रपट संगीत के माध्यम से शास्त्रीय संगीत भी लोगों से जुड़ गया है। चित्रपट संगीत निर्देशकों के माध्यम से राजस्थानी, पहाड़ी, पंजाबी, बंगाली लोकगीतों का बड़ी संख्या में उपयोग हो रहा है। गीतों के माध्यम से देश की संस्कृति को लोगों तक पहुँचाया गया है।

लेखक ने इस पाठ के माध्यम से यह स्पष्ट किया है कि लता मंगेशकर की गायकी ने संगीत को एक नई दिशा प्रदान की है। अब संगीत, सभा-समारोहों की परिधि से निकलकर जन-जन तक पहुँच गया है।

4. चित्रपट संगीत की लोकप्रियता का क्या कारण है?

उत्तर शास्त्र-शुद्धता के कर्मकांड को संगीत के राष्ट्रीय गायकों ने आवश्यकता से अधिक महत्त्व दे रखा था, किंतु चित्रपट संगीत ने संगीत को जनसाधारण के बीच पहुँचा दिया। लोगों को केवल शास्त्र-शुद्ध और नीरस गाना नहीं चाहिए, बल्कि ऐसा संगीत चाहिए, जो सुनने में मधुर लगे, सुरीला व भावपूर्ण लगे और ऐसा संगीत चित्रपट संगीत से ही मिलता है। चित्रपट संगीत की लचकदारी ने इसे लोकप्रिय बना दिया। इस संगीत की मान्यता, मर्यादा तथा संगीत-तंत्र सब कुछ निराला है, जिसने लोगों के दिलों पर अपनी छाप छोड़ी है। चित्रपट संगीत निर्देशकों ने शास्त्रीय रागदारी तथा हर क्षेत्र के संगीत का उपयोग इसमें किया है।

इस संगीत के माध्यम से लोग अपने देश की संस्कृति से भी परिचित हो रहे हैं। चित्रपट संगीत को अधिक लोकप्रिय बनाने का सर्वाधिक श्रेय लता मंगेशकर को जाता है। लता मंगेशकर के स्वरों की निर्मलता, कोमलता, लोच, सुरीलेपन आदि ने लोगों को गुनगुनाने पर मजबूर कर दिया है। लता के गाने देश में ही नहीं, विदेशों में भी लोकप्रिय हैं।

5. लता मंगेशकर ने किस तरह के गीत गाए हैं और उनमें कौन-से बेहतर हैं?

उत्तर लता ने चित्रपट संगीत के करुण तथा शृंगार रस के गाने गाए हैं। लेखक के अनुसार, लता ने करुण रस के गाने उतने अच्छे नहीं गाए हैं, जितने मुग्ध कर देने वाले शृंगार रस के हैं। लेखक के अनुसार, लता ने मुग्ध शृंगार के मध्य लय के या द्रुत लय के गाने अधिक मोहकता से गाए हैं। वास्तव में, लता का गायन चित्रपट संगीत के निर्देशकों पर निर्भर रहता है। उनसे जैसा गाने के लिए कहा जाता है, उन्हें वैसा ही गाना पड़ता है। अतः यदि लता ने ऊँची पट्टी पर चिल्लाकर गाने गाए हैं, तो इसमें संगीत निर्देशकों की ही कमी है।

लता जी ने राजस्थानी, पंजाबी, बांग्ला, मराठी लोकगीतों को भी गाया है। वे शास्त्रीय संगीत से अच्छी तरह परिचित हैं, फिर भी वह सुगम संगीत में गाती हैं। उनके गायन में जो 'गानपन' है, वह अन्य किसी गायिका में नहीं मिलता है। अतः लेखक के मत के विपरीत मुझे लता के करुण रस के गाने भी अच्छे लगते हैं।

6. शास्त्रीय संगीत एवं चित्रपट संगीत के बारे में लेखक के विचारों को अभिव्यक्त कीजिए।

उत्तर लेखक का मत है कि तीन-साढ़े तीन मिनट के गाए हुए चित्रपट के किसी गाने का और खानदानी शास्त्रीय गायक की तीन-साढ़े तीन घंटे की महफिल का वास्तव में कलात्मक और आनंदात्मक मूल्य एक ही है। तीन घंटों की रंगदार महफिल का सारा रस लता की तीन मिनट की ध्वनिमुद्रिका में आस्वादित किया जा सकता है।

उनका एक-एक गाना संपूर्ण कलाकृति होता है। स्वर, लय, शब्दार्थ का वहाँ त्रिवेणी संगम होता है और महफिल की बेहोशी उसमें समाई होती है। वैसे देखा जाए तो शास्त्रीय संगीत क्या और चित्रपट संगीत क्या, अंत में रसिक को आनंद देने का सामर्थ्य किस गाने में कितना है, इस पर उसका महत्त्व निर्भर करता है।

लेखक के अनुसार, यदि शास्त्रीय संगीत भी रंजक न हो तो बिल्कुल नीरस लगेगा। गाने में जो 'गानपन' प्राप्त होता है, वह केवल संगीत की सैद्धांतिक जानकारी से नहीं होता है। गाने की सारी मिठास, सारी ताकत उसकी रंजकता पर निर्भर करती है और रंजकता का मर्म गाने को श्रोता के समक्ष कैसे प्रस्तुत किया जाए, इसमें समाया हुआ है। किसी मनुष्य का अस्थिपंजर और एक प्रतिभाशाली कलाकार द्वारा निर्मित उसी मनुष्य के तैलचित्र में जो अंतर होता है, वही गायन के शास्त्रीय ज्ञान और उसके स्वरों द्वारा की गई सुसंगत अभिव्यक्ति में होता है। लेखक के अनुसार, दोनों प्रकार के संगीतों में चित्रपट संगीत को लता ने जन-जन तक पहुँचाया है। वैसे और भी गायक-गायिकाएँ हैं, पर लता की लोकप्रियता इन सभी से कहीं अधिक है।

7. लेखक शास्त्रीय संगीत में लता का क्या स्थान निर्धारित करता है?

उत्तर शास्त्रीय संगीत में लता का स्थान निर्धारित करने के क्रम में लेखक सोचता है कि यह प्रश्न खुद ही प्रयोजनहीन है, क्योंकि शास्त्रीय संगीत और चित्रपट संगीत की तुलना नहीं की जा सकती।

जहाँ शास्त्रीय संगीत में गंभीरता का स्थायी भाव है, वहीं चपलता, जलदलय (द्रुत लय) चित्रपट संगीत का मुख्य गुणधर्म है। चित्रपट संगीत में ताल प्राथमिक अवस्था का होता है, जबकि शास्त्रीय संगीत में ताल अपने परिष्कृत रूप में पाया जाता है। चित्रपट संगीत में आधी तालों का उपयोग किया जाता है। उसकी लयकारी बिल्कुल अलग होती है, आसान

होती है। चित्रपट संगीत में गीत और आघात को ज़्यादा महत्त्व दिया जाता है, सुलभता और लोच को प्रमुख स्थान दिया जाता है। इसके बावजूद, चित्रपट संगीत गाने वाले को भी शास्त्रीय संगीत की उत्तम जानकारी होनी आवश्यक है और वह लता के पास है।

8. लता की लोकप्रियता का मुख्य रहस्य क्या है?

उत्तर लता की लोकप्रियता के पीछे उनके गाने में कई तरह की विशेषताओं का पाया जाना है, किंतु इनकी लोकप्रियता का मुख्य रहस्य या मर्म 'गानपन' है यानी गाने का ऐसा अंदाज, जो आम आदमी को भी भाव विभोर कर दे। उनके गाने की एक और महत्त्वपूर्ण विशेषता है—उनके स्वरों की निर्मलता तथा स्वरों की कोमलता एवं मुग्धता।

ऐसा लगता है कि लता का जीवन की ओर देखने का जो दृष्टिकोण है, वही उनके गायन की निर्मलता में झलकता है। लता के गाने की एक और विशेषता है—उनका नादमय उच्चार। उनके गीत के किन्हीं दो शब्दों का अंतर स्वरों के आलाप द्वारा बड़ी सुंदर रीति से भरा रहता है और ऐसा प्रतीत होता है कि वे दोनों शब्द विलीन होते-होते एक-दूसरे में मिल जाते हैं। यह बात सभी गायकों द्वारा अपनी गायकी में पैदा करना अत्यधिक कठिन है, परंतु लता के साथ यह बात अत्यंत सहज एवं स्वाभाविक है।

9. लता ने कुमार गंधर्व को किस प्रकार प्रभावित किया? कुमार गंधर्व ने लता की उन्नति को चमत्कार की संज्ञा क्यों दी है?

उत्तर कुमार गंधर्व ने अपनी बीमारी के दौरान एक दिन रेडियो पर लता का गाना सुना। उन्हें लगा कि एक अद्वितीय स्वर उनके कानों में पड़ा है। वे रोज़ जो सुनते थे, उससे वह बिल्कुल अलग था। उनके गानों में इतनी मधुरता और मोहकता थी कि लेखक का हृदय मुग्ध हो गया।

उन्हें मन-ही-मन एक संगति पाने का भी अनुभव हुआ। सुप्रसिद्ध गायक दीनानाथ मंगेशकर की अजब गायकी एक दूसरा स्वरूप लिए हुए उन्हीं की बेटी की कोमल आवाज़ में सुनने का उन्हें अनुभव हुआ।

लेखक ने लता मंगेशकर की उन्नति को चमत्कार की संज्ञा इसलिए दी है, क्योंकि लता के पहले भी प्रसिद्ध गायिका नूरजहाँ का चित्रपट संगीत में अपना दबदबा था, परंतु उसी क्षेत्र में बाद में आई लता उनसे कहीं आगे निकल गई। कला के क्षेत्र में ऐसे चमत्कार कभी-कभी ही देखने को मिलते हैं; जैसे—प्रसिद्ध सितारवादक विलायत खाँ अपने सितारवादक पिता की तुलना में बहुत ही आगे निकल गए।

10. "लता के कारण चित्रपट संगीत को विलक्षण लोकप्रियता प्राप्त हुई है। यही नहीं, लोगों का शास्त्रीय संगीत की ओर देखने का दृष्टिकोण भी बदला है।" कैसे?

उत्तर लता के कारण चित्रपट संगीत को विलक्षण लोकप्रियता प्राप्त हुई है और लोगों का शास्त्रीय संगीत की ओर देखने का दृष्टिकोण भी काफी बदला है। पहले भी घर-घर में छोटे बच्चे गाया करते थे, पर उस गाने में और आजकल घरों में सुनाई देने वाले बच्चों के गाने में बड़ा अंतर हो गया है। आजकल के नन्हें-मुन्ने बच्चे भी स्वर में गुनगुनाते हैं। यह लता का जादू नहीं, तो और क्या है?

कोकिला का स्वर निरंतर कानों में पड़ने लगे, तो कोई भी सुनने वाला उसका अनुकरण करने का प्रयत्न करेगा। चित्रपट संगीत के कारण सुंदर स्वर मालिकाएँ (क्रमबद्ध स्वर समूह), लोगों के कानों पर पड़ रही हैं। संगीत के विविध प्रकारों से उनका परिचय हो रहा है। उनका स्वर-ज्ञान बढ़ रहा है। सुरीलापन क्या है? इसकी समझ भी आम लोगों को होती जा रही है। लय के प्रकार भी उन्हें सुनाई पड़ने लगे हैं और आकारयुक्त लय के साथ उसकी सूक्ष्मता भी समझ में आने लगी है। इन सबका श्रेय लता को ही जाता है। इस प्रकार, उसने नई पीढ़ी के संगीत को संस्कारित किया है और सामान्य मनुष्य में संगीत के विषय में अभिरुचि पैदा की है। संगीत की लोकप्रियता, उसका प्रसार और अभिरुचि के विकास का श्रेय लता को ही जाता है।

11. लेखक ने ऐसा क्यों कहा कि लता के संगीत-दिग्दर्शकों ने उनके स्वर की निर्मलता का उचित उपयोग नहीं किया?

उत्तर सामान्य श्रोता को अगर आज लता की ध्वनिमुद्रिका और शास्त्रीय गायकी की ध्वनिमुद्रिका स्वर लिपि सुनाई जाए, तो वह लता की ध्वनिमुद्रिका ही पसंद करेगा। गाना कौन-से राग में गाया गया और ताल कौन-सा था, यह शास्त्रीय विवरण आम आदमी को मालूम नहीं रहता। उसे इससे कोई मतलब नहीं है कि राग कौन-सा है? उसे तो गाने में वह मिठास चाहिए, जो उसे मस्त कर दे और जिसका वह अनुभव कर सके। जिस प्रकार मनुष्यता हो तो वह मनुष्य है, वैसे ही 'गानपन' हो तो वह संगीत है और यह 'गानपन' केवल लता की आवाज़ में ही है। उनके गानों में निर्मलता है, कोमलता है।

इसमें संदेह नहीं है कि लता से पहले की पार्श्व गायिका नूरजहाँ भी एक अच्छी गायिका थीं, परंतु उनके गानों में एक मादक उत्तान दिखती थी, जबकि लता के स्वरों में कोमलता और मुग्धता है। लेखक को ऐसा लगता है कि लता के जीवन की निर्मलता उनके गायन में भी दिखती है। लता के स्वर की यह निर्मलता उनके गायन की एक अद्भुत विशेषता है, जो उन्हें अन्य गायक-गायिकाओं से अलग कर देती है।

लेखक को यह लगता है कि लता के स्वरों की निर्मलता का जितना उपयोग संगीत निर्देशकों को उनके गानों में करना चाहिए था, उन्होंने उतना नहीं किया।

12. संगीत को सृष्टि का उत्स भी मान लिया गया है, कैसे?

उत्तर सृष्टि के आरंभ से ही संगीत मनुष्य की जन्मजात प्रवृत्ति रही है। मनुष्य अपनी आदिम अवस्था में जी रहा हो या कंप्यूटर युग में, घने जंगलों में रह रहा हो या चाँद पर, वह दुःख में हो अथवा सुख में, हर अवस्था में यहाँ तक कि जब भाषा का कोई नामो-निशान भी नहीं था, तब भी मनुष्य संगीत के प्रवाह एवं प्रभाव से अलग नहीं रह पाता था। कला के रूप में सभ्यता के इतिहास में सर्वप्रथम भारत में संगीत का ही जन्म हुआ—**गीतं वाद्यं नर्तनं च त्रयं संगीतमुच्यते** अर्थात् शब्द स्वर, वाद्य स्वर एवं भंगिमायुक्त अभिनय मिलकर संगीत की सृष्टि करते हैं।

इसका एकमात्र साक्ष्य है—उस समय की एक नृत्य रत बाला की कांस्य की मूर्ति तथा नृत्य नाटक और संगीत के देवता रुद्र अथवा शिव की पूजा का प्रचलन। इस सृष्टि में ऐसी कोई वस्तु नहीं, जिसमें संगीत न हो। यदि हम ध्यान से सुनें तो हवाओं के चलने में, पेड़ों की पत्तियों की सरसराहट में, पक्षियों की चहचहाहट में, नदियों व झरनों में, पानी के बहाव में, बारिश की रिमझिम तथा बच्चों की खिलखिलाहट आदि सभी में संगीत का ही उत्स (स्रोत) है।

13. भारतीय कला में संगीत के महत्त्व पर प्रकाश डालिए।

उत्तर भारतीय परंपरा में कला का मुख्य उद्देश्य है—'आनंदोत्पत्ति'। कलाकार के लिए भी और सहृदय के लिए भी, आनंद की भारतीय संकल्पना है—सुख-दुःख, क्रोध, जुगुप्सा आदि सभी भावों का सर्वथा निर्मुक्त होकर एक शून्य तक पहुँचना, जो शाश्वत रूप से पूर्ण है। सभ्यता के पूरे इतिहास में कला के प्रति इतना ऊँचा भावादर्श कहीं और नहीं देखा गया है।

भारतीय संगीत विश्व के उस चिंतन, शाश्वत, सार्वभौमिक संगीत का प्रतीक है, जिसने अपने अंदर बहु आयामी तत्त्वों को समाहित किया है। हमारे संगीत के पुरातन स्वरूप के अंतर्गत आध्यात्मिकता का सर्वाधिक स्वरूप उसके माध्यम से अंतर्निहित है और उसे परम शाश्वत तत्त्व की प्राप्ति का एकमात्र साधन बताया गया है।

हमारे ऋषियों, मुनियों की साधना इस बात की ओर इंगित करती है कि उन्होंने अपनी रचनाधर्मिता और मौलिक सोच को उसकी अस्मिता के साथ जीवित रखने का प्रयास किया है। उन्होंने संगीत का नाद शुद्ध स्वरूप में जीवित रखकर उसे पोषित किया है। जब-जब भारतीय संगीत की बात होती है तो उसमें सहजता, सौम्यता, सरलता, तादात्मयता का रूप स्वतः ही परिलक्षित हो जाता है।

14. 'कला जैसी शाश्वत चीजें निश्चित रूप से देश एवं काल से परे होती हैं, परंतु तभी तक जब तक उसमें कलात्मकता होती है, बनावटीपन नहीं होता।' कैसे?

उत्तर व्यावसायिक शिक्षा के इस दौर में जब 'मातृत्व' जैसी भावना व्यावसायिक हो गई है, तो संगीत का व्यावसायिक होना बहुत आश्चर्यजनक नहीं है। चित्रपट या फ़िल्मी संगीत आज की मुख्य धारा का संगीत है। भारत में जब इसकी शुरुआत हुई तो संपूर्ण कलात्मकता के साथ शब्द से लेकर नृत्य तक में संपूर्ण शास्त्रीयता के साथ कुछ अशास्त्रीय प्रयोग भी हुए, परंतु हर स्थिति में पवित्र आनंदमयता का भाव संगीत से जुड़े हर कलाकार में रहता था, चाहे वह गीतकार हो, नर्तक हो या वाद्य वादक हो।

भारतीय संगीत की सारी लोकरंजक विशिष्टताओं को भारतीय सिनेमा में पिरोया गया था। रागों का इतना लोकरंजक एवं लोकप्रिय प्रयोग संभवतः इससे पहले कभी नहीं हुआ था। ऐसा लगा कि संगीत पहली बार दरबार से निकलकर आम लोगों के लिए भी सुलभ बना है, किंतु आज व्यवसाय की स्वतंत्रता, अभिव्यक्ति की स्वतंत्रता आदि के नाम पर संगीत को एक तरह से कलंकित करने का उपक्रम चल रहा है। गीतकार व्यावसायिक दृष्टि से शब्दों में अश्लीलता का प्रयोग करने में किसी भी हद तक जा सकता है। आज संगीत में एकांत साधना और आत्मसंतोष का प्रयोजन सिमटकर रह गया है।

15. आप शास्त्रीय संगीत पसंद करते हैं या चित्रपट संगीत? अपने विचार लिखिए।

उत्तर संगीत हमारे जीवन को बहुत गहराई से प्रभावित करता है। संगीत में मानव मन को शांति और सुकून पहुँचाने की क्षमता है। इससे आनंद की सुखद अनुभूति होती है। यह हमें स्वर्गिक सुख का आनंद प्रदान करता है। जीवन में निराशा को दूर करता है तथा उसे उमंग से भर देता है। दोनों संगीत अपनी-अपनी विशिष्टताओं के कारण कला के क्षेत्र में अपना महत्त्व रखते हैं, परंतु मैं चित्रपट संगीत अधिक पसंद करता हूँ। इसका कारण यह है कि शास्त्रीय संगीत शास्त्र-शुद्ध और नीरस लगता है। इसमें अधिक मधुरता नहीं होती और यह संगीत की व्यवस्थित जानकारी के बिना समझ से परे होता है, जबकि दूसरी ओर चित्रपट संगीत अधिक सुरीला और भावपूर्ण होता है। अतः यह कर्णप्रिय लगता है और इसका आनंद उठाने के लिए किसी व्यवस्थित जानकारी की आवश्यकता भी नहीं होती।

स्व-मूल्यांकन

पाठ पर आधारित बहुविकल्पीय प्रश्न

1. भारतीय फिल्मों में कैसे संगीत की धुनों का अधिक प्रयोग किया जाता है?
(क) पाश्चात्य (ख) शास्त्रीय
(ग) रागिनी (घ) लोक संगीत

2. चित्रपट संगीत कैसा होता है?
(क) लचकदार (ख) गाम्भीर्य
(ग) नीरस (घ) स्थिर

3. गाने की सारी मिठास का कारण क्या है?
(क) रंजकता (ख) लय-ताल
(ग) सही उच्चारण (घ) धुन

4. **कथन** (A) खानदानी गवैयों का दावा है कि चित्रपट संगीत के कारण लोगों की अभिरुचि बिगड़ गई है।
कारण (R) चित्रपट संगीत समाज की संगीत विषयक् अभिरुचि में प्रभावशाली मोड़ लाया है।
कूट
(क) कथन (A) और कारण (R) दोनों सही हैं तथा कारण (R), कथन (A) की सही व्याख्या करता है।
(ख) कथन (A) और कारण (R) दोनों सही हैं, परंतु कारण (R), कथन (A) की सही व्याख्या नहीं करता है।
(ग) कथन (A) सही है, किंतु कारण (R) गलत है।
(घ) कथन (A) गलत है, किंतु कारण (R) सही है।

5. दिए गए कथनों में से सही कथन का चयन कीजिए।
(क) लेखक को शास्त्रीय संगीत सदैव ही नीरस लगता है
(ख) लता के जीवन में स्वर की निर्मलता का अभाव था
(ग) लता के गाने में करुण रस विशेष प्रभावशाली रीति से व्यक्त होता है
(घ) लता के गाने में 'गानपन' अनुपस्थित मिलेगा

विषय-वस्तु पर आधारित प्रश्न

1. लेखक ने शास्त्रीय गायकों की कौन-सी वृत्ति का उल्लेख किया है? स्पष्ट कीजिए।

2. लेखक ने लता को अव्वल (प्रथम) दरज़े की खानदानी गायिका क्यों कहा है? संक्षेप में बताइए।

3. शास्त्रीय संगीत की तीन-साढ़े तीन घंटे की महफिल और चित्रपट संगीत के तीन मिनट के गान को लेखक ने एक समान बताया है, क्यों? उल्लेख कीजिए।

4. चित्रपट संगीत शास्त्रीय संगीत की अपेक्षा अधिक लोकप्रिय हो रहा है। कारण सहित स्पष्ट कीजिए।

5. लेखक ने स्वयं को लता की गायकी से कब और कैसे प्रभावित अनुभव किया? स्पष्ट कीजिए।

6. चित्रपट संगीत की विशेषताओं का उल्लेख कीजिए।

7. लेखक ने किस बात को लता का जादू कहा है? पाठ के आधार पर स्पष्ट कीजिए।

8. लता की कौन-सी विशेषता ने उन्हें नूरजहाँ से अधिक लोकप्रिय बना दिया? स्पष्ट कीजिए।

9. चित्रपट संगीत के दिग्दर्शकों ने किन-किन क्षेत्रों में अपने नवीन प्रयोग किए हैं? संक्षेप में समझाइए।

02

अध्याय

राजस्थान की रजत बूँदें

(अनुपम मिश्र)

लेखक-परिचय

पर्यावरण संबंधी अनेक आंदोलनों से जुड़े अनुपम मिश्र का जन्म वर्ष 1948 में महाराष्ट्र के वर्धा में हुआ था। इन्होंने मुख्यत: पर्यावरण संबंधी समस्याओं पर बीस पुस्तकों का लेखन किया, जिनमें से 'आज भी खरे हैं तालाब' तथा 'राजस्थान की रजत बूँदें' इनकी बहुचर्चित पुस्तकें हैं। वर्ष 1977 में ये गाँधी शांति प्रतिष्ठान के पर्यावरण कक्ष से संबंधित रहे तथा पर्यावरण संबंधी अनेक आंदोलनों से सक्रिय रूप से जुड़े रहे। इसके साथ ही इन्होंने लोगों को जागरूक करने की मुहिम चलाकर पर्यावरण संबंधी अपनी सजगता का परिचय दिया है। वर्ष 2016 में इनका निधन हो गया।

▼ अध्ययन के लिए
- पाठ की रूपरेखा
- पाठ का सार

▼ अभ्यास के लिए
- पाठ्यपुस्तक के प्रश्नोत्तर
- पाठ पर आधारित बहुविकल्पीय प्रश्न
- विषय-वस्तु पर आधारित प्रश्नोत्तर

पाठ की रूपरेखा

यह पानी की कमी जैसी ज्वलंत समस्या पर आधारित कहानी है, जिसमें राजस्थान के लोगों को जल की आपूर्ति में विशेष रूप से जूझता हुआ दिखाया गया है। जल संचयन के माध्यम के रूप में 'कुंई' की निर्माण प्रक्रिया की कठिनाई को लेखक ने अत्यंत सूक्ष्मता के साथ प्रस्तुत किया है। यह रचना एक राज्य-विशेष राजस्थान की जल समस्या का समाधान मात्र ही प्रस्तुत नहीं करती, बल्कि यह ज़मीन की अतल गहराइयों में जीवन की पहचान भी कराती है। यह रचना हमें धीरे-धीरे भाषा की ऐसी दुनिया में ले जाती है, जहाँ पानी की हर आहट की कलात्मक अभिव्यक्ति है।

पाठ का सार

रेत में पानी की तलाश और कुंई का निर्माण करना

लेखक राजस्थान की रेतीली भूमि में पानी के स्रोत 'कुंई' का वर्णन करते हुए बताता है कि कुंई खोदने वाला चेलवांजी पसीने में तरबतर है, कुंई का व्यास, घेरा बहुत ही सँकरा होने के कारण कुंई की खुदाई कुल्हाड़ी या फावड़े से नहीं हो सकती। गर्मी कम करने के लिए बाहर खड़े लोग बीच-बीच में मुट्ठीभर रेत बहुत ज़ोर से नीचे फेंकते हैं। चेलवांजी सिर पर काँसे, पीतल या अन्य किसी धातु का बर्तन टोप की तरह पहनते हैं, ताकि रेत के कण सिर पर लगने के कारण चोट न लगे। चेलवांजी कुएँ की खुदाई व चिनाई करने वाले प्रशिक्षित लोग होते हैं। कुंई, कुएँ से छोटी होती है, परंतु गहराई कम नहीं होती। कुंई में न सतह पर बहने वाला पानी आता है और न भू-जल। मरुभूमि में रेत अत्यधिक है। यहाँ वर्षा का जल शीघ्र ही भूमि में समा जाता है।

राजस्थान में कुंई का निर्माण करने वाले लोग 'चेलवांजी' या 'चेजारो' बड़ी सफाई से इस कला को अंजाम देते हैं। चेजारो, भूमि के अंदर की गर्मी को सहन करते हुए अपनी जान खतरे में डालकर दूसरों की प्यास बुझाने के लिए कुंई के रूप में पानी का स्रोत बनाते हैं।

कुंई बनाने के लिए खड़िया पत्थर की पट्टी का महत्त्व

मरुस्थलीय क्षेत्रों में बड़े-बड़े कुएँ खोदे जाने पर मिट्टी का रूप धीरे-धीरे बदलता है, जिससे चेजारो को दस-पंद्रह हाथ से पचास-साठ हाथ नीचे खड़िया पट्टी का पता चल जाता है। बड़े कुओं को डेढ़ सौ-दो सौ हाथ तक खोदने पर पानी निकल आता है, परंतु वह पानी खारा (नमकीन) होने व पीने योग्य न होने के कारण इन क्षेत्रों में कुंइयाँ बनाई जाती हैं, जिनमें खड़िया पत्थर की पट्टी अत्यंत लाभकारी होती है।

इन क्षेत्रों में रेत के कण अत्यंत बारीक होते हैं, जो एक-दूसरे से चिपकते नहीं हैं। मरुभूमि में रेत के कण पानी गिरने से थोड़े भारी हो जाते हैं, लेकिन अपनी जगह नहीं छोड़ते, इसलिए धरती में दरारें भी नहीं पड़तीं तथा वर्षा का जल भूमि में ज्यों का त्यों बना रहता है। खड़िया पत्थर की पट्टी तथा रेत के कणों द्वारा वर्षा जल को संरक्षित करने से वर्षा की बूँद रेत में समाकर नमी में बदल जाती है। कुंई बनने के लिए उसकी चौड़ाई खाली जगह में चारों तरफ़ रेत में समाई नमी को फिर से बूँदों में परिवर्तित कर देती है, जिससे बूँद-बूँद रिसती है और कुंई में पानी जमा होने लगता है। तत्पश्चात् खारे पानी के सागर में अमृत जैसा मीठा पानी पीने योग्य बन जाता है।

राजस्थान में पानी के रूप

अमृत रूपी पानी पाने के लिए मरुभूमि के समाज ने कठोर परिश्रम किया है, जिसके फलस्वरूप पानी संबंधी उनके अनुभव इतने गूढ़ हो गए हैं कि उन्होंने पानी को ही तीन रूपों में बाँट दिया

पहला रूप पालरपानी अर्थात् सीधे बरसात से मिलने वाला पानी। यह धरातल पर बहता है और इसे नदी, तालाब आदि में रोका जाता है।

दूसरा रूप पातालपानी अर्थात् वह भू-जल होता है, जो कुओं में से निकाला जाता है।

तीसरा रूप रेजाणीपानी अर्थात् धरातल से नीचे उतरा, परंतु पाताल में न मिलने वाला पानी रेजाणी है।

वर्षा की मात्रा 'रेजा' शब्द से मापी जाती है, जो धरातल में समाई वर्षा को नापता है। यह रेजाणीपानी खड़िया पट्टी के कारण पातालपानी से अलग रहता है तथा पट्टी के अभाव में यह भी खारा हो जाता है। कुंई इस विशिष्ट रेजाणीपानी को ही समेटती है।

कुंई बनाने की प्रक्रिया

कुंई का प्राण इसकी की गई चिनाई है, इसमें हुई चूक चेजारो के प्राण तक ले सकती है। कुंई की चिनाई ईंट या रस्से से की जाती है। कुंई खोदने के साथ-साथ खींप (एक प्रकार की घास जिसके रेशों से रस्सी बनाई जाती है) नामक घास से मोटा रस्सा तैयार किया जाता है, फिर इसे हर रोज़ कुंई के तल पर दीवार के साथ सटाकर गोला बिछाया जाता है। इस तरह हर घेरे में कुंई बँधती जाती है। लगभग पाँच हाथ के व्यास की कुंई में रस्से की एक कुंडली का सिर्फ एक घेरा बनाने के लिए लगभग पंद्रह हाथ लंबा रस्सा चाहिए। इस तरह करीब चार हज़ार हाथ लंबे रस्से की ज़रूरत पड़ती है।

चिनाई का काम पत्थर से भी किया जाता है, किंतु पत्थर या खींप न मिलने पर चिनाई का कार्य लकड़ी के लंबे लट्ठों से किया जाता है। ये लट्ठे कहीं-कहीं चग की रस्सी भी काम में लाते हैं। यह बँधाई भी कुंडली का आकार लेती है, इसलिए इसे साँपणी भी कहते हैं। ये नीचे से ऊपर की ओर एक-दूसरे में फँसाकर सीधे खड़े किए जाते हैं तथा फिर इन्हें खींप की रस्सी से बाँधा जाता है। खड़िया पत्थर की पट्टी आते ही काम समाप्त हो जाता है और कुंई की सफलता एक बड़े उत्सव का अवसर बनती है।

कुंई का मुँह छोटा रखने के कारण

कुंई का मुँह छोटा रखा जाता है। इसके तीन कारण हैं— पहला, रेत में जमा नमी से पानी की बूँदें धीरे-धीरे रिसती हैं। कुंई का मुँह बड़ा होने पर कम पानी अधिक फैल जाता है, अत: उसे निकाला नहीं जा सकता। दूसरा, छोटे व्यास की कुंई में धीरे-धीरे रिसकर आ रहा पानी दो-चार हाथ की ऊँचाई ले लेता है। तीसरा, बड़े मुँह से पानी के भाप बनकर उड़ने की संभावना अधिक होती है। कई जगहों पर कुंई से पानी निकालते समय छोटी बाल्टी के स्थान पर छोटी चड़स का प्रयोग भी किया जाता है।

धातु की बाल्टी पानी में आसानी से डूबती नहीं, परंतु मोटे कपड़े या चमड़े की चड़स के मुँह पर लोहे का भारी कड़ा बंधा होता है, जिससे ऊपर का भारी भाग कुंई के नीचे के भाग पर गिरता है और इस प्रकार कम मात्रा के पानी में भली-भाँति डूबकर कुंई से पानी निकालने में कारगर सिद्ध होता है। यदि कुंई गहरी हो तो पानी खींचने के लिए उसके ऊपर घिरनी या चकरी भी लगाई जाती है। इसे गरेड़ी, चरखी या फरेड़ी भी कहते हैं।

कुंई को ढँककर रखने के तरीके

कुंई के पानी को साफ़ रखने के लिए उसे ढँककर रखना अत्यंत आवश्यक है। अत: प्रत्येक कुंई पर अधिकतर लकड़ी के बने ढक्कनों का प्रयोग किया जाता है। इसके अतिरिक्त खस की पट्टी के समान घास-फूस या छोटी-छोटी टहनियों से बने ढक्कनों का भी प्रयोग किया जाता है। जहाँ नई सड़कें बनती हैं, वहाँ कुंइयों को ढँकने के लिए ताले का भी प्रयोग किया जाता है।

निजी होते हुए भी कुंई का सार्वजनिक संपत्ति के रूप में प्रयोग होना

खड़िया पत्थर की पट्टी एक बड़े क्षेत्र से होकर गुज़रती है। इस कारण कुंई लगभग हर घर में मिल जाती है। सबकी निजी संपत्ति होते हुए भी यह सार्वजनिक संपत्ति मानी जाती है, क्योंकि कुंई जिस क्षेत्र में बनती है उन पर ग्राम पंचायतों का नियंत्रण रहता है। किसी नई कुंई के लिए स्वीकृति कम ही दी जाती है, क्योंकि इससे भूमि के नीचे की नमी का अधिक विभाजन होता है। राजस्थान में हर जगह रेत के नीचे खड़िया पत्थर नहीं है। यह पत्थर पट्टी चूरू, बीकानेर, जैसलमेर और बाड़मेर आदि क्षेत्रों में पाई जाती है। अलग-अलग स्थानों पर खड़िया पट्टी को अलग-अलग नाम से जाना जाता है; जैसे—धाधड़ो, धड़धड़ो, बिट्टू रो बल्लियो तथा खड़ी। इसी खड़ी के बल पर खारे पानी के बीच बनी कुंई लोगों को मीठा पानी देने के लिए निरंतर खड़ी रहती है।

शब्दार्थ

तरबतर–पूरी तरह भीगा हुआ; **चेलवांजी**–कुंई की खुदाई व चिनाई करने वाले निपुण लोग; **सँकरा**–कम चौड़ा; **उखरूँ**–उकड़ू बैठना/पंजे के बल घुटने मोड़कर बैठना; **फिकाती**–फेंकना/धकेलना।

दक्षतम–निपुण/अपने काम में पूर्ण रूप से प्रशिक्षित; **चेजारो**– कुंई की खुदाई व चिनाई का काम करने वाला; **नेति-नेति**–जिसका अंत न हो/अंतहीन; **पेचीदा**–उलझन/कठिन; **अथाह**–जिसकी गहराई का अनुमान न हो।

खड़िया पत्थर–सफेद पत्थर/एक प्रकार का लिखने वाला पत्थर; **उदारता**–दानशीलता; **अलगाव**–अलग होना।

संचित–इकट्ठा; **मंथन**–विचार-विमर्श।

धरातल–भूमि की सतह; **विवरण**–सविस्तार विवरण/व्याख्या; **पाताल**–सातवाँ लोक जो पृथ्वी के नीचे माना जाता है।

भसकना–भरभराकर गिरना; **खींप**–एक प्रकार की घास जिसके रेशों से रस्सी बनाई जाती है; **बटना**–बनाना/बुनना।

सरका–खिसकाना; **कुंडली**–गोलाकार वस्तु; **डगालों**–तना या मोटी टहनियाँ; **उम्दा**–बेहतर।

आच प्रथा–इस प्रथा के अंतर्गत कुंई खोदने वालों को वर्षभर सम्मानित किया जाता है।

नेग–उपहार; **रिसना**–टपकना; **चड़स**–चमड़े या रबड़ का थैला।

चड़सी–छोटी चड़स; **आवक-जावक**– आना-जाना; **घिरनी या चकरी**–लोहे का घूमने वाला गोल यंत्र; **ओड़ाक**–आड़ करने वाला; **विभाजन**–बँटवारा।

चिरपरिचित–जाना-पहचाना; **गोधूलि**–गाय के खुर से उड़ती धूल; **बेला**–समय; **गोचर**–चरागाह/गाय के चरने का स्थान।

पाठ्यपुस्तक (वितान भाग-1) के प्रश्नोत्तर

1. राजस्थान में कुंई किसे कहते हैं? इसकी गहराई और व्यास तथा सामान्य कुओं की गहराई और व्यास में क्या अंतर होता है?

उत्तर राजस्थान में रेत में मौजूद नमी को पानी के रूप में परिवर्तित करने के लिए कुंई का निर्माण किया जाता है। इसके लिए चार-पाँच हाथ के व्यास के स्थान की तीस से साठ-पैंसठ हाथ की गहराई तक खुदाई की जाती है। जिस स्थान की खुदाई की जाती है, उस स्थान को ईंट और चूने के द्वारा पक्का कर दिया जाता है। नीचे गहराई में खड़िया पत्थर की पट्टी मिलती है, इस पट्टी पर रिस-रिस कर पानी एकत्र हो जाता है। जब इसका निर्माण पूरा हो जाता है, तब इसे कुंई कहा जाता है।

यह कुएँ का स्त्रीलिंग रूप है। कुंई और सामान्य कुओं की गहराई तो लगभग समान होती है, किंतु व्यास में मुख्य रूप से अंतर यह है कि साधारण कुएँ का व्यास पंद्रह से बीस हाथ का होता है, जबकि कुंई का व्यास चार या पाँच हाथ का होता है। किसी विशेष क्षेत्र के आधार पर कुंइयों की गहराई में अंतर हो सकता है।

2. दिनोंदिन बढ़ती पानी की समस्या से निपटने में यह पाठ आपकी कैसे मदद कर सकता है तथा देश के अन्य राज्यों में इसके लिए क्या उपाय हो रहे हैं? जानें और लिखें?

उत्तर पानी की समस्या लगातार गंभीर होती जा रही है। भारत में बहुत-से ऐसे क्षेत्र हैं, जहाँ लोगों को दस किमी से भी अधिक दूरी तक पैदल चलकर पानी लाना पड़ता है। भू-जल में निरंतर गिरावट आ रही है। जल का दुरुपयोग हो रहा है। प्रस्तुत पाठ में इस बात पर बल दिया गया है कि पानी की एक-एक बूंद अत्यंत मूल्यवान है। यदि भविष्य में पानी का उपयोग करना है, तो जल संरक्षण करना होगा। प्रकृति प्रदत्त संसाधनों का सावधानी से उपयोग करके ही पानी की समस्या का समाधान किया जा सकता है। जिन रेगिस्तानी स्थानों पर कुंई की संभावना है, वहाँ प्रत्येक घर में कुंई का निर्माण करके या घर की छत और आँगन में हुई वर्षा के जल को संगृहीत करके पानी की समस्या पर काफी हद तक नियंत्रण पाया जा सकता है। इस कदम से जहाँ जल संरक्षण होगा, वहीं भू-जल स्तर को भी सुरक्षित रखा जा सकता है।

राजस्थान के अतिरिक्त दक्षिण भारत के कई राज्यों में इस दिशा में कार्य हो रहा है। दक्षिण भारत के कई राज्यों में विशाल पथरीले जलाशयों में पानी एकत्रित किया जाता है। जल संरक्षण के लिए किए जाने वाले प्रयासों को दक्षिण भारत की कई सरकारों (तमिलनाडु, आंध्र प्रदेश और कर्नाटक) द्वारा प्रोत्साहन दिया जा रहा है।

3. चेजारो के प्रति गाँव-समाज के लोगों के व्यवहार में पहले की तुलना में आज क्या फर्क आया है? पाठ के आधार पर बताइए।

उत्तर कुंई खोदने वालों का विशेष ध्यान रखना राजस्थान के ग्रामीण समाज की परंपरा रही है। पूर्व समय में काम पूरा होने पर विशेष भोज का आयोजन होता था। चेलवांजी को विदाई के समय तरह-तरह की भेंट दी जाती थी। चेजारो के साथ गाँव का यह संबंध वर्षभर बना रहता था। आच प्रथा से उन्हें वर्षभर के तीज-त्योहारों, विवाह जैसे मंगल अवसरों पर नेग, भेंट आदि दी जाती थी और फसल आने पर खलियान में उनके नाम से अनाज का एक अलग ढेर भी लगता था, परंतु आज केवल मज़दूरी देकर ही काम करवाने का रिवाज़ आ गया है। वर्तमान समय में लोग चेजारो का उतना सम्मान नहीं करते। काम करवाने के बाद उनसे कोई आत्मीय संबंध भी नहीं रखा जाता।

4. निजी होते हुए भी सार्वजनिक क्षेत्र में कुंइयों पर ग्राम समाज का अंकुश लगा रहता है। लेखक ने ऐसा क्यों कहा होगा?

उत्तर राजस्थान के जिन क्षेत्रों में कुंइयों का प्रचलन है, वहाँ प्रत्येक की अपनी-अपनी कुंई है। उसे बनाने और उससे पानी लेने का उनका हक है, किंतु कुंई जिस क्षेत्र में बनती है, वह ग्राम समाज की सार्वजनिक ज़मीन होती है। उस जगह बरसने वाला पानी ही बाद में वर्षभर नमी के रूप में सुरक्षित रहता है। उसी नमी से वर्षभर कुंइयों में पानी भरता है। नमी की मात्रा वहाँ हो चुकी वर्षा से तय हो जाती है। उस क्षेत्र में बनने वाली हर नई कुंई का अर्थ है—पहले से सीमित नमी का बँटवारा।

यही कारण है कि निजी होते हुए भी सार्वजनिक क्षेत्र में बनी कुंइयों पर ग्राम समाज का अंकुश रहता है। बहुत ज़रूरत पड़ने पर ही समाज नई कुंई के लिए अपनी स्वीकृति देता है।

5. **कुंई निर्माण से संबंधित निम्न शब्दों के बारे में जानकारी प्राप्त करें—पालरपानी, पातालपानी, रेजाणीपानी।**

उत्तर **पालरपानी** यह सीधे बरसात से मिलने वाला पानी होता है। यह धरातल पर बहता है और इसे नदी, तालाब आदि में रोक लिया जाता है। इस पानी का वाष्पीकरण जल्दी हो जाता है। काफ़ी पानी भूमि के अंदर चला जाता है।

पातालपानी यह पानी का दूसरा रूप है। यह वही भू-जल होता है, जिसे कुओं, ट्यूबवैलों, हैंडपंपों आदि द्वारा निकाला जाता है।

रेजाणीपानी पालरपानी और पातालपानी के बीच पानी का तीसरा रूप रेजाणीपानी है। धरातल से नीचे उतरा, लेकिन पाताल में न मिल पाने वाला पानी ही रेजाणी है। रेजाणीपानी खड़िया पट्टी के कारण पातालपानी से अलग अस्तित्व बनाए रखता है। इस पानी को कुंइयों के माध्यम से इकट्ठा किया जाता है।

अभ्यास प्रश्न

पाठ पर आधारित बहुविकल्पीय प्रश्न

1. **'कुंई' शब्द का क्या अर्थ है?**

(क) गहरा कुआँ (ख) छोटा-सा कुआँ
(ग) खुला स्थान (घ) गहरा स्थान

उत्तर (ख) छोटा-सा कुआँ

2. **कुंई की खुदाई किससे की जाती है?**

(क) कुदाल से (ख) फावड़े से
(ग) बसौली से (घ) दराँती से

उत्तर (ग) बसौली से

3. **चेलवांजी अपने सिर पर किस प्रकार का टोप पहनते हैं?**

(क) किसी धातु के बर्तन का
(ख) सूती कपड़े से बना
(ग) लकड़ी से बना
(घ) उपर्युक्त में से कोई नहीं

उत्तर (क) किसी धातु के बर्तन का

4. **'चेलवांजी' का क्या अर्थ है?**

(क) कुंई खोदने वाला चेजारो व्यक्ति
(ख) कुआँ खोदने वाला व्यक्ति
(ग) कुआँ का स्थान
(घ) कुंई का स्थान

उत्तर (क) कुंई खोदने वाला चेजारो व्यक्ति

5. **कुंई की गर्मी कम करने के लिए ऊपर जमीन पर खड़े लोग मुट्ठी भर-भरकर नीचे क्या फेंकते हैं?**

(क) मिट्टी (ख) पानी (ग) दवाई (घ) रेत

उत्तर (घ) रेत

6. **बड़े कुओं में पानी कितनी गहराई पर निकलता है?**

(क) डेढ़ सौ-दो सौ हाथ (ख) सौ-दो सौ हाथ
(ग) दो सौ-तीन सौ हाथ (घ) तीन सौ-चार सौ हाथ

उत्तर (क) डेढ़ सौ-दो सौ हाथ

7. **बड़े कुओं के पानी का स्वाद कैसा होता है?**

(क) खारा (ख) मीठा
(ग) कटु (घ) इनमें से कोई नहीं

उत्तर (क) खारा

8. **पालरपानी क्या होता है?**

(क) जो पानी धरातल पर बहता है
(ख) जो पानी कुंई में जमा होता है
(ग) जो पानी जमीन के अंदर जमा है
(घ) उपर्युक्त में से कोई नहीं

उत्तर (क) जो पानी धरातल पर बहता है

9. **आच प्रथा क्या है?**

(क) कारीगरों को रोजगार देने की प्रथा
(ख) कारीगरों को उचित मजदूरी देने की प्रथा
(ग) कारीगरों को सम्मानित करने की प्रथा
(घ) कारीगरों को भोजन देने की प्रथा

उत्तर (ग) कारीगरों को सम्मानित करने की प्रथा

10. **मरुभूमि के विकसित किए गए समाज ने वहाँ उपलब्ध पानी को कितने रूपों में बाँटा है?**

(क) चार (ख) छः
(ग) आठ (घ) तीन

उत्तर (घ) तीन

11. **उपलब्ध पानी के कितने रूप हैं?**

(क) पालरपानी
(ख) पातालपानी
(ग) रेजाणीपानी
(घ) उपर्युक्त सभी

उत्तर (घ) उपर्युक्त सभी

12. **कथन** (A) **चेलवांजी सिर पर काँसे, पीतल या अन्य किसी धातु का बर्तन टोप की तरह पहनते हैं।**

कारण (R) **रेत के कण चेलवांजी के सिर को गंदा कर देते हैं।**

कूट

(क) कथन (A) और कारण (R) दोनों सही हैं तथा कारण (R), कथन (A) की सही व्याख्या करता है।
(ख) कथन (A) और कारण (R) दोनों सही हैं, परंतु कारण (R), कथन (A) की सही व्याख्या नहीं करता है।
(ग) कथन (A) सही है, किंतु कारण (R) गलत है।
(घ) कथन (A) गलत है, किंतु कारण (R) सही है।

उत्तर (ग) कथन (A) सही है, किंतु कारण (R) गलत है।

13. निम्नलिखित कथनों पर विचार कीजिए
1. कुंई का व्यास, घेरा बहुत ही सँकरा होता है।
2. राजस्थान में कुंई का निर्माण करने वालों को चेजारो कहते हैं।
3. कुंई की चिनाई ईंट व सीमेंट द्वारा की जाती है।

उपर्युक्त कथनों में से कौन-सा/से कथन सही है/हैं?

(क) 1 और 3 (ख) 1 और 2
(ग) केवल 1 (घ) ये सभी

उत्तर (ख) 1 और 2

विषय-वस्तु पर आधारित प्रश्नोत्तर

1. 'राजस्थान की रजत बूँदें' पाठ में किस समस्या की ओर संकेत किया गया है? यह पाठ आपको क्या संदेश देता है?

उत्तर प्रस्तुत पाठ में पीने के पानी की समस्या की ओर संकेत किया गया है जो हर जगह दिनोंदिन बढ़ती ही जा रही है। गर्मियों में तो हालात और भी भीषण हो जाते हैं। यह लेख हमें पानी को संरक्षित करने, व्यर्थ में पानी बर्बाद न करने, उसे प्रदूषित न करने, वर्षा के पानी को एकत्रित करने की सीख देता है। मरुभूमि में धरती में चल रही पट्टी जिस तरह भूमिगत जल की रखवाली करती है, उसी प्रकार अन्य स्थानों पर भी वर्षा के जल को ज़मीन पर संरक्षित करने की उत्तम तकनीक की खोज करनी चाहिए। भू-जल दोहन को रोकने के लिए लोगों को जागरूक करने का प्रयास करना चाहिए। नदियों में होने वाले जल प्रदूषण को रोकने का भी हमें प्रयास करना चाहिए।

2. चेलवांजी कौन हैं? उनके व्यक्तित्व से आप कौन-कौन से मूल्य ग्रहण कर सकते हैं तथा 'आच प्रथा' से आपको क्या सीख मिलती है?

उत्तर चेलवांजी अत्यंत कुशल एवं परिश्रमी कारीगर होते हैं, जो कुंई बनाते हैं। इनके व्यक्तित्व से हमें लगन, परिश्रमशीलता, सामूहिकता, परोपकारिता, कार्य में निपुणता आदि गुण सीखने को मिलते हैं।

मेरे विचार में 'आच प्रथा' (इस प्रथा के अंतर्गत कुंई खोदने वाले को वर्षभर सम्मानित किया जाता है) को बनाए रखना चाहिए, क्योंकि यह प्रथा हमारे बीच सामाजिक समरसता को बढ़ाने का काम करती है तथा यह ऐसी कलाओं को बढ़ावा देने तथा संरक्षित रखने के लिए आवश्यक भी है। ऐसी प्रथाएँ कलाकारों का सम्मान और स्वाभिमान भी बनाए रखती हैं।

3. 'राजस्थान में जल संग्रह के लिए बनी कुंई किसी वैज्ञानिक खोज से कम नहीं है।' स्पष्ट करें।

उत्तर यह बात बिल्कुल सही है कि राजस्थान में जल संग्रह के लिए बनी कुंई किसी वैज्ञानिक खोज से कम नहीं है। मरुभूमि में चारों तरफ़ अथाह रेत है, वर्षा भी कम होती है और भू-जल खारा होता है। ऐसी स्थिति में जल की खोज, उसे निकालना आदि सब कुछ वैज्ञानिक तरीके से ही हो सकता है।

मरुभूमि के भीतर खड़िया की पट्टी को खोजने में भी पीढ़ियों का अनुभव काम आता है। जिस स्थान पर वर्षा का पानी एकदम न बैठे, उस स्थान पर खड़िया पट्टी पाई जाती है। कुंई के जल को पाने के लिए मरुभूमि के समाज ने खूब मंथन किया तथा अनुभवों के आधार पर पूरा शास्त्र विकसित किया।

कुंई खोदने में वैज्ञानिक प्रक्रिया अपनाई जाती है। चेजारो के सिर पर धातु का बर्तन उसे चोट से बचाता है। ऊपर से रेत फेंकने से ताजी हवा नीचे जाती है तथा गर्म हवा बाहर निकलती है। इसके अतिरिक्त कुंई की चिनाई भी पत्थर, ईंट, खींप की रस्सी या अरणी के लट्ठों से की जाती है। यह खोज सही में आधुनिक समाज को चमत्कृत करती है।

4. गोधूलि बेला में कुंइयों के आसपास की नीरवता कैसे मुखरित हो उठती है? कुंइयों पर ग्राम समाज के नियंत्रण को आप कितना सही मानते हैं और क्यों?

उत्तर गोधूलि बेला से पूर्व कुंइयों के आसपास नीरवता छाई रहती है, किंतु इस बेला में जैसे ही गाँव के लोग इन कुंइयों से पानी लेने आते हैं, तो वहाँ मेला-सा लग जाता है।

मैदान में लगी तीस-चालीस कुंइयों की एक-साथ घूमती घिरनियों का स्वर गोचर से लौट रहे पशुओं की घंटियों और रंभाने की आवाज़ में समा जाता है। यही संगीतमय स्वर वहाँ की नीरवता को मुखरित कर देता है। लोग पानी लेते हैं और कुंइयों को अगले दिन तक के लिए बंद कर दिया जाता है। इस प्रकार ये कुंइयाँ सामाजिक समरसता, समानता, सहयोग तथा पारस्परिकता जैसे मूल्यों को जीवित रखे हुए हैं।

कुंइयों पर ग्राम समाज के नियंत्रण को मैं पूर्णतया सही मानता हूँ। ग्राम समाज द्वारा इन कुंइयों पर अपना नियंत्रण रखने से उस अमृत तुल्य जल का लोगों में समान बँटवारा हो जाता है। ऐसा न होने पर वहाँ सबलों का आधिपत्य स्थापित हो जाएगा और 'जिसकी लाठी उसकी भैंस' वाली स्थिति हो जाएगी।

5. 'राजस्थान की रजत बूँदें' पाठ का उद्देश्य स्पष्ट कीजिए।

उत्तर प्रस्तुत पाठ के माध्यम से लेखक ने पानी को प्रकृति की अनमोल धरोहर बताया है। आज पूरे देश में पीने के पानी की समस्या बढ़ती जा रही है। लेखक ने इस पाठ के माध्यम से पानी को संचित करने की एक विधि बताई है, जिसका एक स्वरूप राजस्थान में पानी संचय के लिए कुंइयों के निर्माण में दिखता है। आज भी राजस्थान में पुराने ढंग से पीने का पानी प्राप्त किया जाता है।

राजस्थान में मरुभूमि होने के कारण पानी की समस्या सदियों से चली आ रही है, परंतु वहाँ के समाज ने मंथन करके अमृत जैसा मीठा पानी अपनी सूझ-बूझ से प्राप्त किया है। यह कोई वैज्ञानिक चमत्कार से कम नहीं है, जिस क्षेत्र में दस-पंद्रह हाथ नीचे खड़िया पट्टी पाई जाती है, वहाँ वर्षा का पानी रेत में समाकर नमी के रूप में फैल जाता है।

यह पट्टी वर्षा के जल को गहरे खारे भू-जल में जाकर मिलने से रोकती है। उस क्षेत्र के लोग कम व्यास और गहरी कुंइयों का निर्माण करके उस नमी से बूँद-बूँद कर वर्षभर पानी प्राप्त करते रहते हैं। कुंइयों को सँकरा इसलिए रखा जाता है, ताकि पानी फैल न सके, क्योंकि फैला हुआ पानी वाष्प बनकर उड़ जाता है।

इस तरह मरुस्थल में भी लोग बरसात के पानी की नमी को वर्षभर सहेजकर रखते हैं और मीठा पानी प्राप्त करते हैं। लेखक ने इस पाठ के माध्यम से यह स्पष्ट करने का प्रयास किया है कि कम पानी वाले क्षेत्रों में यदि बरसात के पानी को सहेजकर रखा जाए, तो कुछ हद तक पीने के पानी की समस्या दूर हो सकती है।

6. कुंई, कुएँ से किस प्रकार भिन्न होती है तथा कुंई कहाँ-कहाँ पाई जाती है?

उत्तर कुआँ पुल्लिंग है और कुंई स्त्रीलिंग। कुंई का व्यास छोटा होता है, किंतु गहराई अधिक हो सकती है। राजस्थान में अलग-अलग स्थानों पर एक विशेष कारण से कुंइयों की गहराई कुछ कम-ज़्यादा होती है। कुंई एक

और अर्थ में कुएँ से बिल्कुल अलग है। कुआँ भू-जल को पाने के लिए बनता है, पर कुंई वर्षा के जल को बड़े ही विचित्र ढंग से समेटती है, तब भी जब वर्षा नहीं होती अर्थात् कुंई में न तो सतह पर बहने वाला पानी होता है और न यह भू-जल है। कुंई वर्षा के जल को अपने अंदर समेटती है, जो बालू में नमी के रूप में व्याप्त रहता है।

कुंई वर्षा की नमी से उस समय भी पानी लेती है, जब वर्षा नहीं हो रही होती है। खुदाई के दौरान कुओं में पानी थोड़ी दूरी पर ही निकल आता है, परंतु कुओं का जल प्रायः खारा होता है, इसलिए वह पीने के काम में नहीं आता है। ऐसे में पीने के पानी को प्राप्त करने के लिए खड़िया पत्थर की पट्टी वाले क्षेत्र में कुंइयाँ बनाई जाती हैं। रेत के नीचे हर जगह खड़िया पट्टी नहीं है, इसलिए कुंई भी पूरे राजस्थान में नहीं हैं। चूरू, बीकानेर, जैसलमेर और बाड़मेर के कई क्षेत्रों में यह पट्टी मिलती है, इसी कारण वहाँ गाँव-गाँव में कुंइयाँ-ही-कुंइयाँ हैं।

7. चेलवांजी कुंई के भीतर किस प्रकार कार्य करते हैं? स्पष्ट कीजिए।

उत्तर चेलवांजी अर्थात् चेजारो, कुंई की खुदाई और एक विशेष तरह की चिनाई करने वाले दक्षतम लोग हैं। चेलवांजी अपनी जान खतरे में डालकर कुंई निर्माण का काम पूरा करते हैं। सँकरी जगह में मिट्टी की खुदाई और साथ में चिनाई का कार्य काफी थका देने वाला होता है। चूँकि कुंई का व्यास छोटा होता है, इसलिए इतनी सँकरी जगह में खोदने का काम कुल्हाड़ी या फावड़े से नहीं हो सकता। खुदाई यहाँ बसौली से की जाती है।

बसौली छोटी डंडी का छोटे फावड़े जैसा औज़ार होता है। नुकीला फल लोहे का और हत्था लकड़ी का होता है। तीस-पैंतीस हाथ गहरी खुदाई के बाद अंदर गर्मी बढ़ती जाती है। गर्मी कम करने के लिए ऊपर ज़मीन पर खड़े लोग बीच-बीच में मुट्ठीभर रेत बहुत ज़ोर के साथ नीचे फेंकते हैं। इससे ऊपर की ताज़ी हवा नीचे जाती है और गहराई में जमी दमघोंटू गर्म हवा ऊपर लौटती है।

इतने ऊपर से फेंकी जा रही कोई भी वस्तु चेलवांजी के सिर पर लग सकती है, इसलिए वे अपने सिर पर काँसे, पीतल या अन्य किसी धातु का एक बर्तन टोप की तरह पहने हुए रहते हैं। नीचे थोड़ी खुदाई हो जाने पर चेलवांजी के पैरों के आसपास मलबा या मिट्टी जमा हो जाती है। ऊपर रस्सी से एक छोटी बाल्टी उतारी जाती है। उसमें वे मिट्टी भर देते हैं। पूरी सावधानी के साथ ऊपर खींचते समय भी बाल्टी में से कुछ रेत, कंकड़-पत्थर नीचे गिर सकते हैं। टोप इस समय भी चेलवांजी का सिर बचाता है। खुदाई करते-करते जब खड़िया पत्थर की पट्टी मिलनी शुरू होती है, तब वे अपना काम खत्म करते हैं। नीचे धार लगाकर कुंई का निर्माण पूरा हो जाता है।

8. पाठ के आधार पर बताएँ कि कुंई में 'चिनाई' किस प्रकार की जाती है?

उत्तर चिनाई का श्रेष्ठतम काम कुंई का प्राण है। इसमें थोड़ी-सी भी चूक चेजारो के प्राण ले सकती है। हर दिन थोड़ी-थोड़ी खुदाई होती है, डोल या बाल्टी से मलवा निकाला जाता है और फिर आगे की खुदाई रोककर अब तक हो चुके काम की चिनाई की जाती है, ताकि मिट्टी धँसे नहीं। किसी-किसी जगह ईंट की चिनाई से मिट्टी को रोकना संभव नहीं हो पाता। तब कुंई को रस्से से बाँधा जाता है। पहले दिन कुंई खोदने के साथ-साथ खींप (एक प्रकार की घास, जिसके रेशों से रस्सी बनाई जाती है) नाम की घास का ढेर जमा कर लिया जाता है। चेजारो खुदाई शुरू करते हैं, जबकि बाकी लोग खींप की घास से रस्सी बनाते हैं। एक दिन में कुंई की जितनी खुदाई की जाती है, उतनी जगह में दस-पंद्रह हाथ लंबी रस्से की एक कुंडली बनाकर एक के ऊपर एक घेरा डाला जाता है।

खींप घास से बना खुरदरा मोटा रस्सा हर घेरे पर अपना वज़न डालता है और अलग-अलग रस्से की बनी लड़ियाँ एक-दूसरे में फँसकर मज़बूती से एक के ऊपर एक बैठती जाती हैं। रस्से का आखिरी छोर ऊपर रहता है। रस्से की कुंडली को टिकाए रखने के लिए बीच-बीच में कहीं-कहीं चिनाई भी करते हैं।

कहीं-कहीं पर न तो पत्थर मिलते हैं और न खींप। ऐसी जगहों पर भीतर की चिनाई लकड़ी के लंबे लट्ठों से की जाती है। लट्ठे अरणी, बण (कैर), बावल या कुंबट के पेड़ों की टहनियों या तनों से बनाए जाते हैं। इस काम के लिए सबसे अच्छी लकड़ी अरणी की होती है, पर यह लकड़ी भी न मिलने पर आक तक की टहनियों से काम चला लिया जाता है। कहीं-कहीं चग की रस्सी भी काम आती है। रस्सी की यह बँधाई कुंडली के आकार की होती है, इसलिए इसे 'साँपणी' भी कहते हैं।

9. कुंई का मुँह छोटा क्यों रखा जाता है? कारण बताएँ।

उत्तर कुंई का मुँह छोटा रखने के तीन महत्त्वपूर्ण कारण हैं

(i) रेत में जमी नमी से पानी की बूँदें बहुत धीरे-धीरे रिसती हैं। दिनभर में एक कुंई मुश्किल से इतना ही पानी जमा कर सकती है कि उससे दो-तीन घड़े ही भर सकें। कुंई के तल पर पानी की मात्रा इतनी कम होती है कि यदि कुंई का व्यास बड़ा हो, तो कम मात्रा का पानी ज़्यादा फैल जाएगा और तब उसे ऊपर निकाला नहीं जा सकेगा। छोटे व्यास की कुंई में धीरे-धीरे रिसकर आ रहा पानी दो-चार हाथ ऊपर तक आ जाता है। इस पानी को बाहर निकालना सरल हो जाता है और इस पानी को निकालने के लिए छोटी बाल्टी या चड़स का उपयोग किया जाता है।

(ii) कुंई के घेरे का इन क्षेत्रों में पड़ने वाली तेज़ गर्मी से भी संबंध है। बड़ा मुँह होने पर फैला हुआ पानी वाष्प बनकर उड़ जाएगा। इसलिए कुंई का मुँह छोटा रखा जाता है, जिससे पानी को वाष्प बनने से रोका जा सके।

(iii) कुंई के पानी को साफ़ रखने के लिए उसे ढँककर रखना ज़रूरी होता है। छोटे मुँह को ढँकना सरल होता है। प्रत्येक कुंई पर लकड़ी के ढक्कन लगे होते हैं या फिर कहीं-कहीं खस की पट्टी की तरह घास-फूस या छोटी-छोटी टहनियों से बने ढक्कनों का भी उपयोग किया जाता है।

10. "जहाँ कहीं भी रेतीली जमीन होती है, वहाँ रेत के कण बहुत ही बारीक होते हैं।" स्पष्ट कीजिए।

उत्तर "जहाँ कहीं भी रेतीली ज़मीन होती है, वहाँ रेत के कण बहुत ही बारीक होते हैं।" वे अन्य जगहों में मिलने वाली मिट्टी के कणों की तरह एक-दूसरे से चिपकते नहीं हैं। जहाँ लगाव है, वहाँ अलगाव भी होता है। जो मिट्टी के कण परस्पर चिपकते हैं, वे अपनी जगह भी छोड़ते हैं, इसलिए वहाँ कुछ स्थान खाली रह जाता है; जैसे—दोमट या काली मिट्टी के क्षेत्र में गुजरात, मध्य प्रदेश, महाराष्ट्र, बिहार आदि राज्यों में वर्षा बंद होने के बाद धूप निकलने पर मिट्टी के कण चिपकने लगते हैं और धरती, खेत और आँगन में दरारें पड़ जाती हैं।

धरती की संचित नमी इन दरारों में गर्मी पड़ते ही वाष्प बनकर वापस वातावरण में लौटने लगती है, जिससे वातावरण में नमी बढ़ने लगती है, लेकिन मरुभूमि में रेत के कण समान रूप से बिखरे रहते हैं। यहाँ परस्पर लगाव नहीं, इसलिए अलगाव भी नहीं होता। पानी गिरने पर कण थोड़े भारी हो जाते हैं, लेकिन अपनी जगह नहीं छोड़ते, इसलिए मरुभूमि में धरती पर दरारें नहीं पड़तीं। वर्षा का जल भीतर ही बना रहता है।

रेत के थोड़े नीचे मौजूद खड़िया पट्टी इस जल को नीचे जाने से रोकती है और ऊपर रेत के कणों का पहरा रहता है। यहाँ वर्षा का पानी बूँद-बूँद रेत में समाकर नमी में बदल जाता है। यहाँ कुंई बन जाने पर रेत में समाई बूँदें रिसती हैं और कुंई में जमा होने लगती हैं।

11. रेत के नीचे लंबे-चौड़े क्षेत्र में फैली खड़िया पत्थर की पट्टी से क्या लाभ है?

उत्तर मरुभूमि में रेत बहुत बड़े क्षेत्र में फैला है और रेत की परत भी बहुत मोटी है। यहाँ वर्षा अधिक मात्रा में भी हो, तो भी भूमि में जल्दी ही समा जाती है, पर कहीं-कहीं मरुभूमि में रेत की सतह से दस-पंद्रह हाथ से पचास-साठ हाथ नीचे खड़िया पत्थर की एक पट्टी चलती है। यह पट्टी जहाँ भी है, काफी लंबी-चौड़ी है, लेकिन रेत के नीचे दबी होने के कारण ऊपर से दिखती नहीं है। ऐसे क्षेत्रों में बड़े कुएँ खोदते समय मिट्टी में हो रहे परिवर्तन से खड़िया पट्टी का पता चल जाता है। पट्टी खोजने में पीढ़ियों का अनुभव भी काम आता है। यदि बरसात का पानी किसी क्षेत्र में एकदम बैठे नहीं, तो पता चल जाता है कि रेत के नीचे ऐसी पट्टी चल रही है।

यह पट्टी वर्षा के जल को गहरे खारे भू-जल तक जाने से रोकती है। ऐसी स्थिति में उस बड़े क्षेत्र में वर्षा का पानी भूमि की रेतीली सतह और नीचे चल रही पथरीली पट्टी के बीच अटककर नमी के रूप में फैल जाता है। यह पट्टी पानी को खारा होने से भी बचाती है। तेज़ पड़ने वाली गर्मी में भी यह नमी भाप बनकर उड़ नहीं पाती, क्योंकि रेत के कण धूप निकलने पर भी मिट्टी की तरह एक-दूसरे से चिपकते नहीं हैं, जिससे दरारें नहीं पड़तीं।

खड़िया पट्टी के कई स्थानों पर अलग-अलग नाम हैं। कहीं यह चारोली है, तो कहीं धाधड़ो, धड़धड़ो, कहीं पर बिट्टू रो बल्लियो के नाम से भी जानी जाती है, तो कहीं इस पट्टी को खड़ी भी कहते हैं। राजस्थान के चूरू, बीकानेर, जैसलमेर और बाड़मेर आदि क्षेत्रों में खड़िया पत्थर की पट्टी हैं।

12. रेजाणीपानी की क्या विशेषता है? 'रेजा' शब्द का प्रयोग किसलिए किया जाता है?

उत्तर समाज के लिए उपलब्ध पानी को तीन रूपों में बाँटा गया है

पहला पालरपानी अर्थात् सीधे बरसात से मिलने वाला पानी। यह धरती पर बहता है और इसे नदी, तालाब आदि में रोका जाता है।

दूसरा पातालपानी है, जो कुओं से निकाला जाता है।

तीसरा रेजाणीपानी है, जो पालरपानी और पातालपानी के बीच का रूप है। यह धरातल से नीचे तो उतरता है, लेकिन पाताल में नहीं जाता है। यह पानी बीच में ही अटका रहता है, जिसे रेजाणी कहते हैं। रेजाणीपानी खड़िया पट्टी के कारण पातालीपानी से अलग बना रहता है। ऐसी पट्टी के अभाव में रेजाणीपानी धीरे-धीरे नीचे जाकर पातालीपानी में मिलकर अपना विशिष्ट रूप खो देता है। यदि किसी जगह भू-जल पातालपानी खारा है, तो रेजाणीपानी भी उसमें मिलकर खारा हो जाता है। इस विशिष्ट रेजाणीपानी को समेट सकने वाली कुंई बनाना सचमुच एक विशिष्ट कला है।

वर्षा की मात्रा नापने में इंच या सेमी का नहीं, बल्कि इसे मापने के लिए 'रेजा' शब्द का उपयोग होता है और रेजा का माप धरातल पर हुई वर्षा को नहीं, धरातल में समाई वर्षा को नापता है। यदि मरुभूमि में पानी इतना गिरे कि पाँच अँगुल भीतर समा जाए, तो उस दिन की वर्षा को पाँच अँगुल रेजा कहेंगे।

13. कुंई बनने पर किस प्रकार से प्रसन्नता प्रकट की जाती है?

उत्तर कुंई की खुदाई और चिनाई करने वालों को मिट्टी की परख होती है। खड़िया पत्थर की पट्टी आते ही धार लगाकर चेजारो ऊपर आ जाते हैं, ऐसे में कुंई की सफलता यानी सजलता उत्सव का अवसर बन जाती है। पहले दिन से ही काम करने वालों का विशेष ध्यान रखना यहाँ की परंपरा रही है।

काम पूरा होने पर विशेष भोज का आयोजन किया जाता है। चेलवांजी को विदाई के समय तरह-तरह की भेंट दी जाती है। चेजारो के साथ गाँव का यह संबंध उसी दिन खत्म नहीं हो जाता है।

आच प्रथा (इस प्रथा के अंतर्गत कुंई खोदने वालों को वर्षभर सम्मानित किया जाता है) से उन्हें वर्षभर के तीज-त्योहारों, विवाह जैसे शुभ अवसरों पर नेग, भेंट दी जाती है तथा फसल कटने पर खलियान में उनके नाम से अनाज का एक अलग ढेर भी लगता है। अब कहीं-कहीं मज़दूरी भी दी जाने लगी है।

14. कुंई में ऊपर पानी खींचने के लिए क्या-क्या उपाय किए जाते हैं? गोधूलि के समय कुंइयों पर कैसा वातावरण रहता है?

उत्तर कुंई यदि गहरी बन जाए, तो पानी खींचने की सुविधा के लिए उसके ऊपर घिरनी या चकरी लगाई जाती है। इसे 'गरेड़ी', 'चरखी' या 'फरेड़ी' भी कहते हैं। 'फरेड़ी' लोहे की दो भुजाओं पर लगती है, लेकिन प्रायः यह गुलेल के आकार के एक मजबूत तने को काटकर उसमें आर-पार छेद बनाकर लगाई जाती है।

इसे 'ओड़ाक' कहते हैं। 'ओड़ाक' और 'चरखी' के बिना इतनी गहरी और सँकरी कुंई से पानी निकालना बहुत कठिन काम होता है। 'ओड़ाक' और 'चरखी' चड़सी को यहाँ-वहाँ बिना टकराए सीधे ऊपर तक लाती है, पानी बीच में छलककर गिरता नहीं है।

चूँकि दिनभर में बस दो-तीन घड़ा ही मीठा पानी एक कुंई से निकाला जा सकता है, इसलिए प्रायः पूरा गाँव गोधूलि बेला में कुंइयों पर आता है। इस समय यहाँ मेला-सा लग जाता है। गाँव से सटे मैदान में तीस-चालीस कुंइयों पर एकसाथ घूमती घिरनियों का स्वर शाम के समय लौटते हुए पशुओं की घंटियों और उनके रंभाने की आवाज़ में समा जाता है। दो-तीन घड़े पानी एक कुंई से भरने के बाद उसके ढक्कन को फिर अगले दिन के लिए बंद कर दिया जाता है।

स्व-मूल्यांकन

पाठ पर आधारित बहुविकल्पीय प्रश्न

1. वर्षा की मात्रा नापने के लिए किस शब्द का प्रयोग होता है?
(क) पट्‌टी (ख) इंच
(ग) सेमी (घ) रेजा

2. गहरी कुंई से पानी खींचने की सुविधा के लिए उसके ऊपर लगी चकरी को क्या कहते हैं?
(क) गरेड़ी (ख) चरखी
(ग) फरेड़ी (घ) ये सभी

3. जैसलमेर जिले के गाँव 'खड़ेरों की ढाणी' को लोग किस नाम से जानते थे?
(क) तीन-बीसी
(ख) पाँच-बीसी
(ग) छह-बीसी
(घ) दस-बीसी

4. **कथन** (A) कुंई बनाने का काम पूरा होने पर विशेष भोजन का आयोजन किया जाता है।
कारण (R) कुंई के पानी को साफ रखने के लिए उसे ढँककर रखना अत्यंत आवश्यक है।
कूट
(क) कथन (A) और कारण (R) दोनों सही हैं तथा कारण (R), कथन (A) की सही व्याख्या करता है।
(ख) कथन (A) और कारण (R) दोनों सही हैं, परंतु कारण (R), कथन (A) की सही व्याख्या नहीं करता है।
(ग) कथन (A) सही है, किंतु कारण (R) गलत है।
(घ) कथन (A) गलत है, किंतु कारण (R) सही है।

5. दिए गए कथनों में से सही विकल्प का चयन कीजिए
(क) कुएँ का मुँह बड़ा रखा जाता है, कुंई निर्माण हेतु
(ख) धातु की बाल्टी पानी में आसानी से डूब जाती है
(ग) कुंई का बड़ा मुँह होने पर कम पानी अधिक फैल जाता है
(घ) छोटे मुँह में पानी के भाप बनकर उड़ने की संभावना अधिक होती है

विषय-वस्तु पर आधारित प्रश्न

1. खड़िया पत्थर तथा खींप न मिलने पर कुंई की चिनाई कैसे की जाती है?

2. कुंई के लिए कितने लंबे रस्से की आवश्यकता होती है? स्पष्ट करें।

3. कुंई को ढँकने के लिए किन-किन चीज़ों का प्रयोग किया जाता है? समझाइए।

4. आप कैसे कह सकते हैं कि कुंई बनाना एक विशिष्ट कला है? स्पष्ट कीजिए।

5. लेखक ने कुंई को सोने का अंडा देने वाली मुर्गी के समान क्यों कहा है? स्पष्ट कीजिए।

6. 'राजस्थान की रजत बूँदें' पाठ के आधार पर कुंई बनाने की प्रक्रिया को समझाइए।

7. रेत के कणों की क्या विशेषता है? पाठ 'राजस्थान की रजत बूँदें' के आधार पर बताइए।

8. 'नेति-नेति जैसा पेचीदा मामला' का आशय स्पष्ट कीजिए।

9. कुंई में पानी इकट्‌ठा होने की प्रक्रिया को स्पष्ट कीजिए।

10. भू-जल स्तर के गिरने के क्या कारण हैं? इसके प्रति आप लोगों को कैसे जागरूक कर सकते हैं?

03
अध्याय

लेखिका-परिचय

बेबी हालदार का जन्म संभवत: वर्ष 1973 में जम्मू-कश्मीर के किसी स्थान पर हुआ था। तेरह वर्ष की आयु में इनका विवाह इनसे दोगुनी आयु के व्यक्ति से होने के कारण सातवीं कक्षा में ही इन्हें अपनी पढ़ाई छोड़नी पड़ी। विवाह के बारह-तेरह वर्षों बाद पति के अत्याचारों से आहत होकर ये अपने तीन बच्चों के साथ पति का घर छोड़कर दुर्गापुर से फरीदाबाद आ गईं। कुछ समय पश्चात् ये गुड़गाँव चली आईं। बांग्ला भाषा में लिखी एवं हिंदी भाषा में अनूदित 'आलो-आँधारि' इनकी एकमात्र पुस्तक है। वर्तमान में ये गुरुग्राम में घरेलू नौकरानी के रूप में कार्यरत हैं।

अध्ययन के लिए
- पाठ की रूपरेखा
- पाठ का सार

अभ्यास के लिए
- पाठ्यपुस्तक के प्रश्नोत्तर
- पाठ पर आधारित बहुविकल्पीय प्रश्न
- विषय-वस्तु पर आधारित प्रश्नोत्तर

आलो-आँधारि

(बेबी हालदार)

पाठ की रूपरेखा

एक घरेलू नौकरानी के रूप में कार्यरत बेबी हालदार ने आत्मकथा 'आलो-आँधारि' के माध्यम से लेखन के क्षेत्र में एक ऐसी यात्रा प्रारंभ की, जो न तो पहाड़ों की है, न समुद्र तट की और न ही स्टडीरूम की, बल्कि यथार्थ की आँच से तपते उस रेगिस्तानी जीवन की है, जिसमें नायिका और लेखिका बेबी हालदार तेरह वर्ष की आयु में विवाहित होकर जीवन की सबसे संवेदनशील उम्र में ही तीन बच्चों की माँ बन जाती है। पति की ज़्यादतियों (अत्याचारों) से तंग आकर वह अपने बच्चों के साथ अंतत: अकेली अपने जीवन के कटु यथार्थ का सामना करती है।

पाठ का सार

लेखिका की काम न मिलने पर होने वाली पारिवारिक चिंताएँ

लेखिका अपने पति से अलग होकर अपने तीन छोटे बच्चों के साथ किराए के घर में रहती है। उसे प्रतिक्षण काम न मिलने की चिंता सताती रहती है और काम की खोज में पूरे-पूरे दिन यहाँ-वहाँ घूमती है। वह अपने सभी जान-पहचान के लोगों से भी अपने लिए काम ढूँढने के लिए कहती है। उसे यह भी चिंता रहती है कि महीना पूरा होने पर वह घर का किराया कैसे देगी और उसे इससे कम किराए पर कोई घर भी मिलेगा या नहीं। शाम को घर आने पर आस-पड़ोस की औरतें उससे काम मिलने के बारे में पूछती हैं और काम न मिलने की ख़बर सुनकर वे लेखिका को सांत्वना देती हैं।

आस-पड़ोस के लोग लेखिका को अकेला रहते देखकर तरह-तरह की बातें बनाते हैं और उससे परिवार आदि से संबंधित अनेक प्रश्न पूछते हैं। लोगों की बातें सुनकर लेखिका की किसी के पास खड़े होने और किसी से भी बात करने की इच्छा नहीं होती थी। लेखिका उसी समय अपने बच्चों को साथ लेकर काम ढूँढने निकल पड़ती थी।

लेखिका को काम मिलना व लेखिका का घर बदलना

लेखिका की पहचान सुनील नाम के एक तीस-बत्तीस साल के युवक से थी। एक दिन लेखिका से रास्ते में मिलने व बातचीत के दौरान उसे पता चलता है कि उसे काम की तलाश है। दो दिन के पश्चात् सुनील लेखिका के घर आकर उसे अपने साथ एक कोठी में ले जाता है। कोठी का मालिक लेखिका को आठ सौ रुपये महीने पर खाना बनाने तथा साफ़-सफ़ाई के काम पर रख लेता है। उस कोठी में पहले से काम कर रही महिला को हटाकर लेखिका को रखे जाने पर वह महिला लेखिका को भला-बुरा कहती है। लेखिका उस घर में प्रतिदिन सुबह आती और दोपहर तक सारा काम खत्म कर वापस अपने घर चली जाती और अपने बच्चों को नहलाती, खिलाती तथा उनके भविष्य के बारे में सोचती थी। जिस मकान में वह रहती थी, उसका किराया अधिक होने के कारण वह दूसरा घर ढूँढती है।

बहुत ढूँढने पर उसे नया घर मिल जाता है। उस घर का भाड़ा (किराया) पाँच सौ रुपये था, परंतु शौचालय घर से दूर होने के कारण उसे कई तरह की परेशानियों का सामना करना पड़ता है, लेकिन दूसरों को संतुष्ट देख वह स्वयं को भी उनकी भाँति ढालने का प्रयास करती है। नए घर में भी उसे आस-पड़ोस वालों की तरह-तरह की बातें सुननी पड़ती हैं।

लेखिका के प्रति कोठी मालिक (तातुश) की आत्मीयता

लेखिका के कोठी मालिक सज्जन व्यक्ति थे। लेखिका की घर के सभी कामों में निपुणता देख घर के सभी सदस्य आश्चर्यचकित होते हैं। उसके परिश्रमी स्वभाव को देखकर कोठी मालिक को उससे विशेष रूप से आत्मीयता हो जाती है। एक दिन वह लेखिका से उसके व्यक्तिगत जीवन के बारे में पूछते हैं। उसकी दिनचर्या जानकर वह उसे अपनत्व व सहारा देते हैं। वे कहते हैं कि तुम भी मुझे तातुश कहा करो, मेरे बच्चे भी मुझे तातुश कहते हैं। तुम मेरी बेटी जैसी हो तथा इस घर की लड़की हो। मकान मालिक लेखिका को बेबी कहते थे, तब से लेखिका कोठी मालिक को तातुश कहने लगती है। कोठी मालिक के साथ-साथ घर के सभी सदस्यों द्वारा उसके साथ आदर व सम्मान का व्यवहार किया जाता है।

तातुश द्वारा लेखिका को लेखन के लिए प्रोत्साहित करना

एक दिन कमरे में डस्टिंग (सफ़ाई) करते समय लेखिका अलमारी में रखी किताबों में से एक बांग्ला की किताब निकालकर उसे उलट-पलटकर देखने लगती है, तभी तातुश वहाँ आ जाते हैं। तातुश लेखिका के पढ़ने संबंधी शौक को जानकर, उसे तसलीमा नसरीन की किताब व एक कॉपी और एक पेन देते हैं और फिर से पढ़ना-लिखना आरंभ करने के लिए प्रोत्साहित करते हैं। काम की अधिकता के कारण लिखना बहुत मुश्किल था। अत: वह किताब, कॉपी और पेन घर ले आती है और अपने जीवन की घटनाओं व यादों को प्रतिदिन थोड़ा-थोड़ा लिखना आरंभ कर देती है, जिससे उसका वह शौक धीरे-धीरे आदत में बदल जाता है।

लेखिका का बेघर होना

लेखिका का अकेले अपने तीन बच्चों के साथ रहना समाज के लोगों को अखरता है। जहाँ वह रहती है, वहाँ के लोग उससे अभद्र व्यवहार करते हैं। लेखिका मकान मालिक के बेटे के तुच्छ विचारों को भली-भाँति जानती है। इसीलिए मन ही मन वह उस घर को भी जल्दी से जल्दी खाली करने का निर्णय कर लेती है।

एक दिन लेखिका के काम से घर लौटने पर अपने बच्चों को रोते हुए व घर का टूटा व बिखरा सामान देखकर वह भी रोने लगती है। लेखिका के घर के अतिरिक्त और भी घरों को तोड़ा गया था, परंतु उन घरों में कोई न कोई व्यक्ति (मर्द) होने के कारण वह अपना सामान इकट्ठा करके नए घर की तलाश में निकल गए थे। लेखिका अकेली थी और इतनी जल्दी नया घर मिलना भी मुश्किल था। इन सब कारणों के चलते वह पूरी रात बच्चों के साथ खुले आसमान के नीचे बिताती है। लेखिका को दु:ख था कि उसके दोनों भाई उसके आस-पास ही रहते हैं और उन्हें लेखिका के बेघर होने का पता चलने पर भी वे उसकी सहायता के लिए नहीं आए।

तातुश द्वारा लेखिका को आश्रय देना

तातुश को लेखिका के बेघर होने का पता चलता है, तो वह उसे तुरंत अपने घर में आश्रय देते हैं। तातुश के घर में लेखिका और उसके बच्चों को जीवन की सभी सुख-सुविधाएँ पर्याप्त मात्रा में मिलने लगती हैं। तातुश लेखिका और उसके बच्चों का पूर्ण रूप से ध्यान रखते हैं। तातुश के सद्व्यवहार को देखकर लेखिका आश्चर्यचकित रहती है। लेखिका का बड़ा लड़का किसी अन्य जगह काम करता है। दो महीने से उसकी कोई खोज ख़बर न मिलने पर वह उदास रहती है। तातुश उसके बड़े लड़के को खोज लेता है व उसे पास में ही काम दिलवाता है, जिससे लेखिका उससे आसानी से मिल सके। लेखिका तातुश के उपकारों को देख सोचती है कि तातुश पिछले जन्म में अवश्य ही उसके बाबा (पिता) रहे होंगे।

तातुश व उनके मित्रों द्वारा लेखिका को निरंतर लिखते रहने के लिए प्रेरित करना

लेखिका को अब किताब, अख़बार पढ़ने व लेखन कार्य में रुचि व आनंद आने लगता है। तातुश उसके लेखन की फोटो-कॉपी अपने मित्र को भेज देता है। इस तरह तातुश के साथ-साथ उनके मित्रगण भी लेखिका के लेखन से प्रभावित होकर निरंतर उसका उत्साह बढ़ाते रहते हैं। लेखिका तातुश के मित्र को जेठू (पिता का बड़ा भाई/ताऊ) तथा शर्मिला को 'दी' कहकर संबोधित करती है। जेठू लेखिका को आशापूर्णा देवी नाम की प्रसिद्ध लेखिका का उदाहरण देकर उसका हौसला बढ़ाते हैं। तातुश के छोटे लड़के अर्जुन के दो मित्र भी वहाँ आकर रहने लगते हैं। तातुश लेखिका से रोज़ाना शाम के समय पार्क में बच्चों को घुमा लाने के लिए कहता है। पार्क में नए-नए लोगों से उसकी मुलाकात होती है। लेखिका की पहचान एक बंगाली लड़की से हुई, जो जल्दी ही अपने घर चली जाती है और फिर लेखिका को वह पार्क में कभी नहीं मिलती। कुछ समय के बाद लोगों के दुर्व्यवहार के कारण लेखिका पार्क में जाना भी छोड़ देती है।

लेखिका को अपनी माँ के निधन की सूचना मिलना

एक दिन लेखिका के पिता उससे मिलने आते हैं। लेखिका द्वारा अपने पिता से माँ के बारे में पूछने पर उसे पता चलता है कि उसकी माँ का निधन हो चुका है। वह रोने लगती है, क्योंकि उसके भाई व भाभी ने माँ की ख़राब तबीयत तथा निधन के बारे में जानते हुए भी उसे कुछ नहीं बताया और अंतिम समय में वह अपनी माँ से मिल भी नहीं पाई। लेखिका

के बाबा उसके लिखने-पढ़ने तथा उसके जीवन के सुख को देखकर निश्चिंत हो जाते हैं। लेखिका के पिता पहले उसकी कोई खोज-ख़बर नहीं लेते थे, परंतु अब वह उसका हाल-चाल जानने के लिए फ़ोन करते हैं।

लेखिका के लेखन की लोकप्रियता बढ़ना

लेखिका की पत्रों के माध्यम से कोलकाता में जेठू व शर्मिला दी तथा दिल्ली में रमेश बाबू से घनिष्ठ मित्रता हो जाती है। उसे आश्चर्य होता है कि उसके साधारण से लेखन को इतना पसंद किया जा रहा है। शर्मिला दी उससे व्यक्तिगत संबंध रखती हैं और लेखिका से उसकी पसंद-नापसंद के बारे में पूछती हैं। लेखिका सोचती है कि यदि तातुश उसे न मिले होते, तो यह जीवन उसे कहाँ मिलता तथा उसके लेखन को इतनी लोकप्रियता भी न मिल पाती।

आलो-आँधारि का अस्तित्व में आना

लेखिका का जीवन तातुश के घर में आकर बदल गया था तथा उसे जीवन में नई दिशा मिल गई थी। पहले उसे लगता था कि वह अकेले इस संसार में कैसे स्वयं के अस्तित्व को बना पाएगी, परंतु तातुश व उनके मित्रों के प्रोत्साहन से वह जीवन की जटिलता का सामना करने में सक्षम हो जाती है। अंततः वह दिन भी आ जाता है, जब उसकी लेखन कला को एक पत्रिका में स्थान प्राप्त होता है। पत्रिका में उसकी रचना को 'आलो-आँधारि' बेबी हालदार शीर्षक से छापा जाता है। अपने लेखन को पत्रिका में छपा देख लेखिका अत्यंत प्रसन्न होती है। तातुश के प्रति उसका मन कृतज्ञता से भर जाता है, जिसके फलस्वरूप वह तातुश के पैर छूकर उनसे आशीर्वाद लेती है।

शब्दार्थ

आलो-आँधारि–अँधेरे का उजाला; **चुक-चुक**– अफसोस जताने का भाव; **राज़ी**–मान जाना/सहमत होना; **बकते-बकते**–गालियाँ देते हुए; **दादा**–बड़ा भाई; **दबी ज़बान**–धीरे-धीरे बोलना; **रेडी**–तैयार; **हठात्**–अचानक; **माया**–दया। **दरकार**–ज़रूरत; **बाध्य**–मजबूर/विवश। **तातुश**–पिता के समान; **ज़बान**–आवाज़। **मन मसोसना**–मन की बात मन में ही रखना। **बाँदी**–दासी; **पाड़े**–मोहल्ला। **गैर-कानूनी**–कानून के विरुद्ध; **खटना**–काम में लगातार लगे रहना। **दीदीमा**–नानी।

अवाक्–हैरानी से चुप रह जाना; **उत्कृष्ट**–बहुत अच्छा; **लज्जित**–शर्मिंदा; **अभिधान**–शब्दकोश। **माथा-पच्ची**–दिमाग पर ज़्यादा ज़ोर देना; **कांड**–घटना। **जेठू**–पिता के बड़े भाई/ताऊ। **स्मरणीय**–याद आने योग्य। **रुद्ध**–रोने की स्थिति में गले का स्वर; **दादा**–बड़ा भाई; **बऊदी**–भाभी। **क्रिया-कर्म**–मृत्यु के पश्चात् धार्मिक कर्मकांड। **जिज्ञासा**–जानने की इच्छा; **अभिज्ञता**–ज्ञान/जानकारी। **बांधवी**–सहेली; **आह्लादित**–आनंदित। **तुच्छ**–निम्न/छोटी। **हिलोरे मारना**–अत्यधिक प्रसन्न होना।

पाठ्यपुस्तक (वितान भाग-1) के प्रश्नोत्तर

1. पाठ के किन अंशों से समाज की सच्चाई उजागर होती है कि पुरुष के बिना स्त्री का कोई अस्तित्व नहीं है। क्या वर्तमान समय में स्त्रियों की इस सामाजिक स्थिति में कोई परिवर्तन आया है? तर्क सहित उत्तर दीजिए।

उत्तर पाठ के निम्नलिखित अंशों से समाज की यह सच्चाई उजागर होती है कि पुरुष के बिना स्त्री का कोई अस्तित्व नहीं है

(i) घर में अकेले रहता देख आस-पास के सभी लोग लेखिका से उसके निजी जीवन से संबंधित अनेक प्रश्न पूछते हैं। ऐसी बातें सुनकर लेखिका की किसी के पास खड़े होने और बात करने की इच्छा नहीं होती।

(ii) काम से वापस लौटने में देर हो जाने पर सभी लेखिका को ऐसे देखते, जैसे वह कोई अपराध करके आ रही है। बाज़ार-हाट करने भी जाना होता तो बूढ़े मकान मालिक की स्त्री कहती है तुझे इतना घूमने-घामने की क्या दरकार? तब लेखिका सोचती है कि मेरा स्वामी मेरे साथ नहीं है, तो क्या मैं कहीं घूम-फिर भी नहीं सकती और फिर उसके साथ में रहना भी जो न रहने जैसा है। उसके साथ रहकर भी क्या मुझे शांति मिली! उसके होते हुए भी पाड़े (मोहल्ले) के लोगों की क्या-क्या बातें मैंने नहीं सुनीं।

(iii) लेखिका जब बच्चों के साथ कहीं जा रही होती है तो लोग तरह-तरह की बातें करते, कितनी सीटियाँ मारते, कितने ताने मारते।

(iv) आस-पास के लोग एक-दूसरे को बताते कि इस लड़की का स्वामी यहाँ नहीं रहता है, वह अकेले ही किराए के घर में बच्चों के साथ रहती है। दूसरे लोग यह सुनकर लेखिका से छेड़खानी करना चाहते। वे उससे बातें करने की चेष्टा करते और पानी पीने के बहाने घर आ जाते। तब लेखिका सोचती है कि घर में कोई मर्द नहीं है तो क्या मुझे हर किसी की कोई भी बात माननी होगी।

वर्तमान समय में स्त्रियों की सामाजिक स्थिति में काफी बदलाव आया है। वे आज अपने पैरों पर खड़ी हैं। आज अविवाहित युवतियाँ भी अकेले रहकर अपना जीवनयापन करती हैं।

2. अपने परिवार से तातुश के घर तक के सफ़र में बेबी के सामने रिश्तों की कौन-सी सच्चाई उजागर होती है?

उत्तर तातुश के यहाँ नौकरी करने से पहले बेबी हालदार को रिश्तों का अच्छा अनुभव नहीं रहा था। उससे दोगुनी आयु के पति ने उस पर तरह-तरह के अत्याचार किए। जब सहने की सीमा समाप्त हो गई, तो उसने पति का घर छोड़ दिया और अपने तीन बच्चों को लेकर किराए के मकान में रहने लगी तथा दूसरे घरों में नौकरानी का काम करने लगी।

पहले वह जिस किराए के मकान में रहती थी, वहाँ उसने मकान मालिक के बेटे की गंदी नज़रों का सामना किया था। आसपास की स्त्रियाँ भी उसके दुःख-दर्द को नहीं समझती थीं और उससे तरह-तरह के व्यंग्यात्मक

प्रश्न करती थीं। यहाँ तक कि उसके दो-दो सगे भाइयों ने भी उसके दुःख-दर्द को नहीं समझा।

जब उसने तातुश के घर में काम करना आरंभ किया, तो उसे तातुश का व्यवहार अब तक मिले व्यक्तियों से बिल्कुल अलग लगा। तातुश बेबी से बहुत आत्मीयता रखते थे। वह उससे बहुत प्यार से बोलते थे। उसकी परेशानियों को न केवल समझते थे, बल्कि उन्हें दूर करने में उसकी मदद भी करते थे। उन्होंने उसे अपनी बेटी की तरह माना और पढ़ने-लिखने में उसकी मदद की, जिसके कारण वह एक लेखिका बनी और उसे पूरे देश में सम्मान मिला।

इस प्रकार, कहा जा सकता है कि अपने परिवार से लेकर तातुश के घर तक के सफ़र में बेबी ने रिश्तों की सच्चाई यह जानी कि दिल में स्नेह हो तो रिश्ते बन जाते हैं तथा कई बार पराए उतना साथ देते हैं जितना अपने सगे नहीं देते।

3. इस पाठ से घरों में काम करने वालों के जीवन की जटिलताओं का पता चलता है। घरेलू नौकरों को और किन समस्याओं का सामना करना पड़ता है? इस पर विचार कीजिए।

उत्तर घरों में काम करने वालों, विशेषकर महिलाओं को न केवल कठोर परिश्रम करना पड़ता है, बल्कि कई बार उस घर के सदस्यों की बुरी नज़रों का सामना भी करना पड़ता है। मकान मालिक उनसे अच्छा व्यवहार नहीं करते। सुबह घर से निकलकर ये लोग भूखे-प्यासे दिनभर कठोर मेहनत करते हैं और अपने घर जाकर ही इन्हें भोजन मिल पाता है।

यदि ये बीमार हो जाएँ, तो इनके लिए दवाई आदि का प्रबंध भी नहीं होता। बीमारी की स्थिति में यदि ये अपने काम पर न आएँ, तो अगले दिन उनसे दुर्व्यवहार किया जाता है और कई घरों में तो उनका वेतन तक काट लिया जाता है।

जिन घरों में वे रहते हैं, वहाँ का जीवन नरकीय होता है। छोटे-छोटे कमरों में धूप नाममात्र को आती है, हवा का नामोंनिशान नहीं होता और बस्ती में पानी का उचित प्रबंध न होने के कारण प्रतिदिन लड़ाई-झगड़े की स्थिति बनी रहती है। इन स्थानों पर गंदगी के कारण अनेक प्रकार की बीमारियाँ फैल जाती हैं। धन के अभाव में इनके बच्चे अशिक्षित रह जाते हैं और उन्हें कम उम्र में ही दूसरों के यहाँ काम करना पड़ता है।

4. 'आलो-आँधारि' रचना बेबी की व्यक्तिगत समस्याओं के साथ-साथ कई सामाजिक मुद्दों को समेटे है। किन्हीं दो मुख्य समस्याओं पर अपने विचार प्रकट कीजिए।

उत्तर बेबी हालदार ने पति के बिना रहने वाली अकेली स्त्री के दर्द को भोगा है एवं जीवन में अनेक प्रकार के अभावों तथा कष्टों का सामना किया है। व्यक्तिगत समस्याओं के साथ-साथ उसके द्वारा भोगी गई दो मुख्य सामाजिक समस्याएँ निम्नलिखित हैं

(i) **स्त्री का शोषण** बेबी हालदार ने समाज में फैली उस विकृति को सामने लाने का साहस किया है, जिसके अंतर्गत समाज में अकेले रहकर अपने बच्चों का पालन-पोषण करने वाली स्त्री को अच्छी नज़रों से नहीं देखा जाता। उसे अनेक प्रकार की बुरी बातें सुननी पड़ती हैं। लोग ऐसी स्त्री की मदद करना तो दूर, उसके मार्ग में कई प्रकार की समस्याएँ उत्पन्न करने से भी नहीं हिचकते हैं।

(ii) **मूलभूत आवश्यकताओं के लिए संघर्ष करता निम्न वर्ग** समाज के जिस हिस्से से बेबी हालदार आती है, उस हिस्से में जीवन नरकीय होता है। खाने की समस्या, रहने की समस्या, बिजली-पानी की समस्या, शिक्षा की समस्या, सम्मान से जीवित रहने की समस्या आदि अनेक समस्याएँ उनके जीवन में मौजूद हैं। ऐसी बस्तियों में शौचालयों की समस्या सबसे बड़ी है। दस-दस मकानों के हिस्से में एक शौचालय और एक या दो हैंडपंप आते हैं, जिससे सुबह और शाम इन स्थानों पर लड़ाई-झगड़े का दृश्य उत्पन्न हो जाता है। स्त्रियों के लिए नहाने-धोने की समस्या भी बहुत बड़ी समस्या है।

5. 'तुम दूसरी आशापूर्णा देवी बन सकती हो'—जेठू का यह कथन संसार के किस सत्य को उद्घाटित करता है?

उत्तर बेबी हालदार ने अपने जीवन में अनेक परेशानियों का सामना किया था, जिसके कारण वह निराश और परेशान रहा करती थी। जब तातुश ने उसे अपने घर में शरण देकर कई प्रकार की सुविधाएँ दीं, तो उसके जीवन में खुशियों का संचार हुआ और उसका ध्यान पुस्तकों आदि की ओर भी गया। धीरे-धीरे उसने पढ़ना और बाद में लिखना भी आरंभ किया। जो कुछ उसने भोगा था, उसे उसने एक जीवनी का रूप देकर लिखा। बाद में वह प्रकाशित भी हुआ।

जेठू कोलकाता में रहने वाले तातुश के एक मित्र थे। उन्होंने बेबी द्वारा लिखित कॉपी के उन पन्नों को पढ़ा था। वह बेबी की लेखनी से अत्यंत प्रभावित हुए। उन्होंने बेबी की छिपी हुई प्रतिभा को पहचान लिया था। इसलिए जेठू ने उसके जीवन की निराशा और परेशानी को दूर करने एवं उसे प्रेरित करने के लिए उससे कहा 'तुम दूसरी आशापूर्णा देवी बन सकती हो।' आशापूर्णा देवी के जीवन में भी अनेक प्रकार के अभाव थे, लेकिन उन्होंने हार नहीं मानी और संघर्ष करते हुए लेखन के क्षेत्र में अनेक सफलताओं को प्राप्त किया।

6. बेबी की ज़िंदगी में तातुश का परिवार न आया होता, तो उसका जीवन कैसा होता? कल्पना करें और लिखें।

उत्तर तातुश के घर में कार्य करने के कुछ समय पश्चात् ही बेबी के जीवन में अनेक परिवर्तन आ गए। पहले तातुश ने बेबी को लिखने-पढ़ने के लिए प्रेरित किया और बाद में उसके बच्चों को विद्यालय में दाखिला दिला दिया। उसे अनेक प्रकार की सुख-सुविधाएँ भी दीं।

तातुश के पास आने से पहले बेबी अपने पति से अलग रहकर अपने दो छोटे बच्चों के साथ किराए के एक मकान में रहती थी। उसके बच्चों को दो समय का भोजन भी ठीक तरह से नहीं मिल पाता था। उसे हमेशा यह चिंता सताती रहती थी कि वह बिना किसी सहारे के अपने बच्चों का पालन-पोषण किस प्रकार करेगी।

वह प्रतिदिन काम की तलाश में निकल जाती थी और जब वह घर वापस लौटती, तो आसपास रहने वाले लोगों के अजीब प्रश्नों तथा उनकी निगाहों का सामना करना पड़ता। कई बार उससे ऐसे प्रश्न भी पूछे जाते थे, जिनका उत्तर देना शायद उसके लिए संभव नहीं था। यदि लेखिका तातुश के पास नहीं आई होती, तो अब तक इस तरह की समस्याओं का सामना करते-करते वह अत्यधिक परेशान व निराश हो चुकी होती।

7. चर्चा करें

पाठ में आए इन व्यक्तियों का देश के लिए विशेष रचनात्मक महत्त्व है। इनके बारे में जानकारी प्राप्त करें और कक्षा में चर्चा करें।

श्री रामकृष्ण परमहंस, रवींद्रनाथ ठाकुर, काज़ी नज़रुल इस्लाम, शरतचंद्र, सत्येंद्रनाथ दत्त, सुकुमार राय, ऐनी फ्रैंक।

उत्तर छात्र स्वयं करें।

अभ्यास प्रश्न

पाठ पर आधारित बहुविकल्पीय प्रश्न

1. बेबी हालदार के लेखन की तुलना किससे की गई है?

(क) जेठू
(ख) आशापूर्णा देवी
(ग) तातुश
(घ) सुनील

उत्तर (ख) आशापूर्णा देवी

2. बेबी हालदार के कितने बच्चे थे?

(क) दो (ख) तीन
(ग) चार (घ) पाँच

उत्तर (ख) तीन

3. बेबी हालदार को काम दिलवाने में किसने मदद की?

(क) सुनील ने (ख) भोला दा ने
(ग) उसके भाई ने (घ) ये सभी

उत्तर (क) सुनील ने

4. बेबी हालदार फरीदाबाद आने से पहले कहाँ रहती थी?

(क) चेन्नई में (ख) लखनऊ में
(ग) दुर्गापुर में (घ) दिल्ली में

उत्तर (ग) दुर्गापुर में

5. बेबी हालदार से पहले तातुश के घर में काम करने वाली महिला को कितना वेतन मिलता था?

(क) 600 रुपये (ख) 1,800 रुपये
(ग) 1,000 रुपये (घ) 1,200 रुपये

उत्तर (ख) 1,800 रुपये

6. वर्तमान में बेबी हालदार कहाँ रहती है?

(क) दिल्ली में (ख) गुरुग्राम में
(ग) फरीदाबाद में (घ) दुर्गापुर में

उत्तर (ख) गुरुग्राम में

7. कोठी मालिक तातुश को लेखिका के किस रूप से आत्मीयता होती है?

(क) परिश्रमी स्वभाव से
(ख) घर के सभी कामों में निपुणता से
(ग) 'क' और 'ख' दोनों
(घ) काम पर न आने से

उत्तर (ग) 'क' और 'ख' दोनों

8. बेबी हालदार कितनी पढ़ी-लिखी थी?

(क) चौथी कक्षा तक (ख) पाँचवीं कक्षा तक
(ग) सातवीं कक्षा तक (घ) दसवीं कक्षा तक

उत्तर (ग) सातवीं कक्षा तक

9. तातुश के बच्चे उसे क्या कहकर पुकारते थे?

(क) बाबाजी (ख) उसी के नाम तातुश से
(ग) बापूजी (घ) पिताजी

उत्तर (ख) उसी के नाम तातुश से

10. तातुश के परम मित्र कौन थे?

(क) सुनील (ख) जेठू (ग) भोला दा (घ) बेबी

उत्तर (ख) जेठू

11. बेबी हालदार का घर तोड़ दिए जाने पर उसकी मदद किसने की?

(क) सुनील ने (ख) भोला दा ने
(ग) जेठू ने (घ) ये सभी

उत्तर (ख) भोला दा ने

12. कथन (A) लेखिका का मन तातुश के प्रति कृतज्ञता से भर जाता है और वह उनसे आशीर्वाद लेती है।

कारण (R) लेखिका की रचना को 'आलो-आँधारि' बेबी हालदार शीर्षक से छापा जाता है।

कूट

(क) कथन (A) और कारण (R) दोनों सही हैं तथा कारण (R), कथन (A) की सही व्याख्या करता है।
(ख) कथन (A) और कारण (R) दोनों सही हैं, परंतु कारण (R), कथन (A) की सही व्याख्या नहीं करता है।
(ग) कथन (A) सही है, किंतु कारण (R) गलत है।
(घ) कथन (A) गलत है, किंतु कारण (R) सही है।

उत्तर (क) कथन (A) और कारण (R) दोनों सही हैं तथा कारण (R), कथन (A) की सही व्याख्या करता है।

13. निम्नलिखित कथनों पर विचार कीजिए

1. कोठी का मालिक लेखिका को सात सौ रुपये महीना पर रखता है।
2. तातुश लेखिका को तसलीमा नसरीन की किताब देते हैं।
3. तातुश ने लेखिका को रोज सुबह पार्क में जाने को कहा।

उपर्युक्त कथनों में से कौन-सा/से कथन सही है/हैं?

(क) 1 और 3 (ख) 1 और 2
(ग) केवल 2 (घ) केवल 1

उत्तर (ग) केवल 2

विषय-वस्तु पर आधारित प्रश्नोत्तर

1. 'आलो-आँधारि' पाठ को पढ़ने से यह अनुभूति स्पष्ट होती है कि साहित्य समाज का दर्पण है। स्पष्ट कीजिए।

उत्तर मनुष्य परिवार और समाज में रहकर ही अपना जीवनयापन करता है, समाज को देखता-परखता है। वह निरंतर जनजीवन से जुड़ा होता है। सामाजिक परिस्थितियाँ उसे निरंतर प्रभावित करती हैं। वे उसे निरंतर

आंदोलित करती हैं। वह इनसे ही प्रेरित होता है। साहित्यकार सामाजिक परिस्थितियों तथा जनजीवन से प्रेरणा पाकर ही साहित्य लेखन की ओर प्रेरित होता है। अपने युग के समाज में चारों तरफ़ जो भी घटित होता है, वह उसी का साहित्य में चित्रण करता है। इसीलिए साहित्य को पढ़कर युगीन समाज की परंपरा, संस्कृति, रीति-रिवाज़ों, रहन-सहन, खान-पान, सामाजिक मूल्य, मानव-व्यवहार आदि का बोध होता है। इस प्रकार, हम कह सकते हैं कि साहित्य समाज का दर्पण है।

'आलो-आँधारि' पाठ में लेखिका ने भी अपने जीवन में घटित होने वाली घटनाओं को ही लेखनबद्ध किया है। इस लेखन में लेखिका ने समाज की मनःस्थिति, लोगों के व्यवहार, उनके मूल्य, उनकी भावनाएँ आदि प्रतिबिंबित की हैं और यही लेखन एक उत्कृष्ट साहित्य का स्वरूप ग्रहण करता है।

2. धैर्य, उत्साह और आत्मविश्वास जीवन में सफलता के मूल आधार हैं। इस पर अपना मत व्यक्त करें।

उत्तर धैर्य, उत्साह और आत्मविश्वास जीवन की सफलता के मूल आधार हैं। इन्हीं के द्वारा जीवन में सफलता प्राप्त की जा सकती है। धैर्य से जीवन में उत्साह और आत्मविश्वास बढ़ता है और जो मनुष्य धैर्य, उत्साह एवं आत्मविश्वास के साथ अपना कर्म करता है, वह अवश्य ही सफल होता है। वह इन्हीं गुणों के द्वारा प्रतिकूल तथा कठिन परिस्थितियों और समस्याओं पर भी विजय प्राप्त कर लेता है।

वह किसी भी समस्या से घबराकर हताश-निराश नहीं होता, बल्कि आगे बढ़कर निडरता से उसका सामना करता है। इसलिए हमें जीवन में धैर्य, उत्साह और आत्मविश्वास को बढ़ावा देना चाहिए और अपने कर्त्तव्यों का पूर्ण निष्ठा, ईमानदारी तथा कर्त्तव्य भावना से निर्वाह करना चाहिए। 'आलो-आँधारि' पाठ की लेखिका की सफलता के पीछे इन मानवीय गुणों की महत्त्वपूर्ण भूमिका है।

3. माँ प्रकृति की अनमोल देन है–टिप्पणी कीजिए।

उत्तर वैसे तो माता और पिता दोनों ही बच्चों के लिए आवश्यक होते हैं, किंतु माँ प्रकृति का साकार रूप है। वही संपूर्ण जगत की संचालिका है तथा संसार की सबसे बड़ी एवं असहनीय पीड़ा झेलकर बच्चों को जन्म देती है, तभी संसार सुचारु रूप से निरंतर चल रहा है। माँ इस असहनीय पीड़ा को झेलकर उफ तक भी नहीं करती।

वह बच्चों से अनूठा वात्सल्य एवं स्नेह रखते हुए उनका पालन-पोषण करती है। माँ धैर्य, वात्सल्य, स्नेह, ममता, साहस एवं आत्मविश्वास की प्रतिमूर्ति है। संभवतः माँ प्रकृति की अनुपम देन है, इसलिए हमें माँ का सदैव आदर-सम्मान करना चाहिए। प्रस्तुत पाठ में लेखिका भी अपने बलबूते पर अपने तीनों बच्चों का पालन-पोषण करती है। उनके खान-पान, शिक्षा व्यवस्था, रहन-सहन सभी का पूरा ध्यान रखती है। बच्चों के पालन-पोषण के लिए वह एक घर से दूसरे घर काम करती है। इस प्रकार, लेखिका माँ की भूमिका बखूबी निभाती है। इसलिए कहा गया है कि माँ प्रकृति की अनमोल देन है।

4. अपनी प्रकाशित रचना देखने पर बेबी की क्या प्रतिक्रिया हुई? ऐसे अवसर पर उत्पन्न मानव-मन की स्थिति को स्पष्ट कीजिए।

उत्तर एक दिन अचानक लेखिका को एक पैकेट मिलता है, जिसमें लेखिका के लिए एक पत्रिका थी। पत्रिका पलटते हुए लेखिका ने एक पृष्ठ पर अपना नाम देखा—आलो-आँधारि : बेबी हालदार! उसका मन खुशी से नाचने लगा। उसे जेठू की याद आ गई, जिन्होंने कहा था कि आशापूर्णा देवी भी व्यस्त समय में लेखन करती थी। वह भूल गई कि चाय के लिए पानी चूल्हे पर चढ़ा रखा है। वह चाय बनाकर भागी-भागी बच्चों के पास गई। उसने सबको अपना नाम दिखाया। वह अत्यंत प्रसन्न थी।

उसने अपने बच्चों से उसे पढ़वाया। बच्चे नाम पढ़कर हँसने लगे। उन्हें हँसता देख बेबी ने उन्हें अपने पास खींच लिया। तभी उसे तातुश की याद आई, जिनकी प्रेरणा से उसने लिखना प्रारंभ किया था, जिनके प्रोत्साहन से ही यह सब संभव हो सका था। वह बच्चों को छोड़कर भागती हुई तातुश के पास गई। उन्हें चरण स्पर्श कर प्रणाम किया और तातुश ने उसके सिर पर हाथ रखकर आशीर्वाद दिया।

ऐसे अवसर पर मनुष्य अपने सबसे करीबी एवं आत्मीय लगने वाले के साथ रहना चाहता है। उसकी प्रशंसा सुनना चाहता है और उन्हें अपनी भावनाओं से अवगत कराना चाहता है। लेखिका ने भी ऐसा ही किया।

5. जीवन जीने की कला में तातुश (साहब) का व्यक्तित्व समाज के लिए प्रेरणादायी है, कैसे?

उत्तर मैं तातुश (साहब) के व्यक्तित्व को समाज के लिए प्रेरणादायक मानता हूँ, क्योंकि उन्होंने अपने घर में काम करने वाली नौकरानी को भरपूर सम्मान दिया, उसकी हर प्रकार से मदद की। उन्होंने लेखिका को अपने परिवार में एक सदस्य की तरह रखा तथा उसे अपनी बेटी के समान समझा। वे उसकी सभी मूलभूत आवश्यकताओं का ध्यान रखते थे। वर्तमान समय में इतना आत्मीय मनुष्य होना दुर्लभ है।

अतः उनके व्यक्तित्व से हमें परोपकार, सहृदयता, दूसरों की अधिक-से-अधिक मदद करना, शिक्षा का महत्त्व समझना, जीवन जीने की कला जैसे मूल्यों को सीखने की प्रेरणा मिलती है।

6. आपके आस-पास ऐसे बच्चे होंगे, जिनकी पढ़ाई-लिखाई बीच में छूट चुकी होगी, ऐसे बच्चों की पढ़ाई के लिए आप क्या-क्या मदद कर सकते हैं?

उत्तर प्रस्तुत पाठ में तातुश ने लेखिका को लेखन कार्य व उसके बच्चों की पढ़ाई में विशेष योगदान दिया तथा उन्हें पढ़ने-लिखने के लिए प्रोत्साहित किया। ऐसे बच्चे, जिनकी पढ़ाई प्रतिकूल परिस्थितियों के कारण छूट चुकी है, उन्हें हर संभव मदद देना, शिक्षा के महत्त्व को समझाना, उनकी ज़िम्मेदारियों को मिलकर साझा करना, उनकी मजबूरियों को कम या समाप्त करने की कोशिश करना आदि द्वारा उनकी सहायता की जा सकती है। वर्तमान में व्यावसायिक शिक्षा के कई विकल्प आ चुके हैं। जिन बच्चों की जिस क्षेत्र में रुचि हो, उन्हें पहचानकर उस ओर आगे बढ़ने की उन्हें प्रेरणा देनी चाहिए। वर्तमान में सरकार की ओर से भी बच्चों की शिक्षा के लिए अनेक सुविधाएँ दी जा रही हैं। इन सुविधाओं की जानकारी सभी को नहीं होती है। उन्हें इसकी जानकारी देना आवश्यक है, ताकि वे आगे पढ़ सकें, बढ़ सकें और समाज एवं देश के विकास में अपना योगदान दे सकें। गरीब एवं निर्धन बच्चों के पढ़ने के लिए उनकी स्कूल फीस, पुस्तकें, पोशाक आदि के लिए चंदा एकत्र कर उनकी सहायता की जा सकती है। विभिन्न संस्थाओं द्वारा चलाई जाने वाली परियोजनाओं से उन्हें जोड़कर उनकी मदद की जा सकती है।

7. 'आलो-आँधारि' पाठ का प्रतिपाद्य स्पष्ट कीजिए।

उत्तर 'आलो-आँधारि' पाठ के माध्यम से यह संदेश दिया गया है कि जिन्हें पढ़ने-लिखने तथा आगे बढ़ने की इच्छा हो, यदि उनको थोड़ा-सा सहारा और उचित मार्गदर्शन मिल जाए, तो वे विपरीत परिस्थितियों में भी अपना और अपने परिवार का भविष्य उज्ज्वल बना सकते हैं।

इस पाठ में लेखिका स्वयं नायिका है, जो एक घरेलू नौकरानी है। उसकी तेरह वर्ष की उम्र में अपने से दोगुनी उम्र के युवक से शादी हो गई थी। अब वह अपने पति से अलग रहती है। उसके तीन बच्चे उसके साथ रहते हैं। उसे एक पहचान के युवक सुनील की सहायता से तातुश के घर काम मिल जाता है।

तातुश उसकी मदद करते हैं और उसे अपने घर में रहने के लिए कमरा देते हैं, उसके बच्चों को स्कूल में प्रवेश दिला देते हैं तथा उसे पढ़ने-लिखने के लिए भी प्रेरित करते हैं। तातुश के घर में रहने से उसके बच्चों का भविष्य उज्ज्वल हो जाता है तथा स्वयं भी वह एक लेखिका बन जाती है। उसकी रचना पत्रिका में प्रकाशित होती है।

इस प्रकार, एक भले एवं योग्य मनुष्य का सहारा तथा मार्गदर्शन पाकर उसके जीवन की दिशा ही बदल जाती है एवं उसे समाज में मान-सम्मान आदि सब कुछ मिलने लगता है।

8. बेबी के व्यक्तित्व की प्रमुख विशेषताओं को स्पष्ट कीजिए।

उत्तर बेबी के चरित्र की प्रमुख विशेषताएँ निम्नलिखित हैं

साहसी बेबी को एक साहसी महिला के रूप में प्रस्तुत किया गया है। वह अपने पति से अलग होकर अपने बच्चों के साथ किराए के मकान में रहती है और लोगों के घर में काम-काज करके अपना तथा अपने बच्चों का पालन-पोषण करती है। एक जगह काम छूट जाने पर भी वह घबराती नहीं है, बल्कि दूसरा काम ढूंढना शुरू कर देती है।

तातुश के घर में काम करते हुए जब उसका घर तोड़ दिया जाता है, तो वह सारी रात खुले में अपने बच्चों और सामान के साथ बिताती है। वह जीवन में आने वाली प्रत्येक स्थिति का साहसपूर्वक सामना करती है।

परिश्रमी बेबी बहुत ही परिश्रमी महिला है। तातुश के घर का सारा काम-काज वह थोड़े से समय में ही निपटा देती थी। तातुश उससे पूछते हैं कि वह इतना ढेर सारा काम इतने कम समय में और इतनी अच्छी तरह कैसे कर लेती है, तो बेबी कहती है कि उसे बचपन से ही घर संबंधी काम-काज करने का अभ्यास है, इसलिए उसे ये कार्य करते हुए कोई असुविधा नहीं होती है।

बेबी सुबह जल्दी ही तातुश के घर काम करने आ जाती थी। फिर घर जाकर वह बच्चों को खिलाती-पिलाती एवं रात में बच्चों को सुलाकर स्वयं पढ़ती थी।

अध्ययनशील बेबी को इस बात का दुःख है कि वह बचपन में पढ़-लिख नहीं सकी थी। तातुश के घर अलमारियाँ साफ़ करते हुए उनमें रखी हुई पुस्तकों को खोलकर देखती थी और सोचती थी कि इन्हें कौन पढ़ता होगा। वह स्वयं सातवीं कक्षा तक पढ़ी थी।

तातुश के पूछने पर उसने रवींद्रनाथ ठाकुर, काज़ी नज़रुल इस्लाम, शरतचंद्र, सत्येंद्रनाथ दत्त तथा सुकुमार राय आदि के नाम भी गिना दिए थे। तब तातुश ने उसे तसलीमा नसरीन की 'आमार मेये बेला' पुस्तक पढ़ने के लिए दी और बाद में कॉपी और पेन भी दिया, ताकि वह अपने बारे में कुछ-कुछ लिखती रहा करे। इस प्रकार तातुश की प्रेरणा से वह पढ़ने लगी और साथ ही उसने आत्मकथा लिखना भी शुरू कर दिया।

ममतामयी बेबी को अपने बच्चों के भविष्य की बहुत चिंता है। वह उन्हें पढ़ा-लिखाकर सभ्य नागरिक बनाना चाहती है। तातुश की सहायता से वह दो बच्चों को स्कूल में प्रवेश दिला देती है। उसका बड़ा लड़का किसी अन्य जगह नौकरी करता था। उसका उसे पता नहीं चलता तो वह व्याकुल हो उठती है। तातुश उसे उसके बड़े लड़के से मिलवाते हैं और बाद में किसी अच्छे घर में उसे काम भी दिलवा देते हैं। वह पूजा के अवसर पर अपने बड़े लड़के को भी तातुश के घर ले आती है। बच्चों के सुखद भविष्य के लिए वह कठोर परिश्रम करती है।

इस प्रकार स्पष्ट है कि बेबी एक साहसी, परिश्रमी, अध्ययनशील, ममतामयी एवं स्वाभिमानी महिला है।

9. पाठ के आधार पर तातुश का चरित्र चित्रण कीजिए।

उत्तर तातुश के चरित्र की प्रमुख विशेषताएँ निम्नलिखित हैं

सज्जन प्रवृत्ति तातुश सज्जन प्रवृत्ति के अधेड़ अवस्था के शिक्षक हैं। वे दयालु हैं तथा करुण भाव से युक्त हैं। जब बेबी उनके घर काम करने आई, तो उन्होंने उसके काम की प्रशंसा की। वे उसे अपनी बेटी के समान समझते थे और उसे कदम-कदम पर प्रोत्साहित करते थे। बेबी की पढ़ने के प्रति रुचि देखकर वे उसे कॉपी व पेन देते हैं तथा लिखने के लिए प्रेरित करते हैं।

दयालुता वे उसके बच्चों को स्कूल में भेजने की व्यवस्था करते हैं। उसका घर टूट जाने के बाद उसे अपने घर में जगह देते हैं। वे उसके बड़े लड़के को ढूँढकर उससे मिलवाते हैं तथा बाद में अच्छी जगह पर उसे काम दिलवाते हैं। जब कभी बेबी के बच्चे बीमार होते हैं, तो वे उनका इलाज भी करवाते थे।

प्रेरक व्यक्तित्व तातुश बेबी के लेखन को अपने मित्रों के पास भेजते थे। वे कोई ऐसी बात नहीं करते थे, जिससे बेबी को ठेस लगे। वे उसे लिखने के लिए प्रेरित करते हैं। वह दूसरे घर में भी काम करना चाहती है, तो वे उसे दूसरी जगह काम न करने की सलाह देते हैं, क्योंकि इससे उसका स्वास्थ्य खराब हो जाएगा। वे बोलते कम थे, किंतु उनकी अच्छी सोच को बेबी महसूस कर लेती है। सचमुच ऐसे लोग समाज में बहुत कम मिलते हैं। इनके चरित्र से हमें दूसरों की सहायता करने की प्रेरणा लेनी चाहिए।

10. बेबी (लेखिका) जब तातुश के यहाँ पहले दिन काम पर गई, तो उसने वहाँ क्या देखा?

उत्तर पहले दिन जब बेबी काम पर आई तो उसने दूर से ही पैंतीस-चालीस वर्ष की एक विधवा को उसी घर में काम करने के लिए जाते हुए देखा। साहब बाहर पेड़ों में पानी दे रहे थे। बेबी को देखते ही वह भीतर गए और उस औरत से साफ़-साफ़ बातें कर उसी समय उन्होंने उसे काम से हटा दिया। वह औरत भी बंगाली थी।

बाहर आते ही उसने बेबी को गालियाँ देना शुरू कर दिया। बेबी ने कहा कि वह कुछ नहीं जानती। यदि जानती होती कि यहाँ पहले से ही कोई काम कर रहा है, तो फिर वह यहाँ नहीं आती। बेबी ने महिला से कहा कि तुम साहब को मेरी तरफ़ से जाकर बता दो कि वह इस तरह काम करने को राज़ी नहीं है, लेकिन महिला ने ऐसा कुछ नहीं किया और बड़बड़ाते हुए वहाँ से चली गई।

साहब आकर बेबी को भीतर ले गए और सब कुछ समझा दिया कि क्या करना होगा और क्या नहीं। उसका काम देखकर घर में सभी आश्चर्य करते। एक दिन साहब ने पूछा, तुम इतना ढेर सारा काम इतने कम समय में और इतनी अच्छी तरह कैसे कर लेती हो? कहाँ सीखा तुमने यह सब? बेबी ने कहा कि घर के काम का उसे बचपन से ही अभ्यास है।

11. एक दिन बेबी अपने घर पर किस समस्या में फँस गई? उसने इस समस्या के समाधान के लिए क्या सोचा?

उत्तर एक दिन बेबी घर में बैठी अपने बच्चों से बातें कर रही थी कि उसके मकान मालिक का बड़ा लड़का आकर दरवाज़े पर खड़ा हो गया। बेबी ने उससे बैठने को कहा। वह बैठ तो गया, परंतु वहाँ से उठा नहीं। उसने बातें शुरू कीं तो लगा कि वे कभी खत्म ही नहीं होंगी।

उसकी बातें ऐसी थीं कि जवाब देने में बेबी को शर्म आ रही थी। वह उससे वहाँ से चले जाने को भी नहीं कह पा रही थी और स्वयं भी बाहर नहीं जा सकती थी, क्योंकि वह दरवाज़े पर ऐसे बैठा था कि उसकी बगल से निकला नहीं जा सकता था। वह समझ रही थी कि वह क्या कहना चाह रहा है। अतः इस समस्या का समाधान निकालने के लिए उसने सोचा, अब उसका भला इसी में है कि वह इस घर को जल्दी-से-जल्दी छोड़ दे।

उसकी बातों से यह स्पष्ट हो गया कि यदि वह उसके कहने पर चलेगी, तब तो उस घर में रह सकेगी, अन्यथा नहीं। उसने सोचा कि घर में कोई मर्द नहीं है, इसलिए उसे हर किसी की कोई भी बात माननी होगी। उसने निश्चय कर लिया कि वह अगले दिन ही कोई और घर ढूँढ लेगी, लेकिन यहाँ नहीं रहेगी।

12. सजने-सँवरने के बारे में लेखिका (बेबी) की क्या राय थी?

उत्तर सजने-सँवरने को लेकर लेखिका की राय अन्य लड़कियों से बिल्कुल अलग थी। वह बताती है कि उसने न जाने कितनी ही लड़कियों तथा बहुओं को देखा था, जो कहीं घूमने जाने की बात उठी नहीं कि सिंदूर की डिब्बी, पाउडर का डिब्बा, आइना, कंघी और न जाने क्या-क्या लेकर सजने बैठ जातीं।

महिलाओं को ओठों और चेहरे पर ढेर सारा रंग पोतना और स्वामी के साथ चलना अधिक पसंद क्यों होता है? यह प्रश्न लेखिका के मन में उन्हें देखकर उठता है। इन सबके विपरीत लेखिका (बेबी) को सजना-सँवरना अच्छा नहीं लगता। बचपन से ही उसे सजने का शौक नहीं था। बचपन में उसकी दीदी उसे पकड़कर ज़बरदस्ती कंघी करती और बाल बाँधती। सहेलियों के यहाँ जाना होता, तो सहेलियाँ ही कह-कहकर उसे सजाती थीं। शादी के बाद लड़कियों को सजने का, साड़ी पहनने का शौक बढ़ जाता है, किंतु लेखिका को शादी के बाद भी ऐसा कोई शौक नहीं हुआ। शादी के बाद भी वह जैसे-तैसे कंघी करके और माँग में सिंदूर लगाकर बाहर निकल पड़ती थी। साड़ी की जगह उसे सलवार-सूट पहनना अच्छा लगता था।

स्व-मूल्यांकन

पाठ पर आधारित बहुविकल्पीय प्रश्न

1. बेबी हालदार के बड़े लड़के को कौन ले गए?
(क) पड़ोस के लोग (ख) उसके पिता
(ग) सुनील (घ) भोला दा

2. तातुश के बच्चों में सबसे कम कौन बोलता था?
(क) सुखदीप (ख) रमन
(ग) अर्जुन (घ) ये सभी

3. बेबी हालदार को पार्क में जो लड़की मिली, उसका नाम क्या था?
(क) सुनीता (ख) सुनीधि
(ग) सुनीति (घ) सोनाली

4. लेखिका की प्रसन्नता का क्या कारण था?
(क) शीघ्र ही काम मिल जाना
(ख) नौकरी में अच्छा वेतन मिलना
(ग) अपने लेखन को पत्रिका में छपा देखना
(घ) उपर्युक्त सभी

5. **कथन** (A) लेखिका तातुश के सद्व्यवहार को देखकर आश्चर्यचकित रहती थी।
कारण (R) तातुश व उसके मित्रों के कारण लेखिका जीवन की जटिलता का सामना करने में सक्षम हो जाती है।
कूट
(क) कथन (A) सही है, किंतु कारण (R) गलत है।
(ख) कथन (A) गलत है, किंतु कारण (R) सही है।
(ग) कथन (A) और कारण (R) दोनों सही हैं तथा कारण (R), कथन (A) की सही व्याख्या करता है।
(घ) कथन (A) और कारण (R) दोनों सही हैं, परंतु कारण (R), कथन (A) की सही व्याख्या नहीं करता है।

विषय-वस्तु पर आधारित प्रश्न

1. आप सुनील की जगह होते और कहानी की अन्य परिस्थितियाँ यथावत होतीं, तो आप क्या करते?

2. आप लेखिका की परिस्थितियों में रह रहे होते तो बच्चों की पढ़ाई-लिखाई के प्रति क्या दृष्टिकोण रखते और क्यों?

3. तातुश का व्यवहार वर्तमान समय में और भी प्रासंगिक हो जाता है। इस बारे में आपकी क्या राय है?

4. तातुश के व्यक्तित्व से आपको क्या प्रेरणा मिलती है?

5. जेठू द्वारा आशापूर्णा देवी के साथ बेबी की तुलना करने को आप कहाँ तक उचित मानते हैं और क्यों?

6. आप समाज में अकेली रहने वाली महिलाओं के प्रति स्वस्थ दृष्टिकोण तथा सम्मान की भावना प्रगाढ़ करने के लिए युवाओं को क्या सुझाव देंगे?

7. क्या बच्चों से काम कराने को आप भी गैर-कानूनी मानते हैं? बच्चों को क्या-क्या अवसर मिलने चाहिए? क्या तातुश का दृष्टिकोण सही था? तर्कसंगत उत्तर दीजिए।

8. सुनील के व्यवहार के कौन-कौन से मूल्य उभरकर आते हैं? अपने शब्दों में लिखिए।

9. 'आलो-आँधारि' पाठ के आधार पर बताइए कि जीवन में शिक्षा का क्या महत्त्व है?

10. लेखिका को ऐसा क्यों लगता है कि तातुश उसके पिछले जीवन के बाबा रहे होंगे? क्या उसका ऐसा सोचना सही था? पाठ 'आलो-आँधारि के आधार पर स्पष्ट कीजिए।

श्रवण व वाचन का मूल्यांकन तथा परियोजना कार्य

श्रवण (सुनना)

वर्णित या पठित सामग्री को सुनकर अर्थग्रहण करना, वार्तालाप करना, वाद-विवाद, भाषण, कविता पाठ आदि को सुनकर समझना, मूल्यांकन करना और अभिव्यक्ति के ढंग को समझना श्रवण कहलाता है।

वाचन (बोलना)

भाषण, सस्वर कविता-पाठ, वार्तालाप और उसकी औपचारिकता, कार्यक्रम- प्रस्तुति, कथा-कहानी अथवा घटना सुनाना, परिचय देना, भावानुकूल संवाद-वाचन, वाचन कहलाता है।

श्रवण (सुनना) एवं वचान (बोलना) कौशल का मूल्यांकन

- परीक्षक किसी प्रासंगिक विषय पर एक अनुच्छेद का स्पष्ट वाचन करेगा। अनुच्छेद तथ्यात्मक या सुझावात्मक हो सकता है। अनुच्छेद लगभग 250 शब्दों का होना चाहिए।

  या

  परीक्षक 2-3 मिनट का श्रव्य अंश (ऑडियो क्लिप) सुनवाएगा। अंश रोचक होना चाहिए। कथ्य/घटना पूर्ण एवं स्पष्ट होनी चाहिए। वाचक का उच्चारण शुद्ध, स्पष्ट एवं विराम चिह्नों के उचित प्रयोग सहित होना चाहिए।
- परीक्षार्थी ध्यानपूर्वक परीक्षक/ऑडियो क्लिप को सुनने के पश्चात् परीक्षक द्वारा पूछे गए प्रश्नों का अपनी समझ से मौखिक उत्तर देंगे। ये अभ्यास प्रश्न विभिन्न प्रकार के हो सकते हैं; जैसे—
  - रिक्त स्थान भरना।
  - सही विकल्प चुनना (बहुविकल्पीय प्रश्न)।
  - सही या गलत, सत्य या असत्य का चुनाव करना।
  - अतिलघूत्तरात्मक प्रश्न
- किसी निर्धारित विषय पर बोलना जिससे विद्यार्थी अपने व्यक्तिगत अनुभवों का प्रत्यास्मरण कर सकें।
- कोई कहानी सुनाना या किसी घटना का वर्णन करना।
- परिचय देना (स्व/परिवार/वातावरण/वस्तु/व्यक्ति/पर्यावरण/कवि/लेखक आदि)।

परीक्षकों के लिए अनुदेश

- परीक्षण से पूर्व परीक्षार्थी को तैयारी के लिए कुछ समय दिया जाए।
- विवरणात्मक भाषा में विषय के अनुकूल तीनों कालों का प्रयोग अपेक्षित है।
- निर्धारित विषय परीक्षार्थी के अनुभव-जगत के हों।
- शिक्षार्थी को विषय केन्द्रित स्वतंत्र अभिव्यक्ति का अवसर प्रदान करें।

अंक योजना वार्तालाप की दक्षताओं का मूल्यांकन निरन्तरता के आधार पर परीक्षा के समय ही होगा। निर्धारित 10 अंकों में से 5 श्रवण (सुनना) कौशल के मूल्यांकन के लिए और 5 वाचन (बोलना) कौशल के मूल्यांकन के लिए होंगे।

कौशलों के अन्तरण का मूल्यांकन

(इस बात का निश्चय करना कि क्या विद्यार्थी में श्रवण और वाचन की निम्नलिखित योग्यताएँ हैं)

	श्रवण (सुनना)	वाचन (बोलना)
1.	परिचित संदर्भों में प्रयुक्त शब्दों और पदों को समझने की सामान्य योग्यता है।	केवल अलग-अलग शब्दों और पदों के प्रयोग की योग्यता प्रदर्शित करता है।
2.	छोटे सुसम्बद्ध कथनों को परिचित सन्दर्भों में समझने की योग्यता है।	परिचित सन्दर्भों में केवल छोटे सुसम्बद्ध कथनों का सीमित शुद्धता से प्रयोग करता है।
3.	परिचित या अपरिचित दोनों सन्दर्भों में कथित सूचना को स्पष्ट समझने की योग्यता है।	अपेक्षाकृत दीर्घ भाषण में अधिक जटिल कथनों के प्रयोग की योग्यता प्रदर्शित करता है।

	श्रवण (सुनना)	वाचन (बोलना)
4.	दीर्घ कथनों की श्रृंखला को पर्याप्त शुद्धता से समझने के ढंग और निष्कर्ष निकाल सकने की योग्यता है।	अपरिचित स्थितियों में विचारों को तार्किक ढंग से संगठित कर धारा प्रवाह रूप में प्रस्तुत करता है।
5.	जटिल कथनों के विचार बिन्दुओं को समझने की योग्यता प्रदर्शित करने की क्षमता है। वे उद्देश्य के अनुकूल सुनने की कुशलता प्रदर्शित करते हैं।	उद्देश्य और श्रोता के लिए उपयुक्त शैली को अपना सकता है, ऐसा करते समय वह केवल मामूली गलतियाँ करता है।

श्रवण (सुनना) तथा वाचन (बोलना) दोनों ही मौखिक अभिव्यक्ति के विभिन्न स्वरूप हैं। अत: दोनों ही मौखिक मूल्यांकन के अन्तर्गत आते हैं।

मौखिक अभिव्यक्ति कौशल

भाषा, भावनाओं और विचारों की अभिव्यक्ति का एक सशक्त माध्यम है। एक व्यक्ति जितनी सरल और शुद्ध भाषा का प्रयोग करेगा, वह उतनी ही प्रभावी रूप से भावनाओं और विचारों को व्यक्त कर सकेगा। मौखिक अभिव्यक्ति कौशल किसी भी व्यक्ति की सफलता में महत्त्वपूर्ण भूमिका निभाता है। इसके द्वारा व्यक्ति दूसरों को प्रभावित कर सकता है। यदि कोई व्यक्ति बहुत ज्ञान रखता है, परन्तु वह अपनी बात सही ढंग से अभिव्यक्त नहीं कर पाता, तो वह दूसरों को प्रभावित नहीं कर सकता है। मौखिक अभिव्यक्ति आसान नहीं होती है। लिखित अभिव्यक्ति की तुलना में इसे अधिक कठिन कहा जा सकता है, क्योंकि लिखित भाषा में गलतियों को सुधारने का समय और अवसर मिलता है, जबकि मौखिक अभिव्यक्ति में ऐसा नहीं होता है। मौखिक अभिव्यक्ति में व्यक्ति को सीधे लोगों के सामने अपनी बात रखनी होती है। मौखिक अभिव्यक्ति सफलता की पहली सीढ़ी होती है। इसलिए छात्रों को मौखिक अभिव्यक्ति दक्षता को बेहतर बनाने के लिए निम्नलिखित प्रयास करने चाहिए

- अपनी भावनाओं और विचारों को छोटे-छोटे वाक्यों में बाँधें, जिससे अभिव्यक्ति आसान हो जाएगी।
- प्रयास यह होना चाहिए कि एक ही भाषा का प्रयोग किया जाए, एक ही वाक्य में विभिन्न भाषाओं के शब्दों के प्रयोग से बचें।
- शुद्ध एवं सरल भाषा का प्रयोग करने का अभ्यास करना चाहिए।

मौखिक अभिव्यक्ति का उद्देश्य

- विचारों को बेहतर ढंग से व्यक्त करने के लिए सरल और आसान भाषा का प्रयोग करना।
- किसी भी विषय पर तार्किक, सन्तुलित और भावनात्मक रूप से विचार प्रस्तुत करना।
- सही उच्चारण, आरोह-अवरोह (आवाज का उतार-चढ़ाव) और बलाघात (शब्दों पर जोर) का सही तरीके से उपयोग करना।
- शब्दों के सही अर्थ समझकर उनका उचित प्रयोग करना।
- रोचक और प्रभावशाली भाषा का प्रयोग करना, ताकि श्रोता ध्यान से सुनें और रुचि बनी रहे।
- भाषा सरल और बोधगम्य हो, लेकिन अवसर और भावना के अनुसार उसका उपयोग करना चाहिए।

मौखिक अभिव्यक्ति की विशेषताएँ

- प्रभावी अभिव्यक्ति के लिए शुद्ध उच्चारण जरूरी होता है।
- अच्छी मौखिक अभिव्यक्ति में शुद्ध और सही भाषा का प्रयोग किया जाना चाहिए।
- वाक्यों में शब्दों का सही क्रम होना आवश्यक है और शिष्टाचारपूर्ण भाषा से अभिव्यक्ति अधिक प्रभावी बनती है।
- भाषा को अवसर और परिस्थिति के अनुसार प्रयोग करना चाहिए।
- बोलने में उचित ठहराव (यति), गति (गति) और शब्दों पर सही बल (बलाघात) देना चाहिए।
- बिना झिझक और आत्मविश्वास से बात करनी चाहिए, ताकि विचार स्पष्ट और प्रभावशाली ढंग से व्यक्त किए जा सकें।

श्रवण कौशल का मूल्यांकन

श्रवण कौशल, भाषा अधिगम का एक महत्त्वपूर्ण घटक है, जो केवल ध्वनियों को ग्रहण करने तक सीमित नहीं है, बल्कि उसमें समझ, विश्लेषण, चिन्तन और सही प्रतिक्रिया देने की क्षमता भी शामिल होती है। प्रभावी श्रवण कौशल से संचार क्षमता, एकाग्रता और तार्किक सोच विकसित होती है।

मनुष्य जो कुछ सुनता है, उसी के अनुसार प्रतिक्रिया देता है। इसी तरह, छात्र भी शिक्षक की बातें ध्यान से सुनता है और पूछे गए प्रश्नों का उत्तर देने की कोशिश करता है। पठन-पाठन की कुशलता इसी कौशल पर निर्भर करती है। इसके लिए शिक्षक किसी कविता या गद्य अनुच्छेद पर प्रश्न पूछ सकते हैं अथवा कविता या गद्य पाठ के मूल भाव से सम्बन्धित प्रश्न पूछ सकते हैं।

यहाँ यह ध्यान रखना जरूरी है कि विद्यार्थियों को सुनाए जा रहे अंश उनके अपने स्तर के अनुसार ही होने चाहिए तथा उनकी विषय-वस्तु विद्यार्थियों के जीवन से सम्बन्धित होनी चाहिए।

वर्णित या पठित सामग्री को सुनकर अर्थग्रहण करना

गद्यांश को ध्यानपूर्वक सुनकर पूछे गए प्रश्नों के उत्तर एक-दो शब्दों या वाक्यों में देना होता है।

गद्यांश

शिक्षा हर मनुष्य का जन्मसिद्ध अधिकार है, चाहे वह पुरुष हो या नारी। शिक्षित व्यक्ति अच्छे-बुरे का निर्णय ले सकता है, जबकि अशिक्षित केवल जीवन-यापन तक सीमित रहता है। नारी-शिक्षा समाज की उन्नति के लिए आवश्यक है, क्योंकि एक शिक्षित नारी परिवार और समाज दोनों को समृद्ध बना सकती है।

प्राचीन काल में नारियों को शिक्षा का अधिकार था, लेकिन समय के साथ उन्हें इससे वंचित कर दिया गया। विशेष रूप से ग्रामीण क्षेत्रों में लड़कियों की शिक्षा की अनदेखी की गई, जिससे वे पिछड़ गईं। परन्तु आज नारी शिक्षा को बढ़ावा देने के लिए सरकार अनेक योजनाएँ चला रही है और गाँवों तक स्कूल और कॉलेज स्थापित कर रही है।

आज शिक्षित महिलाएँ हर क्षेत्र में सफलता प्राप्त कर रही हैं और घर-परिवार की जिम्मेदारियाँ भी कुशलता से निभा रही हैं। नारी शिक्षा के कारण दहेज प्रथा, बाल विवाह और पर्दा प्रथा जैसी कुप्रथाओं में कमी आई है। एक शिक्षित नारी अपने बच्चों को संस्कारित और जागरूक बना सकती है, जिससे आने वाली पीढ़ी भी शिक्षित और विकसित होगी।

निष्कर्षतः, नारी शिक्षा समाज और देश की प्रगति के लिए अनिवार्य है। जब तक महिलाओं को समान रूप से शिक्षित नहीं किया जाएगा, तब तक देश का सम्पूर्ण विकास सम्भव नहीं। इसलिए नगरों के साथ-साथ ग्रामीण क्षेत्रों में भी नारी शिक्षा पर विशेष ध्यान देना आवश्यक है; जैसे–

परीक्षण प्रश्न

(क) रिक्त स्थान भरें

1. शिक्षा हर मनुष्य का ······अधिकार है। (जन्मसिद्ध/ सामाजिक)
2. एक शिक्षित नारी ······ दोनों को समृद्ध बना सकती है। (परिवार और समाज/देश और विदेश)

(ख) सही या गलत का चयन करें

1. शिक्षा केवल पुरुषों का अधिकार है।
2. नारी शिक्षा समाज की उन्नति के लिए आवश्यक है।
3. अशिक्षित व्यक्ति अच्छे-बुरे का निर्णय ले सकता है।
4. शिक्षित महिलाएँ हर क्षेत्र में सफलता प्राप्त कर रही हैं।

(ग) अतिलघूत्तरात्मक प्रश्न

1. नारी शिक्षा के क्या लाभ हैं?
2. शिक्षा किसका जन्मसिद्ध अधिकार है?
3. शिक्षित व्यक्ति क्या कर सकता है?
4. देश का सम्पूर्ण विकास कब सम्भव होगा?

वार्तालाप करना

जब दो या दो से अधिक व्यक्ति किसी विषय पर बात करते हैं, तो उसे **वार्तालाप**, **बातचीत** या **संवाद** कहा जाता है। यह एक बहुआयामी एवं स्वाभाविक माध्यम है, जिसके द्वारा मनुष्य समाज में परस्पर सम्पर्क स्थापित करता है। इसके द्वारा मनुष्य अपने विचारों का आदान-प्रदान करते हैं।

वार्तालाप की विशेषताएँ

- वार्तालाप में वक्ता और श्रोता दोनों की भूमिका होती है।
- वार्तालाप में भाषा सरल, सटीक और समझने योग्य होनी चाहिए।
- वार्तालाप में विचार, भावनाएँ और जानकारी का आदान-प्रदान होता है।
- वार्तालाप औपचारिक और अनौपचारिक दोनों तरह का हो सकता है।
- वार्तालाप में केवल बात करना ही नहीं, बल्कि दूसरों की बातों को ध्यान से सुनना और समझना भी जरूरी होता है।
- वार्तालाप में शालीन एवं मर्यादित भाषा का प्रयोग किया जाना चाहिए।
- वार्तालाप में गतिशीलता और स्वाभाविकता होनी चाहिए।

वार्तालाप का उदाहरण

(कॉलेज की लाइब्रेरी में राधा और सीमा की बातचीत)

राधा – अरे सीमा! आजकल तुम्हें लाइब्रेरी में कम ही देखती हूँ। क्या बात है? पहले तो तुम किताबें पढ़ने की बहुत शौकीन थीं।

सीमा – हाँ राधा, पहले तो मैं रोज़ लाइब्रेरी आती थी, लेकिन अब इण्टरनेट और मोबाइल ने सब आसान कर दिया है। किसी भी जानकारी के लिए बस गूगल करना पड़ता है और तुरन्त उत्तर मिल जाता है। ऐसे में किताबें पढ़ने का समय ही नहीं मिलता।

राधा – यह तो सही है कि इण्टरनेट से जानकारी जल्दी मिल जाती है, लेकिन क्या तुम्हें नहीं लगता कि किताबों से जो गहराई और वास्तविक ज्ञान मिलता है, वह इण्टरनेट से नहीं मिल पाता?

सीमा – हाँ, लेकिन ई-बुक्स और ऑडियो बुक्स ने अब पढ़ाई को और भी आसान बना दिया है। अब तो लोग कागज़ की किताबें पढ़ने के बजाय स्क्रीन पर पढ़ना पसंद करने लगे हैं।

राधा – यह सच है कि तकनीक ने पढ़ाई को सुविधाजनक बना दिया है, लेकिन असली आनन्द और एकाग्रता छपी हुई किताबों में ही होती है। डिजिटल माध्यम में बहुत ज्यादा सूचनाएँ होने के कारण हमारा ध्यान बार-बार भटकता रहता है।

सीमा – तुम सही कह रही हो। जब हम मोबाइल पर कुछ पढ़ते हैं, तो अक्सर नोटिफिकेशन आ जाते हैं, जिससे ध्यान भंग हो जाता है, लेकिन किताब पढ़ते समय ऐसा नहीं होता।

राधा – बिल्कुल! और एक और महत्त्वपूर्ण बात यह है कि जब हम किताबें पढ़ते हैं, तो हमारी कल्पनाशक्ति और सोचने की क्षमता बढ़ती है। इससे हमें विषयों को गहराई से समझने का मौका मिलता है।

सीमा – अब मुझे समझ आ रहा है कि किताबों का महत्त्व कितना अधिक है। केवल इण्टरनेट पर निर्भर रहना सही नहीं है। हमें किताबों से भी जुड़ा रहना चाहिए।

राधा – हाँ! तो फिर क्यों न आज से ही शुरुआत करें? चलो, आज कोई अच्छी किताब निकालते हैं और उसे पढ़ते हैं।

सीमा – हाँ, यह बहुत अच्छा रहेगा। मैं अब से रोज़ लाइब्रेरी आऊँगी और किताबें पढ़ने की अपनी पुरानी आदत को फिर से अपनाऊँगी।

राधा – बहुत अच्छा निर्णय लिया! चलो, आज कोई अच्छी किताब लेते हैं।

परीक्षण प्रश्न

(क) रिक्त स्थान भरें

1. सीमा पहले रोज़ ······आती थी। (लाइब्रेरी/ खेल के मैदान)
2. सीमा ने बताया कि ई-बुक्स और ······ ने पढ़ाई को और भी आसान बना दिया है। (ऑडियो बुक्स/ट्यूशन)

(ख) सही या गलत का चयन करें

1. सीमा को पहले किताबें पढ़ने का शौक था।
2. राधा ने किताबों की तुलना में इण्टरनेट को अधिक उपयोगी बताया।
3. किताबें पढ़ने से कल्पनाशक्ति और सोचने की क्षमता बढ़ती है।
4. सीमा ने फैसला किया कि वह अब किताबें नहीं पढ़ेगी।

(ग) अति लघुत्तरात्मक प्रश्न

1. यह वार्तालाप किस-किसके मध्य हो रहा है?
2. सीमा को पहले क्या पढ़ने का शौक था?
3. सीमा को लाइब्रेरी आने की आदत क्यों छूट गई थी?
4. राधा और सीमा की बातचीत कहाँ हो रही थी?

वाद-विवाद

वाद-विवाद किसी विषय के पक्ष या विपक्ष में अपने विचारों की तर्कपूर्ण अभिव्यक्ति है। जन-जागरूकता फैलाने और लोगों का ध्यान आकर्षित करने के उद्देश्य से कई संगठनों द्वारा वाद-विवाद का आयोजन किया जाता है। वाद-विवाद में दो पक्ष होते हैं—1. समर्थक अर्थात् समर्थन करने वाला (पक्ष) 2. विरोधी अर्थात् विरोध में बोलने वाला (विपक्ष)।

वाद-विवाद की विशेषताएँ

- वाद-विवाद में दो विपरीत विचारों के समर्थक अपना-अपना तर्क रखते हैं।
- वाद-विवाद में तथ्यात्मक सटीकता और तार्किक सुसंगति होनी चाहिए।
- वाद-विवाद में आलोचनात्मक सोचने और वर्तमान जानकारी के साथ बातचीत करने की क्षमता का विकास होता है।
- वाद-विवाद में सार्वजनिक रूप से बोलने और अपने विचारों को वाक्पटुता से व्यक्त करने का आत्मविश्वास मिलता है।
- वक्ता को यह स्पष्ट करना चाहिए कि वह पक्ष में बोल रहा है या विपक्ष में।
- वाद-विवाद में शालीन एवं गरिमापूर्ण भाषा का प्रयोग किया जाना चाहिए।
- अपने भाषण के विशिष्ट तथ्य अध्यक्ष को सम्बोधित करके बताने चाहिए।
- समय-समय पर आवश्यकतानुसार विरोधी वक्ता के कथनों को उद्धृत किया जाना चाहिए।

वाद-विवाद का उदाहरण

"क्या जल संरक्षण के लिए कठोर कानून लागू किए जाने चाहिए?"

पक्ष में

परमादरणीय अध्यक्ष महोदय! आज की वाद-विवाद प्रतियोगिता का विषय है-**"क्या जल संरक्षण के लिए कठोर कानून लागू किए जाने चाहिए?"** मैं इसके पक्ष में अपने विचार व्यक्त करना चाहूँगा। मुझे आशा है कि आप लोग मेरे विचारों को ध्यान से सुनेंगे और उचित विचारों की सराहना करेंगे।

मैं इस पक्ष में अपने विचार प्रस्तुत करना चाहता हूँ कि जल संरक्षण के लिए कठोर कानून लागू किए जाने चाहिए। जल जीवन का मूल स्रोत है। बिना जल के जीवन की कल्पना असम्भव है। लेकिन दुर्भाग्यवश, आज जल का अत्यधिक दुरुपयोग हो रहा है। हमारे देश में नदियाँ, झीलें और भूजल स्रोत तेजी से सूख रहे हैं। यदि जल संकट को गम्भीरता से नहीं लिया गया, तो आने वाली पीढ़ियों को भारी मुश्किलों का सामना करना पड़ेगा।

आज भी कई राज्यों में जल संकट चरम पर है। राजस्थान, महाराष्ट्र, तमिलनाडु और मध्य प्रदेश के कई क्षेत्रों में लोगों को पीने के पानी के लिए लम्बी दूरी तय करनी पड़ती है। शहरी क्षेत्रों में भी भूजल स्तर तेजी से गिर रहा है। ऐसे में, यदि कठोर कानून नहीं बनाए गए, तो स्थिति और भी भयावह हो सकती है।

अगर लोग अपनी इच्छानुसार पानी बर्बाद करते रहेंगे, तो समस्या कभी हल नहीं होगी। इसलिए, सरकार को पानी की बर्बादी पर सख्त प्रतिबन्ध लगाने चाहिए और कठोर दण्ड का प्रावधान करना चाहिए। उदाहरण के लिए, यदि कोई अनावश्यक रूप से पानी की बर्बादी करता है, तो उस पर भारी जुर्माना लगाया जाए। इसी तरह, वर्षा जल संचयन को सभी घरों और भवनों में अनिवार्य किया जाए।

इसके अतिरिक्त, कारखानों और उद्योगों द्वारा जल प्रदूषण पर सख्त नियन्त्रण होना चाहिए। बड़े उद्योगों को अपशिष्ट जल को बिना शोधित किए नदियों में बहाने पर दण्डित किया जाना चाहिए। अगर जल संकट से बचना है, तो अब समय आ गया है कि सरकार कठोर कानून बनाए और उनका सख्ती से पालन कराए।

विपक्ष में

आदरणीय अध्यक्ष महोदय, निर्णायक मण्डल के सदस्यगण, प्रधानाचार्य जी एवं उपस्थित छात्र बंधुओं! अभी मेरे साथी मित्र ने **''क्या जल संरक्षण के लिए कठोर कानून लागू किए जाने चाहिए?''** के पक्ष में अपने विचार आप सभी के सामने रखे। अब मैं इस विषय पर अपने विचार अत्यन्त विनम्र शब्दों में आपके समक्ष रखना चाहता हूँ। मैं अपने विरोधी वक्ता के विचारों से असहमत हूँ। जल संरक्षण एक महत्त्वपूर्ण विषय है, लेकिन इसके लिए कठोर कानून लागू करना ही एकमात्र समाधान नहीं है।

सबसे पहले, जबरदस्ती लागू किए गए कानून कभी भी दीर्घकालिक समाधान नहीं होते। यदि लोगों को जल संरक्षण की महत्ता नहीं समझाई जाएगी और केवल कानून के डर से वे इसका पालन करेंगे, तो यह अधिक प्रभावी नहीं होगा। हमें जल संरक्षण के लिए जन-जागरूकता फैलानी होगी।

इसके अलावा, जल संरक्षण के उपायों को नैतिक और सामाजिक जिम्मेदारी के रूप में देखा जाना चाहिए, न कि एक कानूनी बाध्यता के रूप में। स्कूलों, कॉलेजों और सामाजिक संगठनों को जल संरक्षण के प्रति लोगों को जागरूक करना चाहिए। यदि हम बचपन से ही बच्चों को पानी बचाने की शिक्षा देंगे, तो भविष्य में वे स्वयं जल संरक्षण की दिशा में कार्य करेंगे।

इसके अतिरिक्त, सरकार को कानून बनाने के बजाय, लोगों को जल संरक्षण के लिए प्रेरित करना चाहिए। जैसे, ऐसे लोगों को प्रोत्साहित किया जाए, जो वर्षा जल संचयन, ड्रिप इरिगेशन और पानी के दोबारा उपयोग जैसी तकनीकों को अपनाते हैं। यदि सरकार जल संरक्षण के अच्छे प्रयासों को पुरस्कृत करेगी, तो लोग स्वयं इसकी ओर आकर्षित होंगे।

अन्त में, मैं यही कहना चाहूँगा कि कानून से अधिक प्रभावी तरीका है—शिक्षा और जागरूकता। जब तक लोग स्वयं पानी बचाने के लिए प्रेरित नहीं होंगे, तब तक कोई भी कानून पूरी तरह सफल नहीं हो सकता।

परीक्षण प्रश्न

1. वाद-विवाद का विषय क्या है?
2. जल को किस रूप में वर्णित किया गया है?
3. किन राज्यों में जल संकट अधिक देखा जा रहा है?
4. शहरी क्षेत्रों में किस समस्या का सामना किया जा रहा है?
5. जल संरक्षण के लिए सरकार को क्या कदम उठाने चाहिए?
6. कारखानों और उद्योगों पर कौन-सा नियन्त्रण आवश्यक बताया गया है?
7. विपक्ष के अनुसार जल संरक्षण के लिए सबसे प्रभावी तरीका क्या है?
8. स्कूलों और कॉलेजों को जल संरक्षण के लिए क्या करना चाहिए?
9. विपक्ष के अनुसार जबरदस्ती लागू किए गए कानून क्यों प्रभावी नहीं होते?
10. बच्चों को जल संरक्षण की शिक्षा देने से क्या लाभ होगा?

कविता

कविता के इस अंश को ध्यानपूर्वक सुनकर पूछे गए प्रश्नों के उत्तर एक-दो शब्दों या वाक्यों में देना होता है

कुछ भी बन, बस कायर मत बन!
तेरी राह रोकते पाहन!
ले-दे कर जीना, क्या जीना?
मानवता ने सींचा तुझको
कुछ न करेगा? किया करेगा—
कुछ भी बन, बस कायर मत बन!
दे न दुहाई पीठ फेर कर!
या तेरा पथ चूमे तस्कर!
पर कायरता अधिक अपावन!
तेरी रक्षा का न मोल है,
यह मिटता है, वह बनता है;
अर्पण कर सर्वस्व मनुज को,
कुछ भी बन बस कायर मत बन!

ठोकर मार! पटक मत माथा!—
कुछ भी बन, बस कायर मत बन!
कब तक ग़म के आँसू पीना?
बहा युगों तक ख़ून-पसीना!
रे मनुष्य—बस कातर क्रंदन?
युद्धम्देहि कहे जब पामर,
या तो जीत प्रीति के बल पर,
प्रतिहिंसा भी दुर्बलता है,
कुछ भी बन, बस कायर मत बन!
पर तेरा मानव अमोल है!
यही सत्य की सही तोल है!
कर न दुष्ट को आत्म-समर्पण!

परीक्षण प्रश्न

(क) रिक्त स्थान भरें

1. कुछ भी बन, बस ...... मत बन!(कायर/निडर)
2. प्रतिहिंसा भी ...... है, पर कायरता अधिक अपावन। (दुर्बलता/सबल)

(ख) सही या गलत (सत्य/असत्य) का चुनाव करें

1. कायरता सबसे बड़ा पाप है।
2. प्रतिहिंसा को कवि ने महानता बताया है।
3. मनुष्य को कठिनाइयों से डरकर पीछे हट जाना चाहिए।
4. मानव अमोल है, इसलिए उसे कायर नहीं बनना चाहिए।

(ग) अति लघुत्तरात्मक प्रश्न

1. कवि ने मनुष्य को क्या बनने से मना किया है?
2. मानवता ने मनुष्य को कैसे सींचा है?
3. मनुष्य को क्या अर्पण करने की सलाह दी गई है?
4. कविता का मुख्य सन्देश क्या है?

वाचन कौशल का मूल्यांकन

अपने भावों और विचारों को मौखिक भाषा के द्वारा बोलकर अभिव्यक्त करना ही वाचन कौशल कहलाता है। वाचन कौशल एक व्यक्ति की भाषा दक्षता को दर्शाता है। यदि कोई व्यक्ति प्रभावी ढंग से वाचन करता है, तो वह न केवल खुद अच्छी तरह समझ सकता है, बल्कि दूसरों को भी अपने विचार प्रभावी ढंग से प्रस्तुत कर सकता है। इस कौशल का विकास शिक्षण और संचार दोनों के लिए आवश्यक है।

भाषण

भाषण मौखिक अभिव्यक्ति के वाचन पक्ष का उत्कृष्ट रूप है। भाषण एक मौखिक अभिव्यक्ति है, जिसमें वक्ता अपने विचारों, भावनाओं और सन्देशों को प्रभावशाली तरीके से श्रोताओं के सामने प्रस्तुत करता है। यह एक संगठित, सुव्यवस्थित और प्रभावी सम्प्रेषण की कला है, जिसका उद्देश्य किसी विषय पर जानकारी देना, प्रेरित करना या लोगों को किसी विचारधारा की ओर आकर्षित करना होता है।

भाषण की विशेषताएँ

- भाषा सरल और समझने योग्य होनी चाहिए।
- शब्दों, आवाज़, हाव-भाव और शैली से भाषण को रोचक बनाना चाहिए।
- श्रोताओं से जुड़ाव और बातचीत की भावना होनी चाहिए।
- न अधिक तेज़ और न अधिक धीमा, बल्कि सहज प्रवाह में बोलना चाहिए।
- भाषण में जोश, आत्मविश्वास और भावनाओं की झलक होनी चाहिए।
- विषय को लम्बा खींचने की बजाय संक्षिप्त और सारगर्भित रूप में प्रस्तुत करना चाहिए।
- विषय की गहरी समझ होनी चाहिए।
- आत्मविश्वास और जोश के साथ बोलना चाहिए।
- भाषा सरल, रोचक और प्रभावशाली होनी चाहिए।
- श्रोताओं की रुचि को बनाए रखना ज़रूरी है।
- हाथों और चेहरे के हाव-भाव का सही उपयोग करें।

भाषण का उदाहरण

नमस्कार!

आदरणीय प्रधानाचार्य जी, सम्मानित शिक्षकगण और मेरे प्रिय साथियो! मैं आपके सम्मुख ''डिजिटल इण्डिया – प्रगति की ओर एक कदम'' विषय पर अपने विचार प्रस्तुत करना चाहता हूँ। आशा है आप लोग इसे ध्यान से सुनेंगे।

भारत तेजी से डिजिटल क्रान्ति की ओर बढ़ रहा है। वर्ष 2015 में माननीय प्रधानमन्त्री श्री नरेन्द्र मोदी जी द्वारा 'डिजिटल इण्डिया' अभियान की शुरुआत की गई थी, जिसका उद्देश्य देश को डिजिटल रूप से सक्षम और आत्मनिर्भर बनाना है।

डिजिटल इण्डिया ने हमारे जीवन को बहुत आसान बना दिया है। आज हम घर बैठे ऑनलाइन शिक्षा प्राप्त कर सकते हैं, मोबाइल बैंकिंग कर सकते हैं और सरकारी सेवाओं का लाभ उठा सकते हैं। डिजिटल लेनदेन को बढ़ावा देने के लिए यूपीआई, भीम ऐप और ऑनलाइन बैंकिंग जैसी सुविधाएँ दी गई हैं, जिससे लेनदेन तेज़, सुरक्षित और पारदर्शी हुआ है।

डिजिटल भारत के लाभ

- ऑनलाइन शिक्षा से विद्यार्थियों को घर बैठे पढ़ाई का अवसर मिला है।
- ऑनलाइन बैंकिंग और डिजिटल पेमेण्ट से भ्रष्टाचार में कमी आई है।
- सरकारी योजनाओं की सीधी जानकारी नागरिकों तक पहुँच रही है।
- ग्रामीण क्षेत्रों में भी इण्टरनेट के माध्यम से रोजगार के अवसर बढ़े हैं।
- कागज रहित कार्यप्रणाली से पर्यावरण की रक्षा हो रही है।

हालाँकि, डिजिटल क्रान्ति के साथ कुछ चुनौतियाँ भी हैं, जैसे साइबर अपराध, डेटा सुरक्षा और इण्टरनेट सुविधा की कमी। लेकिन यदि हम सावधानी से डिजिटल साधनों का उपयोग करें, तो यह देश को विकास की नई ऊँचाइयों पर ले जा सकता है।

आइए, हम सभी डिजिटल इण्डिया अभियान को अपनाएँ और एक सशक्त, आत्मनिर्भर और डिजिटल भारत का निर्माण करें।

''डिजिटल इण्डिया, सशक्त भारत!''

धन्यवाद!

सस्वर वाचन अथवा कविता पाठ

सस्वर वाचन अथवा कविता वाचन एक कला है, जिसे निरन्तर अभ्यास से और बेहतर बनाया जा सकता है। जब हम कविता पढ़ते हैं, तो हमें कुछ खास बातों का ध्यान रखना चाहिए

- कविता अच्छी तरह से कंठस्थ होनी चाहिए, ताकि आपको बीच में रुकना न पड़े या कविता की प्रति खोजने की आवश्यकता न पड़े।
- कविता पढ़ते समय **शब्दों का स्पष्ट और सही उच्चारण** बहुत जरूरी है, ताकि श्रोता उसे आसानी से समझ सकें और कविता का पूरा आनन्द ले सकें।
- कविता की भाषा का स्तर श्रोताओं के ज्ञान और रुचि के अनुरूप होना चाहिए।
- कविता वाचन में भावों के अनुसार स्वर में उतार-चढ़ाव, गति-लय, बलाघात आदि का सही प्रयोग करना चाहिए।
- कविता पढ़ते समय जहाँ ज़रूरत हो, वहाँ थोड़ा रुककर पढ़ना चाहिए, ताकि उसके भाव स्पष्ट हो सकें।
- कविता की मुख्य बातें या सन्देश देने वाली पंक्तियाँ दोहराने से वे श्रोताओं पर गहरा प्रभाव डालती हैं।
- कविता को सिर्फ पढ़ें नहीं, बल्कि महसूस भी करें ताकि श्रोता भी उससे जुड़ सकें।
- अगर श्रोता तालियाँ बजा रहे हों, तो कुछ देर रुक जाएँ और फिर वाचन शुरू करें, ताकि कविता का प्रवाह न टूटे।

कविता पाठ का उदाहरण

मेरे नगपति! मेरे विशाल!
पौरुष के पूँजीभूत ज्वाल!
मेरे भारत के दिव्य भाल!
युग-युग अजेय, निर्बंध, मुक्त,
निस्सीम व्योम में तान रहा
कैसी अखण्ड यह चिर-समाधि?
तू महाशून्य में खोज रहा
उलझन का कैसा विषम जाल?
ओ, मौन, तपस्या-लीन यती!
रे ज्वालाओं से दग्ध, विकल
सुखसिन्धु, पंचनद, ब्रह्मपुत्र,
जिस पुण्यभूमि की ओर बही
जिसके द्वारों पर खड़ा क्रान्त
'पद-दलित इसे करना पीछे
उस पुण्य भूमि पर आज तपी!
व्याकुल तेरे सुत तड़प रहे
मेरे नगपति! मेरे विशाल!
कितना मेरा वैभव अशेष!
वीरान हुआ प्यारा स्वदेश।
किन-किन कलियों का अन्त हुआ?
कितने दिन ज्वाल-वसन्त हुआ?
तेरा वह राजस्थान कहाँ?
फिरनेवाला बलवान कहाँ?
वृन्दा! बोलो, घनश्याम कहाँ?
वह चन्द्रगुप्त बलधाम कहाँ?

साकार, दिव्य, गौरव विराट्,
मेरी जननी के हिम-किरीट!
मेरे नगपति! मेरे विशाल!
युग-युग गर्वोन्नत, नित महान्,
युग से किस महिमा का वितान?
यतिवर! कैसा यह अमर ध्यान?
किस जटिल समस्या का निदान?
मेरे नगपति! मेरे विशाल!
पल भर को तो कर दृगुन्मेष!
है तड़प रहा पद पर स्वदेश।
गंगा, यमुना की अमिय-धार
तेरी विगलित करुणा उदार,
सीमापति! तूने की पुकार,
पहले ले मेरा सिर उतार।'
रे, आन पड़ा संकट कराल,
डँस रहे चतुर्दिक विविध व्याल।
कितनी मणियाँ लुट गईं? मिटा
तू ध्यान-मग्न ही रहा; इधर
किन द्रौपदियों के बाल खुले?
कह हृदय खोल चित्तौर! यहाँ
पूछे सिकता-कण से हिमपति!
वन-वन स्वतन्त्रता-दीप लिए
तू पूछ, अवध से, राम कहाँ?
ओ मगध! कहाँ मेरे अशोक?

समाचार वाचन

आज के युग में जनसंचार माध्यमों ने हमारे जीवन में क्रान्तिकारी बदलाव लाया है। इनमें समाचार-पत्र, टेलीविजन, रेडियो और पत्र-पत्रिकाएँ मुख्य रूप से शामिल हैं। समाचार-पत्र शिक्षित व्यक्ति की दैनिक आवश्यकता बन गए हैं। खासतौर पर विद्यार्थियों के लिए समाचार पढ़ने की आदत ज्ञान और जागरूकता बढ़ाने में सहायक होती है।

विद्यालयों में विद्यार्थियों को समाचार-पत्र पढ़ने की आदत डालने के लिए प्रार्थना स्थल पर इसकी शुरुआत की जा सकती है। प्रत्येक विद्यार्थी समाचार-पत्र से कुछ पंक्तियाँ पढ़कर आए और क्रमानुसार समाचार प्रस्तुत करे। इससे न केवल उनकी वाचन कला का विकास होगा, बल्कि अन्य छात्रों का भी ज्ञानवर्धन होगा। समाचारों को केवल समाचार-पत्र से ही नहीं, बल्कि टेलीविजन और रेडियो जैसे अन्य स्रोतों से भी संकलित किया जा सकता है।

समाचार वाचन करते समय ध्यान देने योग्य बातें

- समाचार वाचन करते समय शुद्ध और स्पष्ट उच्चारण करें, ताकि समाचार आसानी से समझे जा सकें।
- संक्षेप में समाचार प्रस्तुत करें, ताकि श्रोता ध्यानपूर्वक सुन सकें।
- समाचार वाचन करते समय एक ही समाचार को बार-बार न दोहराएँ, ताकि वाचन रुचिकर बना रहे।
- समाचार वाचन करते समय भाषा सरल और वाक्य छोटे-छोटे हों, ताकि सन्देश स्पष्ट हो।
- समाचार वाचन करते समय समाचार वाचन की गति सन्तुलित रखें, न बहुत तेज़ और न बहुत धीमी।

समाचार वाचन का उदाहरण

दिल्ली में हल्की बारिश की सम्भावना, सर्दी बढ़ने के आसार

नई दिल्ली राजधानी दिल्ली और उसके आसपास के क्षेत्रों में अगले 24 घण्टों के भीतर हल्की बारिश होने की सम्भावना है। मौसम विभाग के अनुसार, पश्चिमी विक्षोभ के प्रभाव के कारण बादल छाए रहेंगे और हल्की बौछारें पड़ सकती हैं। इस बदलाव से तापमान में गिरावट आने की सम्भावना है, जिससे ठण्ड और बढ़ सकती है।

मौसम वैज्ञानिकों का कहना है कि इस हल्की बारिश से वायु गुणवत्ता में सुधार होने की उम्मीद है। दिल्ली-एनसीआर में पिछले कुछ दिनों से वायु प्रदूषण का स्तर बढ़ा हुआ था, लेकिन बारिश के बाद हवा साफ हो सकती है। हालाँकि इससे ठण्ड भी बढ़ेगी, जिससे लोगों को गर्म कपड़ों का अधिक ध्यान रखना पड़ेगा।

बारिश का असर किसानों पर भी पड़ सकता है। यदि बारिश अधिक देर तक होती है, तो यह खड़ी फसलों के लिए नुकसानदेह हो सकती है। वहीं, गेहूँ और सरसों जैसी रबी फसलों के लिए यह हल्की बारिश फायदेमन्द हो सकती है। बारिश के कारण दिल्ली की सड़कों पर जलभराव की समस्या हो सकती है, जिससे यातायात प्रभावित हो सकता है। मौसम विभाग ने लोगों को सतर्क रहने और आवश्यक होने पर ही घर से बाहर निकलने की सलाह दी है।

मौसम विशेषज्ञों के अनुसार, दिल्ली-एनसीआर में अगले कुछ दिनों तक बादल छाए रहेंगे, लेकिन भारी बारिश की सम्भावना नहीं है। न्यूनतम तापमान 10-12° सेल्सियस के आसपास रहने का अनुमान है।

कार्यक्रम प्रस्तुति

किसी भी कार्यक्रम को प्रस्तुत करना एक विशेष कला है, जिसमें योग्यता, आत्मविश्वास और अभ्यास की आवश्यकता होती है। एक सफल कार्यक्रम प्रस्तुति के लिए स्पष्ट वाणी, प्रभावी भाषा और उचित हाव-भाव का होना बहुत जरूरी है।

कार्यक्रम प्रस्तुति करने वाले को प्रस्तोता, मंच संचालक, उद्घोषक या एंकर कहा जाता है। किसी भी कार्यक्रम की सफलता में मंच संचालक की अहम भूमिका होती है। एक अच्छा मंच संचालक कार्यक्रम को रोचक, प्रभावशाली और अनुशासित तरीके से प्रस्तुत करता है, जिससे श्रोता पूरे कार्यक्रम में रुचि बनाए रखते हैं।

विद्यालयों में होने वाले कार्यक्रम; जैसे–

- बाल सभा
- सदन की बैठक
- वार्षिक उत्सव
- पुरस्कार वितरण समारोह
- सांस्कृतिक कार्यक्रम

मंच संचालन करते समय विद्यार्थी को कुछ महत्त्वपूर्ण बातों का ध्यान रखना चाहिए

- मंच संचालन में सरल और स्पष्ट भाषा का उपयोग करें, जिससे सभी श्रोता आपकी बात को आसानी से समझ सकें।
- मंच संचालन से पहले सभी कार्यक्रमों की सूची तैयार कर अपने पास रखें, ताकि कुछ भी भूलने की सम्भावना न हो।

- दर्शकों को कार्यक्रम से जोड़े रखने के लिए मजेदार चुटकुले, कहावतें, प्रेरणादायक बातें और ज्ञानवर्धक बातें शामिल करनी चाहिए।
- मंच संचालन के दौरान बहुत ज्यादा चमक-धमक या फैशनेबल कपड़ों से बचें। शालीन और सरल वेशभूषा ही बेहतर मानी जाती है।
- एक अच्छे उद्घोषक को साहसी और संयमी रहना चाहिए, ताकि कार्यक्रम को सही तरीके से प्रस्तुत किया जा सके।

कार्यक्रम प्रस्तुति का उदाहरण

सूर्योदय विद्या मन्दिर – वार्षिकोत्सव कार्यक्रम सूची

- मुख्य अतिथि का आगमन– प्रातः 9 बजे
  मुख्य अतिथि – स्थानीय विधायक श्री ...... का आगमन
  विद्यालय प्रबन्धन समिति के सदस्यों द्वारा स्वागत
- मुख्य अतिथि का स्वागत – प्रधानाचार्य महोदय द्वारा फूलों की माला पहनाकर स्वागत,
  कक्षा सात की छात्राएँ (साक्षी और रिद्धि) तिलक एवं आरती द्वारा पारम्परिक स्वागत
- मुख्य अतिथि का परिचय – विद्यालय प्रबन्ध समिति के सचिव द्वारा मुख्य अतिथि का संक्षिप्त परिचय
- कार्यक्रम का आरम्भ – मुख्य अतिथि द्वारा माँ सरस्वती की प्रतिमा के समक्ष दीप प्रज्वलन,
  प्रधानाचार्य, स्टाफ सचिव और अन्य शिक्षकों का सहयोग
- सांस्कृतिक कार्यक्रमों का शुभारम्भ – सरस्वती वन्दना – अनामिका, प्रिया, सृष्टि, वन्दना एवं कृतिका द्वारा (गीतः 'वीणावादिनी! वर दे')
- देशभक्ति गीत – कक्षा दसवीं के छात्रों द्वारा प्रस्तुति
  गीतः 'मेरा रंग दे बसन्ती चोला'
- लोकनृत्य प्रस्तुति – कक्षा सातवीं की छात्राओं द्वारा राजस्थानी लोकगीत 'गोरबन्ध' पर नृत्य प्रस्तुति
- विद्यालय की वार्षिक प्रगति रिपोर्ट – प्रधानाचार्य महोदय द्वारा वार्षिक रिपोर्ट वाचन
- पुरस्कार वितरण – मुख्य अतिथि द्वारा विभिन्न क्षेत्रों में उत्कृष्ट प्रदर्शन करने वाले विद्यार्थियों को पुरस्कार प्रदान
- मुख्य अतिथि का सम्बोधन – मुख्य अतिथि महोदय द्वारा प्रेरणादायक भाषण
- हास्य प्रहसन – कक्षा आठवीं के छात्रों द्वारा नाटक 'बच्चे और मोबाइल' की प्रस्तुति
- धन्यवाद ज्ञापन एवं समापन – विद्यालय प्रबन्धन, शिक्षकों, अभिभावकों एवं विद्यार्थियों का धन्यवाद

मुख्य अतिथि महोदय का विशेष आभार

कार्यक्रम के समापन की औपचारिक घोषणा

वार्षिक उत्सव कार्यक्रम की प्रस्तुति

उपर्युक्त सूची के आधार पर कार्यक्रम की प्रस्तुति निम्न प्रकार की जा सकती है

(कार्यक्रम के लिए सुसज्जित पंडाल, मंच, सामने पंक्तिबद्ध बैठे विद्यार्थी एवं अतिथि, पृष्ठभूमि में मधुर संगीत बज रहा है।)

मंच संचालक सभी सम्मानित अतिथियों, शिक्षकों, अभिभावकों एवं विद्यार्थियों को मेरा सादर प्रणाम!

आज का दिन हमारे सूर्योदय विद्या मन्दिर के लिए एक विशेष दिन है, क्योंकि हम सभी यहाँ वार्षिक उत्सव का आनन्द उठाने के लिए एकत्रित हुए हैं। इस शुभ अवसर पर आप सभी का हार्दिक स्वागत एवं अभिनन्दन करता/करती हूँ।

अब वह घड़ी आ गई है, जिसका हम सभी को बेसब्री से इंतजार था। हमारे मुख्य अतिथि महोदय पण्डाल में पधार चुके हैं। मैं सभी से निवेदन करता/करती हूँ कि उनका गर्मजोशी से स्वागत करें और करतल ध्वनि से उन्हें सम्मान दें।

अब मैं विद्यालय के प्रबन्धक महोदय से विनम्र अनुरोध करता/करती हूँ कि वे मुख्य अतिथि महोदय को मंच पर आमन्त्रित करें एवं उनके साथ मंच पर उचित स्थान ग्रहण करें।

अब मैं विद्यालय के प्रधानाचार्य श्रीमान् .... से निवेदन करता/करती हूँ कि वे मुख्य अतिथि महोदय का फूलों की माला पहनाकर स्वागत करें।

इसके बाद विद्यालय की दो छात्राएँ साक्षी और रिद्धि भारतीय परम्परा के अनुसार तिलक और आरती द्वारा मुख्य अतिथि का स्वागत करेंगी।

अब मैं विद्यालय प्रबन्ध समिति के सचिव श्री ········ से अनुरोध करता/करती हूँ कि वे मुख्य अतिथि महोदय का संक्षिप्त परिचय आप सभी को दें।

अब कार्यक्रम के विधिवत शुभारम्भ हेतु मैं मुख्य अतिथि महोदय से निवेदन करता/करती हूँ कि वे माँ सरस्वती की प्रतिमा के समक्ष दीप प्रज्वलित करें। इस शुभ अवसर पर प्रधानाचार्य महोदया, स्टाफ सचिव एवं अन्य शिक्षकगण उनका सहयोग करेंगे।

सांस्कृतिक कार्यक्रमों का आरम्भ

अब हमारे सांस्कृतिक कार्यक्रम का आरम्भ होने जा रहा है। सबसे पहले हम ज्ञान की देवी माँ सरस्वती की वन्दना प्रस्तुत करेंगे। विद्यालय की छात्राएँ—अनामिका, प्रिया, सृष्टि, वन्दना एवं कृतिका अपनी मधुर वाणी में सरस्वती वन्दना प्रस्तुत करेंगी।

वाह! कितनी सुन्दर प्रस्तुति थी! इन छात्राओं ने अपने भावों से इस वन्दना को और अधिक जीवन्त बना दिया। आपकी तालियाँ इस बात का प्रमाण हैं कि यह प्रस्तुति कितनी मनमोहक रही।

देशभक्ति गीत

अब बारी है देशप्रेम के रंग में रंग जाने की! कक्षा दसवीं के छात्र 'मेरा रंग दे बसन्ती चोला' गीत के माध्यम से अपनी देशभक्ति की भावना व्यक्त करेंगे।

वाह! यह गीत हमारी रगों में देशभक्ति का संचार कर गया। धन्यवाद!

लोकनृत्य प्रस्तुति

अब हम गाँव की उस मिट्टी की सुगन्ध महसूस करने जा रहे हैं, जो हमारे दिल के करीब है। कक्षा सातवीं की छात्राएँ राजस्थानी लोकगीत 'गोरबंध' पर सुन्दर नृत्य प्रस्तुत करेंगी।

अत्यन्त सुन्दर नृत्य! इन छात्राओं ने पूरे माहौल को उत्साह से भर दिया।

नाट्य प्रस्तुति

अब मंच पर कक्षा नौ के छात्र एक प्रेरणादायक नाटक 'शिक्षा का महत्त्व' प्रस्तुत कर रहे हैं, जिसमें एक गरीब बच्चे की संघर्ष गाथा दिखाई जाएगी।

यह नाटक वास्तव में हमें शिक्षा का महत्त्व समझाने में सफल रहा। धन्यवाद!

विद्यालय की प्रगति रिपोर्ट

अब मैं विद्यालय की प्रधानाचार्य महोदय से अनुरोध करता/करती हूँ कि वे विद्यालय की वार्षिक प्रगति रिपोर्ट प्रस्तुत करें।

(प्रधानाचार्य महोदय द्वारा रिपोर्ट वाचन)

पुरस्कार वितरण

अब बारी है उन विद्यार्थियों के सम्मान की, जिन्होंने शैक्षणिक, खेल और अन्य गतिविधियों में उत्कृष्ट प्रदर्शन किया।

मैं मुख्य अतिथि महोदय से अनुरोध करता/करती हूँ कि वे मंच पर आकर विद्यार्थियों को पुरस्कार प्रदान करें।

इस कार्य में खेल शिक्षिका एवं दो अध्यापकगण उनका सहयोग करेंगे।

मुख्य अतिथि का सम्बोधन

अब मैं मुख्य अतिथि महोदय से अनुरोध करता/करती हूँ कि वे मंच पर आकर विद्यार्थियों और विद्यालय परिवार को प्रेरणादायक सम्बोधन दें।

(मुख्य अतिथि महोदय द्वारा सम्बोधन करना)

आपके इन प्रेरणादायक शब्दों के लिए धन्यवाद!

हास्य प्रहसन

अब हम इस कार्यक्रम को और मनोरंजक बनाने के लिए कक्षा आठवीं के छात्रों द्वारा प्रस्तुत हास्य नाटक 'बच्चे और मोबाइल' का आनन्द लेंगे।

आपकी हँसी ही इस प्रहसन की सफलता का प्रमाण है। धन्यवाद!

समापन एवं धन्यवाद ज्ञापन

अब हमारे वार्षिक उत्सव का यह रंगारंग कार्यक्रम अपने अन्तिम पड़ाव पर है।

मैं विद्यालय प्रबन्धन, शिक्षकों, अभिभावकों और विद्यार्थियों का धन्यवाद करता/करती हूँ, जिन्होंने इसे सफल बनाने में योगदान दिया।

विशेष रूप से मुख्य अतिथि महोदय का आभार प्रकट करता/करती हूँ, जिन्होंने अपने बहुमूल्य समय में से समय निकालकर हमें अनमोल मार्गदर्शन दिया।

आप सभी का पुन: धन्यवाद! अब कार्यक्रम का विधिवत समापन किया जाता है। जय हिन्द!

कथा-कहानी सुनाना

कथा और कहानी दोनों ही गद्य साहित्य की वर्णनात्मक विधाएँ हैं, जिनमें किसी घटना, पात्र या विचार को रोचक और प्रभावी ढंग से प्रस्तुत किया जाता है। कथा प्राय: धार्मिक, ऐतिहासिक या नैतिक सन्देश देने के उद्देश्य से सुनाई या लिखी जाती है, जबकि कहानी संक्षिप्त होती है और कल्पना तथा यथार्थ के मिश्रण से मनोरंजन के साथ-साथ शिक्षाप्रद भी हो सकती है।

कहानी सुनाना न केवल मनोरंजन का एक प्रभावी माध्यम है, बल्कि यह नैतिक शिक्षा देने और जीवन मूल्यों को सरलता से समझाने का भी एक सशक्त तरीका है। एक अच्छी कहानी को प्रभावी ढंग से सुनाने के लिए निम्नलिखित बातों का ध्यान रखना आवश्यक है

- कहानी रोचक, ज्ञानवर्धक और संक्षिप्त होनी चाहिए।
- कहानी सुनाते समय स्वर में उतार-चढ़ाव (आरोह-अवरोह) बनाए रखना चाहिए।
- संवादों और पात्रों के अनुसार आवाज में विविधता होनी चाहिए, ताकि श्रोता की रुचि बनी रहे।
- कहानी पूरी तरह याद होनी चाहिए, ताकि सुनाने में कोई रुकावट न आए। बार-बार रुकने या झिझकने से प्रभाव कम हो जाता है।
- कहानी की भाषा सहज और स्पष्ट होनी चाहिए।
- कठिन शब्दों या जटिल वाक्यों से बचना चाहिए।
- चेहरे के भाव, हाथों की मुद्राएँ और शरीर की हलचल कहानी के प्रभाव को बढ़ाते हैं।
- कहानी सुनाते समय आँखों का सम्पर्क बनाए रखना चाहिए।
- प्रत्येक कहानी के अन्त में उसमें निहित शिक्षा को स्पष्ट रूप से बताना चाहिए।
- इससे श्रोता कहानी से जुड़ाव महसूस करते हैं और उसे अपने जीवन में अपनाने का प्रयास करते हैं।

कथा-कहानी का उदाहरण

प्रिय प्रधानाचार्य, शिक्षकगण और मेरे सहपाठियो! आज मैं आपको एक कहानी सुनाने जा रहा हूँ, जिसका शीर्षक है— सच्चाई का ईनाम।

एक गाँव में रमेश नाम का एक ईमानदार लड़का रहता था। वह गरीब था, लेकिन उसकी सबसे बड़ी पूँजी उसका सत्यनिष्ठ स्वभाव था। उसके माता-पिता ने उसे सिखाया था कि चाहे कितनी भी विपरीत परिस्थिति क्यों न आ जाए, कभी झूठ नहीं बोलना चाहिए।

एक दिन रमेश स्कूल से घर लौट रहा था, तभी रास्ते में उसे एक चमचमाता हुआ पर्स मिला। उसने पर्स उठाया और देखा कि उसमें काफी पैसे और कुछ जरूरी कागजात थे। कुछ ही देर में गाँव में खबर फैल गई कि गाँव के बड़े व्यापारी गुप्ता जी का पर्स कहीं गिर गया है।

रमेश के दोस्तों ने उससे कहा, "रमेश, इतने पैसे देखकर इसे अपने पास रख लो। तुम्हारे घर की हालत अच्छी नहीं है, यह पैसे तुम्हारे बहुत काम आएँगे!", लेकिन रमेश अपने माता-पिता की सिखाई हुई ईमानदारी की शिक्षा नहीं भूल सकता था। उसने तय किया कि वह यह पर्स उसके असली मालिक को लौटाएगा।

वह तुरन्त गुप्ता जी के घर गया और उनका पर्स लौटाया। गुप्ता जी यह देखकर बहुत खुश हुए और बोले, "बेटा, आज के समय में ऐसे ईमानदार लोग बहुत कम होते हैं। मैं तुम्हारी सच्चाई और ईमानदारी से बहुत प्रभावित हूँ।"

गुप्ता जी ने खुशी-खुशी रमेश को इनाम के रूप में कुछ पैसे देने चाहे, लेकिन रमेश ने मुस्कुराकर कहा, "मुझे पैसे की जरूरत है, लेकिन मैं अपनी ईमानदारी को बेच नहीं सकता।" यह सुनकर गुप्ता जी बहुत प्रभावित हुए और उन्होंने रमेश की पढ़ाई का खर्च उठाने का वचन दिया।

शिक्षा विपरीत परिस्थितियों में भी हमें झूठ नहीं बोलना चाहिए, क्योंकि सच्चाई और ईमानदारी ही हमें वास्तविक सफलता दिलाती है।

घटना सुनाना / किसी घटना का वर्णन करना

किसी ऐसी घटना या प्रसंग का विस्तारपूर्वक वर्णन करना, जिसे हमने स्वयं देखा हो या जिसमें हम स्वयं सम्मिलित रहे हों, घटना सुनाना/वर्णन कहलाता है। इसमें घटनाओं का क्रमबद्ध और सजीव चित्रण किया जाता है, ताकि पाठक या श्रोता उसे अपनी आँखों के सामने घटित होता हुआ महसूस कर सके।

उदाहरण के लिए—किसी मेले का आँखों देखा हाल, विद्यालय के वार्षिकोत्सव का वर्णन, किसी खेल प्रतियोगिता का विवरण, सड़क पर हुई दुर्घटना या किसी शादी समारोह की घटना आदि का वर्णन किया जा सकता है।

घटना का वर्णन करते समय ध्यान देने योग्य बातें

- घटना का वर्णन स्पष्ट और क्रमबद्ध तरीके से होना चाहिए, ताकि पाठक या श्रोता उसे आसानी से समझ सके।
- वर्णन को वास्तविकता के करीब रखना चाहिए और अनावश्यक अतिश्योक्ति से बचना चाहिए।
- घटना का वर्णन न अधिक लम्बा हो और न ही बहुत छोटा। उसमें आवश्यक जानकारी सम्मिलित होनी चाहिए।
- भाषा और शैली ऐसी हो कि पाठक की रुचि बनी रहे। अनावश्यक विवरण से बचना चाहिए।
- यदि घटना दु:खद, रोमांचक या हास्यप्रद है, तो उसमें आवश्यकतानुसार भाव होना चाहिए, लेकिन अधिक नाटकीयता से बचना चाहिए।
- यदि आप घटना के साक्षी रहे हैं, तो अपने अनुभव को प्रभावी ढंग से व्यक्त करें, जिससे वर्णन अधिक सजीव लगे।
- जहाँ आवश्यक हो, वहाँ संवादों का प्रयोग करने से घटना का वर्णन अधिक प्रभावशाली बनता है।
- घटना किस समय, कहाँ और किन परिस्थितियों में घटी, इसका उल्लेख अवश्य करें, ताकि विवरण सुस्पष्ट हो।
- यदि घटना से कोई शिक्षा मिलती हो, तो उसका उल्लेख अन्त में किया जा सकता है।
- वर्तनी और व्याकरण की अशुद्धियों से बचना चाहिए, ताकि वर्णन प्रभावी और आकर्षक लगे।

घटना सुनाना/वर्णन का उदाहरण

मेले का वर्णन

पिछले रविवार मैं अपने परिवार के साथ शहर के प्रसिद्ध गंगा मेले में गया। यह मेला हर साल बड़े धूमधाम से लगता है और इसमें हज़ारों लोग उमड़ते हैं। मेले में प्रवेश करते ही चारों ओर चहल-पहल और रंग-बिरंगी रौशनी से सजा माहौल देखने को मिला। हर तरफ दुकानों की लम्बी कतारें लगी हुई थीं, जिनमें तरह-तरह की वस्तुएँ बिक रही थीं।

मेले में सबसे अधिक आकर्षण का केन्द्र झूले और खेल-कूद थे। हमने जाइण्ट व्हील, मौत का कुआँ और ड्रैगन राइडर का भरपूर आनन्द लिया। विशेष रूप से मौत के कुएँ में मोटरसाइकिल सवारों के खतरनाक करतब देखकर हम रोमांचित हो उठे।

इसके बाद हमने मिठाइयों और स्थानीय व्यंजनों का स्वाद चखा। गोलगप्पे, चाट, जलेबी और गन्ने के रस का आनन्द लेकर हमारी खुशी दोगुनी हो गई। बच्चों के लिए तरह-तरह के खिलौने, गुब्बारे और किताबों की दुकानें लगी हुई थीं। मैंने अपने लिए एक सुन्दर पतंग और कुछ किताबें खरीदीं।

मेले में कई सांस्कृतिक कार्यक्रम भी हो रहे थे। कहीं नाटक का मंचन हो रहा था, तो कहीं लोकगीत और नृत्य की प्रस्तुतियाँ दी जा रही थीं। पारम्परिक कठपुतली शो और मदारी का खेल भी काफी मनोरंजक था।

मेले में सुरक्षा के पुख्ता इंतजाम थे, लेकिन भीड़ इतनी अधिक थी कि कभी-कभी आगे बढ़ना मुश्किल हो जाता था। शाम होते-होते मेले की रौनक और भी बढ़ गई। रंग-बिरंगी लाइटों की जगमगाहट ने माहौल को और खूबसूरत बना दिया।

रात को हम थककर घर लौटे, लेकिन मेला हमारे मन में एक अविस्मरणीय याद छोड़ गया। वास्तव में, मेले का अनुभव आनन्दमय और मनोरंजक होता है, जहाँ हर कोई अपनी व्यस्त ज़िंदगी से कुछ पल निकालकर खुशियों में डूब जाता है।

परियोजना कार्य

'परियोजना' शब्द योजना में 'परि' उपसर्ग लगने से बना है। 'परि' का अर्थ है 'पूर्णता' अर्थात् ऐसी योजना जो अपने आप में पूर्ण हो, परियोजना कहलाती है। किसी विशेष लक्ष्य की प्राप्ति हेतु जो योजना बनाई और कार्यान्वित की जाती है, उसे परियोजना कहते हैं। यह किसी समस्या के निदान या किसी विषय के तथ्यों को प्रकाशित करने के लिए तैयार की गई एक पूर्ण विचार योजना होता है।

राष्ट्रीय पाठ्यचर्चा की रूपरेखा, नई शिक्षा नीति-2020 तथा केन्द्रीय माध्यमिक शिक्षा बोर्ड द्वारा समय-समय पर अनुभवात्मक अधिगम, आनन्दपूर्ण अधिगम की बात कही गई है। उच्चतर माध्यमिक स्तर पर विद्यार्थियों के लिए हिन्दी का अध्ययन एक सृजनात्मक, साहित्यिक, सांस्कृतिक और विभिन्न प्रयुक्तियों की भाषा के रूप में करने और करवाने के लिए परियोजना कार्य अत्यन्त महत्त्वपूर्ण व लाभदायक सिद्ध होता है।

परियोजना कार्य का महत्त्व

- व्यक्तिगत स्तर पर खोज कार्रवाई और ग्यारहवीं-बारहवीं कक्षा के दौरान अर्जित ज्ञान और कौशल, विचारों आदि पर चिन्तन का उपयोग।
- सैद्धान्तिक निर्माणों और तर्कों का उपयोग करके वास्तविक दुनिया के परिदृश्यों का विश्लेषण और मूल्यांकन
- एक स्वतन्त्र और विस्तारित कार्य का निर्माण करने के लिए महत्त्वपूर्ण और रचनात्मक सोच कौशल और क्षमताओं के अनुप्रयोग का प्रदर्शन।
- उन विषयों पर कार्य करने का अवसर जिनमें शिक्षार्थियों की रुचि है।
- नए ज्ञान की ओर अग्रसर
- खोजी प्रवृत्ति में वृद्धि
- भाषा ज्ञान समृद्ध एवं व्यावहारिक
- समस्या समाधान की क्षमता का विकास

परियोजना कार्य निर्धारित करते समय ध्यान देने योग्य बातें

- परियोजना कार्य शिक्षार्थियों में योग्यता आधारित क्षमता को ध्यान में रखकर दिए जाएँ, जिससे वे विषय के साथ जुड़ते हुए उसके व्यावहारिक पक्ष को समझ सकें। वर्तमान समय में उसकी प्रासंगिकता पर भी ध्यान दिया जाए।
- सत्र के प्रारम्भ में ही विद्यार्थियों को विषय चुनने का अवसर मिले, ताकि उसे शोध, तैयारी और लेखन के लिए पर्याप्त समय मिल सके।
- अध्यापिका/अध्यापक द्वारा कक्षा में परियोजना कार्य को लेकर विस्तारपूर्वक चर्चा की जाए, जिससे विद्यार्थी उसके अर्थ, महत्त्व व प्रक्रिया को भली-भाँति समझने में सक्षम हो सकें।
- हिन्दी भाषा और साहित्य से जुड़े विविध विषयों/ विधाओं/ साहित्यकारों/समकालीन लेखन/भाषा के तकनीकी पक्ष/प्रभाव/अनुप्रयोग/साहित्य के सामाजिक सन्दर्भों एवं जीवन-मूल्य सम्बन्धी प्रभावों आदि पर परियोजना कार्य दिए जाने चाहिए।
- शिक्षार्थी को उसकी रुचि के अनुसार विषय का चयन करने की छूट दी जानी चाहिए तथा अध्यापक/ अध्यापिका को मार्गदर्शक के रूप में उसकी सहायता करनी चाहिए।
- परियोजना कार्य करते समय निम्नलिखित बिन्दुओं को अपनाया जा सकता है

  1. प्रमाण-पत्र
  2. आभार ज्ञापन
  3. विषय-सूची
  4. उद्देश्य
  5. परियोजना समस्या
  6. परिकल्पना
  7. प्रक्रिया (साक्ष्य संग्रह, साक्ष्य का विश्लेषण)
  8. प्रस्तुतीकरण (विषय का विस्तार)
  9. अध्ययन का परिणाम
  10. अध्ययन की सीमाएँ
  11. स्रोत
  12. अध्यापक टिप्पणी
- परियोजना कार्य में शोध के दौरान सम्मिलित किए गए चित्रों और सन्दर्भों के विषय में उचित जानकारी दी जानी चाहिए। उनके स्रोत को अवश्य अंकित करना चाहिए।
- चित्र, रेखाचित्र, विज्ञापन, ग्राफ, विषय से सम्बन्धित आँकड़े, विषय से सम्बन्धित समाचार की कतरनें एकत्रित की जानी चाहिए।

- प्रमाणस्वरूप सम्मिलित किए गए आँकड़े, चित्र, विज्ञापन आदि के स्रोत अंकित करने के साथ-साथ समाचार-पत्र, पत्रिकाओं के नाम तथा दिनांक भी लिखनी चाहिए।
- साहित्यकोश, सन्दर्भ-ग्रन्थ, शब्दकोश की मदद लेनी चाहिए।
- परियोजना कार्य में शिक्षार्थियों के लिए अनेक सम्भावनाएँ हैं। उनके व्यक्तिगत विचार तथा उनकी कल्पना के विस्तृत संसार को अवश्य सम्मिलित किया जाए।

परियोजना कार्य	—	**कुल अंक 10**
विषय वस्तु	—	5 अंक
भाषा एवं प्रस्तुति	—	3 अंक
शोध एवं मौलिकता	—	2 अंक

- हिंदी भाषा और साहित्य से जुड़े विविध विषयों/विधाओं/साहित्यकारों/समकालीन लेखन/साहित्यिक वादों/भाषा के तकनीकी पक्ष/प्रभाव/अनुप्रयोग/साहित्य के सामाजिक सन्दर्भों एवं जीवन-मूल्य सम्बन्धी प्रभावों आदि पर परियोजना कार्य दिए जाने चाहिए।
- सत्र के प्रारम्भ में ही शिक्षार्थी को विषय चुनने का अवसर मिले ताकि उसे शोध, तैयारी और लेखन के लिए पर्याप्त समय मिल सके।

हिंदी साहित्य के दो कहानीकारों का जीवन-परिचय देते हुए उनकी कहानियों से जुड़ी परियोजना कार्य

1. आचार्य रामचंद्र शुक्ल
2. जयशंकर प्रसाद

- **छात्र का नाम** ....
- **कक्षा** ....
- **अनुक्रमांक** ....
- **विद्यालय का नाम** ....
- **विद्यालय कोड संख्या नाम** ....
- **विषयाध्यापक का नाम** ....

प्राप्तांक ....

परीक्षक के हस्ताक्षर ....

नाम ....

आचार्य रामचंद्र शुक्ल

जीवन परिचय

हिन्दी के महान आलोचक, युग-प्रवर्तक तथा लोकप्रिय साहित्यकार आचार्य रामचन्द्र शुक्ल का जन्म 1884 ई. में बस्ती जिले के अगोना नामक ग्राम में हुआ था। इनके पिता का नाम चन्द्रबली शुक्ल था। इनकी प्रारम्भिक शिक्षा-दीक्षा इनके पिता के पास राठ तहसील में हुई थी। एफ. ए. (इण्टरमीडिएट) में आने पर इनकी शिक्षा में बाधा उत्पन्न हुई तथा गणित में कमजोर होने के कारण ये आगे नहीं पढ़ सके। उसके बाद इन्होंने सरकारी नौकरी की, किन्तु स्वाभिमान के कारण इन्होंने सरकारी नौकरी छोड़कर कुछ समय के लिए मिर्जापुर के ही मिशन स्कूल में चित्रकला के अध्यापक के रूप में कार्य किया।

मिर्जापुर के पण्डित केदारनाथ पाठक एवं चौधरी बदरीनारायण 'प्रेमघन' के सम्पर्क में आकर इन्होंने हिन्दी, उर्दू, बांग्ला, संस्कृत, अंग्रेजी आदि कई भाषाओं का ज्ञान अर्जित किया। 'आनन्द कादम्बिनी' नामक पत्रिका में इनकी रचनाएँ प्रकाशित होने लगीं। इन्होंने 19 वर्ष तक नागरी प्रचारिणी सभा में हिन्दी शब्द सागर के सहायक सम्पादक का पदभार ग्रहण किया। ये काशी हिन्दू विश्वविद्यालय में हिन्दी के प्राध्यापक भी रहे। वहाँ ये बाबू श्यामसुन्दर दास के अवकाश ग्रहण करने के बाद हिन्दी विभाग के अध्यक्ष हो गए तथा इनकी गिनती उच्चकोटि के विद्वानों में होने लगी।

हिन्दी साहित्य में शुक्लजी का प्रवेश निबन्धकार तथा कवि के रूप में हुआ। नाटक रचना में भी इनकी विशेष रुचि रही। तत्पश्चात् आलोचना इनकी विशेष एवं प्रिय विधा बन गई। इन्होंने लेखन क्षेत्र में अपना विशिष्ट स्थान प्राप्त किया। ये अपने जीवन के अन्तिम क्षणों तक साहित्य लेखन में निरन्तर लगे रहे। अनवरत लेखन कार्य करते हुए इस महापुरुष का वर्ष 1941 में स्वर्गवास हो गया।

साहित्यिक परिचय

शुक्लजी ने अपने सम्पूर्ण जीवन को साहित्य के प्रति समर्पित किया। हिन्दी साहित्य को विश्व स्तरीय पहचान दिलवाने में आचार्य शुक्ल की साहित्यिक सेवाओं का योगदान अविस्मरणीय है। इनके नाम पर ही हिन्दी साहित्य के 'शुक्ल युग' का प्रवर्तन हुआ। इन्होंने अपना साहित्यिक जीवन काव्य रचना से प्रारम्भ किया। उसके पश्चात् इन्होंने गद्य विधा के क्षेत्र में अधिक कार्य कर अपनी पहचान निबन्धकार, अनुवादक, सम्पादक एवं आलोचक के रूप में बनाई तथा गद्य क्षेत्र में अपूर्व ख्याति प्राप्त की। ये हिन्दी के युग-प्रवर्तक आलोचक हैं। इन्होंने सैद्धान्तिक तथा व्यावहारिक दोनों प्रकार की आलोचनाओं की रचना की।

इन्होंने 'हिन्दी साहित्य का इतिहास' रचकर इतिहास लेखन में सर्वश्रेष्ठ भूमिका प्राप्त की। इन्होंने 'हिन्दी शब्द सागर' का सम्पादन कार्य पूर्ण किया तथा 'नागरी प्रचारिणी पत्रिका' जैसी पत्रिका का प्रभावपूर्ण सम्पादन किया।

कृतियाँ

शैक्षिक, ऐतिहासिक, सांस्कृतिक, धार्मिक, दार्शनिक एवं साहित्यिक विषयों पर इनकी कृतियाँ निम्न प्रकार हैं

1. **निबन्ध** 'चिन्तामणि' तथा 'विचारवीथी' (भावप्रधान तथा समीक्षात्मक)।
2. **आलोचना** 'रसमीमांसा', 'त्रिवेणी' (सूर, तुलसी और जायसी पर आलोचना)।
3. **कहानी** ग्यारह वर्ष का समय।
4. **इतिहास** हिन्दी साहित्य का इतिहास।
5. **सम्पादन** 'तुलसी ग्रन्थावली', 'जायसी ग्रन्थावली', 'हिन्दी शब्द सागर', 'नागरी प्रचारिणी पत्रिका', आनन्द कादम्बिनी, 'भ्रमरगीत सार'।
6. **काव्य रचना** 'अभिमन्यु वध'।
7. **अनुवाद** 'मेगस्थनीज का भारतवर्षीय विवरण', 'आदर्श जीवन', 'कल्याण का आनन्द', 'विश्व प्रपंच', 'बुद्धचरित' (काव्य) आदि।

भाषा

शुक्लजी का भाषा पर पूर्ण अधिकार था। इन्होंने एक ओर अपनी रचनाओं में शुद्ध साहित्यिक खड़ीबोली का प्रयोग किया तथा संस्कृत की तत्सम शब्दावली को प्रधानता दी, तो दूसरी ओर सरल और व्यावहारिक भाषा का भी प्रयोग किया, जिसमें संस्कृतनिष्ठ भाषा के स्थान पर हिन्दी की प्रचलित शब्दावली का प्रयोग है। इसके अतिरिक्त इनकी रचनाओं में उर्दू, फारसी और अंग्रेजी के शब्दों का प्रयोग भी मिलता है।

शैली

शुक्लजी की शैली विवेचनात्मक और संयत है। इनकी शैली निगमन शैली भी कहलाती है। इन्होंने सामासिक शैली का प्रयोग किया। शुक्लजी की सबसे प्रमुख विशेषता यह थी कि वे कम-से-कम शब्दों में अधिक-से-अधिक बात कहने में सक्षम थे। इनकी रचनाओं में प्राय: वर्णनात्मक शैली, विवेचनात्मक शैली, व्याख्यात्मक शैली, आलोचनात्मक शैली, भावात्मक शैली तथा हास्य व्यंग्यात्मक शैली आदि सभी शैलियों के दर्शन होते हैं।

हिन्दी साहित्य में स्थान

शुक्लजी मस्तिष्क से आलोचक एवं अध्यापक तथा हृदय से कवि थे। आलोचना के क्षेत्र में भी इनका विशिष्ट स्थान है। हिन्दी साहित्य जगत में इन्हें 'आलोचना का सम्राट' कहा जाता है। हिन्दी समालोचना के क्षेत्र में इन्होंने अपनी साहित्यिक प्रतिभा से क्रान्ति उत्पन्न कर दी। अपने युग में शुक्लजी उत्तम तथा विशिष्ट निबन्धकार सिद्ध हुए। इनकी विशिष्ट दीप्तिमयता के कारण इनके समकालीन हिन्दी गद्य के युग को 'शुक्ल युग' के नाम से जाना जाता है।

आचार्य रामचंद्र शुक्ल द्वारा लिखित निबंध

मित्रता

जब कोई युवा पुरुष अपने घर से बाहर निकलकर बाहरी संसार में अपनी स्थिति जमाता है, तब पहली कठिनता उसे मित्र चुनने में पड़ती है। यदि उसकी स्थिति बिल्कुल एकान्त और निराली नहीं रहती, तो उसकी जान-पहचान के लोग **धड़ाधड़** बढ़ते जाते हैं और थोड़े ही दिनों में कुछ लोगों से उसका हेल-मेल हो जाता है। यही हेल-मेल बढ़ते-बढ़ते मित्रता के रूप में **परिणत** हो जाता है। मित्रों के चुनाव की उपयुक्तता पर उसके जीवन की सफलता निर्भर हो जाती है, क्योंकि संगति का गुप्त प्रभाव हमारे आचरण पर बड़ा भारी पड़ता है।

हम लोग ऐसे समय में समाज में प्रवेश करके अपना कार्य आरम्भ करते हैं, जबकि हमारा **चित्त** कोमल और हर तरह का संस्कार ग्रहण करने योग्य रहता है। हमारे भाव **अपरिमार्जित** और हमारी **प्रवृत्ति** अपरिपक्व रहती है। अपने मनोवेगों की शक्ति और अपनी प्रकृति की कोमलता का पता हमी को नहीं रहता। हम लोग कच्ची मिट्टी की मूर्ति के समान रहते हैं, जिसे जो जिस रूप का चाहे, उस रूप में ढाले—चाहे राक्षस बनाएँ, चाहे देवता। ऐसे लोगों का साथ करना हमारे लिए बुरा है, जो हमसे अधिक **दृढ़ संकल्प** के हैं, क्योंकि हमें उनकी प्रत्येक बात बिना विरोध के मान लेनी पड़ती है। पर ऐसे लोगों का साथ करना और बुरा है, जो हमारी ही बात को ऊपर रखते हैं, क्योंकि ऐसी दशा में न तो हमारे ऊपर कोई दबाव रहता है और न हमारे लिए कोई सहारा। दोनों अवस्थाओं में जिस बात का भय रहता है, उसका पता युवा पुरुषों को प्राय: बहुत कम रहता है। यदि **विवेक-बुद्धि** से काम लिया जाए, तो यह भय नहीं रहता, पर युवा पुरुष प्राय: विवेक से कम काम लेते हैं। कैसे आश्चर्य की बात है कि लोग एक घोड़ा लेते हैं, तो उसके गुण-दोष कितना परखकर लेते हैं, पर किसी को मित्र बनाने में उसके पूर्व आचरण और स्वभाव आदि का कुछ भी विचार और अनुसन्धान नहीं करते। वे उसमें सभी बातें अच्छी-ही-अच्छी मानकर अपना पूरा विश्वास जमा देते हैं। हँसमुख चेहरा, बातचीत का ढंग, थोड़ी चतुराई या साहस— ये ही दो-चार बातें किसी में देखकर लोग चटपट उसे अपना बना लेते हैं। हम लोग यह नहीं सोचते कि मैत्री का उद्देश्य क्या है? क्या जीवन के व्यवहार में उसका कुछ मूल्य भी है। यह बात हमें नहीं सूझती कि यह एक ऐसा साधन है, जिससे आत्मशिक्षा का कार्य बहुत सुगम हो जाता है।

एक प्राचीन विद्वान का वचन है-''विश्वासपात्र मित्र से बड़ी भारी रक्षा रहती है। जिसे ऐसा मित्र मिल जाए, उसे समझना चाहिए कि खजाना मिल गया।'' विश्वासपात्र मित्र जीवन की एक औषधि है। हमें अपने मित्रों से यह आशा रखनी चाहिए कि वे उत्तम संकल्पों से हमें दृढ़ करेंगे, दोषों और त्रुटियों से हमें बचाएँगे, हमारे सत्य, पवित्रता और मर्यादा के प्रेम को पुष्ट करेंगे, जब हम कुमार्ग पर पैर रखेंगे, तब वे हमें सचेत करेंगे, जब हम **हतोत्साहित** होंगे, तब वे हमें उत्साहित करेंगे। सारांश यह है कि वे हमें उत्तमतापूर्वक जीवन-निर्वाह करने में हर तरह से हमारी सहायता करेंगे। सच्ची मित्रता में उत्तम-से-उत्तम वैद्य की-सी निपुणता और परख होती है, अच्छी-से-अच्छी माता का-सा धैर्य और कोमलता होती है। ऐसी ही मित्रता करने का प्रयत्न प्रत्येक व्यक्ति को करना चाहिए।

छात्रावस्था में तो मित्रता की धुन सवार रहती है। मित्रता हृदय से उमड़ी पड़ती है। पीछे के जो स्नेह-बन्धन होते हैं, उसमें न तो उतनी उमंग रहती है, न उतनी **खिन्नता**। बाल-मैत्री में जो मग्न करने वाला आनन्द होता है, जो हृदय को बेधने वाली ईर्ष्या और खिन्नता होती है, वह और कहाँ? कैसी मधुरता और कैसी **अनुरक्ति** होती है, कैसा अपार विश्वास होता है! हृदय के कैसे-कैसे उद्‌गार निकलते हैं! वर्तमान कैसा आनन्दमय दिखाई पड़ता है और भविष्य के सम्बन्ध में कैसी लुभाने वाली कल्पनाएँ मन में रहती हैं। कितनी जल्दी बातें लगती हैं और कितनी जल्दी मानना-मनाना होता है! 'सहपाठी की मित्रता' इस उक्ति में हृदय के कितने भारी उथल-पुथल का भाव भरा हुआ है, किन्तु जिस प्रकार युवा पुरुष की मित्रता स्कूल के बालक की मित्रता से दृढ़, शान्त और गम्भीर होती है, उसी प्रकार हमारी युवावस्था के मित्र बाल्यावस्था के मित्रों से कई बातों में भिन्न होते हैं। मैं समझता हूँ कि मित्र चाहते हुए बहुत-से लोग मित्र के आदर्श की कल्पना मन में करते होंगे, पर इस कल्पित आदर्श से तो हमारा काम जीवन की झंझटों में चलता नहीं। सुन्दर **प्रतिमा**, मनभावनी चाल और स्वच्छन्द प्रकृति, ये ही दो-चार बातें देखकर मित्रता की जाती है, पर जीवन-संग्राम में साथ देने वाले मित्रों में इनमें से कुछ अधिक बातें चाहिए। मित्र केवल उसे नहीं कहते, जिसके गुणों की तो हम प्रशंसा करें, पर जिसे हम स्नेह न कर सकें। मित्र जिससे अपने छोटे-छोटे काम तो हम निकालते जाएँ, पर भीतर-ही-भीतर घृणा करते रहें। मित्र सच्चे पथ-प्रदर्शक के समान होना चाहिए, जिस पर हम पूरा विश्वास कर सकें। मित्र भाई के समान होना चाहिए, जिसे हम अपना प्रीति-पात्र बना सकें। हमारे और हमारे मित्र के बीच सच्ची सहानुभूति होनी चाहिए—ऐसी सहानुभूति, जिससे एक के हानि-लाभ को दूसरा अपना हानि-लाभ समझे। मित्रता के लिए यह आवश्यक नहीं है कि दो मित्र एक ही प्रकार का कार्य करते हो या एक ही रुचि के हों। इसी प्रकार प्रकृति और आचरण की समानता भी आवश्यक या **वांछनीय** नहीं है। दो भिन्न प्रकृति के मनुष्यों में बराबर प्रीति और मित्रता रही है। राम धीर और शान्त प्रकृति के थे, लक्ष्मण उग्र और उद्धत स्वभाव के थे, पर दोनों भाइयों में अत्यन्त प्रगाढ़ स्नेह था। उदार तथा उच्चाशय कर्ण और लोभी दुर्योधन के स्वभावों में कुछ विशेष समानता न थी, पर उन दोनों की मित्रता खूब निभी। यह कोई बात नहीं है कि एक ही स्वभाव और रुचि के लोगों में ही मित्रता हो सकती है। समाज में विभिन्नता देखकर लोग एक-दूसरे की ओर आकर्षित होते हैं। जो गुण हममें नहीं

हैं, हम चाहते हैं कि कोई ऐसा मित्र मिले, जिसमें वे गुण हों। चिन्ताशील मनुष्य **प्रफुल्लित** चित्त का साथ ढूँढता है, निर्बल बली का, धीर उत्साही का। उच्च आकांक्षा वाला चन्द्रगुप्त युक्ति और उपाय के लिए चाणक्य का मुँह ताकता था। नीति-विशारद अकबर मन बहलाने के लिए बीरबल की ओर देखता था।

मित्र का कर्त्तव्य इस प्रकार बताया गया है— "उच्च और महान कार्यों में इस प्रकार सहायता देना, मन बढ़ाना और साहस दिलाना कि तुम अपनी निज की सामर्थ्य से बाहर काम कर जाओ।" यह कर्त्तव्य उसी से पूरा होगा, जो दृढ़-चित्त और सत्य-संकल्प का हो। इससे हमें ऐसे ही मित्रों की खोज में रहना चाहिए, जिनमें हमसे अधिक आत्मबल हो। हमें उनका पल्ला उसी तरह पकड़ना चाहिए, जिस तरह सुग्रीव ने राम का पल्ला पकड़ा था।

मित्र हों तो प्रतिष्ठित और शुद्ध हृदय के हों, मृदुल और पुरुषार्थी हों, शिष्ट और सत्यनिष्ठ हों, जिससे हम अपने को उनके भरोसे पर छोड़ सकें और यह विश्वास कर सकें कि उनसे किसी प्रकार का धोखा न होगा।

जो बात ऊपर मित्रों के सम्बन्ध में कही गई है, वही जान-पहचान वालों के सम्बन्ध में भी ठीक है। जान-पहचान के लोग ऐसे हों, जिनसे हम कुछ लाभ उठा सकते हों, जो हमारे जीवन को उत्तम और आनन्दमय करने में कुछ सहायता दे सकते हों, यद्यपि उतनी नहीं, जितनी गहरे मित्र दे सकते हैं। मनुष्य का जीवन थोड़ा है, उसमें खोने के लिए समय नहीं। यदि क, ख और ग हमारे लिए कुछ नहीं कर सकते हैं, न कोई बुद्धिमानी या विनोद की बातचीत कर सकते हैं, न कोई अच्छी बात बता सकते हैं, न सहानुभूति द्वारा हमें ढाँढ़स बँधा सकते हैं, न हमारे आनन्द में सम्मिलित हो सकते हैं, न हमें कर्त्तव्य का ध्यान दिला सकते हैं, तो ईश्वर हमें उनसे दूर ही रखे। हमें अपने चारों ओर जड़ मूर्तियाँ सजाना नहीं है।

आजकल जान-पहचान बढ़ाना कोई बड़ी बात नहीं है। कोई भी युवा पुरुष ऐसे अनेक युवा पुरुषों को पा सकता है, जो उसके साथ थियेटर देखने जाएँगे, नाच-रंग में जाएँगे, सैर-सपाटे में जाएँगे, भोजन का निमन्त्रण स्वीकार करेंगे। यदि ऐसे जान-पहचान के लोगों से कुछ हानि न होगी, तो लाभ भी न होगा। पर यदि हानि होगी, तो बड़ी भारी होगी। सोचो तो तुम्हारा जीवन कितना नष्ट होगा। यदि ये जान-पहचान के लोग उन मनचले युवकों में से निकले, जिनकी संख्या **दुर्भाग्यवश** आजकल बहुत बढ़ रही है, यदि उन शोहदों में से निकले, जो अमीरों की बुराइयों और मूर्खताओं की नकल किया करते हैं, दिन-रात बनाव-सिंगार में रहा करते हैं, महफिलों में 'ओ-हो-हो', 'वाह-वाह' किया करते हैं, गलियों में ठट्ठा मारते हैं और सिगरेट का धुआँ उड़ाते चलते हैं। ऐसे नवयुवकों से बढ़कर शून्य, **निःसार** तथा शोचनीय जीवन और किसका है? वे अच्छी बातों के सच्चे आनन्द से कोसों दूर हैं। उनके लिए न तो संसार में सुन्दर और मनोहर उक्ति वाले कवि हुए हैं और न संसार में सुन्दर आचरण वाले महात्मा हुए हैं। उनके लिए न तो बड़े-बड़े वीर अद्भुत कर्म कर गए हैं और न बड़े-बड़े ग्रन्थकार ऐसे विचार छोड़ गए हैं, जिनसे मनुष्य जाति के हृदय में सात्विकता की उमंगें उठती हैं।

उनके लिए फूल-पत्तियों में कोई सौन्दर्य नहीं, झरनों के कल-कल में मधुर संगीत नहीं, अनन्त सागर-तरंगों पर गम्भीर रहस्यों का आभास नहीं, उनके भाग्य में सच्चे प्रयत्न और पुरुषार्थ का आनन्द नहीं, उनके भाग्य में सच्ची प्रीति का सुख और कोमल हृदय की शान्ति नहीं। जिनकी आत्मा अपने इन्द्रिय विषयों में ही लिप्त है, जिनका हृदय नीचाशयों और कुत्सित विचारों से कलुषित है, ऐसे नाशोन्मुख प्राणियों को दिन-दिन अन्धकार में पतित होते देख कौन ऐसा होगा, जो तरस न खाएगा? उसे ऐसे प्राणियों का साथ नहीं करना चाहिए।

मकदूनिया का बादशाह डेमेट्रियस कभी-कभी राज्य का सब काम छोड़ अपने ही मेल के दस-पाँच साथियों को लेकर विषय-वासना में लिप्त रहा करता था। एक बार बीमारी का बहाना करके इसी प्रकार वह अपने दिन काट रहा था। इसी बीच उसका पिता उससे मिलने के लिए गया और उसने एक हँसमुख जवान को कोठरी से बाहर निकलते देखा। जब पिता कोठरी के भीतर पहुँचा, तब डेमेट्रियस ने कहा—'ज्वर ने मुझे अभी छोड़ा है।' पिता ने कहा—'हाँ! ठीक है, वह दरवाजे पर मुझे मिला था।'

कुसंग का ज्वर सबसे भयानक होता है। यह केवल नीति और सद्वृत्ति का ही नाश नहीं करता, बल्कि बुद्धि का भी क्षय करता है। किसी युवा पुरुष की संगति यदि बुरी होगी, तो वह उसके पैरों में बँधी चक्की के समान होगी, जो उसे दिन-दिन अवनति के गड्ढे में गिराती जाएगी और यदि अच्छी होगी, तो सहारा देने वाली बाहु के समान होगी, जो उसे निरन्तर उन्नति की ओर उठाती जाएगी।

इंग्लैण्ड के एक विद्वान को युवावस्था में राज-दरबार में जगह नहीं मिली। इस पर जिन्दगीभर वह अपने भाग्य को सराहता रहा। बहुत-से लोग इसे अपना बड़ा दुर्भाग्य समझते, पर वह अच्छी तरह जानता था कि वहाँ वह बुरे लोगों की संगति में पड़ता, जो उसकी आध्यात्मिक उन्नति में बाधक होते। बहुत-से लोग ऐसे होते हैं, जिनके घड़ीभर के साथ से भी बुद्धि भ्रष्ट हो जाती है, क्योंकि उनके ही बीच में ऐसी-ऐसी बातें कही जाती हैं, जो कानों में नहीं पड़नी चाहिए। चित्त पर ऐसे प्रभाव पड़ते हैं, जिनसे उसकी पवित्रता का नाश होता है। बुराई अटल भाव धारण करके बैठती है। बुरी बातें हमारी धारणा में बहुत दिनों तक टिकती हैं। इस बात को प्रायः सभी लोग जानते हैं कि भद्दे व फूहड़ गीत जितनी जल्दी ध्यान पर चढ़ते हैं, उतनी जल्दी कोई गम्भीर या अच्छी बात नहीं।

एक बार एक मित्र ने मुझसे कहा कि उसने लड़कपन में कहीं से एक बुरी कहावत सुन पायी थी, जिसका ध्यान वह लाख चेष्टा करता है कि न आए, पर बार-बार आता है। जिन भावनाओं को हम दूर रखना चाहते हैं, जिन बातों को हम याद करना नहीं चाहते, वे बार-बार हृदय में उठती हैं और बेधती हैं। अत: तुम पूरी चौकसी रखो, ऐसे लोगों को कभी साथी न बनाओ, जो अश्लील, अपवित्र और फूहड़ बातों से तुम्हें हँसाना चाहें। सावधान रहो। ऐसा न हो कि पहले-पहल तुम इसे एक बहुत सामान्य बात समझो और सोचो कि एक बार ऐसा हुआ, फिर ऐसा न होगा अथवा तुम्हारे चरित्र-बल का ऐसा प्रभाव पड़ेगा कि ऐसी बातें बकने वाले आगे चलकर आप सुधर जाएँगे। नहीं, ऐसा नहीं होगा। जब एक बार मनुष्य अपना पैर कीचड़ में डाल देता है, तो फिर यह नहीं देखता कि वह कहाँ और कैसी जगह पैर रखता है। धीरे-धीरे उन बुरी बातों में अभ्यस्त होते-होते तुम्हारी घृणा कम हो जाएगी। फिर तुम्हें उनसे चिढ़ न मालूम होगी, क्योंकि तुम यह सोचने लगोगे कि चिढ़ने की बात ही क्या है। तुम्हारा विवेक कुण्ठित हो जाएगा और तुम्हें भले-बुरे की पहचान न रह जाएगी। अन्त में होते-होते तुम भी बुराई के भक्त बन जाओगे। अत: हृदय को उज्ज्वल और **निष्कलंक** रखने का सबसे अच्छा उपाय यही है कि बुरी संगत की छूत से बचो। यह पुरानी कहावत है कि

"काजल की कोठरी में कैसो हू **सयानो** जाय,
एक लीक काजल की लागि है पै लागि है।"

जयशंकर प्रसाद

जीवन परिचय

जयशंकर प्रसाद का जन्म काशी में 'सुँघनी साहू' नाम से प्रचलित वैश्य परिवार में 1889 ई. में हुआ था। इनके पिता का नाम देवी प्रसाद था। देवी प्रसाद स्वयं भी साहित्य-प्रेमी थे। इनके परिवार का मुख्य व्यापार तम्बाकू का था। प्रसाद जी का बाल्यकाल सुख से बीता, परन्तु युवावस्था में इनके पिता का स्वर्गवास हो गया और उनके चार वर्ष बाद ही इनकी माता का भी देहावसान हो गया, इसलिए इनकी शिक्षा तथा पालन-पोषण का भार इनके बड़े भाई शम्भूरत्न के ऊपर आ गया। इन्होंने फारसी, संस्कृत, हिन्दी, उर्दू तथा अंग्रेजी शिक्षा का ज्ञान घर पर ही प्राप्त किया तथा वेद, पुराण, साहित्य, दर्शन के स्वाध्याय से ही पूर्ण ज्ञान प्राप्त कर लिया। प्रसाद जी में काव्य-सृजन के गुण बाल्यावस्था से ही निहित थे। बड़े भाई की मृत्यु के कारण इनका व्यापार ठप्प हो गया तथा इनका परिवार ऋणग्रस्त हो गया। ऋण चुकाने के लिए इन्होंने पूरी पैतृक सम्पत्ति बेच दी। इन्होंने तीन शादियाँ की, किन्तु तीनों ही पत्नियों की असमय मृत्यु हो गई।

प्रसाद जी को अपने जीवन में अनेकानेक विपरीत परिस्थितियों का सामना करना पड़ा। इनका पूरा जीवन संघर्षों में ही बीता, किन्तु ये कभी निराश नहीं हुए। प्रसाद जी क्षय रोग के शिकार होने के कारण बहुत दुर्बल हो गए थे। अन्तत: काशी में वर्ष 1937 में इनका स्वर्गवास हो गया।

साहित्यिक परिचय

प्रसाद जी में साहित्य सृजन की प्रतिभा जन्मजात से ही विद्यमान थी। अपने अल्प जीवनकाल में इन्होंने जो कुछ भी लिखा, वह हिन्दी साहित्य की अमूल्य निधि बन गया। इन्होंने भारत के उज्ज्वल अतीत को अपनी रचनाओं में चित्रित किया है। प्रसाद जी ने नाटक, कहानी, उपन्यास, निबन्ध और काव्य के क्षेत्र में अपनी विलक्षण साहित्यिक प्रतिभा का परिचय दिया। इन्होंने काव्य, साहित्य, कला आदि विषयों पर अनेक महत्त्वपूर्ण निबन्ध लिखे। कहानी व उपन्यास के क्षेत्र में भी इन्होने कई अद्वितीय रचनाएँ लिखीं। 'कामायनी' जैसे विश्वप्रसिद्ध महाकाव्य की रचना करके प्रसाद जी ने हिन्दी साहित्य को अमर कर दिया। नाटक के क्षेत्र में इनके योगदान को देखते हुए उस काल को 'प्रसाद युग' का नाम दिया गया। शिल्प की दृष्टि से इन्होंने नाटकों को नवीन दिशा प्रदान की। भारतीय संस्कृति व राष्ट्रीय भावना से ओत-प्रोत नाटक रचकर इनका नाम विश्वस्तर के लेखकों में प्रसिद्ध हो गया। काव्य के क्षेत्र में प्रसाद जी छायावादी काव्यधारा के प्रवर्तक थे। हिन्दी साहित्य में उत्कृष्ट कार्य हेतु इन्हें 'काशी नागरी प्रचारिणी' और 'हिन्दुस्तान अकेडमी' द्वारा पुरस्कृत किया गया। इनका सम्पूर्ण जीवन माँ भारती की आराधना में ही गुजरा।

कृतियाँ

प्रसाद जी की प्रमुख कृतियाँ निम्नलिखित हैं

1. **नाटक** 'चन्द्रगुप्त', 'स्कन्दगुप्त', 'अजातशत्रु', 'सज्जन', 'कल्याणी-परिणय', 'प्रायश्चित', 'जनमेजय का नागयज्ञ', 'विशाख', 'ध्रुवस्वामिनी', 'राज्यश्री', 'कामना', 'एक घूँट', 'आकाशदीप', 'करुणालय' आदि।

2. **कहानी** 'आँधी', 'इन्द्रजाल', 'छाया', 'प्रतिध्वनि' आदि।
3. **उपन्यास** 'इरावती' (अपूर्ण), 'तितली', 'कंकाल'।
4. **निबन्ध** काव्य और कला एवं अन्य निबन्ध।
5. **काव्य** 'आँसू', 'कामायनी', 'लहर', 'झरना', 'चित्राधार'।

भाषा

प्रसाद जी के साहित्य के समान ही इनकी भाषा के भी कई स्वरूप देखने को मिलते हैं। प्रसाद जी की भाषा में संस्कृत के तत्सम शब्दों की बहुलता है। भावमयता इनकी भाषा की प्रमुख विशेषता है। इनके अधिकांश साहित्य में भावों व विचारों के अनुरूप ही शब्दों का प्रयोग हुआ है। इनकी भाषा में मुहावरों तथा लोकोक्तियों का प्रयोग न के बराबर है तथा विदेशी शब्द भी अल्प मात्रा में दिखाई पड़ते हैं। इनकी शब्दावली विस्तृत, संस्कृतनिष्ठ तथा सहज है।

शैली

प्रसाद जी की शैली मुख्यत: अलंकृत व चित्रात्मक है, परन्तु इनकी रचनाओं में भावात्मक, अनुसन्धानात्मक, इतिवृत्तात्मक तथा विचारात्मक शैलियों का पुट भी देखने को मिलता है। इसके अतिरिक्त इन्होंने सूक्ति शैली, संवाद शैली का भी प्रयोग किया है।

हिन्दी साहित्य में स्थान

प्रसाद जी का व्यक्तित्व बहुमुखी प्रतिभा वाला है। ये कहानीकार, नाटककार, उपन्यासकार होने के साथ-साथ कवित्व गुणों के धनी भी थे। युग प्रवर्तक साहित्यकार जयशंकर प्रसाद ने गद्य एवं काव्य दोनों ही विधाओं में रचना करके हिन्दी साहित्य को सशक्त तथा प्रभावशाली पथ प्रदान किया। महाकाव्य 'कामायनी' की रचना करके प्रसाद जी ने आधुनिक काल में अपना अग्रिम स्थान ग्रहण किया है। हिन्दी साहित्य में जयशंकर प्रसाद का नाम सर्वोपरि है।

जयशंकर प्रसाद द्वारा लिखित कहानी

ममता

रोहतास-दुर्ग के प्रकोष्ठ में बैठी हुई युवती ममता, शोण के तीक्ष्ण गम्भीर प्रवाह को देख रही है। ममता विधवा थी। उसका यौवन शोण के समान ही उमड़ रहा था। मन में वेदना, मस्तक में आँधी, आँखों में पानी की बरसात लिए, वह सुख के कण्टक-शयन में विकल थी। वह रोहतास दुर्गपति के मन्त्री चूड़ामणि की अकेली दुहिता थी, फिर उसके लिए कुछ अभाव होना असम्भव था, परन्तु वह विधवा थी। हिन्दू-विधवा संसार में सबसे निराश्रय प्राणी है, तब उसकी विडम्बना का कहाँ अन्त था?

चूड़ामणि ने चुपचाप उसके प्रकोष्ठ में प्रवेश किया। शोण के प्रवाह में, उसके कल-नाद में, अपना जीवन मिलाने में वह बेसुध थी। पिता का आना न जान सकी। चूड़ामणि व्यथित हो उठे। स्नेह-पालिता पुत्री के लिए क्या करें, यह स्थिर न कर सकते थे। लौटकर बाहर चले गए। ऐसा प्राय: होता, पर आज मन्त्री के मन में बड़ी दुश्चिन्ता थी। पैर सीधे न पड़ते थे।

एक पहर बीत जाने पर वे फिर ममता के पास आए। उस समय उनके पीछे दस सेवक चाँदी के बड़े थालों में कुछ लिए खड़े थे। कितने ही मनुष्यों के पद-शब्द सुन ममता ने घूमकर देखा। मन्त्री ने सब थालों को रखने का संकेत किया। अनुचर थाल रखकर चले गए।

ममता ने पूछा-"यह क्या है पिताजी?"

"तेरे लिए बेटी! उपहार है।"—कहकर चूड़ामणि ने उसका आवरण उलट दिया। स्वर्ण का पीलापन उस सुनहली संध्या में विकीर्ण होने लगा। ममता चौंक उठी

"इतना स्वर्ण! यह कहाँ से आया?"

"चुप रहो ममता, यह तुम्हारे लिए है!"

"तो क्या आपने म्लेच्छ का उत्कोच स्वीकार कर लिया? पिताजी, यह अनर्थ है, अर्थ नहीं। लौटा दीजिए। पिताजी! हम लोग ब्राह्मण हैं, इतना सोना लेकर क्या करेंगे?"

"इस पतनोन्मुख प्राचीन सामन्त-वंश का अन्त समीप है, बेटी! किसी भी दिन शेरशाह रोहिताश्व पर अधिकार कर सकता है। उस दिन मन्त्रित्व न रहेगा, तब के लिए बेटी।"

"हे भगवान! तब के लिए! विपद के लिए! इतना आयोजन! परमपिता की इच्छा के विरुद्ध इतना साहस ! पिताजी, क्या भीख न मिलेगी? क्या कोई हिन्दू भू-पृष्ठ पर न बचा रह जाएगा, जो ब्राह्मण को दो मुट्ठी अन्न दे सके? यह असम्भव है। फेर दीजिए पिताजी, मैं काँप रही हूँ—इसकी चमक आँखों को अन्धा बना रही है।"

'मूर्ख है'—कहकर चूड़ामणि चले गए।

दूसरे दिन जब डोलियों का ताँता भीतर आ रहा था, ब्राह्मण मन्त्री चूड़ामणि का हृदय धक्-धक् करने लगा। वह अपने को रोक न सका। उसने जाकर रोहतास दुर्ग के तोरण पर डोलियों का आवरण खुलवाना चाहा। पठानों ने कहा

"यह महिलाओं का अपमान करना है।"

बात बढ़ गई। तलवारें खिंचीं, ब्राह्मण वहीं मारा गया और राजा-रानी और कोष सब छली शेरशाह के हाथ पड़े; निकल गई ममता। डोली में भरे हुए पठान सैनिक दुर्ग भर में फैल गए, पर ममता न मिली।

काशी के उत्तर में धर्मचक्र विहार, मौर्य और गुप्त सम्राटों की कीर्ति का खण्डहर था। भग्न चूड़ा, तृण-गुल्मों से ढके हुए प्राचीर, ईंटों के ढेर में बिखरी हुई भारतीय शिल्प की विभूति, ग्रीष्म की चन्द्रिका में अपने को शीतल कर रही थी।

जहाँ पंचवर्गीय भिक्षु गौतम का उपदेश ग्रहण करने के लिए पहले मिले थे, उसी स्तूप के भग्नावशेष की मलिन छाया में एक झोंपड़ी के दीपालोक में एक स्त्री पाठ कर रही थी

"अनन्याश्चिन्तयन्तो मां ये जना: पर्युपासते"

पाठ रुक गया। एक भीषण और हताश आकृति दीप के मन्द प्रकाश में सामने खड़ी थी। स्त्री उठी, उसने कपाट बन्द करना चाहा, परन्तु उस व्यक्ति ने कहा—"माता! मुझे आश्रय चाहिए।"

"तुम कौन हो?"—स्त्री ने पूछा।

"मैं मुगल हूँ। चौसा-युद्ध में शेरशाह से विपन्न होकर रक्षा चाहता हूँ। इस रात अब आगे चलने में असमर्थ हूँ।"

"क्या शेरशाह से!" स्त्री ने अपने ओंठ काट लिए।

"हाँ, माता!"

"परन्तु तुम भी वैसे ही क्रूर हो, वही भीषण रक्त की प्यास, वही निष्ठुर प्रतिबिम्ब, तुम्हारे मुख पर भी है। सैनिक! मेरी कुटी में स्थान नहीं, जाओ कहीं दूसरा आश्रय खोज लो!"

"गला सूख रहा है, साथी छूट गए हैं, अश्व गिर पड़ा है—इतना थका हुआ हूँ, इतना!"—कहते-कहते वह व्यक्ति धम से बैठ गया और उसके सामने ब्रह्माण्ड घूमने लगा। स्त्री ने सोचा, यह विपत्ति कहाँ से आई। उसने जल दिया, मुगल के प्राणों की रक्षा हुई। वह सोचने लगी—"सब विधर्मी दया के पात्र नहीं—मेरे पिता का वध करने वाले आततायी!" घृणा से उसका मन विरक्त हो गया। स्वस्थ होकर मुगल ने कहा—"माता! तो फिर मैं चला जाऊँ?" स्त्री विचार कर रही थी—"मैं ब्राह्मणी हूँ, मुझे तो अपने धर्म अतिथि-देव की उपासना का पालन करना चाहिए, परन्तु यहाँ... नहीं-नहीं, सब विधर्मी दया के पात्र नहीं, परन्तु यह दया तो नहीं... कर्त्तव्य करना है। तब?"

मुगल अपनी तलवार टेककर उठ खड़ा हुआ। ममता ने कहा—"क्या आश्चर्य है कि तुम भी छल करो, ठहरो।" "छल! नहीं, तब नहीं स्त्री! जाता हूँ, तैमूर का वंशधर स्त्री से छल करेगा? जाता हूँ। भाग्य का खेल है।"

ममता ने मन में कहा—"यहाँ कौन दुर्ग है! यही झोंपड़ी न, जो चाहे ले ले, मुझे तो अपना कर्त्तव्य करना पड़ेगा।" वह बाहर चली आई और मुगल से बोली—"जाओ भीतर, थके हुए भयभीत पथिक! तुम चाहे कोई हो, मैं तुम्हें आश्रय देती हूँ। मैं ब्राह्मण-कुमारी हूँ, सब अपना धर्म छोड़ दें, तो मैं भी क्यों छोड़ दूँ?" मुगल ने चन्द्रमा के मन्द प्रकाश में वह महिमामय मुखमण्डल देखा, उसने मन-ही-मन नमस्कार किया। ममता पास की टूटी हुई दीवार में चली गई। भीतर, थके पथिक ने झोंपड़ी में विश्राम किया।

प्रभात में खण्डहर की सन्धि से ममता ने देखा, सैकड़ों अश्वारोही उस प्रान्त में घूम रहे हैं। वह अपनी मूर्खता पर अपने को कोसने लगी।

अब उस झोंपड़ी से निकलकर उस पथिक ने कहा—"मिरजा। मैं यहाँ हूँ।"

शब्द सुनते ही प्रसन्नता की चीत्कार-ध्वनि से वह प्रान्त गूँज उठा। ममता अधिक भयभीत हुई। पथिक ने कहा—"वह स्त्री कहाँ है? उसे खोज निकालो।" ममता छिपने के लिए अधिक सचेष्ट हुई। वह मृग-दाव में चली गई। दिनभर उसमें से न निकली। सन्ध्या में जब उन लोगों के जाने का उपक्रम हुआ, तो ममता ने सुना, पथिक घोड़े पर सवार होते हुए कह रहा है—'मिरजा! उस स्त्री को मैं कुछ दे न सका। उसका घर बनवा देना, क्योंकि मैंने विपत्ति में यहाँ विश्राम पाया था। यह स्थान भूलना मत।" इसके बाद वे चले गए।

चौसा के मुगल-पठान-युद्ध को बहुत दिन बीत गए। ममता अब सत्तर वर्ष की वृद्धा है। वह अपनी झोंपड़ी में एक दिन पड़ी थी। शीतकाल का प्रभात था। उसका जीर्ण कंकाल खाँसी से गूँज रहा था। ममता की सेवा के लिए गाँव की दो-तीन स्त्रियाँ उसे घेरकर बैठी थीं, क्योंकि वह आजीवन सबके दु:ख-सुख की सहभागिनी रही।

ममता ने जल पीना चाहा, एक स्त्री ने सीपी से जल पिलाया। सहसा एक अश्वारोही उसी झोंपड़ी के द्वार पर दिखाई पड़ा। वह अपनी धुन में कहने लगा—"मिरजा ने जो चित्र बनाकर दिया है, वह तो इसी जगह का होना चाहिए। वह बुढ़िया मर गई होगी, अब किससे पूछूँ कि एक दिन शहंशाह हुमायूँ किस छप्पर के नीचे बैठे थे? यह घटना भी तो सैंतालीस वर्ष से ऊपर की हुई!"

ममता ने अपने विकल कानों से सुना। उसने पास की स्त्री से कहा—"उसे बुलाओ।"

अश्वारोही पास आया। ममता ने रुक-रुककर कहा—"मैं नहीं जानती कि वह शहंशाह था या साधारण मुगल, पर एक दिन इसी झोंपड़ी के नीचे वह रहा। मैंने सुना था कि वह मेरा घर बनवाने की आज्ञा दे चुका था। मैं आजीवन अपनी झोंपड़ी के खोदे जाने के डर से भयभीत रही। भगवान ने सुन लिया, मैं आज इसे छोड़े जाती हूँ। तुम इसका मकान बनाओ या महल, मैं अपने चिर-विश्राम-गृह में जाती हूँ!"

वह अश्वारोही अवाक् खड़ा था। बुढ़िया के प्राण-पक्षी अनन्त में उड़ गए।

वहाँ एक अष्टकोण मन्दिर बना और उस पर शिलालेख लगाया गया

"सातों देश के नरेश हुमायूँ ने एक दिन यहाँ विश्राम किया था। उनके पुत्र अकबर ने उनकी स्मृति में यह गगनचुम्बी मन्दिर बनवाया।" पर उसमें ममता का कहीं नाम नहीं।

प्रतिदर्श प्रश्न-पत्र

प्रतिदर्श प्रश्न-पत्र 1

CBSE कक्षा 11 की परीक्षा के लिए नमूना प्रश्न-पत्र

1. प्रश्न-पत्र तीन खंडों खंड 'क', 'ख' और 'ग' में होगा।
2. खंड-'क' में अपठित बोध पर आधारित प्रश्न पूछे जाएँगे। सभी प्रश्नों के उत्तर देने होंगे।
3. खंड-'ख' में अभिव्यक्ति और माध्यम पाठ्यपुस्तक के आधार पर प्रश्न पूछे जाएँगे। प्रश्नों में आंतरिक विकल्प दिए जाएँगे।
4. खंड-'ग' में आरोह भाग-1 एवं वितान भाग-1 पाठ्यपुस्तकों के आधार पर प्रश्न पूछे जाएँगे। प्रश्नों में आंतरिक विकल्प दिए जाएँगे।

समय : 3 घंटे ***पूर्णांक : 80***

खंड 'क' अपठित बोध

1. *निम्नलिखित गद्यांश को ध्यानपूर्वक पढ़कर पूछे गए प्रश्नों के उत्तर दीजिए।* (10)

तत्त्ववेत्ता शिक्षाविदों के अनुसार, विद्या दो प्रकार की होती है। प्रथम वह, जो हमें जीवनयापन के लिए अर्जन करना सिखाती है और द्वितीय वह, जो हमें जीना सिखलाती है। इनमें से एक का भी अभाव जीवन को निरर्थक बना देता है। बिना कमाए जीवन-निर्वाह संभव नहीं। कोई भी नहीं चाहेगा कि वह, माता-पिता, परिवार के किसी सदस्य, जाति या समाज पर परावलंबी हो। ऐसी विद्या से विहीन व्यक्ति का जीवन दूभर हो जाता है, वह दूसरों के लिए भार बन जाता है।

साथ ही, दूसरी विद्या के बिना सार्थक जीवन नहीं जिया जा सकता। बहुत अर्जित कर लेने वाले व्यक्ति का जीवन यदि सुचारु रूप से नहीं चल रहा, यदि उसमें वह जीवन-शक्ति नहीं है, जो उसके अपने जीवन को तो सत्यपथ पर अग्रसर करती हो साथ ही अपने समाज, जाति एवं राष्ट्र के लिए भी मार्गदर्शन करती हो, तो उसका जीवन भी मानव-जीवन का अभिधान नहीं पा सकता। वह भारवाही गर्दभ बन जाता है या पूँछ एवं सींगविहीन पशु कहा जाता है।

वर्तमान भारत में पहली विद्या का स्पष्टतः अभाव दिखाई देता है, परंतु दूसरी विद्या का रूप भी विकृत ही है, क्योंकि न तो स्कूल-कॉलेजों में शिक्षा प्राप्त करके निकला छात्र जीविकोपार्जन के योग्य बन पाता है और न ही वह उन संस्कारों से युक्त हो पाता है, जिनसे व्यक्ति 'कु' से 'सु' बनता है। सुशिक्षित, सुसभ्य और सुसंस्कृत कहलाने का अधिकारी होता है। वर्तमान शिक्षा के अंतर्गत हम जो विद्या प्राप्त कर रहे हैं, उसकी विशेषताओं को सर्वथा नकारा भी नहीं जा सकता।

यह शिक्षा कुछ सीमा तक हमारे दृष्टिकोण को विकसित करती है, हमारी मनीषा को प्रबुद्ध बनाती है तथा भावनाओं को चेतन करती है, किंतु कला, शिल्प, प्रौद्योगिकी आदि की शिक्षा नाममात्र की होने के फलस्वरूप इस देश के स्नातक के लिए जीविकोपार्जन टेढ़ी खीर बन जाता है और बृहस्पति बना युवक नौकरी की तलाश में अर्जियाँ लिखने में ही अपने जीवन का बहुमूल्य समय बर्बाद कर लेता है।

जीवन के सर्वांगीण विकास को ध्यान में रखते हुए यदि शिक्षा के क्रमिक सोपानों पर विचार किया जाए, तो भारतीय विद्यार्थी को सर्वप्रथम इस प्रकार की शिक्षा दी जानी चाहिए, जो क्रमशः आवश्यक हो, उपयोगी हो और हमारे जीवन को परिष्कृत एवं अलंकृत करती हो। ये तीनों सीढ़ियाँ एक के बाद एक आती हैं, इनमें व्यतिक्रम नहीं होना चाहिए।

इस क्रम में व्याघात आ जाने से मानव-जीवन का चारु प्रासाद खड़ा करना असंभव है। यह तो भवन की छत बनाकर नींव बनाने के सदृश है। वर्तमान भारत में शिक्षा की अवस्था देखकर ऐसा ही प्रतीत होता है। प्राचीन भारतीय दार्शनिकों ने 'अन्न' से 'आनंद' की ओर बढ़ने को 'विद्या का सार' कहा था, जो सर्वथा समीचीन ही था।

बहुविकल्पीय प्रश्न

I. वर्तमान शिक्षा पद्धति से होने वाले लाभ क्या हैं? (1)

(क) हमारी मनीषा को प्रबुद्ध बनाती है
(ख) भावनाओं को चेतन करती है
(ग) (क) और (ख) दोनों
(घ) इनमें से कोई नहीं

II. निम्नलिखित कथनों पर विचार कीजिए। (1)

1. दूसरी विद्या हमें जीना सिखलाती है
2. दूसरी विद्या हमें जीवनयापन के लिए अर्जन करना सिखाती है
3. दूसरी विद्या हमें परोपकार करना सिखाती है
4. दूसरी विद्या हमें आधुनिक बनाती है

गद्यांश के अनुसार कौन-सा/से कथन सही है/हैं?

(क) केवल 1 (ख) केवल 2 (ग) 2 और 3 (घ) 1 और 4

III. प्राचीन भारतीय दार्शनिकों ने 'विद्या का सार' किसे कहा था? (1)

(क) अन्न से आनंद की ओर बढ़ने को (ख) आनंद से अन्न की ओर बढ़ने को
(ग) बुद्धि से धन की ओर बढ़ने को (घ) धन से बुद्धि की ओर बढ़ने को

अतिलघु उत्तरीय प्रश्न

IV. देश के स्नातक के लिए टेढ़ी खीर क्या बन जाता है? (1)

लघु उत्तरीय प्रश्न

V. वर्तमान युवक अपना बहुमूल्य समय किसमें बर्बाद कर देते हैं? (2)
VI. भारतीय विद्यार्थी को किस प्रकार की शिक्षा दी जानी चाहिए? (2)
VII. गद्यांश के अनुसार, किस का अभाव जीवन को निरर्थक बना देता है? (2)

2. *निम्नलिखित काव्यांश को ध्यानपूर्वक पढ़कर पूछे गए प्रश्नों के उत्तर दीजिए।* (8)

मेरे पाँव बहुत छोटे हैं
धरती बहुत बड़ी है माँ!
मेरी उँगली थामे मेरे
बिलकुल पास खड़ी रह माँ!
तेरा नेह कवच-कुंडल है,
तेरा परस ढाल मेरी,
ऐसी थकन थका हूँ अबकी
थकने लगी चाल मेरी,
अंध कूप में उतर रहा हूँ
कैसी विकट घड़ी है माँ!
मेरी उँगली थामे मेरे
बिलकुल पास खड़ी रह माँ!
जब भी चाहा सुख से जी लूँ
दुःख ने आकर घेर लिया,
जितना अधिक सहा उतना ही
नाम तुम्हारा टेर लिया,
मरुस्थलों के तपते पथ में
तू ही मेघ-झड़ी है माँ!
मेरी उँगली थामे मेरे
बिलकुल पास खड़ी रह माँ!
राहें जिनकी मंजिल होंगी
उसको तो चलना ही होगा,
जो वसंत का अधिकारी है
उसको तो जलना ही होगा।
ऋतु-चक्रों की हर वेला में
तू ही पुष्प-लड़ी है माँ!
मेरी उँगली थामे मेरे
बिलकुल पास खड़ी रह माँ!

बहुविकल्पीय प्रश्न

I. विषम परिस्थितियों में व्यक्ति को किसकी याद आती है? (1)

(क) भाई की (ख) माँ की
(ग) पिता की (घ) मित्र की

II. सूची I को सूची II से सुमेलित कीजिए और सही विकल्प चुनकर लिखिए। (1)

	सूची I		सूची II
A.	कवच-कुंडल	1.	माँ का स्पर्श
B.	बच्चे की ढाल	2.	माँ का स्नेह
C.	तपता मरुस्थल	3.	जीवन की बाधाएँ

कूट

	A B C		A B C
(क)	3 1 2	(ख)	1 3 2
(ग)	1 2 3	(घ)	2 1 3

III. निम्न में से कौन-सा/से कथन सही है/हैं? (1)

1. माँ अपने बच्चे से अत्यधिक प्यार करती है।
2. माँ के पास जाने से सारी मुश्किलें दूर हो जाती हैं।
3. माँ की दुआएँ हमें सभी परेशानी से बचाती हैं।

कूट

(क) केवल 1 (ख) केवल 2

(ग) 1 और 2 (घ) ये सभी

अतिलघु उत्तरीय प्रश्न

IV. ऋतु-चक्रों की हर वेला में माँ को किसके समान बताया गया है? (1)

लघु उत्तरीय प्रश्न

V. 'मरुस्थलों के तपते पथ में तू ही मेघ झड़ी है माँ' पंक्ति का भाव है (2)

VI. कवि ने माँ के स्नेह की तुलना किससे की है? (2)

खंड 'ख' अभिव्यक्ति और माध्यम पुस्तक

3. दिए गए अप्रत्याशित विषयों में से किसी एक विषय पर लगभग 120 शब्दों में रचनात्मक लेखन कीजिए। (6)

(क) टेलीविजन पर देखा गया प्रथम धारावाहिक

(ख) विद्यालय का पुस्तकालय

(ग) रेल यात्रा का वर्णन

4. एक दैनिक समाचार-पत्र को अपनी प्रसार संख्या बढ़ाने के लिए ग्रीष्मावकाश में घर-घर जाकर प्रचार करने वाले नवयुवकों/नवयुवतियों की आवश्यकता है। अपनी योग्यता, रुचि, अनुभव आदि का विवरण देते हुए दैनिक-पत्र के वाणिज्य प्रबंधक को आवेदन-पत्र लिखिए। (5)

अथवा

आप बुखार से पीड़ित हैं। चिकित्सक द्वारा आपको आराम करने का परामर्श देने का हवाला देते हुए प्रधानाचार्य जी को एक सप्ताह के अवकाश के लिए प्रार्थना-पत्र लिखिए। (5)

5. *निम्नलिखित प्रश्नों में से किंही चार प्रश्नों के उत्तर लगभग 40 शब्दों में दीजिए।* (8)

(क) डायरी क्या है? (2)

(ख) आपने जब पहली बार किसी नाटक में भाग लिया। इस अनुभव को डायरी में लिखिए। (2)

(ग) पटकथा से क्या तात्पर्य है? (2)

(घ) स्क्रीनप्ले में क्या-क्या होता है? (2)

(ङ) राजकीय औद्योगिक प्रशिक्षण संस्थान के प्रधानाचार्य द्वारा प्रशिक्षण एवं सेवायोजन निदेशालय के भवनों की मरम्मत एवं अनुरक्षण हेतु लिखे गए मूल पत्र पर टिप्पण तैयार कीजिए। (2)

6. *निम्नलिखित प्रश्नों में से किसी एक प्रश्न का उत्तर लगभग 60 शब्दों में दीजिए।* (3)

(क) स्ववृत्त क्या होता है? (3)

(ख) शब्द कोश क्या है? (3)

खंड 'ग' आरोह भाग-1 एवं वितान भाग-1

7. *निम्नलिखित काव्यांश को ध्यानपूर्वक पढ़कर पूछे गए प्रश्नों के सही विकल्प चुनिए।* (5)

हे मेरे जूही के फूल जैसे ईश्वर
मँगवाओ मुझसे भीख
और कुछ ऐसा करो
कि भूल जाऊँ घर पूरी तरह
झोली फैलाऊँ और न मिले भीख
कोई हाथ बढ़ाए कुछ देने को
तो वह गिर जाए नीचे
और यदि मैं झुकूँ उसे उठाने
तो कोई कुत्ता आ जाए
और उसे झपटकर छीन ले मुझसे।

(i) कवयित्री ने ईश्वर की उपमा किससे की है? (1)
(क) चमेली के फूल से (ख) कमल के फूल से
(ग) जूही के फूल से (घ) गुलाब के फूल से

(ii) कवयित्री अपने अहंकार से दूर रहने के लिए ईश्वर से क्या प्रार्थना कर रही है? (1)
(क) मुझे ज्ञान और विवेक से परिपूर्ण कर दो (ख) मुझसे नीच-से-नीच कार्य करवाओं
(ग) मैं सांसारिक विषयों से दूर रहूँ (घ) ये सभी

(iii) अपनी दयनीय स्थिति बनाने के लिए कवयित्री क्या-क्या कार्य करना चाहती है? (1)
(क) मैं दूसरों से भीख माँगू (ख) अपना घर पूरी तरह से भूल जाऊँ
(ग) मुझे मिली भीख को कुत्ता उठाकर ले जाए (घ) ये सभी

(iv) निम्नलिखित कथन और कारण को ध्यानपूर्वक पढ़िए और सही विकल्प चुनकर लिखिए। (1)
कथन (A) कवयित्री अपने लिए केवल दुख चाहती है।
कथन (R) कवयित्री की कामना है कि वह हर वक्त ईश्वर को याद करे।
कूट
(क) कथन (A) सही है, किंतु कारण (R) गलत है
(ख) कथन (A) सही नहीं है, किंतु कारण (R) सही है
(ग) कथन (A) और कारण (R) दोनों सही हैं, किंतु कारण (R) उसकी सही व्याख्या नहीं करता है
(घ) कथन (A) और कारण (R) दोनों सही हैं तथा कारण (R) कथन (A) की सही व्याख्या करता है

(v) 'हे! मेरे जूही के फूल जैसे ईश्वर' पंक्ति में अलंकार है (1)
(क) रूपक (ख) उपमा
(ग) यमक (घ) श्लेष

8. *काव्य खंड पर आधारित निम्नलिखित तीन प्रश्नों में से किन्हीं दो प्रश्नों के उत्तर लगभग 60 शब्दों में दीजिए।* (6)

(क) कबीर की दृष्टि से ईश्वर एक है। इसके समर्थन में उन्होंने क्या तर्क दिए हैं? (3)
(ख) 'विष का प्याला राणा भेज्या, पीवत मीरा हाँसी' इन पंक्तियों से क्या अभिप्राय है? 'मीरा के पदों' के आधार पर बताइए। (3)
(ग) 'घर की याद' कविता के आधार पर पानी के रातभर गिरने और प्राण मन के घिरने में परस्पर क्या संबंध है? (3)

9. *काव्य खंड पर आधारित निम्नलिखित तीन प्रश्नों में से किन्हीं दो प्रश्नों के उत्तर लगभग 40 शब्दों में दीजिए।* (4)

(क) कवि ने 'मेहनत की लूट सबसे ख़तरनाक नहीं होती है' से कविता का आरंभ करके फिर इसी से अंत क्यों किया? 'सबसे ख़तरनाक' कविता के आधार पर बताइए। (2)
(ख) मीरा ने किसे आनंद का फल कहा है और इसकी प्राप्ति कैसे हुई? (2)
(ग) 'आओ मिलकर बचाएँ' कविता के आधार पर बताइए कि बस्तियों के नंगे होने का अर्थ क्या है? (2)

10. *निम्नलिखित गद्यांश को ध्यानपूर्वक पढ़कर पूछे गए प्रश्नों के सही विकल्प चुनिए।* (5)

एक कमरे में रिकार्डिंग मशीन लेकर हमारे साउंड रिकॉर्डिस्ट भूपेन बाबू बैठा करते थे। हम शूटिंग के वक्त उन्हें देख नहीं सकते थे, फिर भी उनकी आवाज़ सुन सकते थे। हर शॉट के बाद हम उनसे पूछते, 'साउंड ठीक है न?' भूपेन बाबू इस पर 'हाँ' या 'ना' जवाब देते। एक दिन शॉट के बाद मैंने साउंड के बारे में उनसे सवाल किया, लेकिन कुछ भी जवाब नहीं आया। फिर एक बार पूछा, 'भूपेन बाबू, साउंड ठीक है न?' इस पर भी जवाब न आने पर मैं उनके कमरे में गया, तो देखा कि एक बड़ा-सा साँप उस कमरे की खिड़की से नीचे उतर रहा था। वह साँप देखकर भूपेन बाबू सहम गए थे और उनकी बोलती बंद हो गई थी।

वह साँप हमने वहाँ आने पर कुछ ही दिनों के बाद देखा था। उसे मार डालने की इच्छा होने पर भी स्थानीय लोगों के मना करने के कारण हम उसे मार नहीं सके। वह 'वास्तुसर्प' था और बहुत दिनों से वहाँ रह रहा था।...

(i) साउंड रिकॉर्डिस्ट का नाम क्या था? (1)

(क) भूपेन बाबू (ख) सुनील बाबू
(ग) अनिल बाबू (घ) आकाश बाबू

(ii) भूपेन बाबू ने साउंड के बारे में कुछ भी जवाब क्यों नहीं दिया? (1)

(क) क्योंकि साउंड सही नहीं था। (ख) क्योंकि भूपेन बाबू बीमार थे।
(ग) उन्होंने कमरे में एक बड़ा साँप देख लिया था। (घ) वे क्रोधित हो गए थे।

(iii) लेखक साँप को क्यों नही मार पाए? (1)

(क) साँप ज्यादा बड़ा था (ख) साँप भाग गया था
(ग) साँप भयानक था (घ) स्थानीय लोगों ने मना कर दिया था

(iv) वास्तुसर्प क्या होता है? (1)

(क) घर में बार-बार दिखाई देने वाला साँप (ख) एक खतरनाक जहरीला साँप
(ग) एक बहुत बड़ा कोबरा साँप (घ) इनमें से कोई नहीं

(v) सूची I को सूची II से सुमेलित कीजिए और सही विकल्प चुनकर लिखिए (1)

सूची I	सूची II
A. भूपेन बाबू	1. साउंड रिकॉर्डिस्ट
B. बोलती बंद होना	2. वास्तुसर्प के आ जाने से
C. भूपेन बाबू का कोई जवाब नहीं आया	3. घबरा जाना

कूट

	A	B	C		A	B	C
(क)	3	1	2	(ख)	1	3	2
(ग)	1	2	3	(घ)	2	1	3

11. *गद्य खंड पर आधारित निम्नलिखित तीन प्रश्नों में से किन्हीं दो प्रश्नों के उत्तर लगभग 60 शब्दों में दीजिए।* (6)

(क) मियाँ नसीरुद्दीन दुःखी क्यों हैं? (3)

(ख) 'गलता लोहा' कहानी में चित्रित सामाजिक परिस्थितियों का वर्णन कीजिए। (3)

(ग) जवाहरलाल नेहरू ने देहात के लोगों को 'हिंदुस्तान' के बारे में क्या बताया? (3)

12. *गद्य खंड पर आधारित निम्नलिखित तीन प्रश्नों में से किन्हीं दो प्रश्नों के उत्तर लगभग 40 शब्दों में दीजिए।* (4)

(क) मुंशी वंशीधर को ईमानदारी का क्या फल मिला? (2)

(ख) रजनी ने हेडमास्टर से कुर्सी छोड़ने की बात क्यों की? (2)

(ग) नेहरू जी किसानों को किन-किन समस्याओं से परिचित कराते थे? (2)

13. *वितान के पाठों पर आधारित निम्नलिखित तीन प्रश्नों में से किन्हीं दो प्रश्नों के उत्तर लगभग 60 शब्दों में दीजिए।* (10)

(क) 'संगीत आत्मा की आवाज़ होता है' स्पष्ट कीजिए। (5)

(ख) 'राजस्थान की रजत बूँदें' पाठ में किस समस्या की ओर संकेत किया गया है? यह पाठ आपको क्या संदेश देता है? (5)

(ग) बेबी की ज़िंदगी में तातुश का परिवार न आया होता, तो उसका जीवन कैसा होता? कल्पना करें और लिखें। (5)

व्याख्या सहित उत्तर

1. I. (ग) (क) और (ख) दोनों

II. (क) केवल 1

III. (क) अन्न से आनंद की ओर बढ़ने को

IV. देश के स्नातक के लिए टेढ़ी खीर जीविकोपार्जन बन जाता है।

V. वर्तमान युवक अपना बहुमूल्य समय नौकरी की तलाश में बर्बाद कर देते हैं। वर्तमान शिक्षा पद्धति के अन्तर्गत हम जो विद्या प्राप्त कर रहे हैं, उसकी विशेषताओं को सर्वथा नकारा नहीं जा सकता, यह हमारी मनीषा को प्रबुद्ध बनाती है। भावनाओं को चेतन प्रदान करती है, किन्तु शिल्प प्रौद्योगिकी की शिक्षा नाम मात्र की होने से, वर्तमान युवक अपना समय नौकरी की तलाश में बर्बाद कर देते हैं।

VI. भारतीय विद्यार्थी को आवश्यक, उपयोगी, जीवन को परिष्कृत एवं अलंकृत करने वाली शिक्षा दी जानी चाहिए। जीवन के सर्वांगीण विकास के लिए इन शिक्षा के कृमिक सोपानों पर विचार किया जाना चाहिए।

VII. गद्यांश के अनुसार, शिक्षा का अभाव जीवन को निरर्थक बना देता है। तत्त्ववेत्ता शिक्षाविदों के अनुसार, विद्या दो प्रकार की होती है एवं दोनों विद्या में से एक का भी अभाव जीवन को निरर्थक बना देता है।

2. I. (ख) माँ की

II. (घ) 2 1 3

III. (घ) ये सभी

IV. ऋतु चक्रों की हर वेला में माँ को पुष्प लड़ी के समान बाताया गया है।

V. प्रस्तुत पंक्ति में कवि कहता है कि जिस प्रकार मरुस्थल के तपते पथ में मेघ की झड़ी ही एकमात्र सहारा है, उसी प्रकार जीवन की परेशानियों में माँ का ही सहारा मिलता है।

VI. कवि ने माँ के स्नेह की तुलना कवच व कुण्डल से की है। माँ का स्नेह उसे कवच व कुण्डल के समान सुरक्षा प्रदान करता है।

3. (क) **कमरे का टेलीविजन** ठीक मेरे सामने एक टेबल पर टेलीविजन रखा हुआ है। टेबल पर रखे हुए टेलीविजन को देखते ही मेरे बचपन की यादें ताजा हो गईं, जब इसी टेलीविजन पर रामायण, महाभारत, चन्द्रकान्ता, मोगली, शक्तिमान आदि धारावाहिक आते थे। इस टेलीविजन से कई स्मृतियाँ एक साथ जुड़ी हुई हैं। मुझे याद आ रहा है मैंने जो सबसे पहला धारावाहिक टेलीविजन पर देखा था वह था- 'शक्तिमान।'

बच्चों में बहुत लोकप्रिय इस धारावाहिक का जब प्रसारण होता था, तो बाहर सड़कों पर शायद ही कोई बच्चा खेलता हुआ नज़र आता था। सभी बच्चे अपने-अपने घरों में बैठकर 'शक्तिमान' धारावाहिक को देखते थे। इसकी लोकप्रियता अपने चरम पर थी। इस धारावाहिक में किरदारों द्वारा बोले गए संवाद बच्चे-बच्चे की जुबान पर चढ़ गए थे; जैसे-अँधेरा कायम रहे, गंगाधर ही शक्तिमान है आदि। हालाँकि मुख्य पात्र द्वारा दिखाए गए स्टंट की कॉपी करने में उस समय में बहुत से बच्चों की जान तक चली गई थी। धारावाहिक की शुरुआत में यह घोषणा होती थी कि ''इस धारावाहिक के सभी पात्र एवं घटनाएँ काल्पनिक हैं इनका वास्तविक जीवन से कोई संबंध नहीं है। सभी स्टंट प्रशिक्षक की निगरानी में होते हैं। अतः बच्चे इसे घर पर न दोहराएँ।'' इस चेतावनी के पश्चात् बच्चे इसे दोहराते हुए काल के गाल में समा गए थे। ये सारी पंक्तियाँ टेलीविजन को देखते ही अनायास जेहन (मन) में कौंध जाती हैं।

(ख) **विद्यालय का पुस्तकालय** पुस्तकालय दो शब्दों 'पुस्तक' और 'आलय' से मिलकर बना है। इसका अर्थ है-पुस्तकों का घर। चूँकि पुस्तकों से हमें ज्ञान प्राप्त होता है, इसलिए पुस्तकालय को 'ज्ञान का सागर' कहा जा सकता है। जिस प्रकार सागर में छोटी-बड़ी सभी नदियों का जल समाहित होता है उसी प्रकार पुस्तकालय में विद्यार्थियों के लिए उपयोगी सभी प्रकार की पुस्तकें संग्रहित होती हैं। मैं जब विद्यालय में पढ़ता था तो मेरे विद्यालय में एक उच्च कोटि का पुस्तकालय था। वहाँ प्राचीन एवं नवीन पुस्तकों का अच्छा संग्रह था। वहाँ साहित्य और भाषा, विज्ञान, संस्कृति, इतिहास, भूगोल, समाजशास्त्र, सामान्य ज्ञान आदि विभिन्न विषयों से संबंधित पुस्तकें एकत्रित थीं। मेरे विद्यालय के सभी विद्यार्थी अनिवार्य रूप से पुस्तकालय के सदस्य हुआ करते थे। वे वहाँ से अपनी मनपसंद पुस्तकें पढ़ सकते थे या पढ़ने के लिए घर भी ले जा सकते थे।

पुस्तकालय में पुस्तकों के अतिरिक्त पत्र-पत्रिकाएँ एवं दैनिक समाचार-पत्र भी आते थे। पुस्तकालय में पाठकों के बैठने के लिए मेज एवं कुर्सियाँ लगी हुई थीं। पढ़ते समय सभी शांति बनाए रखते ताकि दूसरों को पढ़ने में किसी प्रकार का व्यवधान न हो। मुझे अपने विद्यालय के पुस्तकालय से बड़ा लगाव था। कोर्स की किताबों के अतिरिक्त मैं वहाँ साहित्य की पुस्तकों का घंटों अध्ययन करता था। अपने विद्यालय के पुस्तकालय के कारण ही मैं आज भी साहित्य के प्रति गहरी रुचि रखता हूँ। किसी भी साहित्य से संबंधित पुस्तक को पढ़ने के लिए मैं आज भी आतुर रहता हूँ। इस आदत से मुझे अपने निजी जीवन में अनेक लाभ हुए हैं।

(ग) **रेल यात्रा** किसी भी यात्रा का एक अपना अलग ही सुख है। यात्रा करना बहुत सारे लोगों को पसंद भी होता है। यात्रा के अनेक उपलब्ध साधनों में से रेल यात्रा का अनुभव एक अनोखा रोमांच एवं अनुभव प्रदान करता है।

मेरी प्रथम रेल यात्रा आज भी मेरे लिए अविस्मरणीय है, क्योंकि मेरी प्रथम रेल यात्रा ने रोमांच के साथ ही मुझे कुछ ऐसे अनुभव दिए जिनका मैं आज भी अपने जीवन में अनुसरण करता हूँ। बात उस समय की है जब मैं 10वीं कक्षा में पढ़ता था। मेरे पिताजी को उनकी कंपनी की ओर से उनके अच्छे कार्य हेतु सपरिवार कुछ दिनों के लिए रेल द्वारा देश भ्रमण का प्रबंध था। सभी रिजर्वेशन, टिकट तथा अन्य व्यवस्था कंपनी के द्वारा पूर्व ही कर दी गई थी। इससे पूर्व मैंने रेलयात्रा के बारे में केवल सुना ही था। प्रथम बार इस अनुभव हेतु मैं बहुत ही रोमांचित, पुलकित एवं उत्साहित था। रात्रि 10 : 30 बजे हम नई दिल्ली रेलवे स्टेशन पर पहुँच गए। स्टेशन पर पहुँचकर हमने अपनी पहले से ही रिजर्व सीटें ग्रहण कीं और सामान को सीट के नीचे रखकर आराम से बैठ गए। हमारा कोच लोगों से भरा हुआ था। प्रत्येक सीट पर लोग बैठे हुए थे। पूरे कोच में चहल-पहल थी। भाँति-भाँति के लोग दिखाई दे रहे थे। मैं कभी रेलगाड़ी की खिड़की से चाय-चाय चिल्लाते हुए व्यक्ति की ओर

देखता तो कभी सामने नल में पानी भरते हुए लोगों की भीड़ को। गाड़ी की सीटी के साथ हमारी यात्रा प्रारंभ हुई। इस यात्रा में मैंने देखा कि एक कोच में विभिन्न धर्म, जाति व संप्रदाय के लोग एक साथ यात्रा कर रहे हैं। किसी में कोई भेदभाव, छुआ-छूत की भावना नहीं है। लोग एक-दूसरे से बात-चीत कर रहे हैं, खाद्य सामग्री का आदान-प्रदान कर रहे हैं व हँसी-ठिठोली चल रही है। यह सब देखने से मुझे सुखद अनुभव की प्राप्ति हो रही थी। मेरे लिए ये नया अनुभव था। समाज में धर्म जाति संप्रदाय और क्षेत्र के आधार पर फैला विभाजन यहाँ नगण्य था। एक प्रकार से मुझे यह यात्रा पूर्णतः धर्मनिरपेक्ष यात्रा प्रतीत हो रही थी।

उस यात्रा के इतने दिन बीत जाने के पश्चात् मेरे स्मरण में वह अनुभव आज भी स्पष्ट रूप से अंकित है। मैं अपने आस-पास के वातावरण को उसी रेल यात्रा के वातावरण की भाँति बनाना चाहता हूँ; जहाँ लोग एक-दूसरे से मिल-जुलकर, हँसी-ठिठोली के साथ बिना भेदभाव के एक साथ रहकर जीवन रूपी यात्रा को सरल, सुखद और आनन्दमयी बनाएँ।

4. सेवा में,
वाणिज्य प्रबंधक,
प्रचंड भारत,
जी टी करनाल रोड,
दिल्ली-110009

दिनांक 18 मई, 20XX

विषय अंशकालिक नियुक्ति हेतु आवेदन-पत्र।

महोदय,

17 मई, 20XX के 'प्रचंड भारत' दैनिक समाचार-पत्र में प्रकाशित विज्ञापन के प्रत्युत्तर में, समाचार-पत्र की प्रसार संख्या बढ़ाने हेतु ग्रीष्मावकाश में कार्य करने के लिए मैं अपनी सेवाएँ प्रस्तुत करने के लिए आवेदन करना चाहता हूँ।

संबंधित विवरण निम्नलिखित हैं

नाम	क. ख. ग.
पिता का नाम	च. छ. ज.
शिक्षा	दसवीं (परिणाम प्रतीक्षा में)
रुचि	पढ़ना व घूमना
अनुभव	नौवीं कक्षा के पश्चात् भी ग्रीष्मावकाश में दो महीने मैंने यह कार्य किया था।

मेरी हार्दिक इच्छा है कि मैं आपके समाचार-पत्र की प्रसार संख्या को पूर्व की भाँति बढ़ाने में योगदान देकर अपने समय का सदुपयोग कर सकूँ। मैं आपको विश्वास दिलाता हूँ कि मैं अपने परिश्रम, निष्ठा तथा सद्व्यवहार से सबको संतुष्ट रखूँगा।

धन्यवाद।
प्रार्थी
क.ख.ग.
गणेश नगर,
दिल्ली

अथवा

परीक्षा भवन,
दिल्ली।

दिनांक 4 मार्च, 20XX

सेवा में,
प्रधानाचार्य महोदय,
दून पब्लिक स्कूल,
माल रोड, सेक्टर-12
नई दिल्ली।

विषय अवकाश के संबंध में।

महोदय,

सविनय निवेदन यह है कि कल से मैं तेज़ बुखार से पीड़ित हूँ। कल विद्यालय से लौटते हुए तेज़ धूप के कारण मेरा सिर-दर्द शुरू हो गया था, तत्पश्चात् बुखार भी हो गया। बुखार अधिक होने के कारण मुझे चिकित्सक को दिखाया गया। उन्होंने परीक्षण के लिए रक्त का नमूना लिया और मुझे 5 दिनों तक पूर्ण विश्राम करने की सलाह दी है, इसलिए मैं विद्यालय में उपस्थित होने में असमर्थ हूँ।

अतः आपसे अनुरोध है कि आप मुझे एक सप्ताह का अवकाश प्रदान करें। आपकी अति कृपा होगी।

धन्यवाद सहित।
आपका आज्ञाकारी शिष्य
क. ख. ग.

5. (क) दिनभर आप जिन घटनाओं, विचारों, गतिविधियों आदि से गुजरते हो, उन्हें ही डायरी के पृष्ठों में शब्दबद्ध करना डायरी लेखन कहलाता है। यह लेखन सामान्यतः अपने ही उपयोग व उपभोग के लिए होता है।

इतिहास के आइने में डायरी

पिछले कुछ दशकों से 'डायरी' एक विधा के रूप में पाठकों के बीच में लोकप्रिय हुआ है।

(ख) 18 सितंबर, 20XX
रात्रि 8:30 बजे

आज का दिन मेरे लिए बहुत खुशी का दिन है। मैं बहुत समय से किसी नाटक में एक छोटी-सी भूमिका करना चाहता था और आज मेरी यह इच्छा पूरी हो गई, क्योंकि स्कूल में मुझे 'शहीद भगत सिंह' नाटक में भगत सिंह की भूमिका के लिए चुना गया। मुझे सबके सामने अपने डायलॉग बोलने थे। पहले तो मैं बहुत हिचकिचाया था। मुझे डर भी लगा लेकिन धीरे-धीरे मैंने महसूस किया कि मेरे अंदर अपने आप आत्मविश्वास आ रहा है। देशभक्ति के डायलॉग्स बोलते हुए मैंने अपने अंदर एक अलग ही जज्बा महसूस किया। मुझे उस समय ऐसा लग रहा था कि जैसे मैं वास्तव में ही भगत सिंह हूँ और आजादी के लिए लड़ रहा हूँ। नाटक खत्म होने के बाद मेरे दोस्तों और अध्यापकों ने बहुत प्रशंसा की।
रोहन

(ग) 'पटकथा' दो शब्दों के मेल से बना है 'पट' और 'कथा'। 'पट' का अर्थ परदा तथा 'कथा' का अर्थ कहानी होता है। अतः ऐसी कथा जो परदे पर दिखाई जाए। भले ही वह परदा सिनेमा हो या टेलीविजन, इन दोनों ही माध्यमों के लिए बनने वाली फिल्में, धारावाहिक आदि की पटकथा लिखी जाती है।

(घ) फिल्म या टी.वी. की पटकथा की संरचना नाटक की संरचना की तरह ही होती है। इसे 'स्क्रीन प्ले' भी कहते हैं। नाटक की तरह ही यहाँ पात्र, नायक-प्रतिनायक, घटनास्थल, दृश्य, कहानी का क्रमिक विकास, द्वन्द्व-टकराहट तथा समाधान आदि होते हैं।

(ङ) **मूल पत्र**

कार्यालय प्रधानाचार्य,
राजकीय औद्योगिक प्रशिक्षण संस्थान,
अल्मोड़ा।

पत्र संख्या औ.प्र.सं. (अ) 7/5/20XX

दिनांक 25 जून, 20XX

सेवा में,
निदेशक,
प्रशिक्षण एवं सेवायोजन निदेशालय,
लखनऊ (उ.प्र.)।

विषय भवनों की मरम्मत एवं अनुरक्षण हेतु।

महोदय,

उपरोक्त विषय की ओर आपका ध्यान आकर्षित करते हुए निवेदन है कि इस संस्थान के अधोलिखित भवन अत्यंत जीर्ण स्थिति में हैं तथा इनकी तुरंत मरम्मत की आवश्यकता है। *इन भवनों का विवरण निम्न प्रकार है*

हिन्दी आशुलिपि व्यवसाय का भवन

अंग्रेज़ी आशुलिपि व्यवसाय का भवन

इलेक्ट्रॉनिक व्यवसाय का भवन

टर्नर व्यवसाय का भवन।

इस संबंध में ₹ 1,00,000 का विस्तृत अनुमानक संलग्न करते हुए यह भी स्पष्ट किया जाता है कि यदि भवनों का जीर्णोद्धार तुरंत ही न किया गया तो आगामी बरसात में प्रशिक्षार्थियों को इन भवनों में बैठाकर प्रशिक्षण देना संभव नहीं हो पाएगा। आगामी बरसात से अधिक क्षतिग्रस्त हो जाने के फलस्वरूप उक्त भवनों के गिर जाने की आशंका है।

इस संबंध में आपसे अनुरोध है कि संलग्न अनुमानक को पारित कर तुरंत ही मरम्मत हेतु अनुमति प्रदान करने का कष्ट करें।

भवदीय
(राजीव चौहान)
प्रधानाचार्य।

टिप्पण

पत्र क्रमांक 3/2 वि. 20XX

दिनांक 30 जून, 20XX

निदेशक

संलग्न अनुमानक, जो ₹ 50,00,000 मात्र का है, राजकीय औद्योगिक प्रशिक्षण संस्थान अल्मोड़ा से चालू वित्तीय वर्ष में, चार भवनों की मरम्मत हेतु प्राप्त हुआ है, जो इस टिप्पणी के साथ प्रस्तुत है

अनुमानक निर्धारित मानदंड के अनुसार बनाया गया है।

रा. औ. प्रशि. संस्थान, अल्मोड़ा ने पिछले वर्ष भवनों की मरम्मत के लिए जो पैसा खर्च किया है, वर्तमान अनुमानक भी उन्हीं दरों के अनुरूप है।

प्रधानाचार्य ने तुरंत मरम्मत न होने पर भवनों के गिर जाने की आशंका व्यक्त की है।

चालू वित्तीय वर्ष में उपर्युक्त कार्य हेतु बजट का आवंटन उपलब्ध है। आदेशार्थ प्रस्तुत।

हस्ताक्षर ....
सहायक
दिनांक ....

6. (क) एक विशेष प्रकार का लेखन जिसमें किसी व्यक्ति विशेष के बारे में विशेष प्रयोजन को ध्यान में रखकर क्रमवार तरीके से सूचनाएँ संकलित की जाती हैं, स्ववृत्त (बायोडाटा) कहलाता है।

स्ववृत्त उम्मीदवार के प्रतिनिधि के रूप में कार्य करता है। स्ववृत्त नियोक्ता के मन में उम्मीदवार के प्रति एक सकारात्मक धारणा प्रस्तुत करता है। इसलिए एक अच्छे स्ववृत्त को एक चुंबक की तरह माना जाता है।

स्ववृत्त दो शब्दांशों से मिलकर बना है, स्व + वृत्त

स्व = स्वयं, खुद, अपना।

वृत्त = परिचय, ब्यौरा (व्यक्ति विशेष का लेखा-जोखा, योग्यता, अनुभव, उपलब्धियाँ आदि)

(ख) शब्दकोश के अंदर किसी एक भाषा में प्रयोग होने वाले सभी शब्दों को एकत्र करके प्रस्तुत किया जाता है। शब्दकोश में शब्दों की व्युत्पत्ति, स्रोत, लिंग के साथ-साथ उसके शब्द रूपों और विभिन्न संदर्भ परक अर्थों की जानकारी होती है। उदाहरण के तौर पर हिंदी शब्दकोश में शब्द हिंदी वर्णमाला के अनुसार दिए होते हैं।

7. (i) (ग) जूही के फूल से
(ii) (ख) मुझसे नीच-से-नीच कार्य करवाओं
(iii) (घ) ये सभी
(iv) (घ) कथन (A) और कारण (R) दोनों सही हैं तथा कारण (R) कथन (A) की सही व्याख्या करता है
(v) (ख) उपमा

8. (क) *कबीर ने ईश्वर को एक मानते हुए निम्नलिखित तर्क दिए हैं*

(*i*) उनके अनुसार वायु, जल एवं ज्योति के समान ईश्वर एक है।

(*ii*) संपूर्ण जगत् एक ही ज्योति अर्थात् परमात्मा से ज्योतिर्मय है।

(*iii*) परमात्मा उस अग्नि के समान है, जो लकड़ी में विद्यमान रहती है और जिस प्रकार लकड़ी के काटने पर भी अग्नि नहीं कटती उसी प्रकार परमात्मा अनश्वर है और वह कण-कण में विद्यमान है।

(*iv*) कुम्हार एक ही मिट्टी से बहुत से बर्तन बनाता है, जिस प्रकार बर्तन भिन्न-भिन्न प्रकार के होते हैं, उसी प्रकार प्रभु एक ही है और वह विभिन्न प्रकार के मनुष्यों की रचना करता है। केवल अज्ञानी व्यक्ति ही भिन्न प्रकार के ईश्वर के रूपों का वर्णन करता है।

(ख) प्रस्तुत पंक्ति में मीरा के पति, देवर राणा तथा उसके परिवार के सदस्यों पर व्यंग्य किया गया है। इन लोगों पर यह व्यंग्य किया गया है कि वे लोग मीरा की भक्ति-भावना को समझ नहीं पाए। वे मीरा की भक्ति को मर्यादा के विरुद्ध समझते थे। इसी कारण वे मीरा को ज़हर देकर मारना चाहते थे, परंतु मीरा को अपनी भक्ति पर पूरा विश्वास था। उन्होंने विष का प्याला हँसते-हँसते पी लिया। उनकी भक्ति के कारण विष भी अमृत बन गया और वे इतिहास में अमर हो गईं।

(ग) 'घर की याद' कविता में कवि कहता है कि रातभर वर्षा होती रही है, इससे उसे अपने परिवार की याद आ रही है, क्योंकि वर्षा की बूँदों से मन उल्लास से भर जाता है, ऐसे समय में उसे बीते हुए खुशी भरे पल याद आने लगते हैं, लेकिन कवि अपने घर से दूर है, इसलिए घर की याद आने से वह व्याकुल हो गया। इस प्रकार पानी के रातभर गिरने और प्राण मन के घिरने में परस्पर संबंध है।

9. (क) कवि अवतार सिंह पाश द्वारा रचित कविता 'सबसे खतरनाक' का आरंभ और अंत 'मेहनत की लूट सबसे खतरनाक नहीं होती' पंक्ति से इसलिए किया है, क्योंकि कवि इस बात की ओर ध्यान दिलाना चाहता है कि बेशक मेहनत की कमाई का लुट जाना बहुत बुरा होता है, लेकिन यह सबसे ख़तरनाक नहीं होता। कई अन्य बुराइयाँ भी हैं, जो इससे भी अधिक नुकसानदायक होती हैं।

(ख) मीरा ने कृष्ण भक्ति को 'आनंद फल' कहा है। उन्होंने विरह की अग्नि में जलकर, अपने विरहाश्रुओं से भक्ति की प्रेम-बेल सींच-सींचकर बोई थी। उस बेल के बढ़ने पर अर्थात् कृष्ण की भक्ति हृदय में स्थायी हो जाने पर, उन्हें आनंद फल की प्राप्ति हुई।

(ग) बस्तियों के नंगे होने का अर्थ है—अपनी मर्यादा और लाज-लज्जा छोड़कर अमर्यादित जीवन जीना, वस्त्रों से तन को ठीक से न ढँकना और धरती के पेड़ रूपी वस्त्रों को काटना।

10. (i) (क) भूपेन बाबू
(ii) (ग) उन्होंने कमरे में एक बड़ा साँप देख लिया था
(iii) (घ) स्थानीय लोगों ने मना कर दिया था
(iv) (क) घर में बार-बार दिखाई देने वाला साँप
(v) (ख) 1 3 2

11. (क) मियाँ नसीरुद्दीन बहुत ही अनुभवी नानबाई अर्थात् रोटियाँ बनाने वाले और बेचने वाले थे। उन्हें अपने इस खानदानी पेशे पर बहुत गर्व था। वे यह कहावत कहते हुए गर्व महसूस करते हैं कि खानदानी नानबाई कुएँ में भी रोटी पका सकता है।

नसीरुद्दीन नानबाई आजकल के माहौल से दु:खी थे, क्योंकि आजकल लोग बहुत हड़बड़ी और जल्दी में रहते हैं। अब पहले की तरह खाना पकाने-खिलाने का शौक नहीं रहा और न ही कला और हुनर के कद्रदान रहे। पुरानी कलाओं को महत्त्वहीन समझा जाता है, इसलिए वे अब दम तोड़ रही हैं।

(ख) 'गलता लोहा' कहानी में गाँव की परंपरागत सामाजिक परिस्थितियों का वर्णन किया गया है। गाँव के लोग सामाजिक रूढ़ियों में बँधे रहते हैं; जैसे—इस कहानी में ब्राह्मण टोले के लोग स्वयं को श्रेष्ठ समझते थे।

यदि किसी कार्यवश शिल्पकारों के यहाँ जाना पड़ जाता, तो कामकाज की बातें खड़े-खड़े ही निपटा ली जाती थीं। उनसे बैठने के लिए कहना भी मर्यादा के विरुद्ध समझा जाता था। दूसरी ओर, शहरी लोगों की मानसिकता पर भी सवाल उठाया गया है। संपन्न शहरी रमेश, मोहन को पढ़ाने की बात कहकर उसे अपने साथ लखनऊ ले गया था, परंतु उसने मोहन को नौकर की भाँति रखा और आठवीं कक्षा के बाद उसकी पढ़ाई भी छुड़वा दी। शहरी लोग छोटी-छोटी बातों पर भी संवेदनशील दिखाई पड़ते हैं, परंतु वास्तविकता तो यह है कि अपने स्वार्थ की खातिर वे कभी-कभी दूसरों को जीवनभर का कष्ट दे देते हैं।

(ग) 'भारत माता' नामक पाठ में जवाहरलाल नेहरू देहात के लोगों को 'हिंदुस्तान' के विषय में बताते हैं कि हिंदुस्तान वह सबकुछ है, जिसे उन्होंने समझ रखा है, लेकिन वह उससे भी बहुत अधिक है। नेहरू जी उन्हें बताते हैं कि यहाँ की धरती, नदी, पहाड़, जंगल, खेत आदि के साथ-साथ यहाँ के करोड़ों निवासी भी भारत माता हैं।

यह 'भारत माता' देश के हर हिस्से में है और भारत माता की जय का मतलब हुआ, इन्हीं करोड़ों लोगों की जय। नेहरू जी देहात के लोगों को समझाते हैं कि हर व्यक्ति भारत माता का अंग है।

12. (क) वंशीधर एक स्वाभिमानी और ईमानदार प्रवृत्ति के व्यक्ति थे। नौकरी से निकाल दिए जाने के पश्चात् भी उन्होंने अपना स्वाभिमान नहीं खोया। पंडित जी भी उनकी ईमानदारी के मुरीद होकर उन्हें अपनी सारी जायदाद का आजीवन स्थायी मैनेजर, नियुक्त किया।

(ख) हेडमास्टर द्वारा ट्यूशन के रूप में अध्यापकों द्वारा चलाए जा रहे व्यापार को रोकने में असमर्थता प्रकट करने पर रजनी ने उसे कुर्सी छोड़ने की सलाह दी। रजनी का मानना है कि बच्चों को ट्यूशन के डर से बचाने का काम निश्चित रूप से हेडमास्टर का है। उसे अपने प्रभाव, सावधानी एवं कठोरता से गलत हरकतों को रोकना चाहिए, यदि वह ऐसा नहीं कर पाता तो उसे कुर्सी छोड़ देनी चाहिए।

(ग) *नेहरू जी किसानों को मुख्यत: दो प्रकार की समस्याओं से परिचित कराते थे*

(*i*) किसानों की निजी समस्याएँ; जैसे– गरीबी, कर्ज़, पूँजीपतियों ज़मींदारों एवं महाजनों द्वारा किया जाने वाला शोषण, पुलिस द्वारा किए जाने वाले अत्याचार आदि।

(*ii*) विदेशी शासन से मुक्ति पाने तथा स्वराज्य की स्थापना के लिए किए जाने वाले प्रयास से परिचित कराकर उन्हें प्रेरित करना।

13. (क) मनुष्य का जीवन देह, मन और आत्मा तीन रूपों में बँटा है। इनमें से देह का संबंध सुख से, मन का संबंध खुशी से और आत्मा का संबंध आनंद से होता है। संगीत का संबंध इसी आनंद से होता है। संगीत को सुनकर आनंद की प्राप्ति होती है। एक संगीतकार संगीत के साथ आत्मिक रूप से जुड़ा होता है। जब आत्मा आनंद से सराबोर होती है, तब संगीत पैदा होता है। संगीत में वह शक्ति है, जो ध्वनि रहित होते हुए भी मनुष्य की आत्मा को छूती है। जब भी संगीत को सुना जाता है, तो वह हृदय व मस्तिष्क को आत्मा से जोड़ता है। इस प्रकार हम कह सकते हैं कि संगीत का संबंध आत्मा से होता है।

(ख) पीने के पानी की समस्या हर जगह दिनोंदिन बढ़ती ही जा रही है। गर्मियों में तो हालात और भी भीषण हो जाते हैं। यह लेख हमें पानी को संरक्षित करने, व्यर्थ में पानी बर्बाद न करने, उसे प्रदूषित न करने, वर्षा के पानी को एकत्रित करने की सीख देता है। मरुभूमि में धरती में चल रही पट्टी जिस तरह भूमिगत जल की रखवाली करती है, उसी प्रकार अन्य स्थानों पर भी वर्षा के जल को ज़मीन पर संरक्षित करने की उत्तम तकनीक की खोज करनी चाहिए। भू-जल दोहन को रोकने के लिए लोगों को जागरूक करने का प्रयास करना चाहिए। नदियों में होने वाले जल प्रदूषण को रोकने का भी हमें प्रयास करना चाहिए।

(ग) तातुश के घर में कार्य करने के कुछ समय के पश्चात् ही बेबी के जीवन में अनेक परिवर्तन आ गए। पहले तातुश ने बेबी को लिखने-पढ़ने के लिए प्रेरित किया और बाद में उसके बच्चों को विद्यालय में दाखिला दिला दिया। उसे अनेक प्रकार की सुख-सुविधाएँ भी दीं।

तातुश के पास आने से पहले बेबी अपने पति से अलग रहकर अपने दो छोटे बच्चों के साथ किराए के एक मकान में रहती थी। उसके बच्चों को दो समय का भोजन भी ठीक तरह से नहीं मिल पाता था। उसे हमेशा यह चिंता सताती रहती थी कि वह बिना किसी सहारे के अपने बच्चों का पालन-पोषण किस प्रकार करेगी।

वह प्रतिदिन काम की तलाश में निकल जाती थी और जब वह घर वापस लौटती, तो आसपास रहने वालों के अजीब प्रश्नों तथा निगाहों का सामना करना पड़ता। कई बार उससे ऐसे प्रश्न भी पूछे जाते थे, जिसका उत्तर देना शायद उसके लिए संभव नहीं था। यदि वह तातुश के पास नहीं आई होती, तो अब तक इस तरह की समस्याओं का सामना करते-करते अत्यधिक परेशान होकर निराश हो चुकी होती।

प्रतिदर्श प्रश्न-पत्र 2

CBSE कक्षा 11 की परीक्षा के लिए नमूना प्रश्न-पत्र

1. प्रश्न-पत्र तीन खंडों खंड 'क', 'ख' और 'ग' में होगा।
2. खंड-'क' में अपठित बोध पर आधारित प्रश्न पूछे जाएँगे। सभी प्रश्नों के उत्तर देने होंगे।
3. खंड-'ख' में अभिव्यक्ति और माध्यम पाठ्यपुस्तक के आधार पर प्रश्न पूछे जाएँगे। प्रश्नों में आंतरिक विकल्प दिए जाएँगे।
4. खंड-'ग' में आरोह भाग-1 एवं वितान भाग-1 पाठ्यपुस्तकों के आधार पर प्रश्न पूछे जाएँगे। प्रश्नों में आंतरिक विकल्प दिए जाएँगे।

समय : 3 घंटे *पूर्णांक : 80*

खंड 'क' अपठित बोध

व्याख्या सहित

1. *निम्नलिखित गद्यांश को ध्यानपूर्वक पढ़कर पूछे गए प्रश्नों के उत्तर दीजिए।* (10)

हमेशा से ही भारत की कलाएँ और हस्तशिल्प इसकी सांस्कृतिक और परंपरागत प्रभावशीलता को अभिव्यक्त करने का माध्यम रही हैं। भारत के विभिन्न प्रदेशों में कला की अपनी एक विशेष शैली और पद्धति है, जिसे लोक कला के नाम से जाना जाता है। लोक कला के अलावा भी परंपरागत कला का एक अन्य रूप है, जो अलग-अलग जनजातियों और देहात के लोगों में प्रचलित है। इसे जनजातीय कला के रूप में वर्गीकृत किया गया है।

भारत की लोक और जनजातीय कलाएँ बहुत ही पारंपरिक और साधारण होने पर भी इतनी सजीव और प्रभावशाली हैं कि उनसे देश की समृद्ध विरासत का अनुमान स्वत: ही लग जाता है।

अपने परंपरागत सौंदर्य भाव और प्रामाणिकता के कारण भारतीय लोक कला की अंतर्राष्ट्रीय बाज़ार में संभावना बहुत प्रबल है। भारत की ग्रामीण लोक चित्रकारी के डिज़ाइन बहुत सुंदर हैं, जिसमें धार्मिक और आध्यात्मिक चित्रों को उभारा गया है। तथापि लोक कला केवल चित्रकारी तक ही सीमित नहीं है।

इसके अन्य रूप भी हैं; जैसे—मिट्टी के बर्तन, गृह सज्जा, ज़ेवर, वस्त्र डिज़ाइन आदि। वास्तव में, भारत के कुछ प्रदेशों में बने मिट्टी के बर्तन तो अपने विशिष्ट और परंपरागत सौंदर्य के कारण विदेशी पर्यटकों के बीच बहुत ही लोकप्रिय हैं।

इसके अलावा, भारत के आँचलिक नृत्य; जैसे—पंजाब का भाँगड़ा, गुजरात का डांडिया, असम का बिहू नृत्य आदि, उन प्रदेशों की सांस्कृतिक विरासत को अभिव्यक्त करते हैं और यही भारतीय लोक कला के क्षेत्र में प्रमुख दावेदार हैं।

भारत सरकार और विभिन्न संस्थाओं ने कला के उन रूपों को बढ़ावा देने का हर संभव प्रयास किया है, जो भारत की सांस्कृतिक पहचान का एक महत्त्वपूर्ण हिस्सा है।

बहुविकल्पीय प्रश्न

I. निम्नलिखित कथनों पर विचार कीजिए। (1)

1. भारतीय लोक कलाएँ काफी निचले स्तर पर हैं।
2. भारतीय लोक कलाएँ काफी लोकप्रिय हैं।
3. भारतीय लोक कलाएँ मध्यम स्तर पर हैं।
4. भारतीय लोक कलाएँ अत्यधिक विस्तृत हैं।

गद्यांश के अनुसार कौन-सा/से कथन सही है/हैं?

(क) केवल 1 (ख) केवल 2 (ग) 2 और 3 (घ) 1 और 4

II. भारत के आँचलिक नृत्यों की क्या विशेषता है? (1)

(क) संबंधित प्रदेशों की सांस्कृतिक विरासत को प्रभावी ढंग से व्यक्त करने की अभिव्यक्ति

(ख) संबंधित प्रदेशों के व्यवसाय, सामाजिक स्तर को व्यक्त करने की अभिव्यक्ति

(ग) संपूर्ण भारत की कला को व्यक्त करने की अभिव्यक्ति

(घ) उपरोक्त में से कोई नहीं

III. प्रस्तुत गद्यांश का सर्वाधिक उचित शीर्षक लिखिए। (1)

(क) प्रादेशिक कलाएँ (ख) भारतीय कलाएँ

(ग) विविध संस्कृतियाँ (घ) कलाओं का प्रदर्शन

अतिलघु उत्तरीय प्रश्न

IV. भारत की समृद्ध विरासत का अनुमान किसके द्वारा लगाया जा सकता है? (1)

लघु उत्तरीय प्रश्न

V. परंपरागत कला के कितने रूप हैं? स्पष्ट कीजिए। (2)

VI. भारत के कौन-से आँचलिक नृत्य लोक कला के क्षेत्र में प्रमुख दावेदार हैं? (2)

VII. भारत के धार्मिक और आध्यात्मिक चित्रों को किसमें उभारा गया है? (2)

2. *निम्नलिखित काव्यांशों में से किसी एक को ध्यानपूर्वक पढ़कर पूछे गए प्रश्नों के उत्तर दीजिए।* (8)

रात यों कहने लगा मुझसे गगन का चाँद,
आदमी भी क्या अनोखा जीव होता है!
उलझनें अपनी बनाकर आप ही फँसता
और फिर बेचैन हो जगता न सोता है।
जानता है तू कि मैं कितना पुराना हूँ?
मैं चुका हूँ देख मनु को जनमते-मरते;
और लाखों बार तुझ-से पागलों को भी
चाँदनी में बैठ स्वप्नों पर सही करते।
आदमी का स्वप्न है वह बुलबुला जल का,
आज बनता और कल फिर फूट जाता है;
किंतु, तो भी धन्य; ठहरा आदमी ही तो!
बुलबुलों से खेलता, कविता बनाता है!
मैं न बोला, किंतु, मेरी रागिनी बोली,
चाँद! फिर से देख, मुझको जानता है तू?
स्वप्न मेरे बुलबुले हैं है यही पानी
आग को भी क्या नहीं पहचानता है तू?
मैं न वह, जो स्वप्न पर केवल सही करते,
आग में उसको गला लोहा बनाती हूँ;
और उस पर नींव रखती हूँ नए घर की,
इस तरह, दीवार फ़ौलादी उठाती हूँ।
मनु नहीं, मनु-पुत्र है यह सामने, जिसकी
कल्पना की जीभ में भी धार होती है;
बाण ही होते विचारों के नहीं केवल,
स्वप्न के भी हाथ में तलवार होती है।
स्वर्ग के सम्राट को जाकर खबर कर दे,
"रोज़ ही आकाश चढ़ते जा रहे हैं ये;
रोकिए, जैसे बने, इन स्वप्नवालों को,
स्वर्ग की ही ओर बढ़ते आ रहे हैं ये।"

I. चाँद ने कवि को पागल क्यों कहा है? (1)

1. तरह-तरह की कल्पनाएँ करने के कारण
2. कल्पनाओं से बचने के कारण
3. कल्पना न बनाने के कारण
4. स्वप्न देखने के कारण

सही विकल्प का चयन कीजिए

(क) केवल 1 (ख) 1 और 2

(ग) 2 और 3 (घ) 2, 3 और 4

II. प्रस्तुत काव्यांश में कवि की कल्पना किस पर टिकी है? (1)

(क) चाँद पर (ख) चाँदनी पर

(ग) कोरी कल्पना पर (घ) यथार्थ पर

III. सूची I को सूची II से सुमेलित कीजिए और सही विकल्प चुनकर लिखिए। (1)

	सूची I		सूची II
A.	अनोखा जीव	1.	मनुष्य
B.	बुलबुला जल का	2.	क्षणभंगुर
C.	स्वप्न के भी हाथ में तलवार	3.	हर कार्य को करने की क्षमता

कूट

	A	B	C		A	B	C
(क)	3	1	2	(ख)	1	3	2
(ग)	1	2	3	(घ)	2	1	3

अतिलघु उत्तरीय प्रश्न

IV. कवि के अनुसार आदमी का स्वप्न कैसा है? (1)

लघु उत्तरीय प्रश्न

V. कवि ने सपनों की गुणवत्ता के लिए क्या बताया है? (2)

VI. चाँद ने आदमी को अनोखा जीव क्यों कहा है? (2)

खंड 'ख' अभिव्यक्ति और माध्यम पुस्तक

3. दिए गए चार अप्रत्याशित विषयों में से किसी एक विषय पर लगभग 120 शब्दों में रचनात्मक लेखन कीजिए। (6)

(क) सोशल मीडिया-वरदान या अभिशाप (ख) स्वच्छता-अनिवार्य आवश्यकता

(ग) प्रातःकालीन भ्रमण

4. साक्षरता निकेतन, रामबाग, इलाहाबाद को एक सहायक अध्यापक के पद के लिए शैक्षणिक योग्यता कम-से-कम स्नातक तथा बी.एड. किए हुए एक व्यक्ति की आवश्यकता है। आप मोहिनी अग्रवाल की ओर से एक आवेदन-पत्र संस्था के निदेशक को लिखिए। (5)

अथवा

अपने नगर के जलापूर्ति अधिकारी को पर्याप्त और नियमित रूप से पानी न मिलने की शिकायत करते हुए पत्र लिखिए।

5. *निम्नलिखित प्रश्नों में से किंही चार प्रश्नों के उत्तर लगभग 40 शब्दों में दीजिए।* (8)

(क) आप परीक्षा में अनुत्तीर्ण हो गए हैं, इसे डायरी में लिखिए। (2)

(ख) आपको विद्यालय में आयोजित काव्य-पाठ में पुरस्कार मिला, इस अनुभव को डायरी में लिखिए। (2)

(ग) पटकथा और कम्प्यूटर के अंतर्संबंध पर प्रकाश डालिए। (2)

(घ) नाटक व फिल्म की पटकथा में अंतर बताइए। (2)

(ङ) अनुस्मारक या स्मरण-पत्र से आप क्या समझते हैं? (2)

6. *निम्नलिखित में से किसी एक प्रश्न का उत्तर लगभग 60 शब्दों में दीजिए।* (3)

(क) स्ववृत्त में कार्योत्तर गतिविधियाँ कैसे उल्लेखित की जाती हैं? (3)

(ख) आवेदन-पत्र की विषय-वस्तु के किन्हीं दो भाग बताइए। (3)

खंड 'ग' आरोह भाग-1 एवं वितान भाग-1

7. *निम्नलिखित काव्यांश को ध्यानपूर्वक पढ़कर पूछे गए प्रश्नों के सही विकल्प चुनिए।* (5)

हे भूख! मत मचल
प्यास, तड़प मत
हे नींद! मत सता
क्रोध, मचा मत उथल-पुथल
हे मोह! पाश अपने ढील
लोभ, मत ललचा
हे मद! मत कर मदहोश
ईर्ष्या, जला मत
ओ चराचर! मत चूक अवसर
आई हूँ संदेश लेकर चन्नमल्लिकार्जुन का

(i) प्रस्तुत पद्यांश में कवयित्री क्या आग्रह कर रही है? (1)

(क) अपनी इंद्रियों को नियंत्रण में रहने का (ख) दीन-हीनों की सहायता करने का

(ग) भौतिक सुख-सुविधाओं को पाने का (घ) इनमें से कोई नहीं

(ii) पद्यांश में 'प्यास' से क्या तात्पर्य है?
(क) पानी की प्यास से (ख) आलस्य से (ग) सांसारिक तृष्णा से (घ) क्रोध से

(iii) क्रोध से क्या हानि होती है?
(क) मनुष्य का विवेक नष्ट हो जाता है (ख) मनुष्य का ज्ञान नष्ट हो जाता है
(ग) मनुष्य की चेतना लुप्त हो जाती है (घ) मनुष्य की आत्मा मर जाती है

(iv) निम्नलिखित कथन और कारण को ध्यानपूर्वक पढ़िए और सही विकल्प चुनकर लिखिए

कथन (A) क्रोध का कार्य केवल सर्वनाश करना होता है।

कारण (R) लोभ और मोह मनुष्य को ऊँचा उठाते हैं।

कूट

(क) कथन (A) सही है, किंतु कारण (R) गलत है
(ख) कथन (A) सही नहीं है, किंतु कारण (R) सही है
(ग) कथन (A) तथा कारण (R) दोनों सही हैं, किंतु कारण (R) उसकी सही व्याख्या नहीं करता है
(घ) कथन (A) कारण (R) दोनों सही हैं तथा कारण (R) कथन (A) की सही व्याख्या करता है

(v) प्रस्तुत संपूर्ण पद्यांश में कौन-सा अलंकार है?
(क) विरोधाभास (ख) मानवीकरण
(ग) विभावना (घ) अतिशयोक्ति

व्याख्या सहित

8. *काव्य खंड पर आधारित निम्नलिखित तीन प्रश्नों में से किन्हीं दो प्रश्नों के उत्तर लगभग 60 शब्दों में दीजिए।*

(क) कबीर ने धार्मिक गुरुओं पर क्या व्यंग्य किया है?
(ख) 'ग़ज़ल' कविता के आधार पर बताइए कि भारतीय जनता कैसी है?
(ग) 'आओ मिलकर बचाएँ' कविता आदिवासी समाज की किन बुराइयों की ओर संकेत करती है?

9. *काव्य खंड पर आधारित निम्नलिखित तीन प्रश्नों में से किन्हीं दो प्रश्नों के उत्तर लगभग 40 शब्दों में दीजिए।*

(क) कबीर ने अपने को दीवाना क्यों कहा है?
(ख) कवि अपने विषय में झूठ क्यों बोलना चाहता है? 'घर की याद' कविता के आधार पर बताइए।
(ग) कवयित्री ने अपने अहंकार को नष्ट करने के लिए किन परिस्थितियों की कल्पना की है?

10. *निम्नलिखित काव्यांश को ध्यानपूर्वक पढ़कर पूछे गए प्रश्नों के सही विकल्प चुनिए।*

दूसरे दिन माली ने चपरासी को बताया, चपरासी ने क्लर्क को, क्लर्क ने हेड-क्लर्क को। थोड़ी ही देर में सेक्रेटेरियट में यह अफवा फैल गई कि दबा हुआ आदमी शायर है। बस, फिर क्या था लोगों का झुंड-का-झुंड शायर को देखने के लिए उमड़ पड़ा। इसव चर्चा शहर में भी फैल गई और शाम तक गली-गली से शायर जमा होने शुरू हो गए। सेक्रेटेरियट का लॉन भाँति-भाँति के कवि से भर गया और दबे हुए आदमी के चारों ओर कवि सम्मेलन का-सा वातावरण उत्पन्न हो गया। सेक्रेटेरियट के कई क्लर्क अं अंडर सेक्रेटरी तक, जिन्हें साहित्य और कविता से लगाव था, रुक गए। कुछ शायर दबे हुए आदमी को अपनी कविताएँ और दो सुनाने लगे। कई क्लर्क उसको अपनी कविता पर आलोचना करने को मजबूर करने लगे।

(i) सेक्रेटेरियट में कौन-सी अफवाह फैल गई थी?
(क) माली ने अकेले ही पेड़ से दबे व्यक्ति को निकाल लिया है
(ख) पेड़ के नीचे दबा हुआ व्यक्ति शायर है
(ग) पेड़ के नीचे दबे हुए व्यक्ति की जानकारी मंत्री से है
(घ) क्लर्कों ने मिलकर पेड़ के नीचे दबे व्यक्ति को निकाल लिया है

(ii) सेक्रेटेरियट के लॉन में किसकी भीड़ हो गई?
(क) तरह-तरह के कवियों की (ख) आस-पास के लोगों की
(ग) दबे हुए व्यक्ति के परिजनों की (घ) इनमें से कोई नहीं

(iii) दबे हुए आदमी के चारों ओर कैसा वातावरण उत्पन्न हो गया था? (1)
(क) कवि सम्मेलन का (ख) किसी मेले का
(ग) किसी संभाषण प्रतियोगिता का (घ) वार्षिकोत्सव होने का

(iv) सूची I को सूची II से सुमेलित कीजिए और सही विकल्प चुनकर लिखिए। (1)

	सूची I		सूची II
A.	अफवाह फैली	1.	लोगों का समूह
B.	झुंड-का-झुंड	2.	क्लर्क व अण्डर सेक्रेट्री
C.	कविता से लगाव	3.	दबा हुआ व्यक्ति शायर

कूट

	A	B	C
(क)	3	1	2
(ख)	1	3	2
(ग)	1	2	3
(घ)	2	1	3

(v) 'थोड़ी ही देर में सेक्रेटेरियेट में यह अफवाह फैल गई कि दबा हुआ आदमी शायर है' वाक्य में कौन-सा वाक्य-भेद है? (1)
(क) सरल वाक्य (ख) संयुक्त वाक्य (ग) मिश्र वाक्य (घ) साधारण वाक्य

11. *गद्य खंड पर आधारित निम्नलिखित तीन प्रश्नों में से किन्हीं दो प्रश्नों के उत्तर लगभग 60 शब्दों में दीजिए।* (6)

(क) 'नमक का दारोगा' कहानी से हमें क्या संदेश मिलता है? (3)
(ख) 'आदमी को काटकर निकाल लो' व्यंग्य पर अपनी प्रतिक्रिया 'जामुन का पेड़' पाठ के आधार पर दीजिए। (3)
(ग) रजनी स्कूल के हेडमास्टर से मिलने क्यों जाती है? (3)

12. *गद्य खंड पर आधारित निम्नलिखित तीन प्रश्नों में से किन्हीं दो प्रश्नों के उत्तर लगभग 40 शब्दों में दीजिए।* (4)

(क) पंडित जी के मन में वंशीधर के प्रति क्या भाव आए थे? (2)
(ख) त्रिलोम सिंह मास्टर मोहन पर प्रसन्न क्यों रहते थे? (2)
(ग) रजनी के चरित्र की विशेषताएँ लिखिए। (2)

13. *निम्नलिखित तीन प्रश्नों में से किन्हीं दो प्रश्नों के उत्तर लगभग 60 शब्दों में दीजिए।* (10)

(क) गोधुलि बेला में कुंइयों के आसपास की नीरवता कैसे मुखरित हो उठती है? कुंइयों पर ग्राम समाज के नियंत्रण को आप कितना सही मानते हैं और क्यों? (5)
(ख) 'नारी समाज का अभिन्न अंग है' कैसे? स्पष्ट कीजिए। (5)
(ग) "लता के कारण चित्रपट संगीत को विलक्षण लोकप्रियता प्राप्त हुई है। यही नहीं, लोगों का शास्त्रीय संगीत की ओर देखने का दृष्टिकोण भी बदला है।" कैसे? (5)

व्याख्या सहित उत्तर

1. (I) (ख) केवल 2

(II) (क) संबंधित प्रदेशों की सांस्कृतिक विरासत को प्रभावी ढंग से व्यक्त करने की अभिव्यक्ति

(III) (ख) भारतीय कलाएँ

(IV) भारत की समृद्ध विरासत का अनुमान लोक कला और जनजातीय कला के द्वारा लगाया जा सकता है।

(V) परंपरागत कला के दो रूप हैं

(1) **लोक कला** भारत के विभिन्न प्रदेशों में कला की अपनी एक विशेष शैली और पद्धति है, जिसे लोक कला के नाम से जाना जाता है।

(2) **जनजातीय कला** जो अलग-अलग जनजातियों और देहात के लोगों में प्रचलित है, उसे जनजातीय कला के रूप में जाना जाता है।

(VI) भारत के आँचलिक नृत्य; जैसे–पंजाब का भाँगड़ा, गुजरात का डांडिया, असम का बिहू नृत्य आदि, उन प्रदेशों की सांस्कृतिक विरासत को अभिव्यक्त करते हैं और यही नृत्य भारतीय लोक कला के क्षेत्र में प्रमुख दावेदार हैं।

(VII) भारत के धार्मिक और आध्यात्मिक चित्रों को ग्रामीण लोक चित्रकारी में उभारा गया है। इसके डिजाइन बहुत सुंदर हैं। तथापि लोक कला केवल चित्रकारी तक ही सीमित नहीं है। इसके अन्य रूप भी हैं; जैसे–मिट्टी के बर्तन, गृह सज्जा, जेवर, वस्त्र डिजाइन आदि।

2. (I) (क) केवल 1

(II) (घ) यथार्थ पर

(III) (ग) 1 2 3

(IV) कवि के अनुसार आदमी का स्वप्न बुलबुले की तरह है।

(V) कवि ने सपनों की गुणवत्ता पर ध्यान देने के लिए कहते हुए बताया है कि जीवन में आगे बढ़ने के लिए (तरक्की के लिए) सपने देखना तो जरूरी है, लेकिन वो स्वप्न दिवास्वप्न नहीं होने चाहिए अर्थात् हमारे सपने यथार्थवादी धरातल पर देखे गए महान सपने होने चाहिए।

(VI) चाँद ने आदमी को अनोखा जीव स्वयं उलझने बनाने के कारण कहा है। इन उलझनों के कारण वह सो नहीं पाता है और बैचेन होकर जगता रहता है। साथ ही तरह-तरह की कल्पनाएँ भी करता रहता है।

3. (क) **सोशल मीडिया का जाल** आज हम उस समय और युग में हैं जहाँ सूचना केवल एक बटन दबाने पर मिल जाती है। इसके कारण हम अपने चारों ओर की जानकारी से अवगत हो जाते हैं। सोशल मीडिया वह स्थान है जहाँ हमें किसी भी चीज़ के बारे में जानने, पढ़ने, समझने और बोलने का अवसर मिलता है। सोशल मीडिया उन बड़े तत्त्वों में से एक है, जिसके साथ हम जाल रूपी संरचना से जुड़े हुए हैं और जिसे हम अनदेखा नहीं कर सकते हैं। सोशल मीडिया वेबसाइटों, अनुप्रयोगों और अन्य प्लेटफार्मों का संग्रह है, जो हमें जानकारियों का आदान-प्रदान करने तथा हमें सोशल नेटवर्किंग में भाग लेने में सहायता करता है। सोशल मीडिया ब्लॉगिंग और चित्रों को साझा करने तक ही सीमित नहीं है, बल्कि यह हमें सुदृढ़ उपकरण भी प्रदान करती है। ऐसा इसलिए है, क्योंकि सोशल मीडिया का प्रभाव बहुत अधिक और दूर तक पहुँच रहा है और यह किसी की छवि को बना या बिगाड़ भी सकती है।

सोशल मीडिया आज विवाद का विषय बनी हुई है। कुछ लोग इसे वरदान समझते हैं, तो वहीं कुछ लोग ऐसे भी हैं, जो इसे एक अभिशाप मानते हैं। लोग अधिकतर यह अनुभव करते हैं कि सोशल मीडिया ने तेज गति के साथ मानवीय अंत:क्रियाओं को नष्ट कर, आधुनिक मानव संबंधों में परिवर्तन कर दिया है, लेकिन कुछ लोग इसे वरदान मानते हैं, क्योंकि इसके कारण वे स्वयं को दुनिया के हर कोने से जुड़ा हुआ अनुभव करते हैं और जिसके द्वारा वे दूर बसे अपने प्रियजनों से बात कर सकते हैं तथा जागरूकता फैला सकते हैं साथ ही सुरक्षा हेतु चेतावनियाँ भी भेज सकते हैं। ऐसा बहुत कुछ है, जो सोशल मीडिया के माध्यम से किया जा सकता है, लेकिन वह एक अविश्वसनीय तथ्य है कि सोशल मीडिया की उपस्थिति ने हमारे जीवन को सुविधाजनक, आसान और बहुत तेज बना दिया है।

(ख) **स्वच्छता : एक अनिवार्य कदम** स्वच्छता प्रत्येक व्यक्ति का प्राथमिक उत्तरदायित्व होना चाहिए। सभी को यह समझना चाहिए कि खाने और पीने की भाँति ही स्वच्छता भी बहुत आवश्यक है, बल्कि हमें स्वच्छता को खाने और पीने से भी अधिक प्राथमिकता देनी चाहिए। हम केवल तभी स्वस्थ रह सकते हैं जब हम सफाई और स्वास्थ्यकर तरीके अपनाएँगे। बचपन सभी के जीवन का सबसे अच्छा समय होता है जिस दौरान हम स्वच्छता की आदत में कुशल हो सकते हैं; जैसे- रोज नहाना, स्वच्छ कपड़े पहनना, अपने आस-पास साफ-सफाई का विशेष ध्यान रखना, स्वच्छ भोजन करना आदि अभिभावक की नियमित निगरानी और सतर्कता के साये में होना चाहिए ताकि बचपन से ही अच्छी आदतों का विकास बच्चों में हो सके।

स्कूल और कॉलेजों में स्वच्छता के विभिन्न प्रकारों के विषय पर विद्यार्थियों को बहुत सारे होमवर्क दिए जाते हैं। आज के समय में ये बहुत ही महत्त्वपूर्ण विषय है, क्योंकि एक बहुत बड़ी जनसंख्या स्वच्छता के अभाव में बीमारी के कारण प्रतिदिन मृत्यु को प्राप्त हो रही है। इसलिए जीवन में स्वच्छता के महत्त्व और आवश्यकता के बारे में जागरूक होना बहुत आवश्यक है। जीवन को बचाने और स्वस्थ जीवन जीने के लिए हम सभी को मिलकर स्वच्छता की ओर कदम बढ़ाने की आवश्यकता है। हमारे प्रधानमंत्री 'नरेंद्र मोदी' ने एक अभियान चलाया, जिसे 'स्वच्छ भारत' कहा गया। भारतीय नागरिक के रूप में हम सभी को इस अभियान के उद्देश्य और लक्ष्य को पूरा करने में सक्रिय रूप से भाग लेना चाहिए।

(ग) प्रकृति और मनुष्य में गहरा सम्बन्ध है। दोनों एक-दूसरे के पूरक हैं। मनुष्य के जन्म के साथ ही उसका प्रकृति से अटूट सम्बन्ध जुड़ जाता है। जीवनदायनी प्रकृति के साथ सम्पर्क करने का सबसे उत्तम समय प्रात:काल को ही माना गया है। प्रात:काल की सैर शरीर में नवचेतना व स्फूर्ति का संचार करती है। प्रात:कालीन भ्रमण (सैर) के अनेक लाभ हैं। आजकल की भागदौड़ भरी जिंदगी में प्रात:कालीन

भ्रमण किसी वरदान से कम नहीं है। प्रातःकाल का समय भ्रमण के लिए सर्वोत्तम है। इससे मनुष्य को शुद्ध ऑक्सीजन मिलती है जिस कारण शरीर से अनेक विकार या बीमारियाँ स्वतः ही समाप्त हो जाती हैं। साथ-ही-साथ शरीर की मांसपेशियाँ भी कार्यरत् हो जाती हैं। प्रातःकालीन भ्रमण मनुष्य को शारीरिक और मानसिक दोनों ही प्रकार से लाभकारी है। इससे व्यक्ति का मन प्रसन्न रहता है तथा उसका काम करने में मन लगता है। इसके साथ ही ज्ञान में वृद्धि होती है, बुद्धि में ताजगी आती है तथा स्मरण शक्ति तीव्र हो जाती है।

मैं भी अपने पिताजी के साथ प्रातःकालीन भ्रमण के लिए जाता हूँ। हमारी कॉलोनी में एक पार्क है जहाँ हम प्रातःकाल भ्रमण करते हैं। सुबह के समय प्रकृति की सुन्दरता देखते ही बनती है। हरी-हरी घास पर ओंस की बूँद ऐसी लगती है जैसे किसी ने मोती बिखेर दिए हो। सुबह की मन्द-मन्द बहती सुगन्धित हवा शरीर को नई ताजगी से भर देती है। आकाश में पक्षियों के झुण्ड की चहल-पहल, पेड़ पर बैठी कोयल का मधुर गान मन को आनन्दित करता है।

प्रातःकालीन भ्रमण से मेरे जीवन में एक नवीन परिवर्तन आया है। इसके कारण मैं शारीरिक और मानसिक रूप से स्वस्थ महसूस करने लगा हूँ। विभिन्न विषयों में मेरी रुचि बढ़ी है। अब मैं शारीरिक गतिविधियों के साथ-साथ कलात्मक रूप से भी सक्रिय हो गया हूँ। प्रकृति के साथ सम्पर्क होने से मेरी सोचने-समझने की शक्ति भी विकसित हुई है। अब मुझे छोटी-छोटी बातों पर क्रोध नहीं आता तथा मैं समस्या को लेकर परेशान होने की बजाय उसका हल ढूँढ़ने का स्वयं प्रयास करता हूँ। इस प्रकार प्रातःकालीन भ्रमण के बच्चे, बूढ़े तथा युवा प्रत्येक वर्ग के लिए आवश्यक है। इससे हमारे शरीर को नई स्फूर्ति मिलती है। साथ ही नवीन चेतना व नए उल्लास का संचार होता है। अतः प्रत्येक व्यक्ति को प्रातःकालीन भ्रमण की आदत को अपनाना चाहिए।

4. टैगोर टाउन,
इलाहाबाद।
दिनांक 18 सितंबर, 20XX

सेवा में,
निदेशक महोदय,
साक्षरता निकेतन,
रामबाग, इलाहाबाद।

विषय सहायक अध्यापक पद हेतु आवेदन-पत्र।

महोदय,

दैनिक समाचार-पत्र 'दैनिक जागरण' के दिनांक 16 सितंबर, 20XX को प्रकाशित आपके विज्ञापन से ज्ञात हुआ कि आपके संस्थान के लिए एक सहायक अध्यापक की आवश्यकता है। मैं इस पद के लिए इच्छुक हूँ, इसलिए मैं आपको अपना संक्षिप्त जीवनी-वृत्त भेज रही हूँ, जिस पर आप ध्यान देने की कृपा करें।

मेरा विवरण निम्नलिखित है–

नाम मोहिनी अग्रवाल
पिता का नाम श्री सुरेंद्र कुमार अग्रवाल
जन्मतिथि 19 मार्च, 1990
पत्राचार का पता 123, टैगोर टाउन, इलाहाबाद।
शैक्षिक योग्यताएँ

1. केंद्रीय माध्यमिक शिक्षा बोर्ड से 2005 में 10वीं कक्षा की परीक्षा में 78% अंक प्राप्त।
2. केंद्रीय माध्यमिक शिक्षा बोर्ड से वर्ष 2007 में 12वीं की परीक्षा 72% अंक के साथ उत्तीर्ण।
3. सी एम पी गर्ल्स डिग्री कॉलेज, इलाहाबाद से वर्ष 2010 में स्नातक की परीक्षा 67% अंक के साथ उत्तीर्ण।
4. बी.एड. (दो वर्षीय पाठ्यक्रम) वर्ष 2012 में कानपुर विश्वविद्यालय से उत्तीर्ण।

कार्यानुभव 3 वर्षों से मॉडल पब्लिक स्कूल, इलाहाबाद में अध्यापक।

मेरी योग्यता एवं क्षमता को देखते हुए कृपया आप मुझे सेवा का अवसर प्रदान करें। मुझे विश्वास है कि आप मुझे निराश नहीं करेंगे। इसके लिए मैं सदा आपकी आभारी रहूँगी।

भवदीया
मोहिनी अग्रवाल
टैगोर टाउन, इलाहाबाद

संलग्नक

1. हाई स्कूल की अंक तालिका की सत्यापित प्रतिलिपि
2. इंटरमीडिएट की अंक तालिका की सत्यापित प्रतिलिपि
3. स्नातक की अंक तालिका की सत्यापित प्रतिलिपि
4. डिप्लोमा (पुस्तकालय विज्ञान) की सत्यापित प्रतिलिपि
5. हाई स्कूल के प्रमाण-पत्र की सत्यापित प्रतिलिपि (जन्मतिथि के प्रमाण हेतु)

अथवा

परीक्षा भवन,
मेरठ।
दिनांक 18 फरवरी, 20XX

सेवा में,

जलापूर्ति अधिकारी,
मेरठ नगर निगम,
सुभाष नगर, मेरठ।

विषय पेयजल संबंधी समस्या को दूर करने के संबंध में।

महोदय,

इस पत्र के माध्यम से मैं आपका ध्यान सुभाष नगर क्षेत्र में पेयजल की आपूर्ति संबंधी समस्या की ओर आकर्षित करना चाहता हूँ। इस क्षेत्र में पिछले पंद्रह दिनों से पेयजल की आपूर्ति ठीक ढंग से नहीं हो पा रही है। जो पानी आता है, वह बहुत गंदा होता है।

पानी का दबाव बहुत कम रहता है और कभी-कभी तो पानी बिलकुल ही नहीं आता। पेयजल की कमी के कारण नागरिकों को बड़ी कठिनाई का सामना करना पड़ रहा है। पिछले सात-आठ दिनों से पानी पहली मंज़िल तक भी नहीं पहुँच रहा है।

ऊपर की मंज़िलों में रहने वाले लोग तो पानी की एक-एक बूँद को तरस गए हैं। नहाना-धोना तो दूर, पीने के लिए भी पानी नहीं मिल पा रहा है। गर्मी के इस मौसम में पर्याप्त मात्रा में पेयजल न मिलने के कारण लोगों का जीना दूभर हो गया है और उन्हें अनेक कठिनाइयों का सामना करना पड़ रहा है।

अतः आपसे अनुरोध है कि इस क्षेत्र में पेयजल की पर्याप्त व नियमित आपूर्ति करवाने का प्रबंध करें, ताकि क्षेत्र के नागरिकों को इस समस्या से छुटकारा मिल सके।

धन्यवाद।

भवदीय

क. ख. ग.

5. (क)

20 मई, 20XX

सांय 5:00 बजे

आज परीक्षा-परिणाम का दिन था। मैं जब विद्यालय पहुँचा तो पता चला कि मैं अनुत्तीर्ण हो गया हूँ। मेरी आँखों के आगे अँधेरा छा गया और मैं वहीं चकराकर गिर गया। हितेश ने मुझे उठाया, पानी पिलाया और दिलासा दिया कि कोई बात नहीं, अगले साल बहुत मेहनत करना, देखना अच्छे अंकों से उत्तीर्ण हो जाओगे। मुझे लग रहा था कि कहीं न कहीं गलती मेरी ही है। मैं परीक्षा के दिनों में भी पढ़ाई के स्थान पर कार्टून देखता रहा। माता-पिता का कहना न मानकर पढ़ने की जगह खेलने में लगा रहा। मुझे अपने पर ग्लानि हो रही थी। तभी मुझे दादा जी की यह बात याद आ गई कि 'गिरते हैं शहसवार की मैदाने जंग में' और मैंने निश्चय किया कि अब मैं ठीक से पढ़ाई करूँगा और अगले वर्ष अच्छे अंकों से उत्तीर्ण होऊँगा।

रितेश

(ख) 10 सितंबर, 20XX

रात्रि 7 : 00 बजे

आज का दिन मेरे लिए बहुत अच्छा रहा। आज विद्यालय में काव्य-पाठ का आयोजन हुआ। इसमें बहुत-से छात्रों ने भाग लिया। मैंने भी इसमें भाग लिया और 'प्रकृति और हम' विषय पर एक कविता पढ़ी। मेरी कविता को दिन की सर्वश्रेष्ठ कविता चुना गया और मुझे प्रथम पुरस्कार मिला। मेरे साथियों और अध्यापकों ने मेरी बहुत प्रशंसा की। मैंने घर जाकर सबको बताया, तो सभी बहुत खुश हुए। माँ ने मुझे गले लगा लिया और पिताजी व दादा-दादी ने मुझे आशीर्वाद दिया।

वैभव

(ग) **पटकथा और कंप्यूटर**

अब तो कंप्यूटर में ऐसे सॉफ्टवेयर आ गए हैं, जिनमें पटकथा लेखन का प्रारूप बना बनाया होता है। यहाँ तक कि उन सॉफ्टवेयर से यह भी पता चल जाता है कि पटकथा में कहीं कोई गड़बड़ी तो नहीं हो रही। ये सॉफ्टवेयर उस गड़बड़ी को सुधारने के सुझाव भी दे सकते हैं।

(घ) नाटक व फिल्म की पटकथा में अंतर

नाटक के दृश्य अकसर अधिक लंबे होते हैं और फिल्मों में छोटे-छोटे। नाटक में प्रायः सीमित घटना स्थल होते हैं, परंतु फिल्म में ये असीम होते हैं। प्रत्येक दृश्य किसी भी नए स्थान पर घट सकता है। नाटक एक सजीव कला माध्यम है, जिसमें अभिनेता अपने ही जैसे जीवंत दर्शकों के सामने कला का प्रदर्शन करता है। सिनेमा या टी.वी. में पूर्व रिकॉर्डेड छवियाँ व ध्वनि होती हैं। नाटक का पूरा कार्य व्यापार एक ही मंच पर, एक ही निश्चित अवधि के दौरान होता है, जबकि फिल्म या टी.वी. की शूटिंग अलग-अलग सेटों व लोकेशनों पर होती हैं। नाटक का विकास एक-रेखीय (लीनियर) होता है, जबकि सिनेमा में फ्लैशबैक, फ्लैश फॉरवर्ड आदि तकनीकों का प्रयोग करके घटनाक्रम को किसी भी रूप में प्रस्तुत कर सकते हैं।

(ङ) जब किसी पत्र, ज्ञापन आदि का उत्तर समय पर प्राप्त नहीं होता तो याद दिलाने के लिए अनुस्मारक-पत्र भेजा जाता है, इसे स्मरण-पत्र भी कहते हैं। यह औपचारिक पत्र की तरह ही होता है, परंतु आकार में छोटा है। अनुस्मारक के प्रारम्भ में पूर्व पत्र का हवाला दिया जाता है।

6. (क) **कार्येत्तर गतिविधियाँ** अपने कार्य के अतिरिक्त अन्य गतिविधियाँ, जैसे रुचि (हॉबी) आदि के माध्यम से उम्मीदवार के व्यक्तित्व के बारे में अधिक जानकारी प्राप्त हो जाती है जिससे आवेदित पद के लिए उसकी योग्यता को तय करना आसान हो जाता है। जैसे, यदि कोई अच्छा फुटबॉल खिलाड़ी है तो यह मान लिया जाता है कि उसमें टीम भावना अवश्य होगी या फिर आशुभाषण, वाद-विवाद प्रतियोगिता में, पुरस्कृत व्यक्ति में वाक्पटुता व संभाषण कला अथवा तुरंत प्रत्युत्तर देने की कला अवश्य होगी। अतः कार्येत्तर गतिविधियों का उल्लेख विशेष रूप से करना चाहिए।

(ख) आवेदन-पत्र की विषयवस्तु के दो भाग निम्नलिखित हैं

1. **भूमिका** पहले खंड में उम्मीदवार विज्ञापन तथा विज्ञापित पद पर अपनी उम्मीदवारी की इच्छा प्रकट करता है।
2. **सक्षमता** दूसरे खंड में उम्मीदवार यह बताता है कि वह विज्ञापन में वर्णित योग्यताओं और आवश्यकताओं को पूरा करने में सक्षम है। इससे उम्मीदवार की भाषा-शैली तथा अभिव्यक्ति की क्षमता का भी परिचय मिल जाता है।

7. (i) (क) अपनी इंद्रियों को नियंत्रण में रहने का

(ii) (ग) सांसारिक तृष्णा से

(iii) (क) मनुष्य का विवेक नष्ट हो जाता है

(iv) (क) कथन (A) सही है, किन्तु कारण (R) गलत है

(v) (ख) मानवीकरण

8. (क) कबीर ने अपने पदों में हिंदू और मुस्लिम, दोनों धर्मों के धर्मगुरुओं पर व्यंग्य किया है। हिंदुओं के बारे में उन्होंने कहा है कि वे तीर्थ यात्रा, अनुष्ठान, व्रत-पूजा आदि आडंबरों में फँसे रहते हैं और गर्व का अनुभव करते हैं। वे माला पहनते हैं, तिलक लगाते हैं, पीपल-पत्थर आदि पूजते हैं। दूसरी ओर, मुस्लिम भी अपने कर्मकांडों को श्रेष्ठ समझते हुए उनका पालन करते रहते हैं। वे नियमित रूप से कुरान का पाठ करते हैं। अपने शिष्यों को शिक्षा देते हैं, परंतु उन्हें स्वयं खुदा के बारे में नहीं पता। कबीर कहते हैं कि दोनों धर्मों के लोग आपस में राम-रहीम के नाम पर लड़ते रहते हैं, परंतु दोनों ही ईश्वर के रहस्य से अनभिज्ञ हैं।

(ख) कवि दुष्यंत कुमार ने 'गज़ल' कविता के अंतर्गत भारतीय जनता के बारे में यह बताया है कि भारतीय जनता अभावों में जीने की अभ्यस्त हो चुकी है। यदि इनके पास तन ढँकने के लिए वस्त्र न हों, तो ये अपने पैरों को मोड़कर पेट ढक लेंगे। इसका आशय यह है कि ये अन्याय और अत्याचार को सहने के आदी हो चुके हैं। इनमें विरोध करने की भावना समाप्त हो चुकी है। वह ईश्वर की हसीन कल्पना में ही अपना जीवन व्यतीत कर देते हैं।

(ग) *प्रस्तुत कविता आदिवासी समाज की निम्नलिखित बुराइयों की ओर संकेत करती है*

(*i*) संथाली समाज में शिक्षा की कमी है।

(*ii*) उनके जीवन पर शहरी जीवन का प्रभाव पड़ रहा है, जिस कारण वे अपनी ही संस्कृति को भूलते जा रहे हैं।

(*iii*) उनके जीवन में उत्साह की कमी झलकती है।

(*iv*) लोगों का शराब की ओर अत्यधिक झुकाव होता जा रहा है।

(*v*) वह अपने अस्त्र-शस्त्रों का त्याग कर रहे हैं।

(*vi*) उनमें आत्मविश्वास का अभाव होता जा रहा है।

(*vii*) उनमें दूसरों के प्रति अविश्वास की भावना बढ़ती जा रही है।

9. (क) कबीर स्वयं मिथ्या जगत् से दूर रहकर प्रभु की भक्ति में डूब गए हैं। जब कोई किसी के प्रेम में लीन हो जाता है, तो वह दीवाना ही कहलाता है, उसी प्रकार कबीर भी परमात्मा के सच्चे साधक होकर सांसारिक मोह-माया से दूर हो गए और निर्भय होकर प्रभु भक्ति में लीन होने के कारण स्वयं को दीवाना मानते हैं।

(ख) 'घर की याद' कविता में कवि अपने घर से दूर कारावास में बंद है। सावन की रात में उसे अपने घर की याद सता रही है। साथ ही, वह इस कल्पना से भी व्यथित हो उठता है कि उसके माता-पिता उसे याद करके दुःखी हो रहे होंगे। अपने पाँचवें पुत्र को साथ न देखकर पिताजी रो पड़े होंगे। कवि अपने माता-पिता को दुःखी नहीं देखना चाहता, अतः वह अपने विषय में झूठ बोलना चाहता है।

(ग) कवयित्री ने अपने अहंकार को नष्ट करने के लिए कल्पना की है कि वह सुख-सुविधाओं को त्यागकर भीख माँगे और जैसे ही कोई उसे भीख दे, वह हाथों से गिर जाए तथा उसे पुनः प्राप्त करते समय कोई कुत्ता उसे छीनकर ले जाए।

10. (i) (ख) पेड़ के नीचे दबा हुआ व्यक्ति शायर है

(ii) (क) तरह-तरह के कवियों की

(iii) (क) कवि सम्मेलन का

(iv) (क) 3 1 2

(v) (ग) मिश्र वाक्य

11. (क) प्रेमचंद द्वारा लिखित 'नमक का दारोगा' कहानी एक आदर्शोन्मुख यथार्थवादी कहानी है। इस कहानी से हमें यह संदेश मिलता है कि जब भी धर्म और धन के बीच लड़ाई होती है, तब सदैव धर्म की ही जीत होती है। यह सत्य है कि धन भी कम प्रभावशाली नहीं होता। बहुत बार ऐसी परिस्थितियाँ बन जाती हैं, जब धन अधिक शक्तिशाली जान पड़ता है, परंतु अंतिम विजय धर्म की ही होती है। इस कहानी में भी धन का प्रतिनिधित्व करने वाले पंडित अलोपीदीन धन की सहायता से मुकदमा जीत भी जाते हैं और बाद में मुंशी वंशीधर को पदच्युत भी करवा देते हैं, लेकिन अंत में वही पंडित वंशीधर के पास आकर क्षमा माँगते हैं और गहरे अपराध बोध के साथ कहते हैं कि 'परमात्मा से यही प्रार्थना है कि वह आपको सदैव वही नदी के किनारे वाला बेमुरौवत, उद्दंड, किंतु धर्मनिष्ठ दरोगा बनाए रखे।' इससे यह सिद्ध होता है कि धर्म के सामने धन को झुकना ही पड़ता है।

(ख) 'जामुन का पेड़' पाठ सरकारी अधिकारियों की कार्यशैली पर व्यंग्य करता है। सेक्रेटेरियट के लॉन में एक आदमी पेड़ के नीचे दबा हुआ पड़ा था। अधिकारियों ने उसे बचाने के स्थान पर फाइलों की औपचारिकताएँ पूरी करना अधिक महत्त्वपूर्ण कार्य समझा। इस पर एक मनचले क्लर्क ने टिप्पणी की, कि इस आदमी को काटकर निकाल लो। इससे पेड़ बच जाएगा। इस पंक्ति में यह व्यंग्य किया गया है कि अधिकारियों को पेड़ की चिंता अधिक है। वास्तव में, यहाँ उनकी संवेदनशून्यता की ओर ध्यान आकर्षित किया गया है। व्यर्थ के नियम-कानून व्यक्ति की जान से बढ़कर हो गए हैं। इस पंक्ति में यह व्यंग्य भी छिपा हुआ है कि इस तरह की छोटी-छोटी समस्याओं को निम्न स्तर पर ही सुलझाया जा सकता है, परंतु सरकारी अधिकारी इन्हें तूल देकर बहुत बड़ा मुद्दा बना देते हैं। इससे निम्न स्तर के कार्यकर्ता स्वयं को विवश पाकर ऐसे ऊट-पटांग सुझाव देते हैं।

(ग) अमित एक मेधावी छात्र है। उसे गणित विषय में केवल 72 अंक प्राप्त हुए हैं, जबकि अन्य विषयों में उसके अच्छे अंक थे। घर आकर अमित अपना गुस्सा अपनी माँ और रजनी आंटी के सामने प्रकट करते हुए कहता है कि पाठक सर के बार-बार चेतावनी देने पर भी ट्यूशन न लेने पर उसके गणित में कम अंक आए हैं।

इससे रजनी को संदेह हुआ। जाँच करने पर पता चला कि पाठक सर ज़बरदस्ती ट्यूशन लेने के लिए कहते हैं और ट्यूशन न लेने वाले विद्यार्थियों को इस तरह का परिणाम भुगतना पड़ता है। रजनी इस घटना की तह तक जाना चाहती थी, इसलिए वह स्कूल के हेडमास्टर से मिलने के लिए स्कूल जाती है और अमित सक्सेना की गणित की कॉपी देखने की अनुमति माँगती है।

12. (क) पंडित जी के मन में वंशीधर के प्रति यह भाव आए थे कि वह अभी उद्दंड बालक है, जो कभी मोह-माया के जाल में नहीं पड़ा।

(ख) त्रिलोक सिंह मास्टर मोहन की प्रतिभा एवं उसकी उच्च जातिगत पृष्ठभूमि के कारण उस पर प्रसन्न रहते थे। *उन्हें मोहन की निम्न विशेषताएँ पसंद थीं*

(*i*) मोहन एक मेधावी छात्र था तथा उसकी बुद्धि प्रखर थी।

(*ii*) वह एक अच्छा गायक भी था।

(*iii*) वह पुरोहित खानदान का ब्राह्मण लड़का था।

(ग) रजनी इस कहानी की नायिका है। उसके चरित्र का सबसे बड़ा गुण यह है कि वह हमेशा संघर्षशील रहती है। अन्याय के विरुद्ध लड़ती है, संघर्ष करती है। वह निर्भीक और आत्मविश्वास से भरपूर स्त्री है। वह सच्चाई के लिए किसी से भी टकराने को तैयार रहती है। उसमें लोगों को इकट्ठा करने तथा तर्कसहित अपनी बातों से लोगों को प्रभावित करने की अद्भुत शक्ति है। वह अन्याय का पर्दाफ़ाश करने के लिए सदैव तत्पर रहती है।

13. (क) गोधूलि बेला से पूर्व कुंइयों के आसपास नीरवता छाई रहती है, किंतु इस बेला में जैसे ही गाँव के लोग इन कुंइयों से पानी लेने आते हैं तो वहाँ मेला-सा लग जाता है। मैदान में लगीं तीस-चालीस कुंइयों की एक-साथ घूमती घिरनियों का स्वर गोचर से लौट रहे पशुओं की घंटियों और रंभाने की आवाज़ में समा जाता है। यही संगीतमय स्वर वहाँ की नीरवता को मुखरित कर देता है। लोग पानी लेते हैं और कुंइयों को अगले दिन तक के लिए बंद कर दिया जाता है। इस प्रकार ये कुंइयाँ सामाजिक समरसता, समानता, सहयोग तथा पारस्परिकता जैसे मूल्यों को जीवित रखे हुए हैं।

कुंइयों पर ग्राम समाज के नियंत्रण को मैं पूर्णतया सही मानता हूँ। ग्राम समाज द्वारा इन कुंइयों पर अपना नियंत्रण रखने से उस अमृत तुल्य जल का लोगों में समान बँटवारा हो जाता है। ऐसा न होने पर वहाँ सबलों का आधिपत्य स्थापित हो जाएगा और जिसकी लाठी उसकी भैंस वाली स्थिति हो जाएगी।

(ख) नारी आधा समाज है अर्थात् किसी भी समाज की कुल जनसंख्या का लगभग आधा हिस्सा नारियों का होता है। स्त्री-पुरुष समाज रूपी गाड़ी के दो पहिए होते हैं और दोनों की उपस्थिति समान रूप से अनिवार्य है। नारी के बिना किसी समाज की कल्पना भी नहीं की जा सकती है। नारी ही समाज की संचालिका है। वही समाज की जननी है।

वही संपूर्ण समाज का पालन-पोषण करती है। वह जन्म से लेकर मृत्यु तक समाज के प्रति अपने कर्तव्यों का पूर्णनिष्ठा एवं कर्तव्यभावना से निर्वहन करती है। वह पूर्ण समर्पण की भावना से सामाजिक संबंधों को निभाती है। इसलिए हमें नारी का सदैव आदर-सम्मान करना चाहिए। उसकी भावनाओं का आदर करना चाहिए। नारी साहस, आत्मविश्वास, धैर्य, वात्सल्य, स्नेह, ममता और त्याग की प्रतिमूर्ति होती है। हमें नारी के साहस, आत्मविश्वास, धैर्य और त्याग से प्रेरणा लेनी चाहिए। इन मूल्यों को अपने जीवन में ग्रहण करना चाहिए। नारी की अवमानना करके कोई भी समाज स्वस्थ एवं खुश नहीं रह सकता है। समाज की आधी आबादी के बिना समाज का सुसंचालन कैसे संभव है?

(ग) लता के कारण चित्रपट संगीत को विलक्षण लोकप्रियता प्राप्त हुई है और लोगों का शास्त्रीय संगीत की ओर देखने का दृष्टिकोण भी काफी बदला है। पहले भी घर-घर में छोटे बच्चे गाया करते थे, पर उस गाने में और आजकल घरों में सुनाई देने वाले बच्चों के गाने में बड़ा अंतर हो गया है। आजकल के नन्हे-मुन्ने बच्चे भी स्वर में गुनगुनाते हैं। यह लता का जादू नहीं, तो और क्या है?

कोकिला का स्वर निरंतर कानों में पड़ने लगे, तो कोई भी सुनने वाला उसका अनुकरण करने का प्रयत्न करेगा। चित्रपट संगीत के कारण सुंदर स्वर मालिकाएँ यानी क्रमबद्ध स्वर समूह, लोगों के कानों पर पड़ रही हैं। संगीत के विविध प्रकारों से उनका परिचय हो रहा है। उनका स्वर-ज्ञान बढ़ रहा है। सुरीलापन क्या है? इसकी समझ भी आम लोगों को होती जा रही है। लय के प्रकार भी उन्हें सुनाई पड़ने लगे हैं और आकारयुक्त लय के साथ उसकी सूक्ष्मता भी समझ में आने लगी है।

इन सबका श्रेय लता को ही जाता है। इस प्रकार उसने नई पीढ़ी के संगीत को संस्कारित किया है और सामान्य मनुष्य में संगीत के विषय में अभिरुचि पैदा की है। संगीत की लोकप्रियता, उसका प्रसार और अभिरुचि के विकास का श्रेय लता को ही जाता है।

प्रतिदर्श प्रश्न-पत्र 3

CBSE कक्षा 11 की परीक्षा के लिए नमूना प्रश्न-पत्र

1. प्रश्न-पत्र तीन खंडों खंड 'क', 'ख' और 'ग' में होगा।
2. खंड-'क' में अपठित बोध पर आधारित प्रश्न पूछे जाएँगे। सभी प्रश्नों के उत्तर देने होंगे।
3. खंड-'ख' में अभिव्यक्ति और माध्यम पाठ्यपुस्तक के आधार पर प्रश्न पूछे जाएँगे। प्रश्नों में आंतरिक विकल्प दिए जाएँगे।
4. खंड-'ग' में आरोह भाग-1 एवं वितान भाग-1 पाठ्यपुस्तकों के आधार पर प्रश्न पूछे जाएँगे। प्रश्नों में आंतरिक विकल्प दिए जाएँगे।

समय : 3 घंटे ***पूर्णांक : 80***

खंड 'क' अपठित बोध

1. *निम्नलिखित गद्यांश को ध्यानपूर्वक पढ़कर पूछे गए प्रश्नों के उत्तर दीजिए।* **(10)**

महात्मा गाँधी उस महान् व्यक्ति का नाम है, जो हिंसा को अहिंसा से, घृणा को प्रेम से और अविश्वास को विश्वास से जीतने में यकीन रखते थे। आज गाँधीजी तो नहीं हैं, लेकिन उनके विचार एवं क्रियात्मक योगदान 21वीं शताब्दी में भी उतने ही प्रासंगिक हैं, जितने पहले थे। महात्मा गाँधी ने जनभावना को महत्त्व देकर और परंपरागत राष्ट्रवाद को परिष्कृत कर 21वीं सदी के लिए एक आदर्श प्रस्तुत किया। विभिन्न समुदायों के बीच समन्वय स्थापित करने के लिए उन्होंने विविध प्रकार के रचनात्मक कार्यक्रम प्रस्तुत किए। गाँधीजी की विचारधारा परंपरागत राष्ट्रीयता से ऊपर थी। उनका राष्ट्रधर्म वैश्विक था। वे भारतीय संस्कृति से प्रभावित होते हुए भी वेदों में अभिव्यक्त संपूर्ण पृथ्वी के वंदन में विश्वास करते थे—'माता भूमिः पुत्रोऽहं पृथिव्याः।' गाँधीजी ने राष्ट्रवाद को भारतीय चिंतन के अनुरूप वैश्विक बनाकर संकटग्रस्त विश्व को एक नई दिशा प्रदान की। गाँधीवाद के अंतर्गत सर्वधर्म समभाव की नीति की प्रासंगिकता आज स्पष्ट है। सर्वधर्म समभाव का विचार आज एक सामाजिक एवं सांस्कृतिक अनिवार्यता बन चुका है। धर्म तो व्यक्तिगत आस्था का विषय है। उसे सामाजिक स्तर पर लाने के लिए 'सर्वधर्म समभाव' तक आना ही होगा। धार्मिक कट्टरता आज हमें आण्विक आतंकवाद की दहलीज़ पर पहुँचा चुकी है। ऐसी विषम परिस्थिति में ही स्वामी विवेकानंद ने 'विश्व धर्म' एवं गुरुदेव रवींद्रनाथ ने 'मानव धर्म' की संकल्पना की थी। यदि विज्ञान सार्वभौमिक हो सकता है, तो धर्म भी सार्वभौमिक होना चाहिए, क्योंकि किसी भी धर्म को श्रेष्ठ समझने का अर्थ है, दूसरे धर्म को हीन समझना नहीं। गाँधीजी ने इस तथ्य को समझाते हुए धर्म को वैश्विक एवं सार्वभौमिक बनाने की कोशिश की। आज के उत्तर-आधुनिक समाज में भी संकुचित सांप्रदायिक विचारधारा एवं अंध कट्टरतावाद को कैसे स्वीकार किया जा सकता है?

धर्म को सिर्फ़ नैतिकता का पर्याय मानना चाहिए। आज के वैश्विक संकट का एक प्रमुख कारण सिद्धांतविहीन राजनीति है। मैकियावेली की नीति से असहमत होते हुए गाँधीवाद के अंतर्गत राजनीति में साधन शुद्धि का समावेश कर राजनीति को एक नया आयाम प्रदान किया गया। गाँधीजी ने अन्याय का प्रतिकार करने के लिए शस्त्र के स्थान पर निःशस्त्र वीरता को प्रदर्शित किया। अहिंसक प्रतिकार को सामूहिक रूप प्रदान कर उसे अत्यधिक शक्तिशाली हथियार बना दिया। आज सभी लोकतांत्रिक समाजों में इस शक्तिशाली हथियार का सर्वाधिक उपयोग होता है।

बहुविकल्पीय प्रश्न

I. विभिन्न समुदायों के बीच समन्वय स्थापित करने के लिए गाँधीजी ने क्या किया?
(क) विविध विचारकों के विचार प्रस्तुत किए (ख) भारतीय संस्कृति का महत्त्व उजागर किया
(ग) विभिन्न प्रकार के रचनात्मक कार्यक्रम प्रस्तुत किए (घ) अहिंसा पर बल दिया

II. निम्नलिखित कथनों पर विचार कीजिए
कथन I. गाँधीजी का राष्ट्र धर्म वैश्विक था।
कथन II. गाँधी की विचारधारा परंपरागत राष्ट्रीयता पर आधारित थी।

कथन III. धर्म को सामाजिक स्वरूप प्रदान करने के लिए 'सर्वधर्म समभाव' का विचार अपनाना चाहिए।
उपरोक्त कथनों में से कौन-सा/से सही है/हैं?

(क) केवल I (ख) केवल III
(ग) I और II (घ) I और III

III. निम्नलिखित कथन और कारण को ध्यानपूर्वक पढ़िए और सही विकल्प चुनकर लिखिए। (1)

कथन (A) गाँधीजी अन्याय का प्रतिकार करने के लिए निःशस्त्र वीरता के पक्षधर थे।
कारण (R) गाँधीजी हिंसा को अहिंसा से जीतने में विश्वास रखते थे।

कूट

(क) कथन (A) और कारण (R) दोनों सही हैं तथा कारण (R) कथन (A) की सही व्याख्या करता है
(ख) कथन (A) सही नहीं है, परंतु कारण (R) सही है
(ग) कथन (A) तथा कारण (R) दोनों गलत हैं
(घ) कथन (A) और कारण (R) दोनों सही हैं, परन्तु कारण (R) कथन (A) की सही व्याख्या नहीं करता है

अतिलघु उत्तरीय प्रश्न

IV. महात्मा गाँधी ने 21वीं सदी के लिए एक आदर्श कैसे प्रस्तुत किया?

लघु उत्तरीय प्रश्न

V. 'माता भूमिः पुत्रोऽहं पृथिव्याः' गाँधीजी द्वारा कहे गए इस कथन का क्या अभिप्राय है?
VI. आज सभी लोकतांत्रिक समाजों में किस शक्तिशाली हथियार का सर्वाधिक उपयोग होता है?
VII. गाँधी जी ने विभिन्न समुदायों के बीच समन्वय स्थापित करने के लिए क्या किया? (2)

व्याख्या रहित

2. *निम्नलिखित काव्यांश को ध्यानपूर्वक पढ़कर पूछे गए प्रश्नों के उत्तर दीजिए।* (8)

जो नहीं हो सके पूर्ण-काम
मैं उनको करता हूँ प्रणाम!
कुछ कुंठित औ' कुछ
लक्ष्य-भ्रष्ट
जिनके अभिमंत्रित तीर हुए
रण की समाप्ति के पहले ही
जो वीर रिक्त-तूणीर हुए
- उनको प्रणाम!
जो छोटी-सी नैया लेकर
उतरे करने को उदधि-पार
मन की मन में ही रही, स्वयं
हो गए उसी में निराकार
-उनको प्रणाम!

जो उच्च शिखर की ओर बढ़े
रह-रह नव-नव उत्साह भरे
पर कुछ ने ले ली
हिम-समाधि
कुछ असफल ही नीचे उतरे
- उनको प्रणाम!
कृत-कृत्य नहीं जो हो पाए
प्रत्युत फाँसी पर गए झूल
कुछ ही दिन बीते हैं, फिर भी
यह दुनिया जिनको गई भूल
- उनको प्रणाम!
थी उम्र साधना, पर जिनका
जीवन नाटक दुखांत हुआ;

या जन्म-काल में सिंह लग्न
पर कुसमय ही देहांत हुआ!
उनको प्रणाम!
दृढ़ व्रत औ' दुर्दम साहस के
जो उदाहरण थे मूर्ति-मंत?
पर निरवधि बंदी जीवन ने
जिनकी धुन का कर दिया अंत!
उनको प्रणाम!
जिनकी सेवाएँ अतुलनीय
पर विज्ञापन से रहे दूर
प्रतिकूल परिस्थिति ने जिनके
कर दिए मनोरथ चूर-चूर!
उनको प्रणाम!

बहुविकल्पीय प्रश्न

I. समाज किन लोगों को भुला चुका है? (1)

1. देश की स्वतंत्रता के लिए समाज की भलाई के लिए प्राणों को दाँव पर लगाने वालों को
2. समाज में खूब धन कमाने वालों को
3. वीर, प्रतापी राजाओं को
4. माता-पिता का आदर सम्मान करने वालों को

सही विकल्प का चयन करें

(क) केवल 1 (ख) 1 और 2
(ग) 2 और 3 (घ) ये सभी

II. सूची I को सूची II से सुमेलित कीजिए और सही विकल्प चुनकर लिखिए। (1)

	सूची I		सूची II
A.	लक्ष्य-भ्रष्ट	1.	देवतातुल्य
B.	रिक्त-तुणीर	2.	विचलित व्यक्ति
C.	मूर्ति-मंत	3.	अस्त्र-शस्त्र रहित

कूट

	A	B	C		A	B	C
(क)	3	1	2	(ख)	1	3	2
(ग)	1	2	3	(घ)	2	3	1

III. 'हिम समाधि' से अभिप्राय है (1)

(क) बर्फ पर बैठकर तपस्या करना
(ख) बर्फ में जम जाना
(ग) अपनी जान गँवाना
(घ) ये सभी

अतिलघु उत्तरीय प्रश्न

IV. कवि किन लोगों को प्रणाम कर रहा है? (1)

लघु उत्तरीय प्रश्न

V. उच्च शिखर की ओर बढ़ने वालों के भाव कैसे होते थे। (2)

VI. छोटी-सी नौका से सागर पार करने की कोशिश करने वालों का क्या महत्त्व है? (2)

खंड 'ख' अभिव्यक्ति और माध्यम पुस्तक

3. निम्न में से किसी एक विषय पर रचनात्मक लेखन कीजिए। (6)

(क) ''पुस्तकें मनुष्य की सबसे अच्छी मित्र
(ख) मेरा प्रिय टाइम पास
(ग) मरे संग की औरते

4. दिल्ली विद्युत बोर्ड में कंप्यूटर ऑपरेटर के कुछ पद रिक्त हैं। अपनी योग्यताओं का उल्लेख करते हुए इस पद पर नियुक्ति के लिए आवेदन-पत्र लिखिए। (5)

अथवा

अपने क्षेत्र में फैली गन्दगी की साफ-सफाई हेतु नगर निगम के अधिकारी को पत्र लिखिए (5)

5. *निम्नलिखित प्रश्नों में से किन्हीं चार प्रश्नों के उत्तर लगभग 40 शब्दों में दीजिए।* (8)

(क) डायरी लिखते समय किन बातों का ध्यान रखना चाहिए? (2)
(ख) पटकथा का स्रोत कहाँ से प्राप्त होता है? (2)
(ग) स्ववृत्त के कितने पक्ष होते हैं? (2)
(घ) विश्वज्ञान कोश से क्या आशय है? (2)
(ड) कार्य सूची या एजेंडा क्या है? (2)

6. *निम्नलिखित प्रश्नों के उत्तर लगभग 60 शब्दों में दीजिए।* (3)

(क) आवेदन-पत्र से क्या आशय है? (3)
(ख) आवेदन-पत्र के उद्देश्यों का वर्णन कीजिए। (3)

खंड 'ग' आरोह भाग-1 एवं वितान भाग-1

7. *निम्नलिखित काव्यांश को ध्यानपूर्वक पढ़कर पूछे गए प्रश्नों के सही विकल्प चुनिए।* (5)

चंपा काले काले अच्छर नहीं चीन्हती
मैं जब पढ़ने लगता हूँ वह आ जाती है
खड़ी खड़ी चुपचाप सुना करती है
उसे बड़ा अचरज होता है:
इन काले चीन्हों से कैसे ये सब स्वर
निकला करते हैं

(i) चंपा कौन है? (1)
(क) कविता में चंपा कवि की पत्नी है
(ख) चंपा एक निरक्षर गाँव की लड़की है
(ग) चंपा एक पढ़ी-लिखी गाँव की लड़की है
(घ) चंपा एक निरक्षर शहर की लड़की है

(ii) कवि के अनुसार, चंपा क्या नहीं जानती? (1)
(क) वह अक्षरों का महत्त्व नहीं जानती
(ख) वह आदमी का महत्त्व नहीं जानती
(ग) वह किताबों को नहीं पहचानती
(घ) वह गाँधी जी को नहीं जानती

(iii) निम्नलिखित कथन और कारण को ध्यानपूर्वक पढ़िए और सही विकल्प चुनकर लिखिए। (1)
कथन (A) चंपा पढ़ना चाहती है।
कारण (R) चंपा को कवि को पढ़ते देख आश्चर्य होता है।
कूट
(क) कथन (A) सही है, किन्तु कारण (R) गलत है
(ख) कथन (A) गलत है, किन्तु कारण (R) सही है
(ग) कथन (A) और कारण (R) दोनों सही हैं, परंतु कारण (R) कथन (A) की सही व्याख्या नहीं करता है
(घ) कथन (A) और कारण (R) दोनों सही हैं, परंतु कारण (R) कथन (A) की सही व्याख्या करता है

(iv) चंपा को क्या आश्चर्य होता है? (1)
(क) काले अक्षरों में इतने स्वर कैसे छिपे हैं
(ख) कवि कैसे पढ़ता है
(ग) ये अक्षर लिखे कैसे हैं।
(घ) इनमें से कोई नहीं

(v) 'अच्छर' शब्द है? (1)
(क) तत्सम शब्द
(ख) ग्राम्य शब्द
(ग) शहरी शब्द
(घ) विदेशज शब्द

8. *काव्य खंड पर आधारित निम्नलिखित में से किन्हीं दो प्रश्नों के उत्तर लगभग 60 शब्दों में दीजिए।* (6)
(क) 'सबसे खतरनाक' कविता के आधार पर बताइए कि सपनों का मर जाना क्यों खतरनाक है? (3)
(ख) लेखक, चंपा को क्या कहकर पढ़ने के लिए प्रेरित करता है? 'चंपा काले काले अच्छर नहीं चीन्हती' कविता के आधार पर उत्तर दीजिए। (3)
(ग) मीरा संसार को देखकर क्यों रोती है? (3)

9. *काव्य खंड पर आधारित निम्नलिखित में से किन्हीं दो प्रश्नों के उत्तर लगभग 40 शब्दों में दीजिए।* (4)
(क) कबीर की दृष्टि में किन लोगों को आत्मबोध नहीं होता? (2)
(ख) कवि ने स्वयं को अभाजा क्यों कहा हैं? घर की याद पाठ के आधार पर बताइए। (2)
(ग) हे मोह! पाश अपने ढील पंक्ति का आशय स्पष्ट कीजिए। (2)

10. *निम्नलिखित काव्यांश को ध्यानपूर्वक पढ़कर पूछे गए प्रश्नों के सही विकल्प चुनिए।* (5)

हाँ! कॉपी लौटाते हुए कहा था कि तुमने किया तो अच्छा है पर यह तो हाफ़-ईयरली है...बहुत आसान पेपर होता है इसका तो। अब अगर ईयरली में भी पूरे नंबर लेने हैं तो तुरंत ट्यूशन लेना शुरू कर दो। वरना रह जाओगे। सात लड़कों ने तो शुरू भी कर दिया था। पर मैंने जब मम्मी-पापा से कहा, हमेशा बस एक ही जवाब (*मम्मी की नकल उतारते हुए*) मैथ्स में तो तू वैसे ही बहुत अच्छा है, क्या करेगा ट्यूशन लेकर? देख लिया अब? सिक्स्थ पोजीशन आई है मेरी। जो आज तक कभी नहीं आई थी।
(अमित की आँखों से फिर आँसू टपक पड़ते हैं।)

(i) अमित के अध्यापक उसे क्या कह रहे थे? (1)
(क) ट्यूशन लगाने के लिए
(ख) और अधिक पढ़ने के लिए
(ग) गणित पर ध्यान देने के लिए
(घ) इनमें से कोई नहीं

(ii) गद्यांश के अनुसार, कितने लड़कों ने ट्यूशन लेना शुरू भी कर दिया था? (1)
(क) आठ
(ख) दस
(ग) बारह
(घ) सात

(iii) अमित की मम्मी ने उसे गणित का ट्यूशन लगाने से मना क्यों किया? (1)
(क) घर में ट्यूशन के लिए अधिक पैसे नहीं थे
(ख) क्योंकि अमित गणित में होशियार था
(ग) क्योंकि अमित गणित में अच्छे अंक नहीं लाया था
(घ) ये सभी

(iv) सूची I को सूची II से सुमेलित कीजिए और सही विकल्प चुनकर लिखिए (1)

	सूची I		सूची II
A.	हाफ-ईयरली	1.	गणित का
B.	बहुत आसान पेपर होता	2.	अर्धवार्षिक
C.	सिक्स्थ पोजीशन	3.	छठी श्रेणी

कूट

	A	B	C
(क)	3	1	2
(ख)	1	3	2
(ग)	1	2	3
(घ)	2	1	3

(v) 'तुरंत' का पर्यायवाची होगा (1)
(क) त्वरित
(ख) अत्यंत
(ग) कभी
(घ) सर्वदा

11. *गद्य खंड पर आधारित निम्नलिखित प्रश्नों में से किन्हीं दो प्रश्नों के उत्तर लगभग 60 शब्दों में दीजिए।* (6)

(क) 'रजनी' पाठ के आधार पर वर्तमान शिक्षा पद्धति पर टिप्पणी कीजिए। (3)

(ख) शिवशंभु की दो गायों की कहानी के माध्यम से लेखक क्या कहना चाहता है? (3)

(ग) जवाहरलाल नेहरू अपने गाँवों और शहरों के भाषणों में क्या अंतर रखते थे? (3)

12. *गद्य खंड पर आधारित निम्नलिखित प्रश्नों में से किन्हीं दो प्रश्नों के उत्तर लगभग 40 शब्दों में दीजिए।* (4)

(क) 'नमक का दारोगा कहानी के आधार पर वंशीधर का चरित्र चित्रण कीजिए। (2)

(ख) मियाँ। नसीरुद्दीन शब्द चित्र में निहित संदेश को स्पष्ट कीजिए। (2)

(ग) लॉर्ड कर्जन मूलतः जलन विरांधी ब सिद्ध कीजिए। (2)

13. *वितान के पाणें पर आधारित निम्नलिखित प्रश्नों में से किन्हीं दो प्रश्नों के उत्तर लगभग 60 शब्दों में दीजिए।* (10)

(क) कुंई, कुएँ से किस प्रकार भिन्न होती है तथा कुंई कहाँ-कहाँ पाई जाती है? (5)

(ख) एक दिन बेबी अपने घर पर किस समस्या में फँस गई? उसने इस समस्या के समाधान के लिए क्या सोचा? (5)

(ग) लता की लोकप्रियता का मुख्य रहस्य क्या है? (5)

उत्तर

1. I. (ग) विभिन्न प्रकार के रचनात्मक कार्यक्रम प्रस्तुत किए

II. (घ) I और III

III. (क) कथन (A) और कारण (R) दोनों सही हैं तथा कारण (R) कथन (A) की सही व्याख्या करता है

2. (I) (क) केवल 1

(II) (घ) 2 3 1

(III) (ग) असफल परंतु कर्मशील लोगों को

7. (i) (ख) चंपा एक निरक्षर गाँव की लड़की है

(ii) (क) वह अक्षरों का महत्त्व नहीं जानती

(iii) (ख) कथन (A) गलत है, किन्तु कारण (R) सही है

(iv) (क) काले अक्षरों में इतने स्वर कैसे छिपे हैं

(v) (ख) ग्राम्य शब्द

10. (i) (क) ट्यूशन लगाने के लिए

(ii) (घ) सात

(iii) (ख) क्योंकि अमित गणित में होशियार था

(iv) (घ) 2 1 3

(v) (क) त्वरित